U0818654

未来汽车
理论与技术

AUTOMOTIVE ASSEMBLY DESIGNS

汽车总成设计

主编◎刘正白

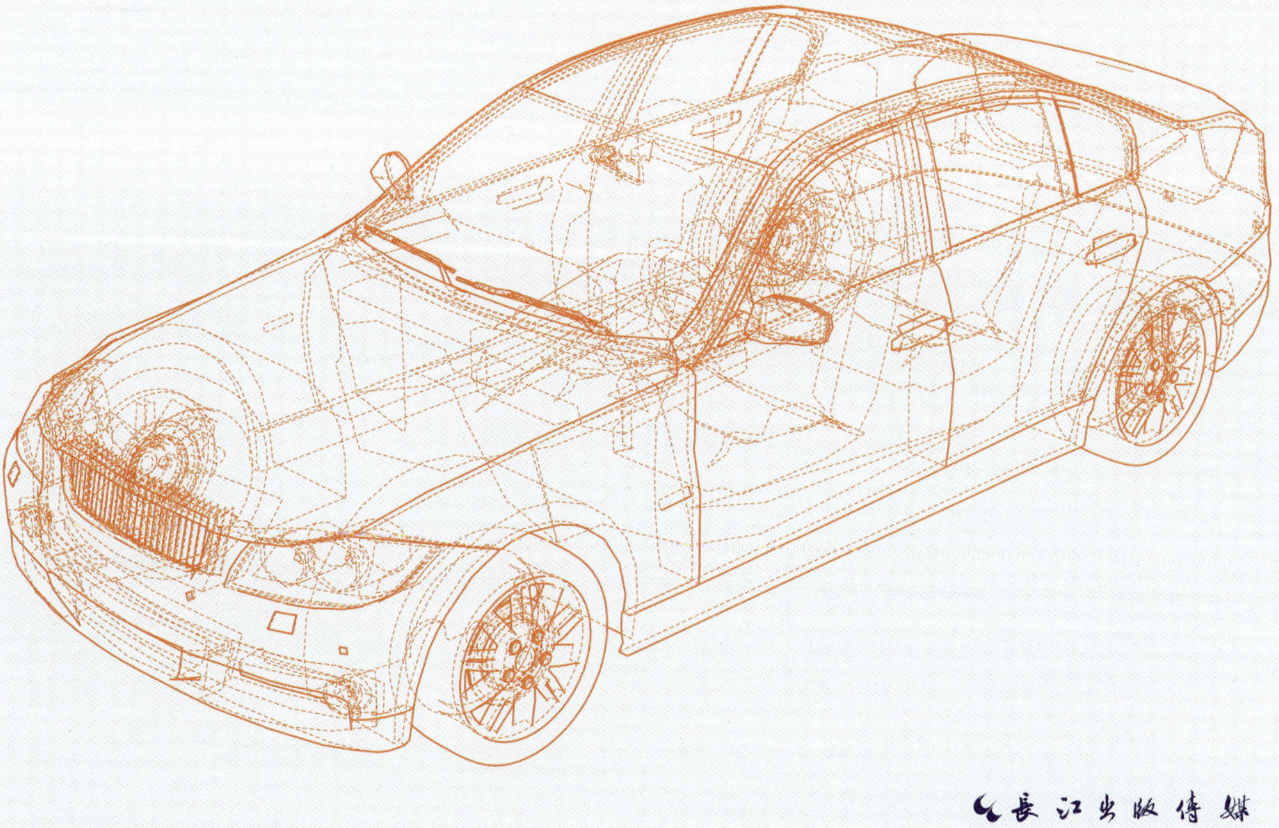

長江出版傳媒
湖北科学技术出版社

图书在版编目（CIP）数据

汽车总成设计 / 刘正白主编 . -- 武汉 : 湖北科学技术出版社, 2024. 12. --（未来汽车 : 理论与技术）.
ISBN 978-7-5706-3598-6

Ⅰ. U462

中国国家版本馆 CIP 数据核字第 2024KR3579 号

汽车总成设计
QICHE ZONGCHENG SHEJI

策　　划：刘志敏　张　超　　　　责任校对：童桂清
责任编辑：秦　艺　　　　封面设计：胡　博

出版发行：湖北科学技术出版社
地　　址：武汉市雄楚大街 268 号（湖北出版文化城 B 座 13—14 层）
电　　话：027-87679468　　　　邮　　编：430070

印　　刷：湖北新华印务有限公司　　　　邮　　编：430035

---

889 毫米 ×1194 毫米　1/16　　26.5 印张　733 千字
2024 年 12 月第 1 版　　2024 年 12 月第 1 次印刷
定　　价：180.00 元

（本书如有印装问题，可找本社市场部更换）

《汽车总成设计》编委会

主　　编：刘正白　南方科技大学

编　　委：（按姓氏拼音排序）

包立业　南开大学
陈海军　南开大学
戴建生　英国伦敦国王学院
金耀初　德国比勒费尔德大学
李　淼　东风商用车有限公司
李克强　清华大学
王　恒　河南农业大学
王　欣　英国曼彻斯特大学
王　艳　包头稀土研究院
王吉红　英国华威大学
王庆朋　河南农业大学
王玉睦　东风商用车有限公司
王子栋　英国布鲁内尔大学
徐宏明　英国伯明翰大学
周菊红　东风商用车有限公司
庄　巍　广东省科学院

编写秘书：张弘源　英国曼彻斯特大学

序言

Preface

汽车是人员和货物运输的常用工具，与我们的生活紧密相关。随着环境保护意识的不断提高和政策法规的逐步完善，人们对汽车的碳排放和其他污染物排放的要求越来越高。这促进了汽车技术的飞速发展，各种高效率、低排放甚至零排放措施不断涌现，为保护自然环境、高效率开发利用能源及保障人们的身体健康开创了新篇章。

“未来汽车：理论与技术”系列丛书全面系统地总结了汽车设计的基本理论和应用技术，详细叙述了各种汽车的结构特点和工作原理，并分析了汽油车、柴油车、天然气汽车、氢燃料汽车、甲醇汽车设计的不同之处和优缺点。该丛书使用大量篇幅论述了零排放的新能源汽车开发技术，为解决能源危机开辟了新的方向。智能网联汽车的使用不但可以提高汽车驾驶的安全性、舒适性、可靠性和能效，还能为智慧城市提供理想的运输工具。

该系列丛书介绍了近年来涌现出的大量新技术、新材料和新工艺在汽车上的应用。系统优化燃烧技术可以提高燃烧效率和减少缸内污染物形成。后处理技术可以减少汽车污染物排放。新材料可以提高汽车的可靠性和轻量化。卫星导航自动驾驶已经成为智能网联汽车的核心技术。在讨论新技术的同时，该系列丛书也展望了未来汽车技术的发展方向。该系列丛书可以作为高等院校师生和汽车领域工程技术人员在汽车开发设计中的参考书。祝贺“未来汽车：理论与技术”系列丛书的出版发行。

金耀初

德国洪堡人工智能教授，欧洲科学院院士

前言 Foreword

随着新能源汽车和智能网联汽车的出现，百年燃油汽车发展到今天已经进入了一个变革时期，呈现一片百花齐放的欣欣向荣景象。公路运输更加高效，人们的生活更加方便，自然环境更加清洁。一个良好的自然生存环境呈现在我们面前。

在能源安全和环境保护的压力下，新能源汽车无疑是未来汽车的发展方向之一。新能源汽车发展趋势是车型轻量化、能源高效化，高端新能源车份额将逐步增加。但是，新能源汽车取代燃油汽车还有很长的路要走。因为燃油汽车也在朝着高性能、低污染的方向大步前进。

智能化和网联化的快速发展及与汽车的结合，为汽车技术的高速发展赋予了更大的能量。智能化为汽车提供了新结构、新形态和新功能，网联化为汽车提供了新价值、新内容和新生态。

本系列丛书分为三册，第一册为新能源汽车与智能网联汽车，第二册为整车设计与发动机技术，第三册为汽车总成设计。第一册分为五篇，主要内容包括新能源汽车技术、智能网联汽车技术、新能源汽车电子电气架构技术、新能源汽车材料、全球卫星导航系统在自动驾驶中的应用。第二册分为六篇，主要内容包括汽车设计与集成开发技术、汽油发动机技术、柴油机开发技术、甲醇发动机开发技术、天然气发动机开发技术、氢燃料发动机开发技术。第三册分为六篇，主要内容包括汽车后处理技术、转向系统开发技术、传动系统设计、底盘设计技术、变速箱技术、车身技术。

本书以基本理论和基本原理为主，同时也注重新知识和新技术的应用。本书可以用作高等院校师生和企业工程技术人员的参考书。

在《汽车总成设计》一书中，第一篇主要由王艳、包立业撰写；第二篇主要由王恒、刘正白撰写；第三篇主要由王庆朋、王玉睦、刘正白撰写；第四篇主要由王庆朋、李淼、刘正白撰写；第五篇主要由刘正白撰写；第六篇主要由周菊红撰写。在此，真诚感谢所有参与本书编写的专家学者！没有大家的专业精神和无私奉献，这本书就不能如期问世。

由于编者水平有限，书中若有不足之处，恳请读者原谅并批评指正。不胜感谢。

目录

Contents

第一篇　汽车后处理技术

第一章　汽车尾气污染物控制概论 …… 3

第一节　氮氧化合物控制 …… 3

第二节　颗粒物控制 …… 7

第三节　一氧化碳和碳氢化合物控制 …… 10

第四节　甲醛控制 …… 14

第二章　汽车尾气后处理部件 …… 15

第一节　TWC …… 15

第二节　DOC …… 17

第三节　POC …… 19

第四节　DPF …… 19

第五节　SCR …… 21

第六节　ASC …… 27

第七节　LNT …… 28

第三章　汽车尾气后处理系统 …… 30

第一节　汽油车 …… 30

第二节　柴油车 …… 33

第四章　汽车尾气后处理技术的发展动向 …… 41

第一节　材料 …… 41

第二节　部件与系统集成 …… 41

第二篇　转向系统开发技术

第五章　转向器设计 …… 47

第一节　概述 …… 47

第二节　机械转向器结构 …… 50

第三节　转向器主要性能参数 …… 52
第四节　动力转向器 …… 55
第五节　转向梯形 …… 66
第六节　转向减振器 …… 68

第三篇　传动系统设计

第六章　离合器设计 …… 73
第一节　概述 …… 73
第二节　离合器结构方案的选择 …… 74
第三节　离合器主要参数的确定 …… 83
第四节　离合器主要组成部件的设计与计算 …… 87
第五节　多片式离合器主要组成部件的设计与计算 …… 103
第六节　离合器的优化设计方法及应用 …… 107
第七章　万向传动设计 …… 109
第一节　概述 …… 109
第二节　万向传动结构方案的选择 …… 110
第三节　万向传动的运动规律和受力分析 …… 118
第四节　万向节的设计与计算 …… 122
第五节　传动轴和中间支撑的设计与计算 …… 129
第六节　传动轴工程设计规范 …… 131
第八章　驱动桥设计 …… 135
第一节　概述 …… 135
第二节　驱动桥结构方案的选择 …… 136
第三节　主减速器的设计 …… 147
第四节　差速器的设计 …… 157
第五节　驱动车轮传动装置和桥壳的设计 …… 167
第六节　变速驱动桥和转向驱动桥的设计 …… 172

第四篇　底盘设计技术

第九章　悬架设计 …… 177
第一节　概述 …… 177
第二节　悬架结构方案的选择 …… 178
第三节　悬架系统主要参数的确定 …… 191

第四节　悬架系统主要元件的设计 …… 197
第五节　悬架系统导向机构的设计 …… 210
第十章　制动系统设计 …… 218
第一节　概述 …… 218
第二节　制动系统结构方案的选择 …… 219
第三节　制动系统主要参数的确定 …… 228
第四节　制动系统结构元件的设计与计算 …… 236
第五节　电子制动系统 …… 245

第五篇　变速箱技术

第十一章　变速箱工作原理 …… 259
第一节　变速箱的需求 …… 259
第二节　变速箱基本工作原理 …… 260
第十二章　商用车变速箱基本设计 …… 263
第一节　中心距选择与设计 …… 263
第二节　速比设计 …… 264
第三节　齿轮设计 …… 267
第四节　操纵机构 …… 283
第五节　同步器设计 …… 285

第六篇　车身技术

第十三章　车身开发流程和设计方法 …… 295
第一节　现代汽车产品开发方法 …… 295
第二节　现代车身开发内容 …… 297
第三节　现代车身设计技术与方法 …… 303
第十四章　基于人机工程学的车身布置设计 …… 310
第一节　车身总布置 …… 310
第二节　车身总布置设计辅助工具 …… 315
第十五章　汽车车身结构与设计 …… 323
第一节　车身结构设计概述 …… 323
第二节　车身结构设计 …… 325
第三节　车身结构设计方法及工艺 …… 384

第一篇　汽车后处理技术

第一章　汽车尾气污染物控制概论

第一节　氮氧化合物控制

一、氮氧化合物排放现状及危害

氮氧化合物（NO_x）主要是 NO、NO_2 和 N_2O 的统称，是石油和煤炭等化石燃料在燃烧和加工过程中产生的主要副产物，可以显著影响全球大气层，是造成酸雨和雾霾的主要原因，还可以与挥发性有机物（VOCs）反应产生多种二次污染物，危害自然生态环境和人体健康。人为 NO_x 的排放主要来源于化石燃料的高温燃烧，包括工业源、生活源、移动源和集中式污染治理设施。根据《2021 年中国生态环境统计年报》数据，上述各污染源 2020 年排放量分别占全国 NO_x 排放量的 40.9%、3.3%、55.6% 和 0.2%。因此，控制移动源 NO_x 的排放对于环境空气质量的全面改善具有重要意义。

移动源是移动式空气污染源的简称，包括道路源和非道路源，其中道路源是指机动车（汽车、摩托车和低速汽车），非道路源包括非道路移动机械、船舶、铁路内燃机车和飞机。中华人民共和国生态环境部发布的《中国移动源环境管理年报（2022 年）》统计结果显示，2021 年全国机动车的 NO_x 排放量为 582.1 万吨，其中汽车（汽油车和柴油车）排放的 NO_x 占比高达 97.7%，是机动车污染物排放量的主要贡献者（图 1-1）。据统计，2021 年全国汽车保有量达 3.02 亿辆，柴油车数量虽然只占燃料型汽车总量的 10%左右，但其排放的 NO_x 量却超过汽车排放总量的 80%（图 1-2）。由此看来，柴油车 NO_x 的治理，是实现人与自然和谐发展目标、打赢蓝天保卫战的关键一环。

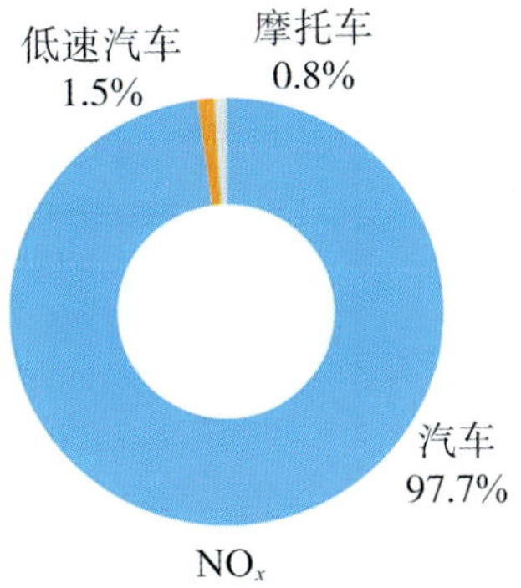

图 1-1　2021 年全国机动车 NO_x 排放量分担率

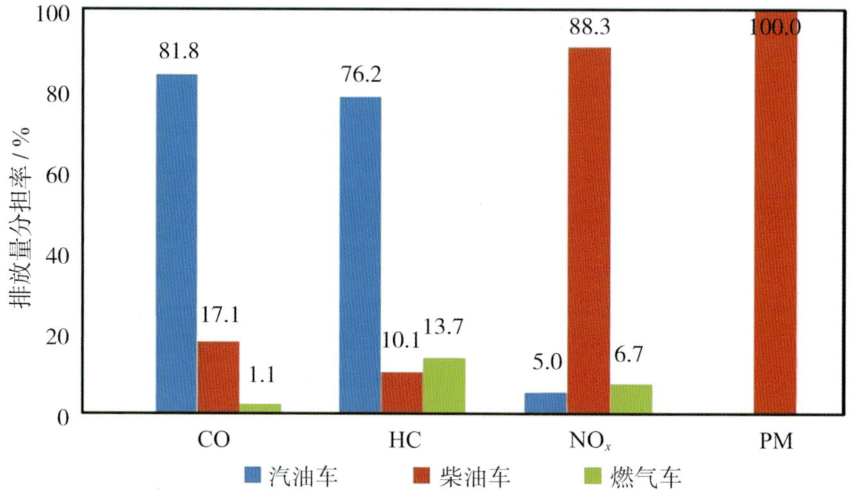

图 1-2 2021 年不同燃料类型汽车的污染物排放量分担率

二、氮氧化合物排放控制技术

柴油车尾气 NO_x 排放控制技术包括机内净化技术和机外后处理技术。机内净化技术是从发动机内燃料燃烧时污染物的生成机理和阻碍燃烧因素着手，通过采用燃油高压喷射、优化发动机燃烧室设计、废气再循环（EGR）和涡轮增压等技术，对发动机各项控制参数进行调整或改进，达到调控柴油燃烧、减少和抑制各项污染物生成的目的。众所周知，柴油发动机研究人员面临的最大挑战是在颗粒物（PM）和 NO_x 排放之间取得一个合理的平衡。柴油车在实际应用中，通过加强柴油的雾化和进行高压共轨喷射等技术可以提高燃油的燃烧效率，从而有效地消除 PM 的产生。但是这种高温和高压条件会加速 N_2 和 O_2 的反应，从而增加了尾气中 NO_x 的产生，其消除的最佳方法是降低尾气温度。因此柴油车尾气中 PM 和 NO_x 的排放存在“trade-off”效应，这种权衡关系导致二者无法同时实现清洁排放（图 1-3）。近年来，随着排放法规要求的不断严格，机内净化技术可以在一定程度上解决柴油车尾气中污染物的排放问题，但已无法满足同时高效率降低 PM 和 NO_x 的排放要求，因此必须通过加装机外后处理技术来对污染物排放进行控制。

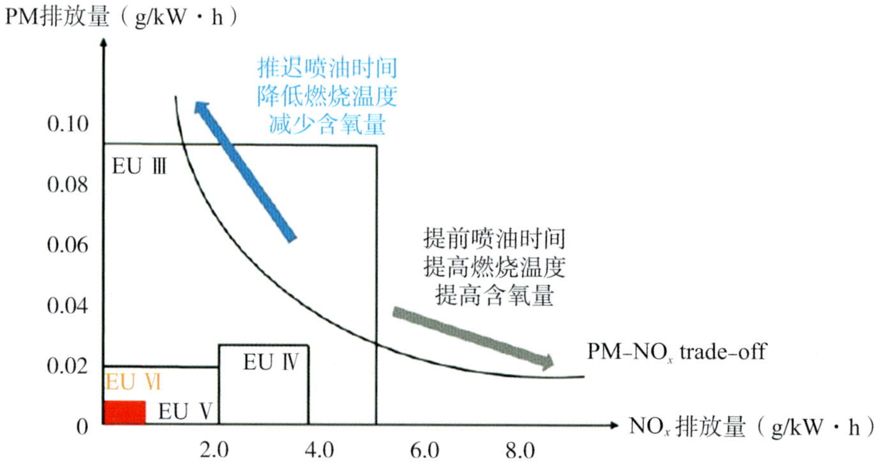

图 1-3 柴油车中 PM 和 NO_x 的排放关系

目前存在大量的 NO_x 减排技术，包括直接分解工艺、存储还原催化（NO_x storage and reduction，NSR）、选择性非催化还原（selective non-catalytic reduction，SNCR）和选择性催化还原（selective catalytic reduction，SCR）等技术。

直接分解工艺是指 NO_x 在催化剂作用下直接分解为 N_2 和 O_2，常用的催化剂有贵金属催化剂和分子筛催化剂。该技术虽具有不消耗还原剂和无二次污染物等优点，但其反应活化能高达 $364kJ \cdot mol^{-1}$，且 NO 本身分解过程也产生微量的氧，因此该反应在柴油车富氧燃烧条件下应用受到一定的限制。

NSR 技术是基于稀燃发动机中 NO_x 捕集的一种催化技术。催化剂组成为活性组分/存储组分/载体，其中活性组分以贵金属（如 Pt、Pd 或 Rh）为主，存储组分为碱金属或碱土金属（如 Ba 和 K 等），载体是高比表面积材料（如 Al_2O_3 和 CeO_2 等）（图 1-4）。工作时，在贫燃阶段，NO 首先被贵金属活性组分催化氧化生成 NO_2，然后以硝酸盐和亚硝酸盐的形式储存在碱金属和碱土金属组分中；随后在富燃阶段，储存的硝酸盐和亚硝酸盐被尾气中的还原剂（如 CO 和 HC）还原为所需产物 N_2，副产物为 N_2O 和 NH_3。NSR 技术虽具有脱硝效率高等优点，但其反应复杂且影响因素较多，如 NSR 催化剂成本较高；尾气中的 CO、CO_2 和 SO_2 等组分易造成催化剂中毒；BaO 和 Al_2O_3 载体之间在高温下可能发生固体反应生成非活性 $BaAl_2O_4$，从而导致活性组分 Pt 烧结等。由于 NSR 催化剂具有以上缺点，在实际应用中广泛推广使用存在较大困难。

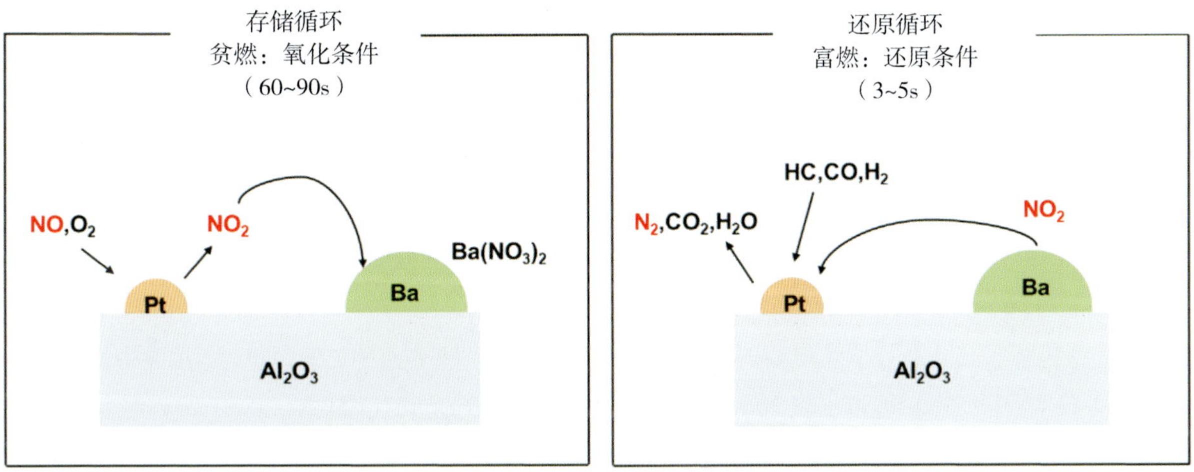

图 1-4　NSR 概念示意图

SNCR 是一个概念上简单的 NO_x 控制过程，工作时将还原剂（尿素或 NH_3）在燃烧器的上部注入，使之在 875～1150℃的温度下与尾气中的 NO_x 充分混合并发生快速的均相气相反应生成 N_2。虽然尾气中存在过量的 O_2，但是注入的还原剂可以选择性地减少 NO，基本不影响 O_2 含量（图 1-5）。且该技术概念简单，无催化剂系统，易于安装，成本低，适用于所有类型的燃烧设备。但是，由于实际废气中组分含量复杂，喷入还原剂的分布状态、反应物的停留时间和二者之间的混合状态均会受到很大影响，因此 NO_x 的脱除率一般低于 50%，不适用于柴油车尾气脱硝工况。

SCR 技术是在含氧条件下，还原剂与非均相催化剂耦合将尾气中的有害气体 NO_x 选择性催化还原为 N_2 和 H_2O。根据还原剂种类的不同，SCR 技术可分为碳氢选择性催化还原（HC-SCR）、CO 选择性催化还原（CO-SCR）和氨选择性催化还原（NH_3-SCR）。由于柴油机的稀薄燃烧条件，尾气中的 CO 和 HC 的含量较低，汽油车常用的三效催化剂（TWC）中的 HC-SCR 和 CO-SCR 难以控制柴油车尾气

中的 NO_x 排放。而以尿素为还原剂的 NH_3-SCR 催化技术在过量氧气存在下具有较高的 NO_x 脱除效率，在欧洲、美国和中国的柴油车中已经得到了广泛的商业应用。

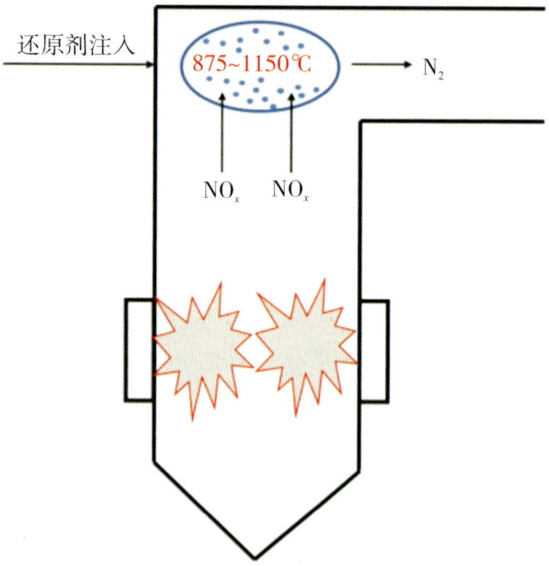

图 1-5　SNCR 概念示意图

在柴油机尿素-SCR 系统中，浓度为 32.5%的尿素水溶液通过喷氨系统雾化后进入排气管中，其具体反应过程如式（1-1）和式（1-2）所示。

$$H_2-CO-NH_2 \rightarrow NH_3+HNCO \tag{1-1}$$

$$HNCO+H_2O \rightarrow NH_3+CO_2 \tag{1-2}$$

通常情况下，柴油机排放的 NO_x 由 90%的 NO 和 10%的 NO_2 组成。因此，NH_3-SCR 的主要反应是标准 SCR 反应（SSCR，反应 1）。在 SSCR 反应中，整个氧化还原反应中，有 12 个电子被转移，NH_3 中的 N^{3-} 将 8 e^- 和 4 e^- 分别转移到 NO 和 O_2 中，即生成的 N_2 中的 2 个 N 原子是由 NO 和 NH_3 的 1 个氮原子偶联而成，O 参与活性中心的氧化并与 H 结合生成 H_2O。NO 在 DOC 单元中会发生部分氧化，当 NO_x 由 50%的 NO 和 50%的 NO_2 组成时发生快速 SCR 反应（FSCR，反应 2），其反应效率在 200℃以上比 SSCR 反应至少快 10 倍。通过 FSCR 反应可以获得较高的 NO_x 转化率，其中 NH_3 中的 N^{3-} 分别转移 2 e^- 和 4 e^- 到 NO 和 NO_2。除了 SSCR 和 FSCR 反应外，几个副反应也同时发生。在低温区，NH_4NO_3 可通过反应 3 在催化剂表面进行累积。在高温区，将发生 NH_3 的非选择性催化还原（反应 4）和催化氧化（反应 5 和反应 6）（图 1-6）。反应 4—反应 6 分别有利于 N_2O、NO 和 NO_2 的生成，从而降低了 N_2 的选择性和 NO_x 的转化率。因此，开发性能良好的 NH_3-SCR 催化剂需要促进反应 1 和反应 2 而抑制反应 4—反应 6 的进行。

反应 1：$4NH_3+4NO+O_2 \rightarrow 4N_2+6H_2O$　(1-3)

反应 2：$2NH_3+NO+NO_2 \rightarrow 2N_2+3H_2O$　(1-4)

反应 3：$2NH_3+2NO_2 \rightarrow NH_4NO_3+N_2+H_2O$　(1-5)

反应 4：$4NH_3+4NO+3O_2 \rightarrow 4N_2O+6H_2O$　(1-6)

反应 5：$4NH_3+5O_2 \rightarrow 4NO+6H_2O$　(1-7)

反应 6：$4NH_3+7O_2 \rightarrow 4NO_2+6H_2O$　(1-8)

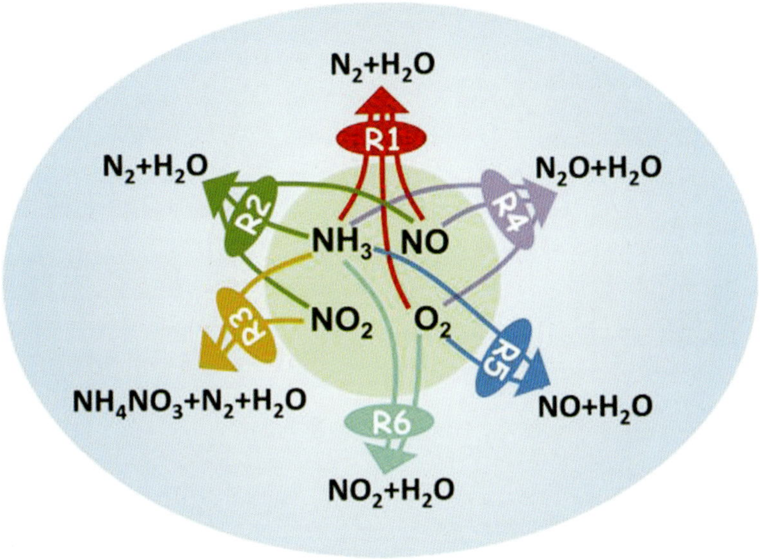

图 1-6　NH_3-SCR 的关键反应过程

第二节　颗粒物控制

一、颗粒物排放现状及危害

机动车排放是城市大气中细颗粒物的主要来源，其中柴油车对机动车颗粒物排放的贡献尤为突出。中华人民共和国生态环境部发布的《中国移动源环境管理年报（2022 年）》统计结果显示，2021 年全国汽车 PM 排放量为 6.4 万吨，其中柴油车 PM 排放量占 90%以上。PM 是在油气混合不均匀的情况下，燃油在高温缺氧环境中裂解生成不饱和碳氢化合物、聚合物和多环芳烃等前驱物，然后再经成核、表面生长、团聚等过程形成碳烟颗粒。传统柴油车尾气 PM 排放水平与燃油、润滑油、发动机运行工况、汽车行驶环境、排气后处理装置的应用相关联，其成分基本由硫酸盐、硝酸盐、有机组分、碳组分和灰分五部分组成（图 1-7）。柴油车尾气排放的 PM 由多种不同粒径的颗粒物组成，其粒径范围在 0.003～10μm，主要分为核模态（0.005～0.05μm）、积聚模态（0.05～2.5μm）和粗粒子模态（>2.5μm）三种模态。PM 的浓度与粒径分布对人体健康、大气能见度和环境空气质量等有重要影响，其中粒径大小是决定 PM 在人体沉积部位及沉积效率的主导因素。当 PM 粒径>10μm 时，会被人体的鼻咽阻挡，不会对人体健康造成影响；当 PM 粒径为 2.5～10μm 时，能够进入人体上呼吸道，但部分可通过痰液等排出体外；当 PM 粒径<2.5μm 时，产生的污染最为严重，不仅能降低大气能见度，也会增加人体呼吸系统和心脑血管发病率。基于此，必须对柴油车排放的 PM 进行控制。

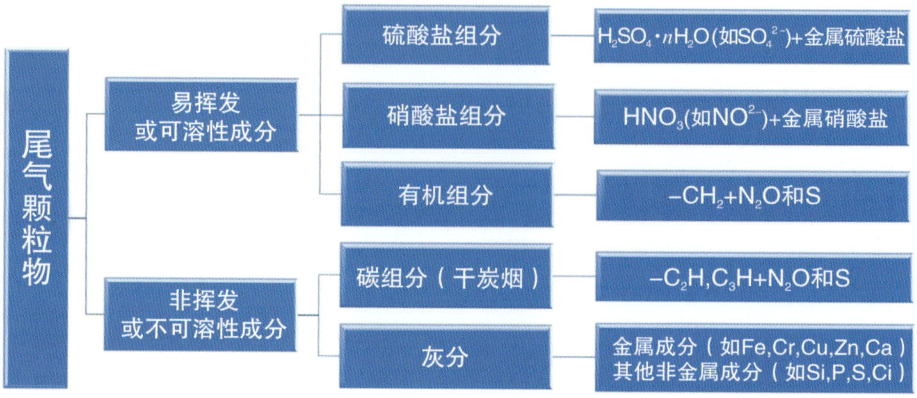

图 1-7　汽车尾气颗粒物成分

二、颗粒物排放控制技术

目前，常用的 PM 排放控制技术有三种：机前处理技术、机内处理技术和机外后处理技术。机前处理技术是通过改善燃油质量减少颗粒物的产生；机内处理技术则是改进柴油车结构或改进操作系统使颗粒物的排放减少；二者都是通过提高燃烧效率来实现的。机外后处理技术是将尾气中的污染物收集、处理或催化氧化。根据国内外相关环保排放法规，机外后处理设备是柴油机车必须装配的器件，只有经后处理达标后的汽车才能生产和行驶。2020 年 7 月 1 日全面实施的“国六”排放标准较“国五”排放标准，要求重型柴油车 PM 排放量下降 67%，且增加了排放颗粒物数量（PN）的要求。排放标准的日益严格，促使柴油机后处理净化技术迅速发展。柴油机颗粒过滤器（DPF）是“国六”阶段颗粒物控制最有效的技术，其对 PM 的捕集效率高达 90%以上。

市场流通的 DPF 主要是具有类似网袋结构的壁流式过滤器（图 1-8），具有纵向平行的流动通道，相邻通道在每一端交替堵塞，从而迫使柴油机产生的尾气通过通道四周的多孔陶瓷过滤体。当尾气通过多孔基体壁时，颗粒物被截留在多孔过滤介质表面，气体分子则通过孔隙顺利排放。商业 DPF 使用需要较低的压力损失以降低燃油消耗，实际使用中压力损失随着烟灰积聚而形成厚烟灰饼，因此 DPF 需要通过烧掉积聚的烟灰来周期性地再生。

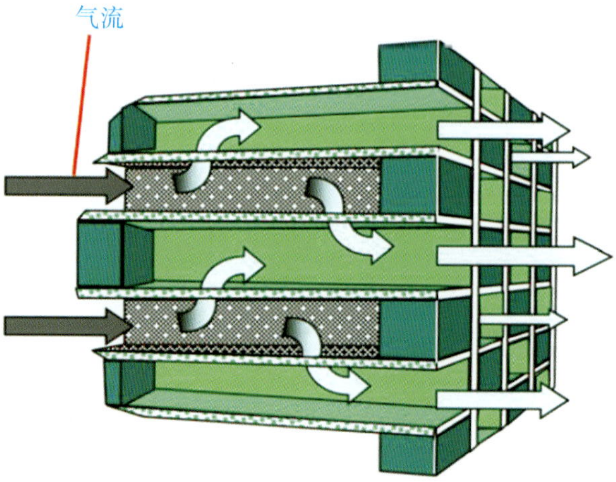

图 1-8　壁流式 DPF

DPF 净化排气中 PM 的基本过程是利用过滤介质把排气中 PM 分离并沉积下来，过滤方式主要有三种（图 1-9）：①表面过滤，其特点是在过滤过程中，颗粒物的粒径大于多孔介质孔道的粒径而被截留在过滤介质表面。②深床过滤，其特点是在过滤过程中，颗粒物进入多孔介质孔道，通过过滤介质对 PM 的拦截、惯性冲击、布朗运动、静电吸引力等被截留在过滤介质内部。通常情况下，拦截、惯性和扩散的捕集率较高，静电吸引力的捕集率较低。③结块过滤，其特点是在过滤过程中，捕集的颗粒物可以通过所谓的“结块过滤”效应提高收集效率。由于多孔介质的结构形式和壁面微孔平均粒径大小不同，柴油机排气中 PM 粒径范围极广，所以 DPF 对 PM 的过滤方式为上述三种方式的耦合。随着 PM 的不断累积，DPF 两侧的纵向排气压差将会逐渐增大，从而导致柴油机的排气背压增加，影响柴油机正常工作性能并造成安全隐患。因此，DPF 在设计上必须考虑过滤效率、压差损失、耐高温、抗灰分腐蚀、清灰里程等。对累积的 PM 进行去除的这一过程被称为 DPF 的再生，具体包括主动再生和被动再生。

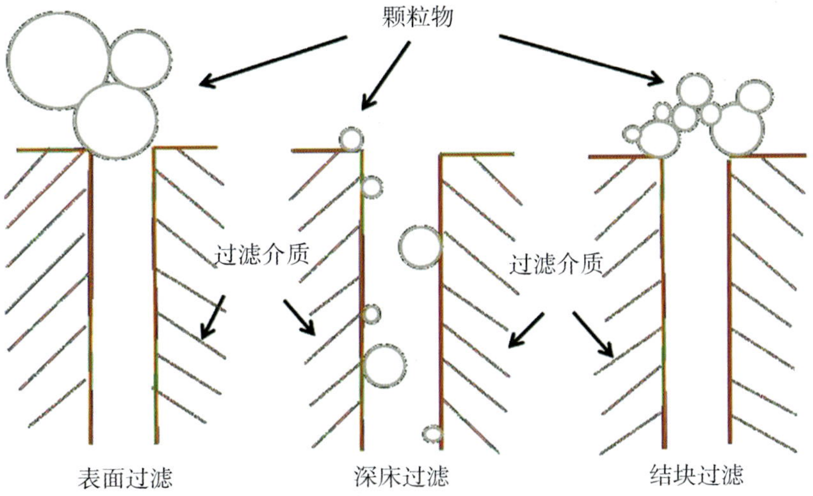

图 1-9　颗粒物过滤方式

主动再生通过升温（加热）的方式使沉积在 DPF 上的颗粒物达到着火点，以燃烧的方式去除沉积在 DPF 上的颗粒物，起到 DPF 过滤体再生的目的。再生方法有燃烧器喷油加热再生、电加热再生、微波加热再生和红外线加热再生。燃烧器喷油加热再生需要提供额外的燃油，并且要求恒定燃烧器的温度；电加热再生对控制系统的要求较高，同时耗电量较高，不适合中小功率的柴油机；微波加热再生的关键技术在于如何在谐振腔内激励尽可能多的模式及其控制腔内炭烟颗粒的燃烧温度，防止过滤体内因温度过高而损坏。目前柴油车主动再生方式采用喷油加热再生。

被动再生是利用燃油添加剂或者催化剂等措施来降低 PM 氧化所需的活化能，使 PM 能在正常的柴油机排气温度下着火燃烧，以达到去除 PM 的目的。添加剂的用量对排气系统具有一定程度的影响，若添加剂过多会影响后处理系统中氧化催化器（DOC）的使用寿命，但是如果过少，就会引发再生延迟及再生温度升高。与主动再生相比，被动再生对温度的要求不高，可以减少能耗，以便实现 DPF 的连续再生。相比于主动再生方式，被动再生无须辅助加热装置，成本更低，安全性也更高，但当颗粒物沉积速率大于再生速率时，可能导致 DPF 堵塞失效。大量实践证明，在实际柴油车后处理系统运行中，被动再生应与主动再生结合使用。

第三节　一氧化碳和碳氢化合物控制

一、一氧化碳排放现状及危害

中华人民共和国生态环境部发布的《中国移动源环境管理年报（2022 年）》统计结果显示，2021 年，全国机动车一氧化碳（CO）排放量为 768.3 万吨，汽车是 CO 排放量的主要贡献者，占比超过 90%（图 1-10）。其中汽油车 CO 排放量为 567.3 万吨，占汽车排放总量的 81.8%；柴油车 CO 排放量为 118.7 万吨，占汽车排放总量的 17.1%。在内燃发动机中，CO 是空气不足或其他原因造成不完全燃烧时，所产生的一种无色、无味的气体。以汽油车为例，大多数汽油机的供油采用的是燃料与空气在进气管路预混的方式，之后预混气进入活塞，被活塞压缩后由火花塞进行点火，因为汽油的强挥发性，在预混过程中汽油和空气能相当均匀地混合，一般都在当量空燃比（14.7）下运行，而想要达到这样的空燃比，需要在进气管中喷入足够甚至过量的汽油，以确保到达不同气缸的油气混合物浓度相近。因此，汽油机全局当量甚至富燃的工况特性导致其 CO 排放量远高于贫燃特性的柴油车。汽车尾气中排放的 CO 吸入人体后，非常容易和血液中的血红蛋白结合，它的亲和力是氧的 300 倍。因此，当肺里的血红蛋白不与氧结合而与 CO 结合时，会致使人体缺氧，引起头痛、头晕、呕吐等中毒症状，严重时可能导致死亡。

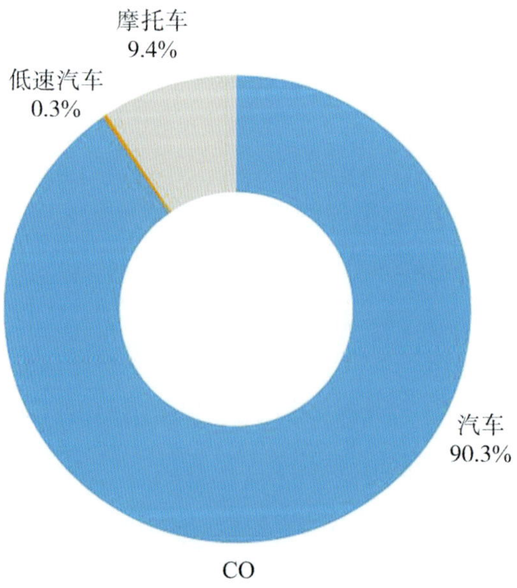

图 1-10　2021 年全国机动车 CO 排放量分担率

二、碳氢化合物排放现状及危害

中华人民共和国生态环境部发布的《中国移动源环境管理年报（2022 年）》统计结果显示，2021

年，全国机动车碳氢化合物（HC）排放量为200.4万吨，汽车是HC排放量的主要贡献者，占比超过90%（图1-11）。其中汽油车HC排放量为138.8万吨，占汽车排放总量的76.2%；柴油车HC排放量为18.3万吨，占汽车排放总量的10.1%。HC是发动机中燃料不完全燃烧的产物和部分被分解的产物，因此对可燃混合器燃烧产生阻碍的因素都是其形成的原因，主要包括：①壁面淬熄效应。可燃混合气燃烧是在火焰中进行传播的，当它传到缸壁时，在0.1～0.6mm的那一层气体中，较低的燃烧室壁面对火焰的迅速冷却（也称激冷）致使活化分子的能力被吸收，链式反应中断，产生不燃烧或不完全燃烧的火焰淬熄层，产生大量未燃的HC。②不完全燃料。残余的气体过于稀释或者混合气过浓过稀，这些都会使火焰在传播的过程不够完全或者是中断如怠速、小负荷、过度工况。③气缸扫气过程。气缸在扫气的情况下，会导致某些可燃混合气不通过气缸而直接排放到了排气管中。④狭缝效应。狭缝主要指活塞头部、活塞环和气缸壁之间的狭小缝隙，火花塞中心电极的空隙，火花塞的螺纹、喷油器周围的间隙等处。汽油机工作时总有一些液态油滴或燃油蒸气隐藏在这些缝隙中，因火焰无法传入其中而不能燃烧从而产生HC。⑤壁面油膜和积炭吸附。在进气和压缩过程中，气缸壁面上的润滑油膜以及沉积在活塞顶部、燃烧室壁面和进气门、排气门上的多孔性积炭，会吸附未燃混合气和燃料蒸气；在膨胀和排气过程中，这些吸附的燃料蒸气随之进入气态的燃烧产物中。这样HC的少部分被氧化，大部分则随已燃气体排出气缸。

HC只有在含量相当高的情况下才会对人体产生影响，一般情况下危害不大，但它却是产生光化学烟雾的重要成分。

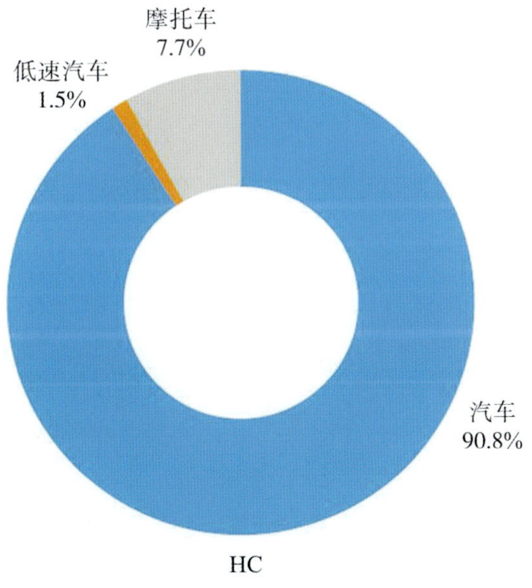

图1-11　2021年全国机动车HC排放量分担率

三、一氧化碳和碳氢化合物排放控制技术

控制汽车尾气排放的CO和HC的技术手段主要可分为三类：一是机内净化技术；二是机外净化；三是使用清洁的替代燃料，如天然气、液化石油气或使用电能。机内净化是指通过改进发动机的结构、工作方式及其控制装置，以达到提高燃烧效率或抑制某些有害成分生成。在实际应用中，单纯的机内

净化措施已经难以达到理想的效果，必须采用电子燃油喷射技术加机外净化措施，才能进一步降低污染物排放。对于汽油车，目前常用的机外净化 CO 和 HC 的技术为安装三效催化转化器，柴油车为安装氧化催化器。

（一）三效催化技术

目前，汽油车和天然气车尾气治理的商业化技术是使用三效催化剂（three-way catalyst，TWC）控制污染物的排放，即通过电控系统（ECU）、采用闭环的方式，控制发动机在化学当量空燃比（约 14.7）附近运转，TWC 将尾气中的 CO、HC 和 NO_x 同时转化为二氧化碳（CO_2）、氮气（N_2）和水（H_2O），实现三种主要污染物在一个催化剂上同时消除，主反应为式（1-9）—式（1-11），副反应为式（1-12）—式（1-13）。

CO 氧化：$CO+\frac{1}{2}O_2 \rightarrow CO_2$ （1-9）

HC 氧化：$C_xH_y+\left(x+\frac{y}{4}\right)O_2 \rightarrow xCO_2+\frac{y}{2}H_2O$ （1-10）

NO_x 还原：$CO\ (H_2)\ +NO/NO_2\ (NO_x)\ \rightarrow N_2+CO_2\ (H_2O)$ （1-11）

水煤气变换反应：$CO+H_2O=H_2+CO_2$ （1-12）

蒸气重整反应：$C_nH_m+2nH_2O=\left(2n+\frac{m}{2}\right)H_2+nCO_2$ （1-13）

TWC 主要组成包括 Pt、Pd 和 Rh 贵金属活性成分，稀土储氧材料（助剂），氧化铝（γ-Al_2O_3）涂层和蜂窝载体（图 1-12）。其中，稀土储氧材料为铈（Ce）基固溶体或复合氧化物，γ-Al_2O_3 为贵金属和铈基复合氧化物的第二载体，又称水洗层，为提高其热稳定性，通常添加镧（La）或钡（Ba）等结构稳定剂，再将贵金属－储氧材料－氧化铝制成的浆料涂覆到蜂窝载体上。TWC 是在公众产品市场上使用催化技术的最显著成就之一，也是最为公众所熟知的一种催化剂，对环境保护和污染物减排具有划时代的重大意义。

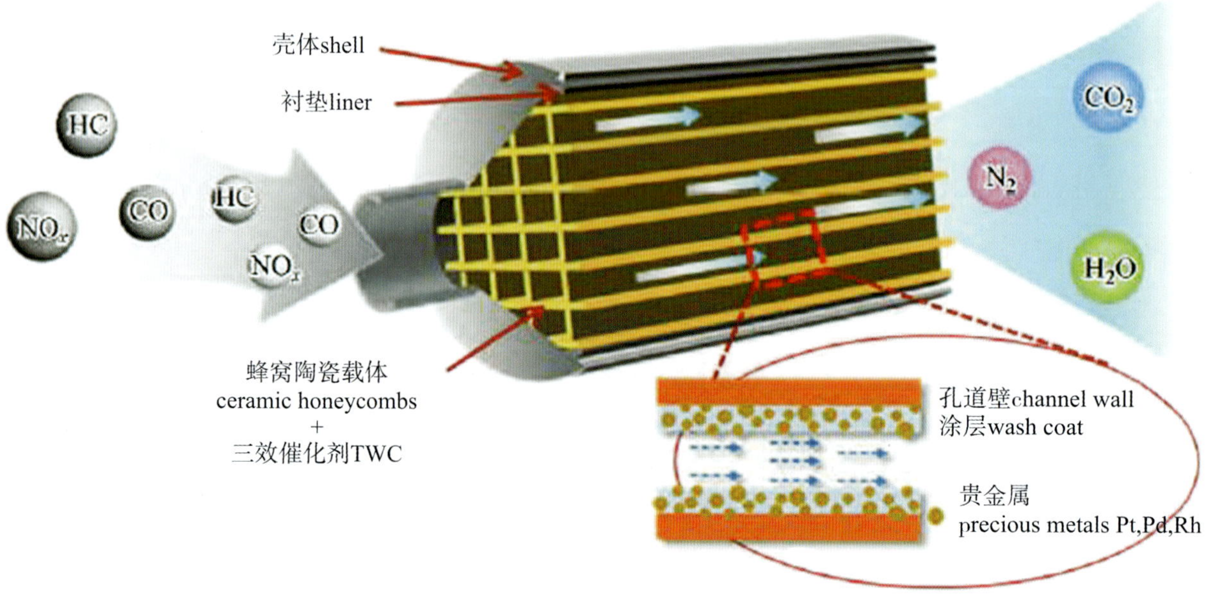

图 1-12 TWC 的剖面示意图

（二）氧化催化技术

柴油车氧化催化器（diesel oxidation catalyst，DOC）主要用于净化尾气中的 HC、CO 和颗粒物中的可溶性有机物（SOF），其在 250℃以上的排气环境中具有良好的催化净化作用。使用 DOC 后可以除去 90％的 SOF，从而减少部分 PM 排放，对 HC 和 CO 的净化效率可以分别达到 88％和 68％，还可以将尾气中的部分 NO 氧化为 NO_2，提高 SCR 催化剂的低温活性和反应速率，促进 DPF 的被动再生。DOC 催化剂使用的载体一般为流通式蜂窝载体，材质为堇青石陶瓷或金属合金，通过金属氧化物涂层将催化剂附着在载体上（图 1-13）。常用的涂层材料为 $\gamma\text{-}Al_2O_3$ 或沸石分子筛，催化剂常用的成分为贵金属 Pt 和 Pd。由于 DOC 具有较强的氧化性能，易将尾气中的 SO_2 氧化成 SO_3 进而生成硫酸盐，不仅增加了颗粒物的排放而且造成催化剂的硫中毒。因此 DOC 催化剂应当具有较高的选择性氧化能力，即在氧化 SOF、CO 和 HC 的同时尽量抑制 SO_2 的氧化。

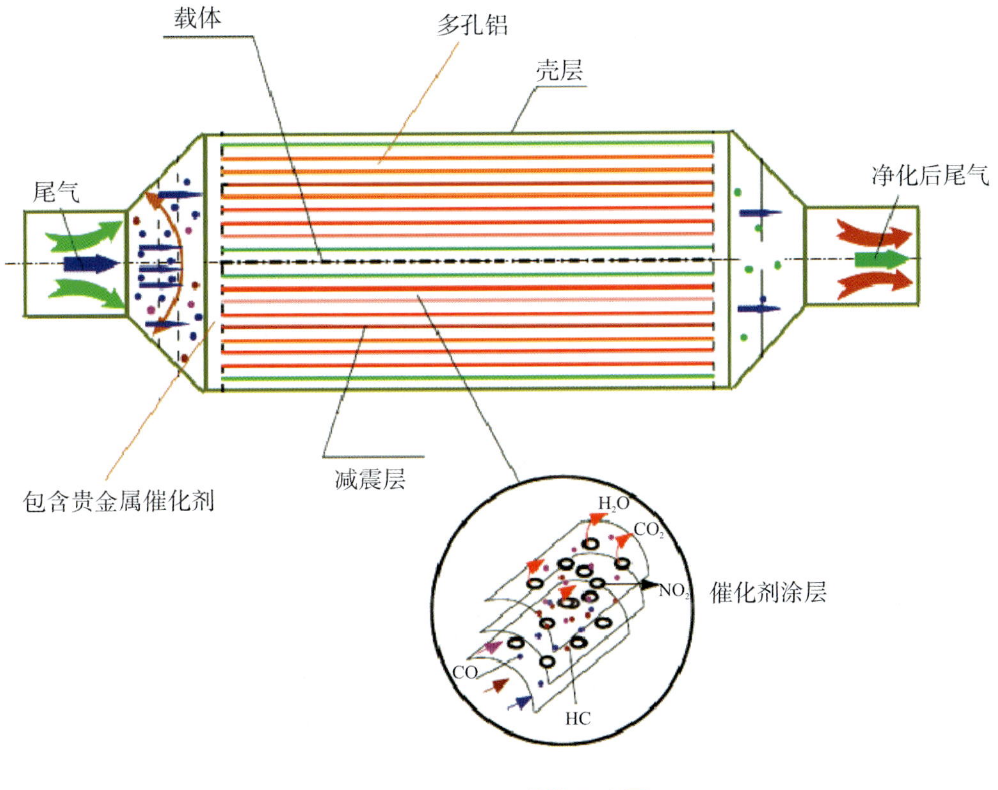

图 1-13 DOC 结构示意图

与汽油车相似，柴油车在冷启动时由于催化剂不能迅速达到正常工作温度，使柴油未完全燃烧产生大量的 HC、CO 和 PM，且由于尾气未能达到后处理系统工作温度，因此都排放到了大气中。针对冷启动阶段 HC 的排放，目前有两种潜在的解决方案：①使用密偶催化剂（CCC）、电加热催化剂（EHC）或燃烧加热催化剂（CHC）使催化剂快速达到工作温度；②在催化剂达到工作温度前用 HC 吸附剂吸附储存 HC，当催化剂达到其工作温度后再将 HC 脱附，并将其转化消除。因此，HC 吸附剂应该具有较大的 HC 吸附量，且能使 HC 脱附温度延后到催化剂工作温度。沸石分子筛是常用的 HC 吸附剂，它们具有独特的孔结构和酸性位以及较大的比表面积，能够在低温时有效吸附 HC 并在高温时脱附，并且对沸石分子筛改性能后能够有效改善其对 HC 的吸附性能和水蒸气对其吸附性能的影响。

第四节 甲醛控制

一、甲醛排放现状及危害

醛是烃类燃料燃烧不完全的产物，主要由内燃机废气排放。汽车尾气排放的醛类以甲醛为主，占比为 60%～70%。纯甲醇发动机或掺醇燃料发动机（甲醇/柴油发动机和甲醇/汽油发动机）尾气中也会有甲醛的排放。甲醛是有刺激性的气体，对眼睛有刺激性作用，也会刺激呼吸道，嗅觉阈值为 0.06～1.2mg，高浓度时会引起人体咳嗽、胸痛、恶心和呕吐等反应。

二、甲醛排放控制技术

甲醛可以通过甲醇氧化生成和 HC 氧化生成，其关键是废气在高温环境（即气缸、排气口和管道）中停留的温度和停留时间。发动机转速在一定程度上也会影响甲醛排放。发动机转速越高，甲醛浓度越大。汽油中甲醇的加入也导致了甲醛排放量的增加。与甲醇排放类似，混合燃料中甲醇含量越大，甲醛浓度也越大，其浓度与循环供应燃料甲醇的量近似成线性关系。TWC 对甲醛转化的影响与去除 CO、HC、NO_x 等管制排放物有很大不同。有趣的是，负转换效率出现在高发动机转速。有些甲醛似乎是由 TWC 产生而不是去除的，这使得汽油发动机在某些工况下 TWC 产生的甲醛甚至比 M10 发动机的甲醛还要多。

第二章　汽车尾气后处理部件

第一节　TWC

三效催化转化器主要包括壳体、衬垫和催化剂三大组成部分，其中核心是催化剂，直接决定汽车尾气的催化净化效率。TWC 主要组成部分为：第一载体（堇青石蜂窝陶瓷）、第二载体（γ-Al_2O_3 涂层）、活性组分（贵金属）和助催化剂。TWC 最早由美国开发并使用，主要经历了以下几个发展阶段。

第一代：氧化型催化剂。由美国 Engerlhard 公司［2006 年被巴斯夫（BASF）公司收购］于 20 世纪 70 年代中期到末期开发，主要活性成分为 Pt 和 Pd，用来消除 CO 和 HC，而 NO_x 则通过废气再循环（exhaust gas recirculation，EGR）来降低，满足了美国 1975 年的排放标准。该催化剂的致命弱点是抗中毒能力差。

第二代：三效催化剂。随着排放法规对 NO_x 排放限值的加严，起还原作用的 Rh 作为催化活性成分加入催化剂中，于是在 20 世纪 80 年代初期出现了最早的 Pt/Pd/Rh 三效催化剂。发动机则通过氧传感器闭环控制空燃比（空气质量/汽油质量）在理论值（即 14.7）附近，实现了 CO、HC 和 NO_x 的同时催化净化。

第三代：三效多 Pd 或全 Pd 催化剂。20 世纪 80 年代中期开始，由于 Pt 和 Rh 的价格较高，美国 Engerlhard 公司开发了性能相当的多 Pd 或全 Pd 催化剂，并被 Ford 等公司投入商用。

全 Pd 催化剂推动了 Pd 的价格大涨，同时为满足排放法规对 NO_x 更严格的限值要求，Pd 基 TWC 中添加了少量 Rh，形成 Pd/Rh 活性成分，并主要在密偶催化剂中使用，而在常规的主催化剂中则是 Pt/Rh 体系。

汽车尾气在 TWC 的作用下，既要求对 CO 和 HC 的氧化反应，又要求实现对 NO_x 的还原反应。由于反应体系富氧时会抑制对 NO_x 的还原反应，贫氧时会降低 CO 和 HC 的转化率，因此必须要求反应体系中的氧气含量处于化学计量系数附近。为了提高对汽车尾气的总净化率，催化剂只有在理想空燃比时才能对尾气中的 CO、HC 和 NO_x 气体进行最大效率的催化净化，靠近理论空燃比的区域称为“操作窗口”（图 2-1）。如何扩大此操作窗口，也是近些年 TWC 的研发关键。

由于 CeO_2 具有较好的储氧/释氧能力，在 TWC 中可有效调节催化环境的空燃比，一定程度上可改善 TWC 的催化效率。CeO_2 具有空间群 Fm3m 的立方萤石结构，当其处于高温还原气氛中时，将形成具有氧缺陷的非化学计量比的 CeO_{2-x} 物种（$0<x\leqslant 0.5$）。值得注意的是，即使从晶格中失去了相当数量的氧，形成了大量的氧空位，CeO_2 仍然保持着其萤石晶体结构。而 CeO_{2-x} 氧化物暴露在氧化环境中

很容易再氧化成 CeO_2，其存储和释放氧气的化学原理如下：

$$CeO_2 \underset{H_2O/CO_2}{\overset{H_2/CO}{\rightleftharpoons}} CeO_{2-x} + \frac{x}{2}O_2 \quad (0<x\leqslant 0.5) \tag{2-1}$$

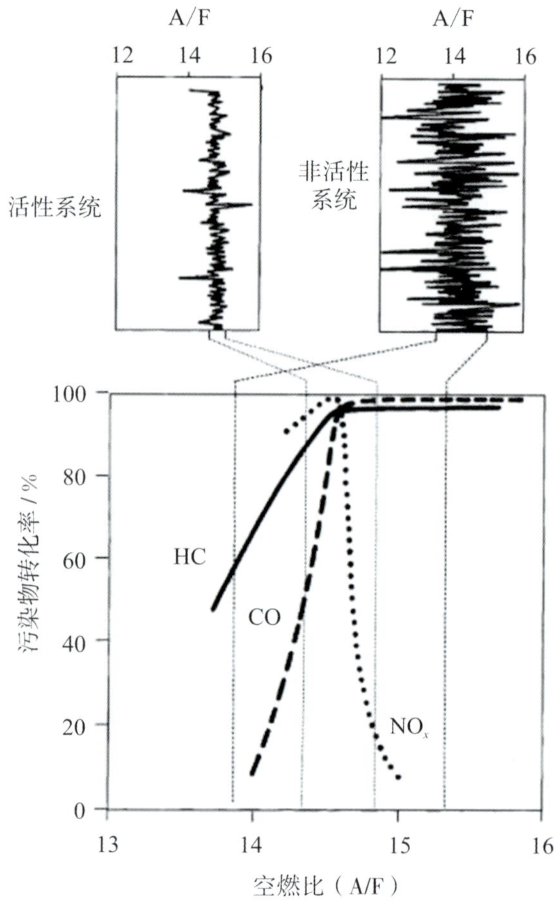

图 2-1　空燃比对三效催化剂性能的影响

CeO_2能够在稀燃条件下储存氧，在富燃条件下释放氧，调节尾气中的空燃比接近理论值 14.6，克服汽车运行中因空燃比变化带来的氧化还原气氛的改变，从而为三效催化剂提供一个接近理论空燃比的反应环境，提高了三效催化剂的总催化利用率，因此在早期的汽车尾气净化转化器中得到广泛的应用。某种程度上说，储放氧性能的优劣决定着三效催化剂的性能，催化剂的储放氧性能的损失意味着三效催化剂的失活。但纯 CeO_2 的热稳定性较差，经历高温（>850℃）会发生烧结，比表面积迅速下降，导致储放氧性能及催化性能下降。此外，高温条件下，CeO_2 还将与 γ-Al_2O_3 或者活性组分贵金属之间发生相互作用，导致其储放氧性能和催化活性都明显降低。为提高 CeO_2 的热稳定性，一般在 CeO_2 中掺杂 Zr 元素，形成 CeO_2-ZrO_2 固溶体或复合氧化物。为提高 CeO_2-ZrO_2 的热稳定性和储氧量及氧移动性，通常加入三价稳定剂 La 和促进剂 Y、Pr、Nd、Sm 等元素。

除储放氧材料外，蜂窝载体、氧化铝、浆料制备、分层和分区涂覆技术，以及真空和定量涂覆等方面的提高，也是 TWC 性能强化的有效组成部分。

蜂窝载体一般分为堇青石（成分为 $2MgO$-$5SiO_2$-$2Al_2O_3$）陶瓷蜂窝和金属（FeCrAl）蜂窝两种。高端的堇青石蜂窝陶瓷载体制备技术主要被美国康宁（Corning）公司和日本 NGK 公司控制，山东奥福环保科技股份有限公司是国内掌握薄壁、低热膨胀系数蜂窝陶瓷技术的代表性企业。金属蜂窝的背压低，但催化剂与载体的表面结合强度较差，主要用于高端轿车和摩托车，以及电加热辅助快速起燃的情况，比如在新兴的油电混动汽车的密偶催化剂中。

高比表面积和热稳定的 γ-Al_2O_3 是 TWC 活性成分的载体，起到分散活性成分、防止烧结和提高利用率等作用。国外用于 TWC 制造的高纯纳米 γ-Al_2O_3 生产企业有日本住友、SOSAL 等。我国是氧化铝生产大国，TWC 用 γ-Al_2O_3 生产企业众多，如山东国瓷功能材料股份有限公司、山东晶鑫晶体科技有限公司和宣城晶瑞新材料有限公司等。

将催化剂活性成分涂覆到蜂窝陶瓷载体上是汽车尾气催化剂生产的关键技术，经历了手动提拉法、机器喷涂法等阶段，目前主要由定量真空涂覆机完成，并分为上给料和下给料两种，TWC 使用上给料涂覆工艺。一般对催化剂浆液的要求为：具有良好的流动性，确保涂覆厚度均匀；具有良好的抗沉降稳定性，避免涂覆过程中发生分层或颗粒凝聚。因此，为提高涂覆效果，可将催化剂研磨到合适的粒径分布，或者添加黏结剂比如拟薄水铝石和/或硅胶，并在一定时间内完成。当前产品不仅是简单的涂覆，还包括分层、分区等技术，比如将 Pd 放置在最外层或入口处，既能有效地催化 HC 氧化，又快速提高了催化剂床层温度；高含量贵金属成分在前/上，低含量贵金属成分在后/下等。

第二节 DOC

柴油机 DOC 的工作原理与汽油机的 TWC 相似。通常由衬底和涂覆催化剂材料的结构框架组成。衬底通常由陶瓷或金属材料制成，具有较大的表面积，以促进催化反应。DOC 的工作涉及几个步骤，首先，含有 CO 和 HC 的排气进入催化剂，与衬底表面上的催化剂材料接触。催化剂促进有害物质在其表面上的吸附，促进它们与 O_2 分子的相互作用。氧化反应分为吸附和反应两个阶段。在吸附阶段，CO 和 HC 分子通过弱化学键与催化剂表面相结合，增加其在活性位点附近的浓度。这种吸附过程增加了分子碰撞的可能性，增加了反应的概率。一旦吸附，CO 和 HC 分子进入反应阶段，在排气中的 O_2 作用下发生反应。催化剂降低了氧化反应所需的活化能，使其能够在较低的温度下进行，与非催化反应相比降低了温度。结果，CO 分子被氧化为 CO_2，HC 分子被转化为 CO_2 和 H_2O。这些产物对环境的危害性明显降低。DOC 的效果受多种因素影响，包括温度、排气成分和催化剂活性。催化反应在特定温度范围内最有效，通常在 200～400℃。在较低温度下，反应可能不会以显著的速率进行，而在较高温度下，催化剂可能会发生热降解或形成对环境有害的 NO_x。为了优化 DOC 的性能，排气温度通常通过发动机管理系统进行控制。这确保催化剂在其最佳温度范围内运行，最大限度地提高 CO 和 HC 污染物的转化效率。此外，柴油机排放物中 NO_x 的主要成分是 NO，二氧化氮（NO_2）仅占 5%～10%，而 NO_2 是 DPF 被动连续再生和 SCR 高转化效率的重要反应物。因此，DOC 的另一个重要作用是将排气中的 NO 氧化成 NO_2，促进 DPF 的被动再生，提高 SCR 的转化效率。图 2-2 为 DOC 结构的单通道反应示意图，气体反应物从通道转移到催化涂层并发生催化反应，而气体产物通过涂层孔结构到达气体一载体涂层界面并最终返回到通道中。

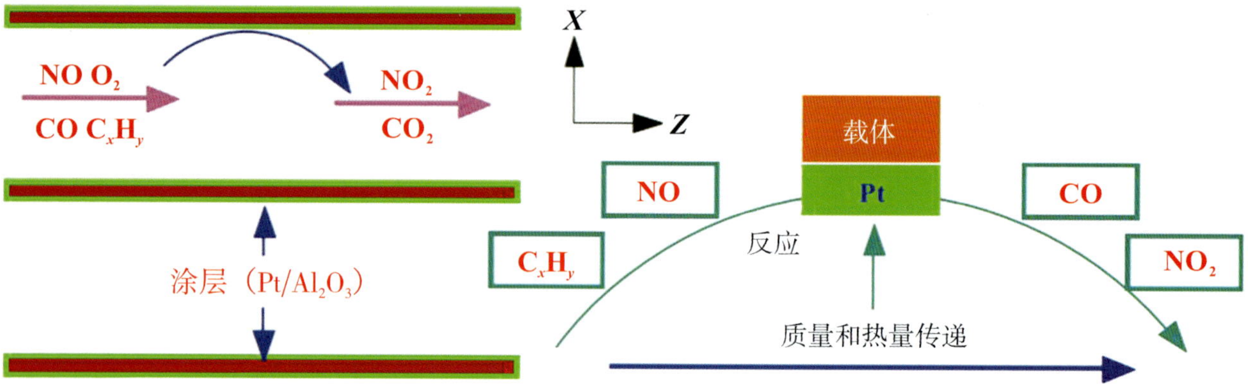

图 2-2　DOC 结构单通道反应示意图

柴油氧化催化剂于 1967 年首次使用，根据研究人员对 DOC 存在问题的改进顺序，其发展可分为以下三个阶段。

第一阶段：DOC 催化剂以贵金属（Pt、Pd 和 Rh 等）为主要活性成分，具有较低的点火温度和较好的 HC 氧化能力。在这一阶段，Pt 基催化剂因其优良的催化性能而受到青睐，且对饱和烃类具有较高的催化活性。Pd 基催化剂可对 HC 和 CO 进行完全氧化，尤其对不饱和烃类具有较高的催化活性，是现代发动机尾气净化催化剂的重要组成部分。Rh 对芳香烃类具有较高的催化活性，且具有激活和降低 NO_x 的能力。但是单一金属催化剂存在热稳定性差、成本高等缺点。在这种情况下，通过组合不同的催化活性材料来持续改进催化剂是研究的一个重要方面，并且可以显著改进非均相催化剂的活性。而且，这些金属在活性和稳定性方面与其他金属形成合金，可以表现出协同效应，显著提高催化剂的氧化性、活性、稳定性，有效降低催化反应对贵金属的依赖。例如，早期的研究表明，纯 Pt 催化剂在高温下易烧结，而掺杂 Au、Ni、Al、Cu 和其他金属后可以明显改善 Pt 的烧结现象。Pt-Pd 合金是提高催化剂热稳定性的有效方法。特别是，加入 Pd 可以抑制 Pt 粒子团聚。随着排放法规的不断加严和催化剂研究的不断深入，Pd、Pt、Rh 三元合金体系受到了越来越多的关注。

第二阶段：20 世纪 90 年代以来，由于此时燃油中硫含量较高，国内外学者提出了许多减少 DOC 使用过程中硫酸盐生成的改进方法。所产生的 DOC 能够保持 SOF 氧化后的活性，同时能较好地减少含硫酸盐 PM 的排放。Ball 等和 Henk 等研究了镀有二氧化硅的 Pd 和 Pt 催化剂，发现 Pt 和 Pd 催化剂都能降低 SO_3 的生成。Nagai 等发现，ZrO_2 负载的 Pt 催化剂具有较高的比表面积，显著抑制了 SO_2 的氧化。Kim 等发现 V_2O_5 能抑制 Pt 基 DOC 中 SO_2 的氧化活性，减少硫酸盐的生成。

第三阶段：随着世界范围内柴油车排放法规的不断完善和实施，DOC 催化剂的研究也在不断完善，以满足新排放标准的要求。由于柴油车冷启动时催化剂不能迅速达到正常工作温度，且柴油排气温度较低，导致 HC 不能及时处理并释放。因此，开发低温 HC 吸附技术开始引起研究者的关注。如利用沸石或其他对 HC 吸附能力强的吸附剂，在低温下捕获大部分 HC，随着反应温度的升高，在达到催化剂起燃温度后，HC 被释放并实现完全燃烧。Burke 等利用 BEA 沸石体系作为冷启动捕集添加剂，提高了车辆冷启动时对 HC 的吸附能力。

第三节 POC

颗粒氧化催化剂（particulate oxidation catalyst，POC）是一种用于柴油发动机尾气后处理的催化转化器，旨在减少颗粒物（包括颗粒污染物和固体颗粒）的排放。颗粒物是由不完全燃烧的柴油和其他有机物质组成的微小固体颗粒，在大气中对空气质量和人类健康构成潜在威胁。在柴油发动机尾气后处理系统中，常常将 DOC 与 POC 联用，以实现更全面的尾气处理效果。

POC 通过催化氧化反应将颗粒物转化为较小的颗粒，从而实现颗粒物的减少。催化氧化反应是基于催化剂的表面化学作用，通过与尾气中的颗粒物发生反应来氧化它们。POC 中的催化剂通常由金属（如 Pt、Pd 和 Rh）或金属氧化物（如 TiO_2）组成，它们在适当的温度和气氛下具有高度的催化活性。

当颗粒物与 POC 中的催化剂接触时，氧化反应开始进行。在适宜的工作温度下，催化剂表面的活性位点与颗粒物发生化学反应，将其转化为较小的分子。这些反应通常包括氧化和分解过程，将有机物质降解为 CO_2 和 H_2O，并且可能伴随着其他氧化产物的形成。通过将颗粒物分解为较小的分子，POC 有效地降低了颗粒物的质量和尺寸。

此外，POC 还可以促进颗粒物的燃烧过程。一旦颗粒物被氧化为较小的分子，催化剂可以提供适当的反应条件，使这些分子与氧气反应，进一步将它们完全燃烧为 CO_2 和 H_2O。燃烧反应有助于彻底去除残留的有机物质，并最大限度地降低颗粒物的残留量。

POC 通常被安装在尾气系统中的适当位置，以确保与颗粒物的充分接触和催化反应。它可以作为尾气处理系统的关键组成部分，与其他催化转化器（如柴油氧化催化剂和选择性催化还原催化剂）协同作用，以达到更高效的尾气净化效果。

总而言之，POC 通过催化氧化反应和燃烧反应，以其高活性催化剂作用于尾气中的颗粒物，将其转化为较小的分子，从而有效减少颗粒物的排放。这对于降低柴油车辆的尾气污染，改善空气质量和符合环境排放标准具有重要意义。

第四节 DPF

颗粒过滤器（diesel particulate filter，DPF）是柴油车排气管上的一个过滤装置，可将废气中的微粒收集起来使其不能排放到大气中，从而达到净化的目的。DPF 可去除排气中的全部基础碳烟颗粒（超过 99%）与大部分有机碳。过滤器的核心包括过滤材料和过滤体再生技术。

过滤器过滤材料应具有良好的颗粒物捕集效率，较低的排气流动阻力和较高的机械强度。但高的微粒过滤效率会造成高的流动阻力，这两者是相互矛盾的，因此在选择过滤材料时要综合考虑这几方面的性能。康宁公司发明的堇青石壁流式蜂窝陶瓷为解决这一矛盾提供了新的思路和技术，在柴油机 DPF 研究领域里具有里程碑性质的贡献。与一般催化剂载体不同，这种颗粒过滤器的壁面是多孔陶瓷，相邻的两个通道中，一个通道的出口侧被堵住，而另一个通道的进口侧被堵住。这就迫使排气由入口敞开的通道进入，穿过多孔陶瓷壁面进入相邻的出口敞开通道，而颗粒就被过滤在通道壁面上。

但堇青石过滤体在使用过程中常出现烧熔、烧裂的现象，这说明堇青石材料的耐高温性和抗热震性尚不能满足实际应用的需求。为解决这一问题，SiC 壁流式过滤体的 DPF（CSF）研究成了热点。DPF 与 CSF 具体区别见表 2-1。由于 CSF 的生产成本较高，目前国内市场一般选择使用堇青石结构的 DPF，其体积一般为发动机体积的 2 倍，DOC 与 SCR 载体也采用堇青石，DOC 的体积一般为发动机体积的 0.5～1 倍，SCR 载体的体积一般为发动机的 2～2.5 倍。考虑到封装结构，一般 DOC、DPF 和 SCR 选取相同直径的载体。

表 2-1　CSF 与 DPF 优劣势对比

CSF	DPF
分段结构：高热膨胀系数	整体结构：低热膨胀系数
（1）控制颗粒效率高 （2）高导热系数 （3）热容较大（比重大）	（1）启动性能好 （2）热容较小（比重小）
（1）适用于低温排放条件（低负载车辆，城市车辆等） （2）适用于 PM 产生量较大的发动机 （3）主要采用主动再生	（1）适用于高温排放条件（高负载车辆，高速车辆等） （2）适用于 PM 产生量较小的发动机 （3）主要采用被动再生
生产成本高	生产成本低

由于微粒在过滤体中的不断沉积，导致过滤体背压升高，从而引起柴油机性能的恶化，因而必须适时地清除过滤体内存的微粒，使背压恢复到原来的水平，这就是 DPF 的再生。根据再生原理的不同，微粒过滤器的再生方法分为主动再生、被动再生和催化再生三类。主动再生是利用外加能源将微粒加热烧尽；被动再生是利用柴油机排气本身所具有的能量对 DPF 进行再生；催化再生是用含贵金属元素的催化剂降低碳颗粒的起燃温度，使之在柴油机尾气气氛下便能催化燃烧，从而实现颗粒过滤器的再生。

SCR 与 DPF 联合技术（SCRF）目前已经应用于轻型车，但在重型发动机方面技术还在不断完善中。它是将 SCR 催化剂涂覆到 DPF 上，优点主要有：①降低了系统的尺寸、质量，减少了成本；②与 DOC 的间距缩短，从而提高了温度，促进了冷启动的反应，因此在高低温循环工况下，NO_x 转化效率均很高。但也存在很多缺点，如：①需要很好的热管理和适度的硫化物控制；②由于碳烟燃烧温度较高，因此需要进一步提高 SCR 的效率和热稳定性；③N_2O 的排放量较大。

第五节　SCR

SCR 系统主要由尿素供应系统、尿素喷射及控制系统和催化剂系统三部分组成。尿素供应系统主要由尿素罐组成，内部装有浓度为 32.5%的尿素水溶液（Adblue，车用尿素）作为还原剂。Adblue 无毒、无气味，不易着火，无爆炸危险，但稍有腐蚀性，需用特殊储存容器，而且在−11°C 时容易结冰，所以在寒冷地区需要通过添加剂提高溶液冰点或采用加热装置进行化冰。尿素喷射及控制系统主要由控制单元、计量喷射泵、NO_x传感器等组成，NO_x传感器实时地对排气管中 NO_x的浓度进行测量，以精确地对尿素喷射量进行控制。催化剂系统主要由尿素混合器、催化器和降噪单元等组成，其外形主要有筒式和箱式两种，通常排量大于 6L 的发动机匹配箱式，排量小于 6L 的发动机匹配筒式。催化器与降噪单元采用整体式封装装置，其核心为研发和使用的催化剂。根据文献报道，可将 SCR 催化剂分为贵金属催化剂、金属氧化物催化剂和分子筛催化剂三大类。

一、贵金属催化剂

20 世纪 70 年代，Pt、Pd、Rh 和 Ag 等贵金属为活性位点的催化剂首次被用于 SCR 反应中，并表现出了较好的催化活性。但是，该类催化剂具有很强的氧化性，容易氧化 NH_3引发副反应而导致催化活性降低，且贵金属催化剂价格昂贵，抗硫中毒能力差，因此不利于柴油车后处理系统中大规模的产业化应用。

二、金属氧化物催化剂

自 20 世纪 70 年代以来，钒基氧化物催化剂，特别是 WO_3或 MoO_3掺杂的 V_2O_5/TiO_2由于具有优异的 SCR 性能和抗 SO_2中毒性能，已被广泛用于固定源脱除 NO_x领域。随着柴油车后处理领域的兴起，适当改进的钒基催化剂在柴油机“国四”和“国五”阶段运用广泛。图 2-3 显示了该催化剂的典型组成及各组分的主要功能。活性组分 V_2O_5的氧化还原性和酸性使其在 NH_3-SCR 反应中非常活跃，V^{5+}物种是 SCR 反应的活性中心。此外，V_2O_5是硫酸生产中 SO_2氧化为 SO_3的工业催化剂。因此，V_2O_5在 NH_3-SCR 反应中具有非凡的抗硫中毒能力。锐钛矿型 TiO_2作为载体，能为 NH_3-SCR 反应提供酸位，有利于活性 V_2O_5的良好分散，并且合成过程中硫酸钛的低分解温度使 TiO_2具有固有的抗硫中毒能力。MoO_3的添加可以抑制 As 化合物的中毒。WO_3可以作为结构促进剂抑制锐钛矿型 TiO_2的相变，有利于热稳定性的提高，还可以作为化学促进剂来增加表面酸位，有助于抑制 NH_3的过氧化和 SO_2的氧化，从而提高了 NO_x转化率、N_2选择性和抗 SO_2中毒性能。

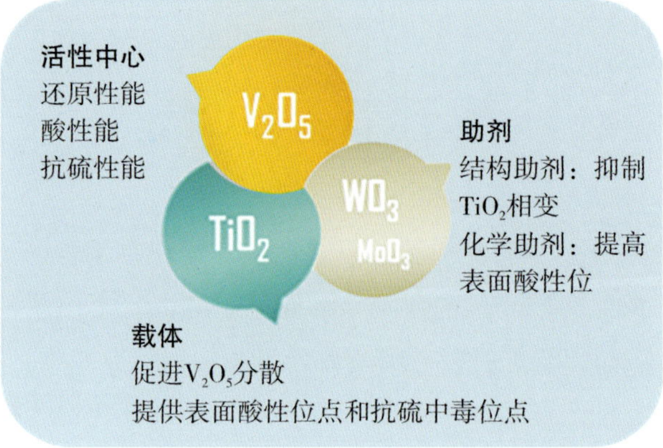

图 2-3　工业钒基催化剂的典型组成及各组分的主要功能

虽然钒基催化剂已经在工业领域成功应用 40 余年，但该催化剂仍然存在一些问题，如活性钒物种在反应温度高于 550℃时易升华导致催化剂失活，SCR 活性温度窗口窄且热稳定性差，钒物种的毒性会对生态系统带来危害等（图 2-4）。因此，近几十年来，无钒氧化物催化剂的开发一直是 NH_3-SCR 研究的热点。

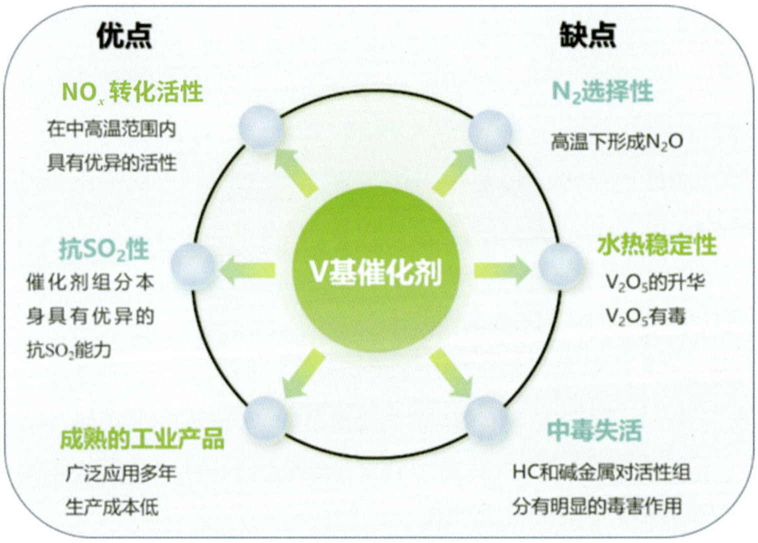

图 2-4　钒基催化剂的优缺点

锰氧化物以其独特的氧化还原能力和变价能力在 NO_x脱除领域受到广泛关注。纯MnO_x具有优异的低温性能，在 $7\times10^5 h^{-1}$的极高空速下，NO_x转化率在 100℃以下即可达到 100%，但是该催化剂在应用过程中还存在很多问题。为了进一步优化MnO_x催化剂的 NH_3-SCR 性能，科学家们通过改性或掺杂过渡金属氧化物或稀土金属氧化物来改善其氧化还原性和酸性。Mn-Ce 氧化物催化剂中碱性 Ce 离子的表面可以提供更多 NO_x的吸附位点，且 CeO_2晶格中取代的锰离子也可作为 NO 氧化的催化剂，因此 Mn 和 Ce 的相互作用有利于催化剂表面形成更多硝酸盐或亚硝酸盐物种，从而有利于 SCR 性能的提高。MnO_x中 Co、Sm 和 Eu 的添加有利于更多 Mn^{4+}物种的生成，从而有利于催化剂表面吸附氧物种和表面酸性位点的累积。Mn-Eu 氧化物可以在 150℃以下促进 NO 氧化，在 150℃以上促进 NH_3吸附，因此在 150～400℃范围内 NO 转化率接近 100%，且 N_2 选择性保持在 95.5%以上。Ni、Fe 和 W 改性剂在改善锰催化剂表面酸性的同时，分别产生了 Mn^{3+} 和 Ni^{3+}、Fe^{3+} 和 Mn^{3+} 及 W^{5+} 和 Mn^{4+} 之间的氧化还原循环，从而促进了 SCR 活性的提高。三元金属氧化物催化剂可以在三种不同价态的金属氧化物之间产生双重氧化还原循环（图 2-5），如 Mn-Ce-Ti 氧化物催化剂中 Mn^{4+} 和 Ce^{3+}、Mn^{4+} 和 Ti^{3+} 之间的双重氧化还原循环可以显著改善电子传递，从而促进了 NH_3-SCR 反应的进行。Mn-Ce-V-W/TiO_2 催化剂由于四元活性组分的协同作用，在 150～400℃范围内 NO_x 转化率大于 90%。Xin 等人制备了由 Mn_2O_3 和 $Mn_2V_2O_7$ 组成的双功能 V_a-MnO_x 催化剂（图 2-6），二者的相互协同作用增强了催化剂表面的 Lewis 酸密度，有利于低温下 NO_x 转化率和 N_2 选择性的提高。其中 $V_{0.05}$-MnO_x 催化剂的高 SCR 活性归因于 V 和 Mn 之间的最佳接触，突出了邻近性对于反应中间体转移的重要性。此外，Sn-Mn-Ce 氧化物催化剂在 SO_2 存在下生成 Ce^{3+} 的硫酸盐增强了 Lewis 酸性，促进了 NO 向 NO_2 的氧化，从而提高了 Sn-Mn-Ce氧化物催化剂的抗 SO_2 活性。虽然科学家们通过各方面努力对 Mn 基氧化物催化剂进行改进，但其 N_2 选择性、高温水热稳定性和抗硫中毒性能仍然不能满足柴油车尾气后处理系统中 SCR 的应用要求。

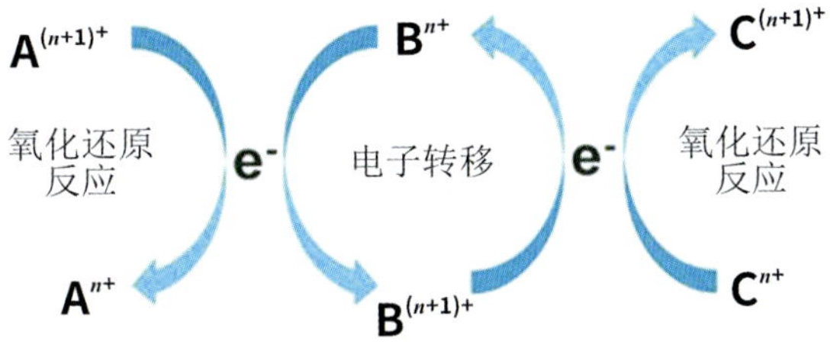

图 2-5　三元金属氧化物催化剂上的双氧化还原循环示意图

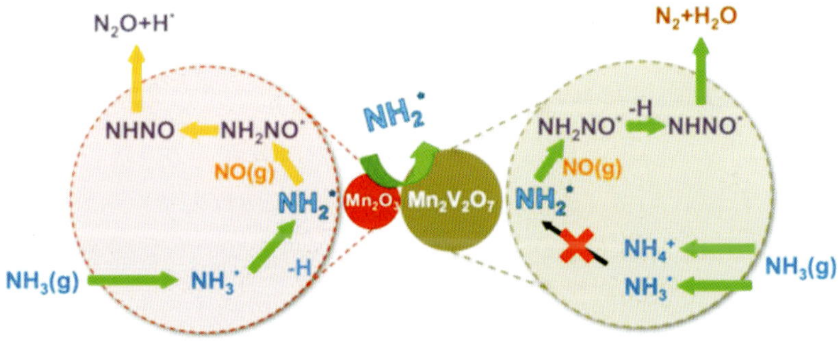

图 2-6　Mn-V 复合氧化物催化剂的双功能催化机理

Fe_2O_3 基催化剂具有热稳定性和高温（>300℃）SO_2 耐受性好等优点，一直是 NH_3-SCR 反应研究的热点。由于纯 Fe_2O_3 催化剂的脱硝性能不理想，科学家们将研究焦点集中在通过改性或掺杂 Fe 基催化剂而达到改善热稳定性、酸性和氧化还原性能的目的。通常情况下，通过酸性氧化物如 TiO_2 和 WO_3 的掺杂，可以获得具有高 NO_x 转化率、N_2 选择性和在中等温度范围内良好抗 SO_2 中毒性能的二元催化剂。此外，为了进一步提升 SCR 性能，研究者开发出了一些成分更复杂的催化剂，如 Fe-TiO_2-PILC、$Fe_2(SO_4)_3$/TiO_2、Fe-Ce-Ti 氧化物、Fe-Cu-Ti 氧化物、Fe-W-Ti 氧化物、Fe-W-Ce 氧化物和 Fe-W-Zr 氧化物等。Liu 等通过调节载体的晶面来调节 Fe_2O_3 与载体的相互作用（图 2-7），合成了 TiO_2-NS 和 TiO_2-NSP 负载的单层 Fe_2O_3 催化剂，通过对比发现 Fe_2O_3/TiO_2-NS 具有较高的酸位、氧缺陷和活性氧含量，因而具有较好的催化活性。近期，Qu 等制备了单原子 Mo/Fe_2O_3 催化剂，将单个 Mo 离子和相邻的一个 Fe 离子构建为一个双核的 NH_3-SCR 酸-氧化还原位点，促进了反应速率的线性增加。由于 Mo 和 Fe 离子分别具有酸性和氧化还原功能，因此该双核位点可充当 NH_3-SCR 的高活性酸-氧化还原位点。虽然科学家们通过各方面努力对 Fe 基氧化物催化剂进行改进，但其在真实柴油车尾气高氧含量、高空速下的低温脱硝性能和抗水抗硫性能仍然有待进一步的提高。

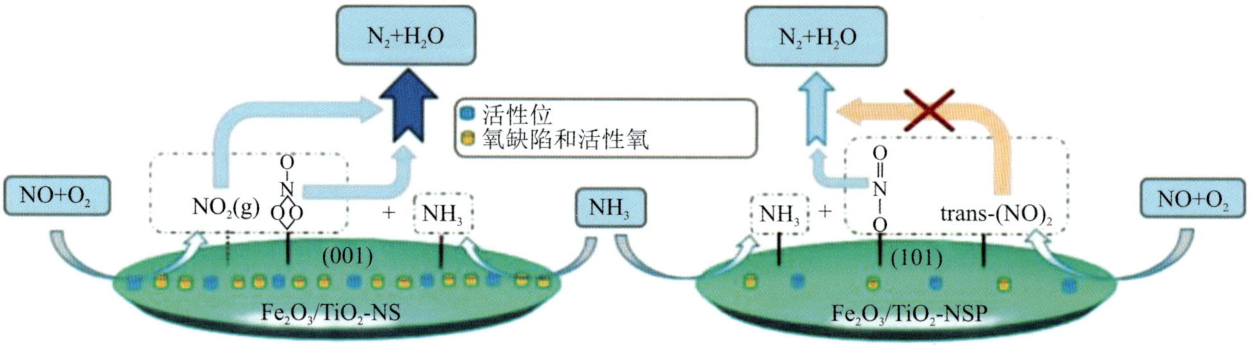

图 2-7 双功能 Fe_2O_3/TiO_2-NS 和 Fe_2O_3/TiO_2-NSP 纳米催化剂上 SCR 反应机理

CeO_2 由于具有未充满电子的 4f 轨道且极化能力强，可表现出多种稳定化合价，其氧化物表面易形成氧空位而且储氧量高、氧迁移性好，因此在 NH_3-SCR 领域得到了广泛的研究。CeO_2 除是 V 基催化剂、Mn 基低温催化剂和沸石分子筛催化剂的有效助剂外，也可以作为载体或活性组分用于 SCR 领域。Ce-Mo 氧化物催化剂具有丰富的 Lewis 酸和 Brønsted 酸中心，分别归因于表面 Ce 原子以及单体和聚合物 MoO_x 单元，从而具有较高的 SCR 活性。CeO_2-WO_3 催化剂中，CeO_2 的氧空位和 WO_3 的不饱和 W^{n+} 阳离子提供了充足的 Lewis 酸位点，有利于 SCR 性能的提高。Ce-Nb 氧化物催化剂中二者的相互作用有利于表面丰富的酸性位和吸附氧的形成，在 200～450℃ 范围内 NO 转化率可达 80% 以上。Zhang 等研究发现 CeO_2 经金属氧化物如 TiO_2、SiO_2 和 Al_2O_3 改性后，可以促进 NH_3 的吸附稳定性和吸附量，进一步证实了表面酸度是 CeO_2 基催化剂具有良好活性的必要条件。Ge-Ce-W 催化剂具有较宽的工作温度窗（200～470℃），这是由于 Ge 的加入优化了 Ce 和 W 的表面分布以及 Ge、Ce 和 W 物种之间的协同作用。Li 等开发了一种具有锐钛矿型 $TiMoO_y$ 固溶体为载体的新型 CeO_2/TiO_2-MoO_3 催化剂，其在低温范围内表现出了较 CeO_2/TiO_2 催化剂更高的 NO 转化率。Sb-Ce-W/TiO_2 催化剂中 Sb 的掺杂改善了体系的分散性，增加了表面活性氧和 Brønsted 酸位的数量，同时增强了协同效应和有效电子转移，200～450℃ 温度范围内 NO 转化率大于 90%。Nb 改性的 SnO_2-CeO_2 催化剂主要遵循E-R机理，活性配位的 NH_3 优先活化为 NH_2，然后与气态 NO 快速反应生成 N_2 和 H_2O（图 2-8、图 2-9）。当反应气氛中存在 SO_2 时，W-Ce-Ti、Ni-Ce-Ti 和 Fe-Ce-W 催化剂在 300℃ 以上均表现出了良好的 SO_2 耐受性；Ge-Ce-W、Cu-Ce-W、Sb-Ce-W、Mo-Ce-Zr 的活性在 300℃ 以下出现显著降低现象；Sn-Ce-Ti 和 Ce-W-Ti 在 350℃ 左右活性下降明显。

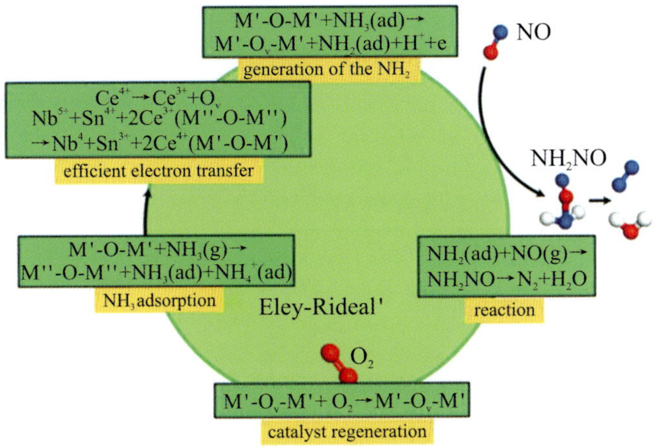

图 2-8　Nb-Sn-Ce 氧化物催化剂的可能反应机理

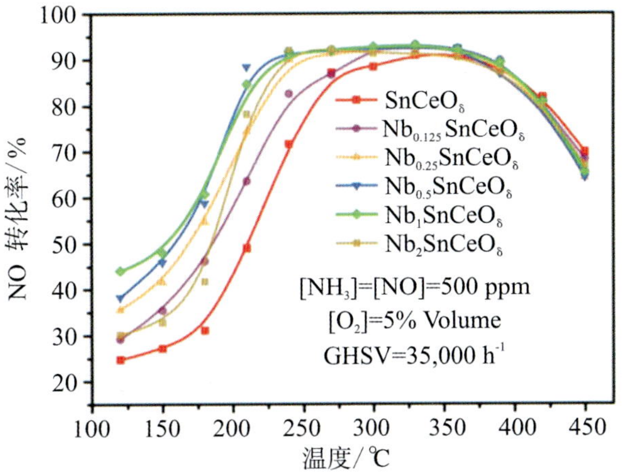

图 2-9　不同 Nb 掺杂比的 Nb-Sn-Ce 氧化物催化剂的 NO 转化率随反应温度的变化曲线

我国稀土资源丰富，Ce 基氧化物催化剂在 SCR 领域表现出来了优异的脱硝性能和环保性能，开发 Ce 基催化剂符合我国的国情需求。尽管 Ce 基催化剂的研究已经取得了许多成果，但对催化剂的耐久性仍需进行深入的研究。目前亟待解决的问题如：①在低温下，只有 CeO_2-MnO_x 催化剂能实现近 100% 的 NO 转化率，但是含 Mn 催化剂的选择性和抗 SO_2 中毒能力有待进一步提高。因此，在保障 Ce 基催化剂综合 SCR 性能的同时，提高其低温范围内的催化活性具有十分重要的意义。②除化学组成外，氧化铈基催化剂的结构对其性能有重要影响，因此，控制 Ce 基催化剂的形貌和特殊的多孔结构是获得低温 SCR 最佳性能所必需的。③由于实际应用中存在 H_2O 和 SO_2，在氧化铈基催化剂表面沉积 $(NH_4)_2SO_4$ 和 NH_4HSO_4 不利于催化剂的长期使用。特别是当它们的分解温度超过工作温度时，会严重影响氧化铈基催化剂的 NH_3-SCR 性能。因此，对其抗 H_2O 和 SO_2 性能的研究有待进一步深入。④要将 Ce 基催化剂从实验室应用到实际工业中，研究人员需要合成真正的商业应用催化剂，因此，在柴油车尾气高空速高氧含量下如何提高 Ce 基氧化物的高温水热稳定性能和抗 HC 中毒性能仍需要大量的实验探究。

三、分子筛催化剂

分子筛是一种具有规则孔结构的无机晶体材料，由共享氧原子的 TO_4 四面体（AlO_4 和 SiO_4）组成。通常，分子筛一般可分为 8 元环小孔分子筛（孔径约 4.0Å）、10 元环中孔分子筛（孔径约 5.5Å）、12 元环大孔分子筛（孔径约 7.5Å）和大于 12 元环的超大孔分子筛。分子筛的孔径与分子尺寸相似，这赋予了分子筛催化剂分子筛分效应，即可以屏蔽大分子，只有大小等于或小于孔径的分子才能进入从而产生优异的择形选择性；分子筛材料由于其高度结晶的骨架结构，具有很高的水热稳定性。此外，Al 和 Si 四面体的不同价电子壳层会产生负的骨架电荷，当引入可交换质子以平衡负电荷时，导致形成桥接羟基（Si-OH-Al），这些羟基充当 Brønsted 酸性位点，丰富的 Lewis 酸性位可以很容易地通过离子交换方法来调节，以满足各种化学反应的条件。基于上述优势，分子筛作为高效、稳定的催化剂在柴油车 SCR 领域得到了广泛的应用。

1986 年，Iwamoto 等人首次报道中孔沸石 Cu-ZSM-5 可以促进 NO 催化分解为 N_2 和 O_2，开启了分子筛在 NO 脱除反应中的应用。在随后的研究中，Iwamoto 将 Cu-ZSM-5 良好的脱硝性能原因归因于其独特的三维交叉直通孔道结构，每个孔道体系的开口约为 0.51nm，接近 NO 的动力学直径，因此对 NO 分解反应具有高选择性。Kröcher 等提出，虽然 Fe-ZSM-5 和 Cu-ZSM-5 的 SCR 性能较优，但是与 V_2O_5/WO_3-TiO_2 相比，Fe-ZSM-5 在低温范围内的活性和 Cu-ZSM-5 在高温范围内的活性需要进一步提高。Pang 等提出 Cu/ZSM-5 催化剂中 Ce 的加入可以抑制水热老化过程中 CuO 的形成，并可以减少反应气氛中 SO_2 存在时 $CuSO_4$ 的生成，从而提高了催化剂的水热稳定性和抗 SO_2 性能。但是大多数研究者通过研究发现 Cu-ZSM-5 的孔道较大，在柴油发动机废气中存在水和碳氢化合物情况下无法有效地抑制积碳的产生，从而限制了该催化剂在柴油车 SCR 中的应用。

1997 年左右，Beta 分子筛进入了科研工作者的视野。与 ZSM-5 分子筛相比，Cu 和 Fe 交换的 Beta 分子筛由于表现出优异的高温水热稳定性而成为研究热点。Boron 等通过使用常规的湿浸渍方法制备了两个系列的含 Fe 和 Cu 的 Beta 沸石，从而将 Fe 和 Cu 掺入到沸石骨架中，Cu 在沸石结构中的共存可以降低 Fe_xCu_xSiBeta 和 Fe_xCu_xHAlBeta 中 Fe 的还原性，明显提高催化剂的低温脱硝性能。Feng 等和 Shi 等发现掺 Ce 的 Beta 沸石具有增强抗 C_3H_6 中毒的能力。Zhao 等研究也表明 Fe-Beta 和 MnO_x/CeO_2 的混合物具有很高的 SCR 活性，同时可以提高催化剂的抗 HC 中毒能力。但是，随着“国六”排放标准的不断严格，Beta 分子筛的低温脱硝性能、水热稳定性能和低温抗 HC 中毒的能力仍然不能满足实际的应用要求。

由于 Cu-SSZ-13 小孔分子筛在 NH_3-SCR 反应中具有比上述两类分子筛更好的脱除 NO_x 性能，且其在美国和欧洲的柴油机客车和轻型、中型卡车排放控制系统中成功应用，因此研究者近十年来对 Cu-SSZ-13分子筛进行了大量的研究，主要集中在 Cu-SSZ-13 催化剂结构—活性关系的基础科学问题上。CHA 型 SSZ-13 分子筛是由 Zones 和 Chevron 于 1985 年首次合成，具有由双六元环（D6R）以 AABBCC 顺序构成的三维四面体骨架结构，每个晶胞可以形成一个“笼”，是 ABC-6 家族的重要成员之一（图 2-10）。Ye 等对比了 Cu-SSZ-13 和 Cu-ZSM-5 催化剂的活性、抗丙烯中毒性和高温水热稳定性，结果表明 Cu-SSZ-13 的比表面积、Cu^+/Cu^{2+} 比值和 Cu 表面含量在反应前后基本没有变化，其抗丙烯中毒性能明显优于 Cu-ZSM-5。这与超微孔 SSZ-13 和中微孔 ZSM-5 的几何结构差异密切相关，SSZ-13 的超小型孔（3.8Å）可以减少烃类物种（丙烷-4.3Å，正丁烷-4.3Å，异丁烷-4.9Å）的硬沉积和进一步扩散，有效防止了烃类沉积造成的催化剂中毒。

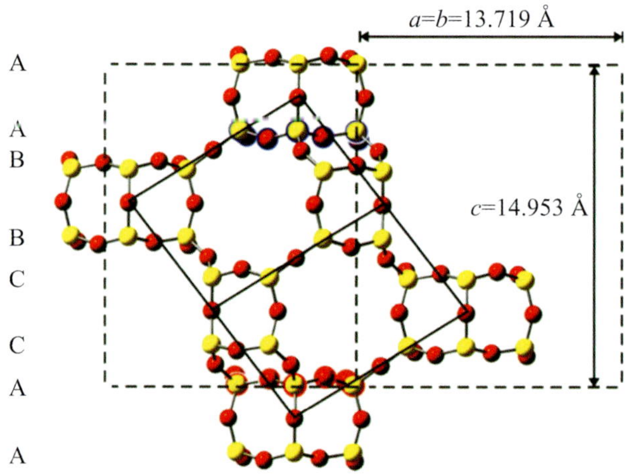

图 2-10　SSZ-13 分子筛结构示意图（黄色为 Si 原子，红色为 O 原子）

根据文献报道，催化剂中紧密耦合的氧化还原中心和酸中心及这些功能中心的高度分散和充分暴露是获得高效 NH_3-SCR 催化剂的必备条件，而 Cu-SSZ-13 分子筛完全满足上述要求。如图 2-11 所示，Cu^{2+}/Cu^{+} 对在 NH_3-SCR 反应中既可以充当氧化还原中心又可以充当酸中心，并可以完成氧化还原循环（NO_x）和酸循环（NH_3）；此外，由于 Cu 离子通过锚定在离子交换位点上来补偿沸石骨架上的正电荷，离子交换沸石中的 Cu^{2+} 离子呈原子分散。更重要的是，由于反应中动态的 NH_3 溶剂化 Cu 离子和沸石的电子效应导致的体相局部均相反应，显著提高了反应物与活性物质的有效碰撞概率。Cu-SSZ-13 具有氧化还原位和酸位的紧密耦合、高度分散和活性位点充分暴露等特点，且由于其具有独特的小孔结构，因此更适合在复杂的柴油车后处理系统中的 SCR 单元中使用。

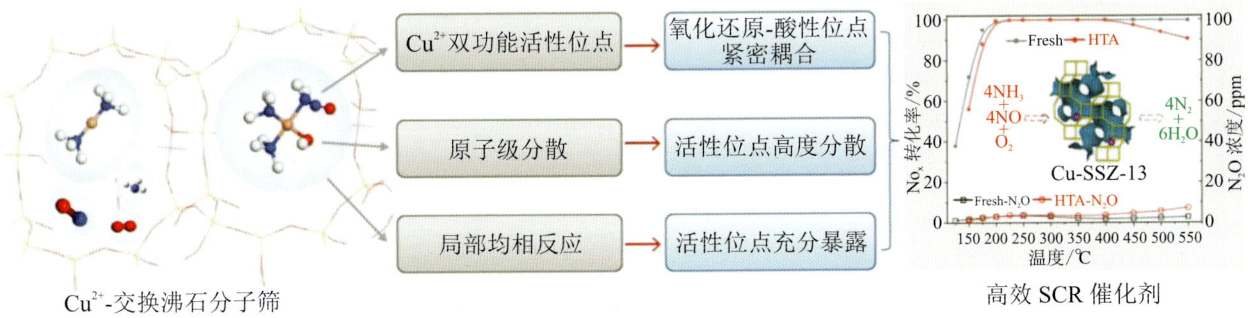

图 2-11　Cu-SSZ-13 催化剂特性及其与 SCR 催化剂要求的匹配

第六节　ASC

氨逃逸催化器（ammonia slip catalyst，ASC）安装在 SCR 下游，使用低组分贵金属的氧化催化剂，是为提高 SCR 的转化效率而设计的（图 2-12）。因为一定的 NO 浓度、温度、空速和气体组成成分下，NO 转化和 NH_3 释放是此消彼长的关系，所以为了得到高的 NO 转化，SCR 不可避免地存储了较多的 NH_3，温度突增会引起 NH_3 的泄露。通常氨捕集是组合了 SCR 与 DOC 功能的后处理系统，SCR 泄露的 NH_3 可以通过氨捕集催化器去除。ASC 反应过程中通常存在以下 4 个反应。

反应 1：$NH_3 + 3O_2 \rightarrow 2N_2 + 6H_2O$　(2-2)

反应 2：$4NH_3 + 5O_2 \rightarrow 4NO + 6H_2O$　(2-3)

反应 3：$4NH_3 + 7O_2 \rightarrow 4NO_2 + 6H_2O$　(2-4)

反应 4：$4NH_3 + 4O_2 \rightarrow 8N_2O + 6H_2O$　(2-5)

ASC 的反应过程中最重要的反应是式（2-2），基于该反应可以有效实现 NH_3 的完全脱除。但在实际应用中存在 NH_3 过氧化反应产生更多 NO_x 和 N_2O 的反应［式（2-3）—式（2-5）］，因此，对 ASC 的选择性要求较高。

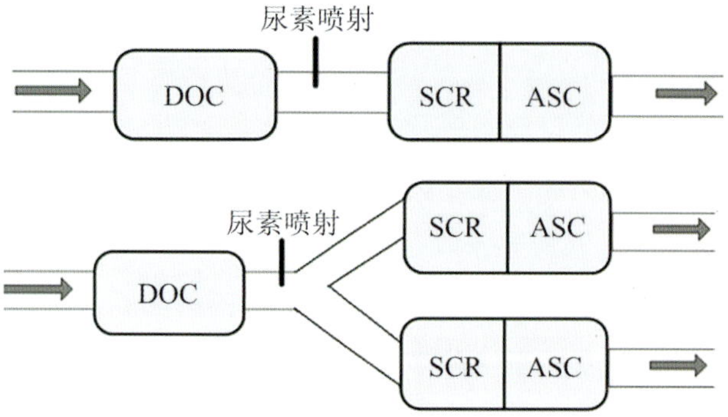

图 2-12　ASC 匹配 SCR 方案

ASC 主要包括贵金属催化剂、过渡金属氧化物催化剂和分子筛催化剂等。常见的贵金属催化剂有 Pt、Pd、Ag 和 Ru 等，该类贵金属通常对 NH_3 具有较好的氧化性，但由于其过强的氧化性导致催化器中会发生深度氧化反应生成 NO_x 和 N_2O，降低了催化器的 N_2 选择性，造成了二次污染。过渡金属氧化物催化剂主要包括 V_2O_5、MnO_2 和 Fe_2O_3 等，该类催化剂在自然界中含量较高、价格便宜，且具有较高的 N_2 选择性，但其低温活性较低，需要在较高温度下才能将 NH_3 完全转化。分子筛催化剂主要有 Cu 基和 Fe 基分子筛，分子筛类型包括 ZSM-5、SAPO-34 和 SSZ-13 等，该类催化剂具有较大的比表面积、良好的稳定性和有序孔道结构，具有很高的 N_2 选择性和高温活性，被广泛应用于 ASC 反应体系中。

第七节　LNT

LNT（柴油机稀燃 NO_x 捕集技术，lean NO_x trap）是利用发动机混合气浓度的变化而进行周期性 NO_x 吸附—催化还原的一种净化技术。其机理是稀燃状态下通过 Pt 催化剂将 NO 氧化为 NO_2，并以硝酸盐形式储存，当发动机切换为富燃状态时，还原剂增多，在 Pt 或 Rh 等贵金属催化剂作用下将 NO_x 还原，同时降低了 HC 与 CO 排放量。催化剂中的吸附材料主要为碱金属（Na，K，Cs 等）和碱土金属（Ba 等）氧化物。LNT 工作过程是 ECU 根据 LNT 前后温度、NO_x 浓度等传感器测得的信号来控制捕集吸附 NO_x 或是还原再生。当 ECU 判断出 LNT 催化剂未达到 NO_x 吸附饱和状态时，则控制 LNT 继续捕集吸附 NO_x，这一过程一般持续 60s 左右，当判断已到达饱和状态时，则控制 LNT 进行还原再生，这个过程一般持续 2～5s。

LNT 或 NSR 技术具有结构简单、NO_x 去除率高等优势，在柴油车上的应用主要针对轻型柴油车（图 2-13），尤其是对于一些空间不足以安装 SCR 系统的车型。尽管轻型柴油车的排气温度远低于稀燃汽油车，正常运行条件下的高温老化现象较弱，但实际应用中也存在一定的问题，如因为需要周期性营造贫燃和富燃反应气氛，对发动机控制系统要求高，且会损失燃油经济性；在富燃条件下，催化剂上储存的硝酸盐被还原为 NH_3，来不及参与反应的 NH_3 存在泄露风险。另外，LNT 催化剂对硫敏感，因此该技术在中国应用较少，主要应用市场是美国、欧洲与日本。

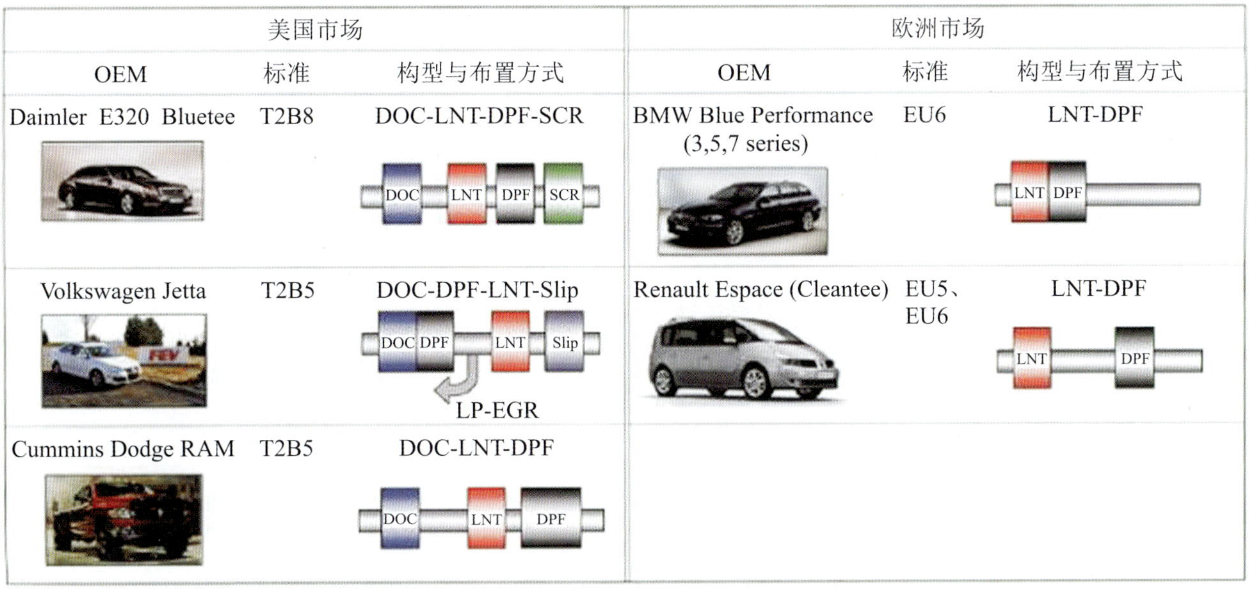

图 2-13 LNT 在轻型柴油车上的应用

LNT-SCR 联合技术主要应用于轻型柴油车。DOC 和 DPF 布置在系统最前端，充分利用发动机排气口的高温促进 DPF 的被动再生。LNT+SCR 可以提高催化剂低温活性，降低 NO_x 的排放。在发动机稀燃时，吸附 NO_x，并生成少量的 NH_3 存储在下游分子筛 SCR 催化剂中；在发动机达到理论空燃比状态时，储存的 NH_3 会将 LNT 泄露出来的 NO_x 还原成 N_2。该系统的缺点仍是对硫较敏感，需要经过脱硫管理，或者在加装的 DPF 进行主动再生消除硫。目前该技术仍处于发展阶段。

第三章　汽车尾气后处理系统

发动机尾气后处理按应用对象划分，可以分为柴油机后处理和汽油机后处理两大类。发动机尾气后处理是当前国际上普遍应用的排放控制技术，其主要原理是在发动机排气系统上加装净化装置，通过化学或/和物理反应，如催化转化、过滤捕集等，将有害物质如一氧化碳、碳氢化合物、氮氧化物、颗粒物等转化为无害物质如二氧化碳、水、氮气等，从而降低发动机有害物质排放，达到排放法规要求。

我国从 2000 年开始出台机动车排放标准，只有满足标准的汽车才能出厂销售。中国第一阶段排放标准简称为“国一”，以此类推。从“国一”到“国五”，我国的排放标准一直沿用欧洲的法规体系，排放标准不断加严。轻型车“国六”标准已于 2016 年 12 月发布，“国六”一般指“国家第六阶段机动车污染物排放标准”，包括《轻型汽车污染物排放限值及测量方法（中国第六阶段）》和《重型柴油车污染物排放限制值及测量方法（中国第六阶段）》。由于目前“国六”排放标准（图 3-1）对 CO、HC、NO_x、PM 及 PN 的排放限制非常严苛，因此必须进行后处理系统集成才能最终实现合格排放。

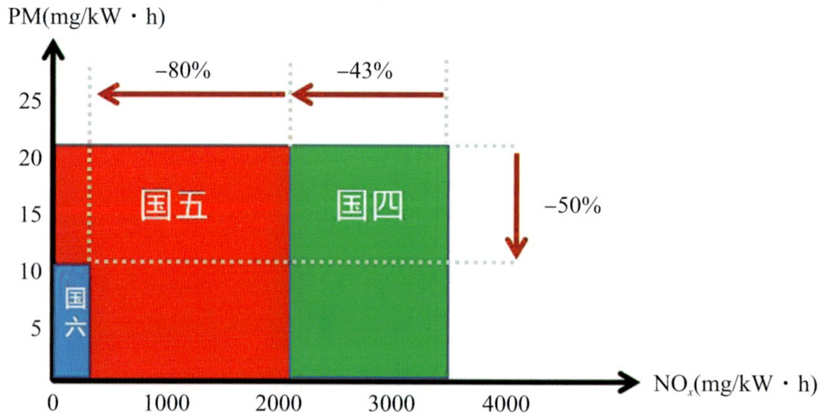

图 3-1　机动车不同阶段排放标准

第一节　汽　油　车

“国六”对比“国五”（表 3-1），各指标限值上降低的幅度不大，主要增加的是 PN，也就是颗粒物的数量（particle number）。因此，“国六”阶段汽油车在原有 TWC 的基础上新增了 GPF（汽油车颗粒捕集器）和尾气排放颗粒物传感器。

表 3-1 汽油发动机“国五”标准与“国六”标准排放要求

排放物 (mg/km)	一氧化碳 (CO)	氮氧化物 (NO_x)	非甲烷烃 (NMHC)	氧化亚氮 (N_2O)	可吸入颗粒物 (PM)	微粒数量 (PN)
“国五”	1000	60	68	—	4.5	—
“国六”a	700	60	68	20	4.5	6.0×10^{11}
“国六”b	500	35	35	20	3	6.0×10^{11}

汽油车颗粒过滤器（gasoline particle filter，GPF）是从柴油机驱动的新型车辆中发现的 DPF 衍生而来的，是用于降低汽车的颗粒物排放的后处理装置，它的过滤效率能达到 90%以上。由于“国六”排放法规中新增了对于颗粒物排放的限制，因此加装 GPF 成了几乎所有主机厂不得不走的路。

GPF 主要以壁流式蜂窝陶瓷为载体，是由流通式三元催化器演变而来，外形一般为圆柱体（图 3-2）。载体体内有很多平行的轴向蜂窝孔道，相邻的两个孔道内一个只有进口开放，另一个只有出口开放。排气从开放的进口孔道流入，通过 GPF 载体多孔壁面至相邻孔道排出。颗粒物通过拦截、碰撞、扩散、重力沉降等方式被捕集在载体的壁面内以及壁面上，从而实现在微粒排放物质进入大气之前将其捕捉。

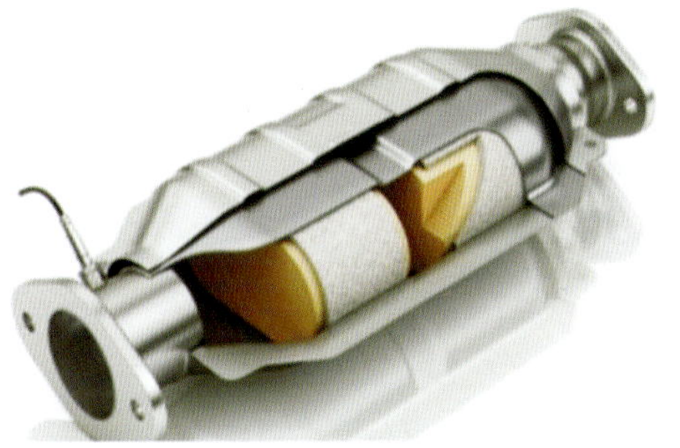

(1)

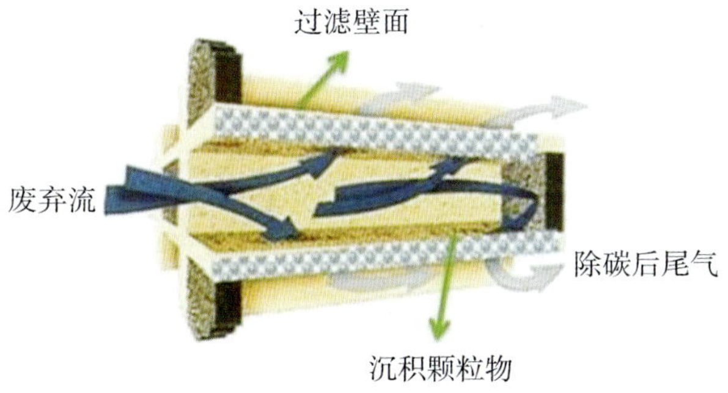

(2)

图 3-2 GPF 外观及运行原理

(1) GPF 外观；(2) GPF 运行原理

对于 TWC 和 GPF 常规的安装方式，目前主流的有三种（图 3-3）：后置式 UB（under-body），即 GPF 布置在三元催化器下游位置；紧耦合式 CC（close-coupled），即 GPF 与三元催化器集成到一起安装；四元催化器形式 FWC（four-way catalyst），即 GPF 与三元催化器合二为一，在 GPF 载体表面涂覆一层催化剂。

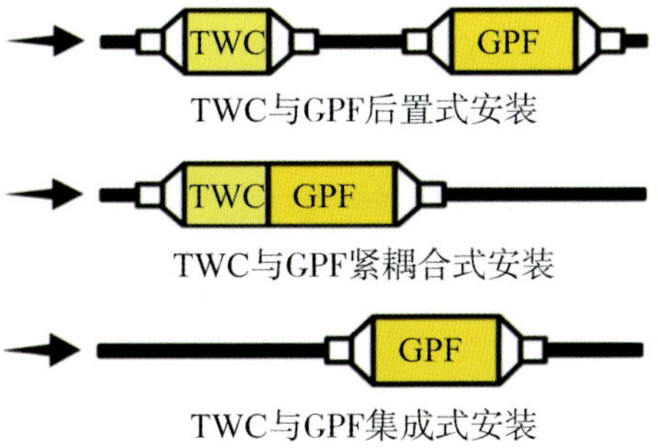

图 3-3 TWC 与 GPF 安装方式

GPF 在整车上的布置方式不同，其优缺点如表 3-2 所示，主机厂选择 GPF 布置方案主要考虑底盘布置空间、排气温度、捕集率和经济成本等几个因素，目前后置式方式居多。

表 3-2　GPF 布置方式不同的优缺点

类型	优点	缺点
后置式	1. 容易实现安装布置 2. 对被压和油耗影响较小 3. 载体温度负载较低	1. 易积碳 2. 再生较困难 3. 再生频次较高
紧耦合式	1. 积碳少 2. 易再生 3. 对发动机原排需求较低	1. 难以布置 2. 油耗/功能影响较大 3. 载体温度负载较高
四元催化器	1. 积碳少 2. 易再生 3. 对发动机原排需求较低	1. 难以布置 2. 油耗/功能影响较大 3. 加速催化器老化 4. 载体温度负载高

车辆尾气排放颗粒物传感器是专为监测后处理系统中柴油颗粒过滤器（DPF&GPF）是否失效而设计的，通过从尾气流中积聚碳烟而非实时测量碳烟排放水平；适用于乘用车和商用车，它的良好工作可以确保柴油颗粒过滤器（DPF&GPF）在最佳时间启动再生功能，保障 DPF&GPF 正常工作；传感器上的碳颗粒积聚量与尾气排放的碳烟量成正比关系。

USTsensor 研发的 PM Sensor 车辆尾气传感器，通过 CAN 接口与发动机控制单元通信，监控柴油颗粒过滤器或汽油颗粒过滤器，有助于符合排放限制以及车载诊断法规，涵盖诊断功能和传感器的系统专业技术。传感器工作时（图 3-4），基质上的电极上电，这时在正负电极之间产生磁场，当有废气流过电极时，细小的颗粒物就在磁场力的作用下，被吸附在电极的两侧。随着时间的推移，当正负电极间的颗粒物越积越多，正负电极之间就被导通。当正负之间被导通后会产生电流，随着堆积物越来越多，电流也就越来越大；当电流达到某一个阈值时，完成一个检测循环。根据检测循环时间的长短，可以判定尾气中碳烟颗粒的浓度。

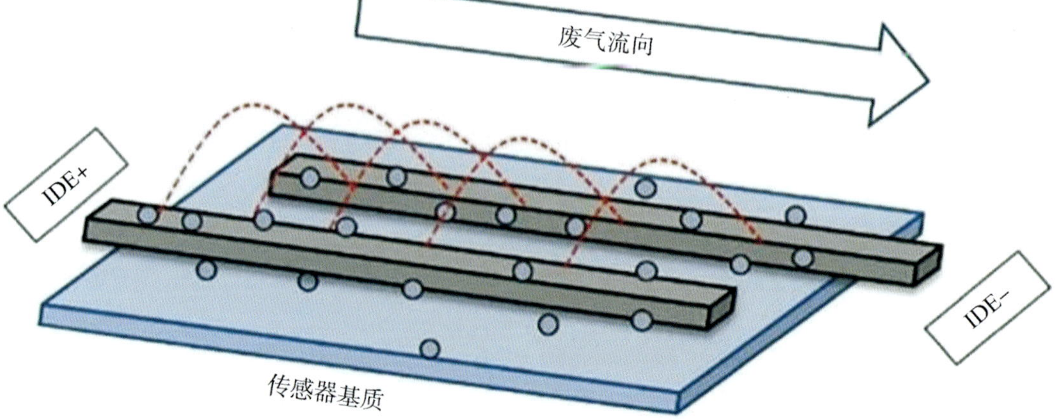

图 3-4　颗粒物传感器工作原理

颗粒物传感器一般安装在排气管末端（图 3-5），下游氮氧传感器之前。

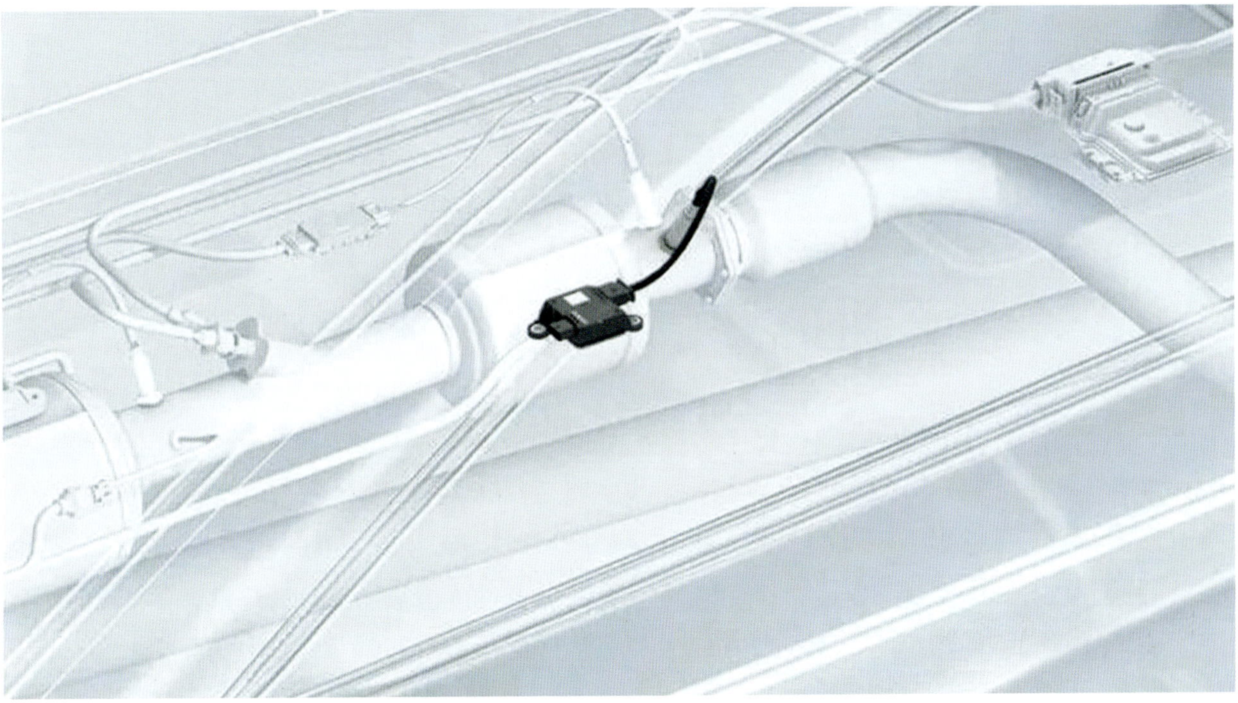

图 3-5　颗粒物传感器安装位置

第二节　柴　油　车

一、重型柴油车后处理技术方案

（一）DOC + DPF（CDPF）+ SCR + ASC 技术方案

CDPF 为催化型颗粒过滤器，该系统主要适用于重型车，如图 3-6 所示，DOC+DPF+SCR 集成技术可以协同去除 CO、HC、PM 和 NO_x，由于“国六”对系统密封性要求较高，对氨的排放有限制，因此需加装 ASC 催化剂。该技术是基于化学动力学模型的高效 SCR 控制，具有自适应排放控制的特点，保证排放的一致性；在大排量发动机上有着高的转化效率，且油耗与“国五”相当；其 DPF 再生率低。采用该系统发动机的燃油喷射系统压力在 2000bar 及以上；冷却 EGR 系统的 EGR 率为 20%～30%，DPF 是主动和被动再生结合使用，原机 NO_x 的排放为 3～4g/kW·h，需要 SCR 转化率达 90%左右。

该系统是博世（BOSCH，德国）、康明斯（CUMMINS，美国）、大陆电子（Conti，德国）、威孚、凯德斯、凯龙、艾可蓝、潍柴动力、四川中自等首推技术方案，欧洲厂商如斯堪尼亚（Scania，瑞典）、曼股份公司（MAN，德国）和达夫（DAF，荷兰）针对“国六”重型柴油车也采用该系统。

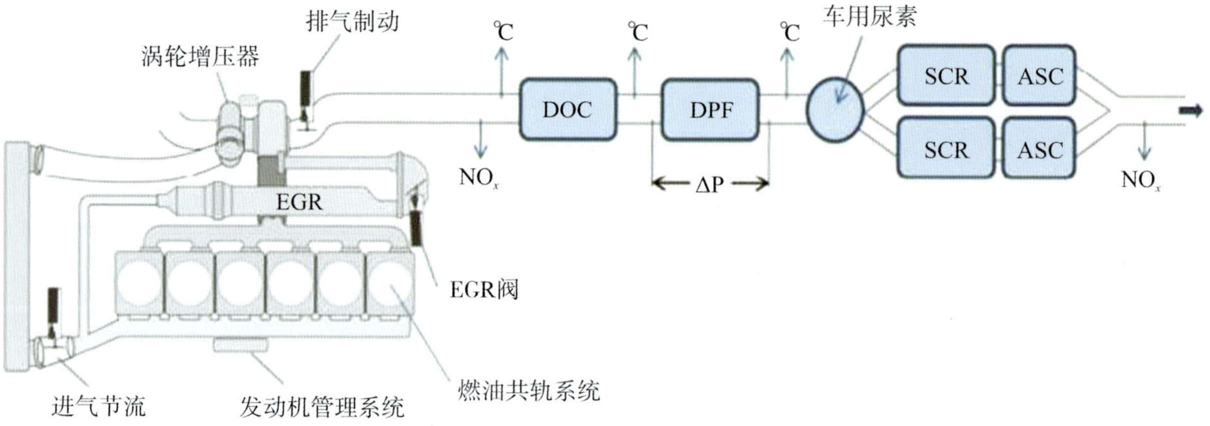

图 3-6　重型柴油车 DOC＋DPF（CDPF）＋SCR＋ASC 技术方案

以康明斯后处理系统为例，如图 3-7 所示，发动机系统的增压和中冷技术可降低颗粒物排放约 45%，EGR 废气再循环可降低 NO_x 排放量（EGR 率为 15%时 NO_x 排放量可以减少 50%，但 PM 会上升）。DOC＋DPF＋SCR 后处理集成技术可以协同去除 PM 和 NO_x。康明斯后处理系统根据实际需要，其与 DOC 工作原理及作用相近，只是工作温度更低，适合冷启动时对污染物进行控制。

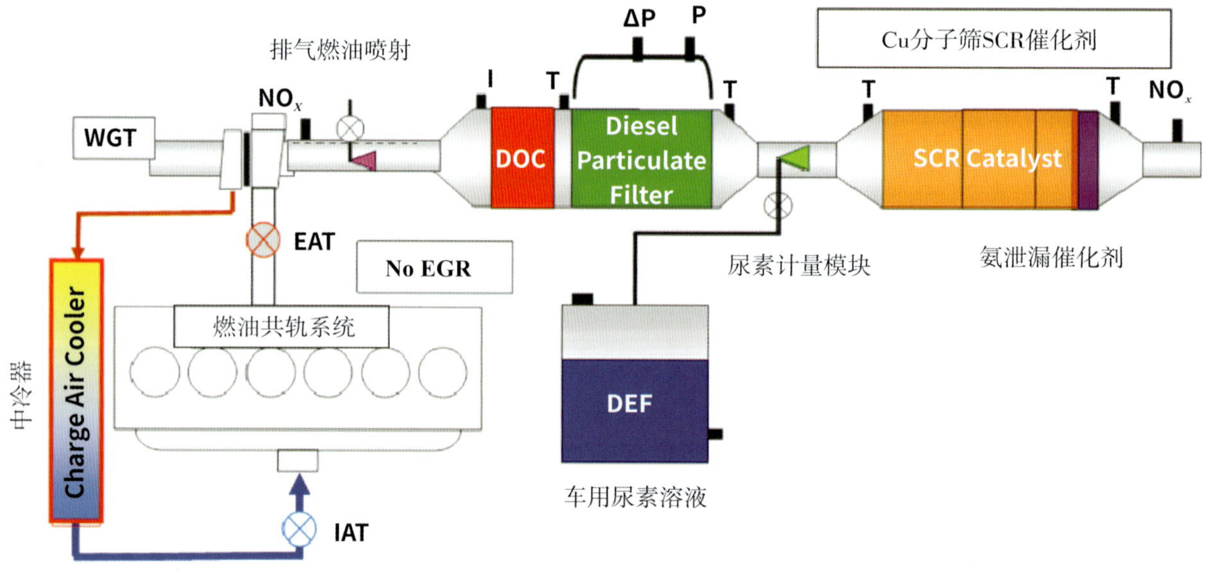

图 3-7　康明斯“国六”重型柴油车后处理系统

常见的“国六”小排量柴油机采用的技术路线为 CEGR（冷 EGR）＋节气门＋DOC＋DPF＋SCR/ASC，大排量柴油机的后处理技术路线为 No EGR（非 EGR）＋节气门＋DOC＋DPF＋SCR/ASC，如图 3-8 所示。其中 DOC 与 DPF 催化剂使用的催化剂为 Pt、Pd 贵金属催化剂，SCR 催化剂为 CHA 类分子筛催化剂。

也有些项目上采用另一套方案为 DOC＋SCRF＋SCR，该系统可以在冷启动和低负荷时有较高的 NO_x/HC 储存能力，有较低起燃温度和快速升温优势。其中的 SCR 均有较宽的高活性窗口和好的热稳定性来抵抗碳烟燃烧产生的高温。

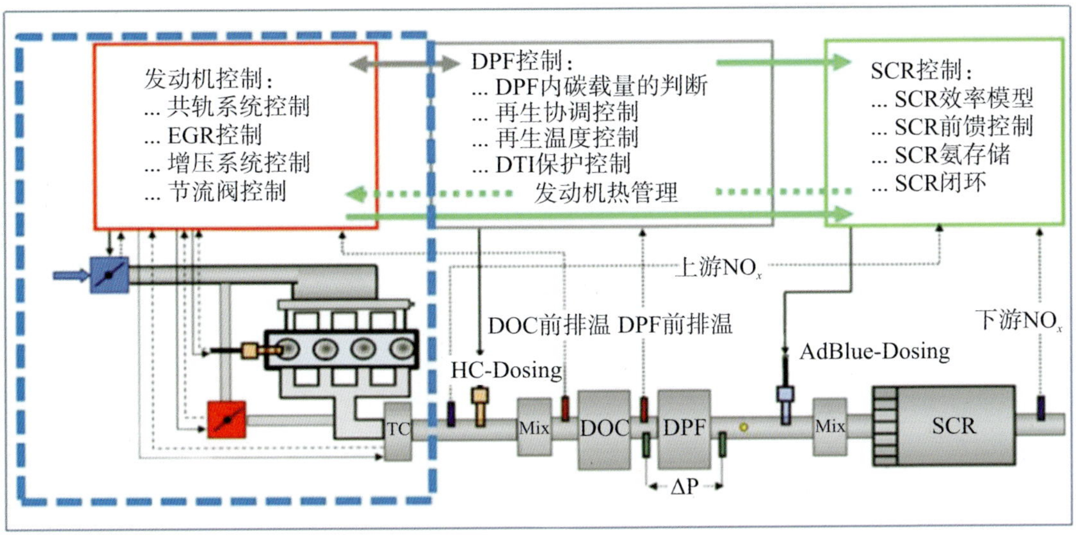

图 3-8　常见的“国六”小排量柴油机后处理系统

（二）DOC+ DPF（CDPF）+ SCR技术方案

该系统主要适用于重型车，如图 3-9 所示，适用发动机燃油喷射系统压力在 2000bar 及以上，EGR 率为 10%。非冷却 EGR，用于在低负荷工况下加热排气，在中高负荷关闭。DPF 是主动和被动再生结合。原机排量 6～7g/kW·h，SCR 转化率为 95%，尿素消耗量为油耗的 6%。该系统主要由 Volvo D13K（沃尔沃）等欧洲厂商使用。

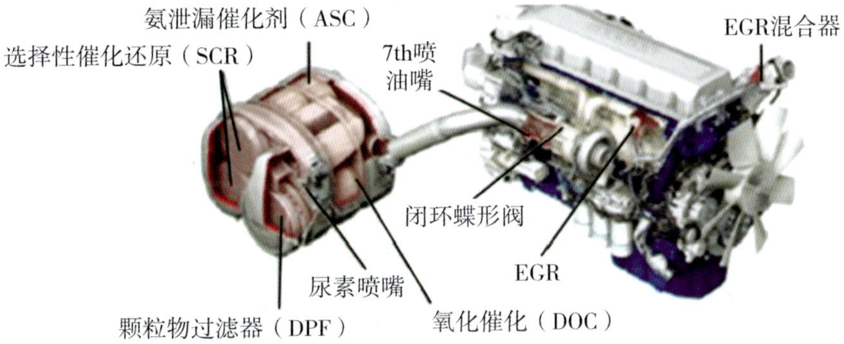

图 3-9　重型柴油车 DOC＋DPF（CDPF）＋SCR 技术方案

当然，对于部分发动机，IVECO（依维柯，意大利）和 Scania 等欧洲厂商也采用该技术，但系统采用的是非 EGR 技术，该技术是未来技术发展趋势，如图 3-10 所示。该系统要求燃油喷射压力在 1600bar 及以上，原机排量 8～9g/kW·h，SCR 催化剂的转化效率要求在 96%以上。

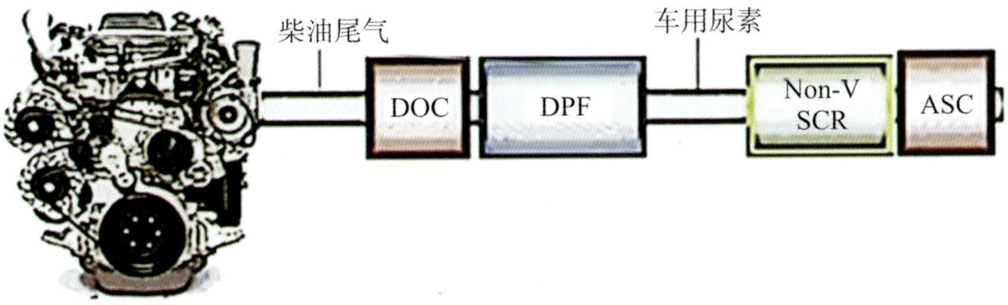

图 3-10　重型柴油车 No EGR＋DOC＋DPF＋SCR 技术方案

二、轻型柴油车后处理技术方案

为应对“国六”标准，轻型柴油车发动机应采用电控喷油系统＋EGR＋节流阀，后处理方案主要有四类：①DOC＋CDPF＋SCR；②DOC＋SCRF＋SCR 或 DOC＋SCRF；③LNT（NSC）＋CDPF 或 LNT（NSC）＋CDPF＋SCR；④DOC＋SCR＋ASC＋CDPF。方案①为常规技术路线，技术较成熟，且 NO_x 转化率非常高，但存在后处理体积大且布置较困难等缺点。方案②中的 SCRF 可以减少后处理系统的安装体积，但是成本较 DPF 高。方案③中后处理体积小，安装布置容易，但是对发动机控制系统要求较高，且部分 NO_x 在 CDPF 前处理，导致 CDPF 被动再生效率低。前三种方案的具体优、劣势见表 3-3。方案④为确保轻型柴油车排气污染物满足“欧六”排放标准提出的，该系统适用于最大设计总量不超过 3.5 吨的 N_1 类、M_1 类和 M_2 类柴油车（具体车型区别见表 3-4）。

表 3-3　轻型柴油车后处理技术方案优、劣势对比

后处理系统	DOC＋CDPF＋SCR	DOC＋SCRF＋SCR	LNT（NSC）＋CDPF＋SCR
优势	常规技术路线，较成熟； SCR 效率高； 价格相对较低	国内 SCRF 技术属于较成熟状态； SCRF 可减少安装体积，方便安装布置	后处理体积小，安装布置容易
劣势	后处理体积大； 布置难度高； SCR 升温慢	SCRF 相比 CDPF 成本较高	需要发动机精确空燃比控制； LNT 对 NO_x 转化率较低； 部分 NO_x 在 CDPF 前处理，导致 CDPF 被动再生效率低

表 3-4　不同汽车分类及最短质保期

汽车分类	行驶里程/km	使用时间/年
M_1，M_2，N_1	80 000	5
M_3，N_2，N_3	160 000	5

注：最短质保期中的行驶里程和实际使用时间，两者以先到为准。

三、非传统燃料车

鉴于全球范围内的能源及环境危机，各国均在大力发展可持续的清洁能源以替代传统的化石能源。已投入运行的替代燃料是液化石油气（LPG）、压缩天然气（CNG）和甲醇、乙醇类，正在开发的有煤制油和生物柴油等。

（一）液化石油气

液化石油气（LPG）是丙烷和丁烷的混合物，通常伴有少量的丙烯和丁烯。LPG 作为汽油等传统燃料的一种有效替代燃料，具有热效率大、污染小等优点，正逐渐得到研究和应用。与民用液化气相比，车用 LPG 对其组成特别是丙烷所占比例、烯烃和硫含量均有严格要求。与车用汽油相比，LPG 的

特点是：①辛烷值高，适用于高压缩比汽油发动机；②燃烧性好，燃烧比较完全，尾气中一氧化碳含量比无铅汽油减少80%，碳氢含量也大幅度降低减少，发动机运行平稳；③蒸发性好，冷启动和暖机性能好；④不会稀释和污染发动机油，可延长发动机油的使用寿命，也不易产生火花塞结焦现象；⑤行驶里程短，约为同体积汽油的65%。

目前，使用LPG燃料的机动车大致可分为以下四种：①机动车生产商生产的专门使用LPG的机动车。②以汽油为燃料的机动车改装而成为单燃料的LPG机动车。③以汽油为燃料的机动车改装成为可以使用LPG而同时又保持原来的汽油燃料系统和化油器喷射系统的双燃料机动车。④以柴油为燃料的机动车改装成为以LPG为第二燃料或者双燃料系统的机动车。LPG所排放的有害气体同其他内燃发动机所排放的气体一样主要有以下成分组成：一氧化碳、碳氢化合物、氮氧化合物。由图3-11可以看出，LPG机动车排放尾气中的CO、HC、CO_2的含量低于汽油机动车，而NO_x排放量稍高于汽油机动车。

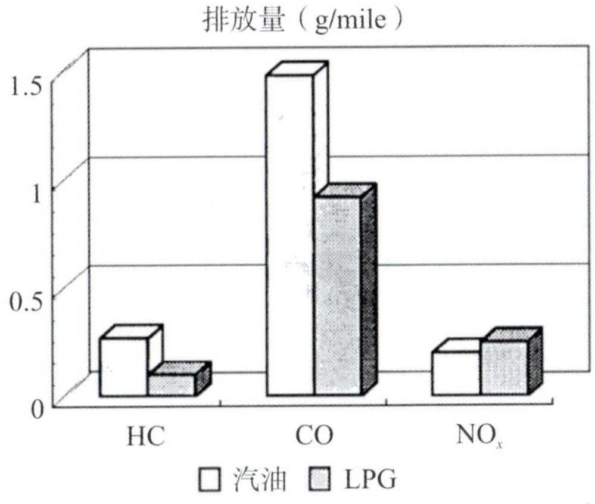

图3-11 欧洲经济委员会测试中LPG机动车尾气排放量（1mile＝1.61km）

改装使用LPG等替代燃料的机动车的尾气排放性能应该满足汽油燃料机动车的尾气排放标准。对于专门使用替代燃料的原型车，它应当安装机动车尾气控制系统，通常包括空燃比反馈系统及催化转化器；对于使用LPG和CNG双燃料系统机动车，热空气的入口应当被转移或被限制在冷空气位置，而曲柄轴箱的通风系统应当安装控制阀以防止吹出的燃料气排入空气中；对于改装的专门使用替代燃料的机动车，应当保存原有的尾气控制系统或替代使用具有相同效果的尾气控制系统，通常包括：①催化转化器；②排放尾气的再循环装置；③空气的入射系统。

LPG在汽车领域的应用研究时间较长，但是由于技术不够成熟、与燃油车相比优势不明显，实际应用较缓慢。随着中国不断颁发对新能源汽车的鼓励政策，CNG、LPG燃料汽车才得以快速发展，但LPG在汽车领域的应用属于政策驱动型，行业发展受到政策的严重影响。在汽车排放要求越来越严格的今天，作为过渡产品的LPG行业缺乏技术优势，逐渐被有关政策排除鼓励范围。受政策影响，我国LPG加气站需求逐步减少。2015—2017年LPG加气站的销售规模不断缩小，其中2015年LPG加气站的销售规模为31.5亿元，2017年LPG加气站的销售规模为25.6亿元。预计未来，我国政策将继续向纯电动汽车方向偏重，我国LPG在汽车燃料领域的应用将进一步萎缩。

（二）压缩天然气

因LPG产量有限，CNG已成为气体燃料的主流，在许多大中城市都有车辆使用。CNG是继LPG

后的另一种清洁替代燃料，而且来源更加丰富。但车用天然气比民用天然气的质量要求更严，尤其是对硫、硫化氢含量有严格的控制。CNG 具有以下特点：①辛烷值比 LPG 高，适用于高压缩比汽油发动机；②蒸气压大，蒸发性比 LPG 好；③燃烧排放比 LPG 更清洁，特别适用于大中城市车辆；④国内资源充足，使用有保障；⑤发动机不做相应调整，直接使用 CNG 会使功率下降 10%左右；⑥CNG 的行驶里程比同体积 LPG 短，约为同体积 LPG 的 1/3 左右。CNG 是经高压压缩的，容器耐压要高达 10MPa 以上，CNG 加气站的建设需要管网设施及加压设备，投资费用较高，受行驶里程及管网设施的限制，CNG 主要集中在大中城市用于公交车及出租车，不适宜在行驶里程较长的车辆上使用。

目前，以压缩及液化天然气为动力的机动车在世界范围内超过 2300 万辆，并保持着约 20%的年均增长率。相较于汽油机、柴油机车，贫燃条件下的天然气汽车尾气排放参照美国环境保护署的现有标准减少 90%以上的 NO_x，21%的温室气体，同时大大降低了 SO_x 及颗粒物的排放。然而，尾气中的残余 CH_4 温室效应强烈（CO_2 的 25 倍以上），需要有效去除以符合严格的尾气排放标准。

随着对机动车尾气排放标准的日益严格，天然气发动机的排放系统也需要更新换代（表 3-5）。“国六”天然气发动机采用的路线为“理论空燃比＋EGR＋TWC”，相比于“国五”时代四个主要特点：当量空燃比控制、增加 EGR 系统、高热负荷、三元后处理器应用。EGR 是 exhaust gas recirculation 的缩写，即“废气再循环”的简称。“废气再循环”是指将冷却后的发动机部分废气与过滤后的新鲜空气混合进入气缸。由于排气中的主要成分是二氧化氮、水和氮气等，一方面它们的热熔量较高，在燃烧构成中吸收较多的热量，从而降低发动机最高燃烧温度；另一方面将它们引入气缸后稀释气缸内混合气，氧浓度降低，缓解了燃烧的激烈反应，降低了缸内温度，从而抑制 NO_x 的生成。

表 3-5　天然气发动机的典型排放控制策略

排放法规	燃烧组织方式	排放控制方式
“国三”/“国四”	稀薄燃烧	DOC
	当量燃烧	三元催化
“国五”	稀薄燃烧	EGR＋DOC
	当量燃烧	EGR＋三元催化
四元催化器	稀薄燃烧	EGR＋DOC＋SCR
	当量燃烧	高比例冷却 EGR＋三元催化

将尾气中的碳氢化合物催化燃烧至 CO_2 及 H_2O 在汽油、柴油机车中是较为成熟的技术（如 TWC）。然而对于天然气汽车尾气，催化 CH_4 燃烧存在以下关键问题：①尾气温度更低（＜500～550℃）；②非极性 CH_4 分子非常稳定，不易吸附、活化；③尾气中 CH_4 浓度较低，同时存在大量的 H_2O 及 CO_2；④NO_x 及 SO_x 对 CH_4 催化燃烧的抑制。此外，不同燃烧模式下尾气中 O_2 含量变化范围很大，使得 CH_4 的催化燃烧更加复杂。目前，大多认为 Pd-基贵金属催化剂性能最为出色。然而，其在水汽存在下的低温性能仍然不足。尤其考虑 SO_x、NO_x、颗粒物等对催化剂的抑制，低温 CH_4 催化燃烧性能需要大幅提升。

（三）醇类燃料

乙醇汽油是在汽油中按一定比例加入变性燃料乙醇混合而成的新型燃料。变性燃料乙醇是通过将乙醇进一步脱水后加入一定的变性剂得到的。由于加入了变性燃料乙醇，乙醇汽油具有两方面的优势。一是，由于乙醇是用生物产品，如玉米、小麦、木薯、甘蔗渣或藻类、微管束植物等制成的，不像石油的不可再生，是一种可再生能源；二是，乙醇的加入使燃料的含氧量增加 3.5%，从而使汽车尾气中一氧化碳的排放量平均降低 33%，碳氢化合物减少 30%。因此，采用乙醇汽油是降低汽车排放的一种有效方法。

甲醇汽油是以生产汽油过程中的组分油为主（40%～50%），加入煤化工的产品甲醇（20%～30%），煤燃油 30%，以及相应的添加剂（0.5%）。汽油中掺入 15%以下的甲醇燃料，或者采用含 10%水分的水一汽油燃料，都能在一定程度上减少或者消除 CO、NO_x、HC 和铅尘的污染效果。若采用“甲醇燃料”，即采用甲醇和其他醇类同汽油混合所制成的燃料。当甲醇占比 30%～40%，汽车尾气排出的污染物可基本上消除。

因地制宜推广醇类汽车，不仅有助于推动我国能源多元化发展、保障能源安全，更是交通领域实现“碳中和”的重要路径。国家在大力发展新能源汽车的同时，开启了甲醇汽车的应用推广。从 2013 年起，工信部牵头先后在山西、上海、陕西、贵州、甘肃，共 10 个城市，组织开展了甲醇汽车试点工作。据报道，截至 2022 年，贵州省已通过市场化方式推广甲醇汽车 1.7 万辆，全省投入运营甲醇燃料加注站超过 60 座，年消耗甲醇约 25 万吨，替代汽油约 15 万吨。其中，贵阳甲醇出租车投运量居全球第一，甲醇汽车和甲醇燃料加注站数量全国第一。贵阳已成为全球甲醇燃料和甲醇汽车市场化推广最成功、规模最大、覆盖区域最广的城市，并由此形成了以出租车为末端的甲醇经济产业链，被业内称为甲醇汽车的贵阳模式。在贵阳试点期间，甲醇汽车共消耗甲醇燃料 9319 吨，实现二氧化碳减排 4549 吨。按试点总里程 7209 万千米计，相当于使用甲醇汽车每跑 1 千米，就能减排 63g 二氧化碳。

2020 年国家生态环境部发布《甲醇燃料汽车非常规污染物排放测量方法》，旨在科学统筹甲醇汽车污染物排放，改善环境空气质量，全力推进污染防治攻坚战。该标准规定了车用甲醇燃料的轻型汽车、重型发动机和汽车（含柴油/甲醇双燃料发动机和汽车）排气中甲醛和甲醇的测量方法，被认为是甲醇汽车推广普及的又一个实质性进展。在甲醇汽车尾气排放检测方面，贵阳市当时除了包括 HC、CO、NO_x 等常规污染物排放，还专门针对甲醛检测制定了检测方法和 10mg/km 的限额值。报告显示，平均甲醛排放量 1.576mg/km，均低于规定的限值，也低于国际公认最严苛的美国加州 2020 年要求达到的排放标准。

在甲醇汽车上，其产生的 $PM_{2.5}$ 排放比同排量传统汽油车要低 80%。甲醇机上得到较高的燃烧效率，并能够取得较低的一氧化碳（CO）、碳氢（HC）和氮氧化物（NO_x）污染物排放。工信部甲醇汽车试点运行的数据显示，甲醇汽车与汽油车相比，能效提高约 21%，二氧化碳（CO_2）排放减少约 26%。值得一提的是，甲醇对于节能减排和经济运转具有重大意义，因为它可以是一种固碳的载体，能够通过自身的合成、燃烧反应，从而把大气中已有的碳循环起来。

（四）生物燃料

生物柴油是指以油料作物、野生油料植物和工程微藻等水生植物油脂以及动物油脂、餐饮垃圾油等为原料通过酯交换工艺制成，是可代替石化柴油的再生性柴油燃料。生物柴油的特点是：①含水率较高，最大可达 30%～45%，水分有利于降低油的黏度、提高稳定性，但降低了燃油的热值，并使冰点升高；②pH 值低，故贮存装置最好是抗酸腐蚀的材料；③具有“老化”倾向，加热不宜超过 80℃，宜避光、避免与空气接触保存；④优良的环保特性，硫含量低，二氧化硫和硫化物的排放低、生物柴油的生物降解性高达98%，降解速率是普通柴油的2倍，可大大减轻意外泄漏时对环境的污染；⑤较好的低温发动机启动性能；⑥较好的安全性能，闪点高，运输、储存、使用方面安全；⑦十六烷值高，燃烧性能好于柴油；⑧无须改动柴油机，可直接添加使用，同时无须另添设加油设备；⑨制备方法简便，成本低。

燃烧生物燃料比燃烧化石燃料排放更少，这是能源界已经基本达成的共识。数据显示，生物燃油可降低二氧化碳排放50%～80%，最高达到90%。据统计，2008—2020年，美国使用生物液体燃料，累计减少温室气体排放近9.8亿吨。在运输业，发展生物燃料对于重型运输、海运和航空等较难实现电气化的部门在脱碳方面意义重大。生物燃油与传统成品油高度类似，可以在不改变现有消费方式的基础上，直接使用生物燃油替代传统柴油、航空煤油等不可再生的一次能源。同时，使用生物燃油，仅对飞机、轮船等交通工具的发动机进行较小的改动，甚至无须改动就可以直接使用，这对于未来的交通运输业的能源格局将产生巨大的变化。

虽然生物燃料在全世界范围内已经开始应用于各个领域，但目前并没有成为国际能源的主要力量。究其原因，主要有以下几个方面局限。①原料来源不稳定。作为原材料的厨房废弃油脂和木本油料作物，由于多种原因来源并不稳定。全世界每年产生大量厨房废弃油脂，但由于来源分散而增加了回收难度。统计显示，原料收集成本占生物燃料成本的70%～80%。而木本油料则受季节影响，难以保持持续性供给。粮食类原料存在“与人抢粮”以及“与人争地”的问题，现有的油料作物尚不满足生长周期短、含油量高的特点。而进口原料则受制于天气、国际市场变动等因素的影响，今年以来逐渐凸显的全球粮食危机就对国际生物燃料产生了直接影响。②生产工艺不成熟。现有较为成熟的工艺都存在一定弊端，要么燃料稳定性不够，要么燃料润滑性较差。目前世界各国航空使用生物燃料试飞，大多是以一定比例的生物燃料加入传统航空油料中，虽然全球大部分航空公司进行的试飞实验结果表明，生物燃料与传统燃料混合能够在不改变飞机发动机结构的情况下提高飞行效率，但生物燃料是否足够安全，是否会腐蚀到发动机的材质，还需要进一步探讨与验证。③产品成本高。以生物航空燃油为例，其成本是石油航煤的数倍，在成本方面不具备竞争优势。虽然航空公司也会购买一定量的生物航空燃油，但考虑成本问题，购买量自然不会很大。此外，生产成品油还会产生的外部间接成本，即所有的转化过程势必造成新的污染源，包括排放二氧化碳和其他污染物；提炼后的废渣尤其是提炼废弃油脂的废渣如果处理不好，同样会产生污染，而处理污染的成本，最终都会加到成品油价里。

第四章　汽车尾气后处理技术的发展动向

第一节　材　　料

汽车尾气后处理技术的发展一直受到环保和能源效率的双重影响。随着全球环保意识的增强以及排放标准的不断提高，汽车尾气后处理系统对材料的功能性与经济性的要求也越来越高。

催化剂是尾气后处理系统中的核心组件，其往往含有铂、钯、铑等贵金属材料，但这些材料成本较高且稀缺。因此，催化剂材料的发展方向包括降低使用贵金属数量、开发新型非贵金属催化剂以及利用纳米技术提高催化效率等方面。对于 SCR 脱硝催化剂未来研究重点在于开发起燃温度更低、脱硝效率更高、稳定性更好的分子筛催化剂。而进一步提高捕集效率、降低压降、延长使用寿命以及更好地适应不同的工况，则是颗粒物过滤材料的研发方向。这些材料都需要满足高温下工作的需要，从而保证系统的性能和寿命。

由于储氧材料被用于氧气传感器，以监测废气中的氧气含量，从而控制发动机的工作。因此，随着车辆的智能化和排放控制的需求，研发高稳定性、高精度的储氧材料变得更加重要。同时，越来越多的关注被放在可再生和可持续材料上，以减少环境影响和资源消耗。例如，使用可再生材料制造催化剂载体，或者开发能够降解的材料，以减少废弃物的产生。

第二节　部件与系统集成

汽车尾气后处理部件与系统集成的发展一直是汽车工程领域的关键课题。随着环保法规的日益严格和技术的不断进步，尾气后处理系统的集成和优化变得尤为重要。当前尾气后处理系统的发展动向具有以下几个特征。

一、一体化与模块化设计

为了降低系统复杂度、减少空间占用，汽车制造商倾向于将多个后处理部件整合到一个一体化的系统中。例如，将颗粒过滤器和选择性催化还原系统集成，以减少排放系统的占用空间。同时，尾气后处理部件和系统的模块化设计可以提高制造效率和维修便利性。模块化设计使得部件更容易更换，也有助于降低生产成本。

二、智能化控制系统

目前汽车后处理系统越来越依赖智能化控制系统来实现最佳性能。智能传感器、数据分析和实时控制算法的应用，使得系统能够根据实际工况进行优化，提高效率和排放控制精度。

三、热管理技术

后处理系统中的部件需要在高温环境下工作，因此热管理变得至关重要。热管理技术的发展旨在保持系统内部的温度稳定，以提高催化剂和其他部件的效率和寿命。另外，随着零排放以及近零排放的法规要求，需要引入电加热辅助系统以提升排气温度，解决冷启动催化剂的起活问题。

四、智能维护和诊断

智能化系统不仅在控制方面有优势，还可以在维护和诊断方面提供帮助。通过实时数据监测，系统可以预测后处理系统的部件故障，并提供精准的维护建议，从而降低维修成本和停车时间。

五、虚拟仿真和模拟

虚拟仿真和模拟技术在后处理系统的开发和优化中扮演重要角色。通过仿真分析，可以预测不同设计和参数设置对系统性能的影响，从而优化系统设计，提高汽车尾气后处理系统的开发效力。

六、电动汽车与后处理集成

随着混合动力汽车的普及，后处理系统需要与电动驱动系统进行更紧密的集成，以实现更高效的能源利用和排放控制。

总体而言，汽车尾气后处理部件与系统集成的发展趋势将朝着更智能、更高效、更集成和更环保的方向发展，以满足技术的进步和环保法规的要求。

参考文献

[1] 中华人民共和国生态环境部. 2021年中国生态环境统计年报[EB/OL].(2023-01-18)[2023-05-17]. https://www.mee.gov.cn/hjzl/sthjzk/sthjtjnb/202301/W020240722344836501082.pdf.

[2] 中华人民共和国生态环境部. 中国移动源环境管理年报(2022年)[EB/OL].(2022-12-07)[2023-05-17]. https://www.mee.gov.cn/hjzl/sthjzk/ydyhjgl/202212/W020221207387013521948.pdf.

[3] 范驰. Cu-SSZ-13分子筛型SCR催化剂的可控制备及其在柴油车尾气净化中的应用研究［D］. 武汉：华中科技大学，2018.

[4] ROY S，BAIKER A. NO_x storage-reduction catalysis：from mechanism and materials properties to storage-reduction performance［J］. Chemical Reviews，2009，109（9）：4054-4091.

[5] 李永恒. SAPO-18分子筛基催化剂选择催化还原脱除NO_x的研究［D］. 北京：中国石油大学，2018.

[6] CAI S X，XU T Y，WANG P L，et al. Self-protected CeO_2-SnO_2@SO_4^{2-}/TiO_2 catalysts with extraordinary resistance to alkali and heavy metals for NO_x reduction［J］. Environmental Science & Technology，2020，54（19）：12752-12760.

[7] SHI Y，WANG X X，CHEN L，et al. In situ DRIFT study on NH_3 selective catalytic reduction of NO_x over HBEA zeolite doped with CeO_2［J］. Applied Surface Science，2020，506：144715-144725.

[8] SHAN Y L，DU J P，ZHANG Y，et al. Selective catalytic reduction of NO_x with NH_3：opportunities and challenges of Cu-based small-pore zeolites［J］. National Science Review，2021，8（10）：1-20.

[9] HU W S，GRAMIGNI F，NASELLO N D，et al. Dynamic binuclear Cu^{II} sites in the reduction half-cycle of low-temperature NH_3-SCR over Cu-CHA catalysts［J］. ACS Catalysis，2022，12（9）：5263-5274.

[10] WANG D，CHEN Q Z，ZHANG X，et al. Multipollutant control（MPC）of flue gas from stationary sources using SCR technology：a critical review［J］. Environmental Science & Technology，2021，55（5）：2743-2766.

[11] 陈梦阳. 金属离子改性Cu-SSZ-13分子筛及其NH_3-SCR催化性能研究［D］. 长春：吉林大学，2022.

[12] KOEBEL M，ELSENER M，KLEEMANN M. Urea-SCR：a promising technique to reduce NO_x emissions from automotive diesel engines［J］. Catalysis Today，2000，59（3-4）：335-345.

[13] BUSCA G，LIETTI L，RAMIS G，et al. Chemical and mechanistic aspects of the selective catalytic reduction of NO_x by ammonia over oxide catalysts：a review［J］. Applied Catalysis B：Environmental，1998，18（1-2）：1-36.

[14] KOEBEL M，ELSENER M，MADIA G. Reaction pathways in the selective catalytic reduction process with NO and NO_2 at low temperatures［J］. Industrial & Engineering Chemistry Research，2001，40（1）：52-59.

[15] TANG X F，LI J H，SUN L，et al. Origination of N_2O from NO reduction by NH_3 over β-MnO_2 and α-Mn_2O_3［J］. Applied Catalysis B：Environmental，2010，99（1）：156-162.

[16] SHAN W P，YU Y B，ZHANG Y，et al. Theory and practice of metal oxide catalyst design for the selective catalytic reduction of NO_x with NH_3［J］. Catalysis Today，2021，376：292-301.

[17] 李新. 碳达峰目标下的汽车颗粒物排放及控制［J］. 中国环境管理，2022，14（3）：66-72.

[18] TSUNEYOSHI K，YAMAMOTO K. A study on the cell structure and the performances of wall-flow diesel particulate filter［J］. Energy，2012，48（1）：492-499.

[19] 张昭良，何洪，赵震. 汽车尾气三效催化剂研究和应用40年［J］. 环境化学，2021，40（7）：1937-1944.

[20] ZHANG Z Q，TIAN J，LI J T，et al. The development of diesel oxidation catalysts and the effect of sulfur dioxide on catalysts of metal-based diesel oxidation catalysts：a review［J］. Fuel Processing Technology，2022，233：107317.

[21] KAŠPAR J，FORNASIERO P，HICKEY N. Automotive catalytic converters：current status and some perspectives［J］. Catalysis Today，2003，77（4）：419-449.

[22] LI P，CHEN X Y，LI Y D，et al. A review on oxygen storage capacity of CeO_2 based materials：Influence factors，measurement techniques，and applications in reactions related to catalytic automotive emissions control［J］. Catalysis Today，2019，327：90-115.

[23] 张娜娜. NH_3-SCR催化剂的制备和活性位调控及性能研究［D］. 济南：济南大学，2021.

[24] LIU Z M，ZHU J Z，LI J H，et al. Novel Mn-Ce-Ti mixed-oxide catalyst for the selective catalytic reduction of NO_x with NH_3［J］. ACS Applied Materials & Interfaces，2014，6（16）：14500-14508.

［25］ HAN L P，CAI S X，GAO M，et al. Selective catalytic reduction of NO_x with NH_3 by using novel catalysts：state of the art and future prospects ［J］. Chemical Reviews，2019，119（19）：10916-10976.

［26］ XIN Y，LI H，ZHANG N，et al. Molecular-level insight into selective catalytic reduction of NO_x with NH_3 to N_2 over a highly efficient bifunctional Va-MNO_x catalyst at low temperature ［J］. ACS Catalysis，2018，8（6）：4937-4949.

［27］ MOU X，ZHANG B，LI Y，et al. Rod-shaped Fe_2O_3 as an efficient catalyst for the selective reduction of nitrogen oxide by ammonia ［J］. Angewandte Chemie-International Edition，2012，51（12）：2989-2993.

［28］ QU W Y，LIU X N，CHEN J X，et al. Single-atom catalysts reveal the dinuclear characteristic of active sites in NO selective reduction with NH_3 ［J］. Nature Communications，2020，11（1）：1-7.

［29］ PENG Y，LI K Z，LI J H. Identification of the active sites on CeO_2-WO_3 catalysts for SCR of NO_x with NH_3：an in situ IR and raman spectroscopy study ［J］. Applied Catalysis B：Environmental，2013，140：483-492.

［30］ QU R Y，GAO X，CEN K F，et al. Relationship between structure and performance of a novel cerium-niobium binary oxide catalyst for selective catalytic reduction of NO with NH_3 ［J］. Applied Catalysis B：Environmental，2013，142-143：290-297.

［31］ 张红丹，兰欣雨，程鹏. 羟基自由基辅助沸石分子筛合成的研究进展 ［J］. 化学学报，2023，81：100-110.

第二篇　转向系统开发技术

第五章　转向器设计

第一节　概　　述

一、基本功能

在行驶过程中，汽车需要根据驾驶人的意愿经常改变行驶方向，即所谓的汽车转向。对于轮式汽车而言，实现汽车转向的方法是，驾驶人通过一套专门设计的机构，使汽车转向桥（通常是前桥）上的车轮（即转向轮）相对于汽车纵轴线偏转一定角度。在汽车直线行驶时，转向轮往往会受到路面侧向干扰力的作用，自动偏转而改变行驶方向。此时，驾驶人也可以利用这套机构使转向轮向相反的方向偏转，从而使汽车恢复原来的行驶方向。这套专门用来改变或恢复汽车行驶方向的机构被称为汽车转向系统。因此，汽车转向系统的功能是确保汽车能够根据驾驶人的意愿进行直线或转向行驶。

二、基本要求

（1）汽车在转弯行驶时，所有车轮应该围绕瞬时转向中心旋转，任何车轮不应该发生侧滑。未满足这项要求可能会加速轮胎磨损，并降低汽车的行驶稳定性。

（2）汽车在转向行驶后，在驾驶员松开转向盘的情况下，转向轮应能够自动返回到直线行驶位置，并保持稳定行驶。

（3）汽车在任何行驶状态下，转向轮都不应该产生自振，转向盘不应该摆动。

（4）在转向传动机构和悬架导向装置共同工作时，由于运动不协调而导致车轮产生的摆动应该最小化。

（5）确保汽车具有较高的机动性，能够迅速且轻松地完成小转弯行驶，同时操纵轻便。

（6）当转向轮碰撞到障碍物后，传递给转向盘的反冲力应尽可能小。

（7）转向器和转向传动机构的球头处，有消除因磨损而产生间隙的调整机构。在转向器和转向传动机构的球头处，应设置消除因磨损而产生间隙的调整机构。

（8）在车祸中，当转向轴和转向盘由于车架或车身变形而共同后移时，转向系统应该有防伤装置，以保护驾驶员免受或减轻伤害。

（9）进行运动校核，确保转向轮与转向盘的转动方向一致。

三、组成与分类

汽车转向系统可按转向能源的不同分为机械转向系统和动力转向系统两大类。

（一）机械转向系统

机械转向系统以驾驶人的体力作为转向能源，其中所有传力件都是机械的，主要由转向操纵机构、转向器和转向传动机构三大部分组成。

目前，国内外生产的许多车型在转向操纵机构中广泛采用了万向传动装置，其中包括转向万向节和转向传动轴，如图 5-1 所示。通过适当改变转向万向传动装置的几何参数便可满足各种变型车的总布置要求，有助于转向盘和转向器等部件的通用化和系列化。即使在转向盘与转向器同轴线的情况下，其间也可采用万向传动装置，以补偿由于部件在车上的安装误差和安装基体（驾驶室车架）变形所造成的二者轴线实际上的不重合的情况。

如图 5-1 所示转向系统是与非独立悬架相配合使用的。由转向器输出的力和运动通过摇臂、转向直拉杆和转向节臂传递至左转向节，使其绕主销转动。

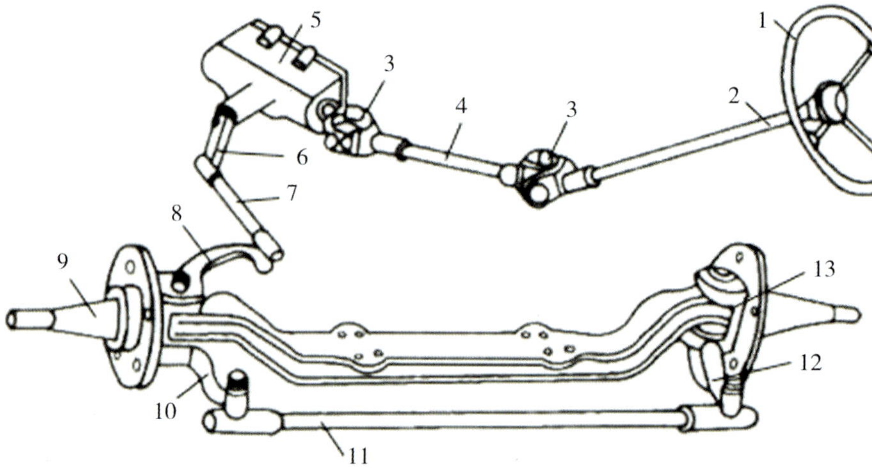

1—转向盘；2—转向轴；3—转向万向节；4—转向传动轴；5—转向器；6—摇臂；7—转向直拉杆；8—转向节臂；9—左转向节；10—梯形臂；11—转向横拉杆；12—梯形臂；13—右转向节

图 5-1 机械转向系统示意图

为使右转向节及其支撑的右转向轮随之偏转相应角度，还设置了转向梯形。转向梯形由固定在左、右转向节上的梯形臂，和两端与梯形臂作球铰链连接的转向横拉杆组成。

转向盘在驾驶室内安放的位置与各国交通法规有关。包括我国在内的大多数国家规定车辆右侧通行，相应地应将转向盘安置在驾驶室左侧。这样做的好处是，驾驶人的左方视野较广阔，有利于两车安全交会。相反，在一些规定车辆左侧通行的国家和地区（如日本、英国）使用的汽车上转向盘则应安置在驾驶室右侧。

（二）动力转向系统

动力转向系统是兼用利用驾驶人体力和发动机（或电动机）的动力作为转向能源的转向系统。在正常情况下，汽车转向所需的能量只有一小部分由驾驶人提供，而大部分能量由发动机（或电动机）通过转向加力装置提供。然而，在转向加力装置失效时，一般还应当能由驾驶人独立承担汽车转向任务。因此，动力转向系统是在机械转向系统的基础上加设一套转向加力装置而形成的。对最大总质量在 50 吨以上的重型汽车而言，一旦动力转向装置失效，驾驶人通过机械传动系统加于转向节的力远不足以使转向轮偏转，从而实现转向。故这种汽车的动力转向装置应当具备特别可靠性。

图 5-2 为一汽轿车公司生产的马自达 6 型轿车的液压助力转向系统。其中属于动力转向装置的部件主要有：转向油罐、转向液压泵、转向控制阀和转向动力缸（与机械转向器做成一体）。当驾驶人转动转向盘时，转向轴通过转向万向传动装置带动转向控制阀转动，使转向动力缸中活塞一侧的油腔接通液面压力为零的转向油罐，而另一侧油腔则接通转向液压泵的出油口，使高压油进入该油腔，于是转向动力缸的活塞受到液压力的作用，推动活塞杆（即机械转向器的齿条）移动，通过转向传动机构带动左、右转向轮偏摆实现转向。这样，驾驶人施于转向盘上很小的转向力矩，便可克服地面作用于转向轮上的转向阻力矩。

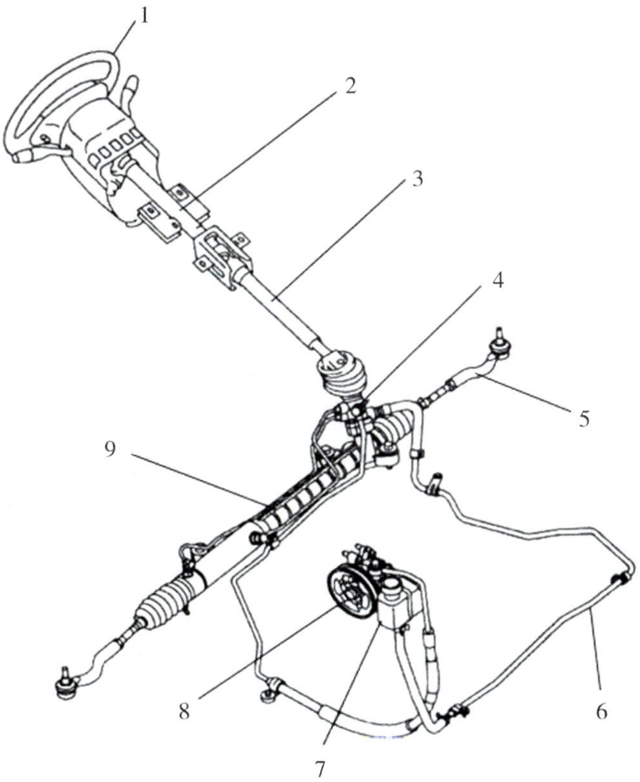

1－转向盘；2－转向轴；3－转向万向传动装置；4－转向控制阀；5－转向横拉杆；6－油管；
7－转向油罐；8－转向液压泵；9－转向动力缸

图 5-2　马自达 6 型轿车的液压助力转向系统

第二节　机械转向器结构

一、结构种类

转向器是汽车上重要的安全部件。机械转向器是把转向盘的转动变为转向摇臂的摆动，并按一定传动比放大转矩的机构。

机械转向器的类型按力传动的可逆性及构造不同，机械转向器类型可分为：

（1）可逆式转向器：循环球式，齿轮齿条式。

（2）极限可逆式转向器：蜗杆滚轮式，蜗杆曲柄双销式。

（3）不可逆式转向器：蜗杆扇形齿轮式，球面螺杆式。

转向器的转向轻便性是由转向器传动比的大小来决定的。传动比越小，转向操纵力越大；反之，传动比越大，转向操纵力越小。当传动比小时，转向更为灵敏；反之，传动比大时，转向则变得不那么灵敏。若不考虑转向沉重与汽车机动能力性能的问题，转向器传动比通常为等速比。若需要兼顾转向轻便与转向灵敏的要求，则将转向器的传动比设计成可变的，即在转向过程的不同阶段，转向器的传动比是不同的会有所调整。对于需要保证在高速行驶时转向灵敏、低速行驶时转向轻便的汽车，其转向器的传动比为中间小、两头大，这就是变速比转向器。

在现代汽车上，广泛采用的是齿轮齿条式转向器（rack and pinion steering gear）和循环球式转向器（recirculating ball steering gear）。

二、转向器的结构

（一）齿轮齿条式转向器

它由转向齿轮、转向齿条、壳体和预紧力调整装置等组成，如图 5-3 所示。转向齿轮通过轴承支承在壳体内，转向齿轮的一端与转向轴连接，将驾驶员的转向操纵力输入，另一端与转向齿条直接啮合，形成一对传动副，并通过转向齿条传动，带动横拉杆，使转向节转动。为保证齿轮齿条无间隙啮合，补偿弹簧产生的压紧力通过压板将转向齿轮（pinion）和转向齿条（rack）压靠在一起。弹簧的预紧力可以通过调整螺柱进行调整。

由于齿轮齿条式转向器属于可逆式转向器，其正效率与逆效率均很高，且具有强大的自动回正能力。齿轮齿条式转向器最主要的优点是结构简单、紧凑，壳体采用铝合金或镁合金压铸而成，转向器的质量比较小，传动效率高达 90%。

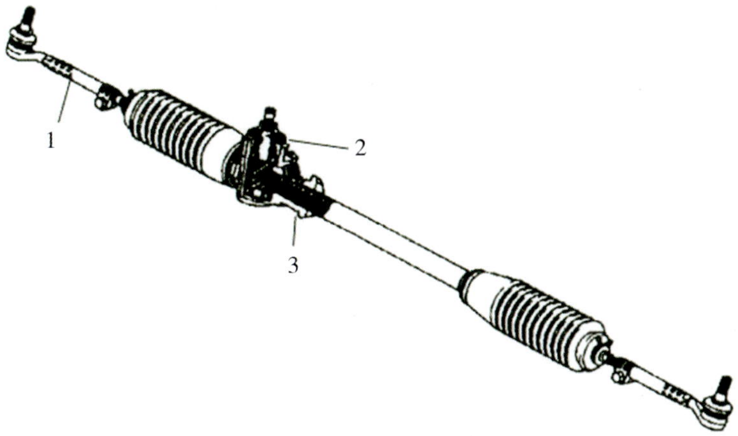

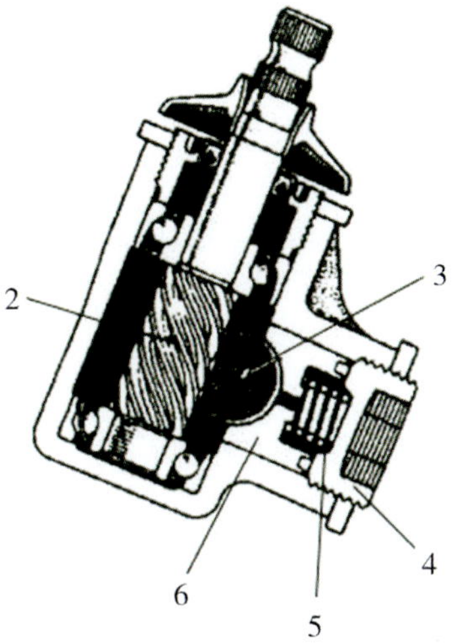

1－横拉杆；2－转向齿轮；3－转向齿条；4－调整螺柱；5－补偿弹簧；6－压板

图 5-3　齿轮齿条式转向器

如图 5-4 所示为可变传动比齿轮齿条转向器的啮合示意图。当转向齿轮处于中间位置时，传动比较小；而在两端位置时，传动比大。这样设计旨在满足汽车低速行驶时转向轻便，而在高速行驶时则需更为灵敏的转向。

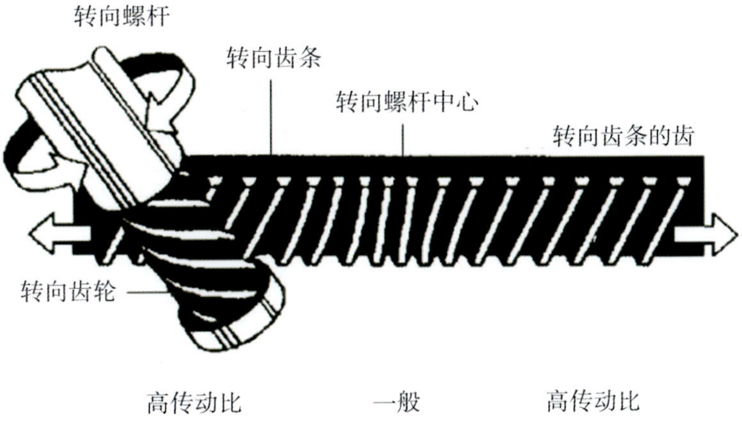

图 5-4　可变传动比齿轮齿条转向器的啮合示意图

（二）循环球式转向器

它由两级传动副、壳体、钢球和间隙调整装置等组成。第一级传动副是螺杆—螺母传动副，第二级是齿条—齿扇传动副。

如图 5-5 所示为一种循环球式转向器的整体结构。它的两级传动副分别是：一级传动副是转向螺杆（steering screw）和转向螺母（steering nut），转向螺杆与转向轴连接；另一级传动副是齿条（rack）和齿扇（sector），在转向螺母下平面上加工成齿条，齿扇与齿扇轴形成一体。转向螺母既是第一级传动副的从动件，又是第二级传动副的主动件。为了减少转向螺杆与转向螺母之间的摩擦与磨损，二者的螺纹不直接接触，而是做成内外滚道，滚道中间装有许多钢球，以实现滚动摩擦。转向螺母上装有两个钢球导管，钢球导管内装满了钢球，钢球导管与滚道连通，形成两条独立的供钢球循环滚动的封闭通道。

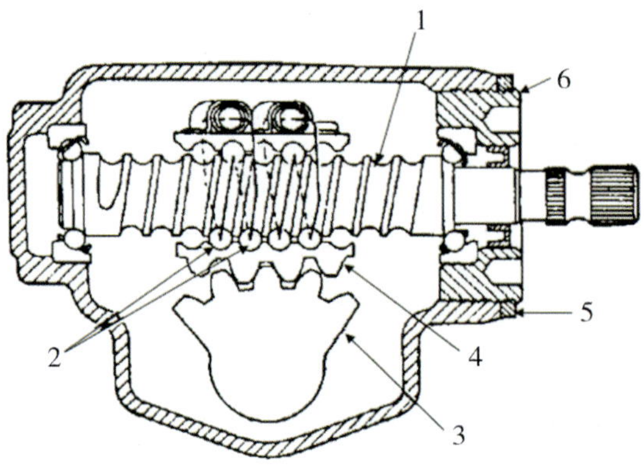

1—螺杆；2—循环球；3—齿轮；4—螺母；5—间隙调整装置；6—转向器壳体

图 5-5 循环球式转向器的整体结构

循环球式转向器具有很高的正效率（可达 90%～95%），故操纵轻便使用寿命长，工作平稳可靠。然而，其逆效率也很高，容易将路面冲击力传到转向盘。不过，对于前轴轴载质量不大而又经常在平坦路面上行驶的中、轻型载货汽车而言，这一缺点影响较小。因此，循环球式转向器得到广泛应用。

第三节 转向器主要性能参数

一、效率

功率 P_1 从转向轴输入，经转向摇臂轴输出所得的效率称为正效率，用符号 η_+ 表示，$\eta_+=(P_1-P_2)/P_1$；反之称为逆效率，用符号 η_- 表示 $\eta_-=(P_3-P_2)/P_3$。式中，P_2 为转向器中的摩擦功率；P_3 为作用在转向摇臂轴上的功率。为了保证转向时驾驶员转动转向盘轻便，要求正效率高；为了确保驾驶员在转向时能够轻松地旋转转向盘，我们需要高的正效率；而为了保证汽车转向后转向轮和转向盘能自动返回到直线行驶位置，又需要有一定的逆效率。此外，为了减轻在不平路面上行驶时驾驶员的疲劳，需要将车轮与路面之间的作用力传递至转向盘上的逆效率尽可能减小，以防止转向盘上的反冲力对驾驶员的影响。

（一）转向器的正效率 η_+

影响转向器正效率的因素有：转向器的类型、结构特点、结构参数和制造质量等。

1. 转向器类型、结构特点与效率

在前述转向器中，齿轮齿条式、循环球式转向器的正效率比较高。

同一类型转向器，因结构不同效率也不一样。如蜗杆滚轮式转向器的滚轮与支持轴之间的轴承，可以选用滚针轴承、圆锥滚子轴承和球轴承等三种结构之一。第一种结构除滚轮与滚针之间有摩擦损失外，滚轮侧翼与垫片之间还存在滑动摩擦损失，故这种转向器的效率 η_+ 仅有 54%。另外两种结构的

转向器效率，根据试验结果分别为 70%和 75%。

转向摇臂轴轴承的形式对效率也有影响，用滚针轴承比用滑动轴承可使正或逆效率提高约 10%。

2. 转向器的结构参数与效率

如果忽略轴承和其他地方的摩擦损失，只考虑啮合副的摩擦损失，对于蜗杆和螺杆类转向器，其效率为

$$\eta_{+}=\frac{\tan\alpha_0}{\tan(\alpha_0+\rho)} \tag{5-1}$$

式中，α_0 为蜗杆（或螺杆）的螺线导程角；ρ 为摩擦角，$\rho=\arctan f$，f 为摩擦因数。

（二）转向器的逆效率 η_{-}

根据逆效率大小不同，转向器又有可逆式、极限可逆式和不可逆式三种类型。

路面作用在车轮上的力，经过转向系可大部分传递到转向盘，这种逆效率较高的转向器属于可逆式。可逆式转向器能保证转向后，转向轮和转向盘自动回正。从而减轻驾驶员的疲劳，提高行驶的安全性。但是，在不平路面上行驶时，车轮受到的冲击力能大部分传至转向盘，造成驾驶员可能感到“打手”，使其感到精神紧张；如果长时间在不平路面上行驶，易使驾驶员疲劳，影响安全驾驶。典型的可逆式转向器包括齿轮齿条式和循环球式转向器。

不可逆式转向器指的是车轮受到的冲击力无法传递到转向盘的转向器。这种转向器使得转向传动机构的零件承受冲击力，因此这些零件容易损坏。由于不能确保车轮自动回正，而且驾驶员无法感知路面状况，现代汽车一般不采用这种转向器。

极限可逆式转向器介于上述两者可逆式和不可逆式之间。在车轮受到冲击力作用时，此力只有较小一部分传至转向盘。它的逆效率较低，在不平路面上行驶时，驾驶员并不十分紧张，同时转向传动机构的零件所承受的冲击力也比不可逆式转向器要小。虽然其逆效率较低，但在不平路面上行驶时，驾驶员的紧张感较小，同时转向传动机构的零件所承受的冲击力也较小。如果忽略轴承和其他地方的摩擦损失，只考虑啮合副的摩擦损失，则逆效率为

$$\eta_{-}=\frac{\tan(\alpha_0-\rho)}{\tan\alpha_0} \tag{5-2}$$

式（5-1）和式（5-2）表明：增加导程角 α_0，正、逆效率均增大。受 η_{-} 增大的影响，α_0 不宜取得过大。当导程角小于或等于摩擦角时，逆效率为负值或者为零。此时表明，该转向器是不可逆式转向器。为此，导程角必须大于摩擦角。通常螺线导程角选在 8°～10°。

二、传动比特性

对于如图 5-1 所示转向系统，转向盘的转角增量与相应的转向摇转角增量之比 $i_{\omega 1}$ 称为转向器角传动比。转向摇臂转角增量与转向盘一侧的转向节相应的转角增量之比 $i_{\omega 2}$ 称为转向传动机构角传动比。显然，$i_{\omega}=i_{\omega 1}i_{\omega 2}$。另外，转向系统的传动比也可以用力来定义。两个转向轮受到的转向阻力与驾驶人作用在转向盘上的受力之比 i_p 称为转向系统的力传动比，它与角传动比 i_{ω} 成正比。

转向系统角传动比 i_{ω} 越大，则为了克服一定的地面转向阻力矩所需作用在转向盘上的转向力矩便

越小，从而在转向盘直径一定时，驾驶人作用于转向盘的手力也越小。但 i_ω 过大，将导致转向操纵不够灵敏，即为了得到一定的转向节偏转角所需的转向盘转角过大。所以，在选取 i_ω 时也应适当兼顾转向省力和转向灵敏的要求。

对于一般汽车而言，转向传动机构角传动比 $i_{\omega2}$ 大约为 1。在转向过程中，$i_{\omega2}$ 随着转向节转角的不同会有所变化，但变化幅度不大。货车的转向器角传动比 $i_{\omega1}$ 为 16～32，轿车为 12～20。由此可知，转向系统角传动比 i_ω 主要取决于转向器角传动比。有些转向器的 $i_{\omega1}$ 是常数，有些则是变化的。转向盘转角较小时，转向阻力较小，$i_{\omega1}$ 小一些可以使转向灵敏；转向盘转角较大时（低速大转弯工况），$i_{\omega1}$ 应大一些，保证转向轻便。

机械转向系统同时满足转向省力和转向灵敏要求的难度相当大。因此，采用动力转向系统已经成为中型以上货车和中级以上轿车转向系统的主要发展趋势。

三、传动副的传动间隙 Δt

传动间隙是指各种转向器中传动副（如循环球式转向器的齿扇和齿条）之间的间隙。该间隙随转向盘转角 φ 的大小不同而变化，这种变化关系称为转向器传动副传动间隙特性（图 5-6）。研究该特性的意义在于，它与直线行驶的稳定性和转向器的使用寿命密切相关。

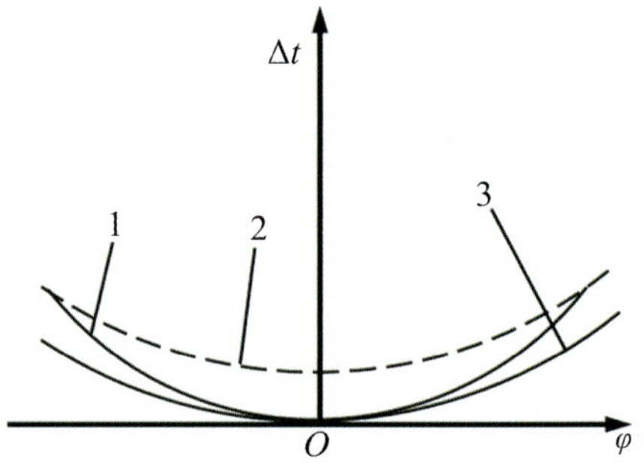

图 5-6 转向器传动副传动间隙特性

直线行驶时，如果转向器传动副存在传动间隙，一旦转向轮受到侧向力作用，就能在间隙 Δt 的范围内，允许车轮偏离原行驶位置，使汽车失去稳定。车轮就可以在间隙 Δt 范围内偏离原始行驶位置，导致汽车失去稳定性。为防止出现这种情况发生，要求传动副的传动间隙在转向盘处于中间及其附近位置时（一般是 10°～15°）要极小，最好是无间隙。由于转向器传动副在中间及其附近位置因使用频繁，磨损速度要比两端快。在中间附近位置因磨损造成的间隙大到无法确保直线行驶的稳定性时，必须经调整消除该处的间隙。由于转向器传动副在中间及其附近位置经常使用，磨损速度比两端快。当在中间附近位置磨损导致的间隙大到无法确保直线行驶的稳定性时，必须通过调整来消除该位置的间隙。调整后，要求转向盘能圆滑地从中间位置转到两端，而无卡住现象出现。为此，传动副的传动间隙特性，应当设计成在离开中间位置以后呈如图 5-6 所示的逐渐加大的形状。图 5-6 中，曲线 1 表明转向器在磨损前的间隙变化特性；曲线 2 表明使用并磨损后的间隙变化特性，并且在中间位置处已出现较大间隙；曲线 3 表明调整后并消除中间位置处间隙的转向器传动间隙变化特性。因此，传动副的传动间隙特性应设计成在离开中间位置后逐渐增大，呈现如图 5-6 所示的形状。

第四节　动力转向器

为了减轻转向时驾驶员作用到转向盘上的手力和提高行驶安全性，部分汽车配备了动力转向机构。发动机排量在 2.5L 以上的乘用车，由于对其操纵轻便性的要求日益增长，越来越多地采用或提供动力转向器作为选装配件。转向轴轴载质量超过 2.5 吨的货车，可以选择采用动力转向；若超过 4 吨，则应配备动力转向系统。

一、动力转向机构的要求

（1）运动学上，转向轮转角和驾驶员转动转向盘的转角之间应保持一定的比例关系。

（2）随着转向轮阻力的增大（或减小），作用在转向盘上的手力必须增大（或减小），称为“路感”。

（3）当作用在转向盘上的切向力 $Fh > 0.025 \sim 0.190$kN 时（因汽车形式不同而异），动力转向器就应开始工作。

（4）转向后，转向盘应自动回正，并使汽车保持在稳定的直线行驶状态。

（5）工作灵敏，即转向盘转动后，系统内压力能很快达到最大值。

（6）动力转向失灵时，仍能用机械系统操纵车轮转向。

（7）密封性能好，内、外泄漏少。

二、整体式液压动力转向器

（一）整体式液压动力转向器的结构

如图 5-7 所示，整体式液压动力转向器由转向控制阀、齿轮齿条式转向器、转向动力缸组成一体，构建为整体式动力转向器。该转向器的控制阀采用转阀式结构。扭杆一端通过花键与转向齿轮连接，另一端与转阀阀芯用销子连接，阀芯再与转向轴的末端固定。转向轴的转动可以通过扭杆带动转向齿轮转动。转阀的阀芯外圈与阀体相配合，阀芯和阀体构成控制阀，置于转向器壳体内。转向器壳体设有油孔，分别连接转向液压泵、转向油罐以及转向动力缸的左右两个工作腔。转向齿条与转向动力缸内的活塞一体化，活塞将转向动力缸分隔为左右两个工作腔。转向动力缸上有油管通向转向器壳体内的控制阀。

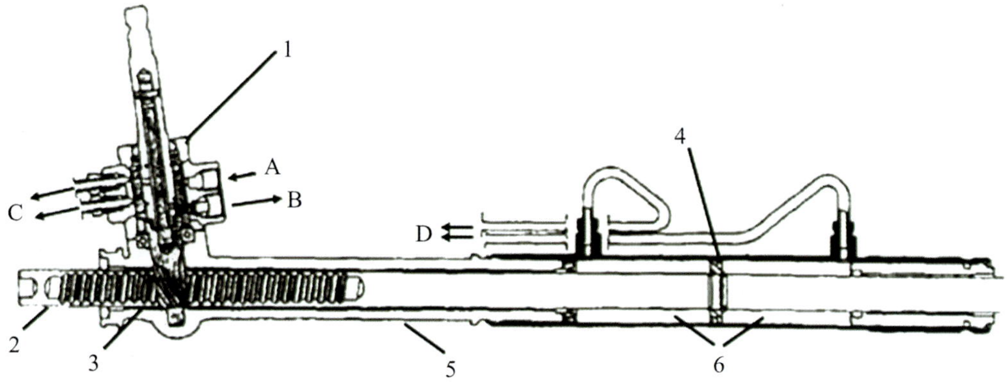

1－转向控制阀；2－转向齿条；3－转向齿轮；4－转向动力缸活塞；5－转向器壳体；6－动力缸；
A－接转向液压泵；B－接转向油罐；C－接转向动力缸；D－接转向控制阀

图 5-7　整体式液压动力转向器

（二）转向控制阀 (steering control valve)

转向控制阀组件如图 5-8 所示，主要由阀体、阀芯及扭杆组成。控制阀体呈圆筒形，其表面上制有三道较宽且深的油环槽和四道较窄浅的密封环槽。各油环槽的底部开有与内壁相通的油孔，中间油环槽的油孔是进油通道，与转向液压泵相通；两侧油环槽的油孔，分别与转向动力缸的左腔、右腔相通。密封环槽用于安装密封圈组件。在阀体的内表面，油孔处与左腔和右腔相通，有六条不贯通的纵槽，形成六道槽肩。阀芯呈圆筒形，其外圆表面与阀体滑动配合，二者可以相对转动。阀芯与阀体配合间隙很小，配合精度很高，二者组成偶件，不可更换。阀芯表面上也制有六条不贯通的纵槽，形成六道槽肩，分别与阀体的槽肩和纵槽配合形成液体流动间隙，在阀芯的不同纵槽上开有三个等间隔的径向通孔，用以流通液压油，此油道通向转向油罐。

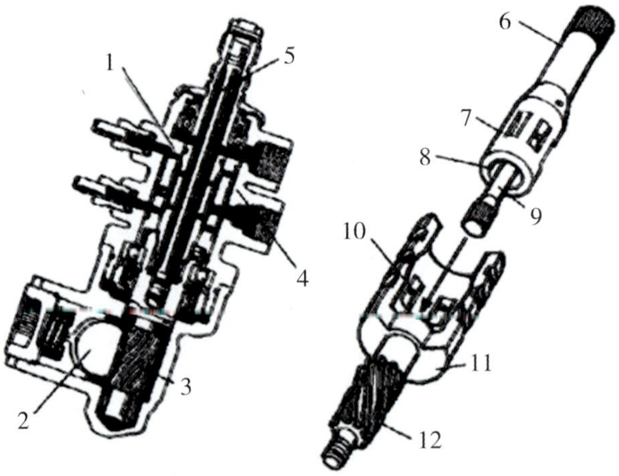

1、4、11－阀体；2－转向齿条；3、12－转向齿轮；5、9－扭杆；6－转向齿轮轴
7－阀芯；8－与转向油罐相通；10－阀门孔

图 5-8　转向控制阀

（三）动力转向器的工作过程

当汽车直线行驶时，转阀处于中间位置（图 5-9），此时，来自转向液压泵的工作液从转向器壳体

的进油口 C 流到阀体的中间油环槽中，通过其槽底的三个通孔，进入阀体与阀芯之间。此时因阀芯处于中间位置，进入的油液分别通过阀体和阀芯纵槽形成的两边相等的间隙，再通过阀芯的纵槽和阀体的纵槽以及阀体的径向孔流向阀体外的上、下油环槽，然后通过壳体中的两条油道分别流到动力缸的左腔（A 腔）、右腔（B 腔）中。同时，通过阀芯纵槽的径向油孔流到阀芯内腔与扭杆组件之间的空隙（回油道）中，经油管回到转向油罐中去，形成了常流式油液循环。此时，A 腔、B 腔油压相等且很小，齿条—活塞既没有受到转向齿轮的轴向推力，也没有受到 A 腔、B 腔因压力差造成的轴向推力。所以齿条—活塞处于中间位置，不产生助力作用。

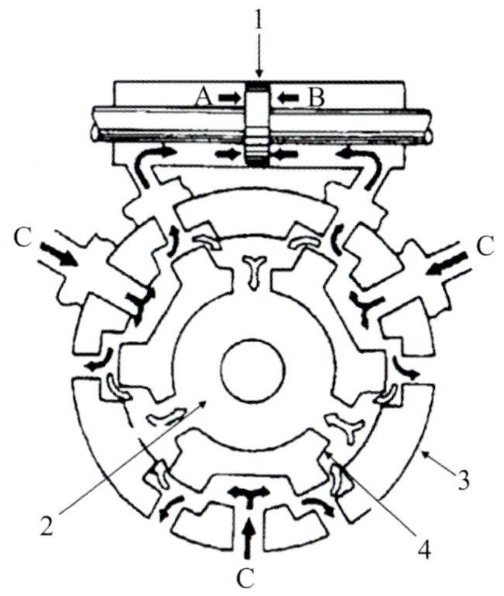

1—活塞；2—回油道；3—阀体；4—阀芯；A、B—动力缸工作腔；C—来自转向油泵油液

图 5-9　转阀式转向控制阀工作原理（汽车直线行驶时）

汽车右转弯时（图 5-10），转动转向盘使转向轴顺时针转动，并带动阀芯同步转动。受到转向节臂传来的路面转向阻力作用，动力缸活塞和转向齿条暂时不能运动，所以转向齿轮暂时也不能随转向轴向右转动。这样扭杆受转矩作用，前、后端产生扭转变形，转向阀芯和阀体之间转过一个角度。动力缸左腔（A 腔）进入高压油，右腔（B 腔）泄压，动力缸产生向右转向助力。

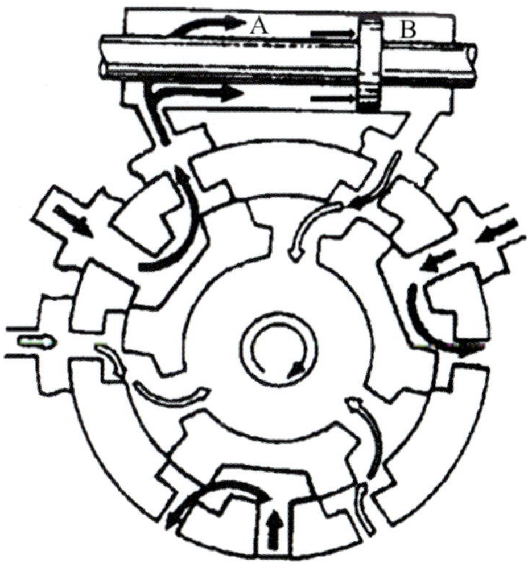

A—动力缸左腔；B—动力缸右腔

图 5-10　转阀式转向控制阀工作原理（汽车右转弯时）

在液压力作用下，齿条向右运动，同时转向齿轮本身也开始与转向轴同向转动。只要转向盘继续转动，扭杆的扭转变形便一直保持不变，转向控制阀所处的右转向位置不变。一旦转向盘停止转动，动力缸暂时还继续工作，导致转向轮继续转动，使扭杆的扭转变形减少，转向助力减少。当转向助力刚好与车轮的回正力矩相平衡时，齿条齿轮停止运动。此时，转向阀即停驻在某一位置不动，转向轮转角保持不变。

在转向过程中，转向盘转动速度较快时，阀体与阀芯的相对角位移量相应增大，导致动力缸两腔压力差提升，进而增强转向助力，使得车轮偏转速度加快。反之，若转向盘转动速度较慢，助力则相应减小，车轮偏转速度减缓。而当转向盘保持静止，转向轮转到某一相应的位置也不动，这称之为转向控制阀的“渐进随动原理”。

在转向后回正的过程中，若驾驶员放松方向盘，阀芯将返回中间位置，此时助力作用消失。车轮在回正力矩的作用下回位。若驾驶员同时逆时针转动转向盘，动力转向器将反向助力，协助车轮回正。当汽车行驶过程中遇到外界阻力导致车轮偏转时，阻力矩会通过转向传动机构、转向齿条传递至阀体，使阀体与阀芯产生相对角位移。动力缸则会产生与车轮偏转方向相反的助力作用，使车轮迅速回正，确保汽车直线行驶的稳定性。一旦液压助力装置失效，助力缸不起作用，驾驶员需转动转向盘以较大的角度，使扭杆产生大的变形，传递更大的转矩，以驱动转向齿轮旋转。此时，该动力转向器变成机械转向器，驾驶员需施加很大的力，转向盘的自由行程增大。

三、电控液压动力转向机构

随着转向轴负荷的增加，为转动转向轮驾驶员作用在转向盘上的力增加得也越多。这不仅容易造成驾驶员疲劳，而且疲劳驾驶也极易引发交通事故。当初以解决操纵轻便性为目的，并经历了几十年发展，结构上已相当完善的液压动力转向在汽车上得到广泛应用。但在能量消耗、严格的密封要求和助力特性等方面始终存在不足。随着高速公路的增多，汽车行驶速度的变化范围也越来越宽，此时传统的液压动力转向暴露出已不适应汽车行驶速度多变和既要求有足够的转向操纵轻便性的同时又不能有转向发飘感觉的矛盾。为了解决这一问题，确保在任何行驶工况下都能保证良好的操纵轻便性和操纵稳定性，有必要采用车速感应型动力转向机构。

目前，车速感应型动力转向机构主要有两种：电控液压动力转向机构和电动助力转向机构。

电控液压动力转向机构基于液压动力转向机构，增加控制器及执行元件，通过车速传感器将车速信号传至控制器或微型计算机系统，从而控制电液转换装置改变助力特性。这样，在低速或急转弯行驶时，驾驶员只需用较小的手力即可转动转向盘；而在高速行驶时，则需用稍重的手力进行转向操作。

（一）电控液压动力转向机构的分类

根据控制方式不同，电控液压动力转向机构的分类如图 5-11 所示。

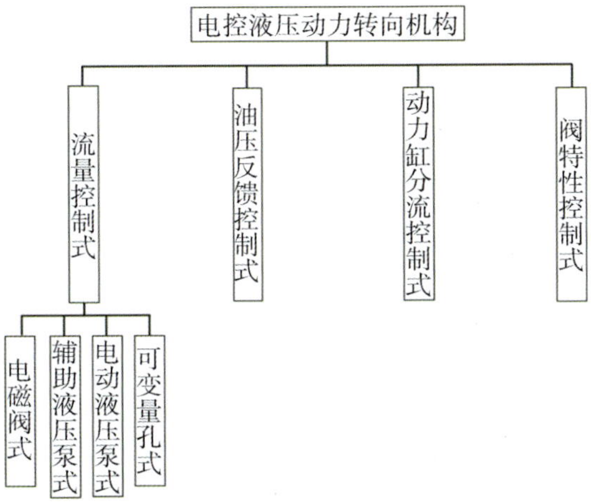

图 5-11　电控液压动力转向机构分类

（二）流量控制式电控液压动力转向工作原理

流量控制式是根据车速的变化改变向动力转向器提供的油量，并同时改变转向盘上的手力。车速低又转向，通过增加供油量改善助力效果并减小手力；汽车转急弯通过传感器检测到转向角速度的快速变换，这时控制器控制油路能提供最大的供油量达到全动力转向状态车速高时又能适当减少液压泵供油量，使手力略感沉重，做到驾驶员无发飘的感觉、心中不慌，以提高行车安全。例如，电动液压泵式电控液压动力转向系统采用由蓄电池供电的直流电动机驱动液压泵。控制器根据车速信号和转向盘转速信号调整电动机的转速，进而控制液压泵的流量，实现助力转向的调整。图 5-12（1）所示为电动液压泵式动力转向的车速感应型助力特性。采用电动机驱动液压泵，液压泵不必布置在发动机附近，布置容易、拆装方便，不转向时电动机以低转速运转，甚至停止运转，又可以降低能量消耗。

（三）油压反馈控制式电控液压动力转向工作原理

油压反馈控制式电控液压动力转向系统的工作原理是：在车速信号控制下，车速越高，使通往控制阀反作用腔的反馈压力也越高，这就增加了开启控制阀的阻力，即转向手力增大，反之转向手力减小。图 5-12（2）所示为油压反馈控制式动力转向的车速感应型助力特性曲线。

这种结构能在低速调头和原地转动转向盘时提供 95%的助力作用：随着车速的提高可以逐渐减少到最低仅提供 65%的助力作用。

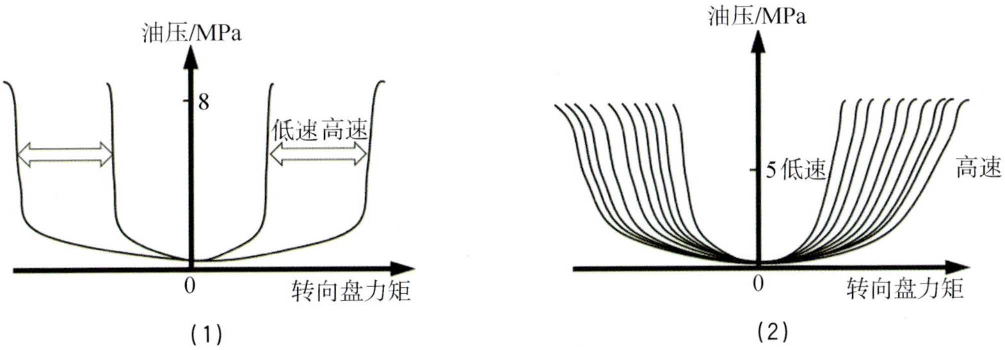

图 5-12　电控液压动力转向的助力特性

（1）电动液压泵式；（2）油压反馈控制式

四、电动助力转向机构

近年来，电动助力转向机构在乘用车领域得到了广泛应用，并展现出良好的发展趋势。电动助力转向机构，除去应当满足对液压式动力转向机构的一些相似要求以外，同时还应当满足：具有故障自诊断和报警功能；有良好的抗振动和抗噪声干扰能力等；当地面与车轮之间有反向冲击力作用时电动助力转向机构应迅速反应，制止转向盘转动；在过载使用条件下有过载保护功能等。除满足液压式动力转向机构的部分相似要求外，电动助力转向机构还应具备以下特点：故障自诊断与报警功能、优良的抗振动和抗噪声干扰能力、在地面与车轮之间出现反向冲击力时能迅速响应并阻止转向盘转动、具备过载保护功能等。

（一）电动助力转向机构的组成与工作原理

由机械转向器与电动助力部分相结合，构成电动助力转向机构。电动助力部分包括电动机、电池、传感器和控制器（ECU）及线束，有的还有减速机构和电磁离合器等（图 5-13）。

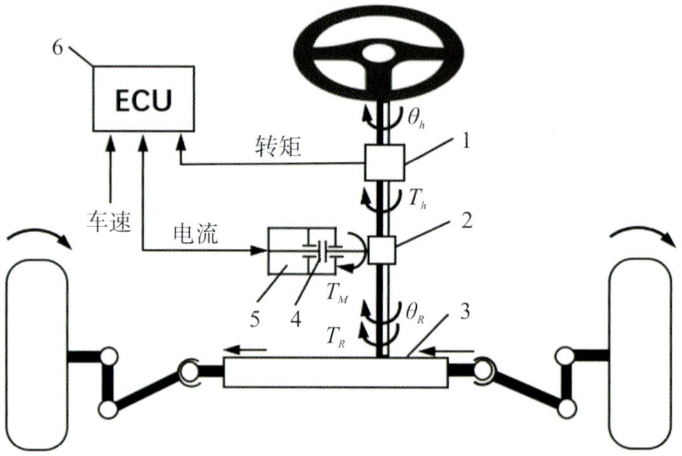

1－转矩传感器；2－减速机构；3－转向器；4－电磁离合器；5－电动机；6－控制器

图 5-13　电动助力转向机构示意图

在当前乘用车电动助力转向系统的构成中，转向器普遍采用齿轮齿条式设计。除负责将转向盘产生的力矩和运动传递至转向系统外，还具备增扭和降速的功能。转向过程中，电动机将来自蓄电池的电能转变为机械能向转向系输出而构成转向助力矩，并完成助力作用。与电动机连接的减速机构有蜗轮蜗杆、滚珠螺杆螺母或行星齿轮机构等，其作用也是降速、增扭。装在减速机构附近的离合器（通常为电磁离合器）是为了保证电动助力转向机构只在预先设定的行驶速度范围内工作。在车速达到某一设定值时，离合器分离，并暂时停止电动机的助力作用。与此同时，转向机构也暂时转为机械式转向机构。当电动机发生故障时，离合器也自动分离。离合器分离后再行转向时，可不必因带动电动机而消耗驾驶员体力。单片式电磁离合器包括主动轮、从动轴、压盘、磁化线圈和滑环等。其工作原理如图 5-13 所示，装有磁化线圈的主动轮与电动机轴固定连接，来自控制器的控制电流经滑环输入磁化线圈，于是主动轮产生电磁吸力，将压盘吸到主动轮上；然后电动机的动力经主动轮、压盘及压盘毂上的花键传给从动轴，实现助力作用。

汽车在高速转向行驶时，转向盘上的作用力矩将减小，直至无须助力。此时可设定：达到此车速时，电磁离合器停止工作，还有在电动机停止工作以后，电磁离合器在控制器的控制下也要分离或者自动分离。此后，再进行转向将不存在助力作用，直至电动机恢复工作为止。控制器具有两项功能：一是根据转矩传感器和车速传感器的信号，进行逻辑分析与计算，发出指令控制电动机和离合器的动作；二是采集电动机电流、发电机电压、发动机工况等信号，判断系统工作状态是否正常。控制器内装有单片机或数字信号处理器等部件。电动助力转向机构的工作原理如下：当驾驶员对转向盘施力并转动转向盘时，位于转向盘下方与转向轴连接的转矩传感器，将经扭杆弹簧连接在一起的上、下转向轴的相对转动角位移信号转变为电信号传至控制器，在同一时刻车速信号也传入控制器。根据以上两信号，控制器确定电动机的旋转方向和助力转矩的大小。之后，控制器将输出的数字量经 D/A 转换器，转换为模拟量，并将其输入电流控制电路。电流控制电路将来自微机的电流命令值同电动机电流的实际值进行比较后生成一个差值信号，同时将此信号送往电动机驱动电路，该电路驱动电动机，并向电动机提供控制电流，完成助力转向作用。助力转向控制信号的流程及控制系统的组成如图 5-14 所示。

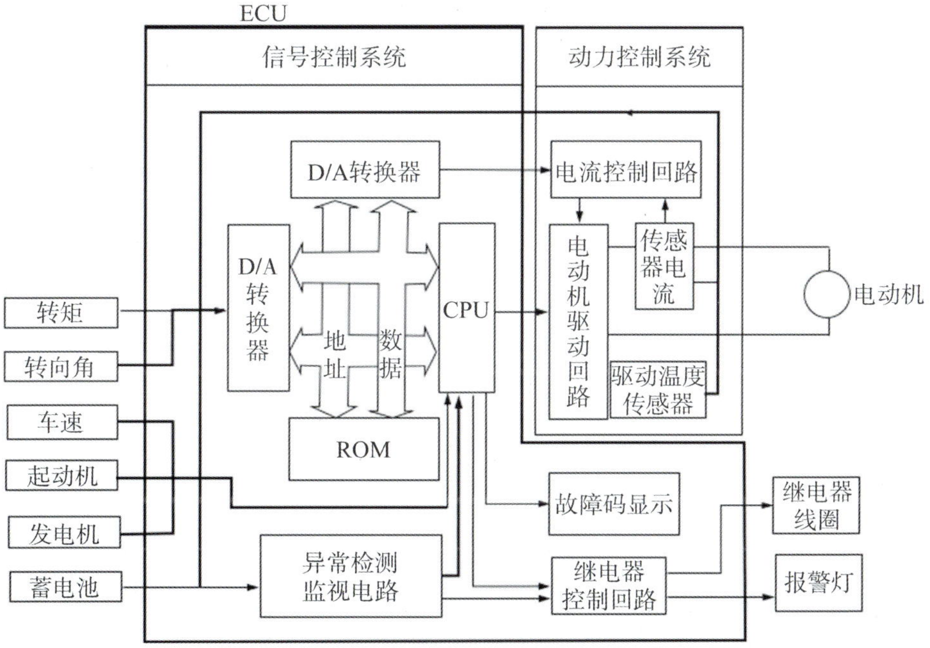

图 5-14 控制信号的流程及控制系统的组成

（二）电动助力转向的特点

对于电动助力转向机构，电动机仅在汽车转向时才工作并消耗蓄电池能量；而对于常流式液压动力转向机构，因液压泵处于长期工作状态和内泄漏等原因要消耗较多的能量。两者比较，电动助力转向的燃料消耗率仅为液压动力转向的 16%～20%。液压动力转向机构内的工作介质是油，任何部位出现漏油，油压将建立不起来，不仅失去助力效能，并对环境造成污染。当发动机出现故障停止工作时，液压泵也不工作，结果也会丧失助力效能，这就降低了工作可靠性。电动助力转向机构不存在漏油问题，只要蓄电池内有电提供给电动助力转向机构，就能有助力作用，所以工作可靠。若液压动力转向机构的油路进入空气或者贮油罐油面过低，工作时将产生较大噪声，在排除气体之前会影响助力效果；而电动助力转向仅在电动机工作时有轻微的噪声。

电动助力转向与液压动力转向比较，转动转向盘时仅需克服转向器的摩擦阻力，不存在回位弹簧阻力和反映路感的油压阻力。电动助力转向还有整体结构紧凑、部件少、占用的空间尺寸小、质量比液压式动力转向轻 20%～25%以及在汽车上容易布置等优点。

（三）电动助力转向机构布置方案

转向轴助力式、齿轮助力式和齿条助力式三种电动助力转向机构的主要区别，在于电动机的布置位置不同（图 5-15）。

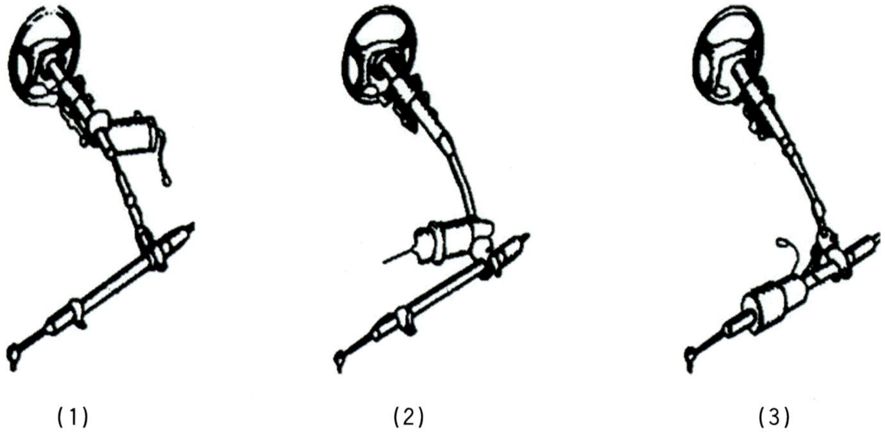

图 5-15　电动助力转向机构的布置方案

(1) 转向轴助力式；(2) 齿轮助力式；(3) 齿条助力式

1. 转向轴助力式

转向轴助力式电动助力转向机构的电动机布置在靠近转向盘下方并经蜗轮蜗杆机构与转向轴连接[图 5-15 (1)]。这种布置方案的特点是：由于转向轴助力式电动助力转向的电动机布置在驾驶室内，所以有良好的工作条件；因电动机输出的助力转矩经过减速机构增大后传给转向轴，所以电动机输出的助力转矩相对小些，电动机尺寸也小，这又有利于在车上布置和减轻质量；电动机、转矩传感器、减速机构、电磁离合器等装为一体使结构紧凑，上述部件又与转向器分开，故拆装与维修工作容易进行；转向器仍然可以采用通用的典型结构齿轮齿条式转向器；电动机距驾驶员和转向盘近，电动机的工作噪声和振动直接影响驾驶员；转向轴等零部件也要承受来自电动机输出的助力转矩的作用，为使其强度足够，必须增大受载件的尺寸；尽管电动机尺寸较小，但受布置位置限制（靠近转向盘），在实际布局过程中仍存在一定困难。

2. 齿轮助力式

齿轮助力式电动助力转向机构的电动机布置在与转向器主动齿轮相连的位置 [图 5-15 (2)]，并通过驱动主动齿轮实现助力。这种布置方案的特点是：电动机布置在地板下方、转向器上部，工作环境较为恶劣，对密封要求较高；电动机的助力转矩基于与转向轴助力式相同的原因可以小些，因而电动机尺寸小，同时转矩传感器、减速机构等的结构紧凑、尺寸也小，这将有利于在整车上的布置和减小质量；转向轴等位于转向器主动齿轮以上的零部件，不承受电动机输出的助力转矩作用，故尺寸可以小些；电动机距驾驶员远些，它的工作噪声对驾驶员影响不大，但振动仍然会传到转向盘；电动机、转矩传感器、电磁离合器、减速机构等与转向器主动齿轮装在一个总成内，拆卸和安装过程中可能受相互影响而产生一定困难；转向器与典型的转向器不能通用，需要单独设计、制造。

3. 齿条助力式

齿条助力式电动助力转向机构的电动机和减速机构等布置在齿条处［图 5-15（3）］，并直接驱动齿条实现助力。这种布置方案的特点是：电动机位于地板下方，从而降低了工作噪声和振动对驾驶员的影响；电动机、减速机构等不占据转向盘至地板这段空间，因而有利于转向轴的布置，驾驶员腿部的动作不会受到它们的干扰；转向轴直至转向器主动齿轮均不承受来自电动机的助力转矩作用，故它们的尺寸能小些；电动机、减速机构等工作在地板下方，条件较差，要求密封良好；电动机输出的助力转矩只经过减速机构增扭，没有经过转向器增扭，因而必须增大电动机输出的助力转矩才能有良好的助力效果，随之而来的是电动机尺寸增大、质量增加；转向器结构与典型的转向器相差很多，必须单独设计制造；采用滚珠螺杆螺母减速机构时，制造难度和成本会相应提高；虽然电动机和转向器占用的空间较大，但在前轴负荷较大、前部空间相对宽敞的乘用车上，这一问题并不十分突出。

（四）电动助力转向的助力特性

1. 转向轻便性与路感

选用不同的助力特性将对转向操纵轻便性和路感有不同的影响。理想的助力特性应该是既能满足低速转向时有足够的轻便性能，又能满足高速转向时具有良好的路感。解决好轻便性与路感的矛盾，是助力特性中的重要问题之一。作用在转向盘上力矩的增量与对应的转向器输出力增量的比值，称为路感强度。以齿轮齿条式转向器为基础的电动助力转向器的路感强度 E 为

$$E = \frac{\mathrm{d}M_h}{\mathrm{d}F} \tag{5-3}$$

式中，$\mathrm{d}M_h$ 为作用在转向盘上的力矩增量；$\mathrm{d}F$ 为转向器输出力的增量。这里值得注意的是，力矩 $\mathrm{d}M_h$ 是作为力矩信号被传送至控制器的。因为

$$\mathrm{d}M_z = \mathrm{d}Fr_{\mathrm{p}} \tag{5-4}$$

式中，$\mathrm{d}M_z$ 为齿条输出力增量当量转换到转向轴上的转矩增量；r_{p} 为转向器主动齿轮的分度圆半径。

又因为

$$r_{\mathrm{p}} = \frac{i_\omega}{2\Pi} \tag{5-5}$$

式中，i_ω 为主动齿轮转动一圈时齿条的行程（mm），且定义为齿轮齿条式转向器的传动比。

将式（5-4）、式（5-5）代入式（5-3）得

$$E = \left(\frac{i_\omega}{2\Pi}\right)\frac{\mathrm{d}M_h}{\mathrm{d}M_z} \tag{5-6}$$

此外，根据静力学原理有

$$\mathrm{d}M_z = \mathrm{d}M_h + \mathrm{d}M_a \tag{5-7}$$

式中，$\mathrm{d}M_a$ 为电动机作用到转向轴上的力矩增量。

$$令\ H = \frac{\mathrm{d}M_a}{\mathrm{d}M_h} \tag{5-8}$$

将式（5-7）和式（5-8）代入式（5-6）得

$$E=\frac{i_{\omega}}{2\Pi(1+H)} \tag{5-9}$$

由式（5-9）可知：当忽略转向器传动比 i_{ω} 变化带来的影响时，若 $H=0$ 表明助力矩与转向盘上力矩成固定比例变化，此时的路感强度 E 为常数。

当量路感强度 E_d 为

$$E_d=\frac{1}{1+H} \tag{5-10}$$

当 $H=0$ 时，表明转向机构没有助力作用，汽车依靠转向机构的机械部分实现手动转向。此时的当量路感强度为 100%。当 $H=\infty$时，表明汽车转向阻力全部由动力转向克服此时的当量路感强度为零。应当根据汽车类型、使用条件等选取当量路感强度。

分析式（5-7）可知，转向轮上的阻力矩转换到齿条后，再转换到转向轴的阻力转矩 M_z 是由作用在转向盘上的力矩 M_h ，和动力转向产生的助力矩 M_a，共同克服。因此，增加助力矩 M_a 则可以减小作用在转向盘上的力矩 M_h 。这虽然能达到转向轻便的目的，但路感变坏了。反之，在减小助力矩 M_a 的同时必须增加作用在转向盘上的力矩 M_h ，此时路感得到增强，而转向轻便性变坏了。因此，转向轻便性与路感形成一对矛盾。

2. 直线型助力特性

如图 5-16 所示的直线型助力特性的特点是，助力特性线可分成三个区段：无助力区段、助力变化区段、助力不变区段。无助力区段 A 相当于汽车在直线行驶位置附近，转向轮以小转角状态，汽车以较高车速转向行驶。此时，转向轮的转向阻力不大，不需要助力，因此路感强度最大。此刻作用在转向盘上的力矩 M_h 为

$$0\leqslant M_h<M_{h0} \tag{5-11}$$

式中，M_{h0} 为电动助力转向开始产生助力时，作用到转向盘上的力矩。

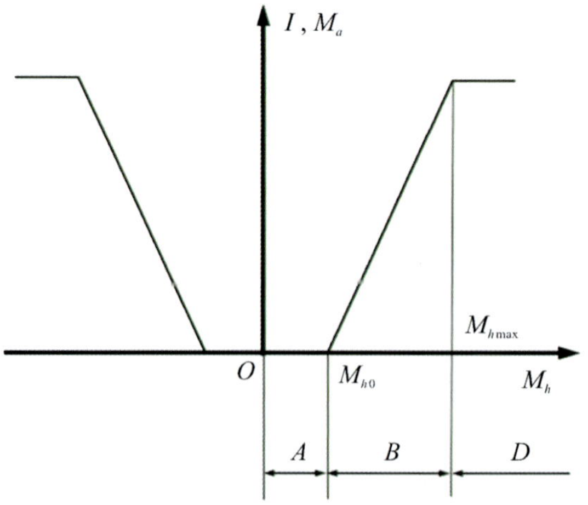

图 5-16　直线型助力特性曲线的助力区段

助力变化区段 B 相当于汽车低速转向行驶时，转向轮处于较大转角状态，转向阻力较大，并需要较大的助力而路感强度减小。此刻作用到转向盘上的力矩 M_h ，为

$$M_{h0}\leqslant M_h<M_{h\max} \tag{5-12}$$

式中，$M_{h\max}$ 为动力转向机构提供最大助力时作用在转向盘上的力矩。选定助力特性曲线的斜率 K ，助

力特性随之确定。斜率大些的助力特性曲线与斜率小些的助力特性曲线比较更陡些，表明在转向盘力矩相同的条件下斜率大些的助力特性曲线助力效果更好，适合用于低速急转弯行驶状况(图 5-16)。

图 5-17 中的两条曲线 1 和 2 的斜率分别为 K_1 、K_2 ，且 $K_1 > K_2$ 。

助力不变区段 D 相当于转向轮转角接近或达到最大值，要求有最大的助力，此时电动机提供的电流也达到最大值即 I_{max} ，所以在助力不变区段 D 的助力特性曲线为一平直线段。

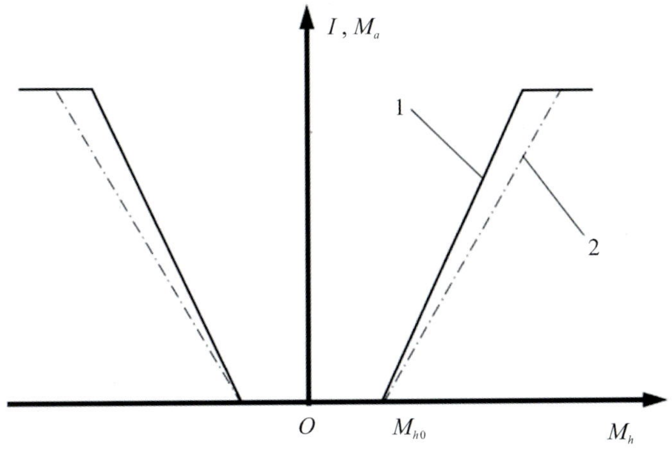

1－斜率 K_1 ；2－斜率 K_2

图 5-17　直线型助力特性曲线的效率

3. 车速感应型助力特性

电动助力转向的助力特性由软件设定。通常将助力特性曲线设计成随着汽车行驶速度 v_a 的变化而变化，并将这种助力特性称为车速感应型。如图 5-18 所示的车速感应型助力特性曲线表明，助力既是作用到转向盘上的力矩函数，同时也是车速的函数。当车速 v_a ＝0 时，相当于汽车在原地转向，助力特性曲线的位置居其他各条曲线之上，助力强度达到最大。随着车速 v_a 不断升高，助力特性曲线的位置也逐渐降低，直至车速 v_a 达到最高车速 v_{max} 为止，此时的助力强度已为最小，而路感强度达到最大。

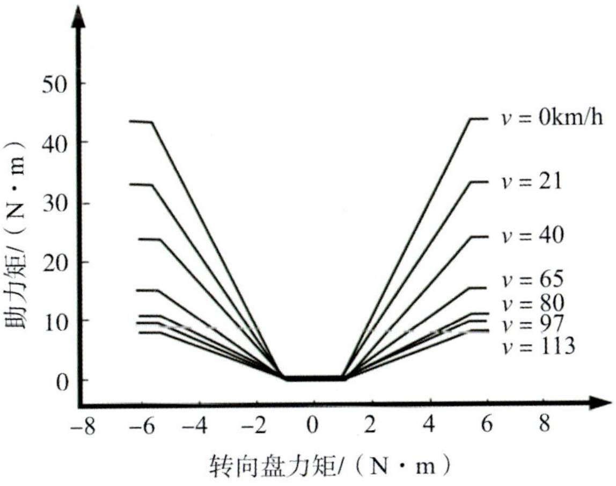

图 5-18　车速感应型助力特性

第五节　转 向 梯 形

转向梯形设计可分为整体式和断开式两种，其选择取决于悬架方案。无论采用哪种方案，关键在于正确设定转向梯形参数，确保汽车转弯过程中，所有车轮围绕瞬时转向中心运行，使各异圆周上的车轮实现无滑动的纯滚动。同时，为满足总体布置要求的最小转弯直径值，转向轮应具备充足的转角。

一、断开式转向梯形

断开式转向梯形是指将转向梯形的横拉杆设计为断开形式。一种断开式转向梯形的方案如图 5-19 所示。断开式转向梯形的主要优势在于，与前轮独立悬架配合使用，能够确保一侧车轮跳动时，不会对另一侧车轮产生影响。然而，与整体式转向梯形相比，断开式转向梯形的结构更为复杂，制造成本较高，且调整前束的难度较大。

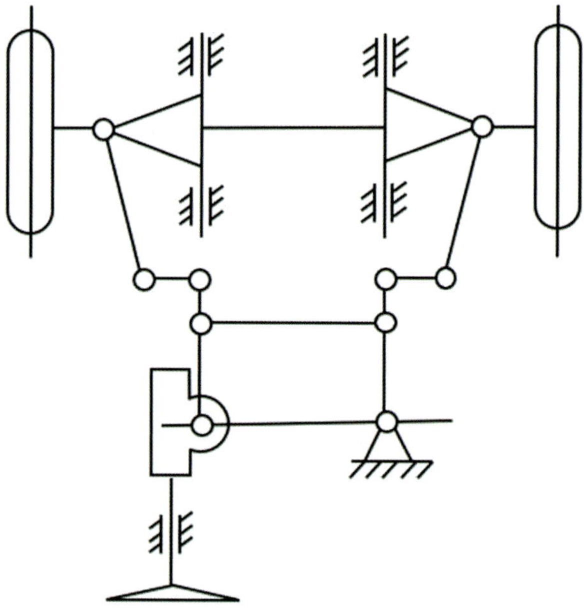

图 5-19　断开式转向梯形

横拉杆上断开点的位置与独立悬架形式有关。采用双横臂独立悬架时，常用图解法（基于三心定理）确定断开点的位置。其求法如图 5-20（2）所示。

（1）延长 K_B 与 K_A，交于立柱 AB 的瞬心 P 点，由 P 点作直线 PS。S 点为转向节臂球销中心在悬架杆件(双横臂)所在平面上的投影。当悬架摇臂的轴线斜置时，应以垂直于摇臂轴的平面作为当量平面进行投影和运动分析。

（2）延长直线 AB 与 K_AK_B，交于 Q_{AB} 点，连 PQ_{AB} 直线。

（3）连接 S 和 B 点，延长直线 SB。

(4) 作直线 PQ_{BS}，使直线 PQ_{AB} 与 PQ_{BS} 间夹角等于直线PK_B 与 PS 间的夹角。当 S 点低于 A 点时，PQ_{BS} 线应低于 PQ_{AB} 线。

(5) 延长 PS 与 $Q_{BS}K_B$，相交于 D 点，此 D 点便是横拉杆铰接点(断开点) 的理想位置。以上是在前轮没有转向的情况下，确定断开点 D 位置的方法。此外，还要对车轮向左转和向右转的几种不同的工况进行校核。图解方法同上，但 S 点的位置变了；当车轮转向时，可认为 S 点沿垂直于主销中心线AB 的平面上画弧 (不计主销后倾角)。如果用这种方法所得到的横拉杆长度在不同转角下都相同或十分接近，则不仅在汽车直线行驶时，而且在转向时，车轮的跳动都不会对转向产生影响。双横臂互相平行的悬架能满足此要求，如图 5-20 (1)、(3) 所示。

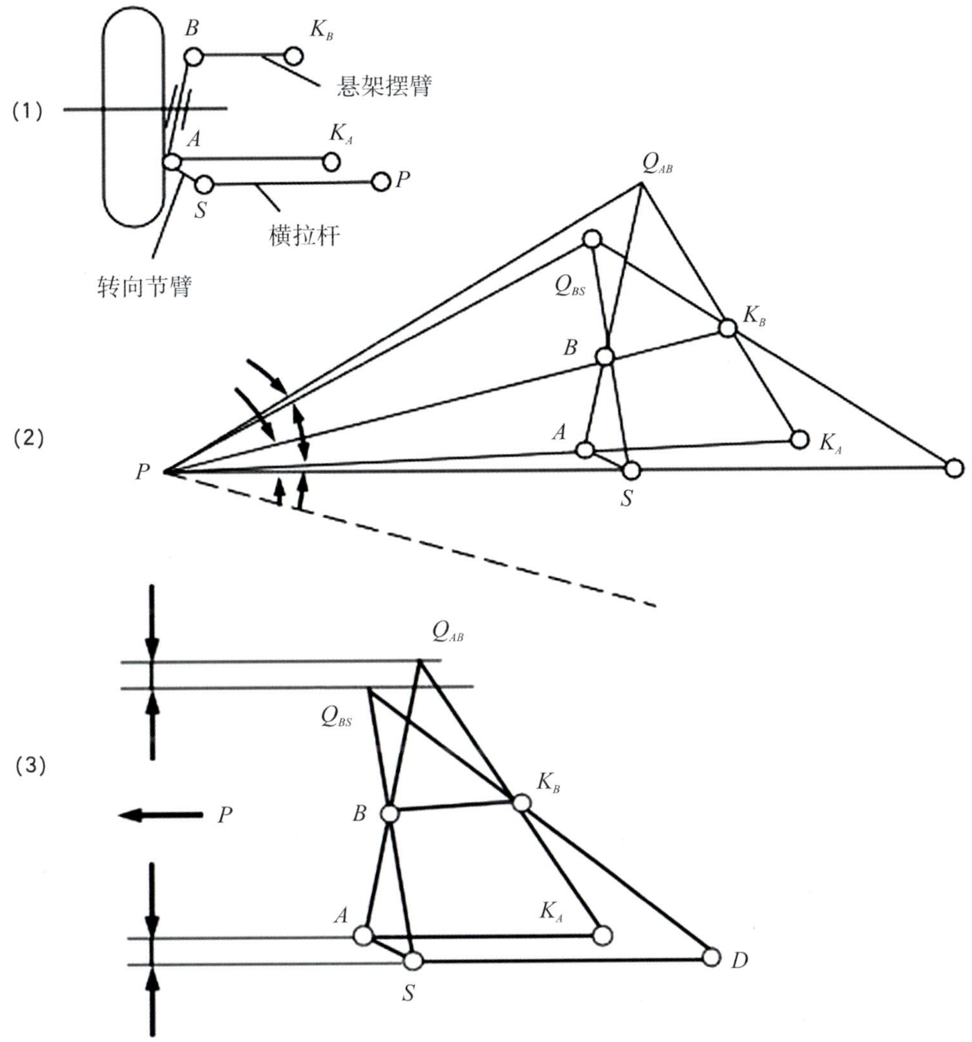

图 5-20　断开点的确定

(1) 等长平行横臂；(2) 不等长不平行横臂；(3) 平行不等长横臂

二、整体式转向梯形

整体式转向梯形是由转向横拉杆、转向梯形臂和汽车前轴组成，如图 5-21 所示。其中梯形臂呈收缩状向后延伸。这一方案的优势在于结构简洁、调整前束便捷且制造成本较低。然而，其主要缺陷在于当一侧转向轮发生上下跳动时，可能会对另一侧转向轮产生影响。当汽车前悬架采用非独立悬架时，应当采用整体式转向梯形。整体式转向梯形的横拉杆可位于前轴后或前轴前（称为前置梯形）。对于发动机位置低或前轮驱动汽车，常采用前置梯形。前置梯形的梯形臂必须向前外侧方向延伸，因而会与车轮或制动底板发生干涉，所以在布置上有困难。为了保护横拉杆免遭路面不平物的损伤，横拉杆的位置应尽可能布置得高些，至少不低于前轴高度。

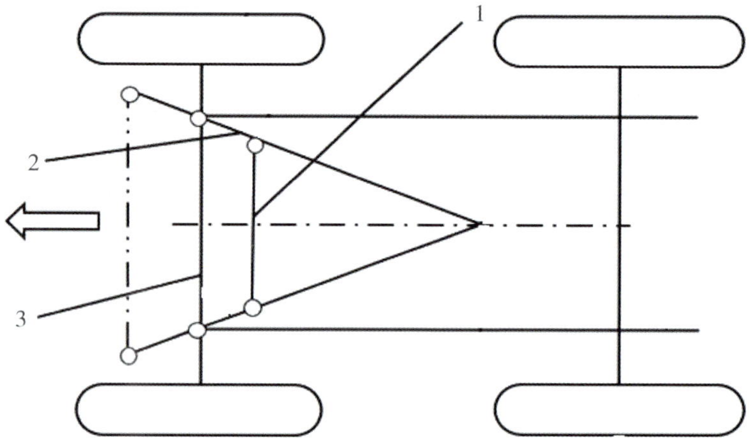

1－转向横拉杆；2－转向梯形臂；3－前轴

图 5-21　整体式转向梯形

第六节　转向减振器

部分汽车在转向传动机构中配备有转向减振器，其主要作用是减小转向轮的摆动幅度以及缓解来自路面的冲击载荷。

转向减振器是内部充满液体的筒式减振器，并利用液体分子的内摩擦产生的黏性阻尼来衰减振动。因转向减振器是呈水平状态布置在汽车上，故对其密封要求严格，并备有隔离工作液体和空气的补偿室。减振器工作时，补偿室的容积要发生变化，因此补偿室常由具有弹性的皮囊制成，如图 5-22 所示。在压缩行程，液体挤开活塞上的流通阀之后流过流通孔，与此同时活塞排挤液体压开压缩阀座上的压缩阀后进入补偿室，使皮囊膨胀。在拉伸行程液体挤开活塞上的复原阀通过复原孔，同时皮囊靠本身的弹性复位，使补偿室内的液体挤开阀座上的补偿阀后进入工作腔，以补偿活塞杆所空出的容积。液体如此往复地通过这些孔道时，其分子间的内摩擦阻力就逐步衰减了活塞往复拉伸和压缩所形成的振动。因为转向减振器要衰减车轮的左右摆动，所以它的减振特性是对称的，即拉伸和压缩行程 S 有对称的阻尼力 F 。其示功图如图 5-23 所示。

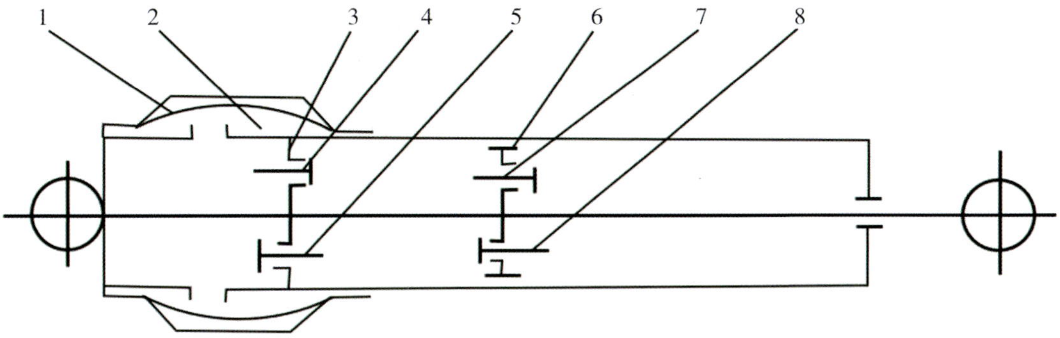

1－皮囊；2－补偿室；3－阀座；4－补偿阀及孔；5－压缩阀及孔；6－活塞
7－流通阀及孔；8－复原阀及孔

图 5-22 转向减振器的工作原理

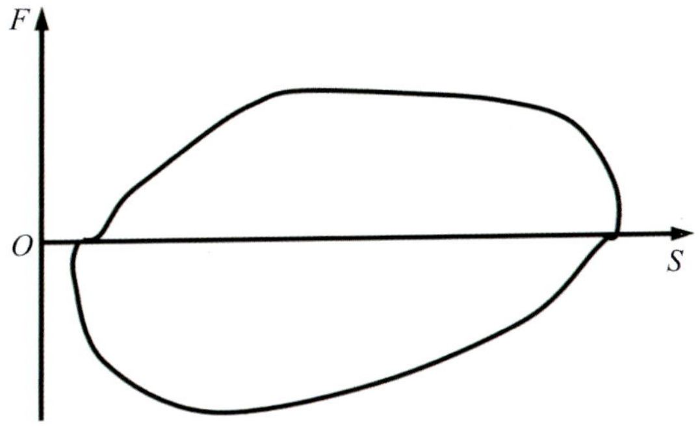

图 5-23 转向减振器的示功图

参考文献

[1] 中华人民共和国生态环境部. 2021 年中国生态环境统计年报[EB/OL].(2023-01-18)[2023-05-17]. https:// www.mee.gov.cn/hjzl/sthjzk/sthjtjnb/202301/W020240722344836501082.pdf.

[2] 陈移凤. 某车型转向系统油管受力分析 [J]. 汽车实用技术，2023，48 (6)：127-131.

[3] 赵玉霞. 基于转向阻力矩的汽车转向特性研究 [D]. 重庆：重庆理工大学，2013.

[4] 张金阳，何云峰，史玉锋，等. 基于 ANSYS 的新能源汽车转向万向节拓扑优化设计 [J]. 农业装备与车辆工程，2023，61 (12)：152-156.

[5] 刘义付，谷银港. 机动车转向系统简析 [J]. 现代农机，2020，(4)：56.

[6] 史文库，姚为民. 汽车构造：下册 [M]. 6 版. 北京：人民交通出版社，2013.

[7] 张洋，刘姝依，徐肖，等. FSEC 电动赛车间隙可调转向器设计 [J]. 汽车实用技术，2022，47 (18)：64-69.

[8] 李标，王玲芝，陈晨，等. 汽车循环球式转向器关键零件有限元分析 [J]. 汽车实用技术，2020，45 (16)：113-115.

[9] 杨建伟. 商用汽车转向系常见故障解析 [J]. 商用汽车，2022，(C1)：105-108.

[10] 张铭贵. 某轻型客车转向系统设计校核 [J]. 汽车实用技术，2021，46 (3)：64-67＋147.

[11] 宁太宇，陈继飞，刘学渊. BSC 赛车转向系统的设计及优化 [J]. 林业机械与木工设备，2021，49 (6)：65-70.

[12] 肖生发，赵树朋. 汽车构造 [M]. 北京：北京大学出版社，中国林业出版社，2006.

[13] 肖生发，赵树朋. 汽车构造 [M]. 北京：中国林业出版社，北京大学出版社，2006.

[14] 王望予. 汽车设计 [M]. 4 版. 北京：机械工业出版社，2004.

[15] 毕少平. 汽车转向系统与转向盘的故障分析 [J]. 内燃机与配件，2021，(21)：156-157.

[16] 刘小娜，李青昊. 汽车电动助力转向系统的控制策略研究 [J]. 机械与电子控制工程，2023，5 (1)：130-132.

[17] 刘艳丰，苏金伟，王帅，等. 基于 5 通道转向试验台的转向异响评价 [J]. 北京汽车，2023，(6)：27-30.

[18] 黎紫琼. 汽车电动助力转向系统的优化控制方法研究 [D]. 锦州：辽宁工业大学，2021.

[19] 刘培培. 浅析汽车电动助力转向系统开发与验证 [J]. 汽车工业研究，2023，(1)：27-29.

[20] 田力. 具有主动悬挂的三轴应急救援车辆转向操纵稳定性研究 [D]. 秦皇岛：燕山大学，2021.

[21] 马国鹏. 汽车转向梯形设计布置研究 [J]. 内燃机与配件，2017 (17)：6-7.

[22] 翟建华，邱来奇，魏晓华，等. 基于改进粒子群算法的梯形转向机构设计及优化 [J]. 机械传动，2020，44 (10)：86-95.

[23] 缪祥爱，张磊. 车辆转向梯形机构的一种新优化设计方法及其有效性验证 [J]. 机械设计与研究，2023，39 (2)：229-233.

[24] 杨艳明. 自适应丘陵山地拖拉机底盘的设计研究 [D]. 太原：山西农业大学，2022.

[25] 马园杰，周旭. 循环球转向器助力特性曲线影响因素分析 [J]. 液压与气动，2022，46 (2)：160-168.

[26] YANG Y F，ZHU X B，DU J. Nonlinear dynamic modeling of planetary magnetic gear motor in steering system [C] 2021 13th International Symposium on Linear Drives for Industry Applications：1-4.

[27] 鲍晓华，刘佶炜，孙跃，等. 低速大转矩永磁直驱电机研究综述与展望 [J] 电工技术学报，2019，34 (6)：1148-1160.

[28] CHEN W W，ZHANG R Y，ZHAO L F，et al. Chaos analysis and sliding mode variable structure control of vehicle lateral motion using Lyapunov exponent method [J]. China Science：technology science，2014，44：979-990.

[29] LIU H M，NI Z，BEI S Y，et al. Hybrid system dynamics and switching control of distributed drive vehicle power steering system [J]. Science technology and engineering，2016，16 (17)：283-291.

[30] ZHANG B，ZHANG J W，GUO K H，et al. Steering wheel angle following algorithm based on electric power steering system [J] Journal of Jilin University (Engineering Edition)，2019，49 (2)：336-344.

第三篇　传动系统设计

第六章　离合器设计

第一节　概　　述

在以内燃机为动力的汽车传动系统中，离合器作为一个独立的总成而存在，相当于“动力开关”，连接着“动力源”——内燃机和“改变动力机构”——变速器，实现“动力”的分离和接合。目前，大多数汽车离合器是依靠主、从动部件之间的摩擦来传递动力，以及通过两者分离来中断动力传递。摩擦离合器主要包括主动部件、从动部件、压紧机构和操纵机构等四部分组成，其主要组成及特点见表 6-1,其中，前两者作为执行部件来传递动力，而后两者作为控制机构来操纵动力传递部件的运动。

表 6-1　离合器的主要组成及特点

组成部件	主要部件名称	特点
主动部件	飞轮、压盘、离合器盖和传动片等	尺寸较大，大部分质量集中在轮缘处，转动惯量较大
从动部件	从动片、摩擦片、扭转减振器和从动盘毂等	零部件较多，结构较复杂，易磨损，工作性能要求较高
压紧机构	压紧弹簧、分离杠杆和支撑环等	结构简单，布置方便，但零件工作部位易磨损
操纵机构	离合器踏板、杆件或液压缸、分离叉和分离轴承等	工作性能稳定、可靠，但传递效率较低，摩擦损耗较多

在汽车起步过程中，待发动机起动并正常怠速运转后，通过踩下离合器踏板，中断发动机与变速器之间的动力传递，将变速器挂上相应的挡位，然后逐渐松开离合器踏板，使离合器主、从动部件逐渐平顺地接合，从而驱动汽车平稳起步。在汽车行驶过程中，为了适应不断变化的行驶路况，传动系统需要在不同挡位之间进行切换。在换挡时，必须踩下离合器踏板，便于工作挡位齿轮副中断动力传递，与此同时，使新挡位齿轮副逐渐接合，从而减轻齿轮进入啮合时的冲击和噪声，实现平顺换挡。

在汽车行驶过程受到较大阻力时，由于惯性作用，传动系统将承受发动机输出的驱动力矩，通过离合器主、从动部件之间的相对滑动，能够限制传动系统所承受的最大转矩，防止零部件因过载而损坏。

为了保证离合器具有良好的工作性能，在设计过程中应满足如下基本要求：

(1) 在汽车起步和换挡过程中，能够按照驾驶人意图传递和中断发动机转矩。

(2) 在汽车行驶过程中，既能够可靠地传递发动机的最大转矩，又能够有效地防止传动系统过载。

(3) 在踩下和抬起离合器时，主、从动部件分离时要迅速、彻底，接合时要平顺、柔和。

(4) 摩擦副要有良好的摩擦性能和稳定性，并且具有较好的吸热和散热能力，从而保证其工作性能、延长使用寿命。

(5) 离合器从动部件的转动惯量要尽可能小，并且能够减缓或者吸收动力传递过程中轮齿之间的冲击和噪声。

(6) 压紧机构中零部件要有较高的强度、较好的耐磨性和稳定性。

(7) 离合器操纵机构要准确、轻便，利于减缓驾驶人疲劳。

(8) 系统整体结构应简单、紧凑，便于装配、调整和维修等。

随着汽车向高速、重载和操纵自动化方向发展，对离合器的性能要求也越来越高。在离合器结构的发展过程中，从 1886 年奔驰一号采用的皮带轮装置，到 1889 年戴姆勒汽车采用锥形斜面摩擦离合器，同一时期，英国 Hele-Shaw 教授研制出“Weston”多盘离合器；再到 1904 年 De Dion 和 Bouton 研制出单盘离合器；随后，在 1936 年通用汽车研究实验室研制出膜片弹簧式离合器。与之相应，离合器的操纵机构最初采用杆件装置；Wolseley 在 1918 年首次提出电磁离合器的概念，随后法国 Cotal 公司将其应用到豪华轿车上；到 1930 年开始采用拉索式操纵机构；再到 1950 年开始采用液压式操纵机构；直到现在的机械—液压—电控一体化装置。因此，提高离合器工作性能的稳定性、可靠性以及延长使用寿命，适应发动机高转速、大转矩和自动控制，已经成为离合器的发展趋势。

第二节　离合器结构方案的选择

目前，汽车上广泛应用的是利用弹簧压紧的干式盘形摩擦离合器。按照从动盘数目、压紧弹簧结构形式、布置位置和受力方向、弹簧支撑环数目、压盘传力方式、扭转减振器阻尼元件以及操纵机构传动装置形式等不同，离合器的常见分类方式见表 6-2。

表 6-2　离合器常见的分类类型及其结构特点

分类方式	类型	主要结构特点
从动盘数目	单片式	从动盘为单片
	双片式	从动盘为两片
	多片式	从动盘为多片
压紧弹簧结构形式	膜片弹簧式	压紧弹簧为膜片弹簧
	螺旋弹簧式	压紧弹簧为螺旋弹簧
膜片弹簧受力方向	拉式	弹簧大端压在离合器盖上
	推式	弹簧大端压在压盘上

续表

分类方式	类型	主要结构特点
支撑环数目	双支撑环式	采用两个支撑环
	单支撑环式	采用一个支撑环
	无支撑环式	不采用支撑环
压紧弹簧布置位置	圆周布置式	压紧弹簧沿压盘圆周布置
	中央布置式	压紧弹簧在离合器中央布置
	斜向布置式	压紧弹簧沿压盘斜向布置
压盘传力方式	凸台—窗口式	压盘凸台伸进窗口传递动力
	键连接式	通过键将压盘和离合器盖连接
	销连接式	通过销将压盘和离合器盖连接
	弹性传动片式	通过弹性传动片将压盘和离合器盖连接
扭转减振器阻尼元件	弹簧摩擦式	通过弹簧和阻尼片传递转矩
	液阻式	通过弹簧和液压缸传递转矩
	橡胶金属式	通过橡胶元件传递转矩
操纵机构传动装置形式	机械式	通过杆件或拉索控制分离轴承的轴向运动
	液压式	通过液压缸控制分离轴承的轴向运动
	助力式	通过助力弹簧或气压助力器降低踏板力
	气压式	通过操纵阀控制气压实现分离轴承运动
	电磁式	通过电磁阀控制真空加力腔实现自动分离

一、从动盘数目的选择

从动盘是离合器实现动力传递的关键部件，对工作性能有着重要影响，主要包括从动片、摩擦片和从动盘毂等。根据从动盘数目不同，可分为单片式、双片式和多片式。

（一）单片式离合器

对于常见的乘用车和总质量小于 6 吨的商用车，传动系统所承受发动机输出的最大转矩一般不大，在满足布置尺寸和功能要求前提下，离合器通常只采用一个从动盘，见图 6-1。单片式离合器结构简单，轴向尺寸较小，散热良好，能够与主动部件彻底分离，维修调整方便；但是，传递转矩较小，接合平顺性较差，操纵踏板力较大。该类离合器主要应用于乘用车、微型和轻型客货车。

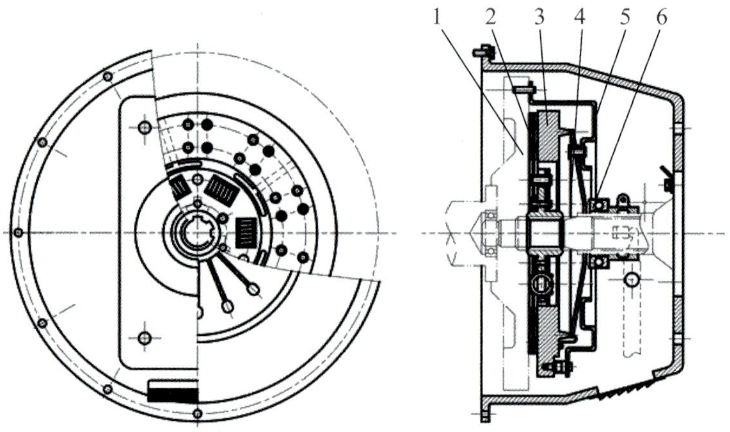

1－飞轮；2－从动盘；3－压盘；4－膜片弹簧；5－离合器壳；6－分离轴承

图 6-1　单片式离合器

（二）双片式离合器

双片式离合器，见图 6-2（1），与单片式离合器相比，由于采用两个从动盘，传递转矩的能力较大，接合平顺性较好，踏板力较小；但是，结构较复杂，轴向尺寸较大，散热较差，容易引起摩擦片过度磨损而失效，与主动部件分离彻底性较差。该类离合器主要应用于中、重型客货车。

（三）多片式离合器

多片式离合器，见图 6-2（2），其摩擦片工作环境多为湿式，与单、双片式离合器相比，传递转矩更大，主、从动部件接合更加平顺、柔和，摩擦片上压力分布均匀且磨损较小，工作温度较低，使用寿命长；但是，需要一套液压系统，结构复杂，轴向尺寸较大，工作过程中功率损失较多，导致传动效率下降，分离时行程较大且不彻底。该类离合器主要应用于最大总质量大于 14 吨的商用车。

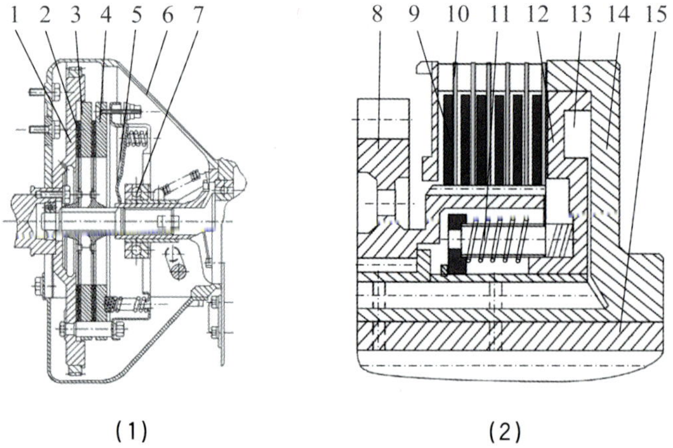

1－飞轮；2－从动盘总成；3－中间压盘；4－压盘；5－分离杠杆；6－飞轮壳；7－分离轴承；8－传动齿轮；9－摩擦片；10－对偶钢片；11－回位弹簧；12－活塞；13－工作腔；14－离合器毂；15－传动轴

图 6-2　双片式和多片式离合器

（1）双片式离合器；（2）多片式离合器

二、压紧弹簧结构及支撑形式的选择

通过离合器压紧弹簧施加在压盘上一定作用力，将飞轮和从动盘接合在一起，实现动力传递。压紧弹簧在很大程度上决定着动力传递效果，根据结构形式不同，主要有膜片弹簧和螺旋弹簧两种，见图 6-3。

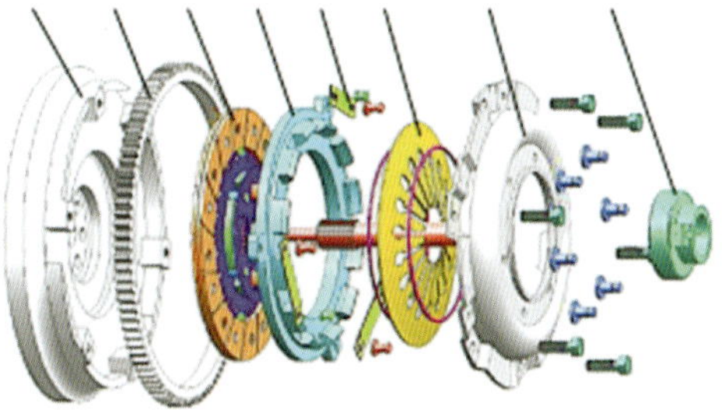

(1)

(2)

1－飞轮；2－飞轮齿圈；3－从动盘总成；4－压盘；5－弹性传动片；6－膜片弹簧；7－离合器壳；8－分离轴承；9－螺旋弹簧；10－变速器输入轴

图 6-3 压紧弹簧结构

(1) 膜片弹簧；(2) 螺旋弹簧

(一) 膜片弹簧式离合器

1. 膜片弹簧式离合器的特点

膜片弹簧式离合器所采用的压紧弹簧是一个带有一定锥度、中心部分开有若干均布径向槽的碟形弹簧，由碟簧部分和分离指部分组成。

目前，膜片弹簧式离合器相对于螺旋弹簧式具有显著的优越性，两者优缺点对比见表 6-3 所示，因此，前者在乘用车和商用车上得到广泛应用。

表 6-3 膜片弹簧式和螺旋弹簧式离合器的优缺点

类型	膜片弹簧	螺旋弹簧
结构特点	结构简单、紧凑，但制造工艺复杂，成本较高，弹簧接触部位易磨损而失效	弹簧多采用标准件，技术成熟，成本较低，但装配结构复杂
弹性性能	弹簧弹性为非线性变化，转矩容量较大	弹簧为近线弹性，转矩容量较小
稳定性能	结构为圆形对称，稳定性好，高速时压紧力降低较少	高速时弹簧在离心力作用下易产生横向挠曲，压紧力明显降低
散热性能	零件较少，便于设置散热筋、通风口，散热较好	零件较多，装配空间有限，散热条件较差
操纵性能	操纵轻便	操纵力较大
使用寿命	压力分布均匀，磨损均匀，使用寿命较长	因弹簧存在制造、安装误差，引起零部件磨损不均，使用寿命较短

离合器结构中膜片弹簧和螺旋弹簧的弹性特性曲线，见图 6-4。在汽车底盘传动系统中，离合器

主、从动部件之间为“常闭”状态，即飞轮、压盘与从动盘接合在一起，能够将发动机输出的动力向变速器系统传递；当需要中断动力传递时，则断开主、从动部件。① 在离合器接合状态，膜片弹簧或者螺旋弹簧处于预压紧状态。在设计过程中，如果两类离合器弹簧具有相同的预压紧力，即 B 点(δ_B，F_B)。当摩擦片使用过程中磨损量为 $\Delta\delta'$，则弹簧压缩变形量减小到 δ_A，从图 6-4 中曲线可见，膜片弹簧的压紧力基本不变，即 $F_A \approx F_B$，仍能可靠地工作，但是，螺旋弹簧的压紧力降低至 $F_{A'}$，明显小于预压紧力 F_B，这样，可能导致主、从动部件之间出现相对滑动现象。② 在离合器分离状态，由于预压缩量减小，如果要达到同样的制动效果，则需要离合器踏板施加更大的作用力，相应地，需要将弹簧压缩至 C 点，当两种弹簧具有相同的变形量 $\Delta\delta''$ 时，膜片弹簧所需的压缩力比螺旋弹簧的减少 25% ~ 30%，因此，采用前者的离合器操纵更轻便。

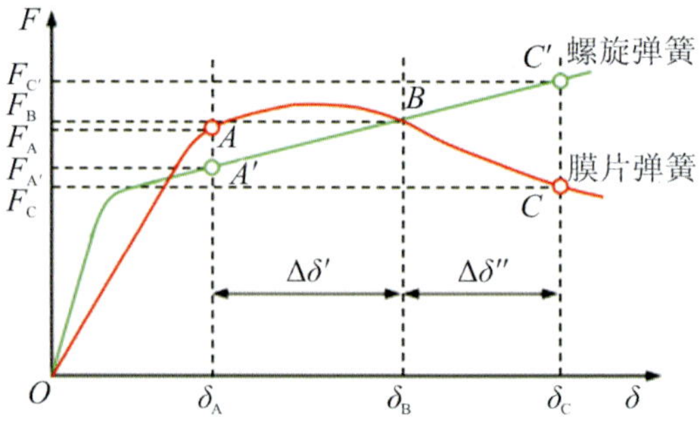

图 6-4　压紧弹簧的弹性特性曲线

2. 膜片弹簧式离合器的结构形式

膜片弹簧式离合器根据分离时膜片弹簧分离指的受力方向不同，可分为推式和拉式，见图 6-5。推式膜片弹簧是指分离时膜片弹簧分离指的内端指向压盘，而压式膜片弹簧是指分离时膜片弹簧分离指的内端背离压盘。两类膜片弹簧的优缺点见表 6-4。由于拉式膜片弹簧离合器的综合性能优越，所以，在汽车离合器设计中得到越来越广泛的应用。

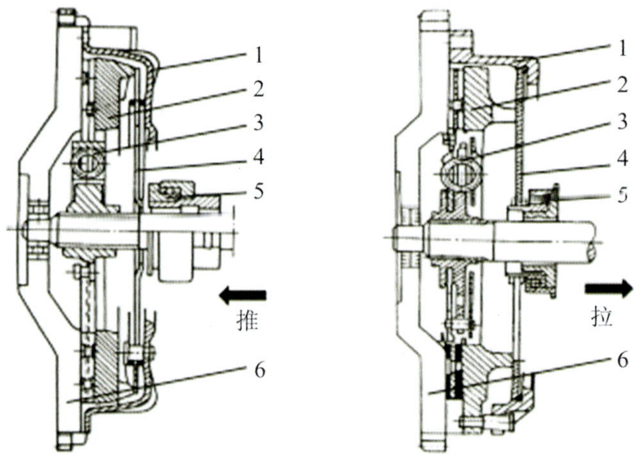

(1)　　(2)

1—离合器盖；2—压盘；3—从动盘总成；4—膜片弹簧；5—分离轴承；6—飞轮

图 6-5　膜片弹簧式离合器类型

(1) 推式；(2) 拉式

表 6-4　推式和拉式膜片弹簧的特点

类型	推式膜片弹簧	拉式膜片弹簧
结构特点	相比于拉式膜片弹簧，结构尺寸更大、质量较大	分离指与分离轴承套筒嵌装在一起，结构紧凑，质量较轻
安装位置	大端压在压盘上	大端压在离合器盖上
受力方向	指向压盘	背离压盘
承载能力	对于传递相同转矩，与拉式膜片弹簧相比，需要采用较大尺寸的推式膜片弹簧	对于同等尺寸压盘，可采用直径较大的膜片弹簧，提高压紧力和转矩容量
操纵性能	中间支撑点较多，摩擦损失较多，需要较大的踏板力	离合器盖刚度大、变形较小，分离效率高，便于换挡，操纵轻便
使用寿命	支撑环数目较多，易产生冲击和噪声，工作性能下降，使用寿命缩短	膜片弹簧大端与离合器盖保持接触，支撑环磨损后不会形成间隙，减少冲击和噪声，使用寿命更长

3. 膜片弹簧式离合器的支撑形式

当离合器分离时，膜片弹簧需要支撑环作为支点进行转动，将施加在压盘上的预压紧力卸载，进而使主、从动部件分离。根据支撑环数目不同，可分为双支撑环式、单支撑环式和无支撑环式三种结构形式，其主要结构特点及其在膜片弹簧中的应用见表 6-5。

表 6-5　膜片弹簧支撑环结构特点及其应用

膜片弹簧类型	支撑环形式	双支撑环式	单支撑环式	无支撑环式
推式膜片弹簧	结构特点	利用带台阶铆钉或离合器盖的内边缘舌片，将两个支撑环固定。结构简单、紧凑，使用寿命长	利用离合器盖上环形凸台代替后支撑环，或以挡环代替前支撑环。结构简单，可靠性较好	利用离合器盖上环形凸台、舌片与铆钉、挡环将膜片弹簧固定。零部件较少、结构最简单
	结构形式示意图	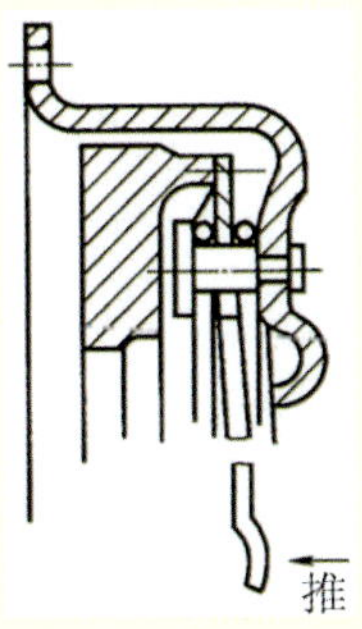	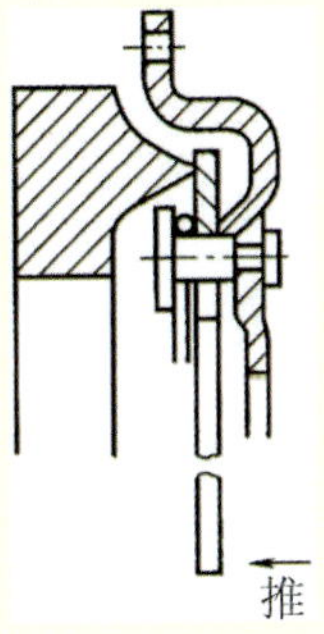	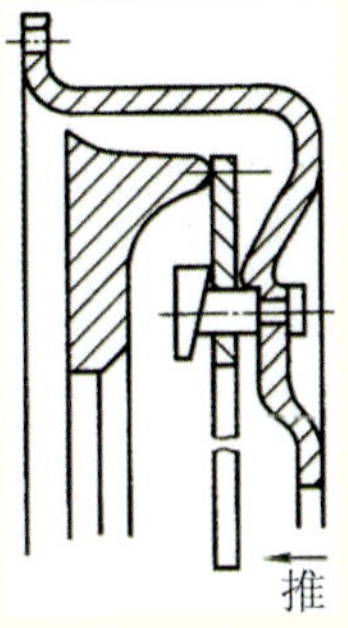
	应用场合	乘用车和中、重型载货汽车	中、重型载货汽车	乘用车和轻、中型货车

续表

膜片弹簧类型	支撑环形式	双支撑环式	单支撑环式	无支撑环式
拉式膜片弹簧	结构特点	—	将膜片弹簧大端支撑在离合器盖的支撑环上。结构简单、可靠	利用离合器盖上环形凸台作为支点。零件少、安装方便
	结构形式示意图	—	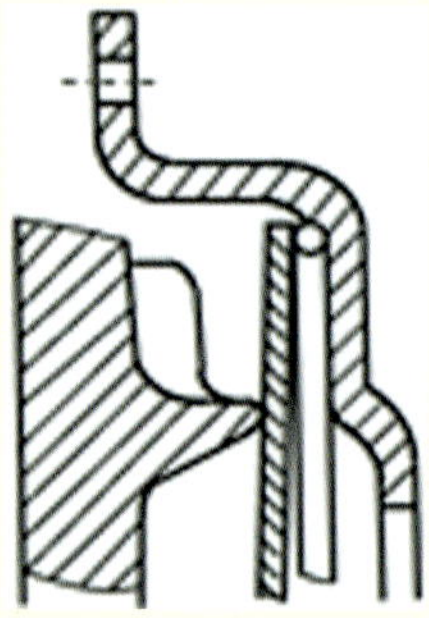	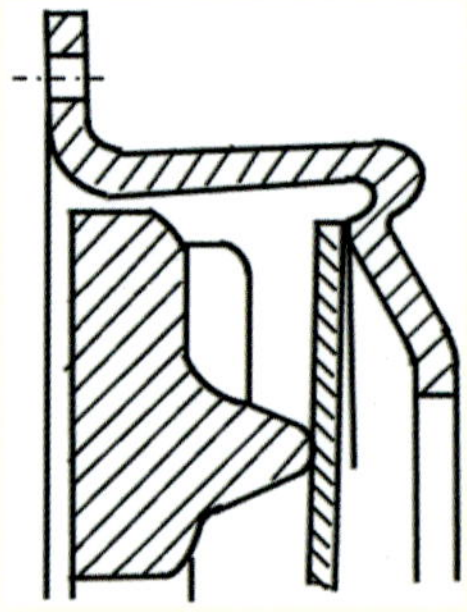
	应用场合	—	乘用车和中、重型货车离合器	乘用车和轻货车离合器

（二）螺旋弹簧式离合器

目前，由于膜片弹簧式离合器具有较好的综合性能，已逐步取代螺旋弹簧式离合器。但是，由于螺旋弹簧制造工艺较成熟、通用性较好，仍有部分载货汽车使用此类离合器，其优缺点见表 6-3 所示。根据螺旋弹簧布置位置不同，螺旋弹簧式离合器可分为圆周布置式、中央布置式和斜向布置式，不同布置位置的特点见表 6-6。

表 6-6　不同布置位置压紧弹簧的特点

对比项目	圆周布置式	中央布置式	斜向布置式
结构特点	结构简单、制造容易	轴向尺寸较大，锥形弹簧制造困难	弹簧压力斜向作用在传力盘，结构较复杂
弹簧类型	圆柱螺旋弹簧	圆柱或圆锥螺旋弹簧	圆柱螺旋弹簧
布置位置	均匀布置在一个或两个圆周上	布置在离合器中央	以一定倾角作用于传力盘
稳定性能	高速时弹簧易失稳	弹簧在中心，不易失稳	工作性能稳定
散热性能	弹簧直接与压盘接触，易受热变形	弹簧不与压盘直接接触，不易受热变形	弹簧与压盘间有传力盘等，不易受热变形
使用寿命	弹簧接触部位易磨损而失效，降低使用寿命	采用较多的弹性压杆，易导致结构不平衡，影响使用寿命	弹簧压力在离合器分离、摩擦片磨损后变化不大，使用寿命长
应用场合	中、重型货车	多用于发动机转矩大于 400～500N·m 重型货车	总质量大于 14 吨重型货车

三、压盘传力方式的选择

当发动机向传动系统传递动力时，因为离合器盖和飞轮固定在一起，通过传力装置带动压盘一起旋转，进而驱动从动盘。这种连接方式应保证在离合器中断动力传递过程中压盘能够自由地轴向移动。

压盘和飞轮之间常用的传力方式有：凸台—窗口式、键连接式、销连接式和弹性传动片式等，见图 6-6 和图 6-7。对于凸台—窗口式结构，离合器盖通过螺栓与飞轮固定连接，通过在离合器盖上开设窗口，压盘外边缘处铸设凸台，这样，凸台可以伸进窗口，压盘在轴向自由地移动，从而实现动力的传递和中断。对于键连接式，在压盘上加工出键槽，通过键与飞轮连接在一起，在单片、双片式离合器上均有应用。对于双片式离合器，通过销将飞轮、中间压盘和压盘连接在一起，能够传递较大的转矩。上述三种压盘传力方式，加工和安装过程简单、方便，但是，连接件之间存在间隙，在工作过程中会产生冲击和噪声，引起零部件工作表面磨损，进而降低离合器的传动效率和使用寿命。

为了克服上述压盘传力方式的不足，弹性传动片因其结构简单、平衡稳定性较好、工作可靠以及使用寿命长等优点，在离合器的设计过程中得到广泛应用。该传力方式通过在压盘圆周切向布置 3 或 4 组薄弹簧钢带传动片，采用铆钉或者螺栓将其与离合器盖、压盘连接在一起，见图 6-3（1）。由于弹簧钢带传动片具有一定的弹性，允许压盘沿轴向小距离移动。为了防止传动片在安装或者工作过程中出现塑性变形、断裂等而失效，在结构设计上需要考虑传动片的保护装置，典型的结构形式见图 6-7。图 6-7（1)通过一夹钩件，将压盘钩在离合器盖上，限制压盘向从动盘方向运动。图 6-7（2）通过特殊结构形状的铆钉，将压盘、弹性片和离合器盖连接在一起，且利用离合器盖限制压盘向从动盘方向运动。图 6-7（3）将弹性传动片延长至离合器盖，改善受力情况。由于前两种方式对传动片的保护效果较好，在设计过程中采用较多。

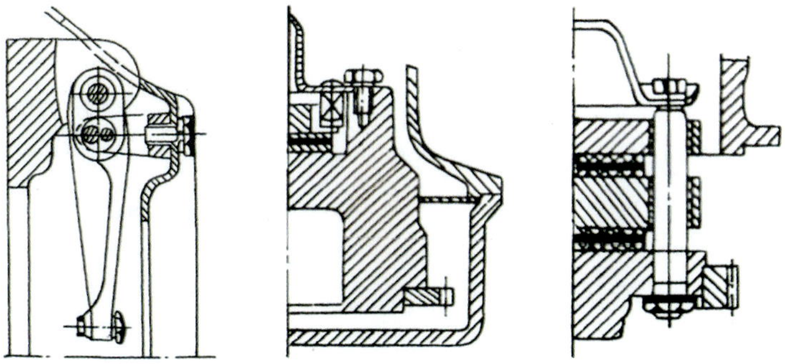

(1) (2) (3)

图 6-6 压盘的传力方式

(1) 凸台—窗口式；(2) 键连接式；(3) 销连接式

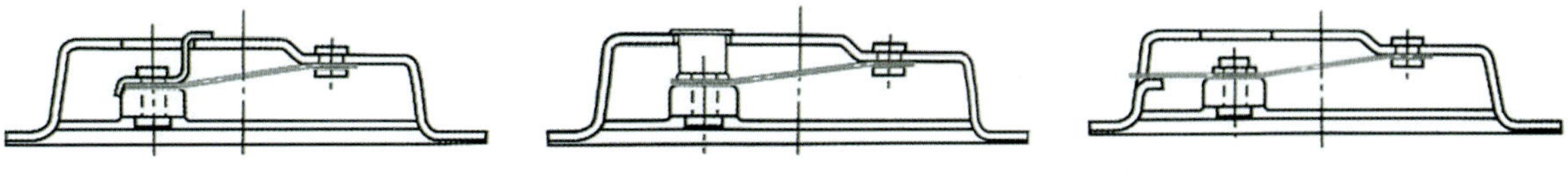

(1) (2) (3)

图 6-7 传动片保护装置

(1) 夹钩连接式；(2) 铆钉连接式；(3) 延长传动片式

四、扭转减振器阻尼元件的选择

为了降低传动系统中零部件之间的振动和冲击，离合器从动盘常采用带扭转减振器的结构形式。在这种结构中，主、从动部件之间通过扭转减振器传递转矩，并且借助减振器元件来消耗系统的振动能量，使其迅速衰减。扭转减振器主要由弹性元件和阻尼元件等组成。根据阻尼元件不同，扭转减振器可分为弹簧摩擦式、液阻式和橡胶金属式等三种，其主要组成和结构特点见表 6-7。

表 6-7　常见扭转减振器的主要组成和结构特点

类型	主要组成	结构特点
弹簧摩擦式	从动片、摩擦片、减振器弹簧、阻尼片等	结构简单、性能稳定，摩擦片磨损后阻尼力矩降低
液阻式	从动片、摩擦片、减振器弹簧、柱塞、液压缸等	工作性能稳定、可靠，阻尼力与结构件的运动速度有关
橡胶金属式	从动片、金属片、减振盘、橡胶元件等	结构非常简单、具有非线性特性

五、操纵机构传动装置形式的选择

为了控制发动机输出的动力是否向变速器系统传递，通过离合器主、从动部件之间的接合状态来实现，而这需要一套操纵机构控制主、从动部件的轴向运动。根据操纵机构所采用传动装置形式不同，主要包括机械式、液压式、助力式、气压式和电磁式等，其工作原理和结构特点见表 6-8。

表 6-8　不同类型操纵机构的工作原理和结构特点

类型	工作原理	结构特点
机械式	通过离合器踏板连接杆系或拉索操纵机构控制分离轴承的轴向运动，从而实现主、从动部件分离和接合	结构简单、工作可靠，制造成本低，但机械效率低，易变形、磨损，导致踏板行程损失过大
液压式	通过离合器踏板控制液压缸内压力，利用活塞推动分离轴承轴向运动，从而控制离合器的接合状态	工作性能稳定、可靠，摩擦阻力小，布置方便，接合柔和等，但需要一套液压装置，系统较复杂
助力式	通过助力弹簧铰接点与中心点相对位置的变化，改变作用力矩方向；或者通过气压式助力器给压簧助力	弹簧式助力器结构简单，但助力效果有限；气压式助力器常与液压操纵系统组合，系统较复杂
气压式	通过操纵阀中双向阀的接通状态控制储气筒是否向工作缸提供高压气体，进而推动分离轴承运动	离合器操纵轻便，接合平顺柔和，但需要一套气压传动装置，系统较复杂
电磁式	通过变速手柄上触动开关控制电磁阀，利用真空加力工作腔负压带动腔内膜片运动，拉动分离杠杆运动	结构简单，响应速度快，部件间接合平顺柔和，但容易受到外界电磁信号的干扰

第三节　离合器主要参数的确定

在设计离合器总成时，多采用摩擦片式离合器传递动力，主要依靠飞轮、压盘与从动盘工作表面之间的摩擦力矩来实现。所以，离合器的工作性能主要与后备系数、接触材料的摩擦因数、单位压力、摩擦片结构尺寸以及自由间隙等因素有关。

一、静摩擦力矩

根据摩擦定律，离合器主、从动部件之间的静摩擦力矩为

$$T_c = \mu F_n r_{s\_m} z \tag{6-1}$$

式中：T_c ——静摩擦力矩；

μ ——工作面之间的静摩擦因数，计算时一般取 0.25～0.30；

F_n ——施加在摩擦面上的法向作用力；

r_{s_m} ——摩擦片的平均半径；

z ——摩擦面数，是从动盘数目的两倍，对于单片式离合器：$z=2$；对于双片式离合器：$z=4$。

假设主、从动部件工作表面完全平整，在接触面上压力均匀分布。对于单元面积 dA 来说，由于 $d\varphi$ 较小，将微元视为长方形，见图 6-8，相应的摩擦力矩为

$$dT = \mu p_0 r_{s\_m}^2 d\varphi dr_{s\_m} \tag{6-2}$$

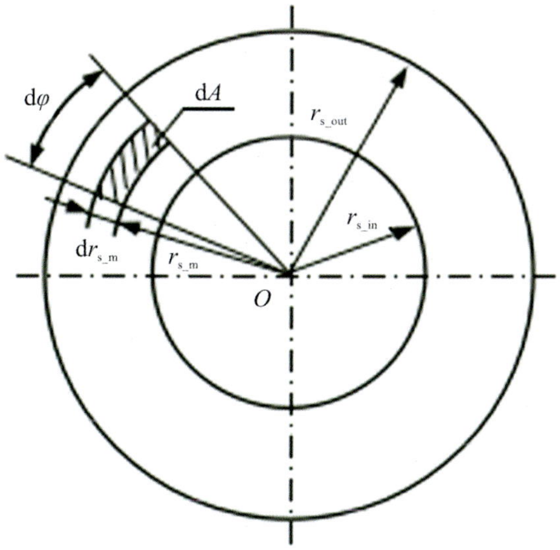

图 6-8　摩擦微元面积简图

接触面上产生的摩擦力矩为

$$T = \int_{r_{s\_in}}^{r_{s\_out}} \int_0^{2\pi} \mu p_0 r_{s\_m}^2 d\varphi dr_{s\_m} = \frac{2}{3}\pi\mu p_0 (r_{s\_out}^3 - r_{s\_in}^3) \tag{6-3}$$

式中：p_0——接触面上单位压力；

r_{s_in}——摩擦片内半径；

r_{s_out}——摩擦片外半径。因为单个从动盘具有两个工作面，而离合器具有单个或者多个从动盘，所以，离合器摩擦片上总摩擦力矩为

$$T_c = zT = \frac{2}{3}\pi\mu p_0 z(r_{s\_out}^3 - r_{s\_in}^3) \tag{6-4}$$

接触面上承受的单位压力为

$$p_0 = \frac{4F_n}{\pi(d_{s\_out}^2 - d_{s\_in}^2)} = \frac{F_n}{\pi(r_{s\_out}^2 - r_{s\_in}^2)} \tag{6-5}$$

式中：d_{s_in}——摩擦片内径；

d_{s_out}——摩擦片外径。

将式（6-5）代入式（6-4），可得

$$T_c = \mu z F_n \frac{2(r_{s\_out}^3 - r_{s\_in}^3)}{3(r_{s\_out}^2 - r_{s\_in}^2)} \tag{6-6}$$

通过对比式（6-1）和式（6-6），摩擦片平均摩擦半径为

$$r_{s\_m} = \frac{2(r_{s\_out}^3 - r_{s\_in}^3)}{3(r_{s\_out}^2 - r_{s\_in}^2)} \tag{6-7}$$

将式（6-5）和式（6-7）代入式（6-1），可得

$$T_c = \frac{\pi}{12}\mu p_0 z(d_{s\_out}^3 - d_{s\_in}^3) \tag{6-8}$$

令 C 为摩擦片内径与外径之比，即 $C = d_{s\_in}/d_{s\_out}$，则式（6-8）可写为

$$T_c = \frac{\pi}{12}\mu p_0 z d_{s\_out}^3(1 - C^3) \tag{6-9}$$

在离合器摩擦片设计过程中，C 的取值范围一般在 0.53～0.70。当 $C \geqslant 0.6$ 时，摩擦片的平均半径可近似取为

$$r_{s\_m} \approx \frac{d_{s\_out} + d_{s\_in}}{4} \tag{6-10}$$

这样，可以进一步简化设计过程。

为了保证离合器在任何工况下都能可靠地传递发动机输出的最大转矩，在设计时，要求离合器总成所能传递的转矩应该大于发动机输出的最大转矩，即

$$T_c = \beta T_{e\_max} \tag{6-11}$$

式中：β——离合器的后备系数；

T_{e_max}——发动机输出的最大转矩。

二、后备系数

后备系数是表征离合器动力传递性能的一个重要参数，定义为离合器所能传递的最大静摩擦力矩与发动机输出的最大转矩之比，为了保证能够可靠地传递转矩，其值必须大于 1。

在选择离合器后备系数时，应充分考虑摩擦片使用中、磨损后均能稳定、可靠地传递动力，既要

防止因后备系数过大而造成离合器结构尺寸较大、传动系统过载以及踏板力较大等，又要防止因后备系数过小而造成主、从动部件之间出现相对滑动时间过长等。基于此，主要从以下几点考虑后备系数的选择。

（1）结构比较复杂、笨重的，则后备系数应选得大些，如双片式离合器相对于单片式离合器的取值要大。

（2）零部件性能比较稳定，则后备系数可选得小些，如膜片弹簧式离合器相对于螺旋弹簧式离合器的取值要小。

（3）工作过程比较粗暴，动力传递不平稳，则后备系数应选得大些，如同等条件下柴油机相对于汽油机工作更粗暴，取值要大。

（4）如果存在某外界因素能够导致离合器部件经常出现振动和冲击，则后备系数应选得大些，如在崎岖路面上行驶的车辆取值要大。

各类汽车离合器的后备系数取值范围见表 6-9。

表 6-9 各类汽车离合器的后备系数取值范围

汽车类型	后备系数
乘用车和最大总质量小于 6 吨的商用车	1.20～1.75
最大总质量为 6～14 吨的商用车	1.50～2.25
越野车、带拖挂的重型汽车和牵引汽车	1.80～4.00

三、摩擦因数

摩擦片的摩擦因数主要取决于离合器主、从动部件接触部位所采用的材料以及工作时接触温度等因素。离合器摩擦片采用的材料主要有石棉基材料、粉末冶金材料和金属陶瓷材料等。石棉基材料的摩擦性能受接触部位温度、单位压力以及相对滑动速度的影响较大，由于石棉基材料污染环境，并且对人体有害，逐渐被玻璃纤维、金属纤维等材料取代。粉末冶金和金属陶瓷材料具有较好的传热性能、热稳定性和耐磨性等优点，但价格较贵，接合平顺性较差，主要应用于载重较大的商用车。常用摩擦片材料摩擦因数的取值范围见表 6-10。

表 6-10 常用摩擦片材料摩擦因数的取值范围

摩擦片材料		摩擦因数
石棉基材料	模压	0.20～0.25
	编制	0.25～0.35
粉末冶金材料	铜基	0.25～0.35
	铁基	0.35～0.50
金属陶瓷材料		0.40

四、单位压力

离合器主、从动部件接触面上施加的单位压力在很大程度上影响着摩擦片的工作性能、耐磨性和使用寿命等。

在设计过程中，应综合考虑离合器的工作环境、发动机后备功率、摩擦片结构尺寸和后备系数等因素。当离合器经常处于较差的行驶环境、发动机后备功率较小、摩擦片外径较大以及后备系数较小时，则单位压力应取得小些，避免因工作表面承受过大摩擦热负荷而失效。对应不同摩擦片材料，单位压力的取值范围见表 6-11。

表 6-11　常用摩擦片材料单位压力的取值范围

摩擦片材料	单位压力/MPa
石棉基材料	0.10～0.35
粉末冶金材料	0.35～0.60
金属陶瓷材料	0.70～1.50

对于不同用途的汽车，一般地，乘用车取值在 0.18～0.28MPa；商用货车在 0.14～0.23MPa。

五、摩擦片主要结构尺寸

摩擦片的结构尺寸决定着整个离合器的结构尺寸、质量以及工作表面的接触面积和使用寿命，是离合器设计的重要结构参数。

通过式（6-9）可知，当已知发动机输出最大转矩、离合器结构形式、摩擦片材料和后备系数时，可得摩擦片外径为

$$d_{s\_out}=\sqrt[3]{\frac{12\beta T_{e\_max}}{\pi\mu p_0 z(1-C^3)}} \tag{6-12}$$

因上述计算公式涉及参数较多，为了简化设计过程，摩擦片外径也可按照经验公式进行计算选用

$$d_{s\_out}=k_d\sqrt{T_{e\_max}} \tag{6-13}$$

式中：k_d ——直径系数，取值范围见表 6-12。

表 6-12　不同车型直径系数的取值范围

车型		直径系数
乘用车		14.5
最大总质量为 1.8～14.0 吨的商用车	单片式离合器	16.0～18.5
	双片式离合器	13.5～15.0
最大总质量大于 14.0 吨的商用车		22.5～24.0

摩擦片外径除了满足发动机输出最大转矩的要求，还应符合 GB/T 5764—2023《汽车用离合器面片》中摩擦片尺寸系列标准，应保证摩擦片最大圆周速度不超过 65～70m/s，避免摩擦片发生飞离现象。

当摩擦片外径选定后，摩擦片内径可根据内外径之比在 0.53～0.70 范围内进行选定。如果摩擦片内径过大，则工作面有效面积较小，导致传递转矩能力下降，可能会造成主、从动部件之间产生过大的相对运动而导致磨损加剧，使用寿命缩短。如果摩擦片内径过小，则会引起工作面上压力分布不均匀，进而造成接触面磨损不均匀，影响工作性能和可靠性；同时，也不利于摩擦片散热和扭转减振器布置安装。

摩擦片的厚度一般是根据设计需求进行选择，常见的厚度有 3.2mm、3.5mm 和 4.0mm 等三种。

六、自由间隙和踏板自由行程

当离合器主、从动部件之间处于正常接合状态时，安装在从动轴上的分离套筒被复位弹簧拉到后极限位置，在分离轴承和分离杠杆内端之间应预留一定量的间隙，保证摩擦片在正常磨损范围内主、从动部件能够完全接合。当驾驶人踩下离合器踏板，首先要消除这一间隙，然后才使主、从动部件开始分离，这称为离合器自由间隙，而在这个过程中，对应的踏板行程，称为离合器踏板自由行程。在离合器设计过程中，预留自由间隙一般为 3～4mm，对应的踏板自由行程为 30～40mm。

第四节　离合器主要组成部件的设计与计算

一、主动部件的设计

离合器主动部件主要由飞轮、离合器盖、压盘及其传力装置等组成，接受发动机传递过来的动力，并将其传递给从动部件，其对离合器工作性能影响很大。

（一）压盘的设计

压盘结构的设计要求：

（1）具有足够的强度和刚度，使压紧力在摩擦面上均匀分布，防止因压盘变形过大而导致摩擦副中主、从动部件不能彻底分离，压盘厚度一般为 15～25mm。

（2）具有较好的热稳定性，热容量要大，减小温升和热变形，防止出现热疲劳而产生裂纹。通过在压盘上设置各种形状的散热筋，以便通风散热；中间压盘可铸出通风槽，或者采用传热系数较大的铝合金材料。

（3）具有较好的对中性，防止因结构质量较大而产生静、动不平衡，导致过大的振动和冲击，压盘单件的平衡精度应不低于 1.5～2.0kg · m。

（4）压盘工作面具有较高的摩擦因数，且耐磨性要好，通常采用灰铸铁，硬度为 170～227HBW，能够提供足够的摩擦转矩和使用寿命。

当压盘的厚度初步选定后，应校核离合器接合状态下的温升，即

$$\Delta T=\frac{k_t W}{mc} \tag{6-14}$$

式中：ΔT ——压盘温升，温升不应超过 8～10℃。

k_t —— 传到压盘上的热量所占比例，对于单片式离合器，$k_t=0.5$；对于双片式离合器，$k_t=0.25$。

W ——压盘总的滑摩功。

m ——压盘质量。

c ——压盘的比热容，对于铸铁，$c=481.4$J/（kg·℃）。

（二）压盘传力装置的设计

在压盘和飞轮之间常采用的连接方式有：凸台—窗口式、键连接式、销连接式和弹性传动片式等，弹性传动片因其优点突出而在离合器设计中得到广泛应用。

弹性传动片的作用是：当离合器处于接合状态时，通过传动片使离合器盖驱动压盘共同旋转；当离合器处于分离状态时，通过传动片的弹性降低压盘轴向分离作用力，从而使操纵轻便。

传动片沿压盘圆周方向均匀布置，见图 6-3（1），常用 3～4 组，每组 2～3 片，厚度为 0.5～1.0mm，其变形不会影响压盘和离合器盖的对中性和平衡性。

（三）离合器盖的设计

离合器盖的设计要求：

（1）具有足够的强度和刚度，否则可能因结构变形过大而增加分离轴承的行程，导致主、从动部件不能彻底分离，影响离合器工作性能。常用的改善措施有：增大离合器盖厚度，一般为 2.5～4.0mm；在盖上设置加强肋或者内圆周处翻边等。

（2）具有较好的对中性，防止因结构设置或者布置安装不对中而出现不平衡现象，常用的对中定位方式有定位销、定位螺栓和结构止口等。

（3）对于拉式膜片弹簧，因其大端要放置在离合器盖上，所以，支承部位应具有高的尺寸精度和耐磨性，多采用灰铸铁、低碳钢或者铝合金等材料。

（4）具有良好的通风散热性能，可在离合器盖上开设通风窗孔或者加设叶片状散热肋条等。

（四）双质量飞轮的设计

目前，在离合器从动盘中设置的扭转减振器主要存在两方面的不足：

（1）发动机与变速器振动系统对应的固有频率不能降低至发动机怠速转速以下，因此，在怠速工况下不可避免地发生共振。通常系统的固有频率为 40～70Hz，对应四缸发动机转速 1200～2100r/min，而对应六缸发动机转速 800～1400r/min，这均高于怠速转速。

（2）在发动机常用转速范围 1000～2000r/min，很难再通过降低减振弹簧刚度获得更好的减振效果。

基于这些不足，德国宝马汽车公司于 1985 年首先研制出双飞轮扭转减振器，将扭转减振器由离合器从动盘转移到飞轮上，并应用于装有六缸柴油机的 BMW324d 型乘用车，其减振降噪效果均优于安装在从动盘中的扭转减振器。

双飞轮扭转减振器又称为双质量或者组合式飞轮减振器，结构见图 6-9，主要由第一飞轮、第二飞轮和扭转减振器等组成。安装飞轮齿圈的第一飞轮与联结盘通过螺栓紧固在曲轴凸缘上，并以滚针轴承和球轴承支承在具有同轴线的第二飞轮短轴上。离合器盖总成通过螺栓紧固在第二飞轮上。扭转减振器具有三级减振弹簧，第一级防止怠速工况下发生共振，第二、三级防止在行驶工况下发生共振，将其安装在第一飞轮与第二飞轮之间来传递转矩。

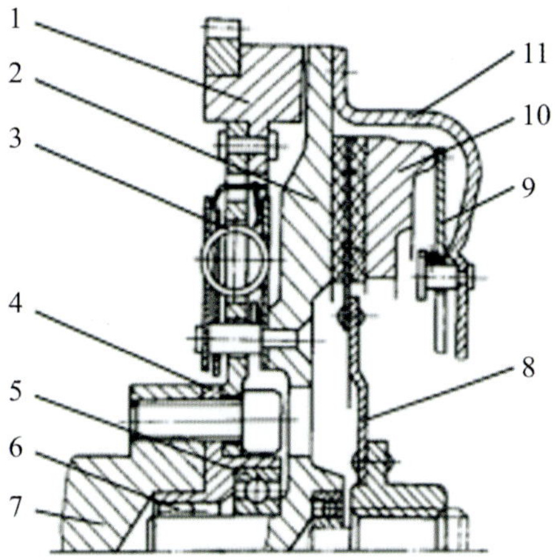

1－第一飞轮；2－第二飞轮；3－扭转减振器；4－联结盘；5－球轴承；6－滚针轴承；7－曲轴凸缘；
8－从动盘总成；9－膜片弹簧；10－压盘；11－离合器盖

图 6-9 双质量飞轮基本结构

双质量飞轮减振器的特点：

(1) 能够减小减振弹簧的刚度，增加减振弹簧的安装半径，从而降低发动机与变速器振动系统的固有频率，避免发动机在怠速工况下发生共振。

双质量飞轮减振器可看作两自由度振动系统，则系统的固有频率 f_c 为

$$f_c = \frac{1}{2\pi}\sqrt{k_s\left(\frac{1}{J_1}+\frac{1}{J_2}\right)} \tag{6-15}$$

式中：k_s ——减振弹簧刚度；

J_1、J_2 ——第一、第二飞轮的转动惯量。

由式 (6-15) 可知，对于从动盘扭转减振器，存在 $J_1 \gg J_2$，所以，系统固有频率不会太低。对于双质量飞轮减振器，第二飞轮与第一飞轮转动惯量之比接近于 1，通常 J_2/J_1 为 0.7～1.4，并且其减振弹簧的安装半径较大，能够采用刚度较小的减振弹簧，因此，系统的固有频率可以大幅度降低。

(2) 由于双质量飞轮扭转减振器的减振效果较好，因此，在变速器中可以采用黏度较低的润滑油，对齿轮间接触和摩擦性能影响较小，不会使齿轮间产生冲击和噪声。此外，在从动盘上未设置减振器，可以减小从动盘的转动惯量。这些都有利于改善换挡过程。

(3) 由于减振弹簧的安装半径较大，高速时受到较大的离心力，易使减振弹簧产生横向挠曲，引起弹簧中段摩擦、磨损，甚至出现早期损坏。改进的措施有：将减振弹簧安装在充满润滑油的封闭腔内，润滑油不仅有润滑作用，还有阻尼作用；或者利用弹性元件代替减振弹簧，以减少弹簧磨损，延长使用寿命。

二、从动部件的设计

（一）从动片的设计

从动片要求质量轻、具有一定的轴向弹性和较高的表面平面度。从动片的材料与其结构形式有关，对于整体式从动盘，一般采用高碳钢或者65Mn钢板，表面硬度为38～48HRC；对于分开式或者组合式从动片，一般采用低碳钢，表面硬度为35～40HRC。此外，为了使从动盘在轴向具有一定弹性，通过设置波形弹簧片，一般采用65Mn，厚度小于1mm，硬度为40～50HRC。

（二）摩擦片的设计

从动盘上的摩擦片是将摩擦材料、特种添加剂通过黏合剂等黏结在一起的薄片，可做成扇形块或者圆环，然后通过铆钉连接在从动片上。摩擦片的摩擦性能在很大程度上决定着离合器传递发动机输出最大转矩的能力以及使用可靠性、耐久性，其设计要求：

（1）摩擦性能要稳定，摩擦片与主动部件之间的摩擦因数应较高，且在离合器工作过程中变化不大。

（2）具有足够的强度、刚度和耐磨性。

（3）热稳定性要好，即摩擦性能受高温的影响要小。

（4）磨合性要好，在离合器磨合期不易刮伤飞轮和压盘的工作表面。

（5）接合平顺性要好，在主、从动部件接合过程中不产生“咬合”或者“抖动”现象。

（6）车辆长期停放后，摩擦副材料间不发生“黏着”现象。

离合器摩擦片所采用的材料及其性能，见表6-10和表6-11。

摩擦片通过铆接或者粘接方式与从动片进行连接。铆接方式的优点是连接可靠、便于更换摩擦片、易于安装波形弹簧片；缺点是摩擦片面积利用率较低，使用寿命短。与之相比，粘接方式能够提高摩擦片面积和厚度的利用率，具有较高的抵抗离心力和切向力的能力；但是，不便于更换摩擦片，无法安装波形弹簧片，可靠性低。

（三）扭转减振器的设计

为了减少发动机振动能量向传动系统传递，常在离合器从动盘上设置扭转减振器，其主要包括弹性元件（减振弹簧或者橡胶元件）和阻尼元件（阻尼片）等，见图6-10（1）。减振器中弹性元件的主要作用是降低传动系统中离合器侧的扭转刚度，使产生扭转振动振型对应的固有频率降低，从而避免由发动机旋转激励而引起共振。减振器中阻尼元件的主要作用是消耗传动系统中振动能量。所以，扭转减振器具有以下功能：

（1）降低发动机侧曲轴—飞轮组与传动系统侧离合器从动部件之间接合部位的扭转刚度，改变其扭振振型对应的固有频率。

（2）增加传动系统中阻尼耗能，减小组成零部件的振动幅值，并使振动能量快速衰减。

（3）控制在发动机怠速时传动系统中离合器和变速器轴系的扭转振动。

（4）降低换挡过程中变速器、万向传动装置以及主减速器等装置的冲击和噪声，改善离合器的接合平顺性。

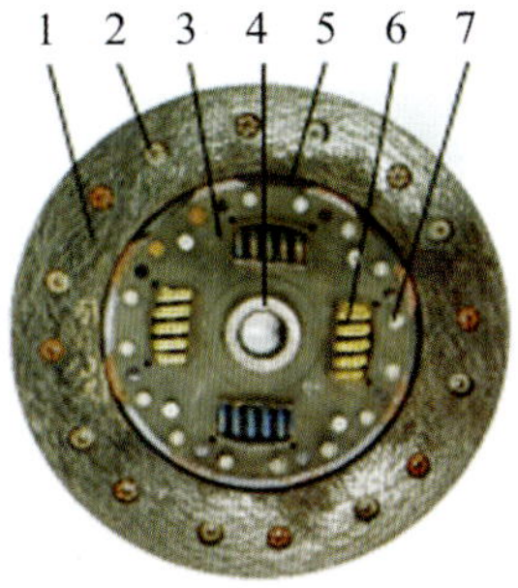

(1)

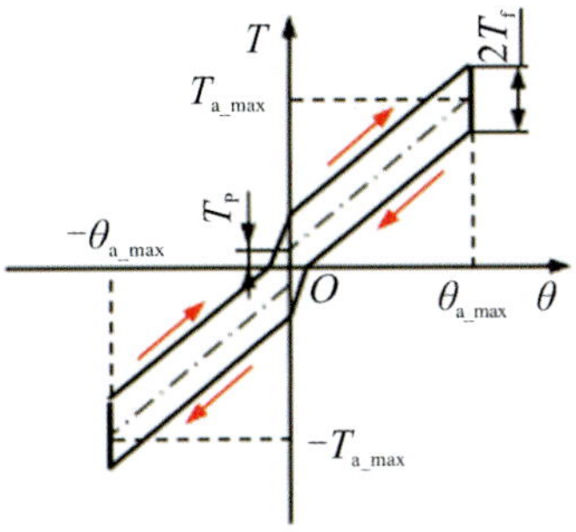

(2)

1－摩擦片；2－摩擦片铆钉；3－减振器盘；4－从动盘毂；5－从动片；6－减振器弹簧；7－从动盘铆钉

图 6-10　扭转减振器结构及其弹性特性

(1) 扭转减振器结构；(2) 弹性特性

扭转减振器根据弹性元件的特性不同可分为线性和非线性两种。对于具有线性特性的减振器，特性曲线见图 6-10（2），弹性元件一般采用圆柱螺旋弹簧，由于其结构简单、制造工艺成熟等优点，广泛应用于离合器中的减振器。为了避免传动系统中零部件发生共振，减振器中减振弹簧可采用刚度不同的弹簧组，以获得变刚度特性。对于柴油机来说，由于怠速时曲轴旋转的不均匀度较大，容易引起变速器中齿轮之间产生冲击和噪声，使其工作稳定性下降，影响使用寿命。为了克服这些不足，常在减振器中另设置一组刚度较小的弹簧，得到两级非线性特性，使其在发动机怠速工况下发挥作用，以消除变速器怠速噪声。在设计扭转减振器时，也可根据实际需求，利用橡胶元件代替螺旋弹簧作为弹性元件，利用液压缸代替阻尼片作为阻尼元件。

在扭转减振器设计过程中，扭转刚度和阻尼摩擦转矩是两个主要参数，其设计参数还包括极限转矩、预紧转矩和极限转角等。

1. 极限转矩

为了便于减振器限位以及从动盘毂与从动片连接，常采用直径为 d_1、布置半径为 R_2 的从动盘铆钉隔套，但是，隔套与从动盘毂槽之间存在间隙 Δ_1 或 Δ_2，减振器在消除这一间隙时所能传递的最大转矩，称为极限转矩。减振弹簧安放于长度为 l 的矩形槽内，以半径 r_a 均布在从动盘上，其最大变形量决定着扭转减振器的极限转矩，它与发动机最大转矩有关（图 6-11）。为了保证离合器中的减振器在任何行驶工况下都能发挥作用，一般可取

$$T_{a\_max} = (1.2 \sim 2.0) T_{e\_max} \tag{6-16}$$

式中：T_{a_max}——扭转减振器的极限转矩。

对于乘用车，系数取较大值；对于货车，系数取较小值。

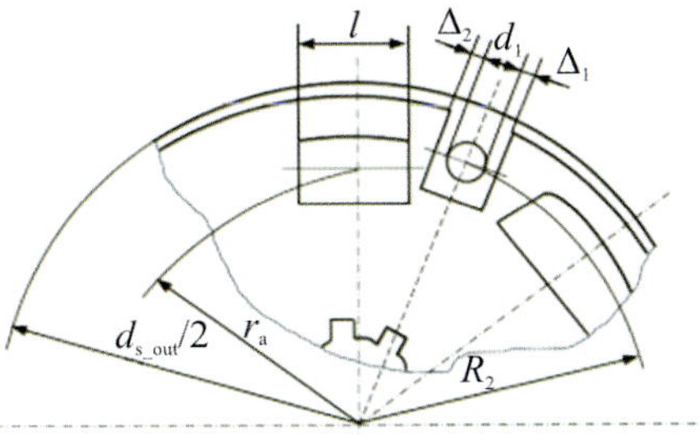

图 6-11　扭转减振器结构尺寸简图

2. 扭转刚度

减振器的扭转刚度是，当减振器中无阻尼时，离合器从动片相对于从动盘毂转过单位角度所需的转矩值，即

$$k_a = \frac{T_a}{\theta_a} \tag{6-17}$$

式中：T_a ——施加在从动片上的转矩；

θ_a ——从动片相对于从动盘毂转过的角度。

减振器的扭转刚度在很大程度上决定着传动系统中零部件是否发生扭转共振，因此，要合理地选择扭转刚度，使系统共振频率不在发动机常用工作转速范围内。常通过从动盘上弹性元件自身特性、数量以及布置位置进行计算。

设减振器弹簧均匀布置在半径为 r_a 的圆周上，当从动片相对于从动盘毂转过角度 θ_a 时，弹簧的变形量为（$r_a\theta_a$），这时，施加在从动片上的转矩为

$$T_a = 10^3 k_s n_s \theta_a r_a^2 \tag{6-18}$$

根据扭转刚度的定义，得

$$k_a = 10^3 k_s n_s r_a^2 \tag{6-19}$$

式中：k_s ——减振器弹簧刚度（N/mm）；

n_s ——减振器弹簧个数；

r_a ——减振器弹簧在从动片上布置半径。

在减振器扭转刚度设计计算中，既要满足能够传递最大转矩的要求，又要避开共振频率而降低其值，这两者很难兼得，因此，减振器扭转刚度可按经验进行初选。

$$k_a \leqslant 13T_{a\_max} \tag{6-20}$$

3. 减振器的摩擦转矩

由于扭转减振器的扭转刚度设计值不可能过低，在发动机的转速范围内可能产生共振，因此，需要在离合器的减振器中设置阻尼片、液压缸或者橡胶元件等来衰减传动系统的振动能量。为了使阻尼元件能够有效地吸收和耗散能量，需要确定减振器中摩擦转矩，一般根据经验值进行初选，即

$$T_f = (0.06 \sim 0.17)T_{e\_max} \tag{6-21}$$

为了最大限度地降低离合器接合时传动系统所承受的动载荷，减振器所能传递的最大转矩应不小于驱动轮最大转矩转换到离合器轴上的转矩，即

$$T_{t\_max} = T_{a\_max} + T_f \geqslant T_{equ\_max} \tag{6-22}$$

$$T_{equ\_max} = \frac{F_d c_a r_w}{i_0 i_1} \tag{6-23}$$

式中：T_{t_max} ——减振器传递的最大转矩；

T_f ——减振器的摩擦转矩；

T_{equ_max} ——离合器轴上的等效转矩；

F_d ——汽车满载时驱动轴上的载荷；

c_a ——驱动轮附着系数；

r_w ——驱动轮滚动半径；

i_0 ——主传动比；

i_1 ——变速器 1 挡传动比。

4. 预紧转矩

减振弹簧安装在从动片和从动盘毂中长度为 l 的长方形孔内，并且安装后弹簧要有一定的预紧力。通过有、无预紧力矩结果对比，当两者具有相同的扭转刚度和极限转角时，前者的极限转矩较大，能够使减振器在较大的转速范围内工作；当两者具有相同的极限转矩和极限转角时，前者的角刚度较低。实践表明，增加预紧转矩，共振频率减小，这对系统减振是有利的。减振弹簧的预紧转矩一般为

$$T_p = (0.05 \sim 0.15)T_{e\_max} \tag{6-24}$$

5. 减振弹簧的位置半径

减振器的弹簧均匀布置在从动片的圆周上，其布置位置的半径应尽可能取大些，一般为

$$r_a = (0.60 \sim 0.75)r_{s\_in} \tag{6-25}$$

6. 减振弹簧个数

减振器弹簧个数常根据设计摩擦片外径进行选取，见表 6-13。

表 6-13 减振器弹簧个数的选择

摩擦片外径 r_{s_out} /mm	225～250	250～325	325～350	>350
n_s /个	4～6	6～8	8～10	>10

7. 减振弹簧总压力

当减振器消除隔套与从动盘毂槽之间的间隙为 Δ_1 或 Δ_2 时，减振弹簧从初始状态压缩到最大变形量，这时所承受的转矩也达到最大值，即

$$F_s = \frac{T_{a\_max}}{r_a} \tag{6-26}$$

8. 极限转角

当减振弹簧从初始状态压缩到极限转矩时，从动片相对于从动盘毂转过的角度，称为极限转角，即

$$\theta_{a\_max} = 2\arcsin\left(\frac{\Delta\delta_s}{2r_a}\right) \tag{6-27}$$

式中：$\Delta\delta_s$ ——减振弹簧压缩后的相对变形量。

极限转角 θ_{a_max} 通常为 3°～12°，当平顺性要求较高或者发动机工作过程不稳定时，θ_{a_max} 取上限。对于多级变刚度的减振器，极限转角应取大些，并且随着级数的增多而变大。

（四）从动盘毂的设计

为了实现从动盘毂在变速器输入轴上轴向移动，通过齿侧对中的矩形花键将两者进行连接。花键的结构尺寸可根据摩擦片外径和发动机最大转矩进行选取。

从动盘毂花键有效齿长不易过短，避免从动盘毂沿花键轴移动时产生偏斜，从而导致主、从动部件分离不彻底，一般取有效齿长为花键外径尺寸的 1.0～1.4 倍。从动盘毂一般采用中碳钢，并进行调制处理，硬度一般为 26～32HRC。

三、压紧机构总成的设计

(一) 膜片弹簧的设计

1. 膜片弹簧载荷与位移的关系

为了简化分析，将厚度为 t 膜片弹簧中碟簧截面视为矩形 $ABCD$，以其中性点 O 为坐标原点建立坐标系 $x-y$，在自由状态下其大端、小端以及中性点半径分别为 r_{d_b}、r_{d_s} 和 r_n，两端点 A、B 处夹角分别为 θ 和 φ，工作过程视为其子午断面刚性地绕中性点 O 转动，在离合器压紧和分离过程中，子午断面与膜片弹簧的运动保持同步变化，见图 6-12。

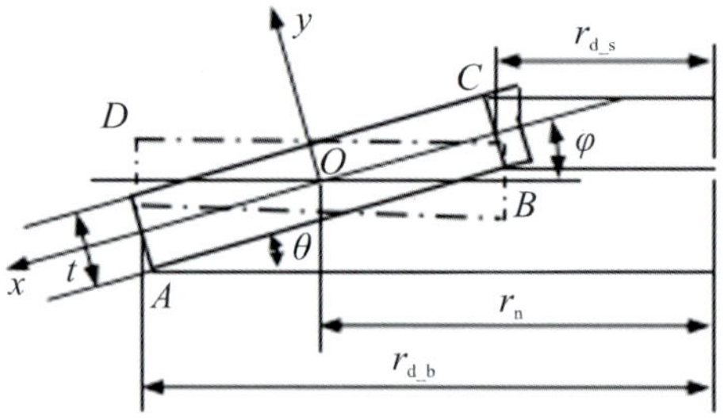

图 6-12　子午断面绕中性点的转动

当离合器主、从动部件处于压紧状态时，通过支撑环和压盘施加在膜片弹簧上的载荷集中作用在支撑点处，假设其轴向变形量为 δ_1，则膜片弹簧作用力为

$$F_1=\frac{\pi E t\delta_1}{6(1-\nu^2)}\frac{\ln(r_{d\_b}/r_{d\_s})}{(r_{p\_1}-r_{r\_1})^2}\left[\left(h_d-\delta_1\frac{r_{d\_b}-r_{d\_s}}{r_{p\_1}-r_{r\_1}}\right)\left(h_d-\frac{\delta_1}{2}\frac{r_{d\_b}-r_{d\_s}}{r_{p\_1}-r_{r\_1}}\right)+t^2\right] \tag{6-28}$$

式中：E——材料的弹性模量；

ν——材料的泊松比；

h_d——膜片弹簧自由状态下碟簧部分的内截锥高度；

t——膜片弹簧钢板厚度；

r_{d_b}、r_{d_s}——分别为自由状态下碟簧部分大端、小端半径；

r_{p_1}、r_{r_1}——分别为压盘加载点和支承环加载点半径。

当离合器处于分离状态时，通过踩下离合器踏板带动分离轴承轴向运动，将外加载荷作用在分离指处，进而膜片弹簧绕支撑点转动，施加在压盘上的预压紧力得到释放。也就是说，在这一过程，膜片弹簧上外加载荷的作用点将由碟簧部分转移到分离指，见图 6-13。假设分离轴承对膜片弹簧分离指施加载荷为 F_2，相应的相对位移为 δ_2，则有关系如下所示。

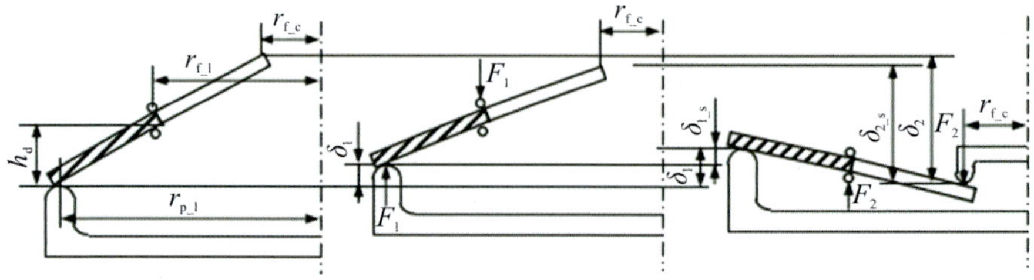

图 6-13　膜片弹簧在不同工作状态下的变形

(1) 自由状态；(2) 压紧状态；(3) 分离状态

$$\delta_2 = \frac{r_{r\_1} - r_{f\_c}}{r_{p\_1} - r_{r\_1}}\delta_1 \tag{6-29}$$

$$F_2 = \frac{r_{p\_1} - r_{r\_1}}{r_{r\_1} - r_{f\_c}}F_1 \tag{6-30}$$

式中：r_{f_c}——分离轴承与分离指之间的接触半径。

将式（6-29）和式（6-30）带入式（6-28），获得 F_2 与 δ_2 的关系式，即

$$F_2 = \frac{\pi Et\delta_2}{6(1-\nu^2)}\frac{\ln(r_{d\_b}/r_{d\_s})}{(r_{r\_1} - r_{f\_c})^2}\left[\left(h_d - \delta_2\frac{r_{d\_b} - r_{d\_s}}{r_{r\_1} - r_{f\_c}}\right)\left(h_d - \frac{\delta_2}{2}\frac{r_{d\_b} - r_{d\_s}}{r_{r\_1} - r_{f\_c}}\right) + t^2\right] \tag{6-31}$$

类似地，也可得到 F_1 与 δ_2 或者 F_2 与 δ_1 的关系式。

如果不计膜片弹簧分离指在外加载荷 F_2 作用下的弯曲变形，则分离轴承带动分离指运动的相对位移为

$$\delta_{2\_s} = \frac{r_{r\_1} - r_{f\_c}}{r_{p\_1} - r_{r\_1}}\delta_{1\_s} \tag{6-32}$$

式中：δ_{1_s}——分离时压盘运动的相对位移；

δ_{2_s}——分离时压盘带动分离指的相对位移。

2. 膜片弹簧的强度计算与校核

在膜片弹簧绕其中性点 O 转动过程中，中性点处仅受到法向载荷作用，而无切向载荷，但是，其他位置存在相应的切向载荷。这样，子午断面在中性点 O 处的切向应变和切向应力均为零，建立坐标系 xOy，见图 6-14，断面上任意点(x,y)的切向应力为

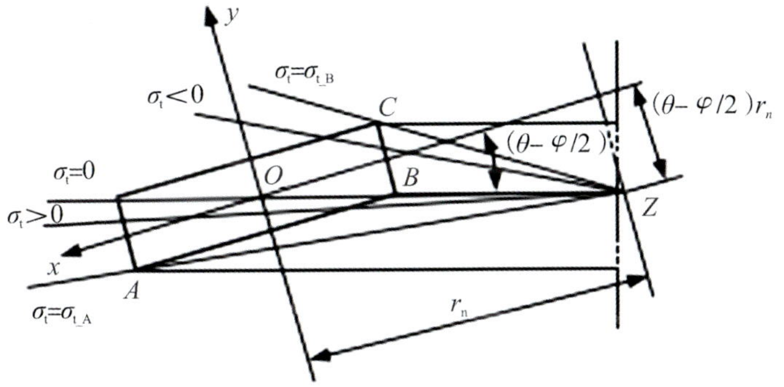

图 6-14　切向应力在子午断面中的分布

$$\sigma_t = \frac{E}{1-\nu^2}\frac{\varphi(\theta-\varphi/2)x - \varphi y}{r_n + x} \tag{6-33}$$

式中：σ_t——断面上的切向力；

φ——从自由状态初始位置起，碟簧部分子午断面的转角；

θ——碟簧部分自由状态下的圆锥底角；

r_n——碟簧部分子午断面内中性点的半径，可通过下式进行计算。

$$r_n = \frac{r_{d\_b} - r_{d\_s}}{\ln(r_{d\_b}/r_{d\_s})} \tag{6-34}$$

从式（6-33）可知，当 $\sigma_t=0$ 时，存在

$$y = (\theta - \varphi/2)x \tag{6-35}$$

由于 $(\theta-\varphi/2)$ 的数值很小，存在 $\tan(\theta-\varphi/2)\approx(\theta-\varphi/2)$。一般情况下，规定 $\sigma<0$ 时为压应力，$\sigma>0$ 时为拉应力，则通过式（6-35）可得：

（1）当 $x=-r_n$ 时，无论 σ_t 为何值，存在 $y=(\theta-\varphi/2)r_n$，即等应力线都交汇于 Z 点。

（2）当 φ 值一定时，零应力分布在通过 O 点且斜率为 $(\theta-\varphi/2)$ 的直线上，即经过 O 点、Z 点连线为零应力线。

（3）当应力线位于零应力线上方，为压应力区；反之，则为拉应力区。

（4）距离零应力线越远，其应力值越大。

通过膜片弹簧切向应力的分布特征可得，碟簧部分上边缘 C 点的切向压应力最大；碟簧部分下边缘呈现为拉应力状态，当 Z 点的纵坐标 $(\theta-\varphi/2)r_n>t/2$ 时，A 点的切向拉应力最大；当 $(\theta-\varphi/2)r_n<t/2$ 时，B 点的切向拉应力最大。

在膜片弹簧的强度校核过程中，一般对最大应力值进行计算，通过上述分析，C 点的应力值最大，将 C 点坐标 $x\approx-(r_n-r_{d\_s})$ 和 $y=t/2$ 代入式（6-33），则相应的应力值为

$$\sigma_{t\_C}=\frac{E}{(1-\nu^2)r_{d\_s}}\left\{\frac{(r_n-r_{d\_s})\varphi^2}{2}-\left[(r_n-r_{d\_s})\theta+\frac{t}{2}\right]\varphi\right\} \tag{6-36}$$

当 $d\sigma_{t\_C}/d\varphi=0$ 时，C 点切应力 σ_{t_C} 达到极大值时对应的转角为

$$\varphi_{max\_C}=\theta+\frac{t}{2(r_n-r_{d\_s})} \tag{6-37}$$

通过式（6-37）可得，膜片弹簧上 C 点最大压应力发生在比碟簧部分压平位置再多转动角度 $\arctan[t/2(r_n-r_{d\_s})]\approx t/2(r_n-r_{d\_s})$ 位置处。

当离合器主、从动部件彻底分离时，膜片弹簧子午断面的实际转角 $\varphi_a\geqslant\varphi_{max\_C}$，计算 σ_{t_C} 时，φ 应取 φ_{max_C}；如果 $\varphi_a<\varphi_{max\_C}$，则 φ 应取 φ_a。

在离合器中断动力传递过程中，膜片弹簧除了受到分离轴承的推力外，分离指根部 C 点还受到因轴向力作用而引起的弯曲应力，即

$$\sigma_{r\_C}=\frac{6(r_{d\_s}-r_{f\_C})F_2}{n_f w_f t^2} \tag{6-38}$$

式中：σ_{r_C}——分离指根部 C 点的弯曲应力；

r_{f_C}——分离指根部 C 点的半径；

n_f——分离指数目；

w_f——分离指根部宽度。

由于膜片弹簧 C 点的弯曲应力与切向压应力的作用方向相互垂直，根据最大切应力强度理论，C 点的当量应力为

$$\sigma_{equ\_C}=\sigma_{r\_C}+\sigma_{t\_C} \tag{6-39}$$

在实际应用中，膜片弹簧中裂纹首先在碟簧部分最大应力处 C 点产生，但是，由于此作用力为压应力，裂纹并不容易扩展，所以，对膜片弹簧的承载能力影响较小。与此不同的是，在其后续工作过程中 B 点将产生裂纹，由于此处受到拉应力作用，裂纹容易扩展，碟簧部分被破坏，直至膜片弹簧失效。

3. 膜片弹簧主要参数的选择

（1）膜片弹簧碟簧部分高厚比的选择。膜片弹簧碟簧部分高厚比决定着施加在压盘上作用力的大

小，通过式（6-28）可得作用力 F_1 与变形量 δ_1 之间的关系，以 h_d/t 为设计变量，见图 6-15。当 $h_d/t=\sqrt{2}$ 时，函数 $f(\delta_1)$ 有一极值，且该极值点为拐点；当 $h_d/t=2\sqrt{2}$ 时，函数 $f(\delta_1)$ 的极小值刚好落在横坐标上。可见，当 $\sqrt{2}<h_d/t<2\sqrt{2}$ 时，函数 $f(\delta_1)$ 的变化趋势符合离合器膜片弹簧的实际工作需求。同时，为了保证离合器中主、从动部件间的压紧力稳定以及操纵轻便，在汽车离合器设计时，膜片弹簧碟簧部分高厚比 h_d/t 一般为 1.6～2.2，板厚为 2～4mm。

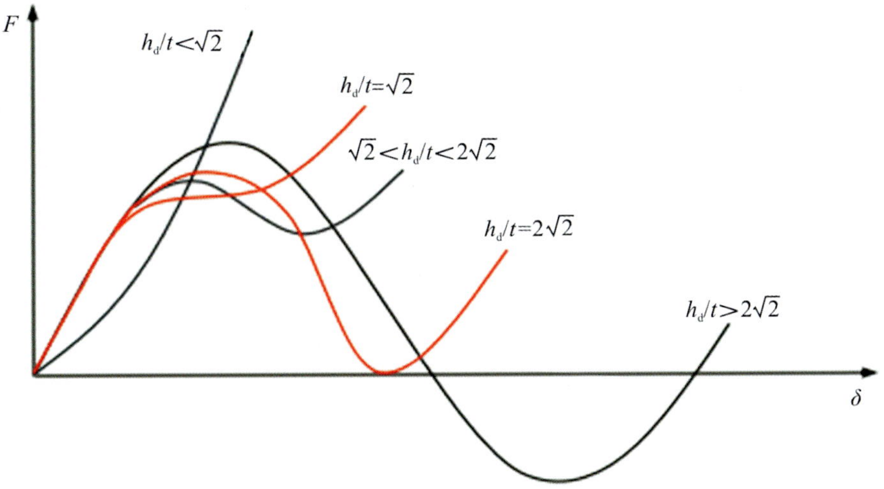

图 6-15　膜片弹簧的弹性特性曲线

（2）膜片弹簧碟簧部分大端、小端半径的选择。膜片弹簧的大端半径应根据安装位置和摩擦片的结构尺寸来确定。为了使摩擦片上接触压力均匀分布，常根据摩擦片的平均半径初步确定膜片弹簧大端半径。对于推式膜片弹簧，由于其大端压在压盘上，故大端半径应大于或者等于摩擦片的平均半径，以保证压盘直径大于摩擦片直径，从而压盘和摩擦片能够完全接合。对于拉式膜片弹簧，由于其中部对压盘施加压力，其碟簧部分小端半径应大于或者等于摩擦片的平均半径，以保证压盘上有足够的压力，且受力均匀。由于推式和拉式膜片弹簧安装位置不同，对于同样的摩擦片尺寸，拉式的碟簧部分大端半径要比推式的大。

通过试验研究表明，膜片弹簧在自由状态下碟簧部分大端半径与小端半径的比值选取得越小，则弹簧材料利用率越高，并且弹性性能的稳定性越好。根据膜片弹簧的布置和压紧力的设计要求，其比值的范围为 1.20～1.35。

（3）膜片弹簧圆锥底角的选择。膜片弹簧在自由状态下圆锥底角影响着材料利用率和结构刚度，这与碟簧部分大端、小端半径以及内截锥高度密切相关，存在 $\theta=\arctan[h_d/(r_{d\_b}-r_{d\_s})]\approx h_d/(r_{d\_b}-r_{d\_s})$，一般在 9°～15°。

（4）膜片弹簧工作点位置的选择。膜片弹簧工作点位置常根据其弹性特性曲线进行选择，见图 6-16。当膜片弹簧处于压平位置时，对应着曲线上拐点 I，并且存在 $\delta_{1\_I}=(\delta_{1\_M}+\delta_{1\_N})/2$。为了减小摩擦片在最大磨损限度内对压紧力的影响，离合器膜片弹簧初始工作点 B 一般取在凸点 M 和拐点 I 之间，且靠近 I 点处，即 $\delta_{1\_B}=(0.8\sim1.0)\delta_{1\_I}$。对于摩擦片的最大磨损量，一般可按照下式计算。

$$\Delta\delta=z\cdot\Delta S \tag{6-40}$$

式中：ΔS ——摩擦面上最大允许磨损量，一般为 0.5～1.0mm。

当离合器主、从动部件分离时，膜片弹簧工作点从 B 点变到 C 点，在设计时，C 点应尽量靠近 N 点，以便最大限度地减小分离轴承的推力，操纵轻便。

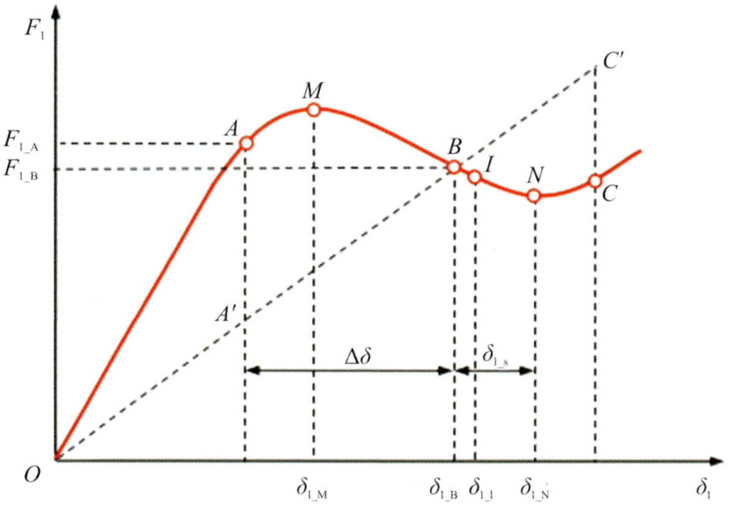

图 6-16　膜片弹簧工作点位置

（5）分离指结构尺寸和数目的选择。分离指结构，见图 6-17，其小端半径 r_{f_s} 由离合器装配结构尺寸决定，其最小值应大于变速器输入轴上花键外径 r_{s_s}，而小于分离轴承的作用半径 r_{f_c}，即 $r_{s\_s} < r_{f\_s} < r_{f\_c}$。为了便于散热以及减小分离指根部应力集中，需要进行切槽，其中，分离指之间的切槽宽度 w_{f_g} 为 3.2～3.5mm，碟簧与分离指结合部位的切槽宽度为 w_{d_g} 为 9.0～10.0mm。分离指大端半径 r_{f_b} 的取值应满足 $(r_{d\_s} - r_{f\_b}) < w_{d\_g}$。

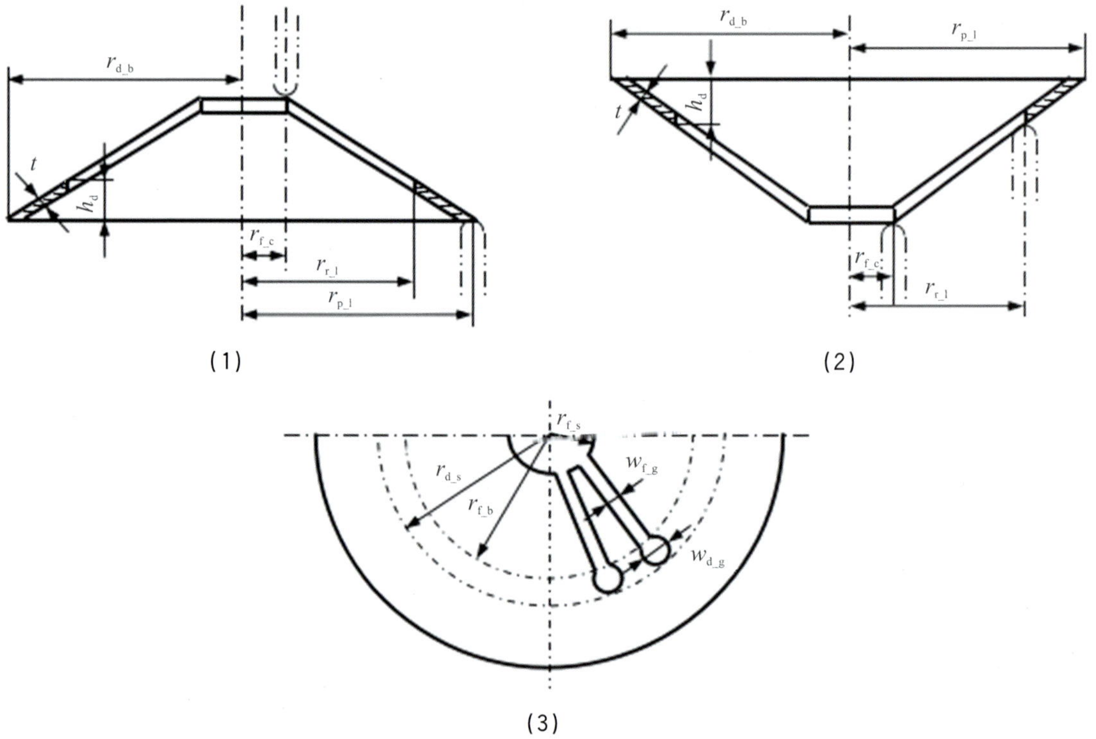

图 6-17　膜片弹簧的结构尺寸简图

（1）推式膜片弹簧；（2）拉式膜片弹簧；（3）膜片弹簧俯视图

为了便于布置安装，保证结构上对称，分离指的数目一般为偶数，在 12～24 个，常取为 18 个。

4. 膜片弹簧材料及制造工艺

为了保证膜片弹簧的工作性能和使用寿命，需采用优质高精度钢板制造，一般采用 60Si2MnA 或者 50CrVA 等材料。离合器膜片弹簧的结构尺寸和表面加工质量应得到严格控制。膜片弹簧的内外半径公差一般为 H11 和 h11，上、下表面的粗糙度为 1.6μm，底面的平面度一般要求小于 0.1mm，在离合器处于接合状态时，要求分离指端相互高度差小于 0.8～1.0mm。膜片弹簧的设计强度一般都高于材料的屈服强度值，一般取为 1400～1540MPa。为了提高接触部位的耐磨性，常对其端部进行高频感应加热淬火或者镀铬，碟簧部分的硬度为 45～50HRC，分离指的硬度为 55～62HRC。为了提高膜片弹簧的承载能力，常对其进行强压和喷丸处理，使其高应力区的材料发生塑性变形，使结构内部产生残余应力，从而形成表面强化层，这样，可延长使用寿命 5%～30%。

（二）螺旋弹簧的设计

从压紧弹簧的发展趋势来看，膜片弹簧已逐步取代螺旋弹簧，但是，由于螺旋弹簧技术成熟，仍有部分汽车离合器在使用，因此，本小节对离合器中螺旋弹簧的设计进行简单介绍。

螺旋弹簧均匀布置在压盘上，数目一般为 6～24 个，应是分离杠杆数目的整数倍，以获得均匀的压力。外径通常限制在 27～30mm，以提高弹簧的通用性，通过设计不同弹簧钢丝直径和圈数来获得不同的压紧力。

螺旋弹簧主要参数的计算过程见表 6-14。

表 6-14 螺旋弹簧主要参数的计算公式和说明

弹簧参数	计算公式	说明
弹簧钢丝直径 d /mm	$d = 1.6\sqrt{\frac{F_w k_c k_i}{[\sigma_c]}}$	$F_w = \frac{F_t}{n_s}$，其中：F_w 为工作负荷；F_t 为压盘总压紧力；n_s 为弹簧个数
弹簧中径 d_m /mm	$d_m = d_0 - d$	d_0 为弹簧外径
弹簧指数 k_i	$k_i = \frac{d_m}{d}$	一般在 6～8
曲度系数	$k_c = \frac{4k_i - 1}{4k_i - 4} + \frac{0.615}{k_i}$	弹簧簧圈曲率对强度影响的系数
弹簧工作应力/MPa	$\sigma_c = \frac{8F_w k_i k_c}{\pi d^2}$	
弹簧刚度/（N·mm^{-1}）	$k_s = \frac{Gd^4}{8d_m^3 n_s}$	弹簧刚度应尽量小，一般为 20～45
弹簧工作圈数	$n_c = \frac{Gd^4}{8d_m^3 k_s}$	G 为剪切弹性模量
弹簧总圈数	$n_t = n_s + (1.5 \sim 2.0)$	一般取 $n_t = n_s + 1.5$，即每端有 3/4 圈拼紧，并将钢丝头部直径磨薄至直径的 1/4
弹簧变形量	$\delta_s = \frac{F_w}{k_s}$	
弹簧附加变形量	单片式离合器：$\Delta\delta_s = 1.5 \sim 2.5$ 双片式离合器：$\Delta\delta_s = 1.5 \sim 3.0$	压盘的分离行程

续表

弹簧参数	计算公式	说明
弹簧最大变形量时的间隙 δ_g /mm	$\delta_g = 1.0 \sim 1.5$	弹簧相邻圈之间的间隙
弹簧自由长度	$l_0 = (n_t - 0.5)d + \delta_s + \Delta\delta_s + n_c\delta_g$	
弹簧工作时长度	$l_w = l_0 - \delta_s$	
弹簧最大载荷/N	$F_{s\_max} = k_s\Delta\delta_s + F_w$	一般要求 $F_{s\_max} \leqslant (1.15 \sim 1.20)F_w$

汽车离合器采用的螺旋弹簧许用应力常为700MPa，一般不超过700～750MPa；最大工作应力不超过800～900MPa。当离合器处于分离状态时，弹簧压力不超过预压缩力的20%。为了防止弹簧因过热而失效，在弹簧与压盘之间应加装隔热垫片。

（三）分离杠杆的设计

分离杠杆以支撑环作为支点，将一端分离轴承的轴向力传递给另一端的压盘。分离杠杆的设计要求：

（1）具有较大的弯曲刚度，常采用低、中碳钢等材料，避免杠杆变形过大而减小压盘行程，导致主、从动部件分离不彻底。

（2）应保证分离杠杆的支承机构与压盘的驱动机构之间不发生运动干涉。

（3）离合器中布置的分离杠杆内端应位于平行于压盘的同一平面，一般高度差不大于0.2mm。

（4）避免分离杠杆在高速时因离心力而造成压紧力下降，可采用自动调心式分离轴承。

（5）具有较好的通风散热能力。

（6）支承处的摩擦、磨损要小，保证较长的使用寿命，常采用滚针轴承、滚销或者刀口支承等。

（四）支撑环的设计

支撑环的安装尺寸精度要高，耐磨性要好。一般采用3.0～4.0mm的碳素弹簧钢丝。

四、操纵机构总成的设计

（一）设计基本要求

离合器操纵机构是驾驶人借以使主、从动部件分离，完成规定动作后，又使其柔和地接合在一起。离合器的工作状态对传动系统中零部件工作过程都有很大影响。在离合器设计过程中，操纵机构的基本设计要求有：

（1）操纵机构中零部件应具有足够的刚度和强度，防止结构变形过大而影响离合器的工作性能。

（2）传动效率要高，保证主、从动部件能够做到分离彻底、接合柔和。

（3）传递过程要快，离合器能够及时响应驾驶人的操作意图。

（4）踏板力要小，乘用车一般在80～150N范围内，货车不大于150～200N。

（5）踏板行程应能调整，并且具有行程限位装置，对于乘用车，一般在 80～150mm 范围内；对于货车，最大不超过 180mm。

（二）主要操纵机构的设计

常见的离合器操纵机构有机械式、液压式、助力式、气压式和电磁式等，由于机械式和液压式操纵机构的工作性能稳定、布置方便、接合柔和等优点，得到广泛应用。以常见的液压式操纵机构的设计过程进行说明，操纵机构的示意简图，见图 6-18。

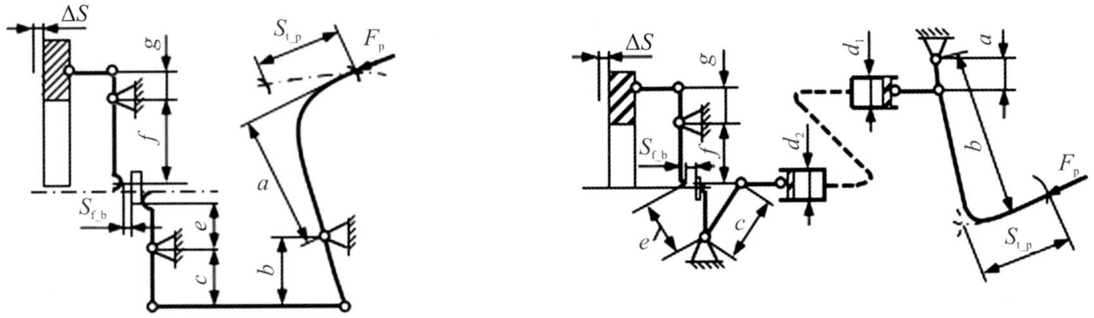

（1）　　（2）

图 6-18　操纵机构示意简图

（1）机械式；（2）液压式

当踩下离合器踏板产生 F_p 时，首先要消除零部件之间的间隙，经过自由行程；然后，通过给压盘施加一定作用力，使主、从动部件之间逐渐分离，这一过程对应工作行程。所以，离合器踏板行程 S_{t_p} 包括自由行程 S_{f_p} 和工作行程 S_{w_p} 两部分，即

$$S_{t\_p} = S_{f\_p} + S_{w\_p} = \left(S_{f\_b} + z\Delta S\,\frac{f}{g}\right)\frac{bcd_2^2}{aed_1^2} \tag{6-41}$$

式中：S_{f_b} ——分离轴承的自由行程，一般为 1.5～3.0mm，对应离合器踏板的自由行程为20～30mm。

S_{f_p} ——离合器踏板自由行程。

S_{w_p} ——离合器踏板工作行程。

ΔS ——离合器分离时主、从动部件工作面之间的间隙，对于单片式，ΔS =0.85～1.30mm；对于双片式，ΔS =0.75～0.90mm。

a、b、c、e ——杠杆尺寸。

d_1、d_2 ——主缸和工作缸的直径。

离合器踏板力可按下式计算：

$$F_p = \frac{F_{t\_s}}{i_t \eta} + F_s \tag{6-42}$$

式中：F_p ——离合器踏板力；

F_{t_s} ——离合器主、从动部件分离时，压紧弹簧对压盘施加总作用力；

F_s ——克服回位弹簧拉力所需的踏板力；

i_t ——操纵机构总传动比，$i_t = bcfd_2^2/aegd_1^2$ ，其中，f、g 为杠杆尺寸；

η ——传动效率，对于液压式，η =80%～90%；对于机械式，η =70%～80%。

当不考虑回位弹簧的作用力时，主、从动部件分离过程中踏板力所做的功为

$$W_c = \frac{(F_{s\_c} + F_{s\_r}) n_s \Delta S}{2\eta} \tag{6-43}$$

式中：F_{s_c}——离合器主、从动部件接合时，压紧弹簧的作用力；

F_{s_r}——离合器主、从动部件分离时，压紧弹簧的作用力。

在设计离合器的踏板力和行程范围内，操纵机构使主、从动部件分离时所做的功应不大于 30J。工作缸直径的确定与液压系统中所允许的最大油压有关，而最大油压又与液压元器件连接橡胶软管接头部位的密封要求有关，最大允许油压一般为 5～8MPa。

对于机械式操纵机构的设计，只需在液压式的基础上将主缸和工作缸的直径取消即可。

（三）分离轴承总成的设计

分离轴承总成由分离轴承、分离套筒等组成，见图 6-19 所示。分离轴承要承受由离合器踏板通过操纵机构传递的轴向作用力，同时，还要承受在工作过程中因高速旋转产生的径向离心力。在过去的分离轴承设计中常采用推力球轴承或者向心球轴承，由于在使用过程中润滑条件较差，磨损严重，导致工作性能下降、使用寿命缩短。目前，主要采用角接触推力球轴承，并且采用全密封结构和高温锂基润滑脂，工作性能和可靠性得到明显提升。为了能够使分离轴承与膜片弹簧分离指的舌尖更好地配合工作，当舌尖部分为平面时，采用球形端面；当舌尖部分为弧形面时，采用平端面或者凹弧形端面。

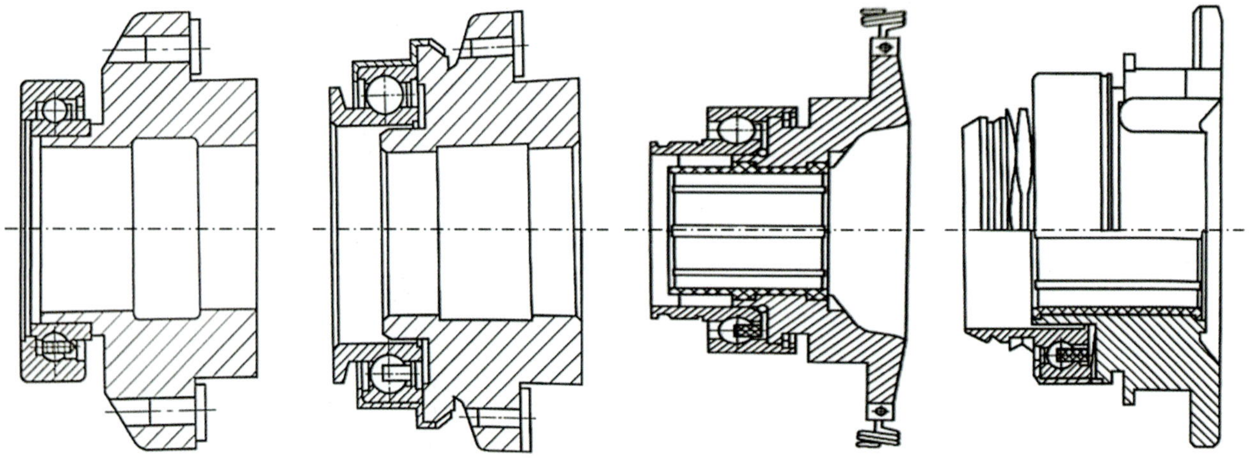

(1)　　(2)　　(3)　　(4)

图 6-19　分离轴承结构简图

(1) 推式外圈旋转；(2) 推式内圈旋转；(3) 拉式非调心；(4) 拉式自动调心

分离轴承在设计过程中，多采用集成单元的形式。按照离合器工作时轴承受力方向不同可分为推式［图 6-19（1）和（2）］和拉式［图 6-19（3）和（4）］；按照是否具有调心功能可分为非调心式［图 6-19（1）—（3）］和自动调心式［图 6-19（4）］。对于推式非调心轴承单元，可分为外圈旋转式［图 6-19（1）］和内圈旋转式［图 6-19（2）］。相对于外圈旋转式，内圈旋转式分离轴承由内圈推动分离指，这样，可以增大膜片弹簧的杠杆比，并且内、外圈之间润滑脂的流动在离心力作用下得到改善，提高使用寿命。对于自动调心式，当膜片弹簧与分离轴承的旋转轴线不重合时，能够自动径向浮动到同轴心线，保证膜片弹簧分离指接触部位受力均匀，减小分离指与分离轴承接触面的磨损，延长使用

寿命。

当离合器主、从动部件处于接合状态时，分离轴承与分离杠杆之间一般存在 3～4mm 间隙，避免在摩擦片磨损后因压盘压力不足而引起接触部件之间打滑或者分离轴承过热、烧蚀等。此间隙使离合器踏板增加一段自由行程，即无效行程，为了减小这样的踏板行程，可以采用无间隙的内圈旋转式轴承结构，利用回位弹簧、小型液压缸等装置保证分离轴承与分离杠杆杆端或者膜片弹簧分离指之间紧密贴合。

第五节　多片式离合器主要组成部件的设计与计算

多片式离合器作为汽车底盘传动系统中的关键部件，在很大程度上决定着传动系统工作性能的稳定性和可靠性。离合器工作过程中会产生大量的摩擦热，导致摩擦副零部件热变形、磨损加剧等。在设计时，需要考虑以下几个主要参数：摩擦片内径和外径、摩擦片平均压力、最大线速度、活塞行程、回位弹簧作用力、摩擦副温升和离合器换挡热应力等。

一、多片式离合器工作原理

湿式多片离合器，见图 6-2（2）和图 6-20，主要包括摩擦片、对偶钢片、活塞、压板和离合器毂等。

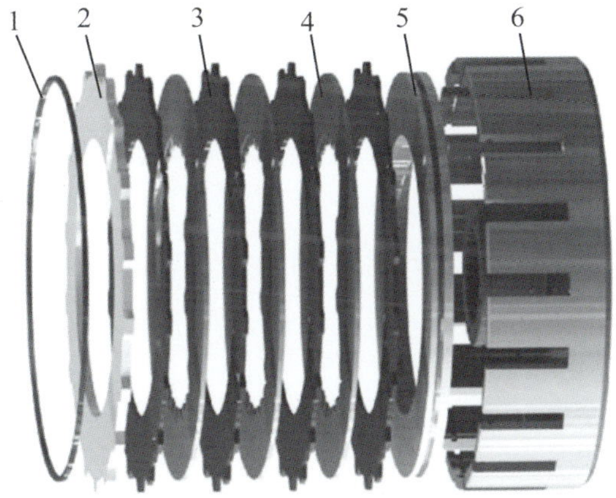

1－卡簧；2－压板；3－对偶钢片；4－摩擦片；5－活塞；6－离合器毂

图 6-20　多片式离合器结构简图

离合器中摩擦副由内齿摩擦片和外齿对偶钢片组成，摩擦片通过内齿空套在花键毂上，对偶钢片通过外齿与离合器毂啮合。当离合器不工作时，工作腔内压力不足以克服弹簧作用力，摩擦片与对偶钢片不接触，对偶钢片通过外齿与离合器毂一起转动，而摩擦片在工作腔内做随动转动；当离合器工作时，高压油推动活塞克服回位弹簧的作用力，使对偶钢片与摩擦片逐渐接合，并产生摩擦力，从而带动齿轮旋转。

二、多片式离合器主要参数

（一）摩擦片内、外径

多片式离合器中摩擦片内、外径是重要的结构参数，直接决定着离合器的结构尺寸和工作性能。这与单片式离合器的设计过程类似，一般先初选、后校核。摩擦片外径 d_{ms_out} 为

$$d_{ms\_out}=100\sqrt{\frac{T_{c\_max}}{k_m}} \tag{6-44}$$

式中：T_{c_max} ——离合器传递的最大转矩；

k_m ——多片式离合器设计时的经验系数，一般为 16～25。

摩擦片内径 d_{ms_in} 的选择应考虑内、外径之比 C，即

$$d_{ms\_in}=\frac{d_{ms\_out}}{C} \tag{6-45}$$

如果内、外径之比较小，两者尺寸相差较大，则摩擦片内、外边缘处圆周速度相差过大，导致摩擦片上温升不均匀，易发生翘曲变形。反之，接触面积减小，在传递同样转矩的工况下，所需的单位压力较大，有可能超出摩擦片材料的许用强度。故该值的范围一般为 0.60～0.85。

（二）摩擦片平均压力

摩擦片上平均压力 p_{ms_m} 为

$$p_{ms\_m}=\frac{F_n}{A_c} \tag{6-46}$$

式中：p_{ms_m}—— 摩擦片上平均压力，一般要求 $p_{ms\_m}<4\text{MPa}$；

A_c ——摩擦片与对偶钢片之间的接触面积。

多片式离合器中摩擦片的设计要求：摩擦系数较大且稳定，能够承受足够大的压力和转矩，热容量要大，具有较好的热稳定性和耐磨性等。

多片式离合器中摩擦力矩的计算过程与单片式的类似，可参考本章第三节的内容。为了保证摩擦片在正常磨损后仍能可靠地传递发动机输出的最大转矩，对于乘用车，其后备系数一般为 1.20～1.75。

（三）摩擦副数

摩擦副数的选取主要根据离合器所能传递的最大转矩以及结构尺寸，即

$$z\geqslant\frac{12T_{c\_max}}{\pi\mu[p_0](d_{ms\_out}^3-d_{ms\_in}^3)} \tag{6-47}$$

式中：$[p_0]$ ——摩擦副中接触材料的许用接触压力。

在保证传递离合器最大转矩的前提下，摩擦副数尽可能少，否则容易出现接触面上压力分布不均匀以及分离不彻底等现象。

（四）离合器最大线速度

离合器最大线速度是指摩擦片外边缘处最大线速度，要求小于 50m/s。

（五）活塞行程

活塞行程的设计一般由离合器分离时摩擦片与对偶钢片之间的间隙来确定，该间隙一般为 0.2～0.4mm，但是考虑到摩擦片的磨损，计算此值时需要考虑摩擦片的磨损量，活塞行程可由下式得出

$$S_p = z(\Delta\delta + k_w t) \tag{6-48}$$

式中：S_p ——活塞行程；

$\Delta\delta$ ——离合器分离时摩擦片与对偶钢片之间的间隙；

k_w ——磨损系数，一般取为 0.66。

t ——摩擦片厚度。

（六）压紧力

离合器中活塞提供的压紧力来自液压系统油液，主要有 3 部分组成：①摩擦副传递最大转矩所需要的压力；②克服回位弹簧所需要的压力；③克服活塞上密封圈与离合器毂内壁面之间的摩擦力。离合器总压紧力为

$$F_{ms\_c} = F_1 + \pi(r_{ms\_out}^2 - r_{ms\_in}^2)\Delta P + F_3 \tag{6-49}$$

式中：F_1 ——传递离合器最大转矩所需的压紧力；

F_3 ——摩擦阻力，摩擦系数一般取为 0.04；

ΔP ——工作腔内活塞两端的压力差，一般为 0.6Bar；

r_{ms_out}、r_{ms_in} ——摩擦片外径和内径。

这样，可以通过活塞作用面积计算出需要液压系统提供的最小油液压力。

（七）对偶钢片温升

在对偶钢片与摩擦片发生相对滑动过程中，因摩擦片材料具有较大的热容量，对偶钢片的温升对离合器工作性能影响很大。当接触温度较低时，主要以犁削磨损和磨粒磨损为主，摩擦系数波动较小，并且磨损量较少；如果温升过大，容易引起接触界面出现黏着磨损，摩擦系数波动较大，磨损量急剧增加，从而导致离合器工作性能下降，严重时将发生失效。因此，对偶钢片应具有较大的热容量，一般采用 65Mn 材料，并且温升不超过 340℃。

对偶钢片的温升为

$$\Delta t = \frac{Q_{ms}}{m_{ms} c} \tag{6-50}$$

式中：Q_{ms} ——多片式离合器摩擦副产生的热量；

m_{ms} ——多片式离合器中摩擦片和对偶钢片的总质量；

c ——对偶钢片的比热。

离合器摩擦副中热量主要是在主、从动部件同步过程中因两者发生相对滑动而产生，即

$$Q_{ms} = \frac{\Delta n T_c t_{syn}}{9550} \tag{6-51}$$

式中：Δn ——摩擦片与对偶钢片之间的转速差；

T_c——离合器传递的转矩；

t_{syn}——摩擦片与对偶钢片达到同步的时间，一般可取为 0.5s。

摩擦副之间的热流分配系数为

$$k_q = \frac{\sqrt{\lambda_{s1}\rho_{s1}c_{s1}}}{\sqrt{\lambda_{s1}\rho_{s1}c_{s1}} + \sqrt{\lambda_{s2}\rho_{s2}c_{s2}}} \tag{6-52}$$

式中：k_q——热流分配系数；

λ_{s1}、λ_{s2}——对偶钢片和摩擦片的热导率；

ρ_{s1}、ρ_{s2}——对偶钢片和摩擦片的密度；

c_{s1}、c_{s2}——对偶钢片和摩擦片的比热容。

传入对偶钢片和摩擦片的热量分别为

$$\begin{cases} Q_{s1} = k_q \cdot Q_{ms} \\ Q_{s2} = (1 - k_q) \cdot Q_{ms} \end{cases} \tag{6-53}$$

式中：Q_{s1}、Q_{s2}——传入对偶钢片和摩擦片的热量。

（八）离合器换挡热应力

为了表征离合器摩擦片热应力，常采用摩擦片能量密度、功率密度以及单位摩擦面积所需冷却液流量。

（1）摩擦片能量密度。摩擦片能量密度是指单位摩擦面积产生的热量，即

$$q_{ms} = \frac{1000Q_{ms}}{zA_c} \tag{6-54}$$

式中：q_{ms}——摩擦片能量密度，一般要求纸基材料 $q_{ms} < 1$，铜基材料 $q_{ms} < 2$。

（2）摩擦片功率密度。摩擦片功率密度是指单位摩擦面积损失的功率，即

$$P_{ms} = \frac{q_{ms}}{t_{syn}} \tag{6-55}$$

式中：P_{ms}——摩擦片功率密度，一般要求纸基材料 $P_{ms} < 2\text{W/mm}^2$，铜基材料 $P_{ms} < 4\text{W/mm}^2$。

（3）单位摩擦面积所需冷却液流量。在摩擦片与对偶钢片相互作用过程中，冷却液从两接触界面处流过，则摩擦片上单位摩擦面积所需的流量为

$$q_A = \frac{10000q_c}{60zA_c} \tag{6-56}$$

式中：q_A——单位摩擦面积所需的流量；

q_c——离合器所需的冷却液流量，这与离合器工作过程中产生的热量以及冷却液的特性有关，可通过下式进行计算，即

$$q_c = \frac{Q_{ms}n_{syn}}{60p_0c_1\Delta t} \tag{6-57}$$

式中：n_{syn}——摩擦片与对偶钢片单位小时内的同步次数；

c_1——冷却液比热容；

Δt——冷却液温度变化。

第六节　离合器的优化设计方法及应用

离合器的设计主要确定其结构尺寸和工作性能等参数，离合器中任一零部件参数的改变都会引起其他部件相关参数的变化。关于离合器组成零部件参数的确定，在前边介绍中主要采用先初选、后校核的传统设计方法。本节将介绍采用优化设计的方法来确定这些参数。

一、目标函数

离合器基本参数优化设计追求的目标是，在保证离合器工作性能要求的条件下使其结构尺寸尽可能小，即目标函数为

$$f(x)=\min\left[\frac{\pi}{4}(d_{s\_out}^2-d_{s\_in}^2)\right] \tag{6-58}$$

二、设计变量

离合器的后备系数通过式（6-1）和式（6-11）确定，其主要取决于离合器的结构尺寸 d_{s_out}、d_{s_in} 和外加载荷 F_n 等参数。单位压力可由式（6-5）确定，其也取决于这些结构尺寸和外加载荷等参数。这样，离合器基本参数的优化设计变量可选为

$$X=[x_1,x_2,x_3]^T=[F_n,d_{s\_out},d_{s\_in}]^T \tag{6-59}$$

三、约束条件

（1）摩擦片外径 d_{s_out} 的选取应使最大圆周速度 v_{t_max} 不超过 65～70m/s，即

$$v_{t\_max}=\frac{\pi}{60}n_{e\_max}d_{s\_out}\times10^{-3}\leqslant 65\sim70\text{m/s} \tag{6-60}$$

式中：v_{t_max}——摩擦片最大圆周速度；

n_{e_max}——发动机最高转速。

（2）摩擦片内径与外径之比 C 应在 0.53～0.70，即

$$0.53\leqslant C\leqslant 0.70 \tag{6-61}$$

（3）为了保证离合器能够稳定、可靠地传递发动机输出的最大转矩，后备系数的取值范围一般为 1.2～4.0，即

$$1.2\leqslant\beta\leqslant 4.0 \tag{6-62}$$

（4）为了保证扭转减振器工作性能可靠以及便于安装，摩擦片内径 d_{s_in} 必须大于减振弹簧布置位置的直径 $2r_a$ 约 50mm，即

$$d_{s\_in}>2r_a+50\text{mm} \tag{6-63}$$

（5）为了使离合器一方面能够传递发动机输出的转矩，另一方面又需要传动系统具有保护功能，这就要求摩擦片上单位摩擦面积所传递的转矩小于其许用值，即

$$T_{c0}=\frac{4T_{c}}{\pi z(d_{s\_out}^{2}-d_{s\_in}^{2})}\leqslant[T_{c0}] \tag{6-64}$$

式中：T_{c0} ——单位摩擦面积传递的摩擦转矩；

$[T_{c0}]$ ——单位摩擦面积许用摩擦转矩。

（6）为了降低离合器主、从动部件因相对滑动而产生的摩擦热，避免摩擦片出现过大热变形、摩擦和磨损等，单位压力 p_0 根据所采用的摩擦材料进行选取，一般为 0.10～1.50MPa，即

$$0.10\text{MPa}\leqslant p_{0}\leqslant 1.50\text{MPa} \tag{6-65}$$

（7）为了减少汽车起步过程中离合器主、从动部件之间出现滑摩，避免摩擦片表面温度过高而发生烧蚀，从而影响其工作性能，因此，要求离合器每一次接合的单位摩擦面积滑摩功应小于其许用值，即

$$W_{c0}=\frac{4W}{\pi z(d_{s\_out}^{2}-d_{s\_in}^{2})}\leqslant[W_{c0}] \tag{6-66}$$

式中：W_{c0} ——单位摩擦面积的滑摩功；

$[W_{c0}]$—— 单位摩擦面积许用滑摩功；对于乘用车：$[W_{c0}]=0.40\text{J/mm}^2$；对于最大总质量小于 6 吨的商用车：$[W_{c0}]=0.33\text{J/mm}^2$；对于最大总质量大于 6 吨的商用车：$[W_{c0}]=0.25\text{J/mm}^2$。

汽车起步时离合器中主、从动部件接合一次所产生的滑摩功 W 为

$$W=\frac{\pi^{2}}{1800}\left(\frac{m_{t}n_{e}^{2}r_{r}^{2}}{i_{t}^{2}i_{r}^{2}}\right) \tag{6-67}$$

式中：n_e ——发动机转速；

m_t ——汽车总质量；

r_r ——轮胎滚动半径；

i_t ——起步时变速器挡位的传动比；

i_r ——主减速器的传动比。

参考文献

[1] 闵海涛，王建华. 汽车设计 [M]. 5 版. 北京：机械工业出版社，2023.

[2] 刘惟信. 汽车设计 [M]. 北京：清华大学出版社，2001.

[3] 过学迅，邓亚东. 汽车设计 [M]. 北京：人民交通出版社，2005.

[4] 姚为民. 汽车构造 [M]. 7 版. 北京：人民交通出版社，2021.

[5] 吉安卡洛·珍达，洛伦兹·莫雷洛. 汽车底盘设计（上卷）：部件设计 [M]. 王志福，译. 北京：机械工业出版社，2023.

[6] 中华人民共和国国家质量监督检验检疫总局，中国国家标准化管理委员会. 离合器术语：GB/T 10042—2017 [S]. 北京：中国标准出版社，2017：6.

[7] 中国国家市场监督管理总局，中国国家标准化管理委员会. 汽车用离合器面片：GB/T 5764-2023 [S]. 北京：中国标准出版社，2023：12.

第七章　万向传动设计

第一节　概　　述

在汽车底盘传动结构中，万向传动装置发挥着承上启下的作用，向上承受着从发动机、离合器和变速箱传递过来的动力，并且实现动力向下端驱动桥传递。由于汽车在制造、装配和行驶等过程中存在各种误差以及外加激励，导致变速器输出轴与驱动桥输入轴间很难保持在同一轴线上，所以，这两根轴间就需要采用非刚性连接，一般通过两个万向节和一根传动轴来实现，见图 7-1。

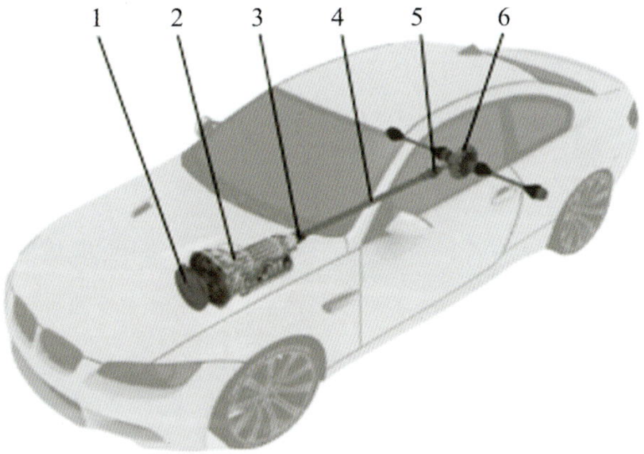

1－离合器；2－变速器；3、5－万向节；4－传动轴；6－驱动桥

图 7-1　万向传动装置

万向传动装置主要功用是实现任何一对相对位置和夹角经常变化的相交转轴间动力传递。为了保证万向传动装置具有良好的工作性能，在设计过程中应满足如下基本要求：

（1）万向传动装置中各零部件具有足够的刚度和强度，能够可靠、有效地传递动力。

（2）能够准确、实时地传递所连接两轴的运动形式。

（3）万向节连接部位具有良好的耐磨性。

（4）当汽车严重超载时，传动轴应能够产生必要的变形，甚至断裂，来吸收冲击能量，减轻对发动机、变速箱以及驱动桥中零部件的破坏程度。

（5）在传动轴旋转过程中，应避免共振现象发生。

（6）整体结构应简单、紧凑，便于装配、调整和维修等。

第二节　万向传动结构方案的选择

目前，在汽车中存在轴线相交且相对位置和夹角经常变化的结构，需要采用万向传动装置。根据应用场合、万向节扭转弹性、运动速度状态以及传动轴结构等不同，万向传动装置常见的分类方式，见表 7-1。

表 7-1　万向传动装置常见的分类类型及其主要结构特点

分类方式	类型	主要结构特点
应用场合	变速器与驱动桥间	通过万向传动装置连接变速器与驱动桥
	变速器与分动器间	通过万向传动装置连接变速器与分动器
	分动器与驱动桥间	通过万向传动装置连接分动器与驱动桥
	离合器与变速器间	通过万向传动装置连接离合器与变速器
	转向操纵机构中	通过万向传动装置连接转向轴与转向器
万向节扭转弹性	刚性万向节	利用两轴间铰链式连接传递动力
	挠性万向节	利用弹性零件传递动力
运动速度状态	不等速万向节	输出轴与输入轴瞬时角速度不等，而平均角速度相等
	准等速万向节	输出轴与输入轴在一定角度范围内瞬时角速度相等
	等速万向节	输出轴与输入轴瞬时角速度始终相等
传动轴结构	整体式	传动轴为一根完整的可伸缩轴
	分段式	传动轴由两根或者三根轴组成

一、不同应用场合

在汽车各动力总成中，为了实现相邻零部件之间动力有效传递，常需要采用万向传动装置，主要应用场合有变速器与驱动桥间、变速器与分动器间、分动器与驱动桥间、离合器与变速器间以及转向操纵机构中等。

（一）变速器与驱动桥间的应用

当发动机产生的动力从变速器向驱动桥传递时，由于各轴存在制造、安装以及外加载荷等影响，变速器输出轴与驱动桥输入轴之间不可能采用刚性连接，而应通过两个万向节和一根传动轴实现动力传递，见图 7-2。

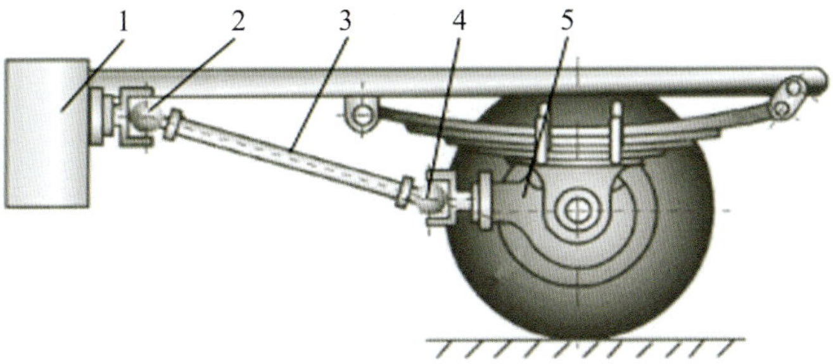

1－变速器；2、4－万向节；3－传动轴；5－驱动桥

图 7-2　万向传动在变速器与驱动桥间的应用

（二）变速器与分动器间的应用

对于双轴或者多轴驱动的汽车，通过分动器实现变速器与不同驱动桥连接，见图 7-3，为了消除制造、装配误差以及车架变形等带来的影响，也需设置万向传动装置。

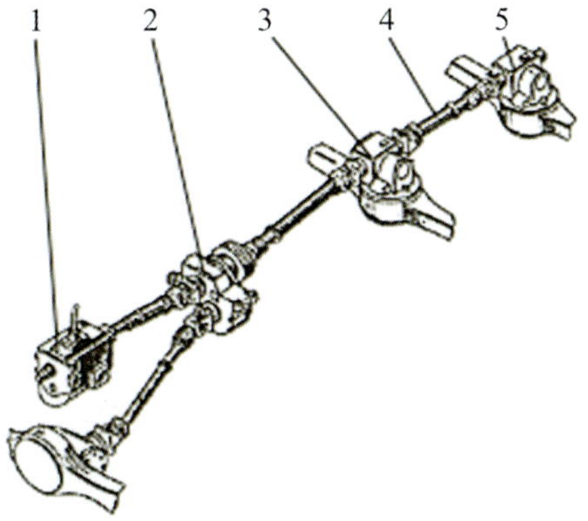

1－变速器；2－分动器；3－中驱动桥；4－万向传动装置；5－后驱动桥

图 7-3　万向传动在变速器与分动器间的应用

（三）分动器与驱动桥间的应用

当变速器与驱动桥之间安装位置相距较远时，可采用两段式或者三段式传动轴，包括主传动轴和中间传动轴，并需加装万向节和中间支撑，见图 7-4。

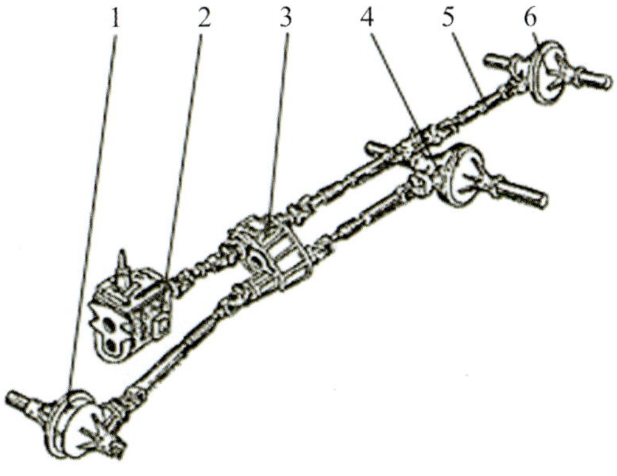

1－前驱动桥；2－变速器；3－分动器；4－中驱动桥；5－万向传动装置；6－后驱动桥

图 7-4　万向传动在分动器与驱动桥间的应用

（四）离合器与变速器间的应用

某些汽车根据总布置要求需要将离合器与变速器分开一段距离布置，由于轴与轴之间较难保持同轴线，通常设置有万向传动装置。

（五）转向操纵机构中的应用

在许多汽车转向操纵机构中，为了补偿由于转向盘与转向器等零部件在车上安装误差以及车架变形所造成的轴线不重合等，可采用万向传动装置，见图 7-5。

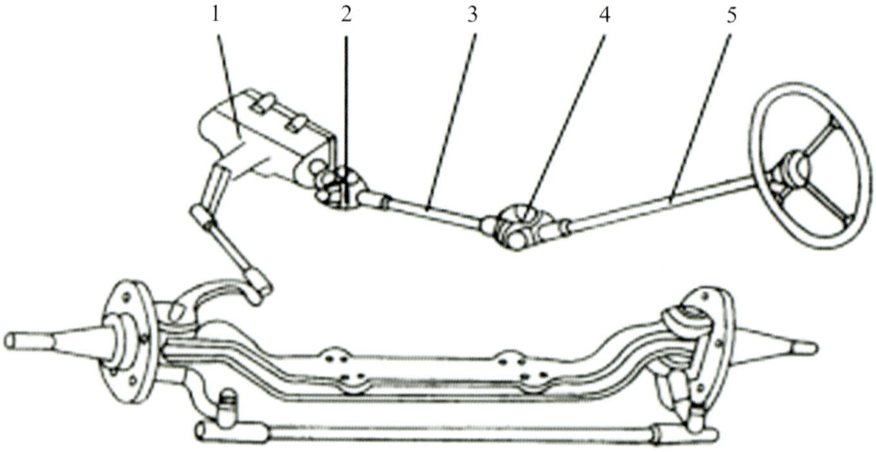

1－转向器；2、4－万向节；3－传动轴；5－转向轴

图 7-5　万向传动在转向操纵机构中的应用

二、万向节的选择

万向节即万向接头，能够实现相交转轴间动力传递，是万向传动装置中关键连接部件。根据其在旋转方向是否产生明显的弹性变形，可分为刚性万向节和挠性万向节。前者是利用铰链式连接实现动力传递，见图 7-1～7-5，而后者则是利用弹性元件传递动力，见图 7-6。

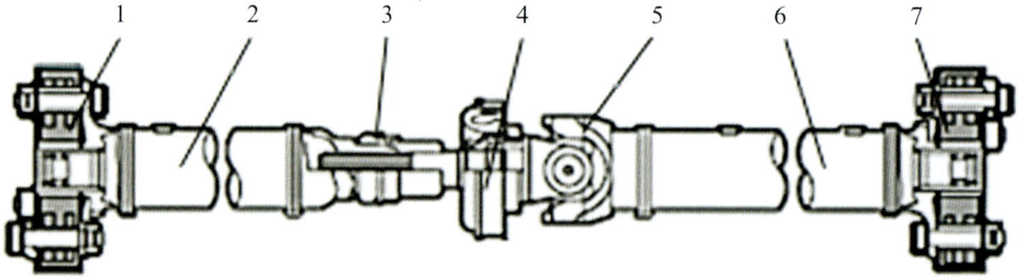

1、7－挠性万向节；2－前传动轴；3－调整螺母；4－中心轴；5－刚性万向节；6－后传动轴

图 7-6　万向传动装置

对于刚性万向节，根据动力传递过程中输入轴与输出轴的瞬时角速度是否相等，可分为不等速、准等速和等速万向节。

（一）不等速万向节

1. 运动规律

不等速万向节是指当输入轴与输出轴轴线存在夹角时，两者以变化的瞬时角速度比传递动力，而两者的平均角速度相等，如十字轴式万向节。

2. 结构特点

对于典型的十字轴式万向节，见图 7-7，主要由万向节叉、十字轴、滚针轴承等组成。通过两个万向节叉孔分别活套在十字轴的轴径上，这样，主、从动轴间既可传递动力，又可绕十字轴中心摆动。

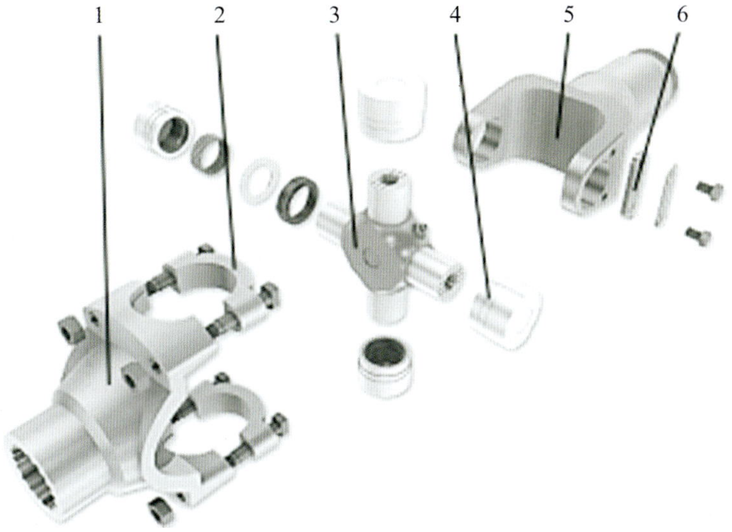

1、5－万向节叉；2－万向节叉端盖；3－十字轴；4－滚针轴承；6－轴承盖

图 7-7 十字轴式万向节

为了防止十字轴结构在万向节叉内来回窜动，需要将滚针轴承实现轴向定位，常采用的定位方式有：盖板式、内挡圈固定式、外挡圈固定式和瓦盖固定式等。

由于十字轴轴径和滚针轴承等部位摩擦、磨损严重，直接影响万向传动装置的工作性能和使用寿命，故在设计过程中，应充分考虑润滑问题。常将十字轴设计成中空结构，利用油道通向轴径和轴承，并采用油封实现防尘、防水等。

（二）准等速万向节

1. 运动规律

准等速万向节是指当输入轴与输出轴轴线存在夹角时，在一定的工作角度范围内，两者以相等的瞬时角速度比传递动力，如双联式、三销轴式和凸块式等万向节，见图 7-8 和 7-9，后两者应用较少。

2. 结构特点

对于典型的双联式万向节，见图 7-8，关键部件是双联叉，相当于将两个万向节叉中的传动轴取消而合并为同一零件。该类万向节结构具有制造工艺简单、工作可靠和传动效率高等优点，但存在结构尺寸较大、传递转矩有限等缺点。

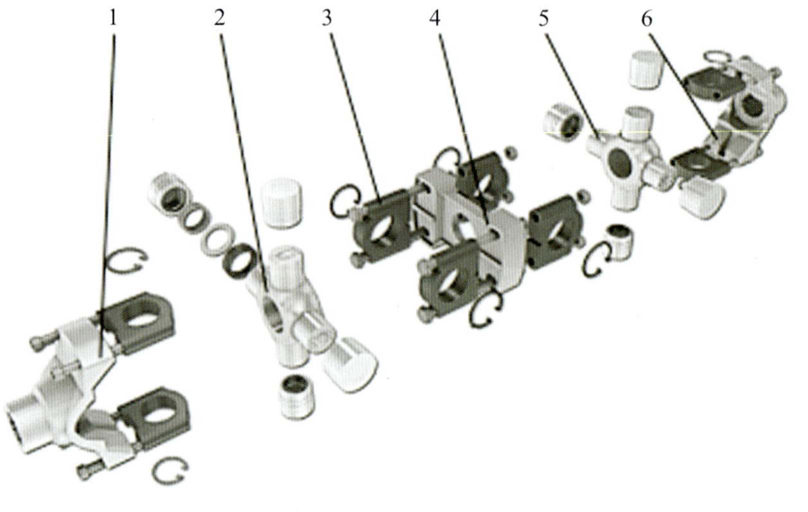

1、6－万向节叉；2、5－十字轴；3－轴承座；4－双联叉

图 7-8　双联式万向节

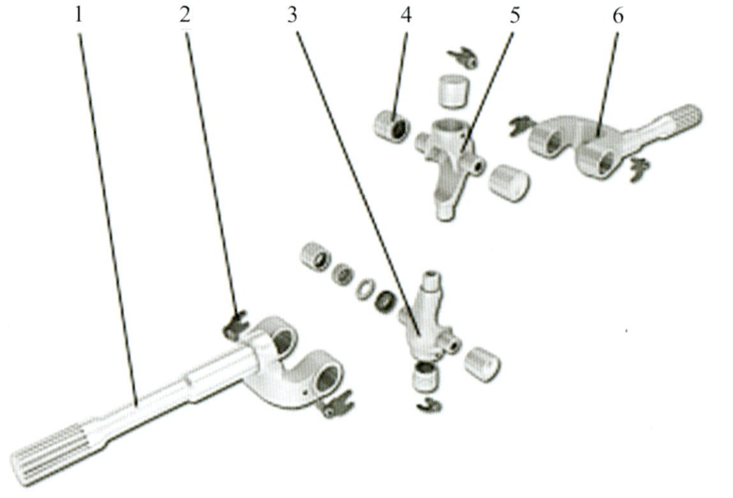

1－主动偏心轴叉；2－压板；3、5－三销轴；4－滚针轴承；6－从动偏心轴叉

图 7-9　三销轴式万向节

（三）等速万向节

1. 运动规律

等速万向节是指当输入轴与输出轴轴线存在一定夹角时，两者始终以相等的瞬时角速度比传递动力，如球笼式和三枢轴式万向节等。

2. 结构特点

根据万向节中传动部件的结构形状不同，主要有球形和滚轮形等。

1）球笼式万向节

该类万向节根据主、从动叉间在传递动力过程中是否产生轴向位移，可分为固定型和伸缩型万向节。

固定型球笼式万向节的典型结构，见图 7-10，主要由星形套、球形壳、保持架、钢球以及主、从动轴等组成。星形套通过内花键与主动轴相连，其外滚道凹槽内安装钢球，进而与球形壳相配合来传递动力。该类万向节具有结构紧凑、承载能力强、安装方便以及两轴允许有较大交角等优点，已得到广泛应用。

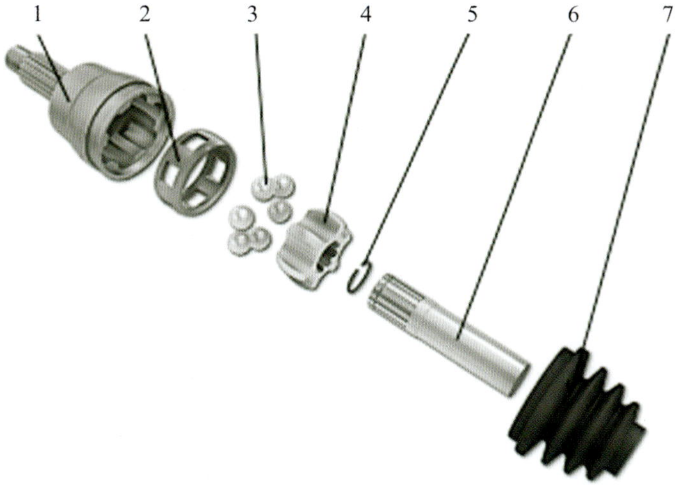

1－球形壳；2－保持架；3－钢球；4－星形套；5－卡环；6－传动轴；7－橡胶护套

图 7-10　固定型球笼式万向节

伸缩型球笼式万向节的典型结构，见图 7-11，其结构和工作过程与固定型的类似，不同之处是钢球与筒形壳之间能够实现相对运动，阻力较小，适用于断开式驱动桥。

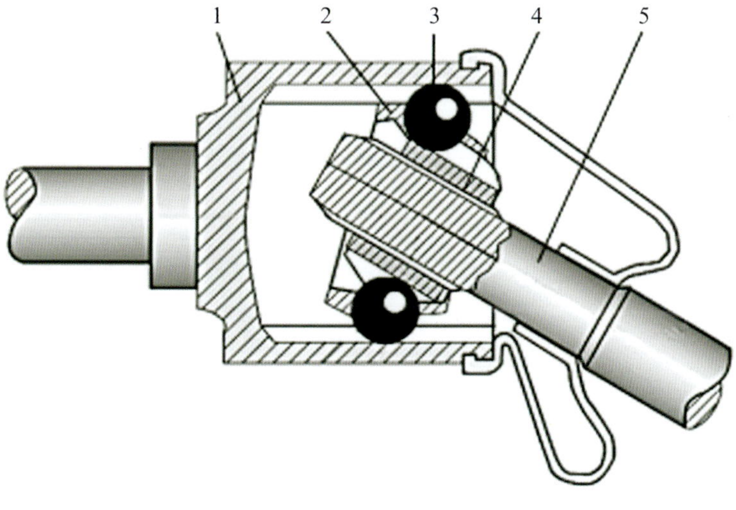

1－筒形壳；2－保持架；3－钢球；4－星形套；5－传动轴

图 7-11　伸缩型球笼式万向节

2）三枢轴－球面滚轮式万向节

三枢轴式万向节是一种球面滚轮相对于筒形壳可伸缩的等速万向节，其典型结构见图 7-12。该类万向节主要有固定型和伸缩型。

对于三枢轴－球面滚轮式万向节，当筒形壳作为主动件旋转时，通过球面滚轮带动三枢轴转动，从而利用花键连接、并驱动从动轴，实现动力传递。该类万向节具有结构简单、紧凑、承载能力强、润滑性能好以及工作稳定等优点，在断开式驱动桥中得到广泛应用。

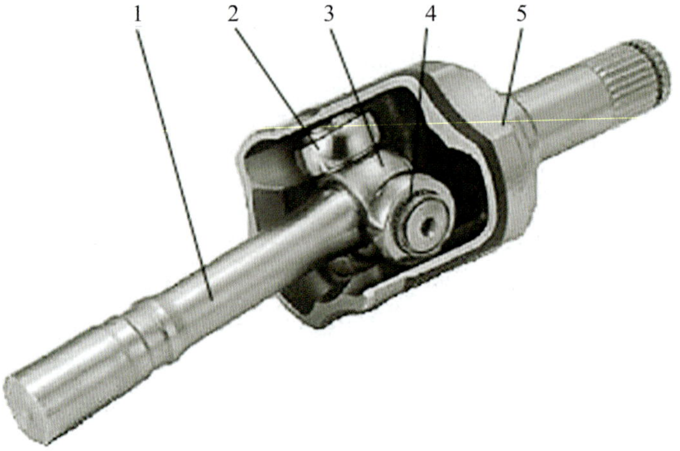

1－传动轴；2－球面滚轮；3－三枢轴；4－滚针；5－筒形壳

图 7-12　三枢轴式万向节

（四）挠性万向节

挠性万向节主要通过弹性元件的变形来保证两相交轴在传动过程中不发生机械干涉。常见的弹性元件有橡胶盘、橡胶圈以及橡胶金属套筒等。

橡胶盘式挠性万向节，见图 7-13，通过 4～12 层橡胶纤维或者帘布片结构依次错开，与金属骨架硫化在一起，保证纤维帘布层承受的力最小以及具有良好的动平衡性。

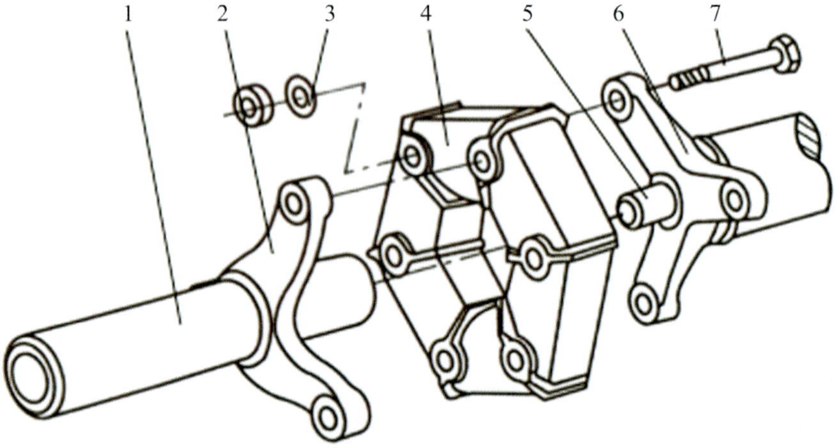

1－定心套管；2、6－万向节叉；3－螺母和垫片；4－橡胶盘；5－定心轴；7－螺栓

图 7-13　橡胶盘式挠性万向节

该类万向节的典型应用，见图 7-14，用来连接发动机输出轴与液力式变速器，通过 4 个弹性万向节，将大圆盘与连接圆盘连在一起，并利用中心轴实现定心。该类万向节具有结构简单、无须润滑以及能够较好地吸收振动和冲击能量，一般应用于轴间夹角不大于 5°以及存在较小轴向位移的万向传动中。

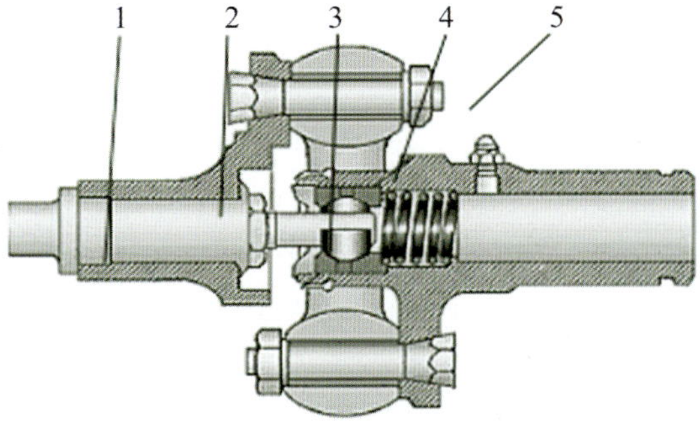

1－主动轴；2－衬套；3－中心轴；4－弹性连接件；5－连接螺栓

图 7-14　某汽车的挠性万向节

三、万向传动轴的选择

汽车万向传动轴部件主要包括传动轴及其两端的花键轴和万向节叉等，见图 7-15。根据传动轴的结构特点，主要可分为整体式和分段式。

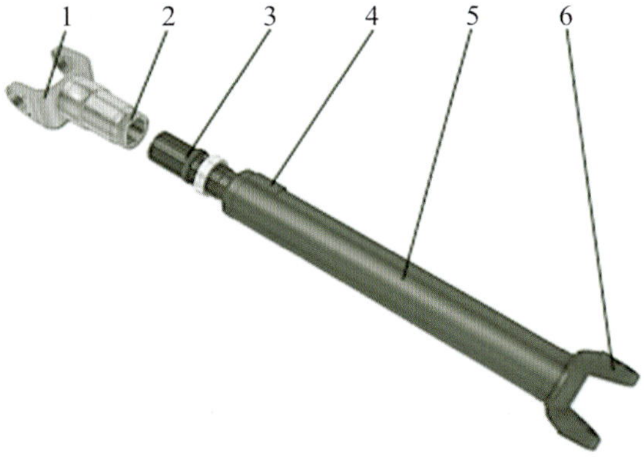

1、6－万向节叉；2－伸缩套；3－花键轴；4－平衡片；5－传动轴

图 7-15　万向传动轴

（一）整体式传动轴

整体式传动轴为一根完整的可伸缩轴，能够传递足够的动力，并通过花键连接，适时改变其长度，见图 7-15 和图 7-16。

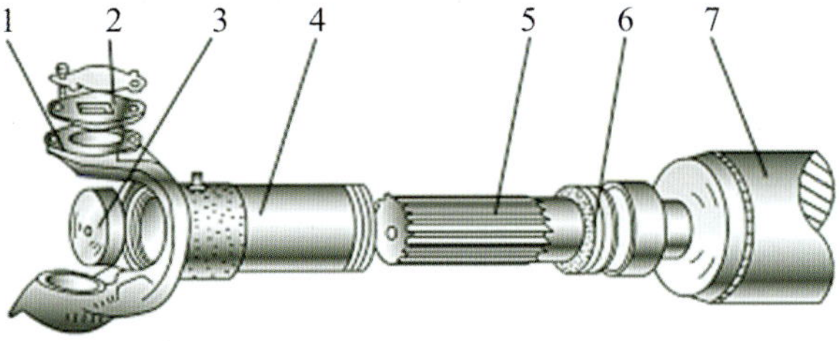

1－万向节；2－盖板和衬垫；3－端盖；4－伸缩套；5－花键轴；6－油封；7－传动轴

图 7-16　万向传动轴连接花键

（二）分段式传动轴

为了提高传动系统的刚度以及避免共振，常需要将传动轴设计成分段式结构，由两根或者三根轴组成，并增加中间支撑，见图 7-17 和图 7-18，同时，这也可以补偿安装误差以及安装机体的变形。

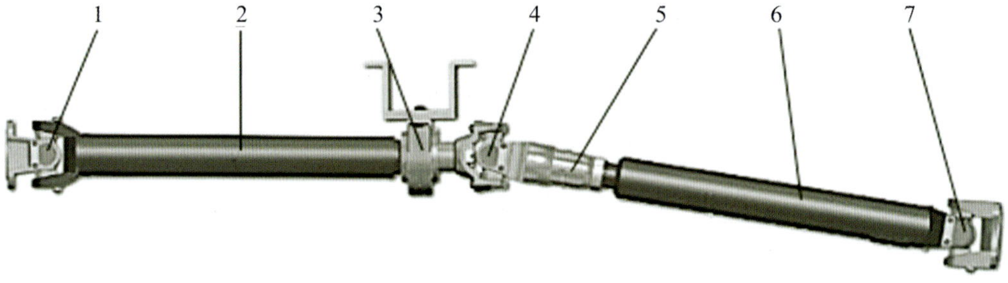

1、4、7－万向节；2－前传动轴；3－中间支撑；5－伸缩节；6－后传动轴

图 7-17　分段式万向传动轴

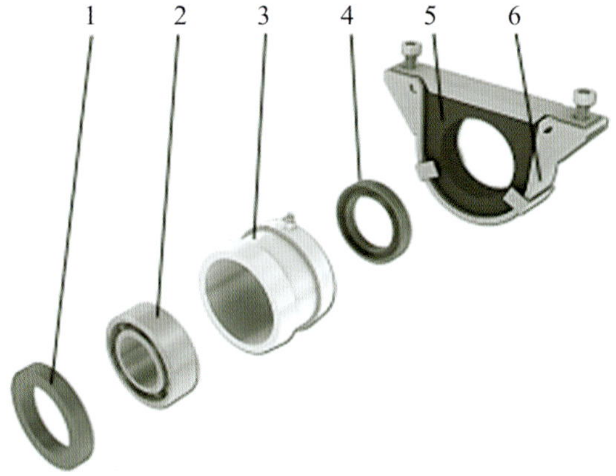

1、4－油封；2－轴承；3－轴承座；5－橡胶支架；6－U 型支架

图 7-18　分段式万向传动轴中间支撑结构

第三节　万向传动的运动规律和受力分析

一、不等速万向节

（一）单十字轴式万向节运动规律

对于单十字轴式万向节，见图 7-19，当主动轴和从动轴之间存在一定夹角 θ 时，两轴同样旋转一圈，但是，在旋转过程中两轴瞬时角速度是不相等的。换言之，主动轴以等角速度旋转，则从动轴以变角速度旋转，两者传动具有不等速性，存在以下关系

$$\frac{\omega_2}{\omega_1} = \frac{\cos\theta}{1-\sin\theta^2\cos\varphi^2} \tag{7-1}$$

式中：ω_1、ω_2 ——主动轴和从动轴角速度；

θ ——主动轴和从动轴间夹角；

φ ——主动叉转角，主动叉所在平面与主、从动轴所在平面间夹角。

为了表征该类万向节的不等速性，利用转速不均匀系数来表示，即

$$k_{nu} = \frac{\omega_{2\_max}-\omega_{2\_min}}{\omega_1} = \sin\theta\tan\theta \tag{7-2}$$

式中：ω_{2_max} ——从动轴最大角速度；

ω_{2_min} ——从动轴最小角速度。

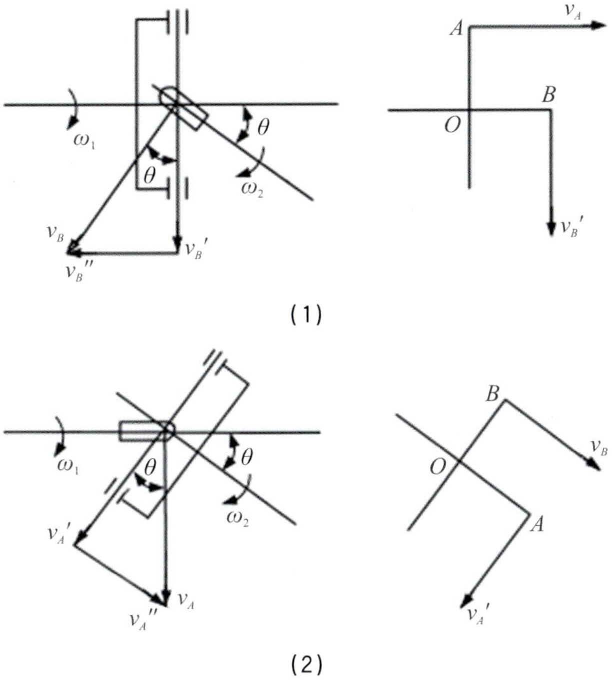

图 7-19　单十字轴式万向节运动规律示意图

(1) 主动叉在垂直位置；(2) 主动叉在水平位置

(1) 主动叉处于垂直位置，十字轴平面与主动轴垂直主动叉带动十字轴旋转，这时，两者连接点 A 的线速度 v_A 在十字轴平面内。随后，十字轴又通过连接点 B 带动从动叉旋转，该连接点速度 v_B 在与主动叉平行的平面内，且垂直于从动轴。通过运动速度分解可得，点 B 处速度 v_B 可分解为十字轴平面内分速度 v_B' 及其垂直方向分速度 v_B''。对于十字轴来说，存在 $v_A=v_B'$，且 $v_B>v_B'$，可得 $v_B>v_A$，所以，主、从动叉在该位置时，从动轴的旋转速度要大于主动轴。

(2) 主动叉处于水平位置，十字轴平面与从动轴垂直主动叉带动十字轴旋转，连接点 A 处线速度 v_A 垂直于主动轴，这时，该速度可分解为沿着十字轴方向分速度 v_A' 和垂直于十字轴分速度 v_A''。对于十字轴来说，存在 $v_A>v_A'$，且 $v_A'=v_B$，可得 $v_A>v_B$。在该位置处，从动轴的旋转速度要小于主动轴。

由上述分析可知，十字轴式万向节在传动过程中，主、从动轴具有传动的不等速性。假定主动轴以等角速度旋转，则从动轴的旋转速度时快时慢，见图 7-20。当主动轴转角在 0°～90°时，主、从动轴转角差为负值，即从动轴超前于主动轴旋转，且两者的速度差在 45°时达到最大值，在 90°时又无转速

差。当主动轴在 90°～180°时，主、从动轴转角差为正值，即主动轴超前于从动轴旋转，两者的速度差在 135°时达到最大值，在 180°时两者又具有相同的瞬时角速度。

从图 7-20 中曲线可以看出，不同曲线是关于点（90°，0）对称，主、从动轴的瞬时角速度虽然不相等，但是，两者的平均转速相等。对于单十字轴式万向节来说，其运动的不等速性使从动轴及其相连的传动零部件产生扭转振动，进而影响其使用寿命。

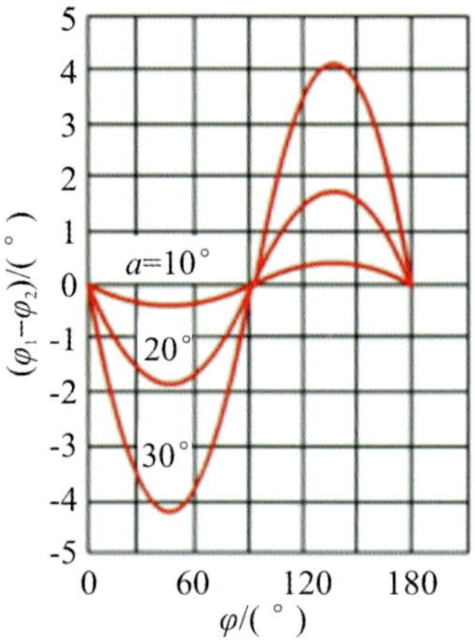

图 7-20　单十字轴式万向节传动规律

（二）双十字轴式万向节运动规律

从单十字轴式万向节的运动规律可推知，如果采用双十字轴式万向节传递动力，第一万向节的不等速现象可能被第二万向节的反向运动所抵消，从而实现等角速度传动。根据运动学分析可知，要实现此目标，需要满足两个条件：

（1）第一和第二万向节相应两轴间的夹角相等。

（2）第一万向节的从动叉与第二万向节的主动叉在同一平面内。

为了实现上述条件，在设计过程中，通常采用平行排列或者等腰三角形排列等方式，见图 7-21，同时，利用花键传动结构形式实现轴向移动，前者由于布置简单、方便而得到广泛应用。

在汽车实际行驶过程中，由于各零部件存在振动和冲击等现象，两个万向节间的相对位置不断变化，不可能在任何工况下都能够实现上述两个条件，因此，该类万向节只能尽量降低传动过程中不等速程度。

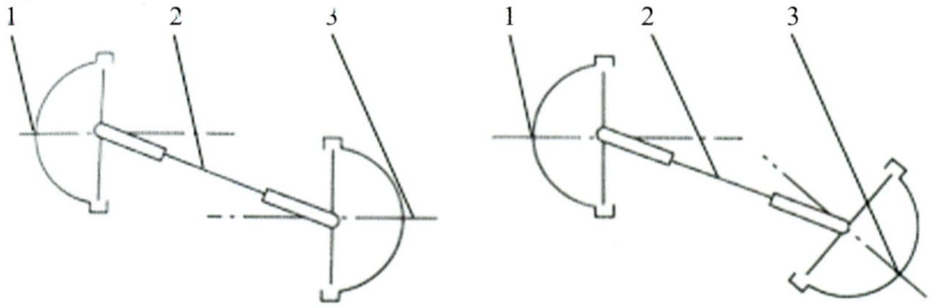

（1）　　　　（2）

1—输入轴；2—传动轴；3—输出轴

图 7-21　双十字轴式万向节排列方式

（1）平行排列；（2）等腰三角形排列

二、准等速万向节

对于双联式万向节，见图 7-22，通过分度机构来保证双联叉对称线能够平分主、从动轴线的夹角，实现等夹角条件，即 $\theta_1=\theta_2$。

当该类万向节应用于转向驱动桥时，可不采用分度机构，但是，在装配过程中应保证万向节中心位于主销轴线与半轴轴线的交点，实现准等速传动。

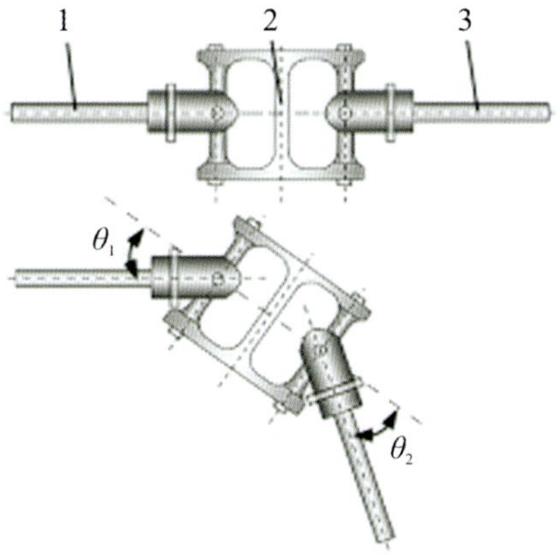

1、3－轴；2－双联叉

图 7-22 双联式万向节等速传动布置示意图

三、等速万向节

对于固定型球笼式万向节，见图 7-23，球形壳上外滚道中心 O_{out} 与星形套上内滚道中心 O_{in} 分别以等距离位于万向节中心 O_u 两侧。钢球中心 O_s 到内、外滚道中心 O_{in}、O_{out} 的距离相等。由图可知，$O_uO_{in}=O_uO_{out}$，$O_sO_{in}=O_sO_{out}$，O_uO_s 为公共边，可知三角形 $\Delta O_uO_sO_{in}$ 与 $\Delta O_uO_sO_{out}$ 全等，所以，存在 $\angle O_sO_uO_{in}=\angle O_sO_uO_{out}$，钢球位于主、从动轴交角平分线上，使球心到各轴线的距离相等，实现两轴以等瞬时角速度传递动力。

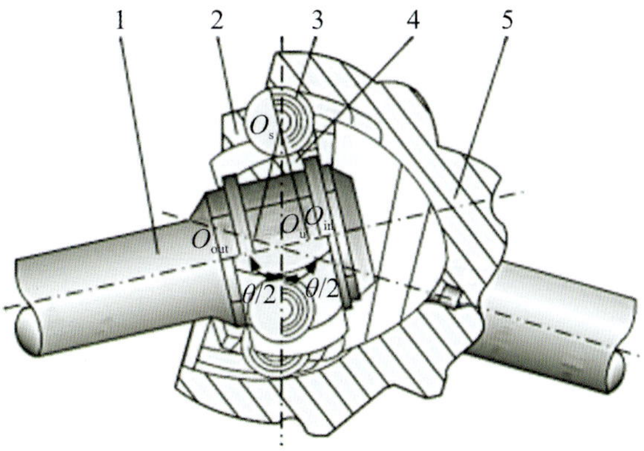

1－传动轴；2－保持架；3－钢球；4－星形套；5－球形壳

图 7-23 固定型球笼式万向节等速传动布置示意图

对于伸缩型球笼式万向节，见图 7-24，内、外滚道多采用圆筒形直槽传递动力。该类万向节保持架的内球面中心 O_{in}、外球面中心 O_{out} 分别以等距离位于万向节中心 O_u 两侧，从而保证钢球中心到两球面中心的距离相等，实现等角速度传递。

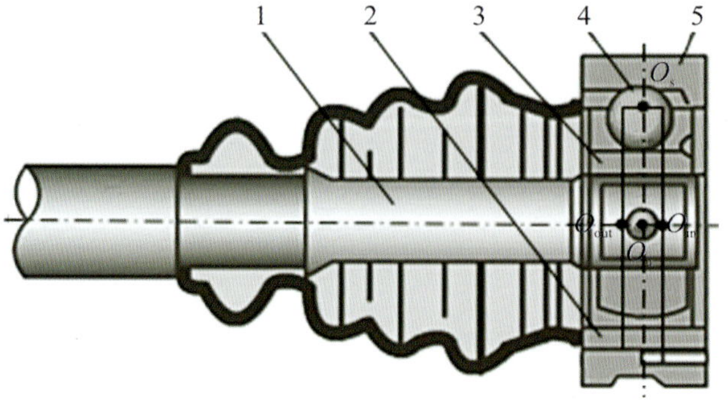

1—传动轴；2—保持架；3—星形套；4—钢球；5—筒形壳

图 7-24　伸缩型球笼式万向节等速传动布置示意图

第四节　万向节的设计与计算

一、万向传动装置的计算载荷

（一）计算转矩

当发动机输出最大转矩，且变速器处于最低挡位时，将此时的转矩作为万向传动装置的计算转矩。对于连接变速器与驱动桥的万向传动装置，存在

$$T_{ud}=\frac{k_d k_{htc} i_1 i_{tc} \eta_{e\_ud} T_{e\_max}}{n_{da}} \tag{7-3}$$

式中：T_{ud}——万向传动装置所承受的转矩。

k_d——离合器突然接合时所产生的动载系数，对于液力自动变速器，可取为 1；对于机械式变速器，可取为 1～3；对动力性能要求越高，则取值越大。

k_{htc}——液力变矩器变矩系数。

i_1——变速器最低挡传动比。

i_{tc}——分动器传动比。

T_{e_max}——发动机最大转矩。

η_{e_ud}——从发动机到万向传动装置间传动效率。

n_{da}——驱动桥数量。

对于转向系统中万向传动装置，其计算转矩为

$$T_{ud}=\frac{k_{d}k_{htc}i_{1}i_{tc}i_{r}\eta_{e\_ud}T_{e\_max}}{2n_{da}} \tag{7-4}$$

式中：i_r ——变速器传动比。

（二）附着转矩

当汽车在道路上行驶出现打滑时，变速器与驱动桥间万向传动装置所承受的转矩为

$$T_{ud\_sl}=\frac{G_{max}k_{a\_max}r_{w}\varphi_{a}}{i_{r}i_{r2\_w}\eta_{r1\_w}} \tag{7-5}$$

式中：T_{ud_sl} ——万向传动装置在驱动轮打滑状态下所承受的转矩。

G_{max} ——满载状态下 1 个驱动桥上静载荷。

k_{a_max} ——汽车加速度最大时后轴负荷的转移系数，乘用车为 1.2～1.4；商用车为 1.1～1.2。

r_w ——车轮滚动半径。

φ_a ——轮胎与路面之间附着系数，对于安装一般轮胎的汽车，在良好路面上行驶，可取为 0.85；对于安装防侧滑轮胎的乘用车，可取为 1.25；对于越野汽车，可取为 1。

i_{r2_w} ——主减速器从动齿轮到车轮之间传动比。

η_{r1_w} ——主减速器主动齿轮到车轮之间传动效率。

对于转向系统中万向传动装置，其附着转矩为

$$T_{ud\_sl}=\frac{G_{max\_s}k_{lt\_f}r_{w}\varphi_{a}}{2i_{r2\_w}\eta_{r1\_w}} \tag{7-6}$$

式中：G_{max_s} ——满载状态下转向驱动桥上静载荷；

k_{lt_f} ——汽车在最大加速度状态下前轴负荷转移系数，一般地，乘用车取为 0.80～0.85，商用车取为 0.75～0.90。

（三）平均转矩

在汽车日常行驶过程中，变速器与驱动桥间万向传动装置的计算载荷为

$$T_{ud}=\frac{F_{t}r_{w}}{i_{r}i_{r2\_w}\eta_{r1\_w}n_{da}} \tag{7-7}$$

式中：F_t ——汽车行驶过程中平均牵引力。

对于转向驱动桥中的万向传动装置，存在

$$T_{ud}=\frac{F_{t}r_{w}}{2i_{r2\_w}\eta_{r1\_w}n_{da}} \tag{7-8}$$

汽车行驶过程中平均转矩与驾驶操作、道路状况等密切相关，在实际设计过程中，也可根据平均行驶速度、常用行驶速度或者典型行驶循环工况等进行计算分析。

当对万向传动装置中零部件静强度进行分析时，可取计算转矩与附着转矩中较小值，安全系数一般取为 2.5～3.0；当对万向传动装置进行疲劳寿命分析时，可根据平均转矩计算。

（四）摩擦力

由于传动轴需要承受的外加载荷较大，并且通过花键实现轴向移动。在传递动力过程中，传动轴

花键部位的摩擦力为

$$F_{f\_a} = \frac{T_{ud}\mu}{r_p} \tag{7-9}$$

式中：F_{f_a}——轴向摩擦力；

μ——摩擦系数；

r_p——花键齿侧中径。

由于传动轴花键齿侧工作表面面积较小，在摩擦力作用下将加剧接触面磨损，进而引起振动和冲击等。在制造过程中，应进行磷化、喷涂尼龙等处理来提高花键加工精度和表面硬度等，进而减小其摩擦和磨损。

二、十字轴式万向节设计计算

（一）万向节传动特点

对于十字轴式万向节，如果不考虑万向节的摩擦损失，根据能量守恒原理可知，存在如下关系

$$T_1\omega_1 = T_2\omega_2 \tag{7-10}$$

式中：T_1、T_2——主动轴和从动轴转矩。

由式（7-1）可得

$$T_2 = \frac{1-\sin\theta^2\cos\varphi^2}{\cos\theta}T_1 \tag{7-11}$$

由于主、从动轴上作用的转矩不在同一平面内，如果仅在主动轴驱动转矩和从动轴反转矩作用下主、从动叉的受力状态不平衡，两转矩矢量互成一定角度而不能自行封闭，见图 7-25。在主动叉与十字轴间，存在驱动转矩 T_1 以及主动叉平面内弯曲力矩 T_1'；在从动叉与十字轴间，存在从动轴反转矩 T_2 以及在从动叉平面内弯曲力矩 T_2'，且 l_2 为万向节中心至从动叉轴支撑间距离。在这四个力矩作用下，十字轴式万向节能够保持平衡状态。

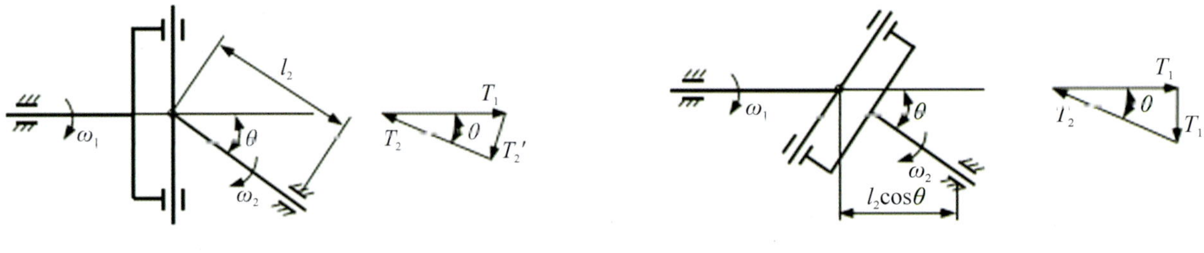

图 7-25 十字轴万向节力矩平衡

（1）主动叉转角为 0 和 π；（2）主动叉转角为 π/2 和 3π/2

当主动叉转角 $\varphi=0$ 和 π 时，见图 7-25(1)，主动轴的驱动转矩 T_1 通过十字轴中心，且垂直于其平面，这时，主动叉的弯曲力矩 T_1' 为 0。由于从动轴反转矩 T_2 的作用平面与十字轴法线间存在一定夹角 θ，要实现力矩平衡，应存在弯曲力矩 T_2'，且其方向垂直于 T_2。这样，T_2 和 T_2' 的合矢量与 T_1 大小相等，方向相反。因此，从动叉上附加弯矩 $T_2' = T_1\sin\theta$。

当主动叉转角 $\varphi=\pi/2$ 和 $3\pi/2$ 时，见图 7-25（2），类似地，从动叉的弯曲力矩 T_2' 为 0，主动叉上附加弯矩 $T_1'=T_1\tan\theta$。

由于十字轴式万向节具有传动不等速性，附加弯矩 T_1'、T_2' 随着夹角 θ 变化而变化，且变化周期为 π。附加弯矩 T_1' 使主动叉轴径处承受周期性载荷，同时，万向节要承受与其大小相等、方向相反的作用力，相应地，从动轴轴径处轴向力为

$$F_{a\_2}=\frac{T_1\tan\theta}{l_2\cos\theta} \tag{7-12}$$

式中：F_{a_2} ——从动叉轴径处轴向载荷；

l_2 ——万向节中心至从动叉轴支撑间距离。

同时，附加弯矩 T'_2 使从动叉轴径处径向载荷为

$$F_{r\_2}=\frac{T_2'}{l_2}=\frac{T_1\sin\theta}{l_2} \tag{7-13}$$

式中：F_{r_2} ——从动叉轴径处径向载荷。

由上述分析可知，附加弯矩能够引起万向节主、从动轴支撑处周期性变化的径向载荷，进而引起相连零部件振动；此外，如果输入轴转速较高，且两轴间夹角较大，从动轴不均匀的旋转速度会产生很大角加速度，导致惯性力矩增加，从而降低其工作性能和疲劳强度。所以，应避免惯性力矩较大以及主、从动轴间夹角过大。

（二）万向节主要性能参数

十字轴式万向节的受力简图，见图 7-26，其破坏形式主要有轴径根部断裂和轴承磨损。对于轴径根部断裂失效形式，在设计过程中，应保证该部位具有足够的抗弯强度。十字轴轴径中点的作用力为

$$F_s=\frac{T_1}{2l_{f\_a}\cos\theta} \tag{7-14}$$

式中：F_s ——十字轴轴径中点处作用力；

l_{f_a}—— 作用力 F_s 到十字轴中心间距离。

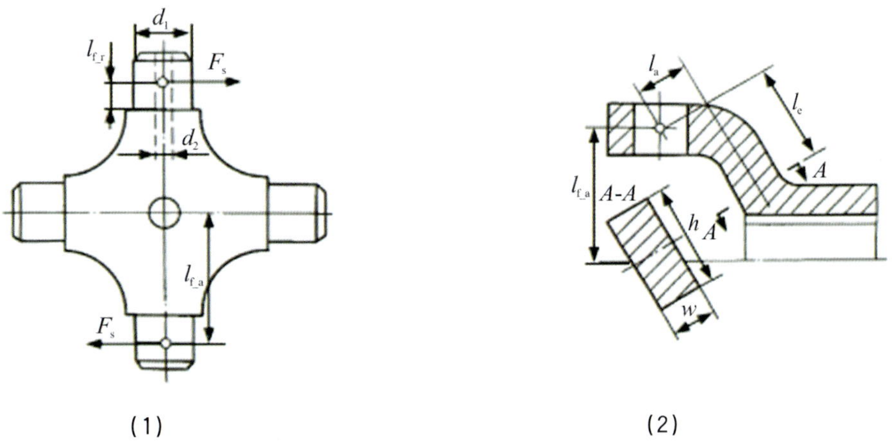

图 7-26 十字轴及其万向节叉受力示意图

（1）十字轴；（2）万向节叉

十字轴轴径根部承受弯曲和剪切应力，应满足

$$\sigma_s = \frac{32d_1 F_s l_{f\_r}}{\pi(d_1^4 - d_2^4)} \leqslant [\sigma_s] \tag{7-15}$$

$$\tau_s = \frac{4F_s}{\pi(d_1^2 - d_2^2)} \leqslant [\tau_s] \tag{7-16}$$

式中：σ_s、τ_s ——十字轴轴径根部承受弯曲和剪切应力，其中，许用弯曲应力一般为 250～350MPa，许用剪切应力一般为 80～120Mpa；

d_1、d_2 ——十字轴轴径及其油道孔直径；

l_{f_r}—— 作用力 F_s 到轴径根部的距离。

万向节叉与十字轴连接处，在外加载荷作用下轴承处产生支承反力。万向节叉在与十字轴轴线成 45°夹角截面处，其弯曲应力和扭转应力应满足

$$\sigma_{s\_W} = \frac{F_s l_e}{W} \leqslant [\sigma_{s\_W}] \tag{7-17}$$

$$\tau_{s\_T} = \frac{F_s l_a}{W_t} \leqslant [\tau_{s\_T}] \tag{7-18}$$

式中：σ_{s_W}、τ_{s_T} ——万向节叉在与十字轴轴线成 45°夹角截面处弯曲和剪切应力；

W、W_t ——万向节叉截面处抗弯截面系数和抗扭截面系数；

l_e ——万向节叉截面到十字轴安装孔中心位置的距离；

l_a ——万向节叉上十字轴安装孔中心位置到过渡段中性面的距离。

对于万向节叉，其许用弯曲应力一般为 50～80MPa，许用剪切应力一般为 80～160MPa。

十字轴式万向节的传动效率与其结构尺寸、材料、接触状态以及主、从动轴间夹角等有关，其计算公式如下

$$\eta_{ud} = 1 - \frac{2\mu d_1 \tan\theta}{\pi l_{f\_a}} \tag{7-19}$$

式中：η_{ud} ——万向节传动效率。

对于十字轴式万向节，除了材料强度计算，在进行选择时还需要考虑其静态和动态转矩，其静态转矩为

$$T_s = \frac{2k_{c\_s} l_{f\_a}}{k_s} \geqslant [T_s] \tag{7-20}$$

式中：T_s ——十字轴式万向节静态转矩，其计算结果应不小于额定转矩；

k_{c_s} ——十字轴式万向节静态承载能力系数；

k_s ——十字轴式万向节静态安全系数，一般可取为 0.8～1.0。

相应地，其动态转矩为

$$T_d = \frac{2k_{c\_d} l_{f\_a}}{k_b} \geqslant [T_d] \tag{7-21}$$

式中：T_d ——十字轴式万向节动态转矩，其计算结果应不小于额定转矩；

k_{c_d} ——十字轴式万向节动态承载能力系数；

k_b ——十字轴负荷系数，一般地，重负荷可取为 1.00～1.33，轻负荷可取为 1.33～1.66。

根据动态转矩，也可初步估算十字轴式万向节的疲劳寿命，即

$$L_{ud}=\frac{1.5\times10^6}{n_w\theta}\left(\frac{T_d}{T_w}\right) \tag{7-22}$$

式中：L_{ud} ——万向节疲劳寿命；

n_w ——万向节工作转速；

T_w ——万向节工作转矩。

十字轴常用材料为20CrMnTi、20Cr、20MnVB、12CrNi3A等低碳合金钢，其轴径表面的粗糙度Ra值一般不超过0.4μm，端面的粗糙度值不超过0.8μm，圆弧处的值不超过1.6μm。此外，常需要进行渗碳淬火处理，有效硬化层深度为0.6～1.5mm，轴径表面硬度为58～64HRC，轴径端面硬度不低于55HRC。万向节叉一般采用35、40、45等中碳钢或者中碳合金钢，经调制处理，材料硬度为18～33HRC。

当万向节各部位过度磨损后，轴径和轴承的工作表面出现压痕、剥落等缺陷，这将会带来振动和冲击等，严重降低其工作性能，一般地，当十字轴工作面的磨损量超过0.15mm时，不能再正常使用。

三、球笼式万向节设计计算

在球笼式万向节中，其基本尺寸为星形套连接轴直径，也将其称为名义尺寸，即

$$d_s=\sqrt[3]{\frac{k_c T_1}{87.2}} \tag{7-23}$$

式中：d_s ——星形套连接轴直径；

k_c ——修正系数，当传动过程无振动时，可视为理想条件，取为1.0；当存在轻微振动时，取为1.2～1.5；当存在中等振动时，取为1.7～2.0；当存在剧烈振动时，取为2.7～3.6。

球笼式万向节所能传递的转矩为

$$T_{ud}=n_{ss}d_{ss}^2 r_{rc}\sin\theta\cos\gamma\left(\frac{p_s}{k_c}\right)^3 \tag{7-24}$$

式中：T_{ud} ——球笼式万向节所能传递转矩；

n_{ss} ——传递钢球数量，一般为6个；

d_{ss} ——钢球直径；

r_{rc} ——钢球回转中心半径；

γ ——钢球与滚道的压力角，对于椭圆形滚道，其压力角为45°；

p_s ——许用比载荷。

将静态或者动态许用比载荷代入式（7-24），则可得球笼式万向节静态、动态转矩。根据动态转矩可获得其疲劳寿命，即

$$L_{ud}=\frac{k_c}{n_w^c}\left(\frac{k_a T_d}{T_w}\right)^3 \tag{7-25}$$

式中：k_c、c ——系数，当工作转速 $n_w\leqslant1000$r/min，可取 $k_c=25339$，$c=0.557$；当工作转速 $n_w>1000$r/min，可取 $k_c=470756$，$c=1$。

k_a ——夹角影响系数，一般地，$k_a=(1-\sin\theta)\cos\theta^2$，$\theta$ 取平均夹角。

对于固定型球笼式万向节，实际上为钢球与滚道两点接触，存在磨损严重、传递动力受限等不足，

为了改善此情况，可采用椭圆形滚道，实现四点接触。

四、挠性万向节设计计算

在挠性万向节中，常采用橡胶类材料，由于其力学性能与材料、制造工艺、结构尺寸以及使用环境等有关。目前，虽然能够从理论上进行简单分析，但是，为了获得更加真实有效的相关性能参数变化规律，还需要依靠数值仿真和试验测试。

对于盘式挠性万向节，见图 7-27，需要对其拉应力和压应力进行计算，即

$$\sigma_s = \frac{T_s}{n_b r_{ave} t (r_{out} - r_{in} - d_b)} \leqslant [\sigma_s] \tag{7-26}$$

$$\sigma_c = \frac{T_s}{n_b r_{ave} t d_b} \leqslant [\sigma_c] \tag{7-27}$$

式中：σ_s、σ_c ——橡胶盘拉应力和压应力，其中，许用拉应力一般为 12～15MPa，许用压应力为 8MPa；

n_b ——单个万向节叉上螺栓数目；

r_{out}、r_{in}、r_{ave} ——橡胶盘外半径、内半径和平均半径；

t ——橡胶盘厚度；

d_b ——螺栓孔直径。

对于橡胶盘的最大圆周速度，一般地，帘布层一橡胶盘式万向节不超过 15m/s，金属钢丝橡胶盘的最大圆周速度不超过 30m/s。

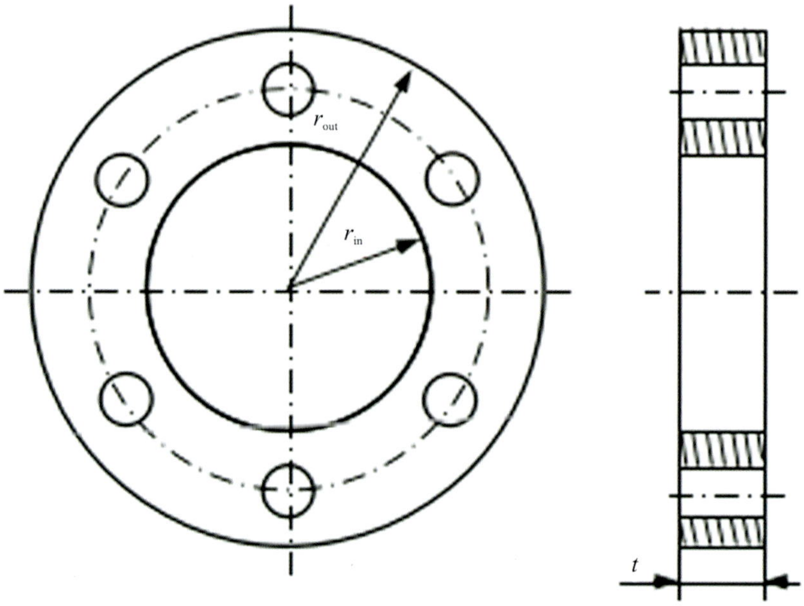

图 7-27　盘式挠性万向节示意图

第五节 传动轴和中间支撑的设计与计算

一、传动轴的设计与计算

由于在汽车行驶过程中传动轴前后动力总成的相对位置经常变化，所以，采用花键轴与带有内花键的滑动叉相连接，以适应传动轴长度的变化。传动轴在设计过程中应考虑如下因素：

（1）传动轴具有合理的长度、夹角等变化范围，保证万向传动装置能够传递足够的动力。

（2）传动轴应具有足够的刚度和强度，保证传递轴在任何工况下都能可靠、高效地工作。

（3）由于传动轴的自激振动频率较低，易发生共振，应进行静、动平衡校核。

万向传动轴的基本参数包括主动轴和从动轴间夹角、轴长、临界转速以及强度等。

（一）传动轴夹角和长度

万向传动轴的夹角和长度是由汽车总体布置设计参数来决定，应保证传动轴具有合理的夹角、长度及其变化率。传动轴夹角会影响其旋转的不均匀性、传动效率、十字轴及其轴承的使用寿命等。在设计夹角时，应考虑悬架变形过程中上、下极限位置。当传动轴长度值最大时，应保证内、外花键具有足够的配合长度；当传动轴长度值最小时，应保证内、外花键不会被顶死。

万向传动轴的夹角和长度主要取决于转速，不同旋转速度下优先采用最大夹角，见表 7-2。传动轴长度、夹角及其安全转速间的关系，见表 7-3。

表 7-2 不同转速下优先采用的最大夹角

转速/（r·min⁻¹）	1500	2000	2500	3000	3500	4500	6000
最大夹角/（°）	12	9	7	6	5	4	3

表 7-3 传动轴长度、夹角及其安全转速间的关系

传动轴长度/mm	0～1140	1140～1520	1520～1830	—
夹角/（°）	0～6	0～6	0～6	≥6
安全转速	$0.90n_c$	$0.85n_c$	$0.80n_c$	$0.65n_c$

（二）传动轴临界转速

传动轴临界速度是指当传动轴的旋转速度接近于系统的固有频率时而产生共振现象。传动轴的临界转速为

$$n_c = 1.2 \times 10^8 \frac{\sqrt{d_{out}^2 + d_{in}^2}}{l_b^2} \tag{7-28}$$

式中：n_c ——传动轴临界转速；

d_{out}、d_{in} ——传动轴外半径和内半径；

l_b ——传动轴支撑长度。

通过式（7-28）可知，当 d_{out} 和 l_b 已知时，n_c 随着 d_{in} 增加而变大，这能够有效地提高系统频率，避免发生共振。基于此，对于断开式驱动桥、转向驱动桥或者微型汽车的万向传动装置等，多采用实心轴；为了提高系统共振频率和转动惯量，多采用厚度为 1.5～3.0mm 薄钢板卷制成空心结构，对于重型汽车的传动轴可采用无缝钢管。

为了避免传动轴发生共振，应使其工作转速低于临界转速，一般地，取安全系数 $k_s = n_c/n_w = 1.2 \sim 2.0$。

（三）传动轴强度

当传动轴几何尺寸初步确定后，应保证其具有足够的刚度和强度。对于轴管来说，其扭转应力应满足

$$\tau_t = \frac{16 d_{out} T_{ud}}{\pi (d_{out}^4 - d_{in}^4)} \leqslant [\tau_t] \tag{7-29}$$

式中：τ_t ——传动轴扭转应力，其许用值一般取 300MPa。

传动轴通过矩形或者渐开线花键等与滑动叉相配合来改变其长度。对于传动轴上外花键，其扭转应力为

$$\tau_s = \frac{16 T_{ud}}{\pi d_{s\_in}^3} \tag{7-30}$$

式中：τ_s ——传动轴花键上扭转应力；

d_{s_in} ——传动轴花键内径。

其齿侧压应力为

$$\sigma_s = \frac{8 k_{nu} T_{ud}}{(d_{s\_out} + d_{s\_in})(d_{s\_out} - d_{s\_in}) l_s n_s} \tag{7-31}$$

式中：σ_s ——传动轴花键齿侧压应力，当齿面硬度大于 35HRC 时，许用挤压应力为 25～50MPa；对于非滑动花键，其许用值为 50～100MPa。

k_{nu} ——花键转矩分布不均匀系数，一般为 1.3～1.4。

d_{s_out} ——传动轴花键外径。

l_s ——传动轴花键有效工作长度。

n_s ——传动轴花键数目。

在传动轴总成中，存在很多因素使系统产生振动，如万向节中十字轴的轴向窜动、传动轴滑动花键配合间隙、高速旋转时传动轴的变形等，这些均能改变传动轴总成的不平衡度。所以，应对传动轴进行动、静平衡校核，对于乘用车，当转速为 3000～6000r/min 时，不平衡度应小于 25～35g · cm；对于商用车，当转速为 1000～4000r/min 时，不平衡度应小于 50～100g · cm。此外，传动轴的径向全跳动应小于 0.5～0.8mm。

二、中间支撑的设计

当传动轴较长，一般超过 1.5m 时，为了满足总体设计尺寸要求以及提高其临界转速，常采用断开式传动轴，由两根或者三根轴、三个或者四个万向节等组成，并且需要在中间传动轴上装设支撑。

中间支撑通常安装在车架横梁上，用来支撑传动轴以及补偿零部件加工、安装误差和机体变形等。目前，广泛采用橡胶弹性中间支撑，能够有效吸收系统产生的振动和冲击。在商用货车万向传动装置设计过程中，多采用蜂窝软垫式球轴承中间支撑，见图 7-28，该支撑与车架相连，并且其轴承能够在轴承座内实现轴向移动。该中间支撑具有结构简单、吸振和降噪效果良好等，得到广泛应用。

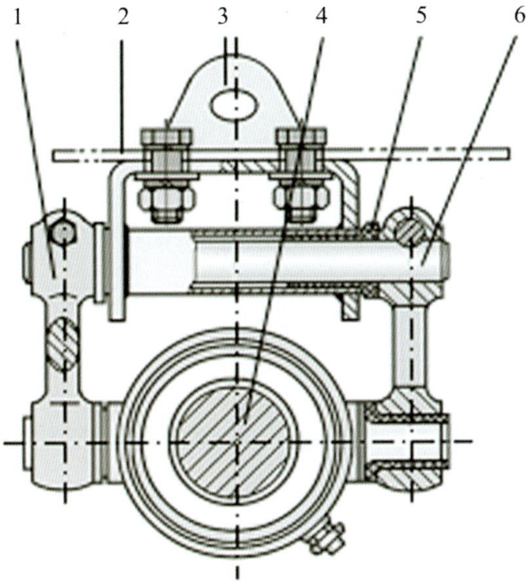

1－摆臂；2－车架横梁；3－支架；4－传动轴；5－橡胶衬套；6－支撑轴

图 7-28　摆动式中间支撑结构

第六节　传动轴工程设计规范

一、传动轴设计流程

传动轴规格的选取，对整车传动系统的可靠性起着至关重要的作用。传动轴选型一般需要根据动力总成输出扭矩、车辆使用工况、驱动车轮与路面的最大附着力矩等确定整车对传动轴传扭需求，可参考本章第四节的计算过程。传动轴设计过程及内容如下：

（1）根据设计任务书的要求，初步确定设计方案。

（2）拟定试验方案，对样车进行相关传动系统整车测试。

（3）样车拆解，传动总成及其零件的试验与测绘。

（4）编制明细表。

（5）编制产品描述表。

（6）三维数模正向或者逆向设计。

（7）系统装配检查。

（8）系统匹配、校核，检查与悬架系统及周边间隙，编制设计计算报告。

（9）绘制爆炸图、工程图。

（10）配合试制。

传动轴具体设计开发流程，见表 7-4。

表 7-4　传动轴设计开发主要流程及相关内容

设计流程	概念设计	开发设计	试制试验	设计确认	量产
相关内容	确定开发目标、整车参数	确定匹配方案、可行性评审、工艺数模设计、选型计算	样件试制、安装、性能评价	性能优化、评价、OTS 认可	批量生产、项目总结

二、传动轴性能要求

传动轴作为传动系统中高速旋转的零部件，它作为激励源对整车行驶状态的平顺性有着重要的影响。传动轴的一阶旋转频率对应的临界转速和十字轴万向节不等速性引起的二阶激励以及中间支承弹性体部分共振造成的振动是传动轴系统的几个主要激励源，设计时应需要特别注意。传动轴具体性能要求如下：

（1）传动轴在运行过程中平稳、噪声较小。

（2）传动轴管焊接件在焊接前后进行矫直，滑动轴、非滑动轴轴颈的径向跳动≤0.1mm，轴管径向跳动小于 0.5mm。

（3）传动轴总成最小静扭破坏扭矩，固定端万向节的拉脱力，均按 JB/T 10189—2010《滚动轴承　汽车用等速万向节及其总成》执行。

（4）传动轴经过 100%探伤检查，表面硬度应达到 HRC55～60。

（5）传动轴扭转疲劳试验、花键磨损试验方法按照 QC/T 29082—2019《汽车传动轴总成技术条件及台架试验方法》执行。

（6）传动轴花键公差等级按照 GB/T 3478.1—2008《圆柱直齿渐开线花键（米制模数　齿侧配合）第 1 部分：总论》中 6 小时执行。

（7）传动轴 100%做动平衡试验，其剩余不平衡量不高于 GB/T 9239.1—2006/ISO 1940—1：2003《机械振动　恒态（刚性）转子平衡品质要求　第 1 部分：规范与平衡允差的检验》规定的 G16 平衡品质等级。

三、传动轴试验与评价

（一）轴向窜动量

对于中心固定式等速万向节，在 100N 的轴向力作用下轴向窜动量不应大于 0.5mm；对于伸缩式等速万向节，在同样作用力下，轴向窜动量不应大于 0.5mm。

（二）圆周间隙

在万向传动装置正确安装状态下，等速万向节总成的圆周间隙不应大于 1°30′。

（三）许用工作角度

对于中心固定式等速万向节，其许用工作角应不小于 45°；对于伸缩式等速万向节，其许用工作角应不小于 22.5°。

传动轴各万向节处夹角一般建议满载状态不大于 5°，夹角超差除了会引起整车抖动，同时也会降低十字轴的试验寿命。一般传动轴的转速越高要求传动轴的夹角越小，根据 SAE J901，传动轴转速与夹角匹配关系，见图 7-29。

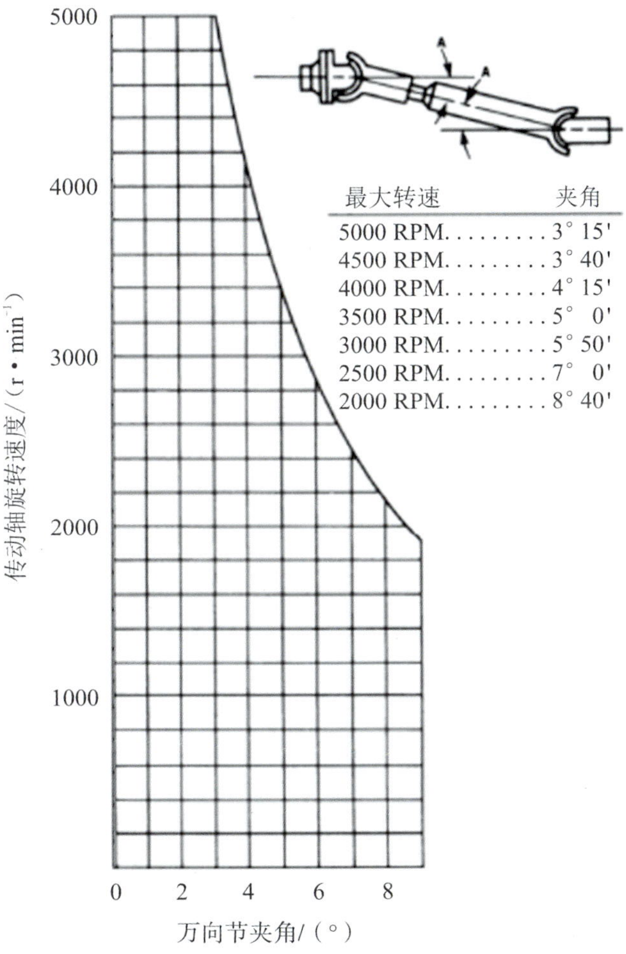

图 7-29 传动轴转速与夹角匹配关系

（四）许用滑移量

等速万向节总成相对于许用工作角度下的许用滑移量，见图 7-30。

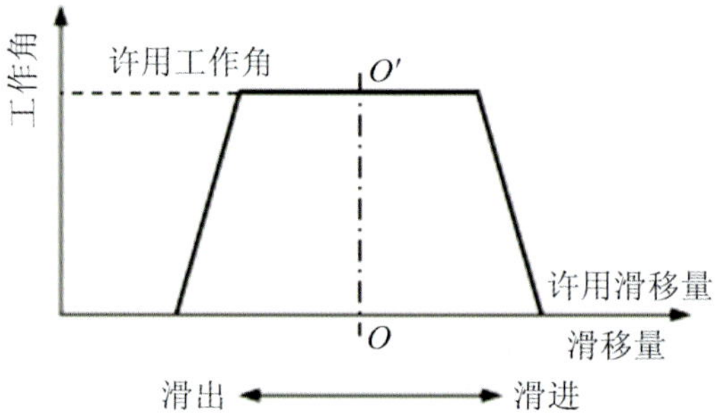

图 7-30 滑移量示意图

（五）周期循环寿命

等速万向节总成的周期循环寿命按规定的试验方法试验后进行评定，且试验后样件的圆周间隙不应大于 2°30′，不同夹角下的周期循环寿命，见图 7-31。

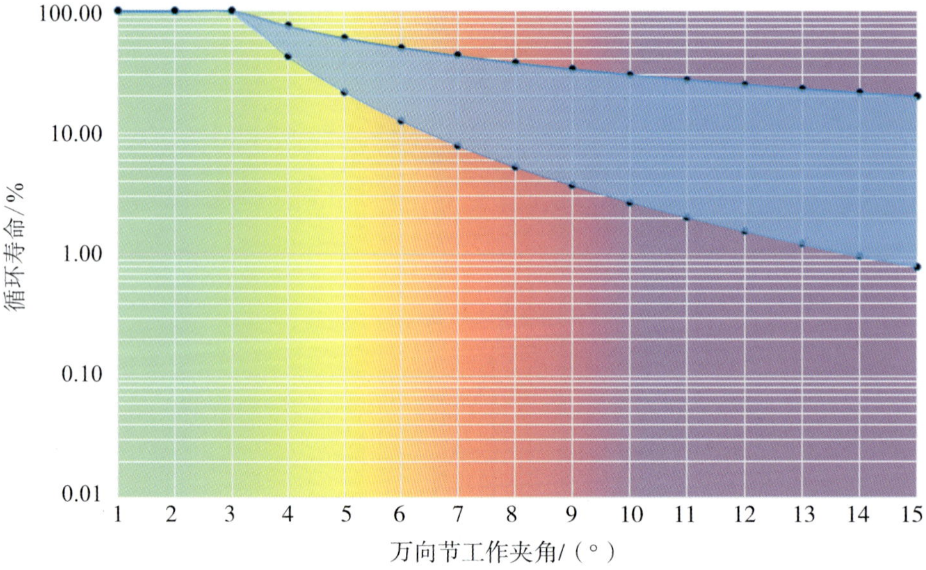

图 7-31 不同夹角下万向节的期望循环寿命

参考文献

［1］闵海涛，王建华．汽车设计［M］．5 版．北京：机械工业出版社，2023.

［2］刘惟信．汽车设计［M］．北京：清华大学出版社，2001.

［3］过学迅，邓亚东．汽车设计［M］．北京：人民交通出版社，2005.

［4］姚为民．汽车构造［M］．7 版．北京：人民交通出版社，2021.

［5］吉安卡洛·珍达，洛伦兹·莫雷洛．汽车底盘设计（上卷）：部件设计［M］．王志福，译．北京：机械工业出版社，2023.

［6］全国汽车标准化技术委员会．汽车传动轴总成技术条件及台架试验方法：QC/T 29082—2019［S］．北京：中国标准出版社，2019：11.

第八章　驱动桥设计

第一节　概　　述

驱动桥是汽车底盘中传动系统与行驶系统的连接部分，也是行驶系统与车架或者车身的连接部分，起着重要的“桥梁”作用。其基本功用是接受由变速器或者万向传动装置传递过来的动力，实现减速增矩、改变传动方向，并通过传动装置将其合理地分配到两侧的驱动轮；同时，还要承受车架或者车身与车轮之间各方向的作用力及其力矩。

驱动桥主要由主减速器、差速器、半轴和桥壳等组成，见图 8-1。为了保证驱动桥具有良好的工作性能，在设计过程中应满足如下基本要求：

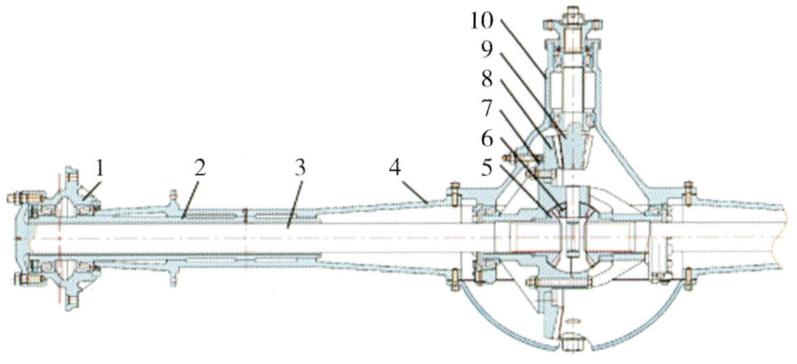

1—轮毂；2—半轴套管；3—半轴；4—驱动桥壳；5—半轴齿轮；6—行星齿轮；7—差速器壳；

8—主减速器从动齿轮；9—主减速器主动齿轮；10—主减速器壳

图 8-1　驱动桥主要结构组成

（1）根据发动机、传动系统和行驶系统等有关参数，选择合适的主减速比，保证汽车具有良好的动力性和燃料经济性。

（2）在保证齿轮、轴和桥壳等具有足够刚度和强度条件下，结构尺寸应尽量小，以减轻簧下质量，保证汽车具有良好的通过性和行驶平顺性。

（3）在汽车常用行驶工况下应具有较高的传动效率，同时，要保证各齿轮副工作平稳，振动和噪声要小。

（4）差速器能够将转矩连续平稳地传递到驱动轮，当左、右车轮与路面的附着条件不一致时，应能够合理地分配驱动力。

（5）能够与悬架的导向机构合理装配，不发生运动干涉；如果驱动桥同时兼作转向系统，保证与转向机构运动协调。

（6）各组成零部件结构简单，加工工艺性好，便于拆装、调整和维修等。

随着汽车驱动桥设计与制造工艺日趋成熟以及消费者对汽车产品的多样化需求，驱动桥的设计与汽车其他组成系统一样，除了采用新技术、新材料和新工艺，在设计过程中，朝着“零件标准化、部件通用化、产品系列化”的模块化设计方向发展。在制造过程中，采用几种典型的零部件结构，能够以不同组合方案快速地实现驱动桥产品的变型，力求做到将某一基型驱动桥更换或者增减少数的零部件，应用到不同结构、吨位和功用等汽车上，以适应市场的多样化需求。

第二节 驱动桥结构方案的选择

在汽车底盘中，驱动桥位于传动系统末端，与其前端传动部件、行驶系统和转向系统等结构密切相关。根据驱动桥功能、结构及布置形式，主减速器齿轮类型、齿轮副数目及安装位置，差速器功能、结构及安装位置，半轴支撑形式，驱动桥壳结构等不同，驱动桥的分类类型及其结构特点，见表 8-1。

表 8-1 驱动桥常见的分类类型及其主要结构特点

分类方式	类型	主要结构特点
驱动桥功能	独立式驱动桥	与其他组成系统相互独立
	变速驱动桥	驱动桥与变速器动力总成集成在一起
	转向驱动桥	驱动桥与转向系统集成在一起
驱动桥结构	整体式驱动桥	驱动桥壳是一根完整的刚性空心梁
	断开式驱动桥	无连接左、右驱动轮的整体桥壳或梁
驱动桥布置形式	非贯通式	驱动桥通过各自传动轴与分动器相连
	贯通式	动力经分动器并贯通中间桥而传递
主减速器齿轮类型	圆柱齿轮式	通过一对或两对圆柱齿轮副传递动力
	弧齿锥齿轮式	主、从动齿轮轴线相互垂直且交于一点
	准双曲面锥齿轮式	主、从动齿轮轴线相互垂直但不相交
	涡轮蜗杆式	通过涡轮蜗杆传递动力
主减速器齿轮副数目及安装位置	单级主减速器	主减速器由一对主、从动锥齿轮副组成
	双级主减速器	主减速器由两对齿轮副组成
	轮边减速器	第二级减速齿轮机构安装在驱动轮近旁
	双速主减速器	主减速器具有两挡传动比
差速器功能和结构	普通锥齿轮式	通过圆锥行星齿轮机构向车轮传递动力
	强制锁止式	将一侧半轴或半轴齿轮与差速器壳锁止
	限滑式	根据路况自动控制驱动轮之间转矩分配

续表

分类方式	类型	主要结构特点
差速器安装位置	轮间差速器	安装在同一驱动桥两侧驱动轮之间
	轴间差速器	安装在不同驱动桥之间
半轴支撑形式	半浮式	半轴外端轴径支撑在桥壳内孔轴承上
	3/4 浮式	半轴套管通过一个轴承支撑车轮轮毂
	全浮式	半轴套管通过两个轴承支撑车轮轮毂
驱动桥壳结构	可分式	桥壳由左右两部分组成
	整体式	桥壳是一根空心梁
	组合式	主减速器壳与部分桥壳铸成一体

一、驱动桥功能的选择

根据驱动桥功能不同，可分为普通驱动桥、变速驱动桥和转向驱动桥等。

（一）普通驱动桥

普通驱动桥，又称为独立式驱动桥，见图 8-1，是指驱动桥中主减速器、差速器和半轴等都安装在一个独立的桥壳内，并且与其他组成系统相互独立。结构简单，布置方便，多应用于发动机前置后轮驱动的乘用车以及货车等。

（二）变速驱动桥

变速驱动桥是指将变速器和驱动桥两个动力总成安装在一个壳体内，实现一体化传动，见图 8-2。该类驱动桥结构紧凑，减轻传动系统质量，缩短传动路线，提高机械效率。广泛应用在发动机前置前轮驱动的乘用车中。

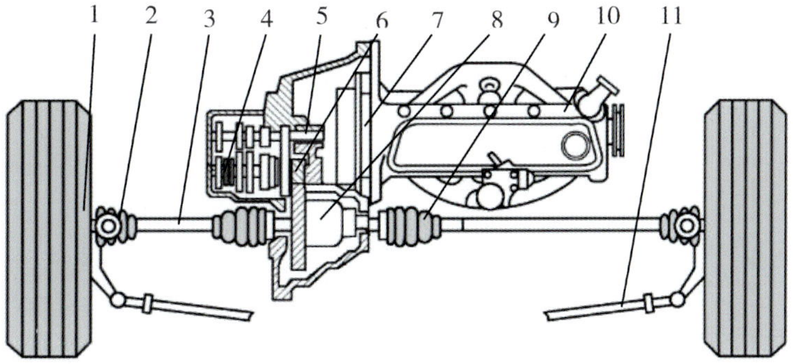

1－驱动轮；2，9－万向节；3－半轴；4－变速器输出轴；5－变速器输入轴；6－主减速器；7－离合器；8－差速器；10－发动机；11－摆臂

图 8-2　变速驱动桥

（三）转向驱动桥

转向驱动桥是指将驱动桥和转向系统集成在一起，见图 8-3，能够增大前轮内侧空间，便于布置安装各零部件，维修方便，应用在发动机前置前轮驱动的乘用车中。

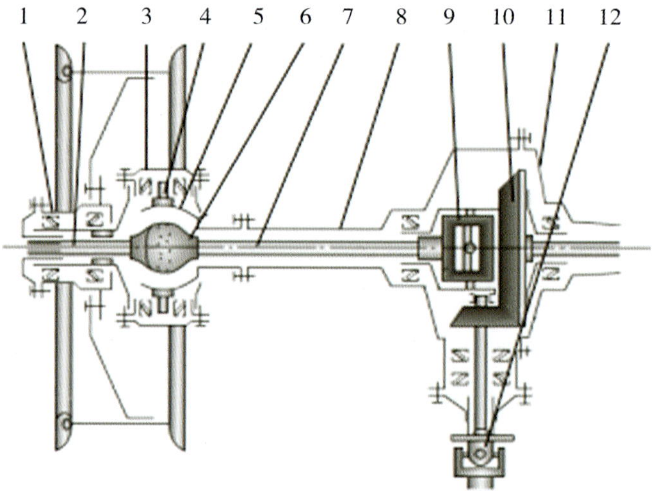

1－轮毂；2－外半轴；3－转向节壳；4－主销；5－球形支座；6－万向节；7－内半轴；8－半轴套管；9－差速器；10－主减速器；11－主减速器壳；12－万向传动装置

图 8-3　转向驱动桥

二、驱动桥结构的选择

根据驱动轮悬架结构不同，驱动桥可分为整体式和断开式两种。整体式驱动桥通过非独立悬架与车架相连，并且半轴套管与驱动桥壳刚性连接，导致两侧半轴与驱动轮不能在横向平面内做相对运动，见图 8-1。与之不同的是，断开式驱动桥通过独立悬架与车架相连，两侧驱动轮可以彼此独立地相对于车架上下运动，见图 8-2。两种驱动桥的特点对比，见表 8-2。

表 8-2　整体式和断开式驱动桥的特点对比

对比项目	整体式驱动桥	断开式驱动桥
结构特点	桥壳是整体，结构简单、成本低、工作可靠	结构复杂，成本较高
安装特点	传动装置安装在桥壳内，非簧载质量较大，不利于降低动载荷和行驶平顺性	传动装置安装在车架或车身上，非簧载质量较小，有利于降低动载荷和行驶平顺性
悬架类型	非独立悬架	独立悬架
通过性	离地间隙不便于调整	便于调整离地间隙
操纵稳定性	对不良路面的适应性较差，容易导致操纵失稳	对路面的适应性较好，增强抗侧滑能力和改善转向不足
使用寿命	动载荷加速零部件磨损，降低使用寿命	使用寿命较长
应用场合	客货车、部分乘用车	多数乘用车、部分越野车

三、驱动桥布置形式的选择

多桥驱动汽车具有多个驱动桥，根据各驱动桥布置形式不同，可分为非贯通式和贯通式两种，其结构特点，见表 8-3。

表 8-3　驱动桥布置形式的特点

对比项目	非贯通式	贯通式
结构特点	通过分动器经专用传动轴将动力传至各驱动桥	通过将分动器前、后各相邻两桥的传动轴串联，将动力传至各驱动桥
优缺点	传动轴数量较多，布置困难，桥壳、半轴等零部件不能通用	减少传动轴数量，简化结构，减小体积和质量，提高各驱动桥零件的通用性
布置简图	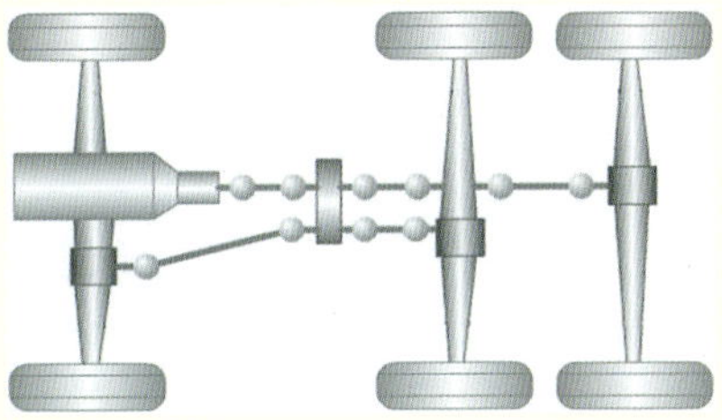	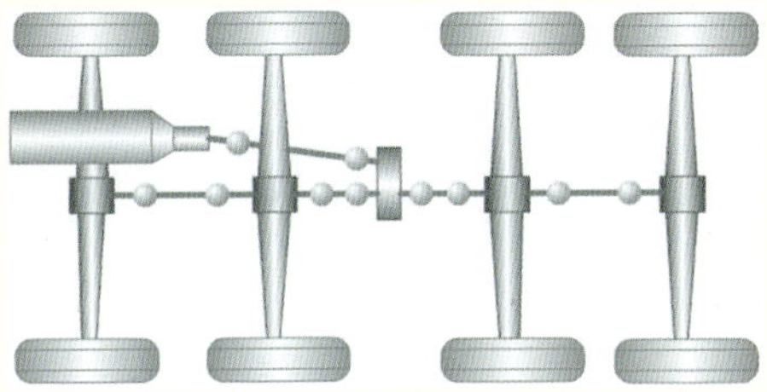

四、主减速器齿轮类型的选择

为了实现传动系统减速增矩，主减速器常用的齿轮副结构形式主要有：圆柱齿轮式、弧齿锥齿轮式、准双曲面齿轮式和涡轮蜗杆式等，其主要结构特点，见表 8-4。

表 8-4　主减速器齿轮类型的结构特点

齿轮类型	结构特点	示意图
圆柱齿轮式	多采用斜齿轮，结构简单，承载能力较强，传动稳定性较好、效率较高，但接触面易滑动，加剧摩擦、磨损	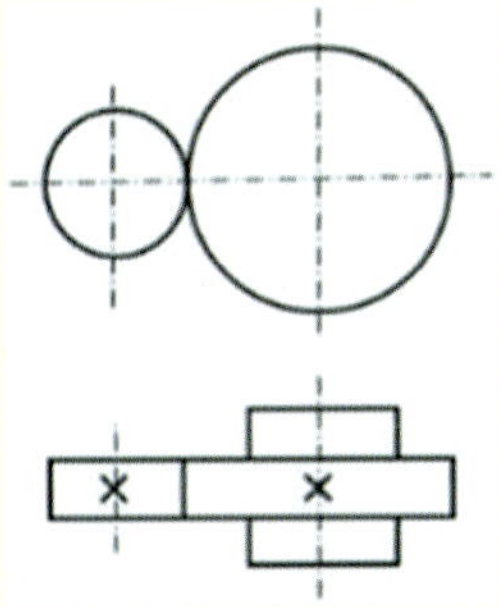

续表

齿轮类型	结构特点	示意图
弧齿锥齿轮式	主、从动齿轮轴线相互垂直并交于一点，可承受较大负荷，工作平稳，振动和噪声小，但对啮合精度敏感	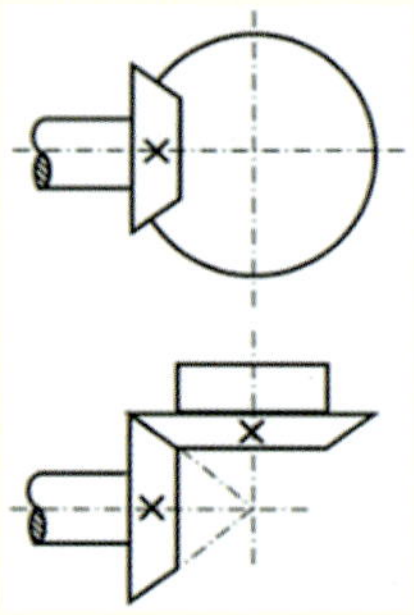
准双曲面齿轮式	主、从动齿轮轴线垂直而不相交，结构尺寸较小，轮齿刚度和强度较大，具有较大传动比，工作平稳，但摩擦功较大，传动效率较低	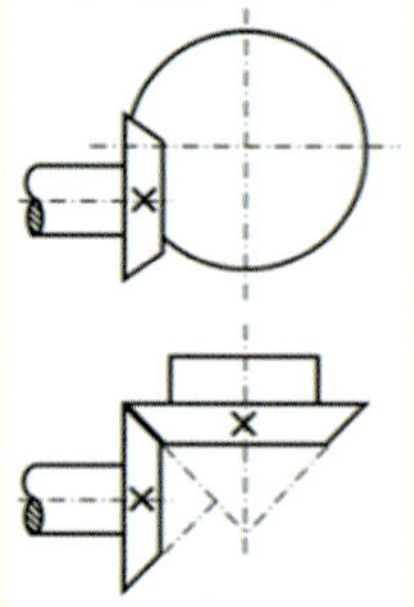
涡轮蜗杆式	结构简单，质量较小，便于总体布置，传动比较大，工作过程平稳、噪声小，但成本较高，传递效率较低	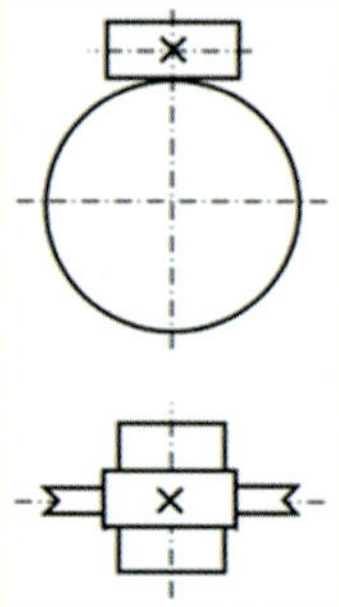

五、主减速器齿轮副数目及安装位置的选择

（一）单级主减速器

单级主减速器主要由一对主、从动锥齿轮副以及壳体等组成，见图 8-4。主动锥齿轮通常与轴制成一体，多采用悬臂式支撑结构，通过两个圆锥滚子轴承支撑在壳体上，并悬置在轴承之外。从动锥齿轮通过螺栓与差速器壳体相连，实现减速增矩，并改变转矩的传递方向。

为了保证主减速器具有良好的工作平顺性以及磨损均匀，在结构上要求主、从动齿轮具有足够的支撑刚度，防止发生变形过大而影响正常啮合。在装配上要求两者之间具有合适的间隙，一般为 0.15～0.40mm，并且便于调整，目前，主要通过垫片或者螺母进行调整。

在单级主减速器设计过程中，多采用圆锥齿轮传动，该类主减速器具有结构简单、体积小、质量轻以及传动效率较高等优点，广泛应用于乘用车和轻、中型货车。此外，也可采用圆柱齿轮或者涡轮蜗杆等传动方式。

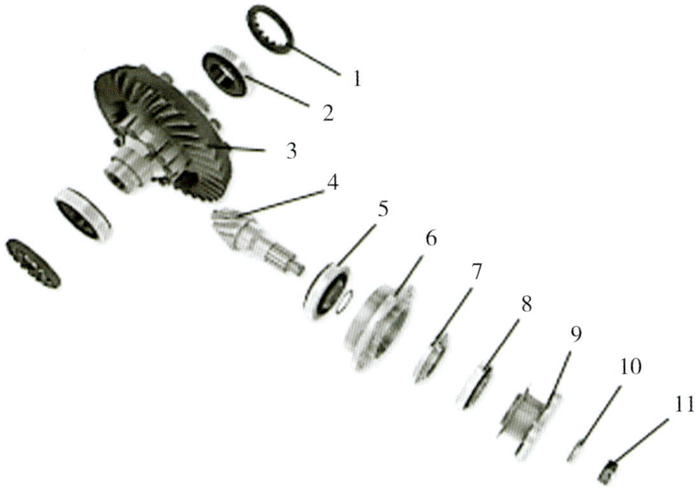

1、11－调整螺母；2－差速器轴承；3－主减速器从动齿轮；4－主减速器主动齿轮；5、8－主动齿轮轴承；6－轴承座；7、10－调整垫片；9－凸缘

图 8-4　单级主减速器

（二）双级主减速器

当传动系统需要主减速器具有较大传动比时，如果采用单级主减速器，则会导致结构尺寸过大，影响汽车的通过性。这时，通过采用两对齿轮副保证相同传动比下具有更小的结构尺寸，这样的传动机构称为双级主减速器，见图 8-5。

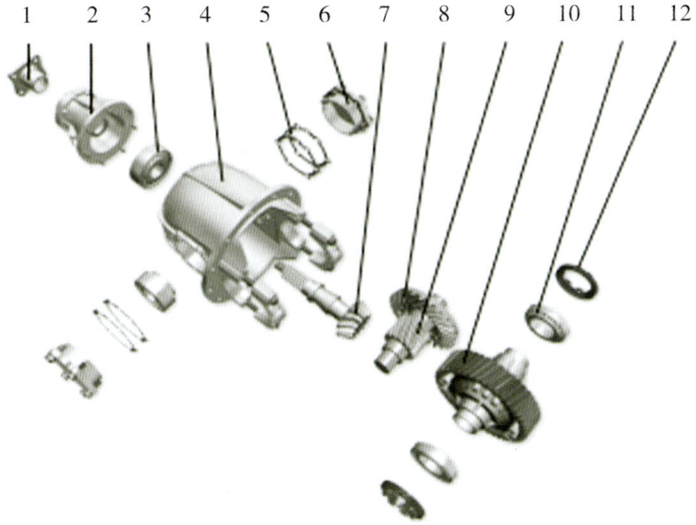

1－凸缘；2－主动锥齿轮轴承盖；3、11－轴承；4－主减速器壳；5－调整垫片；6－从动锥齿轮轴承盖；7－第一级主动锥齿轮；8－第一级从动锥齿轮；9－第二级主动圆柱齿轮；10－第二级从动圆柱齿轮；12－调整螺母

图 8-5　双级主减速器

根据结构布置形式和减速方式不同，双级主减速器有多种结构设计方案，通常采用第一级为锥齿

轮传动、第二级为圆柱齿轮传动或者行星齿轮传动方式；也可将锥齿轮传动作为第二级齿轮副。锥齿轮—圆柱齿轮式结构比较简单，但是，质量较大，并且由于采用悬臂式支撑，刚度不如跨置式。锥齿轮—行星齿轮式结构紧凑，质量较小，具有较高的结构刚度和强度，但是，需要保证行星齿轮系具有良好的润滑。

该类主减速器由两级齿轮副组成，结构较复杂、质量较大、成本较高，多用在采用单级主减速器不能满足主减速比和离地间隙等要求的重型汽车上。

（三）轮边减速器

当汽车底盘要求具有较大的主传动比和离地间隙时，通过将双级主减速器中第二级齿轮副制成相同的两套，分别安装在两侧驱动轮近旁，这样的装置称为轮边减速器，见图 8-6。

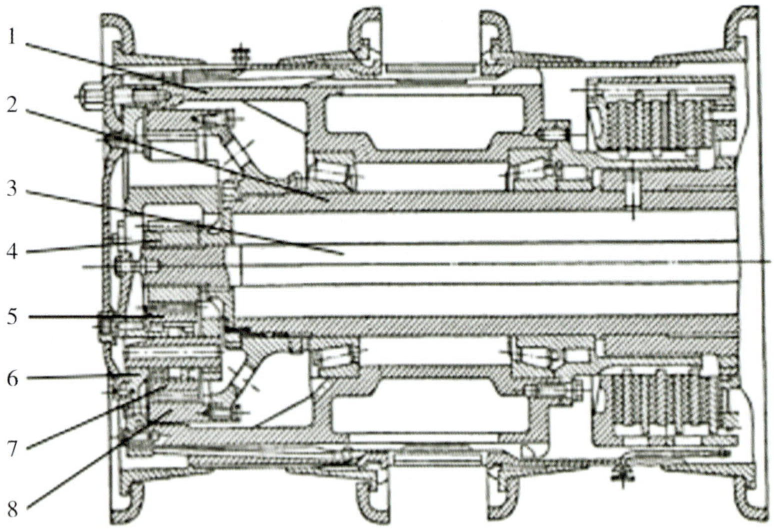

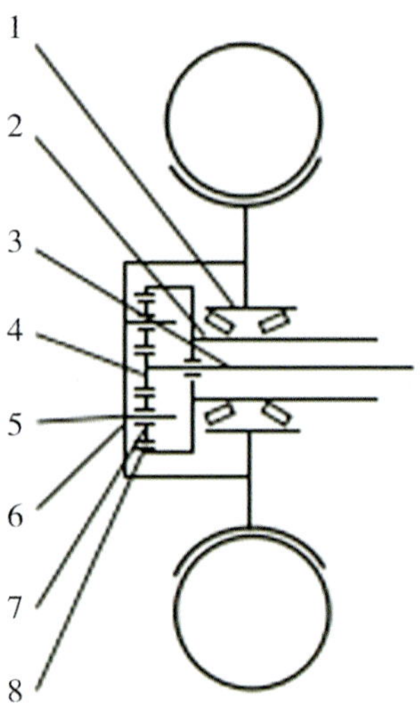

1－轮毂；2－半轴套管；3－半轴；4－太阳轮；5－行星齿轮轴；6－行星架；7－行星齿轮；8－齿圈

图 8-6　行星齿轮式轮边减速器及其结构简图

（1）轮边减速器；（2）结构简图

根据齿轮结构及其布置形式，轮边减速器有圆柱齿轮式和行星齿轮式两种。对于圆柱齿轮式，主动小齿轮与半轴相连，当其轴线位于车轮中心线上方时，称为上置式，可增加驱动桥的离地间隙，提高汽车的通过性；当其轴线位于车轮中心线下方时，称为下置式，可降低底盘高度，提高汽车行驶稳定性。

该类减速器能够使驱动桥中主减速器结构尺寸减小，增大离地间隙，获得较大的主减速比，一般在 16～26。由于轮边减速器布置在车轮端，能够减小半轴所承受的作用力，这样，半轴、差速器以及主减速器从动齿轮等结构尺寸也可相应减小。由于需要两套轮边减速器装置，结构较复杂，成本较高，主要应用在越野汽车、重型货车以及大型客车上。

（四）双速主减速器

为了提高汽车的动力性和燃料经济性，主减速器采用两个传动比，高、低挡位传动比是根据汽车使用条件、发动机功率以及变速器各挡传动比等因素进行综合选择。大的传动比应用于汽车满载或者在不良路面上行驶等工况，能够克服较大的行驶阻力。小的传动比应用于汽车空载或者在良好路面上行驶等工况，改善汽车的燃料经济性。

双速主减速器由两级齿轮副构成，常见的有锥齿轮—圆柱齿轮式和锥齿轮—行星齿轮式，见图 8-7。前者的结构尺寸和质量较大，能够获得较大的主减速比；后者的结构紧凑，质量较小，具有较高的刚度和强度。

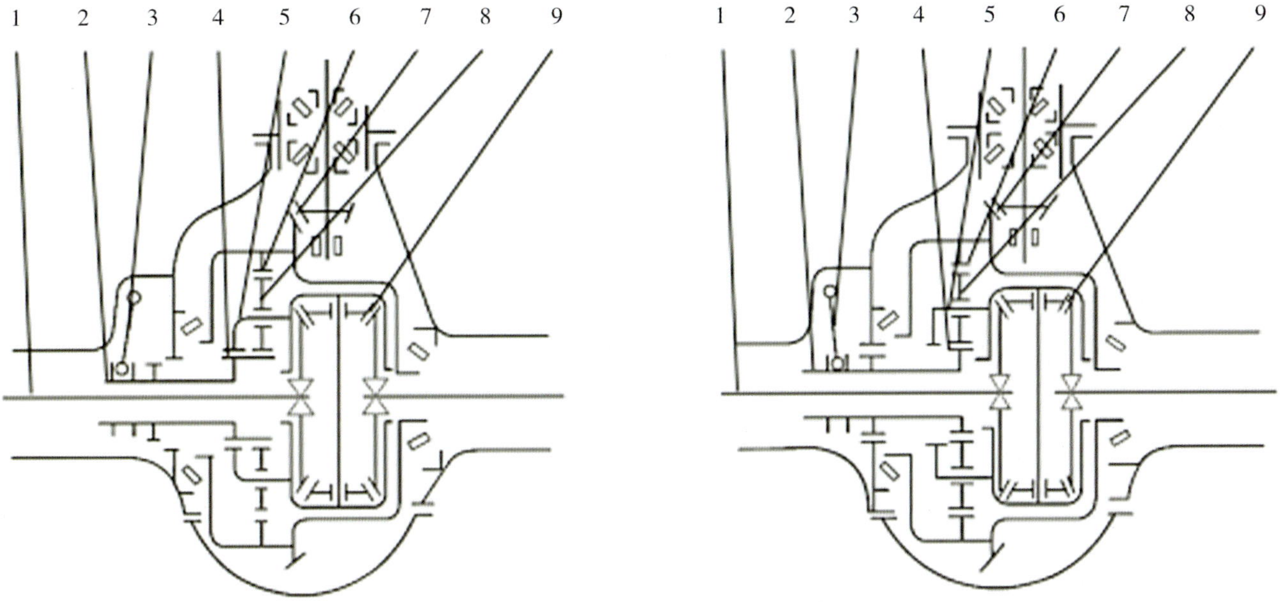

(1)　　(2)

1－半轴；2－接合套；3－拨叉；4－太阳轮；5－行星架；6－齿圈；7－主减速器；8－行星齿轮；9－差速器

图 8-7　行星齿轮式双速主减速器结构简图

(1) 高速挡单级传动；(2) 低速挡双级传动

该类主减速器具有两个传动比，保证汽车具有足够的动力性，同时又有良好的燃料经济性。但是，需要增设相应的操纵装置，一般有电磁式、气压式和电—气压综合式，这会增加驱动桥的质量以及制造成本，多应用于道路状况变化较大、使用条件复杂的重型货车上。

六、差速器功能和结构的选择

（一）普通锥齿轮式差速器

在汽车底盘传动系统中，对称圆锥齿轮式差速器因其结构简单、工作性能可靠、成本较低等优点得到广泛应用。

对称圆锥齿轮式差速器主要由半轴齿轮、行星齿轮和差速器壳等组成，见图 8-8。行星齿轮通过一字轴或者十字轴与差速器壳相连。大部分乘用车和部分轻型货车，由于主减速器输出转矩不大，多采用 2 个行星齿轮、一字轴结构。对于中、重型客货车，多采用 4 个行星齿轮、十字轴结构。差速器壳一般制成整体式，并且壳上开有窗孔，便于行星齿轮和半轴齿轮拆装。

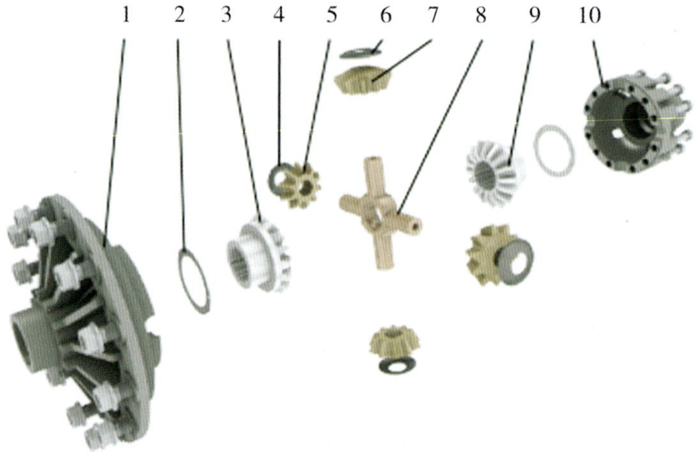

1—主减速器从动齿轮轮毂；2—调整垫片；3、9—半轴齿轮；4、6—球面垫片；5、7—行星齿轮；8—行星齿轮十字轴；10—差速器壳

图 8-8　对称圆锥齿轮式差速器

（二）强制锁止式差速器

普通锥齿轮式差速器只能在驱动轮之间平均分配驱动转矩，无法实现按需分配，当汽车在附着系数较低或者两侧驱动轮附着条件不均匀的路面上行驶时，严重影响其安全性和稳定性。为了使汽车能够获得足够的动力，提高其通过性，需要将差速器的差速功能暂时失效，这样的装置称为差速锁。

差速锁主要包括拨叉套、拨叉总成等，见图 8-9，拨叉套通过花键与半轴相连，利用靠近差速器壳端面开设的牙形榫槽与离合器壳上的结构相配合。当需要锁止时，通过操纵拨叉使拨叉套与差速器壳相啮合，直至将半轴与差速器壳完成锁止，差速器进入锁止状态。当不需要锁止时，操纵拨叉反向运动，拨叉套与差速器壳脱离啮合，差速器恢复差速功能。

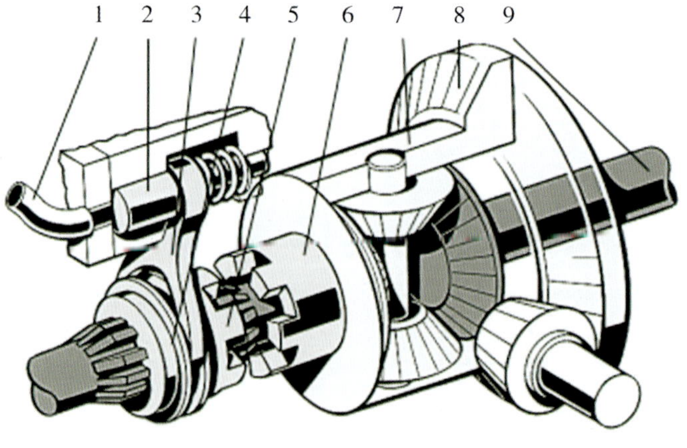

1—高压气管；2—活塞；3—拨叉总成；4—拨叉套；5—拨叉套牙形榫槽；6—差速器壳牙形榫槽；7—差速器；8—主减速器；9—半轴

图 8-9　差速器差速锁结构

强制锁止式差速器结构简单，工作可靠，但是，不便于操纵控制，从而造成工作性能下降、油耗增加以及零部件磨损加剧等。

（三）限滑式差速器

为了克服强制锁止式差速器的不足，需要能够根据路面状况自动改变或者控制驱动轮之间转矩分配的装置，称为限滑式差速器。根据结构及工作原理不同，主要可分为三类：转矩敏感式、转速敏感式和主动控制式。对应的工作原理，见表 8-5。

表 8-5 限滑式差速器的类型及其工作原理

类型		工作原理
转矩敏感式	摩擦片式	利用端部制成 V 形的行星齿轮轴改变主、从动摩擦片间摩擦力，产生限滑力矩
	托森式	利用涡轮蜗杆传动不可逆性和齿面高摩擦条件，根据内摩擦转矩大小而自动锁止
转速敏感式		内、外叶片在传动轴上交替排列，其转速差产生热量使工作液膨胀，进而使相邻叶片紧密贴合，产生较大摩擦力矩
主动控制式	电磁式	通过电控单元控制电磁力，促动机构将其放大而产生内摩擦力矩
	电液式	通过电控单元控制液压阀，主动调整油压，改变内摩擦力矩
	电机式	通过电控单元控制电机，经减速装置、促动机构，改变内摩擦力矩

七、差速器安装位置的选择

（一）轮间差速器

装在同一驱动桥两侧驱动轮之间的差速器，见图 8-1 和图 8-3，保证汽车转弯或者在不良路面上行驶时，两侧驱动轮能够作纯滚动运动。

（二）轴间差速器

装在各驱动桥之间的差速器，见图 8-10，保证各驱动桥能够以不同角速度旋转，消除各桥驱动轮的滑动现象。

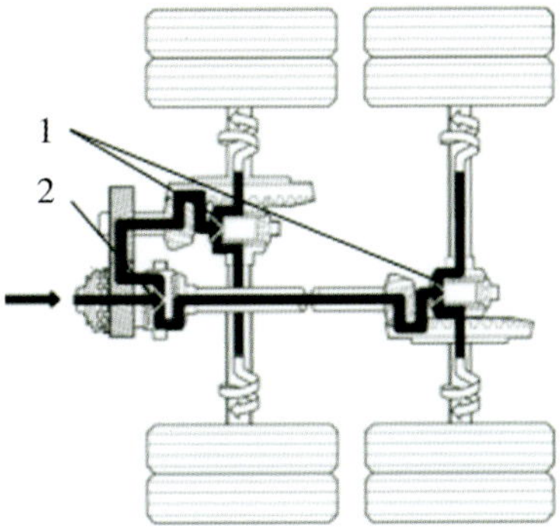

1—轮间差速器；2—轴间差速器

图 8-10 差速器

八、半轴支撑形式的选择

半轴位于传动系统末端，是将动力从差速器传到驱动轮的实心轴。根据半轴外端支撑形式的不同，可分为半浮式、3/4 浮式和全浮式三种，其特点对比，见表 8-6。

表 8-6　不同半轴支撑形式的特点对比

对比项目	半浮式	3/4 浮式	全浮式
结构特点	结构简单、紧凑，质量轻，成本较低	结构较复杂，侧向力易引起轴承歪斜，寿命降低	结构复杂，质量较大，成本较高
安装位置	靠近外端的轴径直接支撑在置于桥壳外端内孔轴承上，通过凸缘与车轮轮毂相连	半轴套管外端装有一个轴承，支撑车轮轮毂，半轴通过凸缘与轮毂相连	半轴套管外端装有两个圆锥滚子轴承，支撑车轮轮毂
受力特点	传递转矩，承受车轮传来的垂直力、纵向力以及侧向力引起的弯矩	与半浮式类似，但有所减轻	只承受传动系统的转矩，不承受弯矩
应用场合	部分乘用车、微型客货车	少量乘用车、总质量较小的商用车	越野汽车、客货车

九、驱动桥壳结构的选择

驱动桥壳结构形式主要有可分式、整体式和组合式三种，其结构特点，见表 8-7。

表 8-7　驱动桥壳类型及其结构特点

类型	结构特点	示意图
可分式	结构简单，但桥壳刚度和强度易受结构限制，不便于拆装、调整和维修	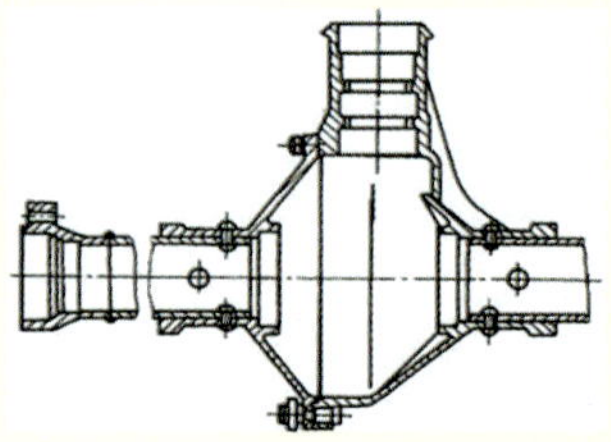
整体式	结构刚度和强度较大，材料利用率高，成本较低，便于拆装、调整，但制造工艺复杂	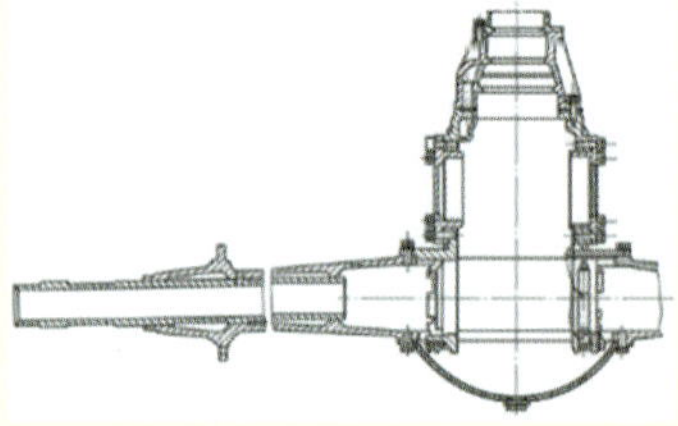
组合式	支承刚度较好，装配、调整较为方便，但对加工精度要求较高	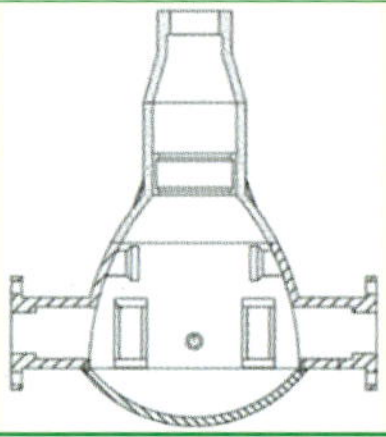

第三节　主减速器的设计

一、主减速器主要设计参数的选择与计算

主减速器主要设计参数有主减速比、轮齿所承受的计算载荷以及主、从动齿轮相关结构参数等。

（一）主减速比

主减速器传动比，简称主减速比，在很大程度上决定着驱动桥的结构尺寸、质量以及齿轮所承受的载荷等，进而影响汽车的通过性、稳定性、动力性和燃料经济性等。主减速比应在汽车总体设计过程中与传动系统总传动比一起由整车动力性计算选取，确保整车能够获得最佳的性能。当给定发动机最大功率和转速时，选择的主减速比应保证汽车尽可能满足最高车速的设计要求，即

$$i_r = 0.377\frac{r_w n_{e\_max}}{v_{a\_max} i_{t\_h}} \tag{8-1}$$

式中：i_r ——主减速比；

r_w ——车轮的滚动半径；

n_{e_max} ——发动机最高转速；

v_{a_max} ——汽车最高车速；

i_{t_h} ——变速器最高挡位对应的传动比。

当汽车需要得到充足的功率储备时，主减速比选取的值比式（8-1）计算的结果大10%～25%。综合考虑汽车设计所要求的离地间隙、主减速器中齿轮的齿数以及同类汽车的相应值等，将主减速比进行修正，并最后选定。

（二）主动和从动锥齿轮计算载荷

汽车主减速器中主动和从动锥齿轮计算载荷的确定方法主要有3种。

（1）根据发动机输出最大转矩和最低挡位传动比，计算从动锥齿轮所承受的转矩，即

$$T_{r2\_e\_max} = \frac{i_1 i_{tc} i_r k_c k_{htc} T_{e\_max} \eta_{e\_r}}{n_{da}} \tag{8-2}$$

式中：i_1 ——变速器最低挡传动比。

i_{tc} ——分动器传动比。

k_c ——离合器突然接合时所产生的动载系数，对于机械式变速器，取值为1～3，对动力性能要求越高，取值越大；对于液力自动变速器，可取为1。

k_{htc} ——液力变矩器变矩系数。

n_{da} ——驱动桥数量。

T_{e_max}——发动机最大转矩。

η_{e_r}——从发动机到主减速器之间传动效率。

（2）当驱动轮打滑时，计算从动锥齿轮所承受的转矩，即

$$T_{r2\_sl}=\frac{G_{max}k_{a\_max}r_{w}\varphi}{i_{r}i_{r2\_w}\eta_{r1\_w}} \tag{8-3}$$

式中：G_{max}——满载状态下 1 个驱动桥上的静载荷。

k_{a_max}——汽车加速度最大时后轴负荷的转移系数，乘用车为 1.2～1.4；商用车为 1.1～1.2。

φ——轮胎与路面之间的附着系数，对于安装一般轮胎的汽车，在良好路面上行驶，可取为 0.85；对于安装防侧滑轮胎的乘用车，可取为 1.25；对于越野汽车，可取为 1。

i_{r2_w}——主减速器从动齿轮到车轮之间的传动比。

η_{r1_w}——主减速器主动齿轮到车轮之间的传动效率。

（3）根据汽车行驶平均转矩计算从动锥齿轮所承受的转矩，即

$$T_{r2\_t\_m}=\frac{F_{t\_m}r_{w}}{i_{r2\_w}n_{da}\eta_{r1\_w}} \tag{8-4}$$

式中：$T_{r2\_t\_m}$——从动锥齿轮的计算转矩；

F_{t_m}——汽车行驶平均牵引力。

用式（8-2）和式（8-3）获得的计算转矩是从动锥齿轮最大转矩，不同于式（8-4）获得的行驶平均转矩。当计算锥齿轮所能够承受最大应力时，转矩应取式（8-2）和式（8-3）计算结果的较小值，即 $T_{r2}=\min[T_{r2\_e\_max},T_{r2\_sl}]$；当计算锥齿轮疲劳寿命时，应取汽车行驶平均转矩，即 $T_{r2}=T_{r2\_t\_m}$。

基于从动锥齿轮的计算转矩，主动锥齿轮所承受的转矩为

$$T_{r1}=\frac{T_{r2}}{i_{r}\eta_{r}} \tag{8-5}$$

式中：T_{r1}——主动锥齿轮的转矩；

η_{r}——主减速器中主、从动齿轮之间传动效率，对于弧齿锥齿轮副，取为 95%。对于双曲面齿轮副，当 $i_{r}>6$ 时，取为 85%；当 $i_{r}\leqslant 6$ 时，取为 90%。

（三）主动和从动锥齿轮齿数

当选择主动和从动锥齿轮齿数时，应考虑以下主要因素：

（1）对于单级主减速器，当主减速比 $i_{r}\geqslant 6$ 时，应尽量使主动锥齿轮的齿数取得小些，最小值可取为 5，保证汽车底盘设计所要求的最小离地间隙；当主减速比较小时（如 $i_{r}=3.5\sim5.0$），主动锥齿轮的齿数通常可取为 7～12。

（2）为了保证主动和从动锥齿轮之间接触面磨合均匀，两者齿数之间应避免有公约数。

（3）为了获得较高的轮齿弯曲强度和齿面重合度系数，主动和从动齿轮齿数之和应取得大些，对于乘用车，其值不少于 50；对于载货汽车，其值不少于 40。

（4）对于单级双曲面齿轮的主减速器，主动齿轮的齿数通常不少于 8。

（5）对于双级主减速器，第一级的减速比通常比第二级的要大，两者的比值一般为 3.5～5.0。第一级主动锥齿轮齿数一般为 9～15，第二级齿轮的齿数为 58～78。

（四）从动齿轮分度圆直径和端面模数

对于单级主减速器，从动锥齿轮大端的分度圆直径在很大程度上决定着驱动桥壳的高度以及离地间隙，同时也影响着主动锥齿轮前支撑座和差速器的安装。

从动锥齿轮大端分度圆直径通常根据经验公式进行初选，即

$$d_{r2\_b}=k_{r2\_d}\sqrt[3]{T_{r2}} \tag{8-6}$$

式中：d_{r2_b}——从动锥齿轮大端分度圆直径；

k_{r2_d}——直径系数，一般为13.0～15.3；

T_{r2}——从动锥齿轮承受的转矩，取$T_{r2}=\min[T_{r2_e_max},T_{r2_sl}]$。

当从动锥齿轮大端分度圆直径选定后，根据下式计算相应的端面模数，即

$$m_r=d_{r2\_b}/z_2 \tag{8-7}$$

式中：m_r——齿轮端面模数；

z_2——从动锥齿轮齿数。

当得到齿轮端面模数后，可按照下式进行校核，即

$$m_r=k_m\sqrt[3]{T_{r2}} \tag{8-8}$$

式中：k_m——模数系数，取0.3～0.4。

（五）主动和从动齿轮齿面宽

在主减速器锥齿轮设计过程中，主要针对从动齿轮而言。齿轮齿面宽度选取应适当，如果轮齿齿面过窄，则其刚度和强度下降，并且表面的耐磨性降低；如果轮齿齿面过宽，则其小端齿沟变窄，容易引起应力集中，导致出现过早损坏和疲劳损伤，缩短使用寿命，此外，轮齿齿面过宽也会降低装配空间。

对于弧齿锥齿轮和准双曲面齿轮，传动副中较大的齿面宽通常不大于节锥距的0.3倍，并且不大于模数的10倍。对于弧齿锥齿轮，主动锥齿轮的齿面宽一般比从动锥齿轮的大10%。

（六）双曲面齿轮副偏移距

在准双曲面齿轮副中，小齿轮偏移距是重要的设计参数。如果选取得过大，则使齿面纵向滑动过大，引起齿面过早出现擦伤和磨损，缩短使用寿命；如果选取得过小，则不能充分发挥其优点。

按照双曲面齿轮副的相对位置，可分为上偏移和下偏移两种，见图8-11。关于偏移的方向，可根据如下原则进行判断：由从动齿轮的锥顶看，并使主动齿轮置于右侧，如果主动齿轮轴线在从动齿轮中心线的上方，则为上偏移；反之，则为下偏移。

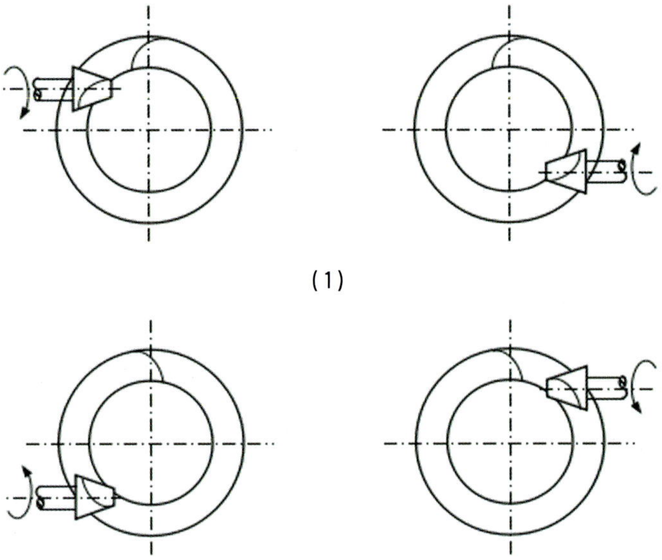

(1)

(2)

图 8-11　双曲面齿轮的偏移和螺旋方向

(1) 主动齿轮左旋，从动齿轮右旋，下偏移；(2) 主动齿轮右旋，从动齿轮左旋，上偏移

对于乘用车和轻型客货车，其偏心距不应大于从动齿轮分度圆直径的 20%，或者不大于节锥距的 40%；对于中、重型客货车和越野汽车等，其偏心距不应大于从动齿轮分度圆直径的 10%～12%，或者不大于节锥距的 20%。此外，偏心距应随着传动比增加而变大，较大传动比对应的偏心距可达到从动齿轮分度圆直径的 20%～30%，应保证齿轮不发生根切。

(七) 中点螺旋角

螺旋角是指节锥齿线上任一点处切线与该点和节锥顶点连线之间的夹角，见图 8-12。螺旋角沿节锥齿线是变化的，轮齿大端的最大，而小端的最小。齿面宽中点处螺旋角称为齿轮的中点螺旋角或者名义螺旋角。对于弧齿锥齿轮副，主动和从动齿轮的中点螺旋角相等；而对于双曲面齿轮副，由于存在偏移距，使主动和从动齿轮的中点螺旋角不等，并且主动齿轮的要大。

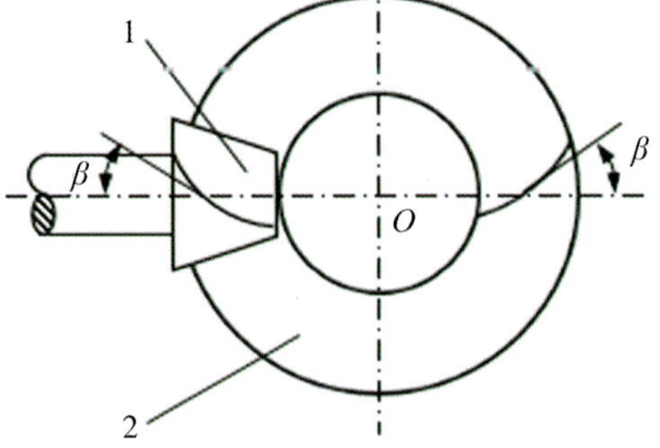

1—主减速器主动齿轮；2—主减速器从动齿轮

图 8-12　中点螺旋角

选择中点螺旋角时，应考虑对轮齿强度、齿面重合度和轴向力等影响。当中点螺旋角越大，则轮

齿的强度越高，齿面重合度越大，同时进入啮合的齿数越多，传动越平稳，噪声越低。

汽车主减速器中弧齿锥齿轮螺旋角或者双曲面齿轮副的平均螺旋角一般为 35°～40°。对于乘用车，可选用较大的螺旋角，保证齿轮具有较大的重合度，使运转平稳；对于商用车，可选用较小的值，防止轴向力过大，通常取 35°。

（八）螺旋方向

对于螺旋锥齿轮和双曲面齿轮，螺旋方向可分为左旋和右旋，见图 8-11。关于螺旋方向的判断：对着齿面看，如果轮齿从小端到大端的弯曲方向为顺时针，则称为右旋；反之，逆时针则称为左旋。在主动和从动齿轮副中，两者的螺旋方向刚好相反，一般主动齿轮为左旋，而从动齿轮为右旋。

齿轮螺旋方向影响着轴向力的方向，关于轴向力的判断，可采用手势法则，当齿轮为左旋时，用左手法则，四指握起后旋转方向为齿轮的螺旋方向，则拇指的指向为轴向力方向；类似地，右旋齿轮采用右手法则。当变速器挂入前进挡时，应使主动齿轮的轴向力朝着离开锥顶的方向，从而使主、从动齿轮有分离的趋势，防止轮齿因卡死而损坏。

（九）法向压力角

法向压力角为锥齿轮轮齿上凸面与凹面的平均压力角。当法向压力角选取较大值时，能够提高轮齿强度，并减少齿轮不发生根切的最少齿数，但是，对于尺寸较小的齿轮，压力角过大易导致齿顶变尖，齿轮端面重合度下降。因此，当齿轮工作负荷较小时，可采用较小的压力角，使齿轮运转平稳，噪声降低。当主减速器采用弧齿锥齿轮副时，对于乘用车，压力角一般选用 14°30′或 16°；对于货车，一般选用 20°或 22°30′。当采用双曲面齿轮时，从动齿轮轮齿两侧压力角相等，但是，主动齿轮轮齿两侧压力角不等，可选取平均压力角，乘用车取为 19°或 20°，商用车取为 20°或 22°30′。

（十）圆柱齿轮副中心距和齿宽

对于双级主减速器和普通轮边减速器，圆柱齿轮副的中心距和齿宽分别为

$$l_{gc} = (10.51 \sim 11.92)\sqrt[3]{T_{r1}} \tag{8-9}$$

$$w_g = (0.38 \sim 0.41) l_{gc} \tag{8-10}$$

式中：l_{gc} ——圆柱齿轮副中心距；

w_g ——齿轮齿宽。

对于行星齿轮机构，当太阳轮为主动件时，其与行星齿轮的中心距为

$$l_{gc} = (6.07 \sim 7.94)\sqrt[3]{T_{sg}/n_{pg}} \tag{8-11}$$

式中：l_{gc} ——圆柱齿轮副中心距；

T_{sg} ——太阳轮上转矩；

n_{pg} ——行星齿轮数目。

太阳轮和行星齿轮的齿宽分别为

$$w_{sg} = (0.61 \sim 0.96) l_{gc} \tag{8-12}$$

$$w_{pg} = (0.55 \sim 0.87) l_{gc} \tag{8-13}$$

式中：w_{sg} ——太阳轮齿宽；

w_{pg} ——行星齿轮齿宽。

二、主减速器锥齿轮强度的计算

当初步确定主减速器齿轮副的主要参数后，需要对其齿轮强度进行计算和校核，保证齿轮副具有足够的轮齿抗弯刚度、接触强度和使用寿命等。齿轮副的工作性能和可靠性与其所承受的载荷、齿轮材料、加工工艺和润滑状态等有关。轮齿主要损坏形式有弯曲过载折断、齿面点蚀与剥落、齿面胶合以及齿面磨损等。

为了有效地减少或者避免齿轮损坏而失效，需要选取合适的齿轮强度。通过计算分析初步确定齿轮的受载情况，还需要结合后续台架、道路试验测试以及实际使用情况进一步优化设计。

（一）单位齿长圆周力

为了表征主减速器中锥齿轮表面耐磨性，常采用轮齿上单位齿长圆周力，即

$$F_w = F_r / w_{r2} \tag{8-14}$$

式中：F_w ——轮齿上单位齿长圆周力；

F_r ——作用在主减速器中轮齿上的圆周力；

w_{r2} ——从动齿轮齿宽。

当发动机输出最大转矩时，式（8-14）变为

$$F_w = \frac{2 i_1 i_{tc} i_r k_c k_{htc} T_{e\_max} \eta_{e\_r}}{n_{da} d_{r1\_m} w_{r2}} \times 10^3 \tag{8-15}$$

式中：d_{r1_m} ——主动锥齿轮中点分度圆直径。

当驱动轮出现打滑时，式（8-14）变为

$$F_w = \frac{2 G_{max} k_{a\_max} r_w \varphi}{i_{r2\_w} \eta_{r1\_w} d_{r2\_m} w_{r2}} \tag{8-16}$$

式中：d_{r2_m} ——从动锥齿轮中点分度圆直径。

单位齿长圆周力的许用值，见表 8-8。随着齿轮材料性能和制造工艺不断提升，轮齿所能承受的载荷也在不断提高，在主减速器齿轮副设计中，实际选取单位齿长圆周力的许用值要比表中数值大20%～25%。

表 8-8　单位齿长圆周力的许用值

汽车类型		发动机输出最大转矩			驱动轮打滑
		1 挡	2 挡	直接挡	
乘用车		893	536	321	893
商用车	客车	982	—	214	—
	货车	1429	—	250	1429

（二）轮齿弯曲强度

在主动和从动齿轮啮合过程中，轮齿齿根的弯曲强度为

$$\sigma_b = \frac{2T_r k_0 k_s k_{ld}}{k_a m_r d_{r\_b} w_{r2} k_b} \times 10^3 \tag{8-17}$$

式中：σ_b ——轮齿齿根弯曲强度。

T_r—— 齿轮的计算转矩，对于从动齿轮，$T_r = \min[T_{r2\_e\_max}, T_{r2\_sl}]$ 或 $T_{r2\_t\_m}$；对于主动齿轮，$T_r = T_{r1\_t\_m}$，其中 $T_{r1\_t\_m}$ 为主动锥齿轮的计算转矩。

k_0 ——过载系数，一般取为 1。

k_s—— 尺寸系数，反映材料的不均匀性，与齿轮尺寸及热处理等因素有关，当 $m_r \geqslant 1.6$mm 时，$k_s = (m_r/25.4)^{0.25}$；当 $m_r < 1.6$mm 时，$k_s = 0.5$。

k_{ld}—— 齿面载荷分配系数，对于跨置式结构：$k_{ld} = 1.00 \sim 1.10$；对于悬臂式结构：$k_{ld} = 1.10 \sim 1.25$。

k_a ——加工质量系数，当轮齿接触良好，齿距及径向跳动精度较高时，$k_a = 1.0$。

d_{r_b} ——齿轮大端分度圆直径。

k_b ——齿轮轮齿弯曲应力综合系数。

在式（8-17）中，当采用 $\min[T_{r2\_e\_max}, T_{r2\_sl}]$ 计算轮齿齿根的弯曲强度时，其最大值不超过 700MPa，同时不超过材料极限强度的 75%。由于主减速器中齿轮承受的是交变载荷，损伤表现为齿面点蚀剥落以及齿根疲劳折断，当采用 $T_{r2\_t\_m}$ 计算弯曲强度时，不应超出材料疲劳极限强度，破坏的循环次数不少于 6×10^6。

（三）轮齿接触强度

在主动和从动齿轮啮合过程中，锥齿轮齿面的接触强度为

$$\sigma_c = \frac{c_p}{d_{r1\_b}} \sqrt{\frac{2T_r k_0 k_s k_{ld} k_q}{k_a k_c w_{min}} \times 10^3} \tag{8-18}$$

式中：σ_c ——轮齿齿面接触强度（MPa）。

c_p ——齿轮接触副弹性系数，对于同为钢材的齿轮副，取为 232.6$N^{0.5}$/mm。

d_{r1_b} ——主动锥齿轮大端分度圆直径（mm）。

w_{min} ——主动和从动齿轮副中齿面宽的较小值，即 $w_{min} = \min[w_{r1}, w_{r2}]$。

k_s ——尺寸系数，考虑齿轮尺寸对淬透性的影响，通常取为 1.0。

k_q ——齿面品质系数，取决于齿面的表面粗糙度和表面覆盖层的性质（如镀铜、磷化处理等），对于制造精度较高的齿轮，可取为 1.0。

k_c ——齿面接触强度的综合系数。

主动和从动齿轮的齿面接触强度相等。在式（8-18）中，当采用 $T_r = \min[T_{r2\_e\_max}, T_{r2\_sl}]$ 计算最大接触强度时，其值不超过 2800MPa；当采用 $T_r = T_{r2\_t\_m}$ 计算弯曲强度时，其值不超过 1750MPa。

（四）主减速器锥齿轮材料的选择

汽车驱动桥中主减速器锥齿轮的工作条件与传动系统中其他齿轮系相比，具有载荷多重性、交变

性和作用时间长等特点，是传动系统中薄弱环节。齿轮材料性能的基本要求是芯部具有较好的韧性，而表面具有较高的强度和硬度，能够保证齿轮同时具有良好的抗冲击性能和表面接触强度。在设计过程中，齿轮材料应满足以下要求：

（1）具有较高的弯曲疲劳强度，并且轮齿芯部应有良好的韧性，避免在冲击载荷下发生轮齿折断。

（2）具有较高的表面接触疲劳强度，并且有较高的硬度，保证齿轮表面有较高的耐磨性和抗压性。

（3）具有良好的锻造性能、切削加工性能和热处理性能等，加工精度要高，保证齿轮副之间有良好的配合性能。

（4）选择合金材料时，尽量选用含锰、钒、硼、钛、钼、硅等为主的合金钢。目前，主减速器中齿轮常用的材料有 20CrMnTi、20MnVB、20MnTiB、22CrNiMo 和 16SiMn2WMoV 等。

为了防止齿轮在磨合期出现过早擦伤、磨损、胶合或者咬死等现象，齿轮在热处理及精加工后进行厚度为 0.005～0.020mm 的磷化处理或者镀铜、镀锡处理。为了提高齿轮轮齿表面的接触强度和耐磨性，对齿面进行喷丸处理，可延长 25%的使用寿命。当齿轮副之间存在较高的滑动速度时，可进行渗硫处理，提高耐磨性，同时，摩擦因数也明显减小，能够有效防止接触面润滑不良时出现齿面损伤。

三、主减速器锥齿轮轴承载荷的计算

在主减速器轴承设计时，通常首先根据结构尺寸和同类型产品初步选定轴承型号，然后通过计算齿轮上轴向力、径向力和圆周力，并确定轴承载荷，进而校验轴承使用寿命。

（一）齿轮轮齿面上作用力

主减速器锥齿轮在工作过程中，相互啮合的齿面上作用一法向力，该作用力可分解为沿齿轮切线方向的圆周力、沿齿轮轴线方向的轴向力以及垂直于齿轮轴线的径向力，见图 8-13。

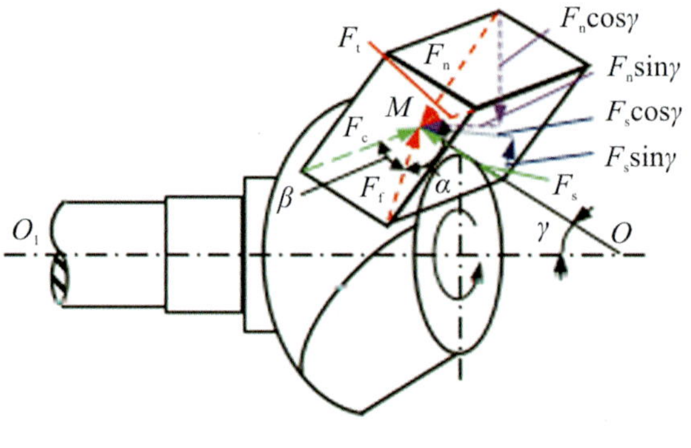

图 8-13 锥齿轮齿面受力示意图

（1）齿宽中点处圆周力。在齿宽中点处圆周力为

$$F_{c\_M}=\frac{2T_{r2}}{d_{r2\_M}} \tag{8-19}$$

式中：T_{r2}——作用在从动齿轮上转矩；

d_{r2_M}——从动齿轮齿宽中点处分度圆直径，可通过下式确定，即

$$d_{r2\_M}=d_{r2\_b}-w_{r2}\sin\gamma_{r2} \tag{8-20}$$

式中：d_{r2_b} ——从动锥齿轮大端分度圆直径；

γ_{r2} ——从动锥齿轮节锥角。

对于主动和从动齿轮副，存在

$$F_{r1\_M}/F_{r2\_M} = \cos\beta_{r1\_M}/\cos\beta_{r2\_M} \tag{8-21}$$

式中：F_{r1_M}、F_{r2_M} ——主动和从动齿轮齿宽中点处圆周力；

β_{r1_M}、β_{r2_M} ——主动和从动齿轮中点螺旋角。

对于双曲面齿轮副，由于主动和从动齿轮螺旋角不等，所以，对应的圆周力也不等。而对于弧齿锥齿轮副，对应的螺旋角相等，圆周力也相等。

（2）锥齿轮的轴向力和径向力。主动锥齿轮齿面受力简图，见图 8-13，其螺旋方向为左旋，从锥顶看旋转方向为逆时针。F_t 为作用在节锥面上齿面宽中点 M 处的法向力，在该点螺旋方向的法平面内，F_t 可分解成两个互相垂直的力 F_n 和 F_f，其中，F_n 垂直于 OM 且位于 $\angle O_1OM$ 所在平面，F_f 位于以 OM 为切线的节锥切平面内。F_f 在该切平面内又可分解成沿切线方向圆周力 F_c 和沿节锥母线方向的力 F_s，F_c 与 F_f 之间夹角为螺旋角 β_{r1_M}，F_t 与 F_f 之间的夹角为法向压力角 α_{r1_M}，可得

$$F_c = F_t\cos\alpha_{r1\_M}\cos\beta_{r1\_M} \tag{8-22}$$

$$F_n = F_t\sin\alpha_{r1\_M} = F_c\tan\alpha_{r1\_M}/\cos\beta_{r1\_M} \tag{8-23}$$

$$F_s = F_t\cos\alpha_{r1\_M}\sin\beta_{r1\_M} = F_c\tan\beta_{r1\_M} \tag{8-24}$$

因此，作用在主动锥齿轮齿面上轴向力 F_{az} 和径向力 F_{rz} 分别为

$$F_{az} = F_n\sin\gamma_{r1} + F_s\cos\gamma_{r1} \tag{8-25}$$

$$F_{rz} = F_n\cos\gamma_{r1} - F_s\sin\gamma_{r1} \tag{8-26}$$

式中：γ_{r1} ——主动锥齿轮节锥角。

主、从动锥齿轮齿面上所承受的轴向力 F_{az}、F_{ac} 和径向力 F_{rz}、F_{rc} 与齿轮螺旋方向、旋转方向等有关，主动齿轮齿面上轴向力和径向力的计算公式，见表 8-9。

表 8-9　主动齿轮齿面上轴向力和径向力计算公式

主动齿轮		轴向力	径向力
螺旋方向	旋转方向		
右	顺时针	主动齿轮 $F_{az} = \dfrac{F_c}{\cos\beta_{r1\_M}}(\tan\alpha_{r1\_M}\sin\gamma_{r1} - \sin\beta_{r1\_M}\cos\gamma_{r1})$	主动齿轮 $F_{rz} = \dfrac{F_c}{\cos\beta_{r1\_M}}(\tan\alpha_{r1\_M}\cos\gamma_{r1} + \sin\beta_{r1\_M}\sin\gamma_{r1})$
左	逆时针	从动齿轮 $F_{ac} = \dfrac{F_c}{\cos\beta_{r1\_M}}(\tan\alpha_{r1\_M}\sin\gamma_{r1} + \sin\beta_{r1\_M}\cos\gamma_{r1})$	从动齿轮 $F_{rc} = \dfrac{F_c}{\cos\beta_{r1\_M}}(\tan\alpha_{r1\_M}\cos\gamma_{r1} - \sin\beta_{r1\_M}\sin\gamma_{r1})$
右	顺时针	主动齿轮 $F_{az} = \dfrac{F_c}{\cos\beta_{r1\_M}}(\tan\alpha_{r1\_M}\sin\gamma_{r1} + \sin\beta_{r1\_M}\cos\gamma_{r1})$	主动齿轮 $F_{rz} = \dfrac{F_c}{\cos\beta_{r1\_M}}(\tan\alpha_{r1\_M}\cos\gamma_{r1} - \sin\beta_{r1\_M}\sin\gamma_{r1})$
左	逆时针	从动齿轮 $F_{ac} = \dfrac{F_c}{\cos\beta_{r1\_M}}(\tan\alpha_{r1\_M}\sin\gamma_{r1} - \sin\beta_{r1\_M}\cos\gamma_{r1})$	从动齿轮 $F_{rc} = \dfrac{F_c}{\cos\beta_{r1\_M}}(\tan\alpha_{r1\_M}\cos\gamma_{r1} + \sin\beta_{r1\_M}\sin\gamma_{r1})$

（二）锥齿轮轴承的载荷

当齿轮上载荷确定后，根据主减速器齿轮轴承布置尺寸即可计算其所承受的作用力。对于单级主减速器，典型的悬臂式支承布置结构，见图 8-14。

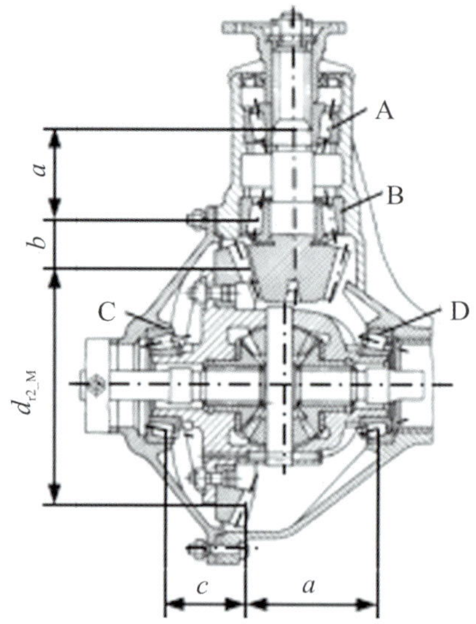

图 8-14　单级主减速器轴承布置尺寸简图

主动锥齿轮近端和远端轴承上径向力分别为

$$F_{r1\_B}=\sqrt{\left(\frac{F_c b}{a}\right)^2+\left(\frac{F_{rz} b}{a}-\frac{F_{az} d_{r1\_M}}{2a}\right)^2} \tag{8-27}$$

$$F_{r1\_A}=\sqrt{\left[\frac{F_c(a+b)}{a}\right]^2+\left[\frac{F_{rz}(a+b)}{a}-\frac{F_{az} d_{r1\_M}}{2a}\right]^2} \tag{8-28}$$

式中：F_{r1_A}、F_{r1_B}——主动锥齿轮近端和远端轴承上径向力；

a——两个支撑轴承之间的距离；

b——主动锥齿轮近端轴承中心位置与轮齿中点位置之间的距离；

d_{r1_M}——主动齿轮齿宽中点处分度圆直径。

对于主动锥齿轮上轴向力，可近似认为全部由远端轴承来承受，这样，主动锥齿轮近端轴承上轴向力为 0，而远端轴承上轴向力为 F_{az}。

在主减速器中从动锥齿轮近端，支撑左、右半轴轴承的径向力分别为

$$F_{r2\_C}=\sqrt{\left(\frac{F_c d}{c+d}\right)^2+\left[\frac{F_{rc} d}{c+d}+\frac{F_{ac} d_{r2\_M}}{2(c+d)}\right]^2} \tag{8-29}$$

$$F_{r2\_D}=\sqrt{\left(\frac{F_c c}{c+d}\right)^2+\left[\frac{F_{rc} c}{c+d}-\frac{F_{ac} d_{r2\_M}}{2(c+d)}\right]^2} \tag{8-30}$$

式中：F_{r2_C}、F_{r2_D}——从动锥齿轮近端支撑左、右半轴轴承的径向力；

c——从动锥齿轮分度圆中心到左边轴承中心位置之间的距离；

d——从动锥齿轮分度圆中心到右边轴承中心位置之间的距离。

对于从动锥齿轮上轴向力，可近似认为全部由左边轴承来承受，这样，左边轴承上轴向力为 0，右边轴承上轴向力为 F_{ac}。

当轴承上载荷确定后，根据主减速器使用工况，通过查阅轴承手册选择相应的轴承型号。轴承的额定寿命为

$$L_r = \left(\frac{F_{d\_r}}{F_{d\_eq}}\right)^{\varepsilon} \tag{8-31}$$

式中：L_r——轴承的额定寿命；

F_{d_r}——轴承的额定动载荷，可由轴承手册查到；

F_{d_eq}——主减速器上轴承当量动载荷，利用轴承上径向载荷和轴向载荷，通过轴承手册查阅该型号轴承的计算公式，进而获得该轴承的当量动载荷；

ε——轴承的寿命指数，对于圆锥滚子、圆柱滚子轴承，取为10/3；对于球轴承，取为3。

在轴承设计过程中，通常采用工作小时数表示轴承的额定寿命，即

$$L_{r\_h} = \frac{L_r \cdot 10^6}{60n_b} \tag{8-32}$$

式中：n_b——轴承转速，可根据汽车平均行驶速度计算。对于普通单级主减速器，从动齿轮对应轴承的计算转速为

$$n_{r2\_b} = \frac{2.66v_{a\_m}}{r_w} \tag{8-33}$$

式中：n_{r2_b}——从动齿轮对应轴承转速；

v_{a_m}——汽车平均行驶速度，对于乘用车，可取为55～60km/h；对于货车，可取为35～40km/h。

主减速器和差速器中齿轮、轴承等接触面均需要得到良好的润滑。齿轮副和靠近齿轮端的轴承可通过飞溅润滑方式来实现，但是，主减速器上远离齿轮端的轴承由于其安装距离较远，不能采用这种方式。在设计中，需要在主减速器壳体内壁上开设集油槽，将飞溅到壳体内壁上的部分润滑油收集起来经过油道进入前圆锥滚子轴承小端处，利用其泵油作用，使润滑油流向轴承大端，并经回油孔流回到驱动桥壳底部。这样，轴承能够得到良好的润滑、散热和清洗等。

第四节　差速器的设计

汽车在路上行驶时，左、右两侧车轮在同一时间内运动轨迹并不完全一致。这主要是由于：①当汽车转弯时，两侧车轮运动轨迹明显不同，即外侧车轮滚过的距离大于内侧车轮；②路面存在一定的平面度，导致两侧车轮与地面的附着情况不一致；③由于轮胎制造尺寸误差、胎压、所承受的载荷以及磨损程度等不同。如果驱动桥两侧车轮采用刚性连接，汽车在行驶过程中不可避免地会产生驱动轮在路面上滑移或者滑转。这不仅会加剧轮胎磨损，降低燃料经济性，而且可能导致转向和制动性能恶化。为了使两侧驱动轮能够以不同角速度旋转，保证车轮滚动状态，这就要求驱动轴必须断开，由主减速器从动齿轮通过差速齿轮机构分别驱动左、右两侧半轴和驱动轮，从而使两侧车轮具有差速运动的功能。

对于多驱动桥汽车，为了避免在驱动桥之间发生与驱动轮之间类似的情况，也需要采用同样的差

速装置，称为轴间差速器，用来保证各驱动桥上车轮能够以不同角速度旋转。

一、对称式圆锥齿轮差速器的差速原理

（一）差速器的运动特性方程

从运动学观点看，对称式圆锥齿轮差速器本质上是一种行星齿轮机构，见图 8-15（1），差速器壳与行星齿轮轴固连在一起，形成行星架，并且与主减速器从动齿轮相连为主动件，半轴齿轮为从动件。图上 A、B 两点分别为行星齿轮与半轴齿轮啮合点，C 点为行星齿轮中心点，A、B、C 各点到差速器旋转轴线的距离均为 r_{da} 。

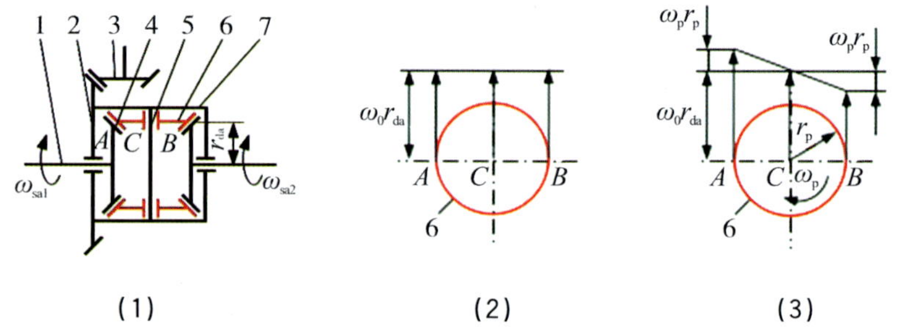

1－半轴；2－主减速器从动齿轮；3－主减速器主动齿轮；4－半轴齿轮；5－行星齿轮轴；6－行星齿轮；7－差速器壳

图 8-15 对称式圆锥齿轮差速器示意图

（1）差速器结构简图；（2）无差速状态；（3）差速状态

当行星架带动行星齿轮绕差速器轴线公转时，见图 8-15(2)，A、B、C 各点角速度均相等，并且与差速器壳的角速度相等，这时，差速器不起差速作用。

当驱动桥两侧车轮以不同角速度旋转时，见图8-15(3)，行星齿轮除了绕差速器轴线公转，还绕自身轴线自转，行星齿轮上 A、B 两点的圆周速度分别为

$$\omega_A r_{da} = \omega_0 r_{da} + \omega_p r_p \tag{8-34}$$

$$\omega_B r_{da} = \omega_0 r_{da} - \omega_p r_p \tag{8-35}$$

式中：ω_A、ω_B——A、B 点对应的角速度；

r_{da} ——行星齿轮与半轴齿轮啮合中心点到差速器旋转轴线的距离；

ω_0 ——主动件的角速度；

ω_p ——行星齿轮自转角速度；

r_p ——行星齿轮半径。

将式（8-34）和式（8-35）相加，可得

$$\omega_A r_{da} + \omega_B r_{da} = (\omega_0 r_{da} - \omega_p r_{da}) + (\omega_0 r_{da} + \omega_p r_{da}) = 2\omega_0 r_{da} \tag{8-36}$$

可简化为

$$\omega_A + \omega_B = 2\omega_0 \tag{8-37}$$

式（8-37）为对称式圆锥齿轮差速器的运动特性方程，通过分析可得：

(1) 驱动桥左、右两侧半轴齿轮的角速度之和等于差速器壳角速度的2倍。

(2) 当任意一侧半轴齿轮角速度为零时，另一侧半轴齿轮角速度为差速器壳角速度的2倍。

(3) 当差速器壳角速度为零时，如果一侧半轴齿轮转动，则另一侧半轴齿轮以相同角速度反向转动。

(二) 差速器的转矩分配

当发动机输出转矩，经离合器、变速器传到主减速器，由主减速器从动齿轮带动差速器壳转动，进而通过行星齿轮轴、行星齿轮传到半轴齿轮。差速器的行星齿轮机构相当于一个等臂杠杆，左、右两侧半轴齿轮的半径相等，当行星齿轮无自转时，转矩将被平均分配到两侧半轴齿轮，即

$$T_l = T_r = T_0/2 \tag{8-38}$$

式中：T_l、T_r ——左、右半轴齿轮上承受的转矩；

T_0 ——主减速器输出的转矩。

当行星齿轮存在自转时，左、右半轴旋转方向相反，假设左半轴转速大于右半轴转速，其转矩分配示意图，见图8-16。

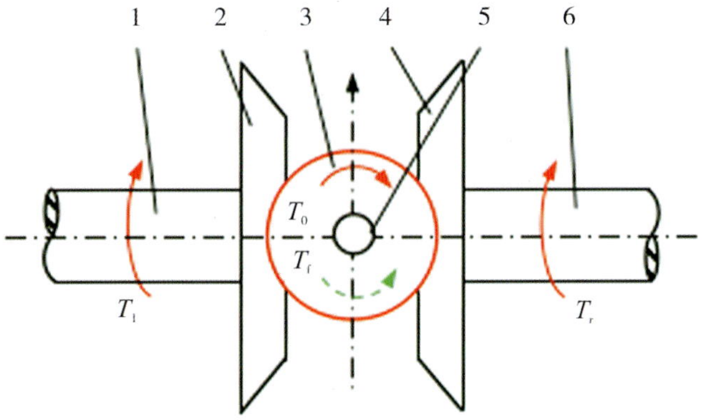

1、6－半轴；2、4－半轴齿轮；3－行星齿轮；5－行星齿轮轴

图8-16　差速器转矩分配示意图

行星齿轮按照图上箭头方向绕其轴线自转，这时，行星齿轮孔与行星齿轮轴径之间以及齿轮背部与差速器壳之间都产生摩擦作用，摩擦力矩的方向与行星齿轮转速方向相反，使左、右半轴齿轮各附加一个大小相等、方向相反的圆周力，该作用力使左半轴上转矩减小，而使右半轴上转矩增加，即

$$\begin{cases} T_l = (T_0 - T_f)/2 \\ T_r = (T_0 + T_f)/2 \end{cases} \tag{8-39}$$

式中：T_f ——差速器的内摩擦力矩。

将式(8-39)中第2式减去第1式，可得差速器的内摩擦力矩等于左、右车轮上转矩之差，即

$$T_f = T_r - T_l \tag{8-40}$$

为了表征差速器内摩擦力矩的大小和转矩分配特性，常采用锁紧系数和转矩比。锁紧系数用来表征限滑差速器的限滑能力，指差速器的内摩擦力矩与其传递转矩之比，即

$$K = \frac{T_f}{T_0} = \frac{T_r - T_l}{T_r + T_l} \tag{8-41}$$

转矩比用来表征限滑能力，表明两侧驱动车轮转矩可能相差的最大倍数，等于半轴转矩较高侧与

较低侧数值之比，即

$$S=\frac{T_r}{T_l}=\frac{1+K}{1-K} \tag{8-42}$$

在汽车驱动桥设计过程中，广泛采用对称式圆锥齿轮差速器，其锁紧系数一般为 0.05～0.15，转矩比为 1.1～1.4。可见，无论驱动桥两侧驱动轮的转速是否相等，从主减速器传递过来的转矩基本上实现平均分配。当汽车在良好路面上行驶时，这样的分配关系是合理的。但是，当汽车在较差的路面上行驶，尤其是驱动桥两侧驱动轮与路面之间的附着条件相差较大时，这样的分配关系不能保证汽车得到足够的驱动力，在很大程度上影响汽车的通过性。为了弥补这个不足，需要采用强制锁止式差速器或者限滑差速器。

二、差速器主要参数的选择

（一）行星齿轮数目

行星齿轮数目需要根据汽车承载情况来选择。通常情况下，乘用车多采用 2 个行星齿轮，见图 8-9,货车和越野车等多采用 4 个行星齿轮，见图 8-8。

（二）行星齿轮球面半径

行星齿轮差速器的结构尺寸通常是由锥齿轮背面的球面半径决定，代表差速器锥齿轮的节锥距，在一定程度上表明差速器的强度和安装尺寸。行星齿轮球面半径可根据经验公式来确定

$$r_{p\_b}=k_{p\_b}\sqrt[3]{T_d} \tag{8-43}$$

式中：r_{p_b}——行星齿轮球面半径。

k_{p_b}——行星齿轮球面半径系数，取值范围为 2.5～3.0，对于采用 4 个行星齿轮的乘用车和商用车取小值；对于采用 2 个行星齿轮的乘用车和 4 个行星齿轮的越野车和矿用车等取大值。

T_d——差速器计算转矩，其值为 $T_d=\min[T_{r2\_e\_max},T_{r2\_sl}]$。

当行星齿轮球面半径确定后，可根据下式初选节锥距，即

$$A_p=(0.98\sim0.99)r_{p\_b} \tag{8-44}$$

式中：A_p——行星齿轮节锥距。

（三）行星齿轮和半轴齿轮齿数

为了使齿轮轮齿有较高的强度，应使行星齿轮的齿数尽量少，但一般不少于 10。半轴齿轮齿数一般在 14～25。大多数汽车半轴齿轮与行星齿轮的齿数比在 1.5～2.0。

在任何圆锥行星齿轮式差速器中，两半轴齿轮齿数之和必须能被行星齿轮数整除，否则齿轮副不能正确装配。

（四）行星齿轮、半轴齿轮的节锥角和模数

行星齿轮和半轴齿轮的节锥角分别为

$$\begin{cases}\gamma_{p} = \arctan(z_{p}/z_{sa}) \\ \gamma_{sa} = \arctan(z_{sa}/z_{p})\end{cases} \tag{8-45}$$

式中：γ_{p}、γ_{sa}——行星齿轮和半轴齿轮节锥角；

z_{p}、z_{sa}——行星齿轮和半轴齿轮齿数。

锥齿轮大端端面模数为

$$m_{b} = (2A_{p}/z_{p})\sin\gamma_{p} = (2A_{p}/z_{sa})\sin\gamma_{sa} \tag{8-46}$$

式中：m_{b}——锥齿轮大端端面模数。

当端面模数确定后，节圆直径可通过下式获得，即

$$d_{p} = m_{b}z \tag{8-47}$$

式中：d_{p}——锥齿轮节圆直径；

z——齿轮齿数。

（五）压力角

关于差速器齿轮压力角的选择，在过去的设计中常选用 20°，对应的齿高系数为 1，齿数不少于 13。为了增大齿轮模数以提高轮齿强度，目前，在差速器齿轮设计中，压力角多选用 18°30′，对应齿高系数为 0.8，齿数可减少到 10，并且在小齿轮齿顶不变尖的前提下可增加半轴齿轮齿厚，使行星齿轮与半轴齿轮的强度趋于相等。某些重型货车和矿用车的压力角也有选用 25°。

（六）行星齿轮轴直径和支承长度

行星齿轮安装孔直径与行星齿轮轴的相等，即

$$d_{pa} = \sqrt{\frac{T_{d} \times 10^{3}}{1.1[\sigma_{c}]z_{p}l_{m\_v}}} \tag{8-48}$$

式中：d_{pa}——行星齿轮轴直径；

T_{d}——差速器壳传递的转矩；

$[\sigma_{c}]$——支承面许用挤压应力，取为 98MPa；

l_{m_v}——行星齿轮支承面中点到锥顶的距离，约为半轴齿面宽中点处直径的一半，而半轴齿面宽中点处直径约为锥齿轮节圆直径的 0.8 倍。

行星齿轮在轴上的支承长度为

$$l_{pb} = 1.1d_{pa} \tag{8-49}$$

式中：l_{pb}——行星齿轮支承长度。

三、差速器齿轮强度的计算

差速器齿轮的工作状态与主减速器齿轮的并不一致，只有当左、右驱动轮运动轨迹不同时，行星齿轮与半轴齿轮之间才能传递转矩。因此，差速器中齿轮主要进行弯曲强度计算，轮齿的弯曲强度为

$$\sigma_{d\_b} = \frac{2T_{sa}k_{s}k_{ld}}{k_{a}m_{b}w_{sa}d_{sa\_b}k_{b}n_{p}} \leqslant [\sigma_{d\_b}] \tag{8-50}$$

式中：σ_{d_b}——轮齿的弯曲强度。

T_{sa}——半轴齿轮计算转矩，$T_{sa}=0.6T_d$，当 $T_{sa}=\min[T_{r2\_e\_max},T_{r2\_sl}]$ 时，$[\sigma_{d\_b}]=980\text{MPa}$；当 $T_{sa}=T_{r2\_t\_m}$ 时，$[\sigma_{d\_b}]=210\text{MPa}$。

w_{sa}——半轴齿轮齿宽。

d_{sa_b}——半轴齿轮大端分度圆直径。

n_p——行星齿轮数量。

差速器齿轮与主减速器齿轮一样，基本上都是采用渗碳合金钢制造，目前，用于制造差速器锥齿轮的材料主要有 20CrMnTi、20CrMoTi、22CrMnMo 和 20CrMo 等。由于差速器齿轮轮齿要求加工精度相对较低，所以，精锻工艺在差速器齿轮制造中得到广泛应用。

四、轴间差速器

多桥驱动汽车在行驶过程中，各驱动桥上车轮的运动状态由于滚动半径、路面状况等不同而存在差异，如果不同驱动桥之间采用刚性连接，则驱动轮以相同角速度旋转，将出现运动不协调。一般情况下，后轮由于载荷较大使得滚动半径减小而趋于滑移，引起与行驶方向相反的作用力；而前轮趋于滑转，引起与行驶方向相同的作用力。这时，前轮具有正驱动力，为真正的驱动轮；而后轮具有负驱动力，反而为制动轮。

在这个过程中，前轮的转矩用来克服车轮的滚动阻力、滑动阻力以及空气阻力等，同时，还需要克服后轮上负的驱动力，而该作用力的方向与车轮的旋转方向一致，将形成一个循环功率流。这意味着存在一个功率由前驱动轮传递给后驱动轮，再经传动系统重新传递到前驱动轮，该功率周而复始地循环传递。这将导致汽车燃料经济性下降，轮胎磨损加剧，传动系统中零部件使用寿命缩短等。当前、后驱动轮与路面之间存在较大摩擦时，这个现象更为严重。

为了解决多桥驱动汽车在行驶过程中存在的不足，应在相邻驱动桥之间设置轴间差速器，见图 8-10，保证不同驱动桥上车轮运动协调，其主要缺点是结构复杂，降低汽车抗滑转能力。这就需要做进一步改进，采用强制锁止式差速器或者限滑式差速器。

五、强制锁止式差速器

普通圆锥齿轮式差速器只能在驱动轮之间平均分配转矩，不能实现按需分配，这将严重影响汽车在不良路面上，尤其是附着系数较低或者不均匀的路面，行驶安全性和稳定性。为了改善普通差速器的不足，通过采用差速锁装置使差速器的差速功能暂时失效。

差速锁的典型结构，见图 8-9，主要由拨叉总成和拨叉套等组成。拨叉套与半轴之间通过花键连接，可以实现轴向滑动；而拨叉套与差速器壳之间通过牙形榫槽连接，当两者处于啮合状态时，差速器失去差速作用，左右半轴与差速器壳同步旋转；当两者脱离啮合时，差速器恢复差速状态。

对于装有强制锁止式差速器的 4×2 型汽车，假设行驶在良好路面上，驱动轮所能输出的最大牵引力为

$$F_{t\_max}=\frac{G_{da}\varphi_{a\_l}}{2}+\frac{G_{da}\varphi_{a\_r}}{2} \tag{8-51}$$

式中：G_{da} ——驱动桥上负荷；

φ_{a_l}、φ_{a_r} ——驱动桥上左、右车轮与路面之间附着系数。

当左侧驱动轮行驶在良好路面上，而右侧驱动轮行驶在不良路面上时，对于普通差速器，驱动轮能够输出的最大牵引力是由车轮最小附着系数决定，即

$$F_{t\_max}=\frac{G_{da}\varphi_{a\_min}}{2}+\frac{G_{da}\varphi_{a\_min}}{2}=G_{da}\varphi_{a\_min} \tag{8-52}$$

式中：φ_{a_min} ——驱动轮与路面之间最小附着系数。

对于强制锁止式差速器，输出的最大牵引力为

$$F_{t\_max}=\frac{G_{da}\varphi_{a\_l}}{2}+\frac{G_{da}\varphi_{a\_min}}{2}=\frac{G_{da}}{2}(\varphi_{a\_l}+\varphi_{a\_min}) \tag{8-53}$$

通过式（8-52）和式（8-53）对比，采用强制锁止式差速器所提供的转矩是普通差速器的 $(\varphi_{a\_l}+\varphi_{a\_min})/2\varphi_{a\_min}$ 倍。例如，车轮在干燥柏油路面上的附着系数约为 0.85，在积水路面上的附着系数约为 0.10，这样，采用强制锁止式差速器后输出转矩能够提高近 5 倍。

强制锁止式差速器能够充分利用原差速器结构，易于制造，工作可靠，在越野车和重型货车上得到应用。但是，在实际道路条件下，不同驱动轮与路面之间的附着系数往往相差不会太大，如果左、右驱动轮都处于低附着系数的路面，即使差速器被锁止，牵引力仍超过驱动轮与路面之间的附着力，汽车还是无法正常行驶。这就需要差速器能够根据路面实际情况自动控制驱动轮之间转矩分配。

六、限滑式差速器

强制锁止式差速器一般需要停车后进行操作，驾驶人难以掌握锁止或者解锁的最佳时机，从而可能给汽车性能带来不利的影响，无法真正发挥差速锁的优势。因此，需要一种能够根据路面情况自动改变或者控制驱动轮之间转矩分配的差速器，称为限滑式差速器。根据其工作原理不同，主要分为三类：转矩敏感式、转速敏感式和主动控制式。

（一）转矩敏感式

转矩敏感式限滑差速器是指差速器的限滑转矩主要与输入转矩有关。该类型的限滑差速器主要有摩擦片式、托森式、锥盘式和滑块—凸轮式等。

1. 摩擦片式限滑差速器

摩擦片式限滑差速器是在对称式锥齿轮差速器的基础上发展而来，通过增加差速器内摩擦力矩来限制其差速作用，其典型结构，见图 8-17。在差速器壳与半轴齿轮之间设置主、从动摩擦片以及推力压盘，主动摩擦片通过外花键与差速器壳相连，而推力压盘和从动摩擦片通过内花键与半轴相连。两根行星齿轮轴相互垂直，轴端面制成 V 形截面，并且反向安装在差速器壳或者推力压盘上凹 V 形楔槽内。

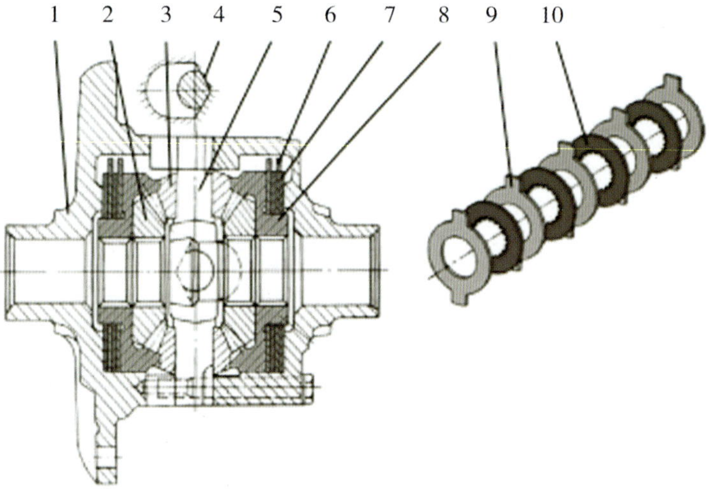

1－差速器壳；2－半轴齿轮；3－行星齿轮；4－V 形楔槽；5－行星齿轮轴；6、9－主动摩擦片；
7、10－从动摩擦片；8－推力压盘

图 8-17　摩擦片式限滑差速器

当传递转矩时，通过差速器壳或者推力压盘上凹 V 形楔槽对行星齿轮轴产生轴向力，推动行星齿轮带动压盘将主、从动摩擦片压紧。当左、右半轴转速不等时，主、从动摩擦片之间发生相对滑动，从而产生摩擦力矩，该力矩与差速器所传递的转矩成正比，即

$$T_{\mathrm{f}}=\frac{T_{\mathrm{d}}\tan\theta_{\mathrm{V}}}{r_{\mathrm{v\_sa}}}\mu r_{\mathrm{f\_m}}z_{\mathrm{f}} \tag{8-54}$$

式中：T_{f} ——摩擦力矩；

$r_{\mathrm{f\_m}}$ ——摩擦片平均摩擦半径；

$r_{\mathrm{v\_sa}}$ ——差速器壳体或者推力压盘 V 形截面中点到半轴齿轮中心线的距离；

μ ——摩擦系数；

z_{f} ——摩擦面数；

θ_{V} ——V 形截面半角。

摩擦片式限滑差速器结构简单，工作平稳，摩擦面压力较小，锁紧系数可达 0.5 以上，有效地提升汽车的通过性，常用于乘用车、越野车和轻型货车等。

2. 托森式限滑差速器

托森（Torsen）式限滑差速器是一种典型的轮齿式限滑差速器，利用涡轮蜗杆传动的不可逆性原理和齿面高摩擦条件，使差速器根据其内摩擦转矩大小而自动锁止或者松开，当差速器内摩擦转矩较小时起差速作用，而过大时自动将差速器在一定程度上锁止，有效地提高汽车的通过性。

托森式限滑差速器，又称为 T-1 型托森式限滑差速器，其典型结构见图 8-18。发动机输出的转矩经变速器传至空心驱动轴，通过花键带动差速器壳转动。涡轮轴中间安装 1 个涡轮，两端各安装 1 个尺寸相同的直齿圆柱齿轮。涡轮轴安装在差速器壳上，与之同步旋转。差速器壳内前、后各有3 个涡轮，通过涡轮轴上直齿圆柱齿轮相连，并分别与前、后蜗杆相连，将转矩通过蜗杆轴传至前、后桥。

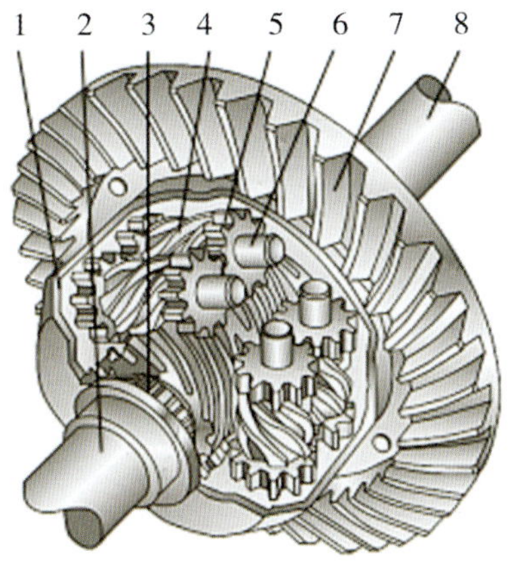

1－差速器壳；2、8－半轴；3－蜗杆；4－涡轮；5－直齿圆柱齿轮；6－涡轮轴；7－主减速器从动齿轮

图 8-18 托森式限滑差速器

当汽车直线行驶时，由于两蜗杆轴转速相等，涡轮与蜗杆之间无相对运动，差速器壳与两蜗杆轴均绕蜗杆轴线同步旋转，转矩实现平均分配。当汽车转弯或者某侧驱动轮行驶在不良路面时，前、后蜗杆轴转速不等，转速相对快的驱动轮将带动与之相连的同侧直齿圆柱齿轮转动，并迫使另一侧涡轮带动蜗杆转动，由于其齿面之间存在很大的摩擦力，产生摩擦力矩，这将限制转速快的驱动轮旋转。该类差速器的转矩比为

$$S=\frac{\tan(\beta+\theta)}{\tan(\beta-\theta)} \tag{8-55}$$

式中：β——蜗杆螺旋角；

θ——摩擦角。

当 $\beta=\theta$ 时，转矩比 $S\to\infty$，这时，差速器处于自锁状态。在设计过程中，一般 T-1 型差速器转矩比的范围为 5.5～9.0，为了减少磨损，提高使用寿命，可降低至 3.0～3.5，保证驱动轮在附着条件较差的情况下，仍能够利用附着力较大的驱动轮产生足够的驱动力。通过选取合适的螺旋升角，得到设计需要的锁紧系数，其取值范围一般为 0.7～0.8。

随着技术不断进步，又相继出现 T-2 和 T-3 型托森式限滑差速器，见图 8-19，其中，T-2 型托森式限滑差速器采用平行轴式轮齿结构；T-3 型托森式限滑差速器直接安装在手动或者自动变速器上，平衡前后桥之间的转速差，并根据驱动轮的实际需要分配驱动力矩。

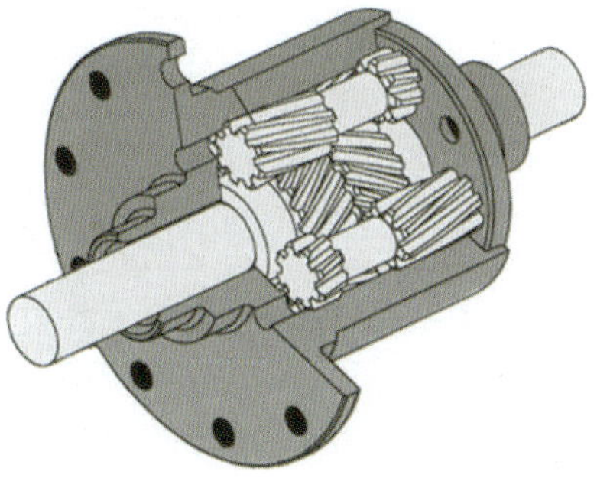

(1)

(2)

图 8-19 T-2 和 T-3 型托森式限滑差速器

(1) T-2 型；(2) T-3 型

在转矩敏感式差速器的实际应用中，还有锥盘式和滑块—凸轮式等限滑差速器，其工作原理与摩擦片式、托森式的基本类似，当左、右驱动轮存在转速差时，利用中间传力构件的运动，增加旋转较快驱动轮的摩擦力矩，使其驱动力矩减小，与之相反，旋转较慢车轮的驱动力矩增加，提高汽车的防滑能力。

（二）转速敏感式

转速敏感式限滑差速器是指差速器的限滑转矩主要与左、右半轴转速有关。典型的是黏性式差速器，利用液体的黏性摩擦特性来实现限滑的差速器，其基本结构见图 8-20，内叶片通过花键与传动轴相连，外叶片通过花键与壳体相连，内、外叶片交替布置，并且在外叶片之间设置隔环，限制其轴向移动。

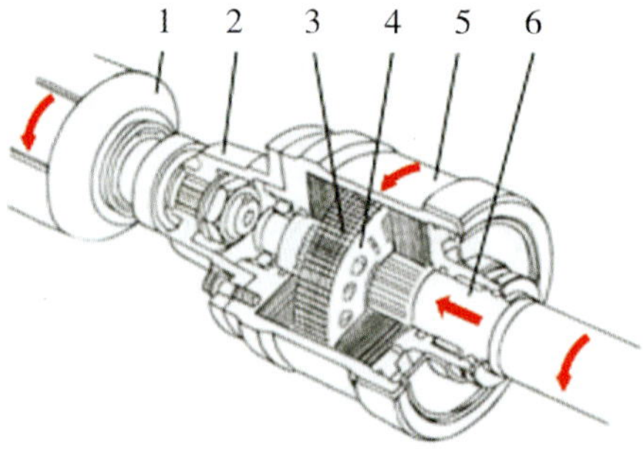

1－前传动轴；2－传力毂；3－内叶片；4－外叶片；5－壳体；6－后传动轴

图 8-20　黏性式限滑差速器

在密封的壳体内注入占总体积 80%～90%具有较大黏度的工作介质——硅油。当左、右驱动轮或者前、后驱动桥之间转速差较小时，利用硅油的黏性产生剪切力矩，进而产生摩擦力矩，这时，差速器处于剪切状态，在一定程度上发挥差速作用。当相应的转速差超过某个设定值时，例如，某一侧驱动轮出现打滑，叶片快速旋转使壳体内硅油产生大量的摩擦热，导致其自身体积膨胀，压力急剧上升，从而使内、外叶片压在一起，差速器自动锁止，这时，差速器处于驼峰状态，所传递的转矩迅速增加，能够使汽车很容易脱离抛锚地。

对于黏性式差速器，内、外叶片的厚度、数量和表面加工精度等对传递转矩的能力有显著影响。此外，叶片上还加工有孔和槽等结构，有利于壳体内硅油流动，防止局部过热和叶片变形。

（三）主动控制式

前边叙述的转矩敏感式和转速敏感式限滑差速器，能够根据对转矩和转速差的感知实现限滑差速作用，具有自动调节功能，但是，驾驶人无法主动控制。随着传感器和控制技术不断进步，汽车上开始采用主动控制式限滑差速器。

主动控制式限滑差速器是指通过电子装置或者电液控制装置来实现限滑，能够使驱动轮获得实际需要的附着力。目前，主要有 3 种结构形式：电磁式、电液式和电机式，见图 8-21。这些主动控制式差速器多以摩擦片结构为基础，通过车载传感器采集汽车运行和路面状态信息，电控单元对这些信息进行分析处理，进而控制电磁、电液或者电机促动等装置来改变内摩擦力矩，从而实现主动控制，更好地满足汽车行驶需求。

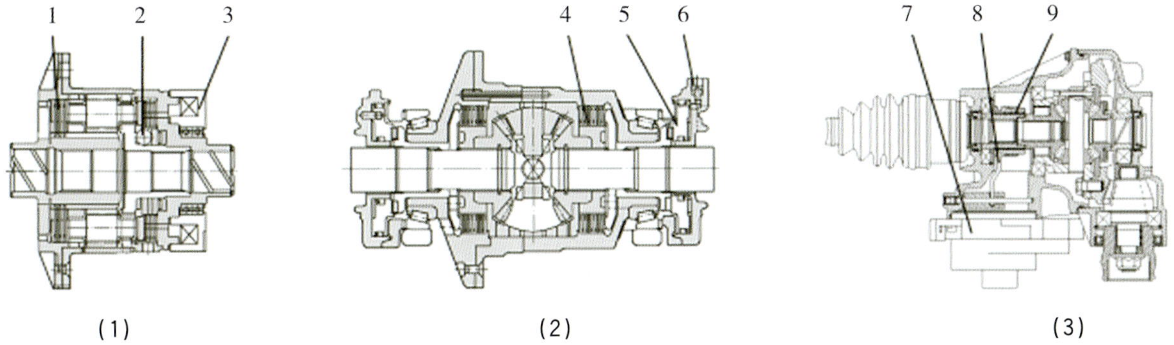

1、4、9－摩擦组件；2－凸轮机构；3－电磁装置；5－活塞；6－液压油路；7－电机及减速装置；8－促动机构

图 8-21　主动控制式限滑差速器

(1) 电磁式；(2) 电液式；(3) 电机式

第五节　驱动车轮传动装置和桥壳的设计

一、驱动车轮传动装置设计

驱动车轮传动装置位于汽车底盘中传动系统末端，基本功用是将差速器的转矩传给驱动车轮。根据驱动桥的结构形式，对于断开式驱动桥，传动装置主要包括半轴和万向传动装置；对于整体式驱动桥，通过半轴将差速器半轴齿轮与轮毂相连；在装有轮边减速器的驱动桥，半轴将半轴齿轮与轮边减速器主动齿轮相连。

（一）半轴主要形式及其载荷

根据车轮端的支承方式或者受力情况不同，半轴可分为半浮式、3/4 浮式和全浮式三种，见图8-22。

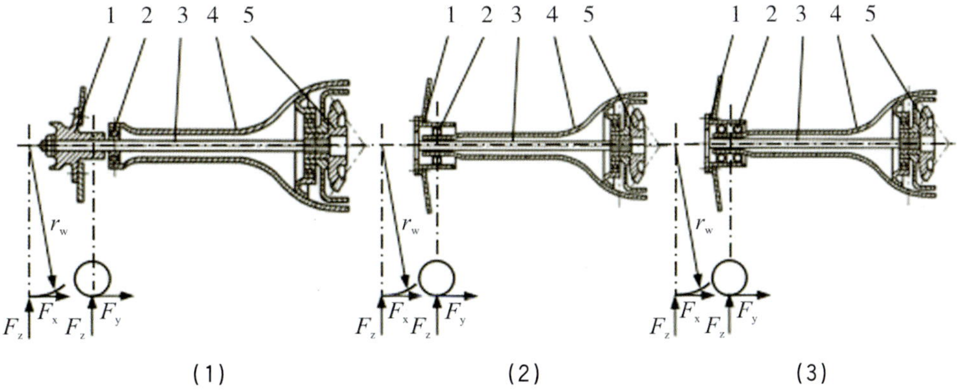

1－轮毂；2－轴承；3－半轴；4－桥壳；5－半轴齿轮

图 8-22　半轴结构形式及其受力简图

(1) 半浮式；(2) 3/4 浮式；(3) 全浮式

1. 半浮式半轴

半浮式半轴以靠近外端轴径直接支承在置于桥壳外端内孔中的轴承，而端部以锥面轴颈与车轮轮毂相连，或者以凸缘与车轮制动毂相连。半浮式半轴除了传递转矩，还要承受车轮传递过来的垂直力、纵向力以及侧向力及其弯矩，其所承受的载荷比较复杂。在半轴设计过程中，应首先确定其载荷，常采用以下 3 种载荷工况。

（1）纵向力或者驱动力最大，无侧向力。

在此工况下，垂向力和纵向力分别为

$$\begin{cases} F_z = k_{lt} G_{da}/2 \\ F_x = F_z \varphi_a = k_{lt} G_{da} \varphi_a /2 \end{cases} \tag{8-56}$$

式中：φ_a ——附着系数，可取为 0.85；

k_{lt} ——负荷转移系数，可取为 1.2。

半轴弯曲应力和扭转切应力分别为

$$\begin{cases} \sigma = \dfrac{32 l_{b\_w} \sqrt{F_x^2 + F_z^2}}{\pi d_{sa}^3} \\ \tau = \dfrac{16 F_x r_w}{\pi d_{sa}^3} \end{cases} \tag{8-57}$$

式中：σ、τ ——半轴弯曲应力和扭转切应力；

l_{b_w} ——轮毂支承轴承到车轮中心平面之间的距离；

d_{sa} ——半轴直径。

两者的合成应力为

$$\sigma_n = \sqrt{\sigma^2 + 4\tau^2} \tag{8-58}$$

（2）侧向力最大，无纵向力。

在此工况下，侧向力最大意味着汽车发生侧滑，无纵向力作用，外轮和内轮上垂直反力分别为

$$\begin{cases} F_{z\_out} = G_{da}(0.5 + h_{mc} \varphi_{a\_sl} / l_w) \\ F_{z\_in} = G_{da} - F_{z\_out} \end{cases} \tag{8-59}$$

式中：F_{z_out}、F_{z_in} ——外轮和内轮上垂直反力；

h_{mc} ——汽车质心高度；

φ_{a_sl} ——汽车发生侧滑时车轮附着系数；

l_w ——两车轮距离。

外轮和内轮上侧向力分别为

$$\begin{cases} F_{y\_out} = F_{z\_out} \varphi_{a\_sl} \\ F_{y\_in} = F_{z\_in} \varphi_{a\_sl} \end{cases} \tag{8-60}$$

式中：F_{y_out}、F_{y_in} ——外轮和内轮上侧向力。

外轮和内轮上弯曲应力分别为

$$\begin{cases} \sigma_{y\_out} = \dfrac{32(F_{y\_out} r_w - F_{y\_out} l_{b\_w})}{\pi d_{sa}^3} \\ \sigma_{y\_in} = \dfrac{32(F_{y\_in} r_w + F_{y\_in} l_{b\_w})}{\pi d_{sa}^3} \end{cases} \tag{8-61}$$

式中：σ_{y_out}、σ_{y_in} ——外轮和内轮上弯曲应力。

（3）汽车通过不平路面，垂向力最大，无纵向力和侧向力。

在此工况下，无纵向力和侧向力作用，最大垂向力为

$$F_z = k_d G_{da}/2 \tag{8-62}$$

式中：k_d ——动载系数，乘用车：可取为 1.75；货车：可取为 2.0；越野车：可取为 2.5。

半轴弯曲应力为

$$\sigma_{b\_sa} = \frac{32F_z l_{b\_w}}{\pi d_{sa}^3} = \frac{16k_d G_{da} l_{b\_w}}{\pi d_{sa}^3} \tag{8-63}$$

半浮式半轴的许用合成应力一般为 600～750MPa。

2. 3/4 浮式半轴

3/4 浮式半轴外端仅有一个轴承安装在驱动桥壳半轴套管端部，并支承于车轮轮毂。该形式半轴的计算与半浮式的类似，只是载荷有所减小，两者主要区别是半轴的危险断面不同，该形式的危险断面位于半轴与轮毂配合表面的内端。

半轴和半轴齿轮一般采用渐开线花键连接，应对花键进行压应力和键齿切应力校核。一般地，压应力不大于 200MPa，切应力不大于 73MPa。

3. 全浮式半轴

全浮式半轴利用外端凸缘与轮毂相连，而轮毂通过两个圆锥滚子轴承支承在驱动桥壳半轴套管上。该形式的半轴在理论上仅承受弯矩，其载荷可按车轮附着力矩进行计算，即

$$M_a = k_{lt} G_{da} \varphi_a r_w/2 \tag{8-64}$$

式中：M_a ——车轮附着力矩。

半轴的扭转应力为

$$\tau_{sa} = \frac{16M_a}{\pi d_{sa}^3} \tag{8-65}$$

式中：τ_{sa} ——半轴的扭转应力。

半轴的扭转角为

$$\theta_{sa} = \frac{180M_a l_{sa}}{\pi G I_p} \tag{8-66}$$

式中：θ_{sa} ——半轴的扭转角；

l_{sa} ——半轴长度；

G ——材料剪切模量；

I_p ——半轴截面极惯性矩，$I_p = \pi d_{sa}^4/32$。

半轴的扭转应力一般为 500～700MPa，一般每米的轴对应转角变化为 6°～15°。

（二）半轴的结构设计与材料

1. 半轴的结构设计

半轴的主要结构尺寸是杆部直径，对于全浮式半轴，其直径可按照下式进行计算初选，即

$$d_{sa} = k_d \sqrt[3]{M_a} \tag{8-67}$$

式中：k_d——直径系数，一般为0.205～0.218。

根据计算结果，按照前边的强度计算公式进行校核。此外，半轴的主要设计要求如下：

（1）半轴花键内径应不小于杆部直径，尽量使半轴各部分基本达到等强度。

（2）半轴的破坏形式多为扭转疲劳破坏，在结构设计上应尽量增大各过渡部分圆角半径，以减小应力集中，同时，保证不与其他零部件发生干涉。

（3）当半轴杆部直径较大，并且外端凸缘尺寸也较大，可采用两端均为花键连接的结构形式，花键形状可采用渐开线、矩形或者梯形等。

（4）半轴杆部的安全系数应低于驱动桥其他零部件，当传动系统过载时，能够起到保护其他零部件的作用。

2. 半轴的材料

半轴材料多采用含铬的中碳合金钢，如40Cr、40CrMnMo、40CrMnSi、40CrMoA、35CrMnSi和35CrMnTi等。半轴热处理过去都采用调质处理的方法，调质后要求杆部硬度为HB388～444。近年来，多采用高频、中频感应淬火等热处理方法，这种处理方法可使半轴表面淬硬达HRC52～63，硬化层深度约为其半径的1/3，芯部硬度为HRC30～35；未淬火区硬度一般在HB248～277。半轴表面淬火后可以获得强度较高的硬化层，为了进一步提高半轴静强度和疲劳强度，可采用喷丸处理、滚压半轴凸缘根部过渡圆角等。

二、驱动桥壳设计

（一）驱动桥壳设计要求

驱动桥作为主减速器、差速器和半轴等装配基体，支承汽车自身质量及载重，同时，将驱动轮上垂直力、牵引力、制动力和侧向力及其转矩经过桥壳传到车架或者车身上。驱动桥壳既是承载件又是传力件，其基本设计要求有：

（1）具有足够的刚度和强度，防止齿轮轮齿变形过大，影响齿轮间正常啮合。

（2）在保证刚度和强度前提下，应尽量减小桥壳的质量，以利于降低动载荷，提高汽车行驶的平顺性。

（3）具有合理的离地间隙，保证汽车的通过性和行驶稳定性。

（4）结构简单，工艺性较好，制造成本低。

（5）便于主减速器、差速器和半轴等零部件的拆装、调整和维修等。

（二）驱动桥壳强度计算与材料

1. 驱动桥壳的强度计算

驱动桥壳是汽车上主要的承载构件，见图8-23，由于汽车的行驶条件复杂多变，如果要精确计算汽车行驶过程中桥壳强度变化是比较困难的，一般通过采用台架试验和整车行驶试验测试其刚度和强度变化。随着计算机性能不断提升，有限元方法在桥壳的设计中也得到广泛应用。一般地，桥壳的设计多采用常规方法，将驱动桥壳看作一简支梁，校核特定截面的受力强度值。例如，日本有的汽车制造企业在设计驱动桥壳时要求在 2.5 倍满载对应载荷作用下，各零部件安装和连接部位的应力不应超过材料的屈服极限。在国内，常将桥壳复杂的受力简化为 3 种典型的计算载荷，这与半浮式半轴强度分析的工况相同。通常情况下，只要驱动桥壳在这 3 种工况下计算强度符合设计要求，就认为该桥壳在汽车任何正常行驶工况下都是可靠的。

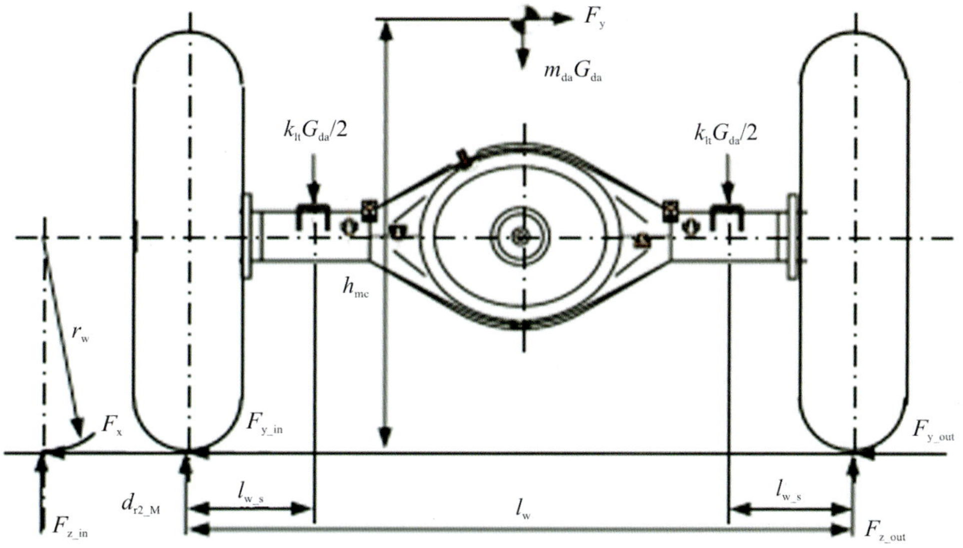

图 8-23 桥壳受力简图

(1) 当牵引力或者制动力最大时，桥壳钢板弹簧座处危险截面的弯曲应力和扭转切应力分别为

$$\begin{cases}\sigma_{ah} = \dfrac{M_x}{W_x} + \dfrac{M_z}{W_z} \\ \tau_{ah} = \dfrac{T_y}{W_y}\end{cases} \tag{8-68}$$

式中：σ_{ah}、τ_{ah} ——桥壳钢板弹簧座危险截面处弯曲应力和扭转切应力；

M_x—— 地面对车轮垂直反力在危险截面处引起垂直平面内的弯矩，$M_x = k_{lt} G_{da} l_{w\_s}/2$，其中 l_{w_s} 为车轮中心平面到钢板弹簧座中心平面之间的横向距离；

M_z—— 一侧车轮上牵引力或者制动力在危险截面引起水平面内的弯矩，即 $M_z = F_x l_{w\_s}$；

T_y—— 在危险截面处所受到的转矩，即 $T_y = F_x r_w$；

W_x、W_z ——抗弯截面系数；

W_y ——抗扭截面系数。

(2) 当侧向力最大时，桥壳内、外板簧座处截面弯曲应力分别为

$$\begin{cases}\sigma_{b\_in} = \dfrac{F_{z\_in}(l_{w\_s} + \varphi_{a\_sl} r_w)}{W_x} \\ \sigma_{b\_out} = \dfrac{F_{z\_out}(l_{w\_s} - \varphi_{a\_sl} r_w)}{W_x}\end{cases} \tag{8-69}$$

式中：σ_{b_in}、τ_{b_out} ——桥壳钢板弹簧座危险截面处弯曲应力；

F_{z_in}、F_{z_out} ——内、外侧车轮受到地面作用的垂直反力。

（3）当汽车通过不平路面时，危险截面处弯曲应力为

$$\sigma_b = \frac{k_d G_{da} l_{w\_s}}{2W_x} \tag{8-70}$$

桥壳的许用弯曲应力为300～500MPa，许用扭转切应力为150～400MPa。可锻铸铁桥壳取较小值，钢板冲压焊接桥壳取较大值。

上述桥壳强度的分析方法，只能计算出桥壳某一截面处应力平均值，而不能得到桥壳上应力分布的真实情况。该方法仅用于桥壳强度校核或者用来与其他车型桥壳强度进行对比。为了获得桥壳上某点的真实应力值，常采用有限元方法，通过对汽车驱动桥壳建立有限元模型，施加边界条件和外加载荷，进行计算分析，可以得到应力与应变的变化情况，特别是能够发现结构上应力集中区域和应力变化趋势，有助于桥壳结构的进一步优化设计。

2. 驱动桥壳的材料

汽车驱动桥壳铸件多采用可锻铸铁、球墨铸铁和铸钢等材料；对于钢板冲压焊接的整体式驱动桥壳，多采用16Mn、09SiV、35或者40号中碳钢等材料。半轴套管多采用40Cr、40MnB或者45号中碳钢等制成无缝钢管或者锻件。

第六节　变速驱动桥和转向驱动桥的设计

一、变速驱动桥设计

乘用车的布置形式多采用发动机前置前轮驱动，将变速器和驱动桥两个系统集成在一起，布置在一个壳体内，变速器输出轴就是主减速器输入轴，称为变速驱动桥。该结构布置紧凑，能够减轻传动系统质量，缩短传动距离，提高机械效率，在乘用车中得到广泛应用。

变速驱动桥的典型结构，见图8-2，发动机输出动力，经变速器输入轴、变速器第二轴、主减速器主动和从动齿轮、差速器，分别传至左、右半轴，驱动车轮旋转。

二、转向驱动桥设计

在多数乘用车和全轮驱动的汽车上，前桥既是转向桥又是驱动桥，将这种形式的桥称为转向驱动桥，见图8-3。

转向驱动桥与一般驱动桥的组成类似，但是，由于汽车转向时，车轮需要绕主销转过一定角度，这就要求与驱动车轮相连的半轴必须制成内、外两段，即内半轴和外半轴，两者通过万向节连接，保证车轮能够同时发挥驱动和转向作用。

转向驱动桥的动力经变速器、主减速器和差速器，分别传至左、右内半轴和内等速万向节，然后，经左、右外等速万向节和外半轴传至轮毂，驱动车轮。当转动转向盘时，通过转向器和横拉杆使前轮

实现转向。此类转向驱动桥一般与独立悬架配合使用，能够有效增大前轮内侧空间，便于传动系统中组成部件的布置安装。

在转向驱动桥的设计过程中，除了保证车轮具有驱动和转向功能，还应使车轮能够自动回正，当转向轮受到外加载荷发生偏转，如果外载消失，则车轮能够立即自动地回到直线行驶的位置。这种车轮自动回正的功能是通过合理的定位参数，即主销后倾角、主销内倾角、前轮外倾角和前轮前束等，来实现。

转向驱动桥有关零部件的设计，可参照驱动桥、万向节等相应零件的设计过程。

参考文献

[1] 闵海涛，王建华. 汽车设计［M］. 5 版. 北京：机械工业出版社，2023.
[2] 刘惟信. 汽车设计［M］. 北京：清华大学出版社，2001.
[3] 过学迅，邓亚东. 汽车设计［M］. 北京：人民交通出版社，2005.
[4] 姚为民. 汽车构造［M］. 7 版. 北京：人民交通出版社，2021.
[5] 吉安卡洛·珍达，洛伦兹·莫雷洛. 汽车底盘设计（上卷）：部件设计［M］. 王志福，译. 北京：机械工业出版社，2023.

第四篇　底盘设计技术

第九章　悬 架 设 计

第一节　概　　述

悬架是汽车底盘中行驶系统的重要组成部分，它连接着车架/承载式车身与车桥/车轮，其主要功用有：①传递车架/承载式车身与车桥/车轮之间的力及其力矩，保证汽车能够正常行驶；②缓和汽车自身振动源以及道路不平坦等所造成的振动与冲击，保证汽车行驶平顺性；③衰减弹簧所承载系统的振动能量，保证乘坐舒适性和操纵稳定性。

为了实现该功用，汽车悬架系统具有不同的结构形式，主要包括 3 个组成部分：弹性元件、减振器和导向机构等，见图 9-1。弹性元件，如钢板弹簧、螺旋弹簧和气体弹簧等，使车架/承载式车身与车桥/车轮之间实现弹性连接，承受并传递垂直、纵向和侧向的作用力及其力矩，缓和各种振动源所引起的振动与冲击。减振器，如筒式减振器、充气式减振器和阻尼可调减振器等，使振动能量能够快速衰减。导向机构，如横向稳定器和缓冲块等，传递纵向和横向各种作用力及其力矩，保证悬架系统与汽车其他组成系统之间具有确定的运动关系，并防止悬架出现过大变形。

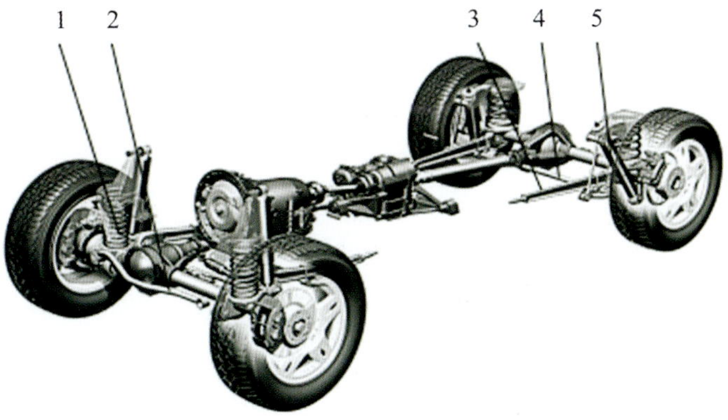

1－弹性元件；2－横向推力杆；3－纵向推力杆；4－横向稳定器；5－减振器

图 9-1　汽车悬架主要组成结构示意图

为了保证悬架具有良好的工作性能，在设计过程中应满足如下基本要求：

(1) 悬架系统各组成部件具有足够的刚度和强度，能够可靠地传递车辆自身及其外界环境所引起的作用力及其力矩。

(2) 系统中弹性和阻尼元件应便于设计、调节，保证汽车具有良好的行驶平顺性。

（3）悬架各组成部件的质量尽可能小，避免系统发生共振，同时要保证汽车具有较好的通过性。

（4）系统具有可靠的导向机构，保证汽车行驶过程中车轮定位参数变化不大，具有良好的操作稳定性。

（5）导向机构应安装合理，避免与转向系统、车架或者车身等发生运动干涉。

（6）系统整体结构应布置紧凑，利于发动机等安装以及行李箱具有足够的空间。

（7）系统中各组成部件具有良好的可靠性以及使用寿命。

（8）系统应便于装配、调整和维修等。

随着对汽车行驶舒适性和控制智能化程度的要求不断提升，与之相应，悬架系统的重要性也越来越得到重视。在 18 世纪，法国最早出现将扁平状单片弹簧作为车轮悬架。随后，英国人艾略特将钢板叠加，再用两端钩环与车架相连。到 1878 年，法国博利采用钢板弹簧制作前轮独立悬架。在 1763 年，美国特雷德韦尔第一个获得关于螺旋弹簧悬架的专利。在 1897 年，美国人吉明第一个提出减振器，随后，哈德·福特将摩擦阻尼件应用到奥斯莫比尔汽车上。到 1906 年，美国人威廉·布鲁什首次将螺旋弹簧与减振器结合来吸收车辆振动。在 1908 年，法国人霍迪首次提出实用的液压减振器。在 1921 年，美国利兰汽车公司研制出扭杆弹簧悬架，随后，德国人波尔舍将其规格化并使其得到广泛应用。到 1960 年，通用汽车公司麦弗逊成功将螺旋弹簧、液压减振器和上摆臂杆组成悬架结构。一直到 1982 年，德国本茨汽车公司成功研制多连杆悬架结构。对于空气悬架，在 1909 年，英国考文汽车制造厂首次研制以压缩空气作为弹簧的减振器，但是，由于其密封性未得到很好的解决而未能推广应用。到 1933 年，美国费尔斯通汽车公司成功研制出实用的空气弹簧悬架。一直到 1985 年，波许公司研制出电控闭式空气悬挂系统。因此，提高悬架系统工作性能的稳定性、可靠性以及延长使用寿命，适应汽车舒适性和智能化控制，已经成为悬架系统的发展趋势。

第二节　悬架结构方案的选择

为了使行驶中汽车具有良好的平顺性和舒适性，汽车上广泛采用各种悬架结构。按照车桥结构、弹性元件、减振器结构、车轮运动形式和控制方式等不同，悬架系统常见的分类方式见表 9-1。

表 9-1　悬架系统常见的分类类型及其结构特点

分类方式	类型	主要结构特点
车桥结构	非独立悬架	整体式车桥通过弹性悬架与车架或车身相连
	独立悬架	断开式车桥通过弹性悬架与车架或车身相连
弹性元件	钢板弹簧	由若干片等宽但不等长的合金弹簧片组成近似等强度的弹性梁
	螺旋弹簧	利用弹簧钢棒料卷制成等螺距或变螺距的弹簧
	扭杆弹簧	由弹簧钢制成圆形或矩形截面的扭杆
	气体弹簧	在密闭容器中充入压缩气体实现弹簧作用
	橡胶弹簧	利用橡胶材料本身弹性实现弹簧作用

续表

分类方式	类型	主要结构特点
减振器结构	筒式减振器	利用活塞在缸筒内往复运动引起油液在小孔内流动产生阻尼力而消耗振动能量
	充气式减振器	利用工作活塞和浮动活塞在缸筒内往复运动产生阻尼力而消耗振动能量
	阻尼可调减振器	利用阻尼参数随车辆载荷或行驶工况改变的减振器来消耗振动能量
车轮运动形式	横臂式	通过单横臂或双横臂将车轮与车架/车身相连
	纵臂式	通过单纵臂或双纵臂将车轮与车架/车身相连
	沿主销移动式	车轮沿主销轴线移动
	单斜臂式	通过与汽车纵轴线成一定夹角的轴线摆动来控制车轮运动
	多连杆式	通过多根杆件组合在一起控制车轮位置变化
控制方式	被动式	悬架性能在汽车行驶过程中无法调节
	半主动式	悬架根据汽车运动状态和路面状况适时调节其阻尼
	全主动式	悬架根据汽车运动状态和路面状况适时调节其刚度和阻尼

一、车桥结构的选择

根据车桥结构的不同，汽车悬架可分为非独立悬架和独立悬架。

（一）非独立悬架

非独立悬架是指通过弹性悬架将整体式车桥与车架/承载式车身相连，见图 9-2（1）。由于汽车两侧车轮是刚性连接，当一侧车轮受到路面不平等外界激励而发生跳动时，另一侧车轮则会产生横向摆动。

（二）独立悬架

独立悬架是指通过弹性悬架将断开式车桥与车架/承载式车身相连，见图 9-2（2）。由于车桥是断开的，两侧车轮可以独立运动，当一侧车轮发生跳动时，另一侧车轮不受影响。

(1)　　(2)

图 9-2　非独立悬架和独立悬架示意图

(1) 非独立悬架；(2) 独立悬架

二、弹性元件的选择

悬架系统中弹性元件能够缓和外界的振动与冲击，常采用的元件有：钢板弹簧、螺旋弹簧、扭杆弹簧、气体弹簧和橡胶弹簧等。

（一）钢板弹簧

钢板弹簧由若干片等宽但不等长的合金弹簧钢片组成近似等强度弹性梁，见图 9-3。不同弹簧钢片通过弹簧夹固连在一起，防止各片分开以及横向错位，起传力和导向作用。整个钢板弹簧通过 U 形螺栓将其固定在车桥上，并利用主片两端的卷耳与车架间作铰链连接。

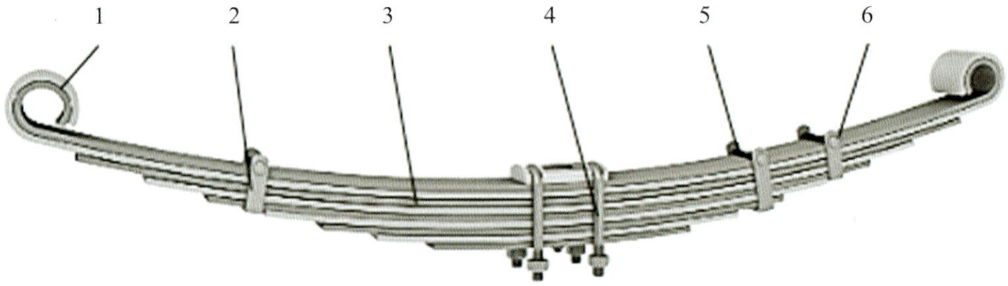

(1)

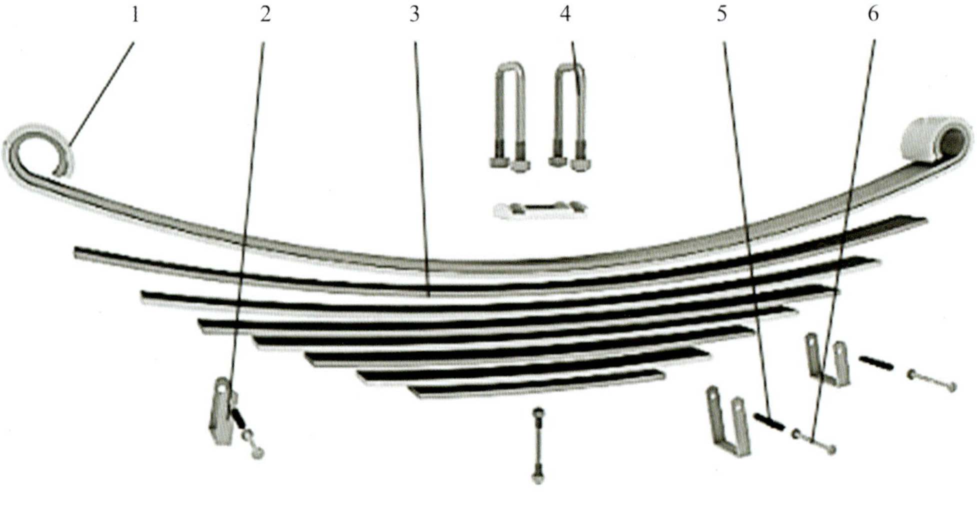

(2)

1—卷耳；2—弹簧夹；3—钢板弹簧；4—U 形螺栓；5—套管；6—螺栓

图 9-3　钢板弹簧

(1) 装配示意图；(2) 装配爆炸图

钢板弹簧在外加载荷作用下产生变形来缓和振动与冲击，同时，各片之间也存在相对滑动而产生摩擦耗能，起到一定的减振作用。为了减小弹簧钢片的磨损，需要在各片之间加涂润滑剂。

钢板弹簧的优缺点，见表 9-2。为了克服其自身质量大、性能差等缺点，开始采用由单片或者 2～3 片变截面或者变厚度的钢板弹簧，这样，可减少质量 40%～50%。由于钢板弹簧的制造工艺成熟、成本较低等优点，在客货车以及少数乘用车上得到广泛应用。

表 9-2 不同弹性元件的优缺点

弹性元件	优点	缺点
钢板弹簧	结构简单，制造工艺成熟，工作可靠，维修方便，成本较低	质量较大，弹簧刚度较大，行驶平顺性较差，易使前轮产生摆振，转向特性较差，占用空间较大
螺旋弹簧	占用空间较小，刚度较小，质量较小，技术成熟，通用性较好	不能承受纵向和横向的作用力，不能独立实现悬架功能，悬架结构复杂，维修不便
扭杆弹簧	结构简单，质量较小，扭转刚度较高，布置方便	加工和安装精度要求较高
气体弹簧	质量较小，刚度可变，使用寿命较长	结构尺寸较大，不能承受纵向和横向作用力，密封性要求高，系统较复杂
橡胶弹簧	结构简单，质量较小，刚度较小且可变，工作平稳	低频适应性较差，耐高低温和耐油性较差

（二）螺旋弹簧

螺旋弹簧通常采用弹簧钢棒卷制成等螺距或者变螺距以获得相应的刚度，其优缺点见表 9-2，由于螺旋弹簧只能缓冲外界的振动与冲击，需要加装减振器和导向机构以衰减能量和传递作用力。

（三）扭杆弹簧

扭杆弹簧通常是由圆形或者矩形弹簧钢棒制造而成，其一端与车架固连，另一端与悬架摆臂固连，而摆臂与车轮轮毂相连，见图 9-4，其优缺点见表 9-2。当车轮发生跳动时，引起摆臂绕着扭杆轴线摆动，进而使扭杆产生扭转变形。扭杆弹簧具有较高的刚度，比钢板弹簧的高约 3 倍。虽然其刚度可近似认为常数，但由于导向机构的影响，使其安装角度发生变化，进而改变悬架的刚度。扭杆弹簧在汽车底盘上布置也比较方便，可纵向和横向布置，从而为其他系统的布置安装提供足够的空间。

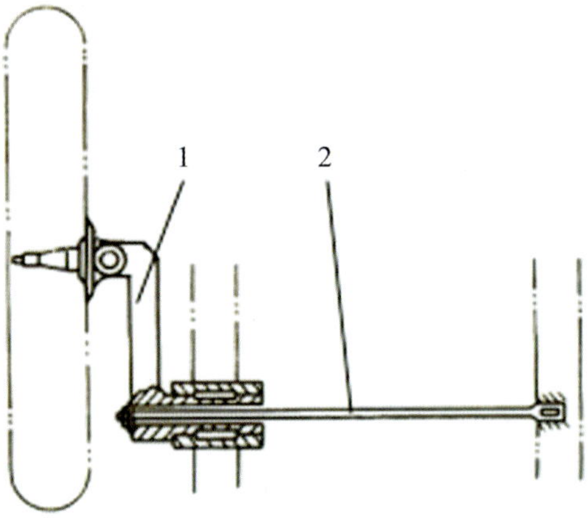

1－摆臂；2－扭杆

图 9-4 扭杆弹簧

（四）气体弹簧

气体弹簧是将一定压力（气压为0.5～1.0MPa）的气体充入密闭容器内，利用其可压缩性发挥弹性作用，见图9-5和图9-6。该类弹簧的刚度是可变的，当外加载荷增加时，腔内压力因容积减小而升高，则其刚度变大；反之，腔内压力减小，刚度变小。

气体弹簧可分为空气弹簧和油气弹簧。

1. 空气弹簧

空气弹簧是将压缩气体充入密闭橡胶气囊内，利用其弹性恢复力发挥弹簧作用。该类弹簧有囊式和膜式两种，见图9-5。囊式空气弹簧采用夹有帘线的橡胶气囊和压缩空气组成；而膜式空气弹簧采用橡胶膜片和金属压制件等组成。相比于其他弹簧，空气弹簧的质量最小，并且使用寿命较长。不仅可用作悬架的弹性元件，而且可应用在驾驶人座椅、发动机悬置等。

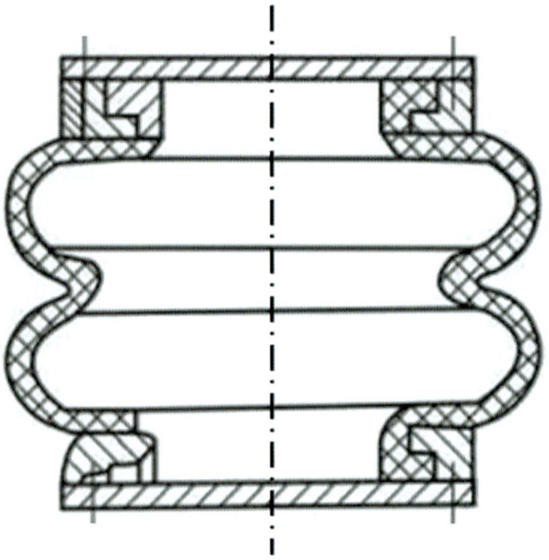
(1)

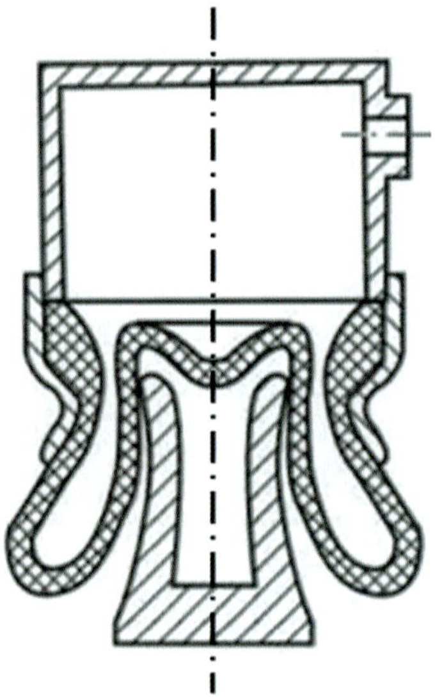
(2)

图9-5　空气弹簧

（1）囊式空气弹簧；（2）膜式空气弹簧

2. 油气弹簧

油气弹簧通常将惰性气体作为弹性介质，而将油液作为传力介质，其实质是气体弹簧和液力减振器的组合体。该类弹簧有单气室、双气室和两级压力式等，见图9-6。单气室油气弹簧指只有一个气体工作腔，具有结构简单、工作可靠等特点。双气室油气弹簧是在单气室的基础上增加一个作用力方向相反的反气压室和浮动活塞，该类弹簧能够有效地降低在伸张行程过程中活塞与缸体底部发生碰撞的可能性。上述两类弹簧的刚度变化幅度较小，否则就会导致结构尺寸过大。因此，研制出刚度能够较大幅度变化的两级压力式油气弹簧。该弹簧具有两个工作压力不同的气室，相当于主、副弹簧。当外加载荷较小时，主气室首先发挥作用；当外加载荷使主气室压力超过补偿气室时，两个气室同时发挥作用。该结构使刚度变化更加符合悬架的实际设计需求。油气弹簧的质量较钢板弹簧的要小50%以上，但是，由于腔内存在空气和油液，对加工和装配精度的要求都较高，并且也不便于维护。

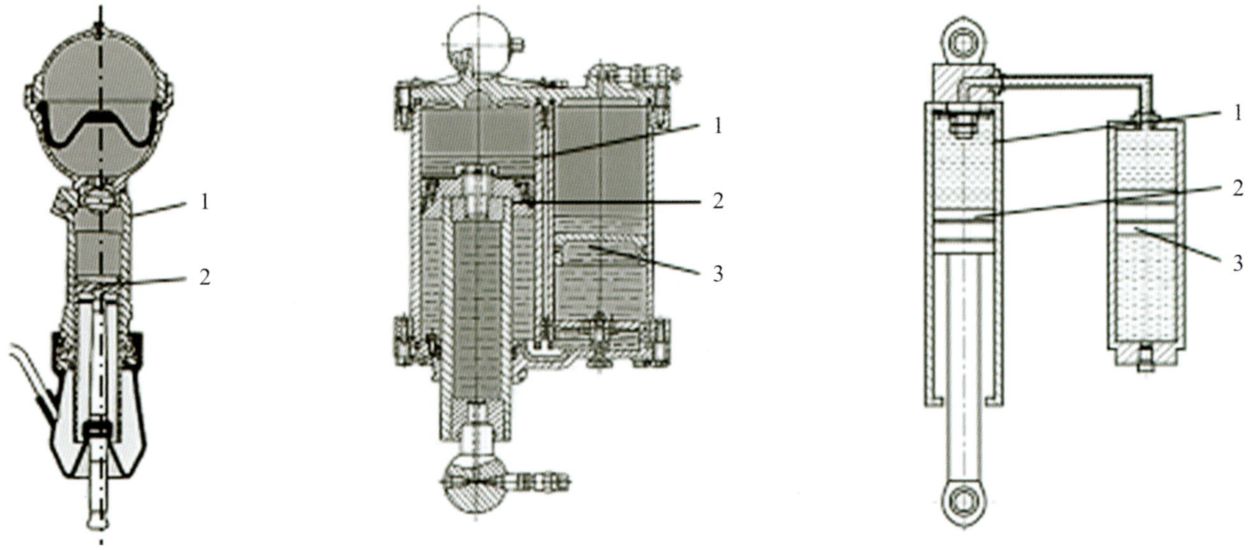

(1)　(2)　(3)

1—工作缸筒；2—工作活塞；3—浮动活塞

图 9-6　油气弹簧

(1) 单气室；(2) 双气室；(3) 两级压力式

（五）橡胶弹簧

橡胶弹簧是利用橡胶本身的弹性来发挥弹性元件作用，见图 9-7。该类弹簧能够很好地发挥其缓冲作用，既可以承受压缩载荷，又可以承受扭转载荷；同时，利用其内部摩擦来消耗振动和冲击的能量。橡胶弹簧具有结构简单，质量较小，刚度较小且可变等优点，多应用于悬架的副簧或者缓冲块，也有少数汽车作为主簧。

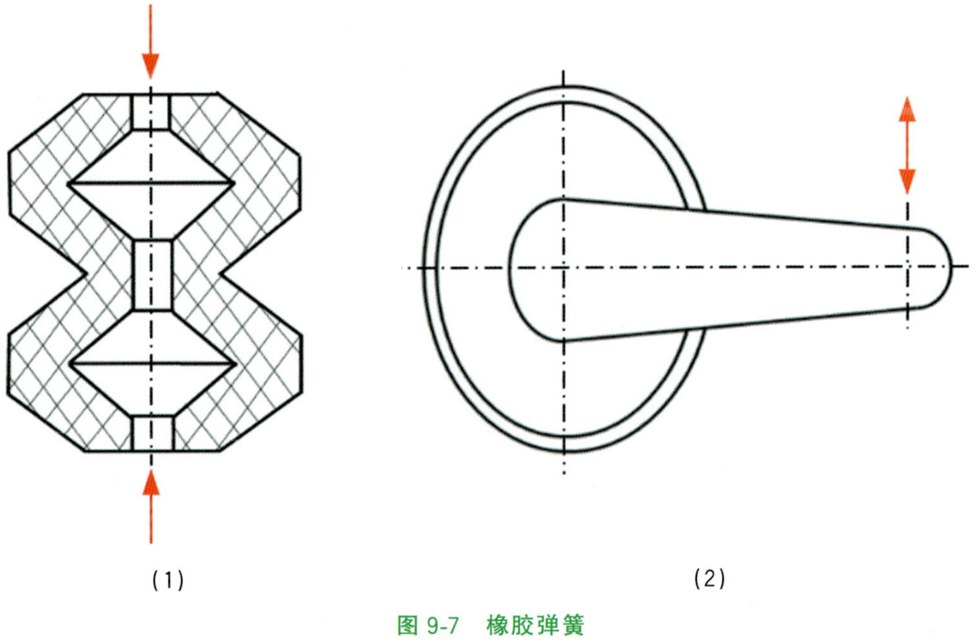

(1)　(2)

图 9-7　橡胶弹簧

(1) 压缩载荷；(2) 扭转载荷

三、减振器结构的选择

为了快速衰减车架或者车身的振动，悬架系统一般都安装与弹性元件并联的液力减振器。其作用原理是利用缸筒内油液反复地通过内部狭小的孔隙而实现摩擦耗能。减振器的性能主要与油液黏度、外加载荷以及环境温度等有关。在悬架减振器的设计过程中，一般需要满足如下要求：

（1）在减振器压缩行程内，其阻尼力应尽量小，以便充分发挥弹性元件的弹性作用来缓和振动与冲击。

（2）在减振器伸张行程内，其阻尼力应尽量大，以便迅速衰减振动能量。

（3）当减振器两端的相对速度过大时，应能够自动加大油液流通截面积，使阻尼力不至于过大而带来冲击载荷。

根据减振器内部介质不同，可分为油液筒式减振器、充气式减振器和磁流变式减振器。

（一）油液筒式减振器

根据减振器在压缩和伸张行程中发挥减振作用不同，可分为单向作用式和双向作用式。单向作用式减振器是指仅在伸张行程内存在减振作用。双向作用式减振器是指在压缩和伸张行程内均存在减振作用。

以双向筒式减振器为例进行说明，其结构见图 9-8，主要由工作缸筒、活塞和 4 个控制阀等组成。在压缩行程，活塞下移，下腔容积减小，压力升高，油液经流通阀进入上腔；同时，由于上腔中存在活塞杆，导致上腔增加的容积要小于下腔减小的，这时需打开压缩阀排出多余油液。在伸张行程，活塞上移，下腔容积增加，压力降低，油液经伸张阀进入下腔；同时，下腔会产生一定真空度，油液经补偿阀进入下腔。由于伸张阀弹簧的刚度和预紧力比压缩阀的大，所以，在伸张行程内产生的阻尼力要比压缩行程的大得多。由于双向筒式减振器结构简单、性能稳定和经济性好等优点，在汽车悬架设计上得到广泛应用。

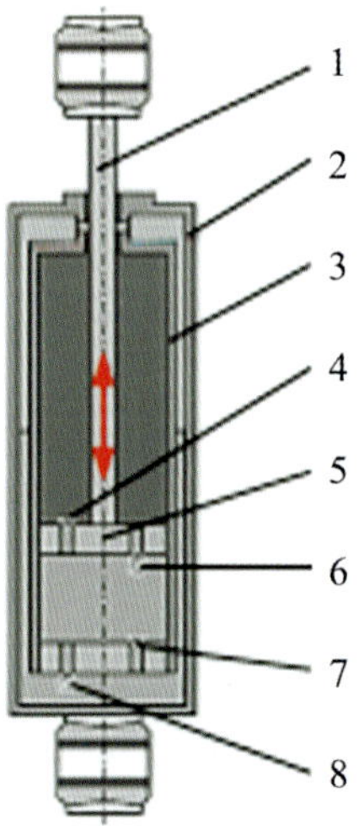

1－活塞杆；2－储油缸筒；3－工作缸筒；4－伸张阀；5－活塞；6－流通阀；7－补偿阀；8－压缩阀

图 9-8　双向筒式减振器

（二）充气式减振器

充气式减振器，又称为单筒式减振器，其基本结构与筒式减振器的类似，见图 9-9，不同之处是在工作缸筒下部加装一个浮动活塞，其上部容积内充入油液，其下部容积内充入高压（2～3MPa）氮气。当车架或者承载式车身存在振动时，工作活塞在缸筒内往复运动，上、下腔的压力差使压缩阀和伸张阀开闭而产生阻尼力，从而消耗振动能量。在工作活塞运动过程中，通过浮动活塞上下运动来补偿工作活塞上下容积的变化。该类减振器与筒式减振器相比，结构更为简单，行驶平顺性更好，工作性能更可靠；其不足之处是工艺复杂，密封性要求高，不便于维修。

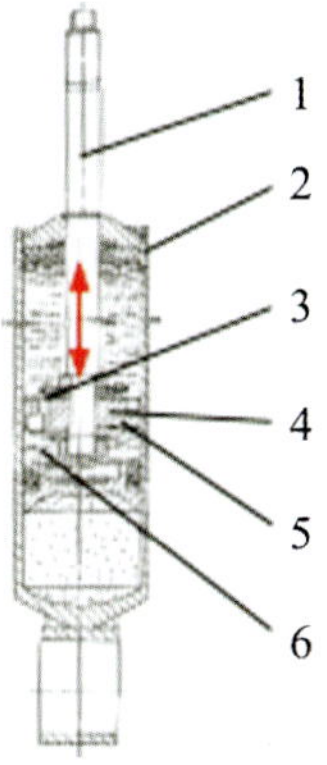

1—活塞杆；2—工作缸筒；3—压缩阀；4—工作活塞；5—伸张阀；6—浮动活塞

图 9-9　充气式减振器

（三）磁流变式减振器

为了使悬架系统具有良好的工作性能，减振器的阻尼应随着外界影响因素的变化而改变，将能够实现此功能的装置称为阻尼可调减振器。在目前的研究应用中，主要有气调阻尼式、电调阻尼式、电流变和磁流变等减振器。磁流变式减振器作为典型的阻尼可调减振器，见图 9-10，具有结构简单，响应速度快，工作温度范围较宽泛（—40～110℃）以及环境适应能力强等优点，各科研院所以及汽车企业等都有研究此类减振器。

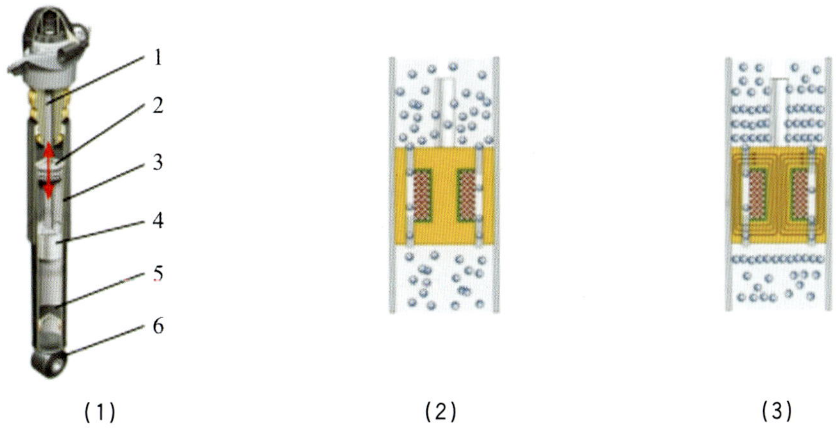

1—活塞杆；2—工作活塞；3—工作缸筒；4—电磁线圈；5—浮动活塞；6—连接孔

图 9-10　磁流变式减振器

（1）结构图；（2）未通电状态；（3）通电状态

四、车轮运动形式的选择

前已述及独立悬架的众多优点，这使其在现代汽车设计中得到广泛应用。独立悬架按照车轮运动形式不同，主要可分为横臂式、纵臂式、沿主销移动式、单斜臂式、多连杆式等，不同悬架结构的优缺点见表 9-3。

（一）横臂式独立悬架

横臂式独立悬架是指可使车轮在横向平面内摆动。该类悬架可分为单横臂式和双横臂式。

单横臂式是指悬架在横向仅采用一根摆臂，见图 9-2（2），其结构简单，布置方便，但是，易改变轮距而使轮胎发生侧滑，也会改变主销内倾角和车轮外倾角而影响转向性能，应用较少。

双横臂式是指悬架在横向仅采用两根摆臂，见图 9-11，上、下摆臂的内端与车架通过铰链连接，而外端通过球头销与转向节相连，其长度可相等，也可不等。对于等臂长的悬架，当车轮受到外加激励而发生跳动时，轮距有较大变化，从而使车轮侧滑，加剧轮胎磨损。对于不等臂长的悬架，通过选择合适的臂长，能够有效地克服这个问题。因此，不等臂长的双横臂式悬架在乘用车、客车以及轻型货车等得到较多应用。

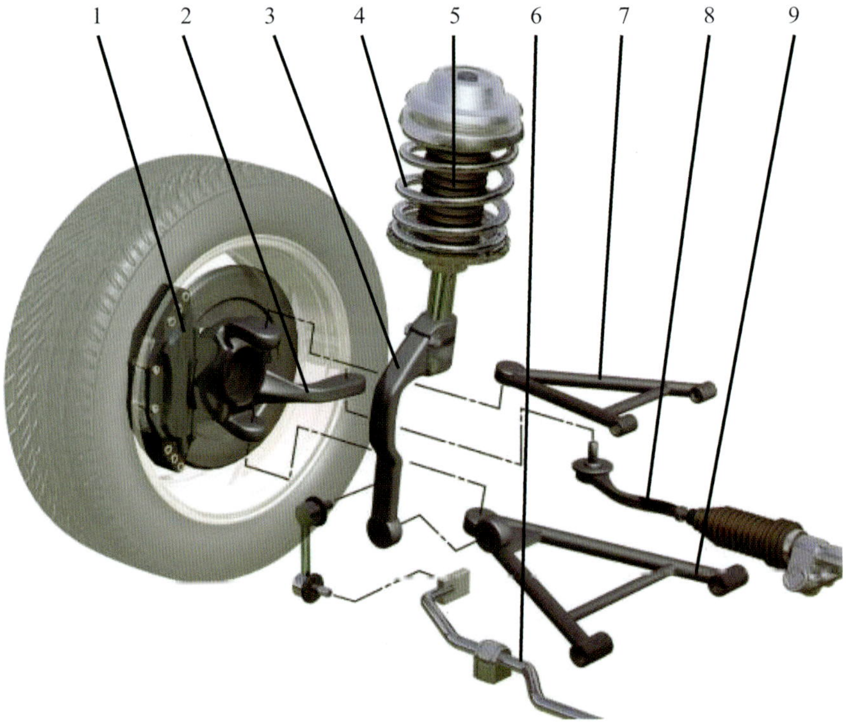

1－制动器；2－转向节臂；3－转向节；4－螺旋弹簧；5－减振器；6－横向稳定杆；7－上摆臂；8－转向横拉杆；9－下摆臂

图 9-11　横臂式独立悬架

表 9-3　不同悬架结构的优缺点

悬架类型	优点	缺点	示意图
单横臂式	结构简单、紧凑，占用空间小，易布置	车轮外倾角、主销内倾角变化大，磨损快	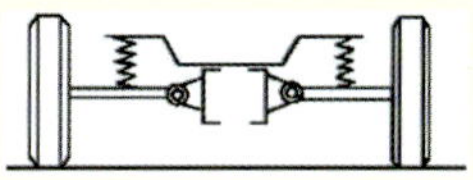
双横臂式	横向刚度大，侧倾中心高度较低，轮距变化较小，磨损较慢	结构较复杂，占用空间较大，车轮外倾角、主销内倾角均有变化	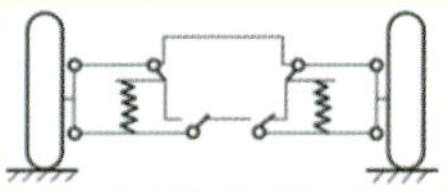
单纵臂式	结构简单，占用空间小，轮距不变，侧倾中心高度较低	主销后倾角变化大，横向刚度较小	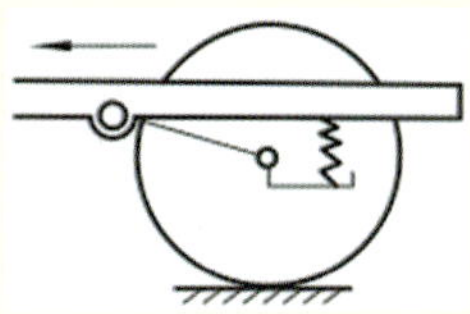
双纵臂式	纵向刚度较大，主销后倾角不变	占用空间较大，较少采用	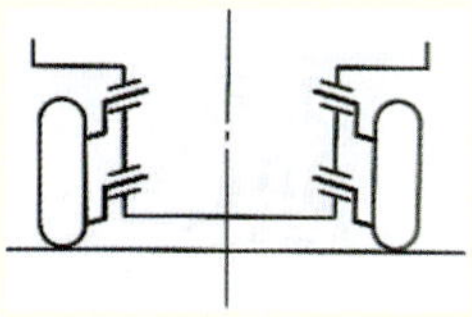
烛式	垂向刚度较大，主销定位角不变，轮距和轴距稍有变化	侧向力全部由主销及套筒承受，磨损严重，较少采用	
麦弗逊式	结构简单、紧凑，横向刚度大，轮距和车轮定位参数变化小	侧倾中心高度较高，立柱摩擦磨损较大	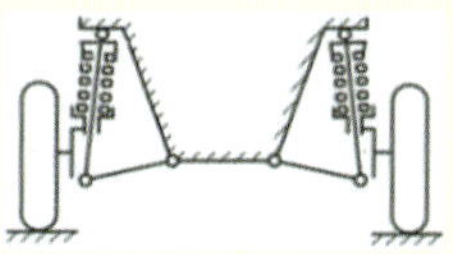
单斜臂式	结构较简单，轮距和车轮定位参数变化较小	侧倾中心高度较高，横向刚度较小	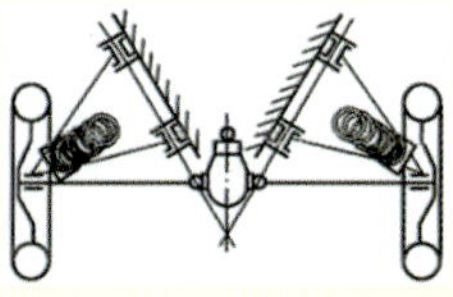
多连杆式	车轮定位参数变化小，系统刚度大	结构较复杂，占用空间较大，成本较高	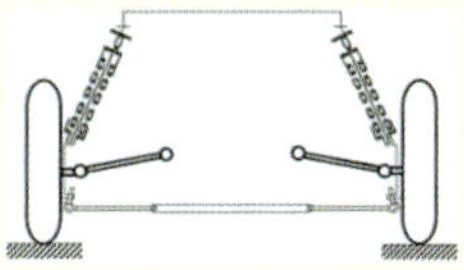

（二）纵臂式独立悬架

纵臂式独立悬架是指可使车轮在纵向平面内摆动。该类悬架可分为单纵臂式和双纵臂式。

单纵臂式是指悬架在纵向仅有一根摆臂，见图 9-12（1），其结构简单、经济性较好以及轮距不随车轮跳动而变化等，但是，易使主销后倾角产生较大变化，多应用于后轮。

双纵臂式是指悬架在纵向采用等长摆臂，形成平行四连杆机构，见图 9-12（2），该悬架能够使主销后倾角保持不变，适应于前轮，但是，由于结构空间较大，应用很少。

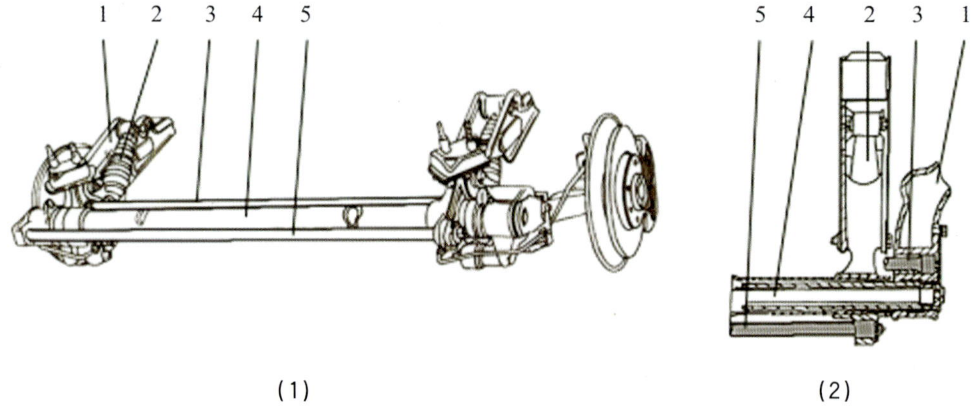

1－单纵臂；2－减振器；3－左扭杆弹簧；4－横向稳定杆；5－右扭杆弹簧

图 9-12　纵臂式独立悬架

(1) 单纵臂式；(2) 双纵臂式

(三) 沿主销移动式独立悬架

沿主销移动式独立悬架是指可使车轮沿主销上下移动。根据主销轴线是否可动，该类悬架可分为烛式和麦弗逊式。

烛式悬架是指车轮可沿固定不动的主销轴线移动，见图 9-13。若该类悬架应用于前轮，只是轮距和轴距略有改变，可使汽车获得良好的稳定性和操纵性，但是，悬架上的侧向力将全部由主销及其外部的套筒承受，加大两者之间的磨损，很少采用。

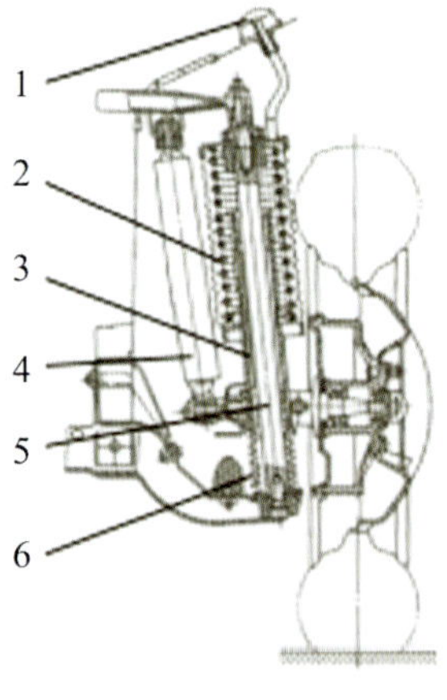

1－通气管；2－螺旋弹簧；3－工作套筒；4－减振器；5－主销；6－防尘罩

图 9-13　烛式独立悬架

麦弗逊式悬架是指车轮沿摆动的主销轴线移动，见图 9-14。该类悬架主要包括横摆臂、筒式减振器和螺旋弹簧等。横摆臂内端通过铰链与副车架相连，而外端通过球铰链与转向节相连。筒式减振器为滑动立柱，其上铰链中心与横摆臂外端球铰链中心的连线为主销轴线。当车轮跳动时，主销轴线随着横摆臂运动而摆动，从而使轮距和主销的定位角都发生变化，但是，这能够通过调整杆系来控制变化幅度。该类悬架能够增大前轮内侧空间，便于其他系统布置安装；但是，与烛式悬架的缺点类似，滑动立柱摩擦和磨损较大。为了改善此不足，可采用摩擦性能更好的材料以及将螺旋弹簧的中心线与滑柱中心线偏置。

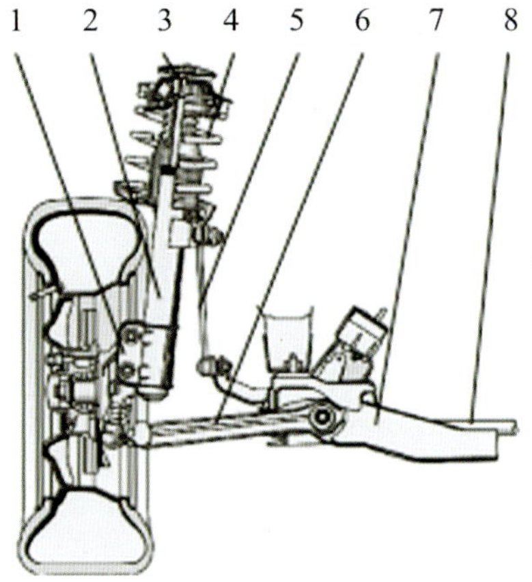

1－转向节；2－筒式减振器；3－连接盘总成；4－螺旋弹簧；5－防倾连接杆；6－横摆臂；
7－副车架；8－横向稳定杆

图 9-14　麦弗逊式独立悬架

（四）单斜臂式独立悬架

单斜臂式独立悬架是指可使车轮在斜向平面内摆动，实质是介于单横臂和单纵臂之间的结构，见图 9-15。单斜臂与汽车纵向成小于 90°的夹角，并绕其轴线摆动。通过选择合适的夹角，可调整轮距和车轮定位角，以获得良好的行驶稳定性和操纵性。

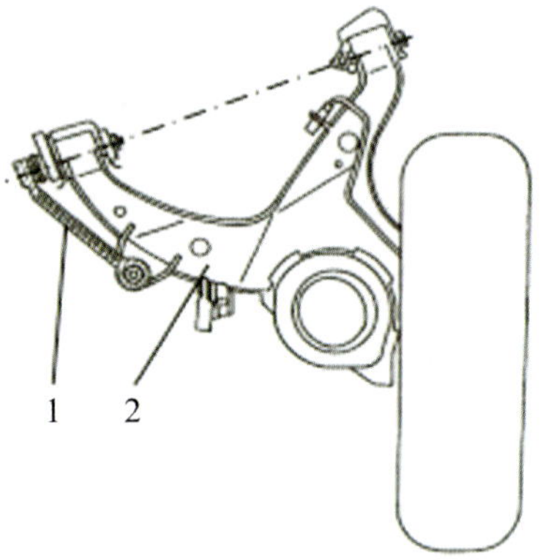

1－控制前束杆；2－单斜臂

图 9-15　单斜臂式独立悬架

（五）多连杆式独立悬架

多连杆式独立悬架是指由多根杆件（一般采用 4～5 根）组合在一起来控制车轮位置，见图 9-16，该悬架主要包括上下臂、前后定位臂和控制臂等。该类悬架的优点主要有：①提高系统刚度，减小横向力的影响；②能够较好地消除外倾角的变化，保证轮胎垂直；③能够抑制车轮跳动时轮距、前束和主销后倾角的变化，提高汽车行驶稳定性和平顺性以及乘坐舒适性等。对于其他悬架来说，能够同时满足这些性能要求是比较困难的。

多连杆式独立悬架虽然有众多优点，但是也存在一些不足：①结构空间较大，不便于其他系统布置安装；②需要采用性能更优的材料，制造成本较高；③整体结构相对复杂，不便于调整和维修。综合对比，由于其优点更为突出，该类悬架在汽车设计中越来越多地得到广泛应用。

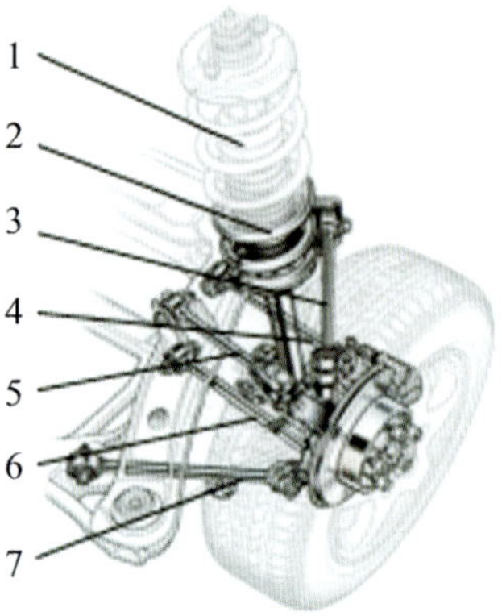

1－筒式减振器；2－螺旋弹簧；3－后定位臂；4－控制臂；5－上臂；6－下臂；7－前定位臂

图 9-16　多连杆式独立悬架

五、控制方式的选择

悬架系统按照其性能参数是否可调节，分为被动式和主动式，而后者根据是否包含动力源又可分为半主动式（无源主动悬架）和全主动式（有源主动悬架）。

（一）被动式悬架

对于传统的悬架系统，其刚度和阻尼是根据初始设计需求按照既定的设计方法或者经验而获得，在汽车行驶过程中，悬架的性能参数无法进行调节，故将此类系统称为被动式悬架。该类悬架的主要特征，见表 9-4。

表 9-4　不同悬架控制方式的特点

悬架类型	被动式悬架	半主动式悬架	全主动式悬架
弹簧类型	钢板弹簧、螺旋弹簧、扭杆弹簧等	螺旋弹簧、油气弹簧	油气弹簧、空气弹簧
减振器类型	筒式减振器	阻尼可调减振器	阻尼可调减振器
刚度可调	不可调	不可调	可调
阻尼可调	不可调	可调	可调
减振能力	一般	较好	好
可靠性	好	较好	一般
经济性	较低	较高	高
示意图	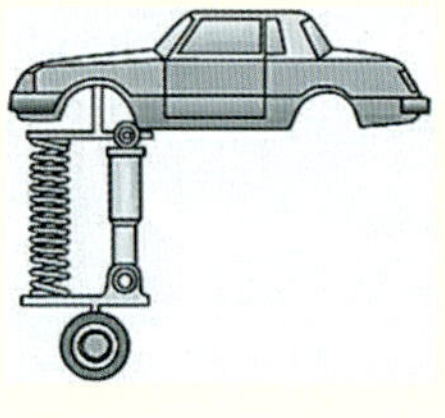	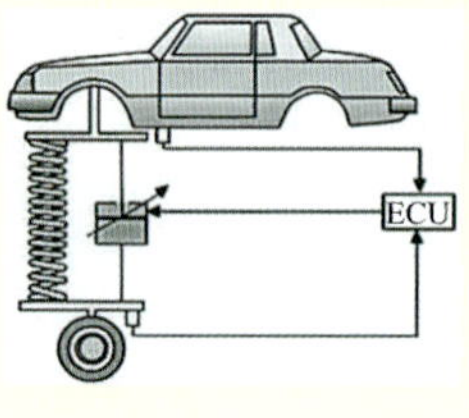	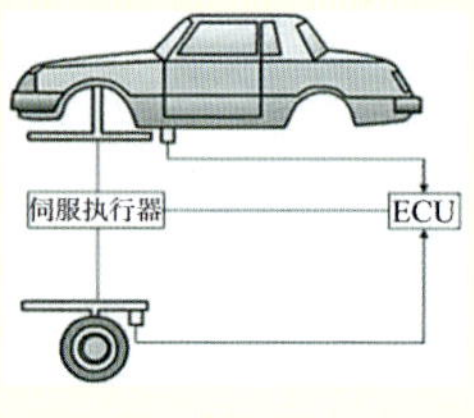

（二）半主动式悬架

半主动式悬架是由可控的阻尼元件和弹簧组成。该类悬架只能改变系统阻尼，而系统刚度保持不变。该类悬架的主要特征，见表 9-4。根据阻尼级数不同，可分为有级式和无级式。前者是指悬架阻尼具有不同大小，根据车载传感器检测的信号自动选择所需要的阻尼，或者通过驾驶人进行选择。后者是指悬架系统根据汽车行驶状态和路面状况对阻尼从最小到最大进行无级调节。半主动式悬架由于几乎不消耗车载能源，因而具有结构简单、经济性较好等优点。

（三）全主动式悬架

全主动式悬架是指能够根据汽车行驶状态和路面状况适时调节悬架刚度和阻尼，使其处于最佳工作状态。该类悬架主要有主动液力悬架、主动空气悬架和主动油气悬架等。通常是在被动式悬架的基础上加装一个可控制作用力的装置，主要包括测试系统、反馈控制系统、执行机构和能源系统等 4 个组成部分。该类悬架通过车载传感器检测各种信号，传输到电控单元（ECU），经分析处理后向执行机构发出相应指令，使其做出相应动作来改变悬架的刚度和阻尼，以适应汽车行驶状态和路面状况。

全主动式悬架能够适时调节悬架的性能参数，其主要特征见表 9-4。汽车在不良路面上高速行驶也能够获得良好的稳定性、操纵性和舒适性等。但是，该类悬架需要精确的传感器、快速的信息处理能力以及高灵敏度的执行机构，所以，其稳定性、可靠性和经济性等问题还有待进一步解决。

第三节　悬架系统主要参数的确定

悬架系统对汽车行驶稳定性、平顺性和舒适性等有着重要影响，这需要相应的性能参数来表征。在悬架系统设计时，利用弹性元件和阻尼元件传递动力，所以，悬架系统的性能主要与刚度、阻尼等参数有关。

一、悬架系统弹性参数

（一）悬架静挠度

悬架静挠度是指汽车满载静止时悬架所承受的载荷与其刚度之比，即

$$\delta_s = F_s / k_s \tag{9-1}$$

式中：δ_s ——静挠度；

F_s ——静载荷；

k_s ——静刚度。

（二）悬架动挠度

悬架动挠度是指悬架从汽车满载静平衡位置压缩到结构所允许的最大变形量，即车轮中心相对于

车架或者承载式车身的相对位移。在设计过程中，要求悬架应具有足够大的动挠度 δ_d，防止汽车在行驶过程中经常碰撞缓冲块。一般地，乘用车 δ_d 为 70～90mm，并且要求静挠度与动挠度之和不小于 160mm；客车 δ_d 为 50～80mm；货车 δ_d 为 60～90mm。

（三）悬架刚度

悬架系统中弹性元件、阻尼元件及其承载质量组成振动系统，其刚度在很大程度上决定着系统刚度，从而影响着汽车行驶平顺性和舒适性。悬架系统的固有频率为

$$f_s = \frac{1}{2\pi}\sqrt{\frac{k_s}{m_s}} \tag{9-2}$$

式中：f_s——系统固有频率；

k_s——系统弹簧刚度；

m_s——悬架系统所承载质量。

通过式（9-2）可见，为了使汽车获得良好的行驶平顺性，应采用较小的弹簧刚度以降低振动频率，但是，这将导致悬架变形过大。假如单个悬架所承载质量 m_s 为 250kg，设计振动频率 f_s 为 1Hz，对应的悬架刚度为 9.86N/mm。根据式（9-1）可得，系统的静挠度 δ_s 为 248.48mm，这在实际设计过程中，显然是不可行的。

在汽车实际运行过程中，悬架系统中簧上质量往往是变化的，这将导致系统固有频率发生变化，从而影响其动态响应特性。为了改善汽车的行驶性能，满足悬架在允许外加载荷作用下具有低刚度以及有限工作行程的要求，应选用刚度可变的非线性悬架。一般是通过增加上下行程限位缓冲块或者辅助弹簧以增加悬架行程始末端的刚度。悬架系统典型的弹性特性曲线，见图 9-17。

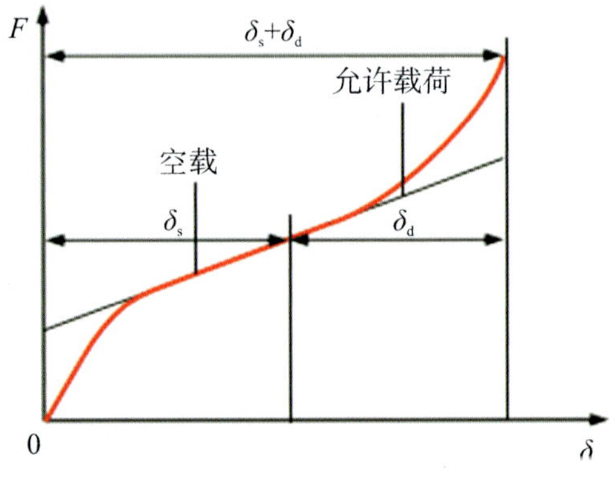

图 9-17　悬架系统弹性特性曲线

从图 9-17 中可以看出，悬架系统的弹性特性曲线包括线性和非线性不同阶段。当悬架所受外加载荷与变形量之比为固定值时，其弹性特性为一直线，称为线弹性特性，对应的刚度为常数且较小，因而平顺性较好。当悬架所受外加载荷与变形量之比为非固定值时，其弹性特性为一曲线，称为非线性弹性特性，对应的刚度是变化的且较陡峭，因而其值急剧增加。这样，悬架系统就可以在有限的变形量消耗更多的功，即具有更大的动容量。

此外，从图 9-17 中还可看出，从空载位置到弹簧完全松弛对应的变形量称为悬架的伸张行程，这影响着汽车行驶过程中轮胎保持必要的接地能力。从空载位置到限位块被完全压缩对应的变形量称为悬架的压缩行程，在这一行程中，从允许轮载到限位块被完全压缩对应的变形量称为剩余压缩行程，

这影响着汽车行驶过程中车身质心抬高程度。

对于不同用途的汽车，其平顺性的设计要求有所不同。一般地，对于乘用车，发动机排量越大，悬架振动频率越小，满载时前悬架的频率为 0.80～1.15Hz，后悬架的为 0.98～1.30Hz；对于货车，前悬架的频率为 1.50～2.10Hz，后悬架的为 1.70～2.17Hz。对于大多数汽车，其质量分配系数为 0.8～1.2，可近似为 1，即汽车前、后悬架系统的垂直振动是相互独立的。前悬架的固有频率为 1.00～1.30Hz，后悬架的固有频率为 1.17～1.50Hz，为了减小汽车的角振动，前、后悬架频率之比一般为 0.85～0.95。

为了使悬架性能变化达到理想的非线性曲线，可通过增加辅助弹簧或者空气弹簧。增加辅助弹簧应根据实际设计需求确定悬架的弹性特性，常见的方法有：主副钢板弹簧、变刚度钢板弹簧和橡胶辅助弹簧等。采用空气弹簧可以保持悬架系统频率不变，便于调整车架或者承载式车身高度，但是，成本较高。

二、悬架系统阻尼参数

假如汽车悬架仅有弹性元件，当受到外加载荷后，悬架系统的振动将会一直持续下去。因此，这就要求悬架系统具有耗能元件，即阻尼元件。当悬架系统的弹簧刚度确定后，通过选择合适的阻尼参数来充分发挥悬架的缓冲减振作用。

现代汽车悬架中大多数是通过减振器或者悬架元件间干摩擦等来达到减振的目的，其中，减振器的阻尼力可表达为

$$F_d = cv \tag{9-3}$$

式中：F_d ——减振器阻尼力；

c ——阻尼系数；

v ——减振器活塞相对于缸筒的速度。

装有减振器的悬架可视为有阻尼的弹簧振子系统，为了评价系统振动衰减的快慢程度可采用阻尼比，即

$$\zeta = \frac{c}{2\sqrt{k_s m_s}} \tag{9-4}$$

式中：ζ ——阻尼比。

从式（9-4）可知，减振器振动衰减与阻尼系数、弹簧刚度和承载质量等有关。阻尼比越大，系统能量能够快速衰减，同时，也能将外加作用力传到车架或者承载式车身。在设计过程中，压缩行程对应的阻尼比取得小些，而伸张行程的则取得大些，一般地，两者的比值为 0.25～0.50。

为了表征减振器的性能，常采用阻尼力－速度和阻尼力－位移曲线。减振器的阻尼力－速度曲线反映阻尼力与振动速度之间的变化规律，见图 9-18。减振器阻尼力－速度曲线主要由 4 段近似直线的线段组成，其中，压缩行程和伸张行程各有 2 段。各线段的斜率就是减振器的阻尼系数，在未加说明时，是指卸荷阀开启前的阻尼系数。减振器阻尼力－位移曲线是表示减振器在压缩和伸张行程过程中阻尼力的变化，减振器在全行程所做的功可通过封闭线包围的面积来确定，即示功图。

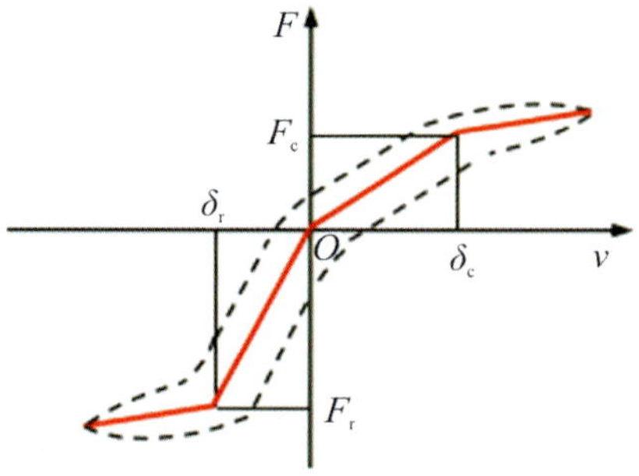

图 9-18 减振器阻尼力特性曲线

汽车悬架还有一类是依靠各元件之间的摩擦作用，表现为干摩擦形式。当车轮载荷变化较小时，悬架由于摩擦耗能而不能发挥缓冲作用，从而平顺性下降，并且还可能引起共振。在设计过程中可通过在弹簧钢片之间装设塑料减摩片、连接处增加橡胶垫片以及采用自润滑的球铰等。

三、非簧载质量

根据是否由悬架弹簧支撑，汽车总质量可分为簧载质量和非簧载质量。对于独立悬架，非簧载质量是指车轮、转向节等；对于非独立悬架，非簧载质量是指驱动桥的质量（包括主减速器、差速器和半轴等）、悬架质量（包括弹簧、阻尼器和导向机构等）以及传动轴等。为了使行驶中汽车具有良好的稳定性、平顺性和舒适性，要求非簧载质量尽量小。

四、悬架侧倾中心高度及角刚度

（一）侧倾中心高度

在汽车底盘中，通过左右车轮中心垂直横断面上一点，在该点向悬架上施加横向作用力而不会引起悬架发生侧倾变形，将这一点称为侧倾中心。可见，每根车轴上车轮都有相应的侧倾中心，将前后车轮相应侧倾中心的连线称为侧倾轴线。

侧倾中心高度是指侧倾中心点距离地面的高度。这对车身侧倾角和轮荷转移有着重要影响。

当汽车向左转向行驶时，假设后桥为刚性，在横向加速度作用下，悬架发生侧倾，见图 9-19，簧载质量和非簧载质量所产生的作用力及力矩分别为

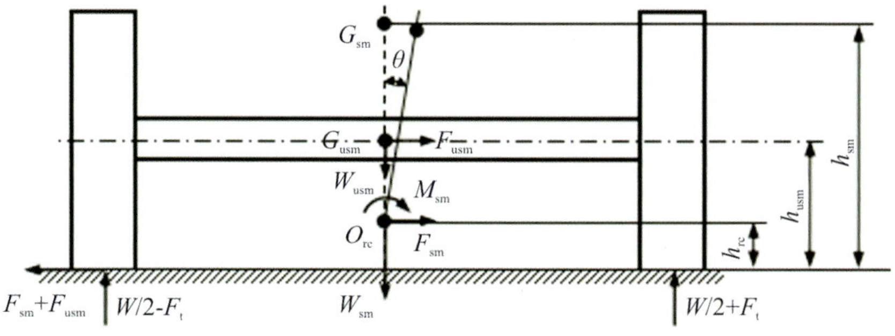

图 9-19 汽车向左转向行驶时后桥受力分析简图

$$\begin{cases} F_{sm}=m_{sm}a_y \\ F_{usm}=m_{usm}a_y \\ M_{sm}=m_{sm}a_y(h_{sm}-h_{rc})\cos\theta+m_{sm}g(h_{sm}-h_{rc})\sin\theta \end{cases} \tag{9-5}$$

式中：F_{sm}、F_{usm}——簧载质量和非簧载质量所产生的作用力；

M_{sm}——簧载质量所产生的作用力矩；

m_{sm}、m_{usm}——簧载质量和非簧载质量；

a_y——横向加速度；

g——重力加速度；

h_{sm}、h_{rc}——簧载质量中心和侧倾中心高度；

θ——侧倾角。

左右轮荷转移量为

$$\begin{aligned} F_t &= (F_{sm}h_{sm}+F_{usm}h_{rc}+M_{sm})/l_w \\ &= \frac{m_{usm}a_yh_{usm}}{l_w}+\frac{m_{sm}a_yh_{rc}}{l_w}+\frac{m_{sm}a_y(h_{sm}-h_{rc})\cos\theta+m_{sm}g(h_{sm}-h_{rc})\sin\theta}{l_w} \end{aligned} \tag{9-6}$$

式中：F_t——左右轮荷转移量；

l_w——两侧车轮轮距；

h_{usm}——非簧载质量中心高度。

在式（9-6）中，等式右端第一项为非簧载质量引起的轮荷转移量；第二项为簧载质量引起的轮荷转移量，该作用力主要由悬架中导向传力杆传递；第三项为侧倾力矩引起的轮荷转移量，主要由悬架中弹性元件和横向稳定杆承受。

假设侧倾角 θ 足够小，存在 $\sin\theta\approx0$，$\cos\theta\approx1$，式（9-6）中右端后两项之和为 $m_{sm}a_yh_{sm}/l_w$。可见，侧倾中心高度对轮荷转移量并无明显影响，但是，它能够改变侧倾力矩以及不同承载部件间的分配比例。侧倾中心高度值越大，则侧倾力矩越小，但是，过高的侧倾中心高度可能引起轮距变化，从而加剧轮胎磨损。对于乘用车来说，前独立悬架侧倾中心高度为 0～120mm，后独立悬架侧倾中心高度为 80～150mm。

（二）侧倾角刚度

侧倾角刚度是指悬架簧上质量产生单位倾斜角时所承受的弹性恢复力矩，即

$$M_{sm}=k_a\theta \tag{9-7}$$

式中：k_a——侧倾角刚度；

θ——侧倾角。

侧倾角刚度对车架或者承载式车身稳定性有着重要影响。过大的角刚度使轮胎侧偏角增大，在车桥上载荷转移量增多，导致可能出现过多转向；过小的角刚度使侧倾角增大，降低乘坐者的舒适性和安全性。在确定悬架侧倾角刚度时，应保证前后悬架侧倾角刚度之和足够大，使其侧倾角不致过大，保证汽车转弯行驶的稳定性。一般地，当侧向作用力为车重 0.4 倍时车身的侧倾角，乘用车的为 2.5°～4.0°，商用车的不超过 6.0°。此外，要求在同样的加速度作用下，前、后轮侧偏角之差应在 1.0°～3.0°。为了避免出现转向不足，应使前悬架的侧倾角刚度略大于后悬架的，对于乘用车：比值为

1.4～2.6；对于采用钢板弹簧的商用车，则由悬架系统空载和满载时的载荷来确定。

五、悬架抗点头角

汽车在加速或者制动过程中，由于惯性作用会引起轴荷转移，即 $\Delta W = F_{w\_f}h_{sm}/l_w$，表现为加速时出现“仰头垂尾”以及制动时出现“点头抬尾”。

悬架点头效果，见图 9-20，前悬架结构中上、下横臂的交点为纵向平面的等效摆动中心。当汽车制动时，轴荷转移的载荷相对于摆动中心所形成的力矩使前悬架弹簧被压缩，使汽车出现“点头”现象。同时，前轮制动力相对于摆动中心所形成的力矩却使悬架弹簧被拉伸，从而能够补偿或者消除“点头”现象，实现“抗点头”的目的。与此类似，后悬架在制动时出现“抗抬尾”。可见，实现抗点头和抗抬尾的主要影响因素有轮胎与地面间的摩擦力和摆动中心位置。

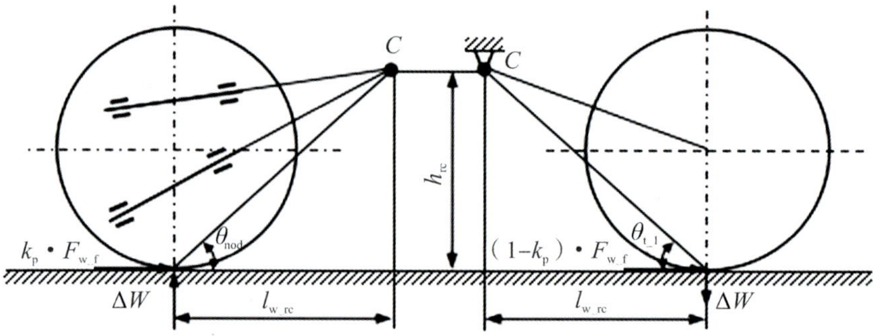

图 9-20　悬架抗纵倾原理示意图

为了表征抗点头效果采用抗点头因数，可近似为抗点头力矩与轴荷转移引起的力矩之比，即

$$k_{nod} = \frac{k_p F_{w\_f} h_{rc}}{F_{w\_f}\dfrac{h_{sm}}{l_w} l_{w\_rc}} = \frac{h_{rc}/l_{w\_rc}}{h_{sm}/(k_p l_w)} = \frac{\tan\theta_{nod}}{\tan\theta_{nod}{}^{*}} \tag{9-8}$$

式中：k_{nod}——抗点头因数；

k_p——前桥制动力比率；

F_{w_f}——制动时地面作用于车轮上的摩擦力；

l_{w_rc}——侧倾中心到通过前车轮中心垂线的距离；

θ_{nod}、$\theta_{nod}{}^{*}$——抗点头角和理想抗点头角。

在式（9-8）中，当分子的值越接近于分母的值，k_{nod} 值越大，抗点头效果越好。当两者相等时。达到理想抗点头角，前悬架在制动过程中不发生点头现象。在设计时，无法达到该理想角度，因为过高的侧倾中心将使车轮与路面上凸起物直接相撞，增加悬架系统的载荷，使主销后倾角变化过大，影响汽车行驶的平顺性。对于大多数乘用车，前悬架的抗点头因数一般为 20%～25%，基本不超过 50%。

类似地，后悬架的抗抬尾效果可用抗抬尾因数表达，即

$$k_{t\_l} = \frac{\tan\theta_{t\_l}}{\tan\theta_{t\_l}{}^{*}} \tag{9-9}$$

式中：k_{t_l}——抗抬尾因数；

θ_{t_l}、$\theta_{t\_l}{}^{*}$——抗抬尾角和理想抗抬尾角。

第四节　悬架系统主要元件的设计

一、钢板弹簧的设计与计算

钢板弹簧由于结构简单、制造工艺成熟等优点而在汽车悬架上得到广泛应用。近年来，乘用车选用钢板弹簧作为弹性元件的逐渐减少，但是，其在货车上仍是首选的弹性元件。钢板弹簧的设计也从传统的多片式向少片甚至单片变截面、变刚度的方向发展。在设计过程中，通过选择合理的结构形式以满足整车布置，进而获得良好的系统动态性能、可靠性和经济性。

（一）钢板弹簧结构特点

钢板弹簧通过若干片不同结构尺寸的钢片叠加而构成一根具有一定曲率的弹性钢板组，具有结构简单、制造工艺成熟等优点。但是，其单位质量储能量较低，当承受 1100MPa 许用应力时，钢板弹簧、螺旋弹簧和扭杆弹簧的单位质量储能量分别约为 94、510 和 400J/kg。这意味着在同样的设计条件下钢板弹簧更重一些，所以，现在也更多地采用少片钢板弹簧，尽量发挥其优点而弥补其不足。

（二）钢板弹簧主要结构参数的设计

1. 满载弧高

满载弧高 h_s 是指汽车满载时钢板弹簧中主簧上表面与两端连线间的最大高度差，主要包括静挠度 δ_s、满载时钢板弹簧弧高 h_{f1} 及其变化量 Δh，见图 9-21，这时，钢板弹簧总成及其第 i 片弹簧的曲率半径分别为 r_s、r_i，对应的满载弧高主要用来保证汽车底盘具有一定高度，从而具有良好的通过性。在车架高度限定后，为了允许有足够的动挠度变化，满载弧高常为 10～20mm。

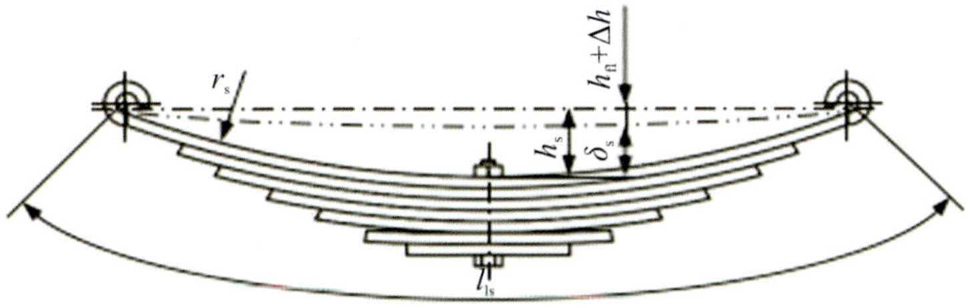

图 9-21　钢板弹簧总成结构尺寸示意图

2. 钢板弹簧长度

钢板弹簧长度 l_{ls} 是指弯曲的钢板伸直后两端卷耳中心间的距离。增加钢板弹簧长度能够降低其材料应力，进而降低弹簧刚度，从而提高汽车行驶的平顺性，延长使用寿命；此外，也能增加纵向角刚度，减小车轮扭转力矩所引起的弹簧变形。在满足汽车总体布置尺寸前提下，应将钢板弹簧取得长些。

一般地，对于乘用车，$l_{ls}=(0.40\sim0.55)d_{wb}$，其中，$d_{wb}$ 为轴距；对于商用车，前悬架：$l_{ls}=(0.26\sim0.35)d_{wb}$，后悬架：$l_{ls}=(0.35\sim0.45)d_{wb}$。

对于多片钢板弹簧，通过各片的宽度相等，但是长度不等。其长度是基于实际各片钢板的展开图近似于梯形梁这一原则来获取。假设弹簧不同钢板具有不同的厚度。首先，将各片钢板弹簧厚度的3次方 t_i^3 按照同一比例沿着纵坐标绘制，见图9-22。然后，在横坐标上绘制出主簧或者与主簧等长的副簧以及U形螺栓中心距的一半，即 $l_{ls}/2$ 和 $l_c/2$，得到 P_u、P_d 两点，P_uP_d 连线与各片钢板上边缘的交点即为其长度。最后，实际各片钢板长度需要圆整确定。

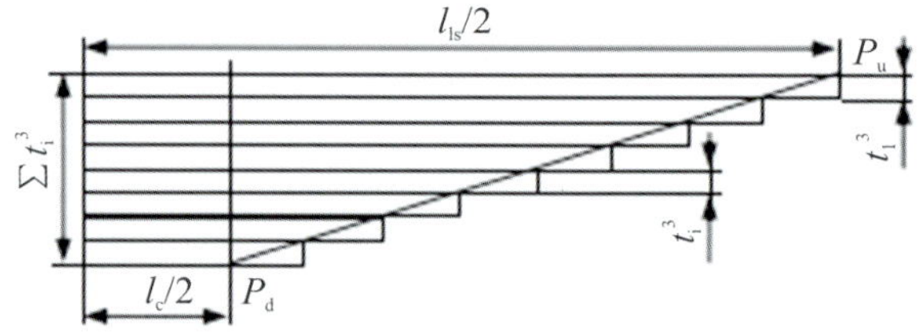

图 9-22　钢板弹簧断面形状示意图

3. 钢板弹簧断面厚度

由上所述，钢板弹簧可视为等截面简支梁来进行刚度、强度计算分析，总惯性矩为

$$J_t=\frac{(l_{ls}-k_1l_c)^3k_vk_d}{48E} \tag{9-10}$$

式中：J_t——总惯性矩。

k_1——U形螺栓夹紧后无效长度系数，对于刚性夹紧：$k_1=0.5$；挠性夹紧：$k_1=0$。

l_c——U形螺栓中心距。

k_v——钢板弹簧垂直刚度。

k_d——挠度增大系数，首先，通过与主簧等长的钢板数量 n_{1_max} 以及总数量 n_t 之比，进而获得 $k_d=1.5/\{1.04[1+0.5(n_{1\_max}/n_t)]\}$。

E——材料的弹性模量。

总截面系数为

$$W_t=\frac{F_{fl}(l_{ls}-k_1l_c)}{4[\sigma_w]} \tag{9-11}$$

式中：W_t——总截面系数；

F_{fl}——满载时悬架载荷；

$[\sigma_w]$——许用弯曲应力，对于常用的55SiMnVB、60Si2Mn，前弹簧为350～450MPa；后主簧为220～250MPa。

钢板弹簧平均厚度为

$$t_{ave}=\frac{2J_t}{W_t}=\frac{(l_{ls}-k_1l_c)^2k_d[\sigma_w]}{6E\delta_s} \tag{9-12}$$

式中：t_{ave}——钢板弹簧平均厚度。

从钢板弹簧截面惯性矩计算公式可知，厚度对其影响最大，在设计过程中，可采用同等厚度，也可采用不等厚度。为了设计简便，尽量采用前者；但是，由于主簧承受载荷更大，需要对其进行加强，因此，采用更大的钢板厚度，并且要求厚度最大值与最小值之比应不小于1.5。

4. 钢板弹簧断面宽度

一般地，钢板弹簧的横断面为矩形截面，当初步选定厚度后，根据总惯性矩可计算得到钢板弹簧宽度，即

$$w_s = \frac{12J_t}{n_s t_s^3} \tag{9-13}$$

式中：w_s——钢板弹簧宽度；

n_s——钢板弹簧片数；

t_s——钢板弹簧厚度。

当增加钢板弹簧宽度，能够提高卷耳刚度，但是，当车身倾斜时，其扭曲应力增大。反之，需要增加钢板弹簧数量，从而增加弹簧的总厚度以及不同钢板间的摩擦力。钢板弹簧的宽度与厚度之比通常为6～10，并且应符合型材规格尺寸。

5. 钢板弹簧中片数

钢板弹簧的片数能够改变其装配工艺、总厚度以及摩擦性能等，进而影响汽车行驶稳定性和平顺性。对于等截面钢板，当减少钢板弹簧中片数，能够降低其总厚度和摩擦力，但是，导致钢板弹簧与等强度梁的差别增加，材料利用率降低。一般地，多片钢板弹簧的片数为6～14，重型货车可达20片左右。当采用变截面钢板弹簧时，可选取2～3片，甚至单片。

(三) 钢板弹簧总成的曲率半径、弧高的计算和校核

1. 钢板弹簧总成的曲率半径

钢板弹簧总成中主、副簧在自由状态和装配后的曲率半径不同，在自由状态下的曲率半径为

$$r_i = \frac{r_s}{1 + (2\sigma_i r_s)/E t_i} \tag{9-14}$$

式中：r_i—— 第 i 片弹簧自由状态下的曲率半径；

r_s—— 钢板弹簧总成在自由状态下的曲率半径；

σ_i—— 第 i 片弹簧的预应力；

t_i—— 第 i 片弹簧的厚度。

对于等厚度钢板弹簧总成的曲率半径为

$$\frac{1}{r_s} = \frac{\sum_{i=1}^{n_s} \frac{l_i}{r_i}}{\sum_{i=1}^{n_s} l_i} \tag{9-15}$$

式中：l_i—— 第 i 片弹簧的长度。

当已知钢板弹簧总成在自由状态下的曲率半径以及主、副簧预应力的设计要求，可通过式（9-14）获得各组成弹簧的曲率半径。相应地，各弹簧钢板的预应力应满足，在根部处其所造成的弯矩之和等于零，即

$$\sum_{i=1}^{n_s} M_i = 0 \tag{9-16}$$

式中：M_i—— 第 i 片弹簧预应力引起的弯矩。

为了使具有不同曲率半径的弹簧钢板具有足够的同等使用寿命，应保证各组成弹簧间的间隙相差不大，在装配后能够产生预应力，从而较好地贴合。此外，对于各组成弹簧的预应力，如果采用相同厚度的弹簧钢板，则其预应力不宜过大；如果采用不同厚度的弹簧钢板，则较厚的预应力应选取较大值。一般地，预应力从长片到短片是由负值逐渐增加至正值，并且较长的弹簧钢板叠加为负的预应力，而短片叠加为正的。主簧在根部的工作应力与预应力的合成应力在 300～350MPa。

2. 钢板弹簧总成的弧高

钢板弹簧总成自由状态下的弧高是指钢板弹簧在预压缩和 U 形螺栓夹紧前，主簧上表面与两端（不包括卷耳孔半径）连线间的最大高度差，即

$$h_s = \delta_s + h_{fl} + \Delta h \tag{9-17}$$

式中：h_s ——钢板弹簧总成弧高；

h_{fl} ——满载时钢板弹簧的弧高；

Δh ——钢板弹簧总成在 U 形螺栓夹紧前后弧高的变化，存在 $\Delta h = l_c(3l_{ls} - l_c)(\delta_s + h_{fl})/(2l_{ls}^2)$。

对于等厚度钢板弹簧总成的弧高为

$$h_s = l_{ls}^2/8r_s \tag{9-18}$$

通过式（9-17）和式（9-18）进行计算，如果两者的结果相近，则符合要求；否则，可重新选取预应力进行计算和校核。

（四）钢板弹簧总成刚度校核

在前边各钢板弹簧参数的计算分析过程中，会依据经验进行选取确定，这就导致存在一些不确定因素，所以，需要校核其刚度，通常采用共同曲率法进行计算。

假设钢板弹簧同一截面上各钢板具有相同的曲率，并且所承受的弯矩正比于惯性矩。刚度的校核公式为

$$\begin{cases} k_s = \dfrac{6cE}{\sum\limits_{i=1}^{n_s} c_{i+1}^3 (X_i - X_{i+1})} \\ X_i = 1/\sum\limits_{i=1}^{i} J_i \\ X_{i+1} = 1/\sum\limits_{i=1}^{i+1} J_i \end{cases} \tag{9-19}$$

式中：c ——修正系数，一般为 0.90～0.94，并且有 $c_{i+1} = l_1 - l_{i+1}$，其中，l_1、l_{i+1} 分别为主簧和第 $(i+1)$ 片长度的一半；

J_i—— 第 i 片及以上各片截面惯性矩之和的倒数。

对于主簧长度的一半，当采用中心螺栓到卷耳中心间的距离时，所求得的结果为钢板弹簧自由刚度；当采用有效长度时，所求得的为钢板弹簧夹紧刚度。

（五）钢板弹簧总成强度校核

在汽车行驶过程中，钢板弹簧悬架承受垂向、纵向和横向的作用力及其力矩，为了保证其能够稳定、可靠地工作，需要对钢板弹簧总成的强度进行校核。

（1）在汽车驱动过程中，后钢板弹簧前半段产生最大作用力所引起的总应力为

$$\sigma_{max} = \frac{c_{ls\_r} G_r (l_{ls\_r} + \varphi_a h_{le}) l_{ls\_f}}{(l_{ls\_f} + l_{ls\_r}) W_t} + \frac{\varphi_a c_{ls\_r} G_r}{w_s t_s} \tag{9-20}$$

式中：σ_{max} ——钢板弹簧的最大应力。

c_{ls_r} ——汽车驱动时后轴负荷转移系数，一般地，乘用车取为 1.25～1.30；商用车取为 1.10～1.20。

G_r ——作用在后轮上的静载荷。

l_{ls_f}、l_{ls_r} ——钢板弹簧前、后半段长度。

φ_a ——车轮轮胎与地面间的附着系数。

h_{le} ——钢板弹簧吊耳中心至地面间的距离。

（2）在汽车紧急制动过程中，前钢板弹簧后半段上产生最大作用力所引起的总应力为

$$\sigma_{max} = \frac{c_{ls\_f} G_f (l_{ls\_f} + \varphi_a h_{le}) l_{ls\_r}}{(l_{ls\_f} + l_{ls\_r}) W_t} \tag{9-21}$$

式中：c_{ls_f} ——汽车制动时前轴负荷转移系数，一般地，乘用车取为 1.20～1.40；商用车取为1.40～1.60。

G_f ——作用在前轮上的静载荷。

钢板弹簧的制造材料多采用 55SiMnVB 钢或者 60Si2Mn 钢，并且采用表面喷丸和减小表面脱碳层深度等处理工艺来提高材料强度，延长使用寿命。

（3）当钢板弹簧传递纵向力时，弹簧卷耳根部受到弯曲应力和拉压应力的合力作用，在通过卷耳中心纵向力作用下，卷耳所受到的应力为

$$\sigma_{le} = \frac{3F_l (d_{le} + t_1)}{w_s t_1^2} + \frac{F_l}{w_s t_1} \leqslant [\sigma_{le}] \tag{9-22}$$

式中：σ_{le} ——卷耳受到的应力；

F_l ——卷耳中心线上的纵向作用力；

d_{le} ——卷耳内径；

t_1 ——主簧厚度；

$[\sigma_{le}]$ ——许用应力，一般取为 350MPa。

与之相配合的钢板弹簧销，所受到的压应力为

$$\sigma_n = \frac{F_{s\_e}}{w_s t_1} \tag{9-23}$$

式中：σ_n ——钢板弹簧销压应力；

F_{s_e} ——汽车满载静止时钢板弹簧端部载荷。

钢板弹簧销多采用低、中碳钢等材料，当采用经过渗碳处理的 20 钢或者 20Cr 钢时，许用压应力为 7～9MPa；当采用经过碳氮共渗处理的 30、40 钢时，许用压应力为 3～4MPa。

（六）少片钢板弹簧设计

少片钢板弹簧可通过变厚度获得等强度特性，这比多片钢板弹簧的质量减少 20%～40%，因此，在汽车悬架中也得到较广泛的应用。对于变厚度钢板弹簧的纵截面下边缘，主要有抛物线和分段折线，见图 9-23。

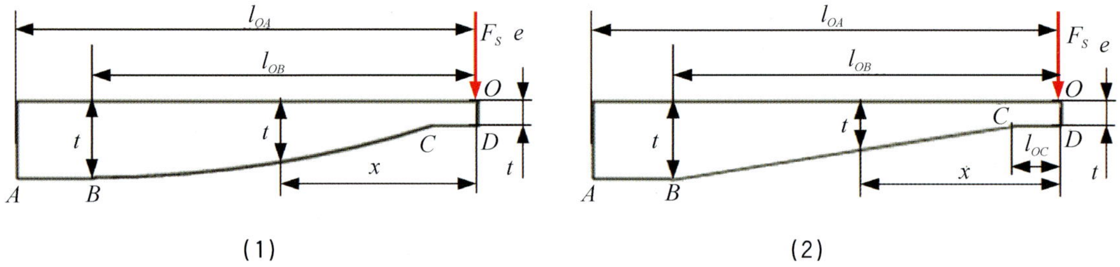

图 9-23　少片变截面钢板弹簧几何尺寸示意图

（1）抛物线形；（2）折线形

1. 抛物线形少片钢板弹簧

钢板弹簧厚度在纵向方向上的变化规律为 $t_x = t_B(x/l_{OB})^{1/2}$，其中，$x$、$l_{OB}$、$t_x$ 和 t_B 分别为截面上任意点、B 点在纵向和垂向的几何尺寸，见图 9-23(1)，惯性矩为 $J_x = J_B(x/l_{OB})^{3/2}$，其中，$J_B$ 为 B 点处惯性矩，对应的弹簧刚度 k_s 为

$$k_s = \frac{6c_0 EJ_B}{l_{OA}^3[1+c_1(l_{OB}/l_{OA})^3]} \tag{9-24}$$

式中：c_0——修正系数，可取为 0.92；

c_1——修正系数，可取为 $1-(t_C/t_B)^3$；

J_B——B 点惯性矩；

l_{OA}、l_{OB}——O 点分别与 A、B 点之间的水平距离。

该类钢板弹簧在抛物线区段内各点的应力相等，即

$$\sigma_s = \frac{6F_{s\_e}l_{OB}}{w_s t_B^2} \tag{9-25}$$

式中：σ_s——钢板弹簧的应力；

t_B——钢板弹簧在 B 点的厚度。

2. 分段折线少片钢板弹簧

钢板弹簧厚度在纵向方向上的变化规律为 $t_x = cx + b$，$c = (t_B - t_C)/(l_{OB} - l_{OC})$，$b = (t_C l_{OB} - t_B l_{OC})/(l_{OB} - l_{OC})$ 其中，t_B、t_C 分别为钢板弹簧在 B、C 点的厚度，l_{OB}、l_{OC} 分别为 O 点与 A、B 点之间的水平距离。利用式（9-24）可得

$$k_s = c_3^3 - \frac{3}{2}\left(\frac{1-c_1}{1-c_2}\right)^3\left[2\ln c_2 + \frac{4(1-c_2)(1-c_3)}{(1-c_1)} - \left(\frac{1-c_3}{1-c_1}\right)^2(1-c_2^2)\right]-1 \tag{9-26}$$

式中：c_1、c_2、c_3——系数，分别为 $c_1 = l_{OC}/l_{OB}$、$c_2 = t_C/t_B$、$c_3 = c_1/c_2$；

当 $l_{OC} > l_{OB}(2c_2 - 1)$ 或者 $2t_C < t_B$，钢板弹簧最大应力点发生在 $x = b/c$ 处，存在 $t_x = cx + b = 2b$，对应的应力为

$$\sigma_{s\_max} = \frac{3F_{s\_e}}{2w_s cb} \tag{9-27}$$

当 $l_{OC} \leqslant l_{OB}(2c_2 - 1)$ 时，最大应力点发生在 B 点处，对应的应力为

$$\sigma_{s\_max} = \frac{3F_{s\_e} l_{OB}}{2w_s t_B^2} \tag{9-28}$$

少片钢板弹簧的总刚度为各片刚度之和。在布置条件允许的情况下，其宽度尽可能取大些以增加其横向刚度，常取为 75～100mm。对于分段折线少片钢板弹簧的厚度，最小值 t_C >8mm，最小值 t_B 常取为 12～20mm，应保证足够的抗剪强度。

二、螺旋弹簧的设计与计算

（一）螺旋弹簧结构特点

螺旋弹簧是由圆形截面的钢丝卷制成螺旋状，具有结构简单、紧凑，质量较轻，比能量较高以及便于与减振器集成等优点，在汽车悬架设计上得到广泛应用。但是，螺旋弹簧仅能承受垂向载荷，不能承受纵向和横向载荷，所以，需要另设导向机构以传递相应的力和力矩。

（二）螺旋弹簧性能参数的计算和校核

螺旋弹簧刚度是其重要的性能参数，可表达为

$$k_s = \frac{Gd_{sw}^4}{8n_s d_m} \tag{9-29}$$

式中：G ——剪切模量；

d_{sw} ——螺旋弹簧钢丝直径；

n_s ——螺旋弹簧工作圈数；

d_m ——螺旋弹簧中径。

螺旋弹簧的切应力为

$$\tau_s = \frac{8F_s d_m k_r}{\pi d_{sw}} \tag{9-30}$$

式中：τ_s ——螺旋弹簧切应力；

k_r—— 簧圈曲率对螺旋弹簧强度的影响系数，一般地，当 d_{sw} 为 2.5～6.0mm 时，k_r 取为 4～9；当 d_{sw} 为 7.0～16.0mm 时，k_r 取为 4～8；当 d_{sw} 为 17.0～50.0mm 时，k_r 取为 4～6。

通过改变螺旋弹簧相关的结构参数，可以实现变刚度特性，常见的有变节距圆柱形和等节距圆锥形，见图 9-24。变节距圆柱形螺旋弹簧的节距可由小到大、单向排列，也可两端小中间大、双向排列。节距可采用渐进式变化，也可采用阶梯式变化。等节距圆锥形螺旋弹簧可采用等丝径，也可采用变丝径。

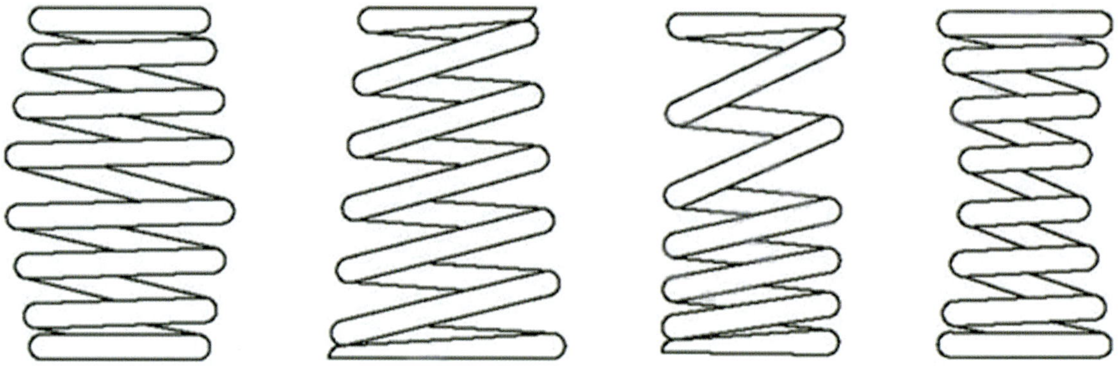

图 9-24　变刚度螺旋弹簧

(1) 桶形；(2) 圆锥形；(3) 变节距；(4) 沙漏形

三、扭杆弹簧的设计与计算

(一) 扭杆弹簧结构特点

扭杆作为弹簧元件，由于其结构简单、质量轻和单位质量储能量高等优点，在汽车悬架设计过程中得到大量使用。但是，与螺旋弹簧类似，扭杆仅能起到弹性元件的作用，必须设置导向机构。

扭杆弹簧根据其截面形状不同，可分为圆形、矩形、环形和片形等。根据组成构件数量不同，可分为单杆式和组合式，而后者又包括串联和并联。

(二) 扭杆弹簧性能参数的计算和校核

以简单的圆形截面扭杆为例进行分析说明，其受力变形图，见图 9-25 所示。在设计时，首先，应确定汽车对平顺性的要求；然后，选定扭杆的刚度值及其结构尺寸。扭杆弹簧的结构主要由端部、杆部以及过渡段组成，其端部以回转半径 r_s 绕杆部轴线旋转 α 角度，距离基准线的高度为 δ_s。根据扭杆所受的最大扭矩，其杆部直径为

$$d_s = \sqrt[3]{16T_{max}/(\pi\tau_s)} \tag{9-31}$$

式中：d_s ——扭杆弹簧直径；

T_{max} ——扭杆弹簧所受的最大扭矩；

τ_s ——扭杆弹簧切应力。

扭杆杆部的有效长度为

$$l_s = (\pi G d_s^4)/(32k_T) \tag{9-32}$$

式中：l_s ——扭杆杆部有效长度；

k_T ——扭杆扭转刚度。

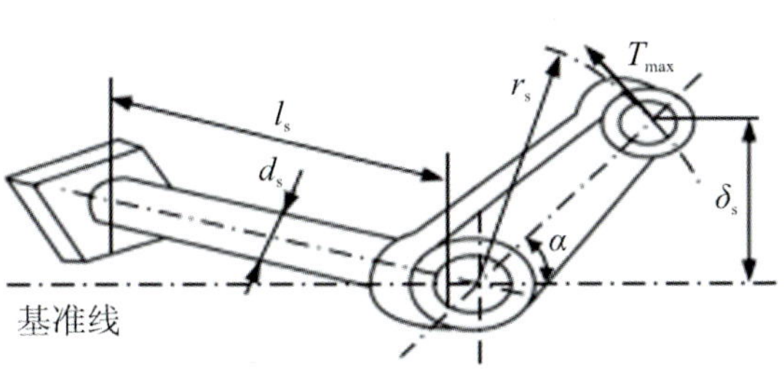

图 9-25　扭杆受力变形示意图

由上述两式可知，当增加扭杆直径 d_s，扭转刚度 k_T 变大，导致汽车行驶平顺性变差；但是，扭杆直径又要满足扭转强度的要求。所以，应综合设计、优化扭杆直径。当增加扭杆长度 l_s，扭转刚度 k_T 减小，能够改善汽车行驶平顺性；但是，将增大整体结构尺寸，不便于其他零部件布置安装，这可通过采用组合式扭杆来解决。

扭杆弹簧的端部多采用渐开线花键的形式与其他零部件连接，为了使其使用寿命与杆部的近似，其直径 $d_e=(1.2\sim1.3)d_s$，长度 $l_e=0.4d_e$。扭杆外花键的长度要比与之相配合的内花键长些。此外，有的扭杆端部采用六角形结构，要求六角对边间距离 d_h 与扭杆直径的关系为 $d_h=(1.2\sim1.4)d_s$，保证其端部具有足够的强度。

从端部到杆部之间的部分称为过渡段。为了减小该段材料的应力集中，可采用圆锥形和圆弧形过渡段。当过渡段为圆锥形时，常采用 30°夹角的锥体，将端部和杆部连接起来，对应的长度为 $l_g=(d_e-d_s)/[2\tan(\pi/6)]$。当过渡段为圆弧形时，其半径为 $r=1.5d_s$。

扭杆弹簧常采用的材料有 45CrNiMoVA、40Cr、50CrV 和 42CrMo 等，为了提高其扭转疲劳强度，常进行预扭和喷丸处理，可使相应的切应力达到 800～900MPa，一般地，乘用车取上限，而商用车取下限。

四、空气弹簧的设计与计算

（一）空气弹簧结构特点

空气弹簧是在含有帘布层结构的橡胶气囊或者膜内充入具有一定压力的气体来实现弹性元件作用，当工作高度一定时，由于其工作容积基本不变，又称为定容积空气弹簧。同时，还需要减振器、导向机构和车身高度调节装置。

由于空气弹簧是采用比较柔软的材料，可获得较低的固有频率，并且具有较好的稳定性、较高的单位质量储能量以及较长的使用寿命。相对于其他悬架弹簧来说，其结构较复杂，尺寸较大，不便于布置，需要设置导向机构传递纵向、横向的作用力及其力矩。

（二）空气弹簧性能参数的计算和校核

当空气弹簧受到外加载荷 F 作用后，将产生变形 $d\delta$，容积内部体积变化量为 dV，如果忽略气囊薄壁的变形，则外加载荷所做的功等于气体受压过程所做的功，即

$$F d\delta=(p-p_a)dV \quad (9\text{-}33)$$

式中：F ——外加载荷；

$d\delta$ ——空气弹簧变形量；

p、p_a ——容积内部气体压力和大气压力；

V ——空气弹簧内部容积。

弹簧内部空气的气体状态方程为

$$p/p_0 = (V_0/V)^c \tag{9-34}$$

式中：p_0、V_0 ——静平衡状态时弹簧内部压力和容积；

c—— 气体常数，当汽车行驶过程中载荷缓慢变化时，弹簧内部气体状态变化近似于等温过程，c 可取为 1；当汽车行驶过程中存在振动时，其状态变化近似于绝热过程，c 可取为 1.4；一般地，c 为 1.2～1.4。

将式（9-34）代入式（9-33），可得

$$F = (p - p_a)A_e = \left(\frac{p_0 V_0^c}{V^c} - p_a\right)A_e \tag{9-35}$$

式中：A_e—— 空气弹簧的有效面积，$A_e = \pi d_e^2/4$，其中 d_e 为空气弹簧的有效直径。

对式（9-35）关于变形量进行求导，可得空气弹簧刚度为

$$k_s = \frac{c p_0 V_0^c}{V^{c+1}} A_e^2 + \left(\frac{p_0 V_0^c}{V^c} - p_a\right)\frac{dA_e}{d\delta} \tag{9-36}$$

当空气弹簧达到静平衡状态时，存在 $p = p_0$，$V = V_0$，相应的弹簧刚度为

$$k_{s0} = \frac{c p_0}{V_0} A_e^2 + (p_0 - p_a)\frac{dA_e}{d\delta} \tag{9-37}$$

由式（9-37）可见，影响空气弹簧刚度的主要因素有内部容积和有效面积变化率等。如果需要获得较低的刚度，则应增大 V_0，但是，为了汽车行驶稳定性，V_0 不可能取太大，在设计上常通过设置辅助气室的方法来增大 V_0，达到减小刚度的目的。一般地，辅助气室容积不超过空气弹簧的 3 倍。

空气弹簧的弹性特性，见图 9-26。在同等外加载荷 F_c 作用下，钢板弹簧和空气弹簧的变形量分别为 δ_{ls}、δ_{as}，见图 9-26（2），后者比前者要大得多，因此，可获得较低的固有频率和刚度，从而提高汽车行驶平顺性。当受到冲击载荷时，其弹性特性曲线呈现为急剧变化，相应的刚度变大，从而减小悬架的变形量，改善乘坐舒适性。

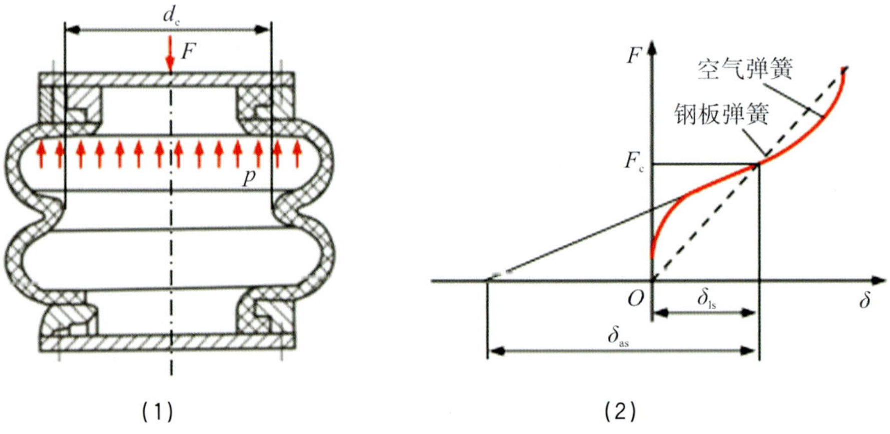

图 9-26　空气弹簧受力及其非线性弹性特性示意图

（1）受力图；（2）非线性弹性特性

由于空气弹簧无法承受纵向、横向作用力及力矩，这就需要选择合适的导向机构，常采用的方法有：①用钢板弹簧作为导向元件；②纵臂式悬架结构；③叉臂型或者 A 型结构。

在汽车行驶过程中，垂向振动将引起车身与车桥之间相对位置发生变化，这就需要车身高度调节装置，常将车身高度调节机构一端固定在车架、另一端固定在车身上的联动阀，当车身高度发生变化

时，通过气体阀向空气弹簧内部充入或者放出一定体积的气体，以达到调节车身高度的目的。

五、油气弹簧的设计与计算

（一）油气弹簧结构特点

油气弹簧可以说是一种特殊的空气弹簧，在工作容积内充入惰性气体和油液，并利用橡胶膜将两者隔开，由于其内部质量不变，又称为定质量空气弹簧。该类弹簧比空气弹簧具有更高的压力，通常为5～7MPa，从而能够减小结构尺寸、减轻质量。

（二）油气弹簧性能参数的计算和校核

对于单气室油气弹簧可利用式（9-36）和式（9-37）进行计算，由于其有效面积为活塞面积 A_p，且保持不变，相应的弹簧刚度为

$$k_s = \frac{cp_0 V_0^c}{V^{c+1}} A_p^2 \tag{9-38}$$

为了计算方便，腔内工作容积 $V = A_p S$，其中，S 为活塞位移，则上式变为

$$k_s = \frac{cp_0 A_p V_0^c}{SV^c} \tag{9-39}$$

当空气弹簧达到静平衡状态时，存在

$$k_{s0} = \frac{cp_0 A_p}{S_0} \tag{9-40}$$

式中：S_0——静平衡位置时活塞位移。

当油气弹簧所承受的载荷较小时，对应的刚度也较小，在活塞伸张过程中可能发生撞击限位块的情况，这时可通过增设反压气室以增大阻尼力。

油气弹簧还可采用两级气室或者两级压力式，该结构具有两个并联的气室，包括主气室和补偿气室，后者的压力为前者的1.5～2.0倍。当外加载荷较小时，主气室发挥作用，这与单气室油气弹簧工作压力类似。当外加载荷较大，使气室内的压力超过临界压力 p_c 时，补偿气室开始工作，总容积增大，弹簧刚度较小，从而改善汽车行驶平顺性。

六、减振器的设计与计算

（一）减振器结构特点

为了使汽车的振动能量快速衰减，悬架中阻尼元件广泛采用内部充有液体的液力式减振器。减振器内的油液利用自身的黏性摩擦以及流经阻尼孔的摩擦作用，将车体振动能量转化为热能而耗散到大气环境中。为了保证减振器具有良好的工作性能，在设计过程中应满足如下基本要求：

（1）在悬架压缩行程中，减振器所产生的阻尼力应较小，能够充分发挥弹性元件的缓冲作用。

（2）在悬架伸张行程中，减振器所产生的阻尼力应较大，能够快速衰减振动能量。

（3）当车桥与车架之间的相对速度较大时，减振器应具有相对稳定的阻尼力，避免其结构件承受

过大的冲击载荷。

（4）减振器应具有足够的使用寿命，保证悬架工作性能的稳定性，进而使行驶中汽车具有良好的平顺性。

为了便于减振器在车上安装，根据两端部连接结构不同，主要有 5 种型式：EE、ES、SE、SS 和 ST，其中，E 为吊环型，S 为螺杆型，T 为支柱型。

（二）减振器性能参数的计算和校核

在设计减振器时，阻尼比是表征悬架“软”或者“硬”的重要参数。在减振器往复运动过程中，伸张行程的阻尼比要比压缩行程的大些，一般地，先取两者的平均值，再进行计算分析。对于无内摩擦的弹性元件悬架，阻尼比 $\zeta=0.25\sim0.35$；对于有内摩擦的弹性元件悬架，ζ 值可取得小些。如果汽车经常行驶在较差的路面上，则 ζ 值应取得大些，一般大于 0.3。

由式（9-4）可知，在理论上，阻尼系数为

$$c=2\zeta\sqrt{k_s m_s} \tag{9-41}$$

在实际应用中，阻尼系数不仅与阻尼比、弹性元件刚度以及悬架所承载的质量有关，而且与减振器布置方式有关。减振器常见的布置方式，见图 9-27。在双横臂悬架中，当减振器垂直安装时，见图 9-27（1），其阻尼系数为

$$c=2\zeta m_s\omega_n l_d^2/l_a^2 \tag{9-42}$$

式中：ω_n——悬架系统的固有频率；

l_d——双横臂悬架中下横臂长度；

l_a——减振器在下横臂上的连接点到下横臂在车身上连接点间的距离。

在双横臂悬架中，当减振器斜向安装时，见图 9-27（2），其阻尼系数为

$$c=2\zeta m_s\omega_n l_d^2/(l_a\cos\theta)^2 \tag{9-43}$$

式中：θ——减振器中心线与垂线之间的夹角。

在单横臂悬架中，当减振器斜向安装时，见图 9-27（3），其阻尼系数为

$$c=2\zeta m_s\omega_n/\cos\theta^2 \tag{9-44}$$

对比 3 种安装方式，当下横臂长度 l_d 相等时，通过改变减振器在下横臂上的连接点以及减振器安装倾斜角，这都会改变其阻尼系数。

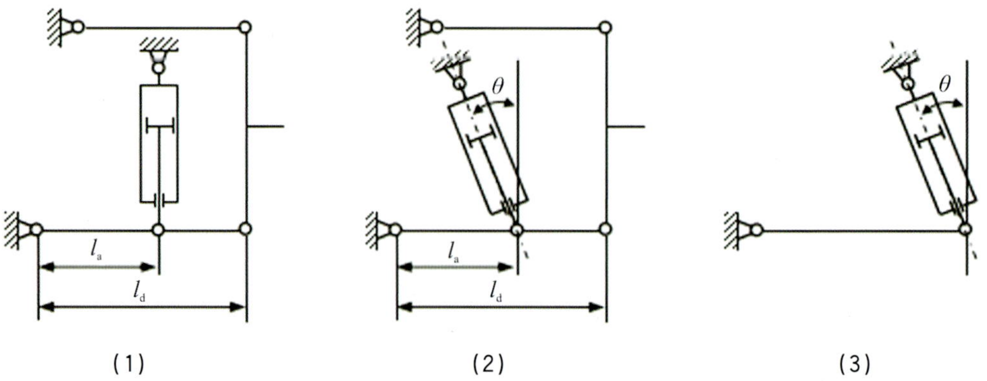

图 9-27 减振器安装位置示意图

（1）减振器与下横臂中间点垂直连接；（2）减振器与下横臂中间点倾斜连接；（3）减振器与下横臂末端点倾斜连接

在确定减振器性能参数后，其工作缸径是一个非常重要的结构参数。根据减振器在伸张行程中最大卸荷力，其工作缸径为

$$d_w = \sqrt{\frac{4F_d}{\pi[p](1-\gamma^2)}} \tag{9-45}$$

式中：d_w——减振器工作缸径；

F_d——减振器伸张行程最大卸荷力；

$[p]$——减振器工作缸许用压力，一般为 3～4MPa；

γ——减振器活塞杆直径与工作缸筒直径之比，单筒式为 0.30～0.35，双筒式为 0.40～0.50。

通过式（9-45）获得减振器工作缸径，同时参考 QC/T 491－2018《汽车减振器性能要求及台架试验方法》等标准对计算结果进行圆整取值。减振器常见的工作缸直径有：20mm、25mm、27mm、30mm、32mm、35mm、40mm、45mm、50mm、65mm、70mm 等规格。不同减振器工作缸直径对应的额定阻尼力，见表 9-5。

表 9-5 不同减振器工作缸直径对应的额定阻尼力

工作缸直径/mm	压缩阻尼力/N	复原阻尼力/N	工作缸直径/mm	压缩阻尼力/N	复原阻尼力/N
20	100～800	200～1600	40	400～2200	1600～10000
25	150～900	500～2000	45	500～2500	2500～15000
27	150～1000	700～3000	50	700～2800	4000～18000
30	200～1200	1000～3500	65	1000～3600	5000～20000
32	200～1400	1000～4000	70	1000～10000	5000～25000
35	400～1800	1200～5000			

由于汽车常在不同环境下行驶以及减振器内部的摩擦作用都会导致温度发生变化，从而引起阻尼力发生变化。为了保证减振器的工作性能，阻尼力变化率要处于一定的范围内，见表 9-6。

表 9-6 减振器在不同温度下阻尼力变化率限值

试验温度/℃	阻尼力变化率/%	
	压缩行程	伸张行程
100	≤20	≤24
80	≤18	≤22
－30	≥－300	≥－300
－40	不应有漏油现象	不应有漏油现象

第五节　悬架系统导向机构的设计

一、导向机构的设计要求

由前边的叙述可知，单靠弹性和阻尼元件并不能完全实现悬架系统的功能，这还需要导向机构来控制车轮、车架等的运动特性，并且传递相应的作用力及力矩。悬架系统中导向机构的设计要求如下：

（1）导向机构应具有足够的刚度、强度，能够可靠地传递各种作用力及其力矩。

（2）当悬架上载荷发生变化时，轮距应无明显变化，否则引起轮胎过早磨损，一般地，前轮轮距的变化不超过±4.0mm。

（3）当悬架上载荷发生变化时，车轮定位参数变化适度、合理，不应产生纵向加速度。

（4）当汽车制动时，应使车身具有抗前俯能力；当汽车加速时，应使车身具有抗后仰能力。

（5）当汽车转弯行驶时，应使车身侧倾角较小，对于前轮，车轮与车身同向倾斜，增加不足转向效应；对于后轮，车轮与车身反向倾斜，减小过多转向效应。

目前，在汽车悬架系统中有多种不同的结构形式，以应用比较广泛、技术比较成熟的双横臂式和麦弗逊式独立悬架为例对其导向机构的设计进行说明。

二、双横臂式独立悬架导向机构的设计

（一）主要布置参数

1. 侧倾中心

对于双横臂式独立悬架的侧倾中心，将上、下横臂延长得到一交点 P_1，进而与轮胎接地点 C 相连，线段 P_1C 与汽车垂线的交点即为侧倾中心 O_{rc}，见图 9-28。如果上、下横臂相互平行，这时，从轮胎接地点 C 做一条与上、下横臂相平行的直线，与汽车中垂线相交而得到的点即为该结构侧倾中心 O_{rc}。对应的侧倾中心高度为

$$\begin{cases} h_{rc} = \dfrac{l_w h_P}{2(l_{BP}\cos\beta + h_B\tan\gamma + l_{CD})} \\ l_{BP} = \dfrac{l_{AB}\sin(\pi/2+\gamma-\alpha)}{\sin(\alpha+\beta)} \\ h_P = l_{BP}\sin\beta + h_B \end{cases} \tag{9-46}$$

式中：h_{rc}——侧倾中心的高度；

l_w——两侧车轮轮距；

h_P、h_B——上、下横臂交点 P_1 和点 B 的高度；

l_{AB}、l_{BP}、l_{CD}—— 点 A 与点 B、点 B 与点 P_I 以及点 C 与点 D 之间的距离；

α、β、γ—— 上、下横臂与水平线间的夹角以及点 A 与点 B 连线与垂线间的夹角。

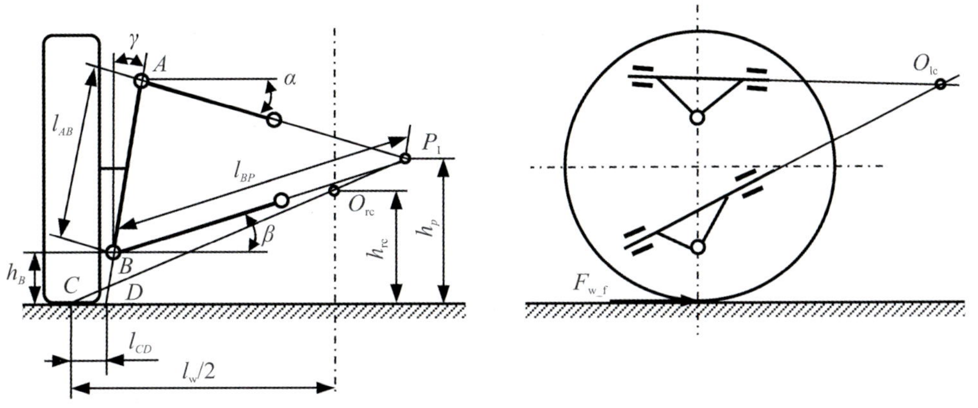

(1)　　(2)

图 9-28　双横臂式独立悬架的侧倾中心示意图

(1) 侧倾中心；(2) 纵倾中心

2. 纵倾中心

对于双横臂式独立悬架的纵倾中心，见图 9-28，将两横臂的转动轴延长线的交点 O_{lc} 即为纵倾中心。

3. 抗制动前俯角

当行驶中的汽车制动时，惯性力的作用引起轴荷转移，表现出“点头前俯”现象。在设计过程中，应采取相应的措施实现抗制动纵倾性，需要指出，这只有当前、后悬架的纵倾中心位于前、后车桥之间时才能实现，见图 9-29。

对于双横臂式前悬架，如果下横臂轴线水平布置，上横臂轴线向下倾斜，两轴线延长线的交点 O_{lc1} 即为纵倾中心。而后悬架多采用连杆悬架结构，同样地，上、下控制臂延长线的交点 O_{lc2} 为纵倾中心。

当汽车以减速度 a 制动时，前、后轮上负荷发生转移，相应的变化量为

$$\Delta F = m_a a h_m / l_{f\_r} \tag{9-47}$$

式中：m_a ——汽车总质量；

a——汽车制动减速度；

h_m ——汽车质心高度；

l_{f_r} ——汽车轴距。

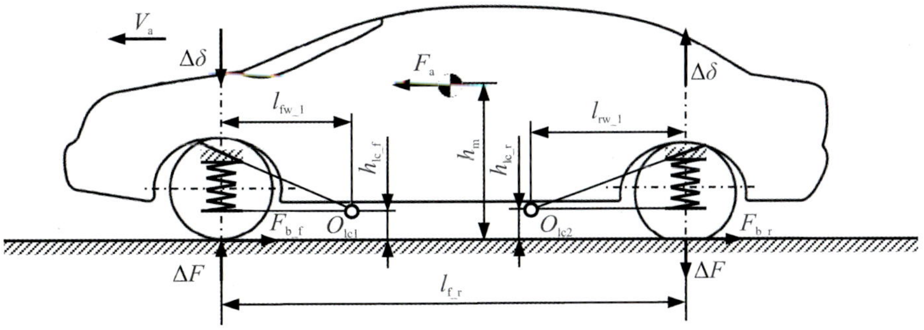

图 9-29　抗制动前俯角示意图

前、后车轮上制动力分别为

$$\begin{cases}F_{b\_f}=\beta F_b=\beta F_a\\F_{b\_r}=(1-\beta)F_b=(1-\beta)F_a\end{cases}\tag{9-48}$$

式中：F_{b_f}、F_{b_r} ——前、后车轮上制动力；

β——汽车制动器制动力分配系数；

F_a、F_b ——汽车惯性力以及总的制动力。

在制动力作用下，前、后悬架中弹簧产生相应附加变形，假定弹簧上的载荷转移与车轮上的载荷转移相等，并忽略车轮惯性力矩和滚动力矩，由前、后悬架上各动态力对纵向中心 O_{lc1}、O_{lc2} 的力矩平衡可得

$$\begin{cases}\Delta\delta_1=\dfrac{F_a}{k_{s1}l_{fw\_1}}\left(\dfrac{h_m l_{fw\_1}}{l_{f\_r}}-\beta h_{1c\_f}\right)\\\Delta\delta_2=\dfrac{F_a}{k_{s2}l_{rw\_1}}\left[\dfrac{h_m l_{rw\_1}}{l_{f\_r}}-(1-\beta)h_{1c\_r}\right]\end{cases}\tag{9-49}$$

式中：$\Delta\delta_1$ 、$\Delta\delta_2$ ——前、后悬架上弹簧变形量；

k_{s1}、k_{s2} ——前、后悬架上弹簧刚度；

l_{fw_1}、l_{rw_1} ——汽车前、后轮中心分别至相应纵倾中心的水平距离；

h_{lc_f}、h_{lc_r} ——汽车前、后悬架纵倾中心高度。

由式（9-49）可知，悬架弹簧变形量与总布置参数、弹簧刚度、纵倾中心位置、制动力及其分配系数等有关。如果要求汽车无前俯现象，则前、后悬架上弹簧变形量为 0，即

$$\begin{cases}\dfrac{h_m l_{fw\_1}}{l_{f\_r}}-\beta h_{1c\_f}=0\\\dfrac{h_m l_{rw\_1}}{l_{f\_r}}-(1-\beta)h_{1c\_r}=0\end{cases}\tag{9-50}$$

当汽车总体布置参数 h_m、l_{f_r}、β 等确定后，可通过设计合适的悬架纵倾中心位置来获得理想的抗制动前俯效果。在实际设计过程中，为了减小车轮传到车身上的作用力，往往不能达到理想的无前俯效果，这时，可采用前、后车轮的抗前俯率和抗抬起率来表征汽车制动时前俯程度，即

$$\begin{cases}\eta_{f\_b}=\dfrac{\beta h_{1c\_f}l_{f\_r}}{h_m l_{fw\_1}}\times100\%\\\eta_{r\_b}=\dfrac{(1-\beta)h_{1c\_r}l_{f\_r}}{h_m l_{rw\_1}}\times100\%\end{cases}\tag{9-51}$$

式中：η_{f_b}、η_{r_b} ——汽车制动时前、后车轮抗前俯率和抗抬起率。

一般地，乘用车前轮抗前俯率为 50％～70％。

4. 抗驱动后仰角

当汽车驱动时，惯性力的作用同样会引起轴荷转移，表现出“后仰垂尾”现象。在设计过程中，应采取相应的措施来减小汽车驱动时车头的抬高量或者车尾的下沉量。当汽车加速时，前轮驱动汽车对应的前轮抗后仰率以及后轮驱动汽车的后轮抗下沉率分别为

$$\begin{cases}\eta_{f\_a}=\dfrac{h_{1c\_f}l_{f\_r}}{h_m l_{fw\_1}}\times100\%\\\eta_{r\_a}=\dfrac{h_{1c\_r}l_{f\_r}}{h_m l_{rw\_1}}\times100\%\end{cases}\tag{9-52}$$

式中：η_{f_a}、η_{r_a}——汽车加速时前、后车轮抗后仰率和抗下沉率。

（二）主要布置方案及特点

1. 纵向平面布置方案

双横臂式独立悬架中上、下横臂抗前俯角的匹配对主销后倾角的变化有着明显影响，不同匹配方案上、下横臂的抗前俯角，见表 9-7，表中抗前俯角的正负号根据右手定则确定。不同匹配方案对应的主销后倾角与车轮接地中心垂直位移量间的变化关系，见图 9-30。

表 9-7 不同匹配方案上、下横臂的抗前俯角 单位：(°)

方案	1	2	3	4	5	6
上横臂	−5	−5	0	5	5	−10
下横臂	+5	0	0	0	−5	−5

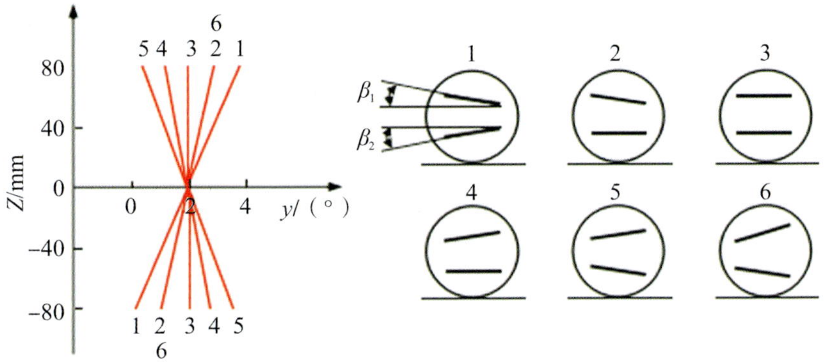

图 9-30 车轮接地中心垂直位移量与主销后倾角间关系线图

为了提高制动时汽车的稳定性和舒适性，主销后倾角理想的变化规律为：当悬架弹簧压缩时后倾角变大；反之，后倾角减小，从而使悬架具有较好的抗前俯作用。从图 9-30 可知，对于第 4 和 5 方案，后倾角在压缩时减小，而在拉伸时增大，这与理想的变化规律刚好相反，因此，不适合在悬架中应用。对于第 3 方案，后倾角变化较小，相应的作用也较小，很少采用。第 1、2 和 6 方案与理想的变化规律一致，所以，这些方案在悬架设计过程中得到广泛应用。

2. 横向平面布置方案

对于双横臂式独立悬架，在横向平面内，下横臂一般为水平布置，而上横臂有水平、向下倾斜和向上倾斜 3 种布置方案，见图 9-31。这样就可以根据设计需求选择相应的侧倾中心。

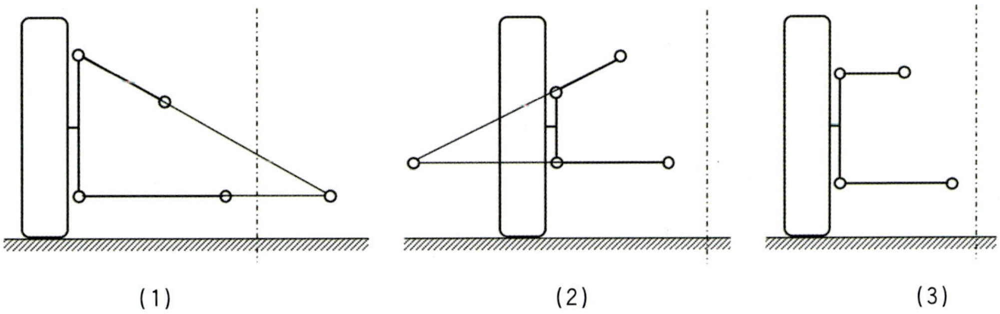

图 9-31 上、下横臂在横向平面内的布置方案

(1) 侧倾中心在内；(2) 侧倾中心在外；(3) 无侧倾中心

3. 水平面内布置方案

在水平面内，上、下横臂轴与纵向轴线间的夹角称为水平斜置角。一般规定，当汽车以速度 v_a 向前行驶时，横臂轴线前端远离纵向轴线的夹角为正值；反之，则为负值；当横臂轴线与纵向轴线平行，则为 0。上、下横臂在水平面内的布置方案，见图 9-32。在设计过程中，需要综合考虑发动机布置、车轮定位参数以及横臂在其他平面内设计要求等影响因素，进而选择合适的布置方案。

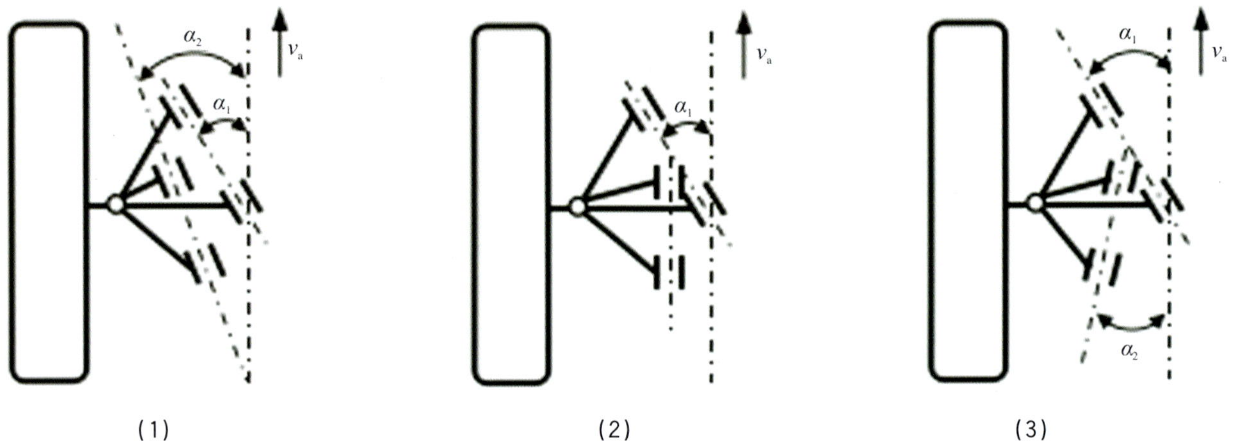

图 9-32 上、下横臂在水平面内的布置方案

(1) α_1 和 α_2 均为正;(2)α_1 为正,α_2 为 0;(3)α_1 为正,α_2 为负

为了能够快速有效地确定合适的抗前俯角，目前，已经根据设计经验制定出一套线图，见图 9-33。该套线图由 3 组分图组成，图 9-33（1）为汽车在不同减速度下前轮上方车身下沉量 δ_1 与抗前俯率 η_{f_b} 间的关系；图 9-33（2）为当下横臂轴线与水平线间的夹角不同时，主销后倾角的变化率 $d\gamma/d\delta_1$ 与抗前俯率 η_{f_b} 间的关系；图 9-33（3）为不同球销中心距时，主销后倾角变化率 $d\gamma/d\delta_1$ 与上、下横臂摆动轴线夹角$(\beta_2-\beta_1)$间的关系。

为了确定上、下横臂轴线的夹角可通过图 9-33 获取，主要步骤如下：

(1) 根据给定加速度下汽车前俯角的设计要求，确定前轮上方车身下沉量 δ_1，通过该点向右的水平线与 $\delta_1-\eta_{f\_b}$ 曲线获得一交点 P_1，即可获得相应的 η_{f_b}。

(2) 以点 P_1 为始点，向上作垂线与 $\eta_{f\_b}-\beta$ 曲线相交于点 P_2，可初选下横臂夹角 β_1，进而获得主销后倾角变化率 $d\gamma/d\delta_1$，一般地，该值在悬架压缩 10mm 时为 $10'\sim40'$。

(3) 以点 P_2 为始点，向左作水平线，并根据初选的球销中心距确定与曲线的交点 P_3，该点的横坐标即为上、下横臂轴的夹角$(\beta_2-\beta_1)$，这样就可以获得上横臂的夹角 β_2，从而判断是否符合设计要求；如果不符合要求，则应重新进行选取。

图 9-33 适用于汽车轴距为 2.8～3.2m、质心高度为 0.58～0.6m 的乘用车。

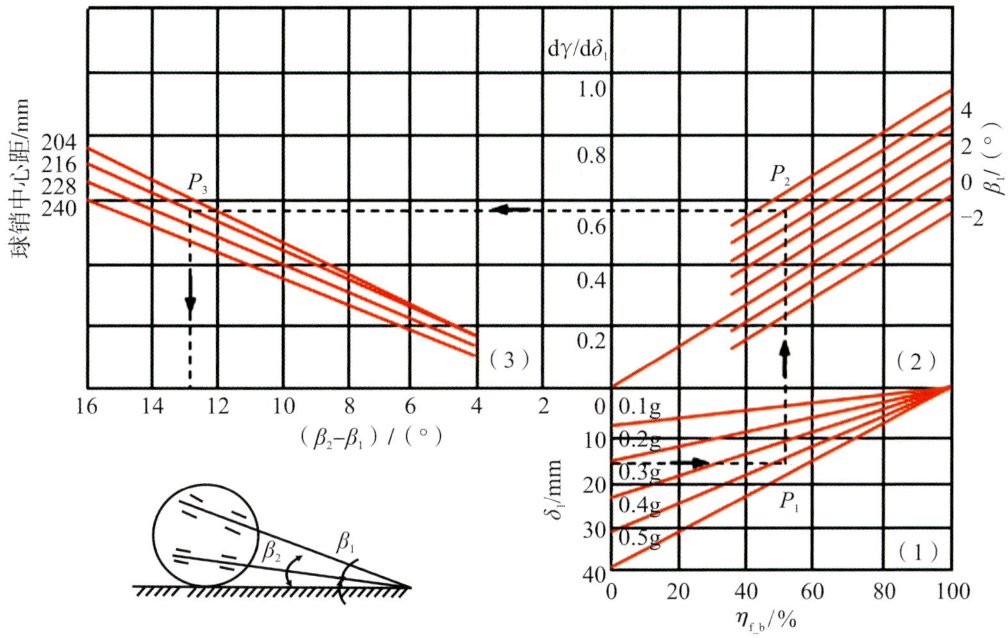

图 9-33　上、下横臂轴线纵向倾角选取线图

4. 上、下横臂尺寸的确定

双横臂式独立悬架中上、下横臂尺寸车轮定位参数、发动机布置以及悬架运动特性等有着重要影响。一般地，设计为上横臂较短，而下横臂较长。当下横臂长度 l_{a_d} 保持不变，通过改变上横臂长度 l_{a_u} 获得上、下横臂长度不同比例，计算得到相应的悬架运动特性曲线，见图 9-34。图 9-34(1) 为车轮接地点垂直位移 z_c 与 1/2 轮距 l_w 间的曲线，当上、下横臂长度比为 0.6 时，垂直位移的变化最为平缓，不论长度比增大或者减小，其变化率都将增加。图 9-34(2) 和(3) 分别为车轮外倾角 α、主销内倾角 β 的影响规律曲线，当上、下横臂长度比为 1.0 时，z_c 与 α、β 的曲线均近似为直线，换言之，在悬架运动过程中，这两个角基本不变。

在悬架设计时，要求轮距变化要小，以减少轮胎磨损，提高其使用寿命，这可通过选取上、下横臂长度比约为 0.6 来获得。为了保证汽车具有良好的行驶稳定性，这可通过选取上、下横臂长度比约为 1.0 来获得。因此，该类悬架对应的上、下横臂长度比宜在 0.6～1.0，根据经验，可初选为 0.65 左右。

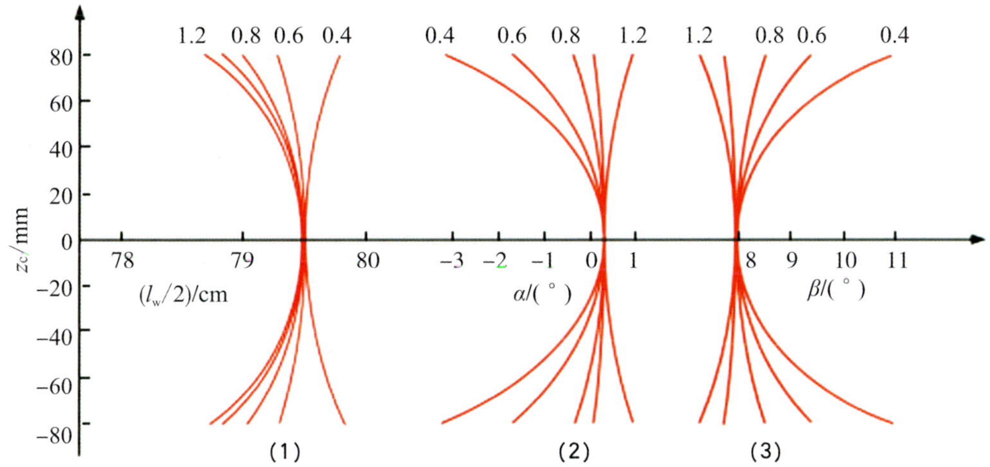

图 9-34　不同上、下横臂长度比例下悬架运动特性曲线

(1) 1/2 轮距；(2) 车轮外倾角；(3) 主销内倾角

三、麦弗逊式独立悬架导向机构的设计

（一）主要布置参数

1. 侧倾中心

对于麦弗逊式独立悬架的侧倾中心，以活塞杆上端点为始点作垂线，与下横臂延长线相交而得到一交点 P_I，将该点与轮胎接地点 C 相连，线段 P_IC 与汽车中垂线的交点即为侧倾中心 O_{rc}，见图 9-35（1）。该类悬架中减振器轴线应向内倾斜一定角度，保证侧倾中心至地面有一定距离，从而使车轮跳动时具有理想的外倾角。麦弗逊式独立悬架的侧倾中心高度为

$$\begin{cases} h_{rc} = \dfrac{l_w h_P}{2(l_{BP}\cos\beta + h_B\tan\gamma + l_{CD})} \\ l_{BP} = \dfrac{l_{AB}}{\sin(\alpha+\beta)} \\ h_P = l_{BP}\sin\beta + h_B \end{cases} \tag{9-53}$$

式中的符号与（9-46）中的一致。

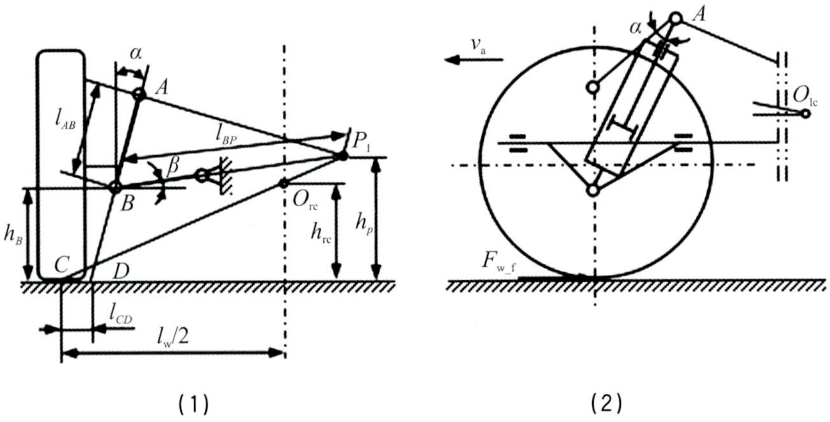

图 9-35　麦弗逊式独立悬架的侧倾中心示意图

（1）侧倾中心；（2）纵倾中心

2. 纵倾中心

对于麦弗逊式独立悬架的纵倾中心，通过 A 点作减振器轴线的垂线，并与横臂轴延长线的交点 O_{lc} 即为纵倾中心，见图 9-35（2）。

麦弗逊式独立悬架的其他布置参数与双横臂式的基本类似。

（二）主要布置方案及特点

1. 横臂轴线布置方案

麦弗逊式独立悬架的横臂轴与主销后倾角对汽车纵倾稳定性有着明显影响。①当摆臂轴的抗前俯角 β 等于主销后倾角 γ 时，横臂轴与主销轴线垂直，这时，运动瞬时中心交于无穷远处，这时，主销在悬架

跳动时做平移运动，主销后倾角 γ 保持不变。② 当运动瞬时中心交于前轮后方时，在悬架压缩过程中，主销后倾角 γ 有增大的趋势。③ 当运动瞬时中心交于前轮前方时，在悬架压缩过程中，γ 有减小的趋势。为了减小汽车制动时的纵倾，当采用麦弗逊式独立悬架时，应选择合适的 β 角使运动瞬时中心交于前轮后方。

2. 横臂尺寸的确定

当下横臂取不同值时，麦弗逊式前独立悬架中不同参量对车轮垂直位移的影响规律，见图 9-36。由图可知，下横臂尺寸越长，轮距曲线越平缓，即相应的变化越小，有利于延长轮胎的使用寿命。对于其他参量，如主销内倾角、车轮外倾角和主销后倾角等，也有着类似的变化规律。

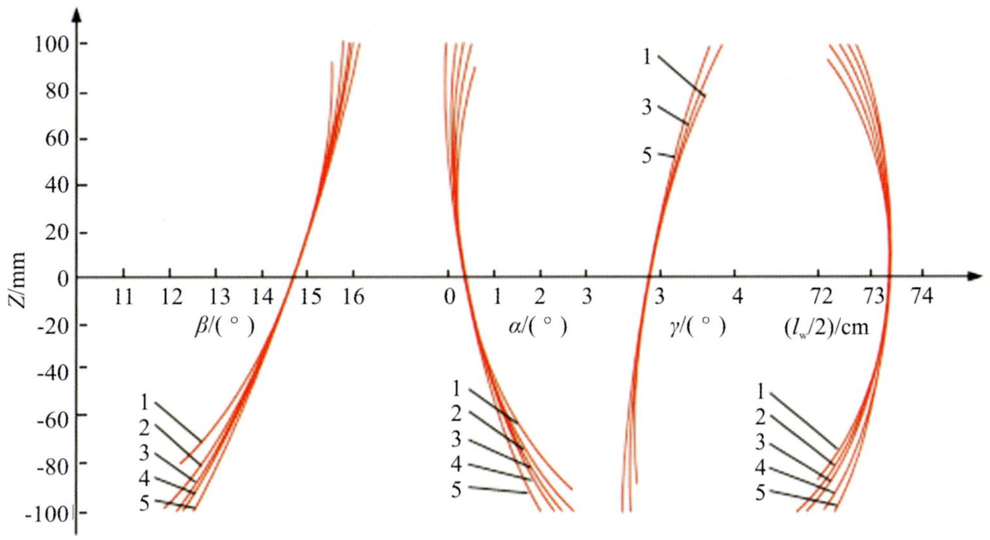

1－262mm；2－312mm；3－362mm；4－412mm；5－462mm

图 9-36 麦弗逊式前独立悬架不同横臂长度对应的运动特性

参考文献

[1] 闵海涛，王建华．汽车设计［M］．5 版．北京：机械工业出版社，2023．

[2] 刘惟信．汽车设计［M］．北京：清华大学出版社，2001．

[3] 过学迅，邓亚东．汽车设计［M］．北京：人民交通出版社，2005．

[4] 姚为民．汽车构造［M］．7 版．北京：人民交通出版社，2021．

[5] 吉安卡洛・珍达，洛伦兹・莫雷洛．汽车底盘设计（上卷）：部件设计［M］．王志福，译．北京：机械工业出版社，2023．

[6] 全国汽车标准化技术委员会．汽车减振器性能要求及台架试验方法：QC/T 491 2018［S］．北京：中国标准出版社，2019：6．

第十章　制动系统设计

第一节　概　　述

制动系统的功用是使行驶中汽车以适当减速度保持稳定或者降速停车，以及使静止的汽车可靠地驻留在原地。为了实现汽车制动，必须装设一系列专门装置，保证驾驶人能够根据交通、道路和环境等实际工况对汽车施加可控制的制动力。这包括行车制动装置和驻车制动装置，此外，也可设置应急制动、辅助制动和自动制动装置。典型的制动系统主要包括供能装置（人的肌体）、控制装置（制动踏板、驻车操纵杆等）、传动装置（制动主缸、制动轮缸等）和制动器（制动盘、制动鼓、制动蹄和摩擦衬片等）等 4 个基本组成部分，见图 10-1。

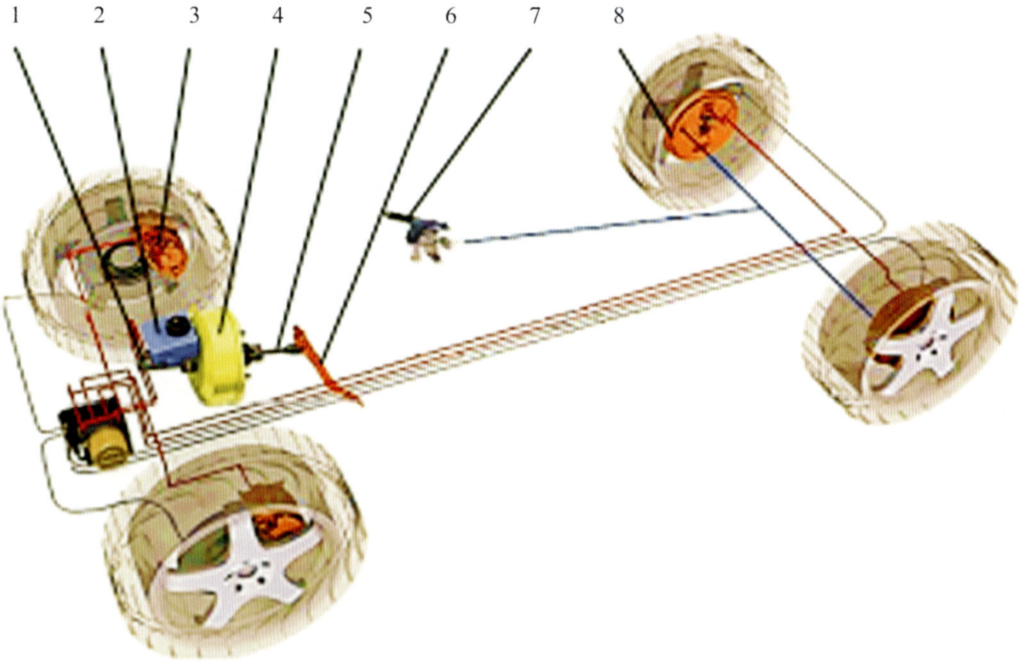

1－制动主缸；2－储液罐；3－盘式制动器；4－真空助力器；5－制动踏板推杆；6－制动踏板；7－驻车操纵杆；8－鼓式制动器

图 10-1　制动系统基本组成结构简图

为了保证制动系统具有良好的工作性能，在设计过程中应满足如下基本要求：

（1）在汽车制动过程中，能够按照驾驶人意图或者实际行驶工况施加所需要的制动力矩，并且要求在任何设计允许的行驶速度下制动，都应具有良好的稳定性和方向操纵性。

（2）制动系统工作过程应可靠有效。行车制动系统至少有两套独立的驱动装置，并且要求当其中一套失效时，另一套制动能力不低于正常设计值的 30%；同时，行车和驻车制动的驱动机构也应相互独立。

（3）制动器中摩擦副组件具有良好的摩擦性能和热稳定性，并且具有良好的吸热和散热能力；当摩擦副工作表面磨损后，应设置能消除因磨损而产生的间隙，从而保证其工作性能、延长使用寿命。

（4）制动器摩擦表面具有较好的水稳定性，一般要求摩擦表面出水后反复制动 5～15 次应恢复其制动效能；在设计过程中，也应防止水和污泥进入制动器工作表面以使制动效能降低并加速磨损。

（5）当汽车制动时，制动系统产生的噪声尽可能小，并且要求减少制动器摩擦材料散发出对人体有害的颗粒物质，减少公害。

（6）制动系统中传动装置的零部件应满足刚度、强度和密封性等要求。

（7）应保证传动装置具有较好的随动性，即作用滞后时间应尽可能短。

（8）传动装置的零部件与悬架、转向装置等不发生运动干涉，并且要求在汽车转向或者车轮跳动时不会引起自行制动。

（9）控制装置，如制动踏板、驻车操纵杆等，安装位置和操作行程应符合人机工程学要求，即操作方便、舒适，有利于减缓驾驶人疲劳。

（10）制动系统整体结构应简单、紧凑，并且具有故障警报装置，以便于装配、调整和维修等。

制动系统在汽车发展的 100 多年间主要经历以下几个过程：从最初的机械带式装置，如 1902 年奥兹莫比尔 R 型汽车上装配的外接触带式制动器；到拉索、杆件鼓式制动器，如福特公司 1908—1927 年制造 T 型车所装配的内张型鼓式制动器；再到带有真空助力器的制动系统，如 1932 年凯迪拉克 V16 型汽车采用带有真空助力装置的鼓式制动器；再到 1934 年通用汽车采用液压制动系统；一直到 20 世纪 60 年代，雪佛兰汽车采用 4 轮盘式制动器，随后该模式被广泛采用。目前，带有电控装置的盘式制动系统已经得到广泛应用，如防抱死制动系统（ABS）、牵引力控制系统（TCS）、车辆动态控制（VDC）等。

随着汽车电动化、信息化和智能化不断推进，对制动系统的性能要求也越来越高。提高制动系统工作性能的稳定性、可靠性以及延长使用寿命，适应新能源汽车和智能网联汽车的发展，已经成为制动系统的发展趋势。

第二节　制动系统结构方案的选择

目前，汽车制动系统几乎都是采用机械摩擦式制动器，即利用固定元件与旋转元件工作表面之间摩擦作用产生制动力矩，从而实现行车减速或者稳定驻车。

按照制动系统功用、制动器结构形式、安装位置、促动装置、传动方式、管路布置形式和制动能源等不同，制动系统的常见分类方式见表 10-1。

表 10-1　制动系统常见的分类类型及其主要特点

分类方式	类型	主要特点
功用	行车制动	使行驶中汽车减速或停车的装置
	驻车制动	使已停驶的汽车稳定地驻留在原地的装置
	第二制动	当行车制动系统失效时，保证汽车仍能实现减速或停车的装置
	辅助制动	在汽车下长坡时用来稳定车速的装置
制动器结构形式	鼓式	通过固定制动蹄对旋转制动鼓施加制动力矩
	盘式	通过制动钳对制动盘施加制动力矩
安装位置	车轮制动器	制动力矩直接作用于车轮制动器旋转元件
	中央制动器	制动力矩经驱动桥中传动部件分配到两侧车轮
鼓式制动器促动装置	轮缸式	以液压制动轮缸作为制动蹄促动装置
	凸轮式	以凸轮机构作为制动蹄促动装置
	楔块式	以制动楔块作为制动蹄促动装置
传动方式	机械式	通过机械零部件运动促动制动器
	液压式	通过液压元器件产生高压油液促动制动器
	气压式	通过气压元器件产生高压或负压促动制动器
	电磁式	通过电动机带动传动机构运动来实现制动
管路布置形式	H 型	前、后轮制动管路各自独立的回路系统
	X 型	前、后轮制动管路呈对角连接的两个独立回路系统
	HI 型	前制动器半数轮缸与全部后制动轮缸构成独立回路
	LL 型	前轮制动器半数轮缸和一个后轮制动器组成
	HH 型	前、后制动器半数轮缸构成两个独立回路
制动能源	人力制动	以驾驶人的肌体作为唯一的制动能源
	动力制动	依靠发动机动力转化而成的压力能进行制动
	伺服制动	兼用人力和发动机动力进行制动

一、功用的选择

制动系统作为底盘四大组成系统之一，对汽车安全行驶和稳定驻车有着重要影响。根据制动系统功用不同，可分为行车制动、驻车制动、第二制动和辅助制动等。

（一）行车制动系统

在汽车行驶过程中，驾驶人通过操纵制动系统施加一定的制动力矩，使汽车能够以渐进变化的形式减速直至停车。该系统在汽车行驶过程中经常使用。

(二) 驻车制动系统

当汽车停驶时，能够使其稳定地驻留在原地不动。对于行车制动，必须能实现渐进制动，而驻车制动无此要求。

(三) 第二制动系统

在汽车行驶过程中，如果行车制动系统失效，需要一套装置保证汽车能够实现减速或者停车。该系统也称为应急制动系统或者备用制动系统，根据国际标准化组织（ISO）规定，该系统的制动过程也必须是渐进的。

(四) 辅助制动系统

当汽车下长坡时，如果单靠行车制动系统施加制动力，则可能导致因制动过热而降低制动效能，甚至制动器失效。因此，经常行驶在山路的汽车应具备起稳定车速的辅助制动系统。

二、制动器结构形式的选择

在汽车制动过程中，制动器是产生阻碍汽车运动或者运动趋势的关键部件。目前，除了辅助制动系统中缓速装置，行车、驻车以及第二制动系统几乎都采用摩擦式制动器。该类制动器一般都是通过固定元件对旋转元件施加制动力矩，同时，利用车轮与路面间的附着作用，达到汽车减速或者稳定驻车的目的。

根据摩擦制动器结构形式不同，主要可分为鼓式和盘式。

(一) 鼓式制动器

鼓式制动器的典型结构，见图 10-2，通过制动蹄与制动鼓之间摩擦力 F_b 产生的制动力矩 T_b，且利用地面对轮胎施加的摩擦力 F_{w_f}，进而使汽车减速或者驻车，其主要特点，见表 10-2。

根据鼓式制动器工作表面不同，可分为内张型和外束型。前者以制动鼓内圆柱面为工作表面；后者则以制动鼓外圆柱面为工作表面。当汽车倒驶，则制动蹄的工作属性发生翻转。由于前者的安装空间较小，从而保证悬架、转向系统等能够较好地布置，所以，在汽车制动系统中得到广泛应用。当制动蹄张开时的旋转方向与制动鼓的旋转方向相同时，称为领蹄，具有“增势”作用；反之，则称为从蹄，具有“减势”作用。

对于内张型鼓式制动器，制动鼓与车轮固定连接作为旋转元件。制动蹄外表面与摩擦片固连在一起作为固定元件，其一端与制动底板通过铰链连接，可以实现旋转；另一端承受促动力，使摩擦片压靠到制动鼓工作面上，产生制动力矩，这样的装置称为制动蹄促动装置，主要有轮缸式、凸轮式和楔块式等。

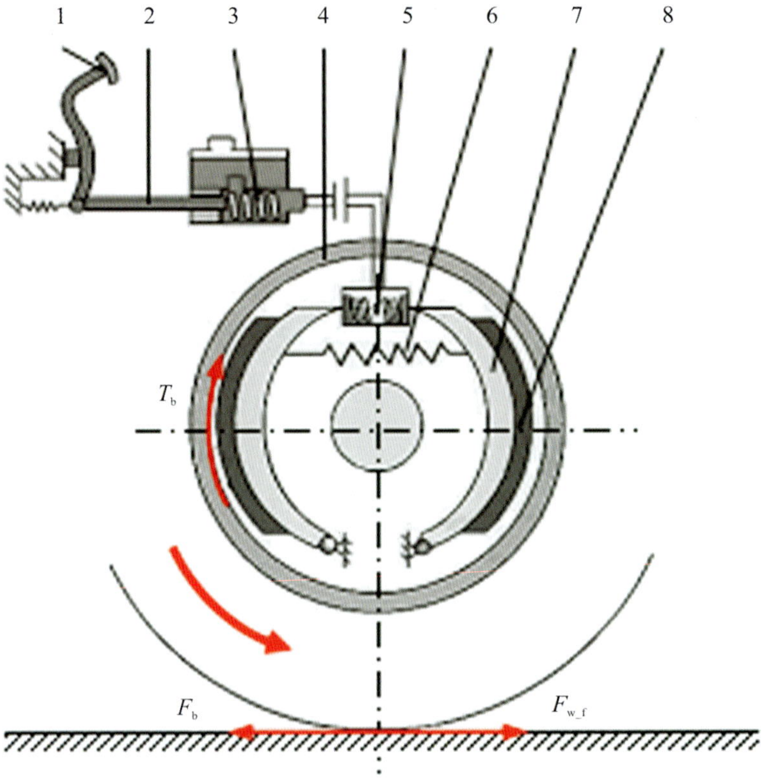

1－制动踏板；2－制动踏板推杆；3－制动主缸；4－制动鼓；5－制动轮缸；
6－制动蹄回位弹簧；7－制动蹄；8－摩擦衬片

图 10-2　鼓式制动器基本组成结构简图

表 10-2　鼓式制动器和盘式制动器的特点

类型	鼓式制动器	盘式制动器
工作原理	制动鼓与制动蹄之间摩擦作用	制动盘与制动钳之间摩擦作用
结构特点	制动鼓为旋转元件，圆柱面为工作表面，制动蹄为执行元件	制动盘为旋转元件，端面为工作表面，制动钳为执行元件
制动效能	存在增势和减势	稳定
热膨胀量	较大	较小
间隙调整	不便于自动调整	便于自动调整
驻车制动	加装装置简单	加装装置复杂
应用场合	行车制动、驻车制动	行车制动、驻车制动

1. 轮缸式制动器的特点

根据制动蹄不同结构特点，轮缸式制动器主要包括领从蹄式、单向双领蹄式、双向双领蹄式、单向双从蹄式、单向增力式和双向增力式等，其不同结构形式的特点对比，如表 10-3 所示。

表 10-3　不同轮缸式制动器的特点对比

结构形式	领从蹄式	单向双领蹄式	双向双领蹄式	单向双从蹄式	单向增力式	双向增力式
蹄片支撑位置	前、后制动蹄均在下	前制动蹄在下，后制动蹄在上	无	前制动蹄在上，后制动蹄在下	前制动蹄无，后制动蹄在上	前制动蹄无，后制动蹄在上
促动装置	前、后制动蹄共用上轮缸	前轮缸在上，后轮缸在下	前、后制动蹄共用上、下轮缸	前轮缸在下，后轮缸在上	前轮缸在上，无后轮缸	前、后制动蹄共用轮缸置中
蹄片间相互作用	无	无	有	无	有	有
制动效能因数	一般	前进制动效能高，倒车制动较差	高	最低	最高	较高
效能稳定性	一般	较差	好	最好	最差	较差
优点	结构简单，成本低；便于附装驻车制动机构；易于调整制动间隙	易于调整制动间隙，两蹄片上单位压力相等，磨损均匀，寿命相同	两蹄片上单位压力相等，磨损程度相近，寿命相同	制动效能稳定性最好	结构较简单	通过较小的踏板力获得较大的制动力矩，前进与倒车的制动效果一致
缺点	制动蹄片单位压力不等，磨损不均匀，寿命不同	结构略显复杂，难以附加驻车制动机构	结构较复杂，制动间隙调整困难	制动效能最低，很少采用	制动蹄片单位压力不等，磨损不均匀，寿命不同，制动间隙调整困难	稳定性较差，制动蹄片单位压力不等，磨损不均匀，寿命不同
示意图		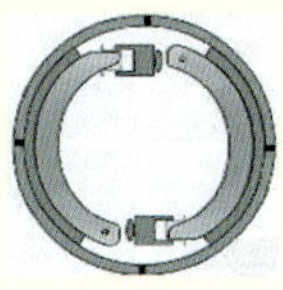	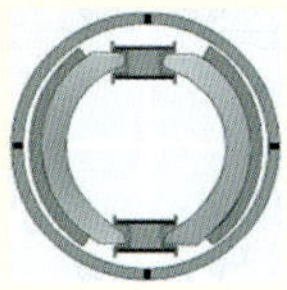	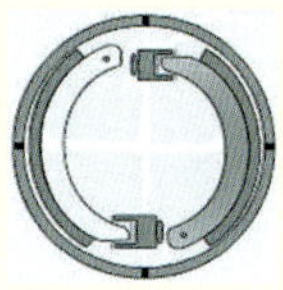	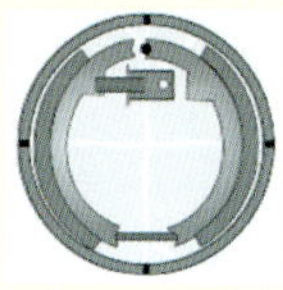	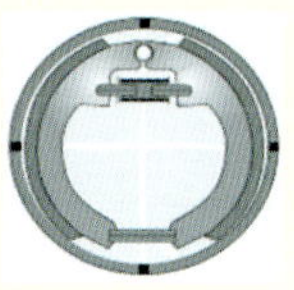

2. 凸轮式制动器的特点

凸轮促动机构的制动器，见图 10-3（1），制动凸轮与凸轮轴制为一体，通过支座固定在底板上，其尾部通过花键与调整臂连接。当制动蹄不工作时，由回位弹簧将其拉靠到制动凸轮上；当制动蹄工作时，通过推动调整臂带动制动凸轮转动，进而使两制动蹄压靠到制动鼓上。该类制动器广泛应用于气压制动系统。

为了提高机械效率以及降低接触面的摩擦作用，制动凸轮与制动蹄之间可以通过滚轮传动，也可在制动鼓表面铸设轴向肋片，提高其结构刚度和散热面积。

3. 楔块式制动器的特点

楔块式促动机构的典型结构，见图 10-3（2），制动楔块可以采用单楔式或者双楔式。制动楔块的促动装置可以采用机械式、液压式或者气压式。

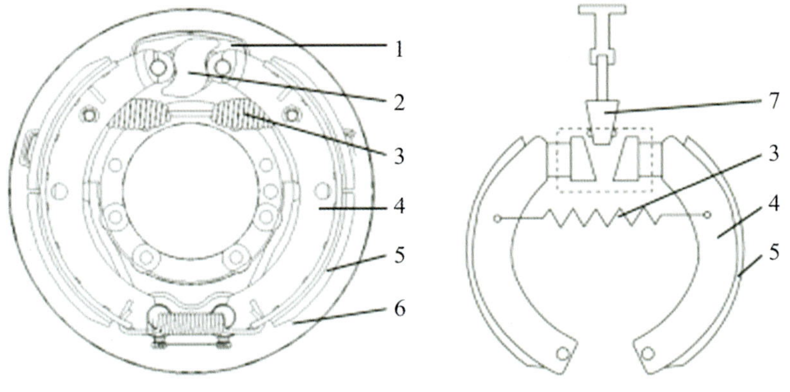

(1)　　(2)

1－制动凸轮轴支座；2－制动凸轮轴；3－回位弹簧；4－制动蹄；5－摩擦衬片；6－制动底板；7－制动楔块

图 10-3　机械式促动装置

(1) 凸轮式；(2) 楔块式

（二）盘式制动器

在盘式摩擦制动器中，旋转元件为制动盘，而按照摩擦副中固定元件结构不同，可分为钳盘式和全盘式。

1. 钳盘式制动器

钳盘式制动器，又称为点盘式制动器，见图 10-4，主要包括制动盘和制动钳等，制动盘与车轮轮毂连在一起，作为主动旋转件；而制动钳是由横跨制动盘两侧的制动块和促动装置等组成，形似夹钳。制动块是由摩擦衬片和金属背板组成，制动器一般有 2～4 个制动块，在制动盘上所占的中心角一般为 30°～50°。

钳盘式制动器可分为固定钳盘式和浮动钳盘式，而后者又可分为滑动钳盘式和摆动钳盘式，其结构特点及应用，见表 10-4。

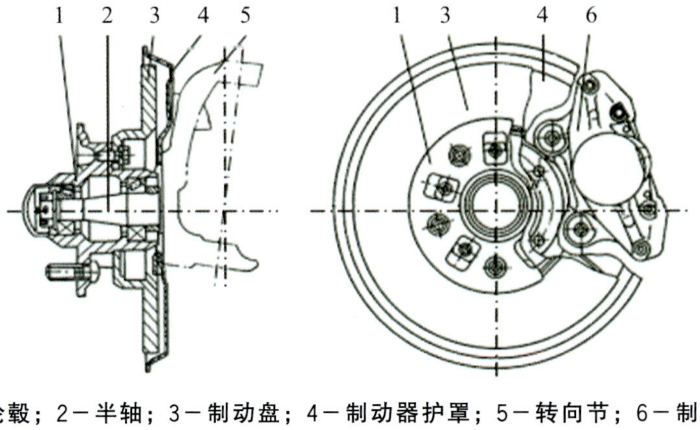

1－轮毂；2－半轴；3－制动盘；4－制动器护罩；5－转向节；6－制动钳

图 10-4　盘式制动器基本组成结构简图

表 10-4　钳盘式制动器结构特点及应用

项目	固定钳盘式	浮动钳盘式	
		滑动钳盘式	摆动钳盘式
制动钳状态	固定	滑动	摆动
促动装置数量	2 个	1 个	1 个
制动块工作面	平面	平面	楔形面
优点	仅活塞和制动块可动，刚度和强度较大；制造工艺成熟；易于改型	仅在盘的内侧设置液压缸，轴向尺寸小，结构简单紧凑，安装方便；制动液汽化的可能性较小；可兼用于驻车制动	轴向和径向尺寸较小；布置在轮毂附近；接触过程相对平稳，冲击较小
缺点	至少需要 2 个液压缸，结构复杂，且尺寸较大；制动液易受热气化；不可与驻车制动共用制动钳	初始接触时可能产生冲击和噪声	制动块需制为楔形，工艺复杂；工作面易出现磨损不均匀
应用场合	少数跑车、大型 SUV、轻型客车等	应用广泛	应用较少
示意图	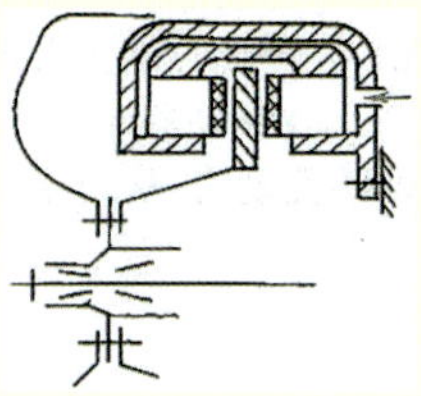	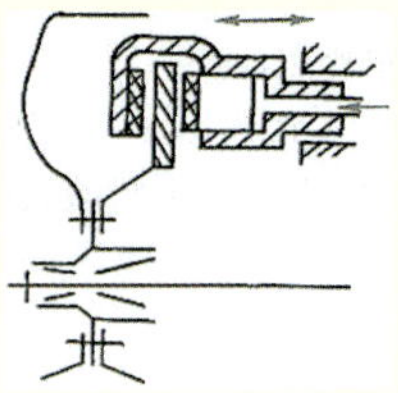	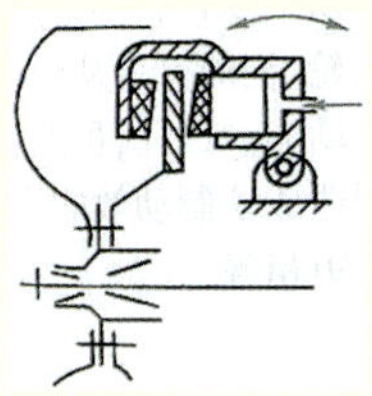

2. 全盘式制动器

全盘式制动器的制动盘与钳盘式制动器的相同，均为金属圆盘，不同之处是前者的固定元件为圆盘形的金属背板和摩擦衬片，称为固定盘。这与离合器的结构和工作原理类似。全盘式制动器主要应用于重型汽车的车轮制动器，少数汽车用作缓冲器。

三、安装位置的选择

（一）车轮制动器

车轮制动器是指将摩擦制动器中旋转元件装在车轮或者半轴上，制动力矩直接作用于两侧车轮上的制动器，见图 10-1。该类制动器一般用于行车制动，也可用于驻车制动和第二制动。

（二）中央制动器

中央制动器是指将摩擦制动器中旋转元件固装在传动系统的传动轴上，制动力矩经过驱动桥中传动部件分配到两侧车轮。该类制动器一般仅用于驻车制动和辅助制动。

四、传动方式的选择

制动系统的传动方式主要有机械式、液压式、气压式和电磁式等。在汽车发展初期，行车和驻车制动系统都采用机械装置。在 20 世纪初期，行车制动系统开始采用液压传动装置，随后，出现液压伺服制动系统。近年来，乘用车上开始采用电子驻车制动系统（electrical parking brake，EPB）。制动系统中不同传动方式的特点，见表 10-5。

表 10-5　制动系统不同传动方式的特点

对比项目	机械式	液压式	气压式	电磁式
组成结构	杠杆、拉杆、轴、摇臂、操纵杆等	伺服系统、液压主缸、液压轮缸、制动踏板等	空气压缩机、储气筒、制动阀、制动气室等	电动机、传动机构、控制器等
传动特点	通过杆件运动促动车轮制动器	制动踏板操纵伺服系统，进而控制液压主缸和轮缸，实现制动	制动踏板控制制动阀，高压气体进入制动气室，实现制动	通过控制电动机带动传动机构运动，实现制动
优点	结构简单，工作性能可靠，稳定性好，使用寿命较长等	结构尺寸小，效率较高，工作压力高，响应时间较短，自润滑等	操纵轻便，工作可靠，便于维修，气源可供其他装置使用等	传动件较少，布置方便，响应速度快
缺点	结构件较多，效率低，易出现振动、磨损等	制动液易受热汽化，影响压力能传递，效能降低等	结构复杂、笨重，成本较高，响应时间较长，噪声较大等	易受外界电磁信号的干扰
应用场合	驻车制动	乘用车行车制动	商用车行车制动	驻车制动

五、管路布置形式的选择

为了提高汽车行驶和驻车过程中制动性能的可靠性和稳定性，要求制动驱动机构至少有两个或者更多个独立的回路，防止一个回路失效后，其他回路仍能可靠地工作。在双轴汽车上应用的双回路制动系统主要有：H 型、X 型、HI 型、LL 型和 HH 型，不同制动管路布置形式的特点，见表 10-6。

表 10-6　不同制动管路布置形式的特点对比

布置形式	布置特点	优缺点	示意图
H 型	前、后轴制动器各用一个回路	管路布置最为简单，成本较低；若前或后轮制动管路失效，则导致后轮抱死侧滑或前轮抱死失去转向制动能力	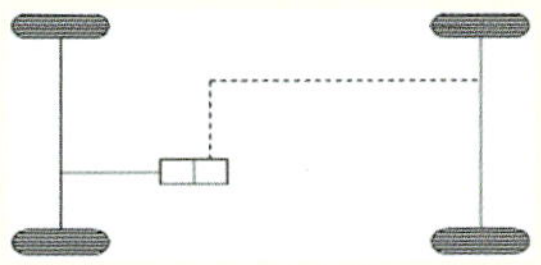
X 型	前轴一侧车轮制动器与后桥对侧车轮制动器同属一回路	结构简单，一回路失效仍能保持 50%的制动效能，制动时适应性较好；制动力不对称，易导致汽车丧失方向稳定性	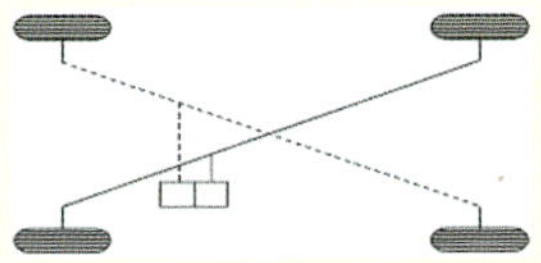
HI 型	每侧前制动器轮缸与两个后轮制动器轮缸同属一回路	当任一回路失效时，剩余制动力较大；但在紧急制动时后轮极易先抱死，结构较复杂	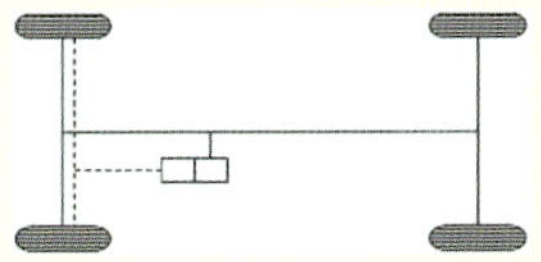
LL 型	两侧前轮制动器半数轮缸和一个后轮制动器轮缸构成一回路	当任一回路失效时，前、后制动力比值不变，剩余制动力可达正常值的 50%；但结构较复杂	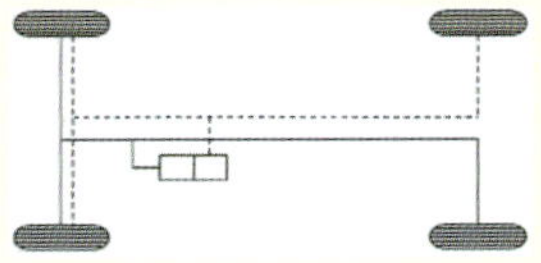
HH 型	每个前、后制动器半数轮缸构成一回路	制动效能最好，当任一回路失效时，前、后制动力比值不变，剩余制动力可达正常值的 50%；但结构较复杂	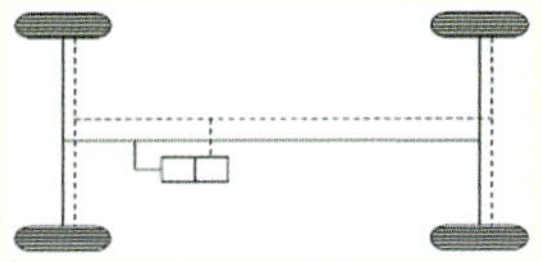

六、制动能源的选择

（一）人力制动系统

人力制动系统，又称为简单制动系统，是指在汽车制动过程中，以驾驶人的肌体作为唯一的制动能源施加在制动系统上，进而产生制动力矩。

（二）动力制动系统

动力制动系统是指在汽车制动过程中，依靠由发动机驱动液压泵产生液压能作为制动能量源，通过制动主缸和轮缸等使制动器产生制动力矩。根据制动液工作状态不同，可分为开式系统和闭式系统。

开式系统，又称常流式系统，是指在不制动时，制动液由液压泵经制动阀到储液罐不断循环流动；而在制动时，利用制动阀节流作用产生所需的工作压力来驱动制动轮缸。

闭式系统，又称常压式系统，是指系统内部总保持着高的工作压力，比开式系统的响应速度要快，并且在液压泵发生故障时仍能够进行若干次制动。但是，该系统对密封性要求较高。

动力制动系统具有制动能力强、易布置制动力调节和防滑移装置以及对制动液汽化不敏感等，但是，该系统结构复杂、零件制造精度要求较高、零部件间装配密封性要求也较高，目前，仅应用于某些高级乘用车和大型客车上。

(三) 伺服制动系统

在汽车制动过程中，利用驾驶人的肌体操纵控制装置，将信号传输到由发动机动力供能的执行机构，从而产生制动力矩。

伺服制动系统按照能量形式不同可分为真空伺服式、气压伺服式和液压伺服式。

1. 真空伺服式

真空伺服式制动系统通过制动踏板控制真空助力器产生一定的真空度，一般为 0.05～0.07MPa，推动制动主缸活塞运动，进而使制动液产生压力能作用到制动轮缸，实现制动。该系统多应用于总质量在 1.10～1.35 吨以上的乘用车以及 6 吨以下的轻、中型载货汽车上。

2. 气压伺服式

气压伺服式制动系统与真空伺服式的工作原理类似，其伺服动力源的压力一般为 0.6～0.7MPa，相比之下，结构尺寸更小，但是，整体系统要复杂得多。该系统多应用于总质量为 6～12 吨的中、重型货车以及少数排量在 4.0L 以上的高级乘用车上。

3. 液压伺服式

液压伺服式制动系统是由发动机驱动高压油泵，使制动液产生系统所需要的液压能，进而推动制动轮缸动作，使制动器产生制动力矩。

第三节　制动系统主要参数的确定

当汽车总体布置参数和制动系统的结构方案确定后，就可以对制动系统的性能参数和结构参数进行初选。

一、汽车制动性能参数

(一) 制动力及其分配系数

如果忽略路面对车轮的滚动阻力矩以及汽车自身的回转惯性力矩，当对汽车进行制动时，其制动力矩为

$$T_b = F_{w\_f} r_{w\_e} \tag{10-1}$$

式中：T_b ——制动器对车轮施加的制动力矩，其方向与车轮旋转方向相反；

F_{w_f} ——地面作用于车轮上的摩擦力，其方向与汽车行驶方向相反；

r_{w_e} ——车轮有效半径。

制动器的制动力 F_b，又称制动周缘力，是指在轮胎周缘克服制动器摩擦力矩所需的力，即

$$F_b = T_b / r_{w\_e} \tag{10-2}$$

式中：F_b ——制动器制动力，其方向与车轮上摩擦力方向相反。

当车轮角速度 $\omega_w > 0$ 时，制动力主要取决于制动器的结构形式、尺寸、接触界面处摩擦因数、车轮有效半径以及制动踏板作用力等。F_b 和 F_{w_f} 随着踏板作用力的增加而变大，但是，由于车轮轮胎与地面间摩擦力 F_{w_f} 受到附着力 F_{w_a} 的限制，存在

$$F_{w\_f} \leqslant F_{w\_a} = \varphi_a F_{w\_n} \tag{10-3}$$

式中：F_{w_a} ——车轮轮胎与地面间的附着力；

φ_a ——车轮轮胎与地面间的附着系数；

F_{w_n} ——地面对车轮的法向反力。

当 F_b 和 F_{w_f} 达到 F_{w_a} 时，车轮被抱死并在地面上滑移，制动力矩 T_b 保持不变，达到极大值，即为静摩擦力矩；相应地，制动力 F_b 与车轮摩擦力 F_f 相平衡，阻止车轮发生旋转运动。随后，车轮摩擦力 F_{w_f} 达到地面附着力 F_{w_a}，保持不变；但是，制动力 F_b 随着踏板力 F_{bp} 增加而变大，见图 10-5。

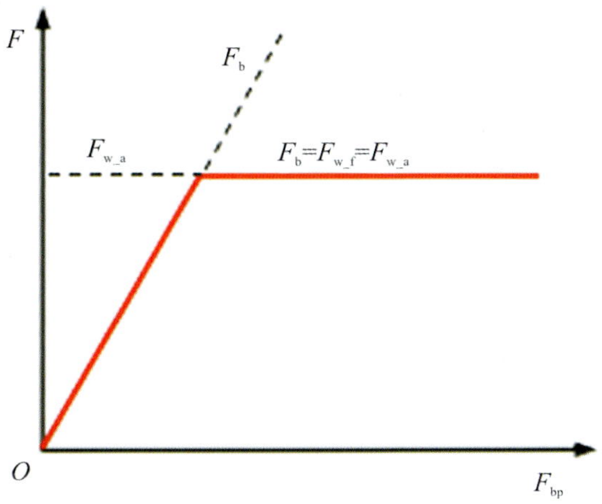

图 10-5　制动力与踏板力之间的关系

当汽车制动时，轴荷发生转移，地面对前、后轴车轮的法向反力为

$$\begin{cases} F_{n\_f} = \dfrac{G_m}{l_{f\_r}}\left(l_{m\_r} + \dfrac{h_m}{g}\dfrac{\mathrm{d}u}{\mathrm{d}t}\right) \\ F_{n\_r} = \dfrac{G_m}{l_{f\_r}}\left(l_{m\_f} - \dfrac{h_m}{g}\dfrac{\mathrm{d}u}{\mathrm{d}t}\right) \end{cases} \tag{10-4}$$

式中：F_{n_f}、F_{n_r} ——地面对前、后轴车轮的法向反力；

G_m ——汽车所受重力；

l_{f_r} ——汽车轴距；

l_{m_f}、l_{m_r} ——汽车质心与前、后轴间的距离；

h_m ——汽车质心高度；

g ——重力加速度；

$\mathrm{d}u / \mathrm{d}t$ ——汽车制动减速度。

汽车车轮与地面间总摩擦力为

$$F_{w\_f}=F_{f\_f}+F_{f\_r}=\frac{G_m}{g}\frac{du}{dt}=G_mI_b \tag{10-5}$$

式中：F_{f_f}、F_{f_r}——前、后轴车轮轮胎与地面间摩擦力；

I_b——制动强度，也称为比减速度。

通过式（10-4）和式（10-5），可得前、后轴车轮附着力为

$$\begin{cases}F_{a\_f}=\dfrac{G_m\varphi_a}{l_{f\_r}}(l_{m\_r}+h_mI_b)\\F_{a\_r}=\dfrac{G_m\varphi_a}{l_{f\_r}}(l_{m\_f}-h_mI_b)\end{cases} \tag{10-6}$$

式中：F_{a_f}、F_{a_r}——前、后轴车轮的附着力。

从上式可以看出，当汽车制动时，前、后轴车轮上附着力为制动强度的函数。当各车轮制动器的制动力足够时，制动过程可能出现三种情况：前轮先抱死、后轮先抱死以及前、后轮同时抱死。从附着条件的利用情况来看，最后一种是最好的，其实，这与同步附着系数 φ_{a0} 有关，此时，对应的条件为

$$\begin{cases}F_{b\_f}+F_{b\_r}=F_{f\_f}+F_{f\_r}=\varphi_aG_m\\F_{b\_f}/F_{b\_r}=F_{f\_f}/F_{f\_r}=(l_{m\_r}+\varphi_ah_m)/(l_{m\_f}-\varphi_ah_m)\end{cases} \tag{10-7}$$

式中：F_{b_f}、F_{b_r}——前、后轴车轮制动器的制动力。

消去式（10-7）中 φ_a，可得

$$F_{b\_r}=\frac{1}{2}\left[\frac{G_m}{h_m}\sqrt{l_{m\_r}^2+\frac{4h_ml_{f\_r}}{G_m}F_{b\_f}}-\left(\frac{G_ml_{m\_r}}{h_m}+2F_{b\_f}\right)\right] \tag{10-8}$$

利用式（10-8）绘制以 F_{b_f}、F_{b_r} 为坐标的曲线，即为前、后轮制动器制动力分配曲线，简称 I 曲线，见图 10-6。这意味着，如果前、后轮制动器施加的制动力能够按照 *I* 曲线进行分配，则前、后车轮在任何附着系数下都能够同时抱死。然而，在实际设计过程中，多数两轴汽车前、后制动器施加的制动力之比为一定值，为了表征这一比值，采用前制动器制动力与总制动力之比，称为制动器制动力分配系数，即

$$\beta=\frac{F_{b\_f}}{F_{b\_f}+F_{b\_r}} \tag{10-9}$$

式中：β——汽车制动器制动力分配系数。

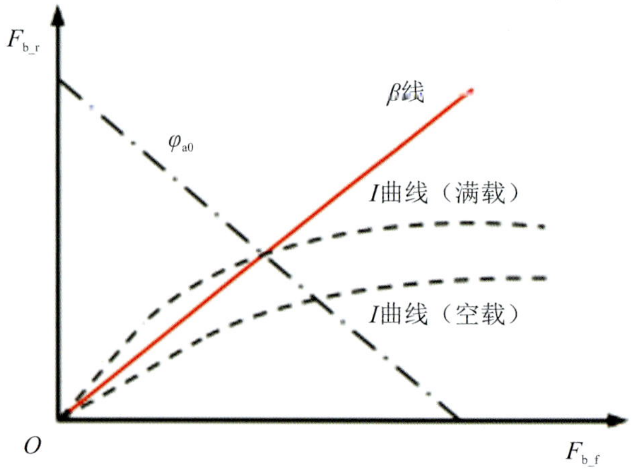

图 10-6　汽车制动器典型的 *I* 曲线与 β 线

（二）同步附着系数

将式（10-9）变为

$$F_{b\_r} = \frac{1-\beta}{\beta} F_{b\_f} \tag{10-10}$$

利用上式绘制以 F_{b_f}、F_{b_r} 为坐标的曲线，该曲线是一条通过坐标原点且斜率为 $(1-\beta)/\beta$ 的直线，即制动力分配系数为 β 的汽车实际前、后制动器制动力分配线，简称为 β 线，见图 10-6。图中 I 曲线与 β 线交点处的附着系数称为同步附着系数 φ_{a0}，主要由汽车结构参数所决定。

当前、后制动器制动力分配系数为固定比值时，只有路面上附着系数与同步附着系数相等，前、后车轮才会发生同步抱死的情况。当汽车在不同附着系数的路面上制动时，可能存在以下情况：

（1）当附着系数 $\varphi_a < \varphi_{a0}$ 时，β 线位于 I 曲线下方，制动时前轮先抱死，易导致汽车丧失转向能力。

（2）当附着系数 $\varphi_a > \varphi_{a0}$ 时，β 线位于 I 曲线上方，制动时后轮先抱死，易导致汽车后轮发生侧滑、甩尾，严重时丧失方向稳定性。

（3）当附着系数 $\varphi_a = \varphi_{a0}$ 时，制动时前轮和后轮同时抱死，易导致丧失方向稳定性。

随着道路条件不断改善，汽车行驶速度也随之提升，在这种情况下，汽车制动时，后轮抱死将引起严重的后果，这是最不希望发生的。因此，在汽车制动系统设计过程中，同步附着系数 φ_{a0} 逐步增加，当汽车满载时，乘用车一般取 $\varphi_{a0} \geqslant 0.6$，商用车一般取 $\varphi_{a0} \geqslant 0.5$。

（三）制动强度

为了防止行驶中的汽车在制动过程中出现前轮丧失转向能力和后轮出现侧滑、甩尾，要求车轮在达到临近抱死状态时制动减速度为最大值。

当汽车在同步附着系数 φ_{a0} 的路面上制动时，对于前轮和后轮同时抱死的工况，这时制动减速度为

$$\mathrm{d}u/\mathrm{d}t = I_b g = \varphi_{a0} g \tag{10-11}$$

式中：I_b——制动强度，即 $I_b = \varphi_{a0}$。

当汽车在同步附着系数 φ_{a0} 的路面上制动时，对于前轮或者后轮抱死的工况，存在 $I_b < \varphi_{a0}$。可见，汽车只有在 $\varphi_a = \varphi_{a0}$ 的路面上制动时，路面上附着作用才能得到充分利用。为了表征路面上附着作用利用情况，采用附着系数利用率，即

$$k_a = \frac{F_f}{G_m \varphi_a} = \frac{I_b}{\varphi_a} \tag{10-12}$$

式中：k_a——附着系数利用率；

F_f——车轮轮胎与地面间摩擦力。

由式（10-12）可得，当 $\varphi_a = \varphi_{a0} = I_b$ 时，$k_a = 1$，附着系数利用率最高。

为了保证行驶中的汽车在制动过程中具有良好的转向能力以及足够的附着系数利用率，一般要求前轮应能先抱死，并且存在：乘用车 $0.15 \leqslant I_b \leqslant 0.80$；商用车 $0.15 \leqslant I_b \leqslant 0.30$。如果车轮尚未抱死，当 $0.20 \leqslant \varphi_a \leqslant 0.80$ 时，应满足 $I_b \geqslant 0.1 + 0.85(\varphi_a - 0.2)$。

（四）制动器最大制动力矩

当汽车车轮轮胎与地面间的附着作用被充分利用时，根据式（10-4）和式（10-7），前、后轮在制

动抱死时制动力之比为

$$\frac{F_{b\_f}}{F_{b\_r}}=\frac{F_{n\_f}}{F_{n\_r}}=\frac{l_{m\_r}+\varphi_a h_m}{l_{m\_f}-\varphi_a h_m} \tag{10-13}$$

该比值一般取为：乘用车 1.3～1.6；商用车 0.5～0.7。

对于具有较小同步附着系数的汽车，为了保证在 $\varphi_a>\varphi_{a0}$ 的良好路面上行驶时能够实现后轮先于前轮抱死滑移，要求前、后轮制动器所能产生的最大制动力矩分别为

$$\begin{cases}T_{b\_f\_max}=\dfrac{G_m}{l_{f\_r}}(l_{m\_r}+\varphi_a h_m)\varphi_a r_{w\_e}\\ T_{b\_r\_max}=\dfrac{1-\beta}{\beta}T_{b\_f\_max}\end{cases} \tag{10-14}$$

式中：$T_{b\_f\_max}$、$T_{b\_r\_max}$ ——前、后轮制动器的最大制动力矩。

对于具有较大同步附着系数的汽车，为了保证行驶中汽车制动时具有良好的稳定性，当 $\varphi_a>\varphi_{a0}$ 时，要求后轮和前轮制动器所能产生的最大制动力矩分别为

$$\begin{cases}T_{b\_r\_max}=\dfrac{G_m}{l_{f\_r}}(l_{m\_f}-I_b h_m)\varphi_a r_{w\_e}\\ T_{b\_f\_max}=\dfrac{\beta}{1-\beta}T_{b\_r\_max}\end{cases} \tag{10-15}$$

对于单个车轮制动器所设计的最大制动力矩为上述公式计算结果的一半。

（五）制动器因数

为了表征不同结构型式制动器的效能，常采用制动器效能因数，又简称为制动器因数，其实质是制动器在单位输入力作用下所能输出的力。该参数定义为在制动鼓或者制动盘作用半径上所产生摩擦力/力矩与输入力/力矩之比，即

$$k_{bf}=\frac{T_{sb}}{F_{b\_in}r_{b\_a}} \tag{10-16}$$

式中：k_{bf} ——制动器因数；

T_{sb} ——单个制动器的制动力矩；

F_{b_in} ——单个制动器的输入力，一般取施加于两个制动蹄张开力或者两个制动块压紧力的平均值；

r_{b_a} ——制动蹄或者制动盘作用半径。

对于鼓式制动器，设制动鼓工作半径为 r_{d_a}，施加在两蹄上的作用力分别为 F_{bs1}、F_{bs2}，两蹄对制动鼓施加的摩擦力矩分别为 T_{bs_f1}、T_{bs_f2}，则两蹄的效能因数分别为

$$\begin{cases}k_{bf\_bs1}=\dfrac{T_{bs\_f1}}{F_{bs1}r_{d\_a}}\\ k_{bf\_bs2}=\dfrac{T_{bs\_f2}}{F_{bs2}r_{d\_a}}\end{cases} \tag{10-17}$$

式中：k_{bf_bs1}、k_{bf_bs2} ——制动蹄 1、2 的效能因数；

T_{bs_f1}、T_{bs_f2} ——制动蹄 1、2 对制动鼓施加的摩擦力矩；

F_{bs1}、F_{bs2} ——制动蹄 1、2 上的作用力；

r_{d_a} ——制动鼓工作半径。

整个鼓式制动器的效能因数为

$$k_{bf\_bs}=\frac{T_{bs\_f}}{F_{bs}r_{d\_a}}=\frac{2(T_{bs\_f1}+T_{bs\_f2})}{(F_{bs1}+F_{bs2})r_{d\_a}} \tag{10-18}$$

式中：k_{bf_bs}——整个制动蹄的效能因数；

T_{bs_f}——制动蹄对制动鼓施加的总摩擦力矩；

F_{bs}——制动蹄上总作用力。

对于盘式制动器，如果两侧制动块对制动盘施加的压紧力均为 F_{bp}，制动盘在其两侧工作面上所承受的摩擦力为 $2\mu F_{bp}$，则相应的制动器因数为

$$k_{bf\_bp}=\frac{2\mu F_{bp}}{F_{bp}}=2\mu \tag{10-19}$$

式中：k_{bf_bp}——盘式制动器的效能因数；

μ——制动块与制动盘间的摩擦因数；

F_{bp}——制动块对制动盘施加的压紧力。

为了表征某一因素对制动器因数的影响程度，可采用制动器敏感度来衡量。在制动过程中，制动器因数与制动元器件接触压力、摩擦因数、相对滑动速度以及界面处温湿度等有关。摩擦因数是影响制动器效能稳定性的主要因素，制动器因数对摩擦因数的敏感度可表征为 $dk_{bf}/d\mu$。此外，制动器摩擦温度对制动器效能稳定性也有着重要影响。根据制动器热衰退试验结果，多次重复紧急制动可导致该效能因数减小 50%；而连续缓慢制动也会使该因数下降 30%。

（六）极限坡路倾角

为了保证汽车在坡路上稳定驻车，要求能够停驻坡度不小于规定值。当汽车在上坡路停驻时，后桥车轮附着力为

$$F_{a\_r\_u}=F_{n\_r\_u}\varphi_a=G_m\varphi_a\left(\frac{l_{m\_f}}{l_{f\_r}}\cos\alpha+\frac{h_m}{l_{f\_r}}\sin\alpha\right) \tag{10-20}$$

式中：$F_{a\_r\_u}$——汽车在上坡路停驻时后桥车轮附着力；

$F_{n\_r\_u}$——汽车在上坡路停驻时后桥车轮法向力；

α——坡路倾角。

当汽车在下坡路停驻时，后桥车轮附着力为

$$F_{a\_r\_d}=F_{n\_r\_d}\varphi_a=G_m\varphi_a\left(\frac{l_{m\_f}}{l_{f\_r}}\cos\alpha-\frac{h_m}{l_{f\_r}}\sin\alpha\right) \tag{10-21}$$

式中：$F_{a\_r\_d}$——汽车在下坡路停驻时后桥车轮附着力；

$F_{n\_r\_d}$——汽车在下坡路停驻时后桥车轮法向力。

根据后桥上附着力与制动力相等可得到汽车停驻的极限坡路倾角，极限上坡路倾角为

$$\alpha_u=\arctan\left(\frac{\varphi_a l_{m\_f}}{l_{f\_r}-\varphi_a h_m}\right) \tag{10-22}$$

式中：α_u——极限上坡路倾角。

同理，极限下坡路倾角为

$$\alpha_d=\arctan\left(\frac{\varphi_a l_{m\_f}}{l_{f\_r}+\varphi_a h_m}\right) \tag{10-23}$$

式中：α_d ——极限下坡路倾角。

当路面附着系数取 0.7 时，极限上、下坡路倾角分别为 32°50′和 22°15′。

在保证制动器和制动驱动装置等安装空间的前提下，由于 $\alpha_u > \alpha_d$，应要求极限下坡路倾角不小于规定值，同时，要求后桥上驻车制动力矩接近由 α_u 所确定的极限值。

二、鼓式制动器主要参数的确定

（一）制动鼓直径

当制动器所受外加作用力一定时，制动力矩随着制动鼓直径增加而变大，同时，散热性能也会变强。但是，由于结构上受到轮辋内径的限制，并且，较大的制动鼓直径将使非悬挂质量增加，不利于汽车行驶平顺性。为了避免轮辋过热而导致轮胎损坏，要求制动鼓与轮辋之间具有一定的间隙，一般要求不小于 20mm。此外，为了保证制动鼓具有较高的刚度、强度以及热容量，应具有足够的壁厚。通过该间隙以及轮辋结构尺寸即可获得制动鼓直径，一般地，制动鼓直径 D_d 与轮辋直径 D_r 的比值范围为：乘用车 $D_d/D_r = 0.64 \sim 0.74$；商用车 $D_d/D_r = 0.70 \sim 0.83$。

（二）摩擦衬片包角和宽度

摩擦衬片包角 β 是指衬片圆心与上、下两个端点连线之间的夹角，一般为 90°～120°。试验测试结果表明，当衬片包角选择较小时，即 β=90°～100°，制动过程中制动鼓的摩擦温度较低，磨损较小，并且制动效能较好。减小包角虽然有利于散热，但是，将导致衬片上单位压力增加，从而加速磨损。事实上，衬片上所承受的压力主要集中在中央部位，两侧的压力相对较小。如果一味地增大包角，对减小衬片单位压力的效果并不明显，甚至还会由于衬片较大的热变形而使制动器发生自锁。因此，衬片包角一般不大于 120°。

摩擦衬片宽度 w 对制动性能和使用寿命有着直接影响。衬片宽度选取较大，可降低接触面上单位压力，减小磨损，但质量较大，成本较高。反之，则磨损速度较快，寿命较短。

当制动鼓直径、摩擦衬片包角和宽度等参数确定后，单个摩擦衬片的摩擦面积为

$$A_d = D_d w \beta / 2 \tag{10-24}$$

式中：D_d ——制动鼓直径；

w ——摩擦衬片宽度；

β ——摩擦衬片包角。

鼓式制动器上单个摩擦衬片的摩擦面积 A_d 随着汽车总质量的增加而变大，相关统计数据，见表10-7。

表 10-7　鼓式制动器摩擦衬片的摩擦面积

汽车类别	汽车总质量/t	单个衬片摩擦面积/cm^2
乘用车	0.9～1.5	100～200
	1.5～2.5	200～300

续表

汽车类别	汽车总质量/t	单个衬片摩擦面积/cm^2
商用车	1.0～1.5	120～200
	1.5～2.5	150～250
	2.5～3.5	250～400
	3.5～7.0	300～650
	7.0～12.0	550～1000
	12.0～17.0	650～1000

（三）摩擦衬片起始角

为了安装方便，常将摩擦衬片布置在制动蹄外缘中央，这样，摩擦衬片起始角 β_0 定义为衬片圆心与制动鼓最高点、衬片上端点连线之间的夹角，即 $\beta_0 = 90° - \beta/2$，见图 10-7。在有些设计过程中，为了改善衬片磨损的均匀性和制动效能，将摩擦衬片相对于最大压力点对称布置。

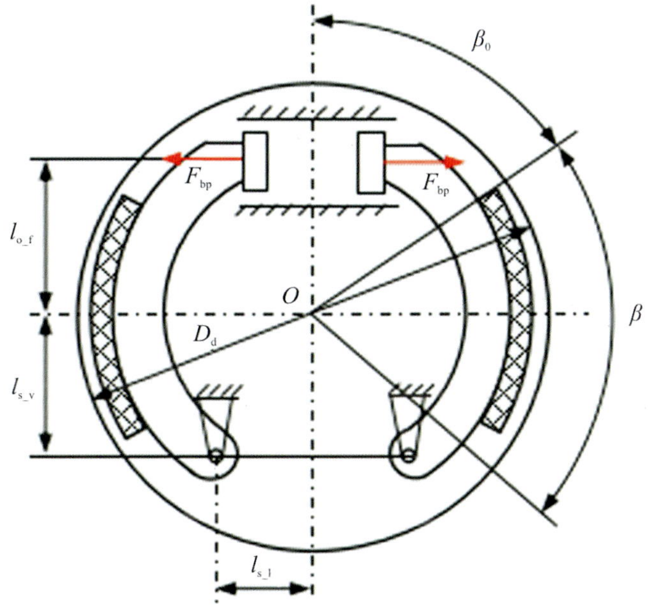

图 10-7　鼓式制动器主要几何参数

（四）制动器中心到张开力作用线间的距离

为了提高摩擦衬片的制动效能，应使制动器中心到张开力 F_{bp} 作用线的距离 l_{o_f} 尽量大，同时，也应考虑制动轮缸或者制动凸轮在制动鼓内的布置。在初步设计时，可取 $l_{o\_f} = 0.4D_d$ 。

（五）制动蹄支撑点位置坐标

在保证制动蹄端面不发生干涉的前提下，应使垂向尺寸 l_{s_v} 尽可能大，而纵向尺寸 l_{s_l} 尽可能小，在初步设计时，可取 $l_{s\_v} = 0.4D_d$ 。

（六）摩擦衬片的摩擦因数

制动蹄上摩擦衬片的设计要求与离合器的类似，要求具有良好的摩擦性能、传热性能、热稳定性、耐磨性以及环境友好等，各种制动器所用摩擦材料的摩擦因数一般为 0.30～0.50，有些材料高达 0.70。对于常见的摩擦材料，摩擦因数越高，其耐磨性越差，应根据设计需要选择合适的摩擦因数。

三、盘式制动器主要参数的确定

（一）制动盘直径

为了降低摩擦衬块的单位压力和工作界面温度，制动盘直径应尽量取大些，从而增加制动盘有效半径，减小制动钳的夹紧力。由于受到轮辋结构尺寸的限制，制动盘直径一般为轮辋直径的 70%～80%，对于总质量大于 2 吨的汽车，其值应取上限。此外，要求制动盘工作表面光滑平整，平行度应小于 0.008mm，盘面摆差应小于 0.1mm。

（二）制动盘厚度

制动盘厚度对制动盘刚度、强度、质量和温升等都有着直接影响。当制动盘厚度较小，可降低自身质量，但是，其刚度、强度和温升等特性变差；反之，则其自身质量较大。在保证制动盘结构刚度和强度基本不变的前提下，为了降低其质量以及更好地散热，常在制动盘中间铸出通风孔道。在制动盘设计过程中，实心结构的厚度可取为 10～20mm，通风孔道式结构的可取为 20～50mm。

（三）摩擦衬块外半径和内半径

为了保证摩擦衬块具有较大的接触面积，获得稳定的制动力矩，且磨损均匀，应使衬块外半径与内半径的比值不大于 1.5。

（四）摩擦衬块面积

为了获得汽车所需要的制动力矩，在设计过程中，通过衬块内、外半径以及扇形夹角选取合适的接触面积，一般要求摩擦衬块单位面积所占汽车质量在 1.6～3.5kg/cm^2。

第四节　制动系统结构元件的设计与计算

一、鼓式制动器的设计计算

鼓式制动器的效能因数与制动蹄面上压力分布、摩擦因数等直接相关。掌握摩擦面上的压力分布、摩擦力矩和制动力矩等规律，有助于正确设计制动器结构及其安装位置。

（一）压力分布规律

由于制动鼓、制动蹄和摩擦衬片等存在弹性变形，直接计算摩擦衬片上法向压力的分布规律比较困难。为了简化分析，通常假设制动鼓和制动蹄为刚体，摩擦衬片发生弹性变形。

制动蹄在平面内运动可分为单个自由度和两个自由度。

对于单个自由度，制动蹄在促动力和摩擦力作用下，绕支撑销转动，见图 10-8（1），将制动鼓中心视为坐标原点 O，y 坐标轴线通过蹄片的瞬时旋转中心 O_1。摩擦衬片接触面上任意点 A_1 的位移是线段 A_1A_1'，其径向变形分量为该线段在半径 OA_1 延长线上的投影，即 A_1B_1。由于 $\mathrm{d}\theta$ 很小，摩擦衬片的位移可表达为

$$\delta_{ff} = A_1B_1 = A_1A'_1\sin\theta_1 = A_1B_1\sin\theta_1\mathrm{d}\theta \tag{10-25}$$

式中：δ_{ff} ——摩擦衬片的位移量；

θ_1—— 摩擦衬片上任意点 A_1 分别与制动器中心 O、制动蹄旋转中心 O_1 连线间的夹角。

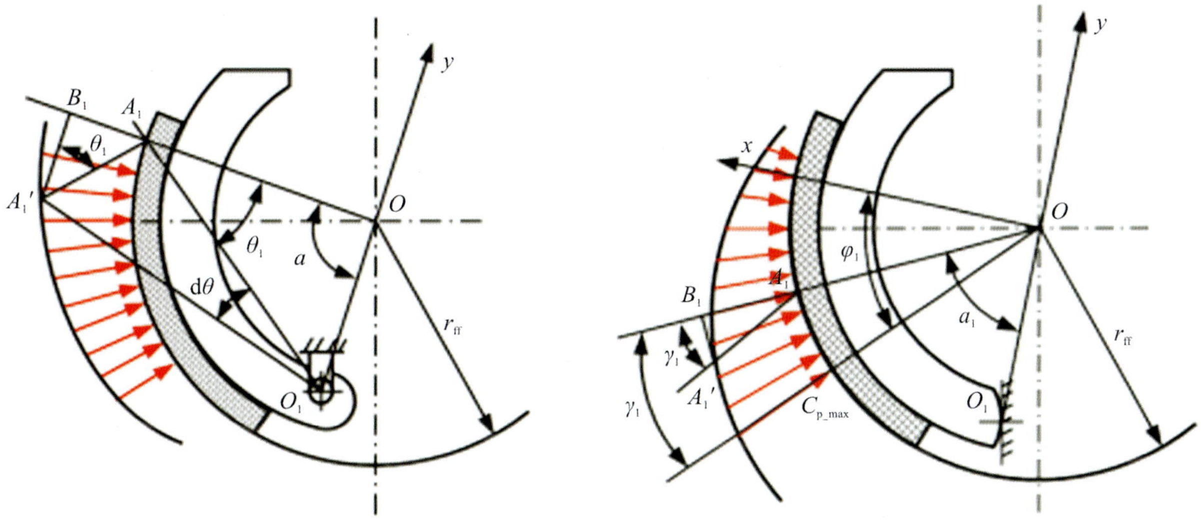

图 10-8　摩擦衬片径向变形示意图

（1）单自由度领蹄；（2）两自由度领蹄

由于线段 OO_1 与 OA_1 近似相等，并且等于摩擦衬片半径 r_{ff}，即 $OO_1 \approx OA_1 = r_{ff}$，存在

$$\frac{O_1A_1}{\sin\alpha} = \frac{r_{ff}}{\sin\theta_1} \tag{10-26}$$

式中：α—— 制动器中心 O 分别与制动蹄旋转中心 O_1、摩擦衬片上任意点 A_1 连线间的夹角。

制动器摩擦衬片的径向位移和压力分别为

$$\begin{cases} \delta_{ff} = r_{ff}\sin\alpha\mathrm{d}\theta \\ p_{ff} = p_{max}\sin\alpha \end{cases} \tag{10-27}$$

式中：p_{ff}、p_{max} ——摩擦衬片上径向压力和最大压力。

对于具有两个自由度的领蹄，其摩擦衬片的径向变形规律，见图 10-8（2）。当制动器制动时，制动蹄绕瞬时旋转中心 O_1 转动，同时，沿着支承面移动，从而使摩擦衬片中心位于 O_1 点，摩擦衬片的表面轮

廓沿着 OO_1 方向与制动鼓相接触，任意点 A_1 的位移是线段 A_1A_1'，其径向变形分量为该线段在半径 OA_1 延长线上的投影，即 A_1B_1 。摩擦衬片的位移可表达为

$$\delta_{ff} = A_1B_1 = A_1A'_1\cos\gamma_1 \tag{10-28}$$

通过图上几何分析可知，$\gamma_1 = \alpha_1 + \varphi_1 - \pi/2$，$A_1A_1' = OO_1 = \delta_{ff\_max}$ ，这样，对于领蹄的径向位移和压力分别为

$$\begin{cases} \delta_{ff} = r_{ff\_max}\sin(\alpha_1 + \varphi_1) \\ p_{ff} = p_{max}\sin(\alpha_1 + \varphi_1) \end{cases} \tag{10-29}$$

式中：α_1—— 任意半径 OA_1 与 y 轴间夹角；

φ_1—— 最大压力线 OC_{p_max} 与 x 轴间夹角 。

由上述分析可知，摩擦衬片上压力沿衬片圆周方向的分布符合正弦曲线规律，可由式（10-27）和式（10-29）进行计算。

为了表征摩擦衬片上压力沿衬片圆周方向分布的不均匀程度，采用不均匀系数，即

$$k_p = \frac{p_{max}}{p_{ave}} \tag{10-30}$$

式中：k_p ——摩擦衬片上压力分布不均匀系数；

p_{max} ——摩擦衬片上最大压力；

p_{ave} ——摩擦衬片上平均压力。

（二）制动蹄上摩擦力矩

在设计鼓式制动器时，需要建立制动蹄对制动鼓施加压力与制动力矩之间的关系。对于具有单个自由度的制动蹄片，在摩擦衬片上取一微元，见图 10-9（1），使其位于与 y 轴夹角为 α 处，其面积为 $wr_{ff}\mathrm{d}\alpha$，其中，w 为摩擦衬片宽度，r_{ff} 为摩擦衬片半径，$\mathrm{d}\alpha$ 为微元面积对应的包角。作用在微元面积上的法向力为

$$\mathrm{d}F_n = pwr_{ff}\mathrm{d}\alpha = p_{max}wr_{ff}\sin\alpha\mathrm{d}\alpha \tag{10-31}$$

式中：F_n ——摩擦衬片上任意点的法向力；

p ——摩擦衬片上压力。

相应地，摩擦力产生的制动力矩为

$$\mathrm{d}T_f = \mu r_{ff}\mathrm{d}F_n = p_{max}wr_{ff}^2\mu\sin\alpha\mathrm{d}\alpha \tag{10-32}$$

式中：T_f ——摩擦力产生的制动力矩。

对上式进行积分，得

$$T_f = \int_{\alpha'}^{\alpha''} p_{max}wr_{ff}^2\mu\sin\alpha\mathrm{d}\alpha = p_{max}wr_{ff}^2\mu(\cos\alpha' - \cos\alpha'') \tag{10-33}$$

式中：α'、α''—— 摩擦衬片下边缘、上边缘与 y 轴间的夹角。

当法向压力均匀分布时，存在

$$\begin{cases} \mathrm{d}F_n = p_{ave}wr_{ff}\mathrm{d}\alpha \\ T_f = p_{ave}wr_{ff}^2\mu(\alpha'' - \alpha') \end{cases} \tag{10-34}$$

利用式（10-33）和式（10-34），可得压力分布不均匀系数为

$$k_p = \frac{\alpha'' - \alpha'}{\cos\alpha' - \cos\alpha''} \tag{10-35}$$

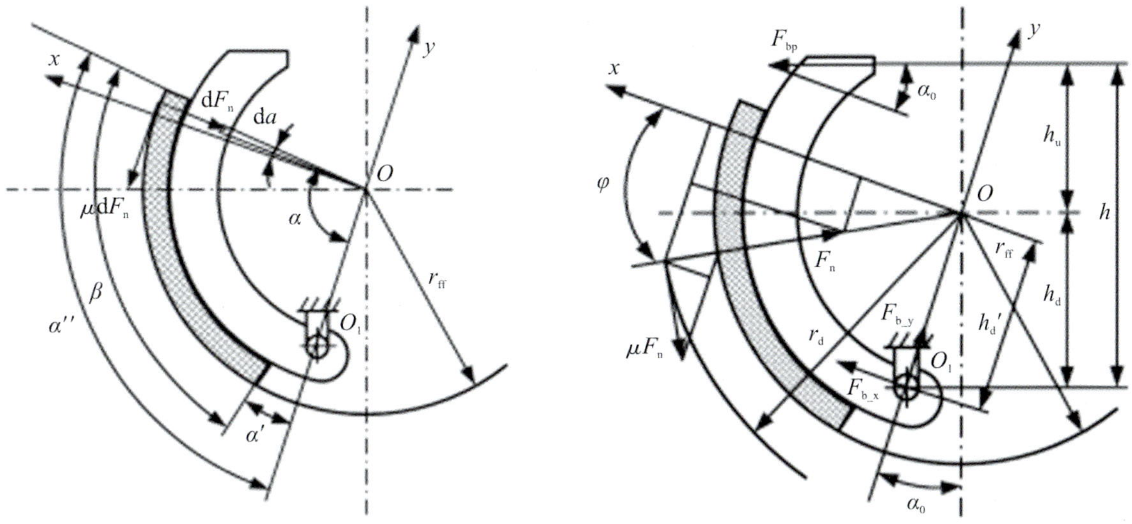

(1)　　　　　　　　　　(2)

图 10-9　制动力矩和张开力分析简图

(1) 制动力矩分析简图；(2) 张开力分析简图

通过上述分析可以获得制动力矩与外加压力之间的关系，但是，在设计过程中，还需要制动力矩与张开力之间的关系。

对于领蹄来说，其产生的制动力矩为

$$T_f = \mu F_n r_{ff} \tag{10-36}$$

当获得制动蹄的几何参数和法向压力后，这样就可以利用式（10-33）计算出制动蹄的制动力矩。

为了获得制动蹄上张开力和法向力之间的关系，相应的力平衡方程式为

$$\begin{cases} F_{bp}\cos\alpha_0 + F_{b\_x} - F_n(\cos\varphi + \mu\sin\varphi) = 0 \\ F_{bp}h_u - F_{b\_x}h_d' + \mu F_n r_{ff} = 0 \end{cases} \tag{10-37}$$

式中：F_{bp} ——制动蹄片上张开力；

F_{b_x}—— 支承反力在 x 轴上投影；

F_n ——摩擦衬片上任意点的法向力；

α_0—— 制动蹄圆心及其旋转中心连线与 y 轴间夹角；

φ—— 摩擦衬片上任意点及其圆心与 x 轴间夹角；

h_u ——摩擦衬片最高点与其圆心间高度；

h_d' ——摩擦衬片圆心与制动蹄旋转中心间距离。

求解，可得

$$F_n = \frac{hF_{bp}}{h_d'(\cos\varphi + \mu\sin\varphi) - \mu r_{ff}} \tag{10-38}$$

式中：h ——制动蹄上张开力作用点与其旋转中心间高度。

对于领蹄和从蹄，其制动力矩分别为

$$T_{f\_ls} = \frac{\mu F_{bp\_ls} h r_{ff\_ls}}{h_d'(\cos\varphi_{ls} + \mu\sin\varphi_{ls}) - \mu r_{ff\_ls}} \tag{10-39}$$

$$T_{f\_ts} = \frac{\mu F_{bp\_ts} h r_{ff\_ts}}{h_d'(\cos\varphi_{ts} - \mu\sin\varphi_{ts}) + \mu r_{ff\_ts}} \tag{10-40}$$

式中：ls、ts——分别表示领蹄和从蹄，变量符号与前一致，其他符号的含义与前边变量的一致。

通过分析可得

$$\begin{cases}\varphi_{ls}=\arctan\dfrac{\cos2\alpha'-\cos2\alpha''}{2(\alpha''-\alpha')-\sin2\alpha''+\sin2\alpha'}\\ r_{ff\_ls}=\dfrac{4r_{ff}(\cos\alpha'-\cos\alpha'')}{\sqrt{(\cos2\alpha'-\cos2\alpha'')^2+[2(\alpha''-\alpha')-\sin2\alpha''+\sin2\alpha']^2}}\end{cases} \tag{10-41}$$

对于领蹄和从蹄来说，其摩擦衬片对应的起始角和终止角有所不同，从而导致微元上作用角和作用半径不同。

制动器上有两个制动蹄，制动鼓上总制动力矩等于相应摩擦力矩之和，即

$$T_f=F_{bp1}r_{e1}+F_{bp2}r_{e2} \tag{10-42}$$

式中：F_{bp1}、F_{bp2}——制动蹄片 1 和 2 上张开力；

r_{e1}、r_{e2}——制动蹄片 1 和 2 上张开力对应的有效作用半径。

当采用液压驱动时，制动轮缸两侧的作用力相等，即 $F_{bp1}=F_{bp2}$，对应的张开力为

$$F_{bp}=F_{bp1}=F_{bp2}=\frac{T_f}{r_{e1}+r_{e2}} \tag{10-43}$$

当采用凸轮机构时，对应的张开力为

$$\begin{cases}F_{bp1}=T_f/(2r_{e1})\\ F_{bp2}=T_f/(2r_{e2})\end{cases} \tag{10-44}$$

在鼓式制动器设计过程中，需要校核制动蹄是否发生自锁，当式（10-39）中分母为 0 时，则制动蹄自锁，即

$$h_d'(\cos\varphi_{ls}+\mu\sin\varphi_{ls})-\mu r_{ff\_ls}=0 \tag{10-45}$$

反之，当存在

$$\mu<h_d'\cos\varphi_{ls}/(r_{ff\_ls}-h_d'\sin\varphi_{ls}) \tag{10-46}$$

时，制动蹄不发生自锁。

二、盘式制动器的设计计算

对于盘式制动器，假定摩擦衬块与制动盘完全接触，且压力均匀分布，则制动盘上制动力矩为

$$T_{f\_p}=2\mu F_p r_p \tag{10 47}$$

式中：T_{f_p}——制动盘上制动力矩；

F_p——单侧制动块对制动盘施加的制动压紧力；

r_p——作用半径，对于径向宽度不大的摩擦衬块，可取为平均半径或者有效半径。

摩擦衬块平均半径为

$$r_{p\_ave}=(r_{p\_in}+r_{p\_out})/2 \tag{10-48}$$

式中：r_{p_ave}——摩擦衬块平均半径；

r_{p_in}、r_{p_out}——摩擦衬块扇形表面内、外半径。

摩擦衬块有效半径为

$$r_{p\_e}=\frac{2(r_{p\_out}^3-r_{p\_in}^3)}{3(r_{p\_out}^2-r_{p\_in}^2)}=\frac{4r_{p\_ave}}{3}\left[1-\frac{k_r}{(1+k_r)^2}\right] \tag{10-49}$$

式中：r_{p_e}——摩擦衬块有效半径；

k_r——摩擦衬块内、外半径之比，即 $k_r = r_{p\_in}/r_{p\_out}$ 。

由于 $k_r < 1, k_r/(1+k_r)^2 < 1/4$，故 $r_{p\_e} > r_{p\_ave}$，且 k_r 越小，两者差值越大。但是，如果 k_r 过小，则摩擦衬块径向宽度过大，导致摩擦面上不同半径处滑摩速度相差太大，磨损不均匀。一般地，k_r 不小于 0.65。

为了提高制动盘的工作性能，要求其加工精度应达到：平面度公差为 0.012mm，表面粗糙度 Ra 为 0.7～1.3μm，两工作表面的平行度不大于 0.05mm，端面圆跳动不大于 0.03mm。为了保证制动盘具有良好的刚度、强度和耐磨性等，通常采用灰铸铁 HT250 以及性能更优的材料。

三、摩擦衬片磨损特性的计算

从前边的分析可知，鼓式和盘式制动器的功能均是靠摩擦作用来实现，其工作性能受到接触力、滑摩速度、界面温度、接触材料及其表面加工精度等因素的影响。目前，摩擦衬片磨损还未有行之有效的精确计算方法，关键设计因素还主要依靠试验测试。

对行驶中的汽车进行制动，制动器将汽车的机械能（包括动能和势能）部分转化为热量而消耗。但是，制动器摩擦元器件在短时间内产生大量的摩擦热，又来不及耗散到大气环境中，导致界面温度升高，从而产生热负荷。对于制动器来说，热负荷越大，摩擦元器件磨损越严重。盘式制动器与鼓式制动器相比，由于前者单位面积上的热负荷比后者要大许多倍，相应地，摩擦温度也更高。

为了有效地表征热负荷的指标，常采用比能量耗散率，又称为单位功负荷或者能量负荷，即单位时间内单位摩擦衬片面积耗散的能量。对于双轴汽车来说，单个前轮和后轮制动器的比能量耗散率分别为

$$\begin{cases} \eta_f = \dfrac{k_I m_t \beta (v_i^2 - v_f^2)}{4tA_f} \\ \eta_r = \dfrac{k_I m_t (1-\beta)(v_i^2 - v_f^2)}{4tA_r} \end{cases} \tag{10-50}$$

式中：η_f、η_r——汽车前轮和后轮制动器比能量耗散率；

k_I——汽车回转质量换算系数；

m_t——汽车总质量；

β——制动力分配系数；

v_i、v_f——制动初速度和终速度，一般地，乘用车初速度采用 100km/h，商用车总质量3.5 吨以下的采用 80km/h，总质量 3.5 吨以上的采用 65km/h；

t——制动时间，即 $t = (v_i - v_f)/a$，其中，a 为制动减速度；

A_f、A_r——单个前轮和后轮制动器摩擦衬片接触面积。

当汽车紧急制动至停车，存在 $v_f = 0, k_I = 1$，式（10-50）变为

$$\begin{cases} \eta_f = \dfrac{m_t \beta v_i^2}{4tA_f} \\ \eta_r = \dfrac{m_t (1-\beta) v_i^2}{4tA_r} \end{cases} \tag{10-51}$$

鼓式制动器比能量耗散率一般不大于 1.8W/mm²，而盘式制动器的不大于 6.0W/mm²。在设计过

程中，如果比能量耗散率过高，不仅会导致摩擦衬片急剧磨损，而且会引起制动鼓或者制动盘产生裂纹，严重时将发生断裂。

制动衬片或者制动盘的磨损特性也可用比摩擦力来表征，即单位摩擦面积上摩擦力。比摩擦力越大，相应的磨损越严重。对于单个车轮制动器来说，其比摩擦力为

$$F_{f\_A} = \frac{T_f}{r_e A} \tag{10-52}$$

式中：F_{f_A}——单个制动器上比摩擦力；

T_f——单个制动器上制动力矩；

A——单个摩擦衬片上接触面积。

此外，也可采用摩擦衬片上平均压力作为评价磨损的参数，即

$$p_{ave} = \frac{F_n}{A} \leqslant [p_{ave}] \tag{10-53}$$

一般地，$[p_{ave}]=2.00\text{MPa}$，为了改善制动器工作性能和使用寿命，当摩擦因数为 0.30～0.35，取 $[p_{ave}]=1.40\sim1.60\text{MPa}$；当汽车紧急制动时，取 $[p_{ave}]=2.00\sim2.50\text{MPa}$。

四、制动器热容量及温升的计算

由于在汽车制动过程中，制动器会产生大量的摩擦热，影响其工作性能和使用寿命，应校核制动器热容量和温升是否符合设计要求。

当满载汽车制动停车时，由于该过程较短，可认为汽车的机械能全部转化为制动器的热能，并且按照前、后轴制动力分配系数分配到相应的制动器，即

$$\begin{cases} Q_f = \dfrac{m_t \beta v_i^2}{2} \\ Q_r = \dfrac{m_t(1-\beta)v_i^2}{2} \end{cases} \tag{10-54}$$

式中：Q_f、Q_r——前、后轴制动器上分配的热量。

制动器上热容量和温升应满足

$$(m_b c_b + m_a c_a)\Delta t \geqslant Q_t \tag{10-55}$$

式中：m_b、m_a——制动鼓（制动盘）及其附件的质量；

c_b、c_a——制动鼓（制动盘）及其附件的比热；

Δt——制动鼓（制动盘）的温升；

Q_t——制动鼓（制动盘）产生的总热量。

五、液压制动驱动机构的设计计算

为了较好地实现制动器的操作，需要确定操纵系统中制动主缸和轮缸直径、制动踏板作用力、行程以及助力装置的性能参数等。

（一）制动轮缸直径与工作容积

制动轮缸对制动蹄或者制动块施加推力使制动器产生制动作用，该作用力与轮缸直径、压力之间

的关系为

$$d_{wc} = \sqrt{4F_{bp}/(\pi p_{wc})} \tag{10-56}$$

式中：d_{wc} ——制动轮缸直径；

p_{wc} ——制动轮缸管路压力，一般为 10～12MPa，盘式制动器较鼓式制动器可取得更高些，相应地，对液压管路强度、耐压性和密封性等要求也更高。

初步计算轮缸直径后，通过查阅相关标准确定其最终直径。轮缸直径系列主要有：19mm、22mm、24mm、25mm、28mm、32mm、38mm、40mm、45mm、50mm、55mm 等。

制动轮缸的工作容积为

$$V_{wc} = \frac{\pi}{4}\sum_{i=1}^{m} d_{wc\_i}^2 s_i \tag{10-57}$$

式中：d_{wc_i}—— 第 i 个制动轮缸直径；

s_i—— 第 i 个制动轮缸活塞的行程。

所有制动轮缸总工作容积为

$$V_{wc\_t} = \sum_{j=1}^{n} V_{wc\_j} \tag{10-58}$$

式中：V_{wc_j}—— 第 j 个制动轮缸工作容积；

n ——制动轮缸数目。

（二）制动主缸直径与工作容积

所有制动主缸总工作容积为

$$V_{mc\_t} = V_{wc\_t} + V_c \tag{10-59}$$

式中：V_{mc_t} ——所有制动主缸总工作容积；

V_c ——制动管路在液压作用下引起的变形。

在初步设计时，对于乘用车，$V_{mc\_t} = 1.1V_{wc\_t}$；对于商用车，$V_{mc\_t} = 1.3V_{wc\_t}$。

制动主缸中活塞直径为

$$d_{mc} = \sqrt{\frac{4V_{mc\_t}}{\pi s_{mc}}} \tag{10-60}$$

式中：d_{mc} ——制动主缸中活塞直径；

s_{mc}—— 制动主缸中活塞行程，一般地，$s_{mc} = (0.8 \sim 1.2)d_{mc}$。

主缸直径系列主要有 19mm、22mm、26mm、28mm、32mm、35mm、38mm、40mm、45mm 等。

对于液压驱动机构，制动轮缸直径与制动主缸直径之比为 0.9～1.2。当制动主缸直径较小时，需要增加活塞行程与踏板行程。

（三）制动踏板作用力与工作行程

制动踏板施加的作用力为

$$F_{bp} = \frac{\pi d_{mc}^2 p_{wc}}{4 i_{bp} \eta} \tag{10-61}$$

式中：i_{bp} ——制动踏板传动机构的传动比；

η——制动踏板传动机构与液压主缸的机械效率。

相应地，制动踏板工作行程为

$$s_{bp} = i_{bp}(s_{mp} + \delta_{c1} + \delta_{c2}) \tag{10-62}$$

式中：s_{bp}——制动踏板工作行程；

s_{mp}——制动主缸活塞行程；

δ_{c1}——制动主缸中推杆与活塞间的间隙；

δ_{c2}——制动主缸中活塞空行程。

在制动踏板工作行程设计过程中，应考虑制动系统各组成构件的弹性变形、热变形、摩擦衬片磨损量以及制动液体积变化等影响，制动踏板的全行程应大于正常工作行程的 40%～60%。一般地，踏板力不超过 500～700N，踏板全行程不超过 150～170mm。

此外，为了避免空气进入液压制动管路，当制动踏板放开后，应保证制动管路中残余压力保持在 0.05～0.14MPa。

六、真空助力器的设计计算

液压制动的真空助力器结构，见图 10-10，利用具有橡胶膜片密封装置的活塞将助力缸分为 A、B 两个腔。A 腔位于制动主缸的一端，并经真空单向阀与发动机进气歧管相通，腔内具有一定的真空度。B 腔内的压力通过橡胶阀座、滑柱和橡胶盘等进行调节。

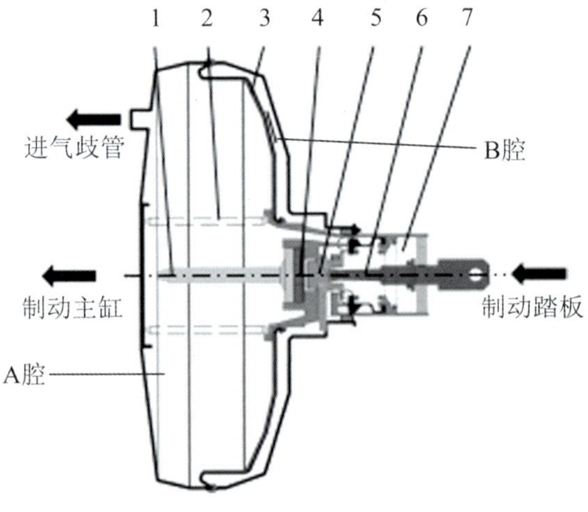

1－制动主缸推杆；2－膜片回位弹簧；3－膜片；4－橡胶反作用盘；5－空气阀；

6－制动踏板推杆；7－推杆回位弹簧

图 10-10 真空助力器结构简图

当制动器不工作时，滑柱和橡胶阀座在回位弹簧作用下紧密贴合，并停留在右端位置，这时，B 腔通向大气的阀门被关闭，A 腔与 B 腔之间的通道 C 被打开，两腔相通。刚踩下制动踏板时，首先，消除滑柱与橡胶反作用盘之间的间隙，通道 C 由橡胶阀座关闭，A 腔与 B 腔被隔断。当继续踩下制动踏板，滑柱离开阀座，大气进入 B 腔，推动活塞和推杆，进而推动制动主缸活塞。与此同时，真空助力器的加力活塞前移，加大对制动主缸活塞的推力。当橡胶盘达到一定变形量时，B 腔通向大气的空气阀被关闭，助力器达到新的平衡位置。在制动过程中，加力活塞提供的推力与制动踏板作用在滑柱上的力成正比，能够起到助力作用。此外，如果助力器失效，仍能够利用人力进行制动。

在真空助力器工作过程中，橡胶盘的变形与腔内空气压力成正比，存在

$$\frac{F_{p\_a}}{d_{rp}^2 - d_{sc}^2} = \frac{F_{bp}}{d_{sc}^2} = \frac{F_{mc}}{d_{rp}^2} \tag{10-63}$$

式中：F_{p_a} ——腔内空气压力作用于加力活塞而引起的轴向推力；

F_{mc} ——制动主缸推杆上反作用力；

d_{rp} ——橡胶盘直径；

d_{sc} ——滑柱近橡胶盘侧的直径。

通过上式，可知

$$F_{p\_a} = F_{bp}[(d_{rp}/d_{sc})^2 - 1] \tag{10-64}$$

利用橡胶盘实现推力传递，保证助力器所增加的推力与制动踏板提供的作用力成正比，这就是真空助力器随动作用原理。

第五节　电子制动系统

传统的制动系统依赖于驾驶员操控机械制动阀，通过行程输出相应的制动压力。与传统系统相比，电子制动系统（EBS）则通过电子信号，根据驾驶员和整车的减速需求，直接通过电子元件来控制各气室的制动压力，以实现对整车制动性能的精准控制。此外，EBS还可以集成一系列全球先进的制动辅助系统，如电子稳定性控制（ESC）、自适应巡航控制（ACC）、碰撞预警系统（CWS）和自动紧急制动系统（AEB），从而进一步拓展了其功能范围。

一、制动力管理功能

制动力分配闭环控制如图10-11所示。在车辆行驶加速过程中，EBS监测发动机的动力扭矩和车辆的加速度，动态计算出车辆的总质量和每根轴的动态轴荷。在EBS控制过程中，根据驾驶员的制动需求，直接控制前后桥输出相应的制动力。并在一定的条件下兼顾考虑车轮间摩擦片的均衡磨损。

（一）减速度控制功能

通过内置参数设定不同踏板行程对应不同的车辆减速度。无论车辆处于何种载荷状态下，根据驾驶员制动踏板行程的大小，输出相应的减速度。从而很好地避免了热衰退，或者轴荷变化对制动造成的影响。

（二）辅助制动系统的自动控制

当缓速器支持CAN总线控制时，EBS能够通过CAN总线系统自动识别车辆辅助制动系统的类型（如发动机制动、排气制动、缓速器等）以及其能够提供的最大制动力矩。在驾驶员踩制动过程中，优先启用缓速器来满足驾驶员的制动需求，当缓速器无法满足驾驶员制动需求时，再进行行车制动。这

样，很大程度上减少了车辆用气，延长了摩擦片、制动盘或制动鼓等部件的寿命，同时可使制动车轮尽可能保持冷态，增加了车辆的安全性。

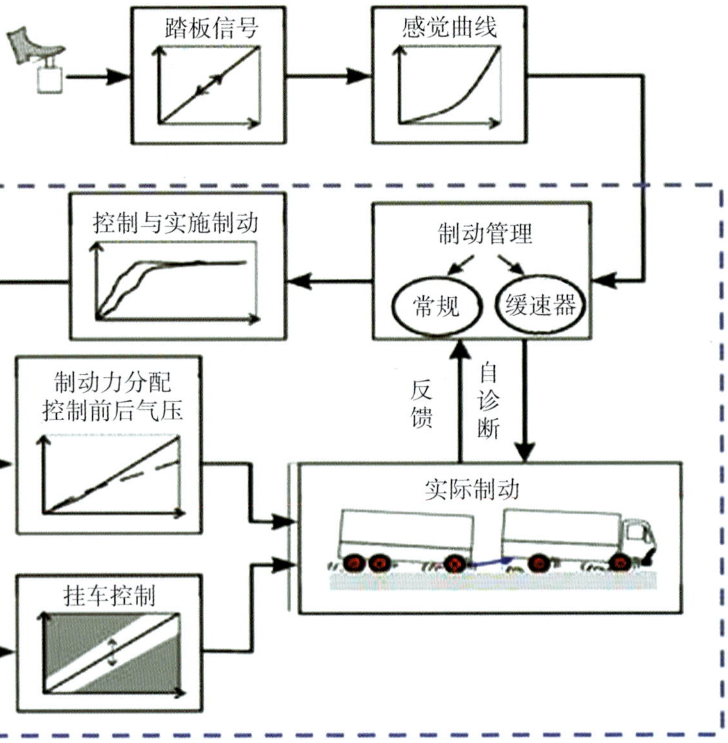

图 10-11　制动操作闭环控制

二、制动防抱死功能

制动防抱死功能（anti-locked braking system，ABS）是制动过程中，为了保持车辆的稳定性，阻止车轮发生抱死的功能。平时正常制动时 ABS 不会介入，当制动车轮抱死之前 ABS 才会介入。

当车轮发生抱死时，轮胎纵向和侧向的路面附着力都大幅下降，当滑移率为 100%时，车辆容易发生跑偏、甩尾甚至丧失转向能力；而当车轮在半滚半滑的状态时（滑移率在 10%～30%），路面对车轮的附着力为最佳，此时的制动效果最好。

轮速传感器布置在轮端附近，轮速传感器测出每个车轮的信号并送入 ECU（电子控制单元，又称行车电脑）；ECU 对输入的信号加以分析、运算并根据车轮的运动状况向电磁阀发出制动压力的控制指令；当某个车轮要抱死时，立即让电磁阀适量排放制动空气，减少制动鼓/盘与制动蹄片间的摩擦力，使轮速适当上升；当某个轮速上升过快时，又会让电磁阀停止排气，增加制动力，让轮速降下来；在这个过程中，通过对电磁阀的控制使车轮的滑移率始终保持在理想的范围内，从而获得最佳的制动效果。

三、驱动力防滑功能

驱动力防滑功能（acceleration slip regulation，ASR）是防止车辆在大加速度/低附着路面工况下轮胎过度滑转，提高车辆的安全性。可根据汽车的行驶行为使汽车驱动轮在恶劣路面或复杂路面条件下得到最佳纵向驱动力，能够在驱动过程中，特别在起步、加速、转弯等过程中防止驱动轮过度滑转，使得汽车在驱动过程中保持方向稳定性和转向操纵能力，并提高加速性能。

在汽车起步、加速及运行过程中，汽车上的轮速传感器可以将驱动轮和非驱动轮的转速变为电信号传递给 ECU（电子控制单元，又称行车电脑），ECU 根据轮速传感器输入的信号进行运算得出滑转率，通过对比各车轮转速检测到从动轮速度低于驱动轮时（这是滑转的特征），驱动轮的滑转率超过限值来判定某个驱动轮打滑时，牵引力控制系统就进入防滑转过程。电子控制单元首先会自动立刻给发动机控制器发送降扭需求，发动机根据 EBS 的需求降低发动机的输出扭矩，然后将该位置信号反馈至控制单元；若仍不能控制打滑，ECU 判定需要对驱动轮进行制动介入时，会将信号传送到 ASR 执行器，控制制动压力调节器，及时调整制动器，独立地对驱动轮（一般是后轮）进行控制，以防止驱动轮滑转，适当地改变此轮的滑转率，并使驱动轮的滑转率保持在规定范围内，直到车轮恢复正常的转动。

四、坡道辅助功能

坡道辅助功能（hill start assist，HSA）是让驾驶员在不使用手刹情况下进行坡道起步时，不踩刹车仍能继续保持车辆一定时间内的静止，让驾驶员轻松地将脚由刹车踏板转向油门踏板，以防止溜车而造成事故，不会让驾车者感到手忙脚乱。未配备上坡辅助的车辆在陡峭或光滑坡面上起步时，驾驶员必须快速且准确地从制动踏板切换至油门踏板，不然车辆将向后下滑，从而导致起步困难；有该功能时驾驶员可以轻松驾车起步并从容操作踏板。

驾驶员通过仪表上的坡道辅助开关来激活该功能。当驾驶员松开制动踏板后，坡道起步辅助功能保持各车轮制动压力，帮助车辆完成坡道起步。坡道起步辅助功能设有最小初始制动压力值，当驾驶员用力踩下踏板时，该压力值最大可以达到 1000kPa。当释放制动踏板时，坡道起步辅助功能将随着油门踏板的开度、变速箱结合和预设的释放气压梯度，自动释放制动压力，保证车辆平稳的在坡道上起步。

五、电子稳定控制功能

电子稳定控制功能（electronic stability control，ESC）是一种在紧急情况下，防止车辆打滑，导致失控、翻车、转向过度或转向不足这些情况出现的一个主动介入的安全系统，可以提升车辆的操控性以及行驶安全性。

其主要分两个功能：方向控制和防侧倾控制。

（一）方向控制（场景：湿滑路面换道、转弯）

协助司机，在车辆出现过多和不足转向时主动控制，在车辆的物理极限内维持车辆的转向稳定性，避免甩尾和主挂折叠，如图 10-12 所示。

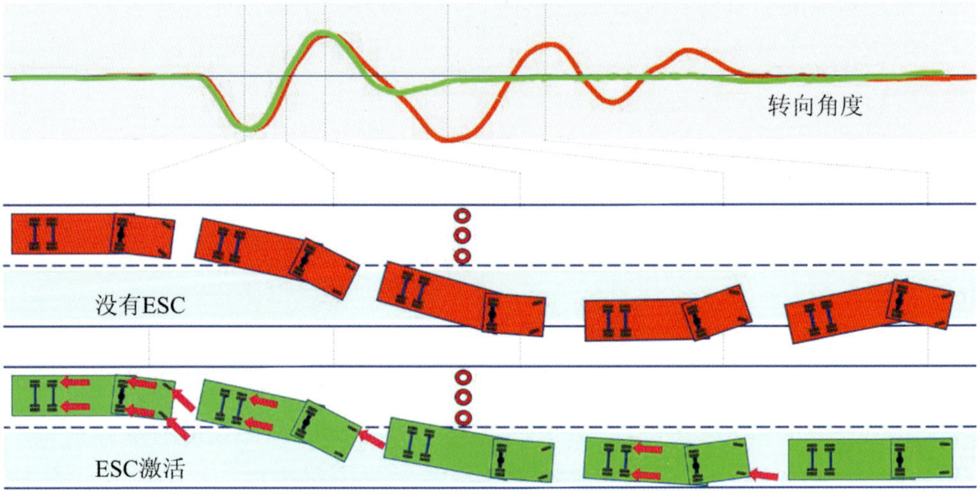

图 10-12 方向控制

（二）防侧倾控制（场景：高附转弯）

协助司机，在车辆出现侧倾时主动控制，防止车辆发生侧倾，如图 10-13 所示。

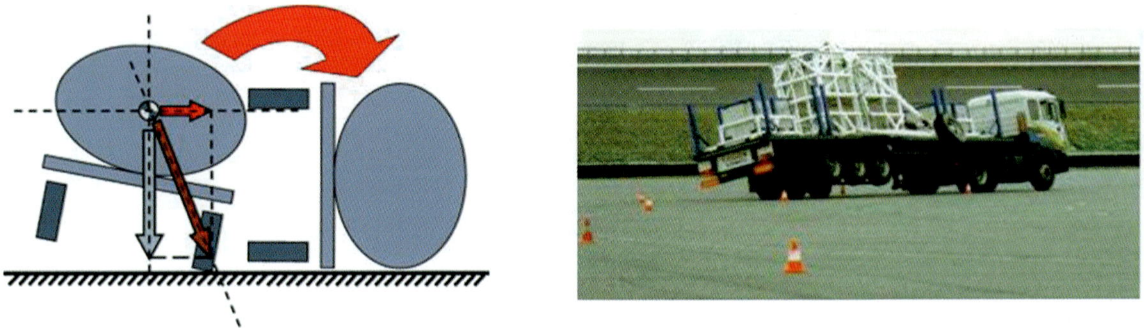

图 10-13 防侧倾控制

六、挂车制动协调控制功能

牵引车的 EBS 系统和挂车的 EBS 系统兼容，同样和传统制动系统（带或不带 ABS 系统）也兼容。挂车的 EBS 系统通过 ISO11992 上挂车接头激活。通过 CAN 通信，挂车 EBS 系统将会接收到主车 ECU 发动过来的制动控制。对于只带传统制动功能的挂车，主车中央处理模块（CM）会通过挂车控制阀来控制挂车制动压力。挂车控制需要通过参数标定来实现。

七、外部请求制动功能（XBR）

通过执行外部请求实现制动。如 AEB/ACC 的请求，无人驾驶模块的制动请求等。

八、EBS 系统架构

制动系统架构如图 10-14 所示。

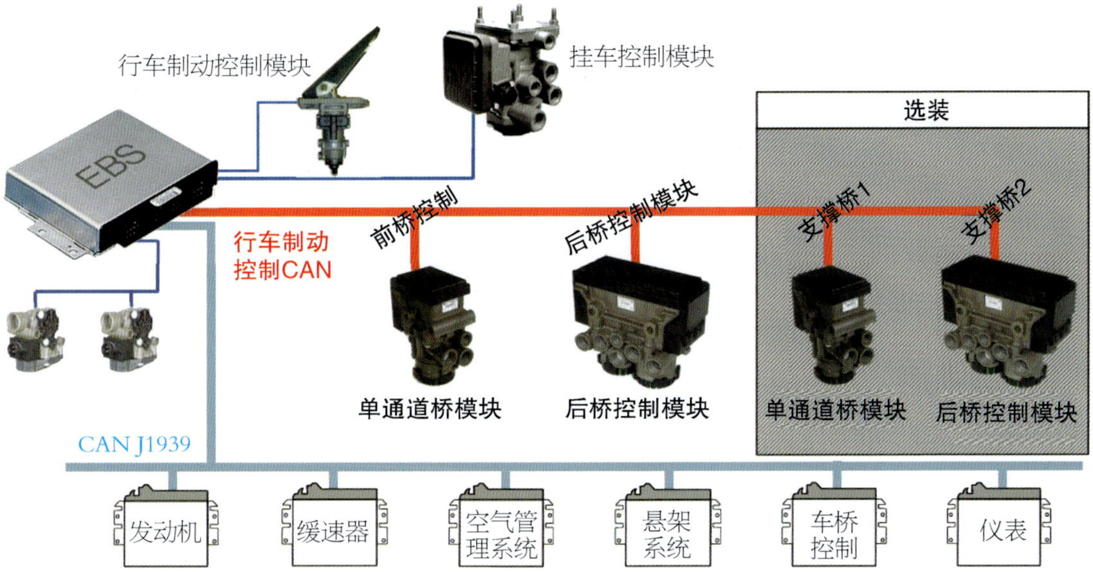

图 10-14 制动系统架构

九、零部件

(一) 制动系统 ECU

ECU 如图 10-15 所示。

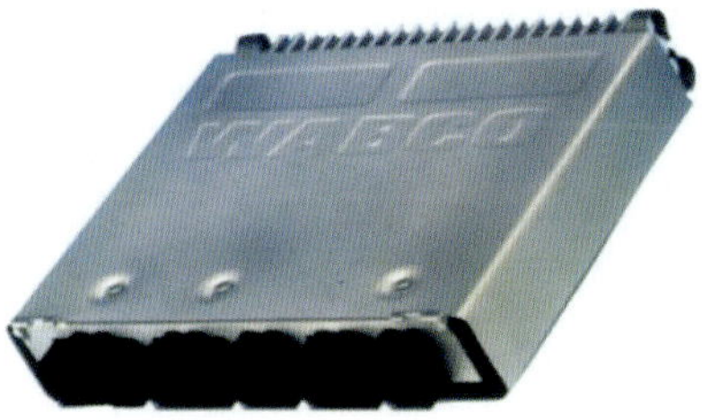

图 10-15 制动系统 ECU

(1) 获得驾驶员指令。

(2) 制动管理。

(3) 制动力分配。

(4) 与其他控制系统和电子系统连接的 CAN 接口。

(5) 用于挂车的电气接口 ISO 11992。

(6) 诊断控制 ISO 9141。

（二）制动信号发送器

制动信号发送器如图 10-16 所示。

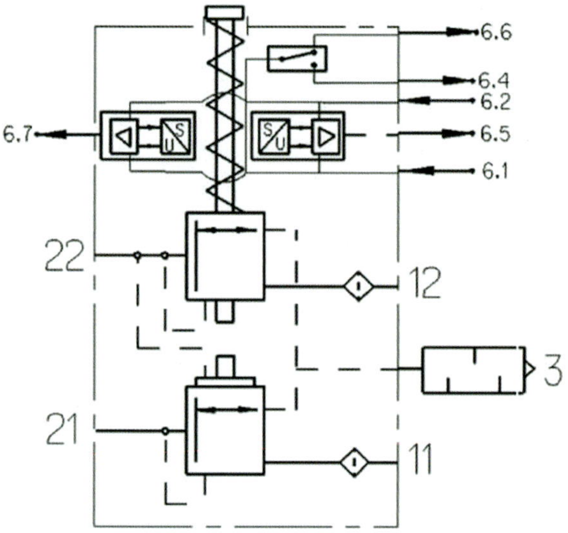

图 10-16　制动信号发送器

（1）类似于常规脚制动阀。

（2）两个电和气的回路，互为冗余。

（3）集成行程传感器。

（三）单通道桥模块

单通道桥模块如图 10-17 所示。

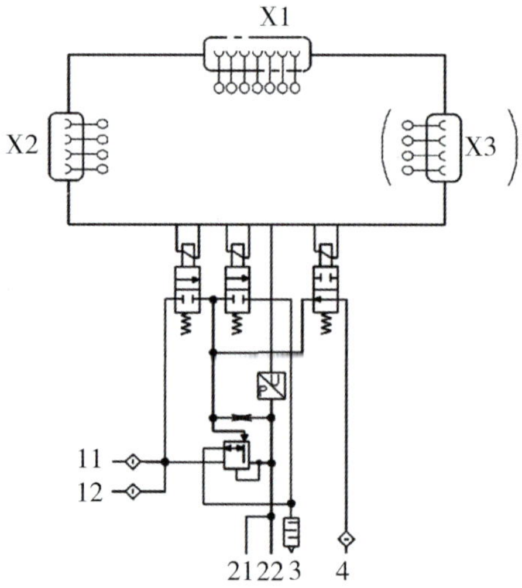

图 10-17　单通道桥模块

（1）控制前桥气压。

（2）具有备压功能。

（3）集成压力传感器。

（4）集成处理轮速信号功能。

（四）后桥制动模块

后桥制动模块如图 10-18 所示。

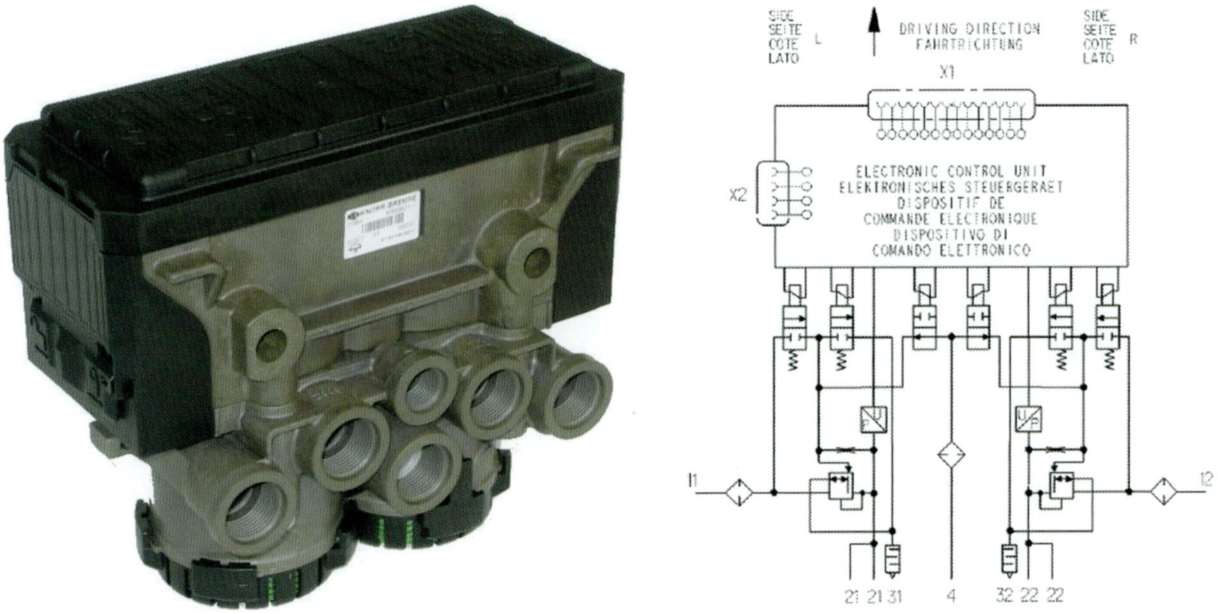

图 10-18　后桥制动模块

（1）双通道后桥模块。

（2）压力控制。

（3）轮速/压力/摩擦片监控。

（4）ABS 功能。

（5）减少后桥至驾驶室的线路。

（6）减少制动元件和装配时间。

（五）挂车控制模块

挂车控制模块如图 10-19 所示。

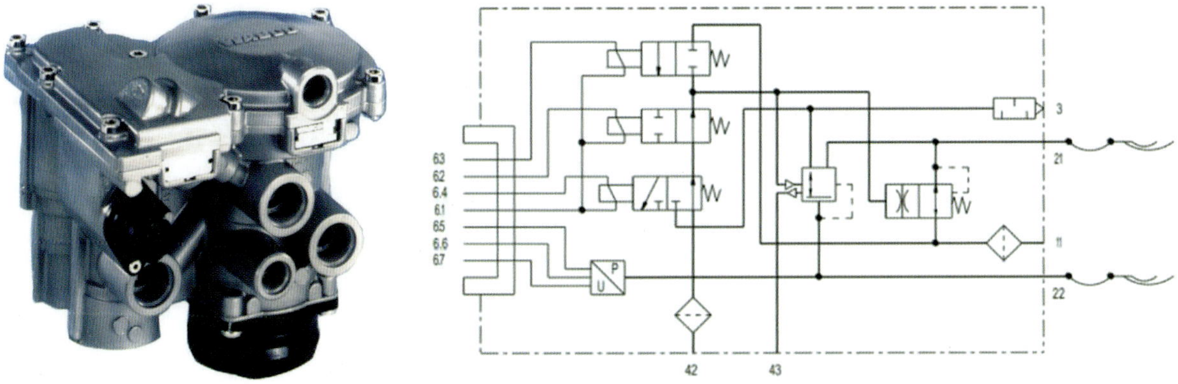

图 10-19　挂车控制模块

（1）压力控制。

（2）集成压力传感器。

（3）集成电磁阀。

（4）通过 ECU 控制。

十、相关验证

（一）缩短制动系统反应时间

制动系统反应时间如表 10-8 和图 10-20 所示。

表 10-8　制动系统反应时间

制动反应时间/s	EBS	常规气制动＋ABS 系统	提升比例/%
T10%	0.07	0.19	63
T75%	0.32	0.47	31
T75%～T10%	0.25	0.28	10

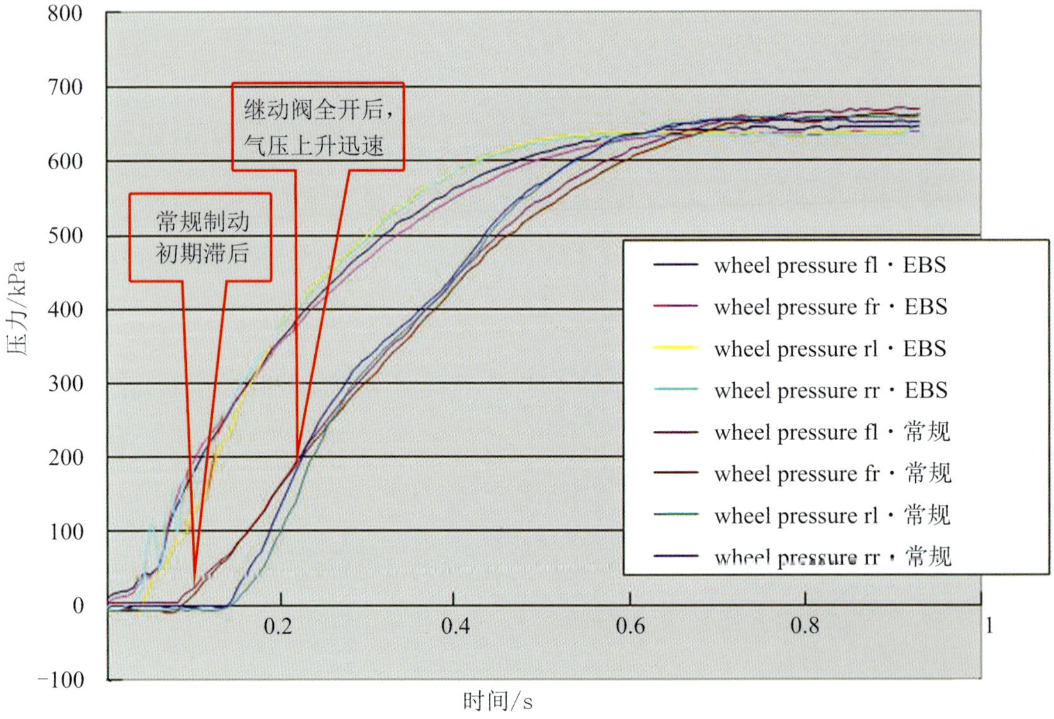

图 10-20　制动系统反应时间

（二）轿车般制动感觉（可定制）

（1）根据驾驶员踏板行程控制车辆减速度。

（2）可根据需求调整制动感觉曲线。

（3）空满载制动感觉一致。

轿车般制动感觉如图 10-21 所示。

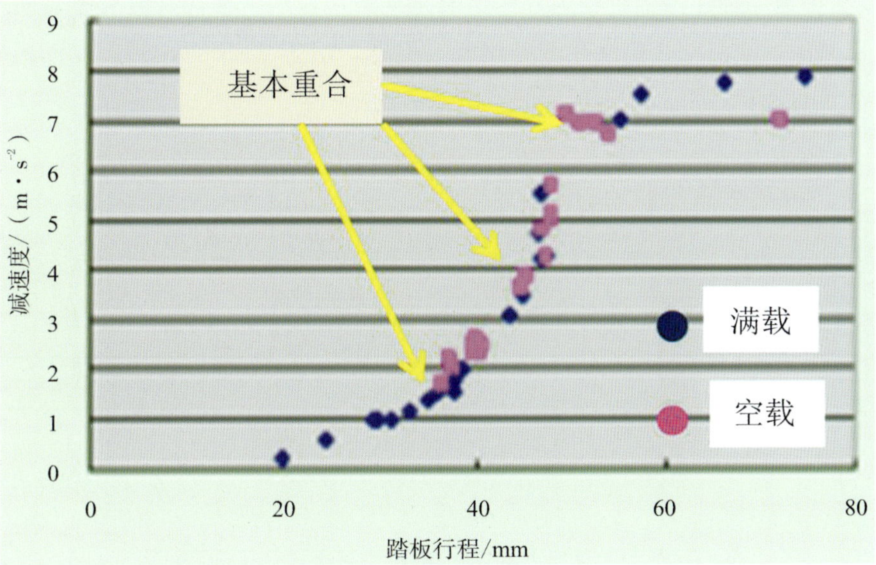

图 10-21　轿车般制动感觉

（三）挂车制动协调控制

如图 10-22 所示，试验时车辆制动时列车平稳减速，未发生危险工况（主挂折叠），轮速一致性强制动提前 0.3s，轻制动时，制动力主要为挂车制动。制动过程中，挂车越前量由 EBS 根据车辆的制动状态自动调节，甚至有负的越前量的出现，良好地解决了普通 ABS 制动时主挂不一致的情况。

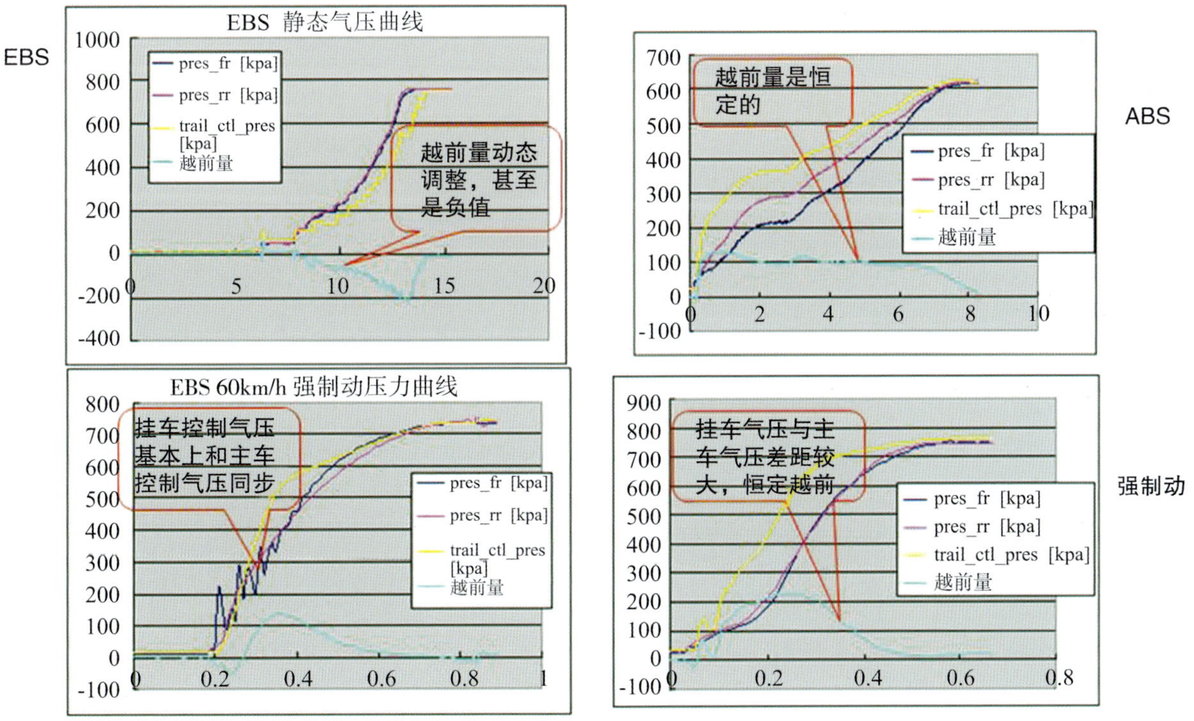

图 10-22　挂车制动协调试验

（四）驱动力防滑系统

图 10-23（变化中途的加速踏板行程为 0 的情况是换挡）显示了油门开度和发动机真实扭矩的变换过程，从图中可以看出，油门踏板始终在全开位置，但是，由于 EBS 的控制，发动机实际扭矩被限制在合理水平，以防止驱动轮打滑。

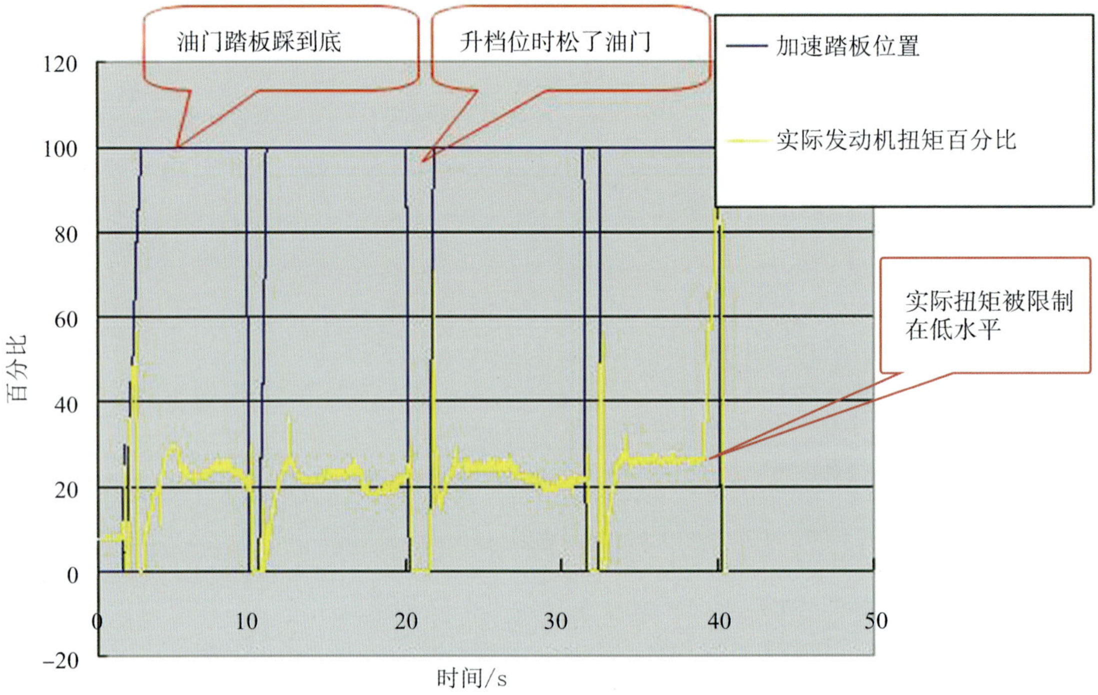

图 10-23　驱动力防滑试验

十一、小结

使用 EBS 的具体优势体现在以下几个方面。

（一）提高舒适性、操纵稳定性和制动安全性

1. 较短的制动响应时间和压力建立时间

传统的商用车制动系统管路长，阀类元件多。对于重型商用车，气体传输路线长，气压增长速度慢，常产生制动滞后现象，制动距离增加，安全性降低而且制动系统的成本比较高，而 EBS 系统在正常工作中。能够根据驾驶员的踩制动踏板行程，识别驾驶员制动意图，通过 CAN 通信，直接控制相应模块的开启和关闭，能够有效减少制动响应时间，缩短制动距离。

2. 改善了的 ABS 功能

ABS、ASR 两系统都只能在极限状态：紧急制动或急加速时发挥控制调节作用（被动调节），而 EBS 则使用电子信号对常规行车制动时各制动气室的充气和排气过程进行主动全程控制，使得常规制动时各轮能及时准确地实施制动。

3. 制动力分配和制动平衡

制动力分配装置是在汽车制动的瞬间，由 ECU 根据各种传感器给出的信号；分别计算出各个轮胎的摩擦力数值，然后通过调整制动装置，达到制动力与摩擦力的匹配，以保证车辆的平稳和安全。

4. 持续地对行车制动和其部件的监控

一旦整车的制动性能下降，EBS 会马上监控到，而且提示给驾驶员。

5. 内置 ASR 功能

提供了侧向滑移时，车辆最理想的稳定性。一旦整车出现了驱动轮打滑，EBS 会直接开启 ASR 功能，通过制动或者发动机扭矩控制，减少驱动轮的滑转。

（二）提高经济性和维修方便性

系统可以通过磨损指示器获得摩擦片的磨损情况，进行监控和平衡不同车轴间的摩擦片磨损，使车辆的所有摩擦片提高利用率并且可以同时更换。另外，系统集成了持续制动，尽可能地通过缓速器、排气辅助制动和控制发动机转矩等进行制动，进而延长摩擦片的使用寿命，从而提高经济性。同时，EBS 可以通过拓展的集成诊断和监测系统持续地进行自我检测，当系统有影响正常工作的故障时，驾驶员将被及时提醒。

（三）补偿常规制动系统的缺陷

与常规制动系统相比，EBS 具有缩短制动响应时间、优化制动力分配、协调车轴间的制动、通过软件柔性调整系统参数、制动监测和自我诊断等功能。

参考文献

[1] 闵海涛，王建华．汽车设计［M］．5 版．北京：机械工业出版社，2023.
[2] 刘惟信．汽车设计［M］．北京：清华大学出版社，2001.
[3] 过学迅，邓亚东．汽车设计［M］．北京：人民交通出版社，2005.
[4] 姚为民．汽车构造［M］．7 版．北京：人民交通出版社，2021.
[5] 吉安卡洛・珍达，洛伦兹・莫雷洛．汽车底盘设计（上卷）：部件设计［M］．王志福，译．北京：机械工业出版社，2023.
[6] 中华人民共和国国家质量监督检验检疫总局，中国国家标准化管理委员会．离合器术语：GB/T 10042—2017［S］．北京：中国标准出版社，2017：6.
[7] 中国国家市场监督管理总局，中国国家标准化管理委员会．汽车用离合器面片：GB/T 5764-2023［S］．北京：中国标准出版社，2023：12.

第五篇　变速箱技术

第十一章　变速箱工作原理

第一节　变速箱的需求

一、传统汽车

在传统汽车上，整车动力来自发动机，即内燃机。内燃机又分为燃油机和燃气机。燃油机以液态燃油为燃料，常用的是柴油、汽油、甲醇、生物燃油等。燃气机以气态燃气为燃料，包括天然气、氢气等。内燃机通过点燃的方式或压燃的方式实现循环燃烧。经过100多年的技术进步，内燃机以比功率大、效率高、安全可靠等特点，在汽车领域得到了广泛的应用。但是，内燃机在与车辆配合时也存在一些缺点。

（1）当内燃机转速接近零的时候，不能产生转矩；在转速很低的时候，扭矩较小；在初始阶段发动机扭矩随着转速的增高而增大，增加到某一转速时，扭矩达到最大值，继续增加转速，扭矩反而减小。所以，内燃机只有在某一转速时，才能达到最大功率。

（2）燃油经济性随着发动机工作点的变化而变化，并非一个恒定值。

（3）发动机只能顺时针方向选择。

因为有上述的限制，所以在传统汽车上，需要使用变速箱来进行速度调节和扭矩调节。通过较大的头挡速比，来实现整车大扭矩需求；通过不同挡位速比，保证发动机工作在经济转速区，实现燃油经济性目标；通过倒挡结构，在发动机旋转方向不变的情况下，实现倒车。

二、新能源车

随着新能源车的出现，动力系统的驱动方式发生了根本的改变。新能源车一般分为纯电车、混合动力车和氢燃料电池车三类。它们的共同特点是都需要使用电机。电机的特点是低速扭矩大，可以实现正反转，相对内燃机，结构简单。此外，电机还有如下特点：

（1）扭矩与电流成正比，电机的额定扭矩越大，则需要通过电机转子绕组的电流越大，这样，电机的尺寸会增大，成本会增高，同时发热量会增大。

（2）电机效率随着电机工作点的变化而变化，这点与传统内燃机有相似的地方。

（3）在功率相同的情况下，电机转速越高，尺寸和质量越小，成本越低。

由于电机的上述特点，在新能源乘用车上，可以使用一个单挡变速箱，或者称为减速箱，比如Tesla；有的则使用2挡箱。然而在商用车上，由于工况复杂，随着载荷的变化，可能需要用到4挡纯电变速箱，比如奔驰的eActros卡车。

第二节　变速箱基本工作原理

上节说明了变速箱的需求来源，从特性上说，在汽车动力链中，发动机需要油耗低、动力大，变速箱需要质量轻、配合方便。在某种程度上，发动机要像动物界的牛一样力大无穷，而变速箱则需要像小老鼠一样灵活。

变速箱最基本的功能是可以根据驾驶需要，人工或者自动地进行速比的变化，以满足整车动力性和经济性的需求。人工换挡的变速箱就是手动变速箱，又叫MT；自动换挡的变速箱就是自动变速箱，又叫AT或AMT。

图11-1为6挡变速箱的布局图，其中1是变速箱输入轴，2是变速箱主轴，3是同步器，4是变速箱中间轴，轴上连接着对应挡位的齿轮。

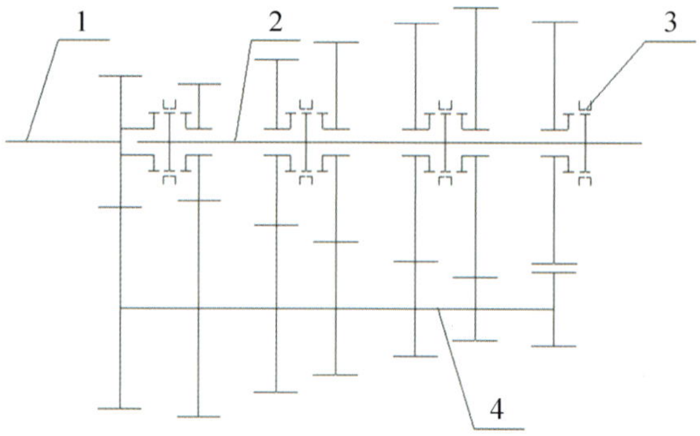

图11-1　6挡变速箱的布局图

变速箱需要换挡时，用户操纵变速箱执行机构，通过同步器来实现不同挡位的齿轮与主轴连接，从而实现不同挡位的转换。图11-2到图11-7示意了1挡到6挡的功率流，其中图11-2显示了功率流方向，其他挡位的功率流类似，没有用箭头重复表示。

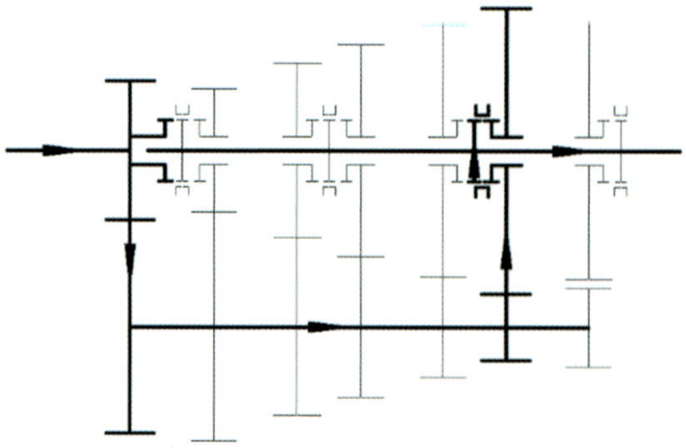

图11-2　1挡布局

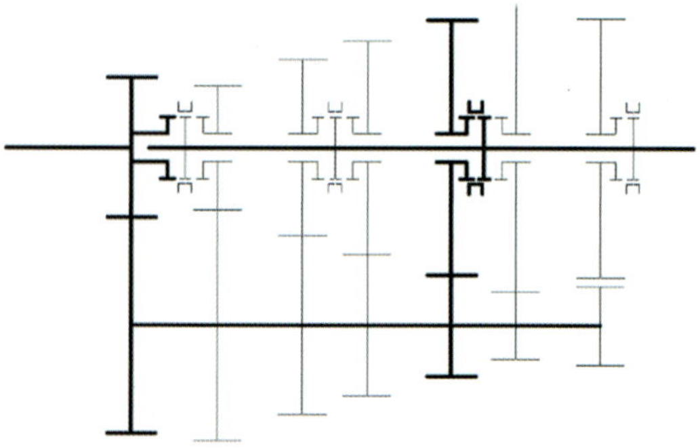

图11-3　2挡布局

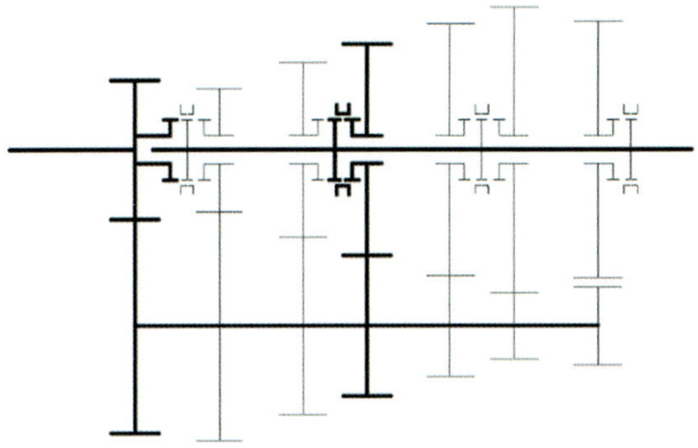

图 11-4 3 挡布局

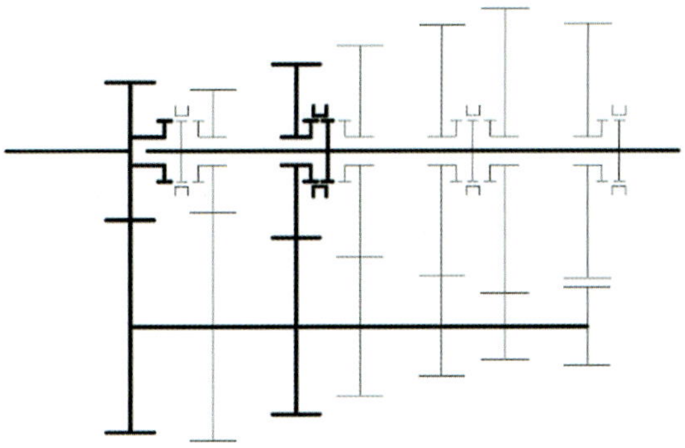

图 11-5 4 挡布局

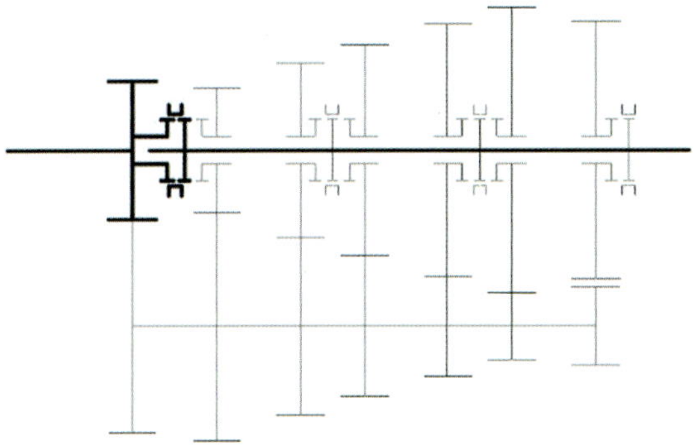

图 11-6 5 挡布局

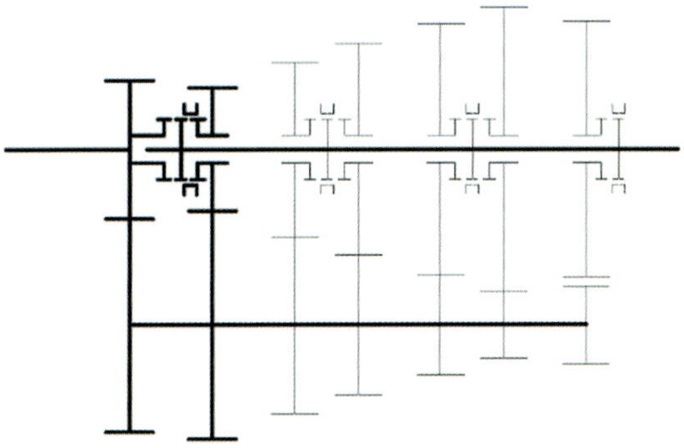

图 11-7 6 挡布局

随着国家高速公路网的成熟，汽车行业得到了快速发展，特别是商用车，朝向大马力、多挡位发展，以前的 5 挡、6 挡已经不能满足要求，因此市场上出现了 12 挡、16 挡重载多挡变速箱。多挡箱的实现，通常有三种方式：

（1）在传统变速箱上增加后副箱。

（2）在传统变速箱上增加前副箱。

（3）在传统变速箱上增加前副箱和后副箱。

以 12 挡箱为例，在 6 挡箱基础上，增加一个后副箱，后副箱有 2 个挡位，就可以形成 6×2＝12（个）挡位，见图 11-8。如图 11-8 所示的后副箱是以目前主流的行星后副箱为例来进行说明。

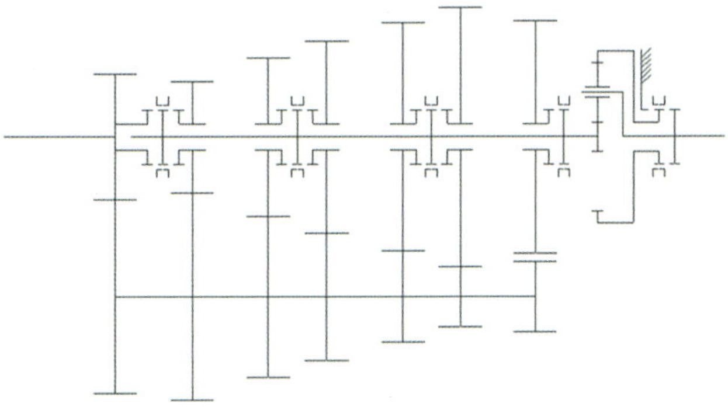

图 11-8 12 挡变速箱示意图

下面以 1 挡和 7 挡的功率流为例，展示 6 挡如何变为 12 挡。图 11-9 是 1 挡功率流，其中主箱和 6 挡箱的 1 挡功率流完全一样，后副箱处于低挡位置。图 11-10 是 7 挡功率流，主箱功率流同 1 挡完全一样，只是后副箱处于高挡位置。其他挡位——2 挡与 8 挡，3 挡与 9 挡，4 挡与 10 挡，5 挡与 11 挡，6 挡与 12 挡完全类似，不再一一重复介绍。

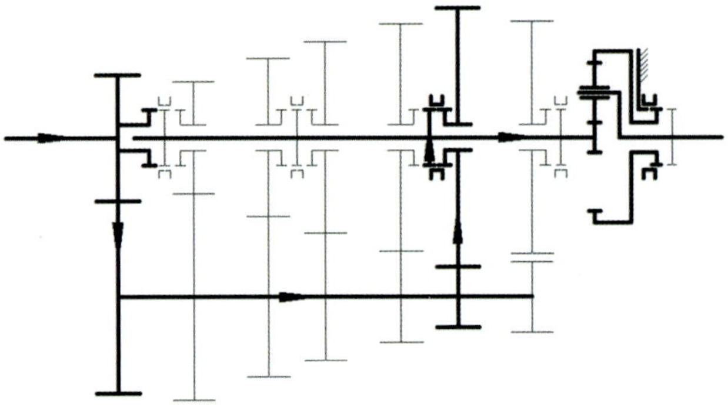

图 11-9　12 挡变速箱 1 挡示意图

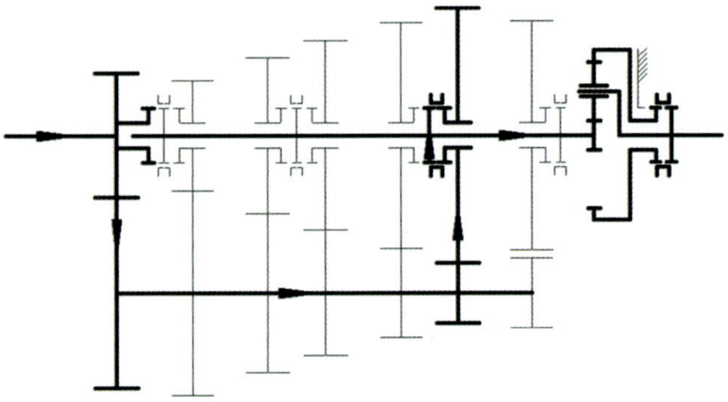

图 11-10　12 挡变速箱 7 挡示意图

上面介绍的是单中间轴变速箱的工作原理，下面介绍双中间轴变速箱的工作原理。单中间轴变速箱与双中间轴变速箱最主要的区别在于有两个中间轴。该种类型的变速箱最早是美国伊顿公司发明并实现量产的，其结构如图 11-11 所示。

国内的法士特最早引进该双中间轴技术，并一直传承到现在的产品中；一汽解放变速箱也采用了相同的双中间轴结构。欧洲的斯堪尼亚、沃尔沃、奔驰均采用单中间轴结构。

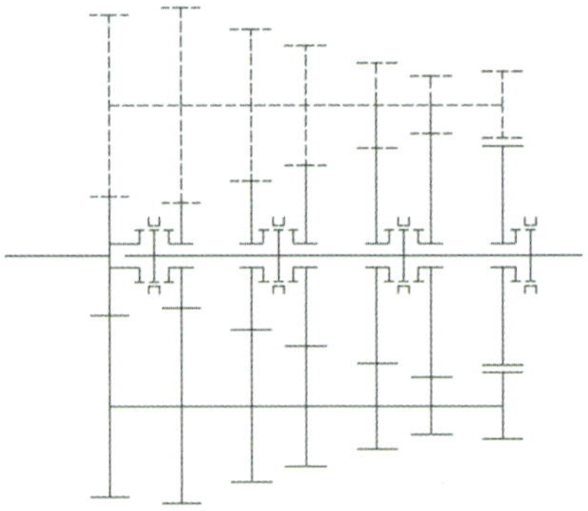

图 11-11　双中间轴 12 挡变速箱布局

双中间轴变速箱的优势在于功率分流——从一轴输入的扭矩，会分到两根中间轴上，最后再汇聚到二轴的齿轮上。这种类型的变速箱主轴只承担扭矩，不承担弯矩，这样，二轴可以不用做得很粗，相关齿轮也可以做得很小。具体见图 11-12。

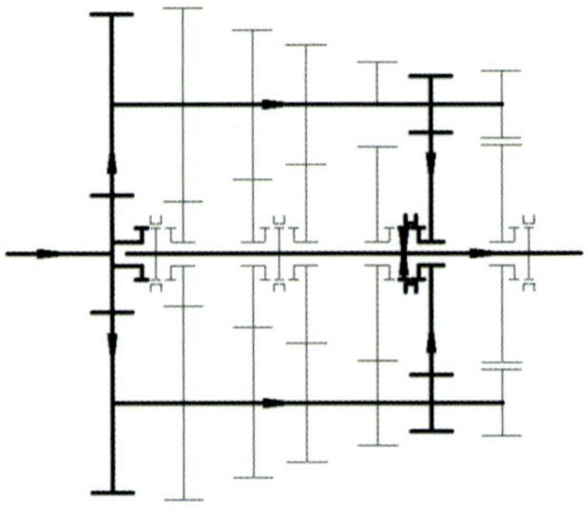

图 11-12　双中间轴 12 挡变速箱功率流

第十二章　商用车变速箱基本设计

第一节　中心距选择与设计

变速箱中心距是指变速箱主轴和中间轴之间的距离，是变速箱最重要的指标，它会影响变速箱的尺寸、质量、噪声以及效率。中心距越大，承载能力越强，对应的齿轮就会越大，质量也越大。在中心距大的情况下，齿轮的端面重合度可以设计得较大，这种情况下对噪声比较有利。但是，大齿轮对应的节圆线速度会相应变大，这样导致搅油损失增加，降低传动效率。

中心距对制造装配线也存在着重大影响，变速箱装配线一般由分装线和主线组成。分装线主要用来把一个一个单一的零件，装配成分总成，比如：将主轴和主轴上的轴齿、齿轮、卡环等装配在一起，形成主轴分总成；将中间轴和中间轴上的齿轮、轴承等零件装配到一起，形成中间轴分总成；分装线一般与中心距关系不大。主线是把各个分总成组装到一起，形成变速箱总成。以单中间轴变速箱为例，在主线上，需要把三轴合并，一起装到变速箱壳体中，这个时候，壳体在主线上的定位，三轴装配机器人等都是与设计中心距相匹配的。

中心距的选择，需要根据变速箱的扭矩来确定，但是，由于中心距对制造的影响，完全按照扭矩来设计中心距，将导致制造投资很大，无法实现制造平台化，因此每个厂家的中心距都是相对确定的，表 12-1 列出了世界上优秀变速箱厂家的中心距数据。

表 12-1　变速箱特性参数

奔驰(BENZ)	挡位	9 挡	12 挡	12 挡	12 挡	16 挡
	最大输入扭矩/Nm	2100	2100	2800	3300	2600
	中心距/mm	142	142	152	152	152
斯堪尼亚(SCANIA)	挡位	9 挡	12 挡	14 挡		
	最大输入扭矩/Nm	9	3200	3200		
	中心距/mm	160	160	160		
沃尔沃(VOLVO)	挡位	9 挡	12 挡	14 挡		
	最大输入扭矩/Nm	1800	3200	2800		
	中心距/mm	160	160	160		

续表

采埃孚(ZF)	挡位	8挡	16挡			
	最大输入扭矩/Nm	2000	2500			
	中心距/mm	154	154			

除了中心距大小，另外一个重要参数是中心距与铅垂面的角度，一种是与铅垂面重合，另外一种是与铅垂面呈一个角度，这两种对于变速箱的承载能力、噪声等没有影响，但是，对于单中间轴变速箱，要安装后置取力器的时候，中心距与铅垂面成一定角度，对于取力器的布置会比较方便。由于整车布置的需求，一般都会如图12-1所示，往逆时针方向偏置一定角度（从变速箱输出端往输入端看）。

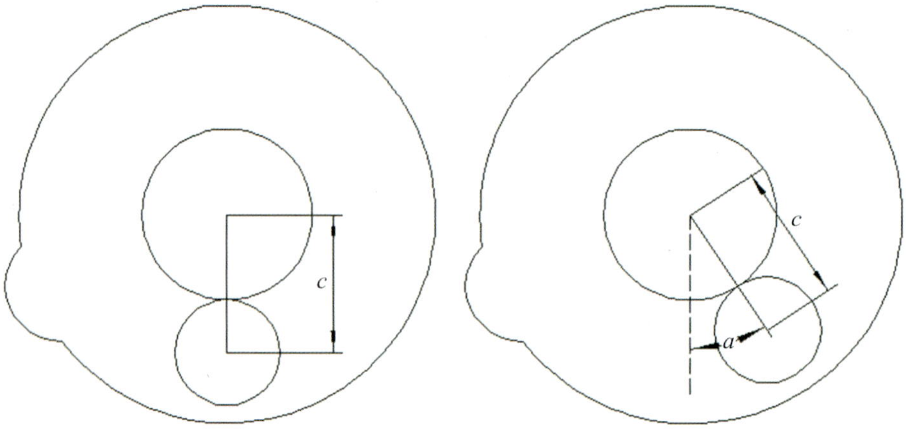

图 12-1　中心距的角度（c 为中心距，a 为中心距偏置角度）

第二节　速比设计

一、速比范围

变速箱的速比，需要基于整车来正向设计。变速箱里面经常需要用到的一个指标就是速比范围，速比范围是指变速器头挡速比与高档速比之比值，速比范围需要整车基于使用场景以及动力链的特性，进行正向设计，输入给变速箱设计部门。一般地，车辆运行工况越复杂，发动机比功率小，速比范围就需要越大。比如，既需要在高速上快速运行，又需要运行到田间地头，或者上山下乡的车辆，为了保证动力性和经济性，就需要更多的挡位。几个典型的案例是BENZ在12挡变速箱的基础上，为特殊车辆开发了16挡变速箱，该变速箱设计的极其特殊，有两个超速挡，最高挡速比0.687，最低挡速比11.722，速比范围达到了17.06；VOLVO在12挡基础上，开发了14挡变速箱，最高挡速比0.78，最低挡速比32.04，速比范围达到了惊人的41.07，这是目前商用车行业速比范围最大的变速箱，得益于该变速箱的加持，VOLVO整车可以在302吨的情况下，实现原地起步。也能在高速上正常运行。

一般情况下，变速箱的速比范围与挡位数成正比，挡位数越多，速比范围越大，但是，同样的挡位数，速比范围也存在区别，图 12-2 是同为 12 挡 AMT 变速箱，各大主流变速箱的速比范围。

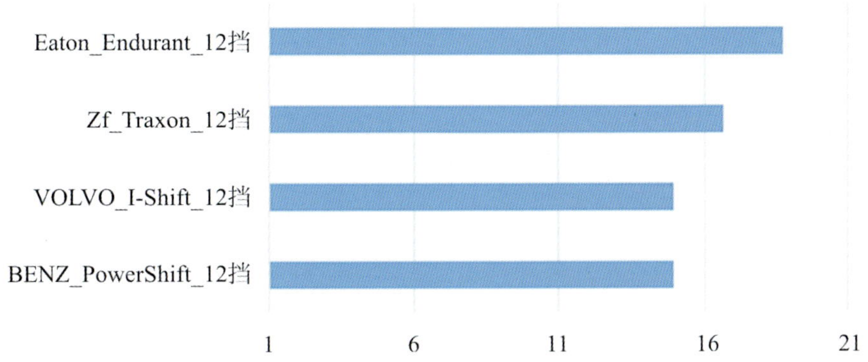

图 12-2 变速箱速比范围

二、最高挡速比 i_{min}

最高挡的传动比决定了汽车的最高车速，一般最高挡速比≤1。

最高车速与最高挡速比的关系式如下：

$$i_{min} = 0.377 \times \frac{rn}{u_a \times i_0} \tag{12-1}$$

式中：r——车轮半径（m）；

n——发动机转速（r/min）；

u_a——车速（km/h）；

i_0——后桥速比。

当最高挡速比为 1 时，发动机转速等于传动轴转速；行业内，把最高挡速比为 1 的变速箱称为直接挡变速箱，因为它的动力是从发动机直接传递到传动轴，没有经过任何齿轮减速或者升速。

当最高挡速比<1 时，传动轴转速会超过发动机转速，行业内，把最高挡速比小于 1 的变速箱称为超速挡变速箱。与直接挡相比，超速挡会多 2 对齿轮进行啮合。绝大多数情况下，商用车变速箱都只有 1 个超速挡——最高挡速比小于 1，但是，也有特殊情况，比如奔驰的 16 挡变速箱，就有 2 个超速挡。

从应用来讲，如果是高速物流车，一般最高挡为 1 的变速箱，能为整车带来更好的经济性，因为高速运行工况单一。在高速上，车辆一般以最高挡运行，最高挡位速比为 1 的变速箱，可以减少 2 对齿轮的啮合，从而减少齿轮的啮合功率损失。但是，在工程车上，车辆满载和非公路工况下，需要大的扭矩，这时候，就需要动力链速比大，而在空车返程的时候，又需要高的车速，就需要动力链速比小，为了兼顾两种工况，一般匹配超速挡变速箱。

三、头挡速比 i_{max}

头挡速比也就是变速箱的最大速比 i_{max}，它与车辆的使用场景和功能需求联系的比较紧密。头挡速比的大小，取决于如下因素：

（1）最大爬坡度。

（2）最低稳定车速。

（3）轮胎打滑扭矩。

四、中间挡位速比

除了头挡速比与最高挡速比，其他挡位速比的确定有两种方式：

（1）等比排列。

（2）非等比排列。

（一）等比排列

重型商用车变速箱各挡位的速比一般都是按照等比排列。如果一个变速箱存在 n 个挡位，按照等比排列的话，挡位之间的公比为：

$$q=\sqrt[n-1]{\frac{i_{\max}}{i_{\min}}} \tag{12-2}$$

则各挡位的速比：

$$i_a=i_{\min}\times q^{(n-a)} \tag{12-3}$$

式中：a—— 某一挡位；

i_a—— 某挡位速比。

比如，12 挡变速箱，确定最高挡（即 12 挡）速比 $i_{\min}=1$，级差 $q=1.3$，则 1 挡速比为：

$$i_1=1\times 1.3^{(12-1)}=17.9$$

但是，每个速比是齿轮齿数之比，在变速箱设计的过程中，无法均匀地保证每个挡位的级差都是精确的公比，但是，它会在公比附近来回波动。

表 12-2 是 ZF 公司 12 挡和 8 挡变速箱的速比及公比。在汽车行业中，经常把该公比称为级差。

表 12-2　12 挡和 8 挡变速箱的速比及公比示例

ZF _ 12 挡	16.69	12.92	9.93	7.67	5.90	4.57	3.66	2.83	2.17	1.68	1.29	1.00
公比（级差）		1.29	1.30	1.29	1.30	1.29	1.25	1.29	1.30	1.29	1.30	1.29
ZF _ 8 挡	13.80	9.49	6.53	4.57	3.02	2.08	1.43	1.00				
公比（级差）		1.45	1.45	1.43	1.51	1.45	1.45	1.43				

（二）非等比排列

非等比排列在乘用车上有应用，非等比排列一般低挡的公比（级差）会大一点，而高挡的公比（级差）会小一点。因为级差越大，换挡需要的时间就相对越长。加上车速受风阻、滚阻、坡道阻力等影响，在换挡期间，会下降很快。这样会出现无法升挡的问题。

非等比的另外一种特殊情况，就是个别挡位级差很大，而其他挡位仍然按照等比排列。其中一个典型的例子，就是前文中提到的 VOLVO 公司的 I-shift 变速箱，其速比如图 12-3 所示，其头两挡的级差达到了 1.65。

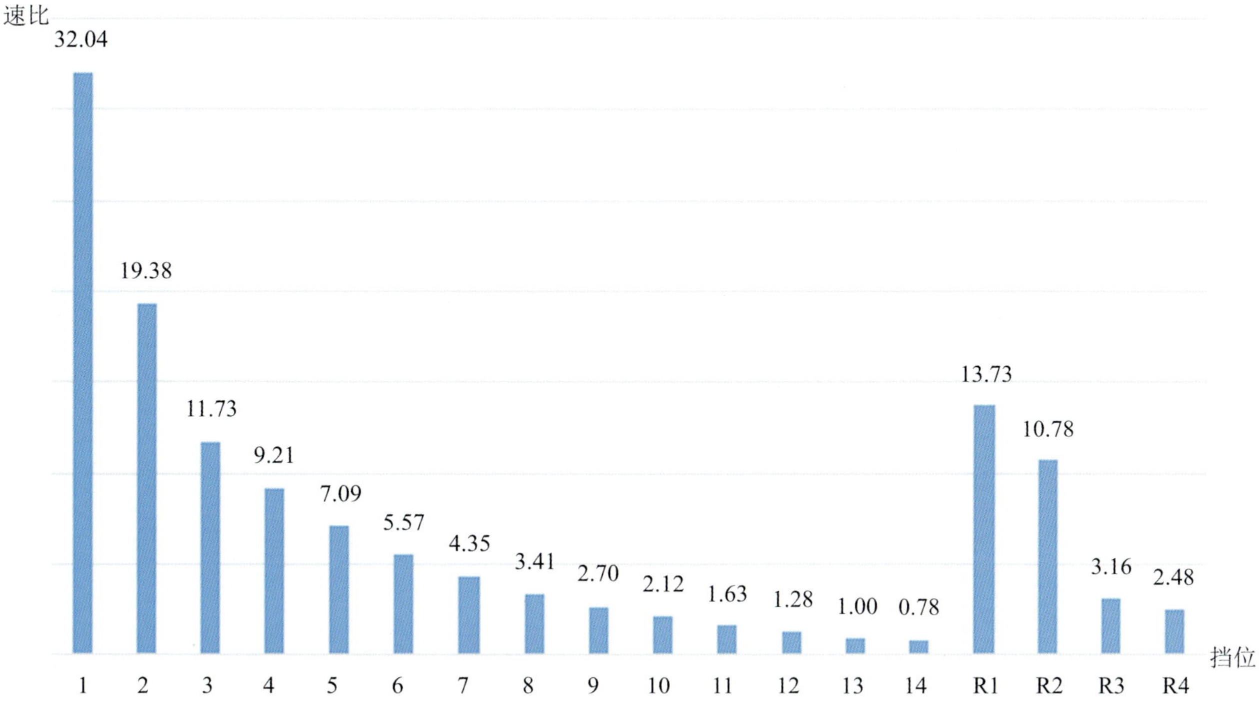

图 12-3　非等比排列的速比

第三节　齿 轮 设 计

齿轮设计，在全世界有四个标准：国际标准（ISO）、德国标准（DIN）、美国标准（AGMA）、日本标准（JIS）。目前，我们国家的国标，基本上就是转化的 ISO 标准。

一、齿轮基本知识

变速箱上用到的齿轮，都是渐开线齿轮，准确地说是圆柱渐开线齿轮。因为任何一个形状的物体都存在渐开线，比如正方形，要得到它的渐开线，最直观的方式，就是把一根细线，缠绕在正方形上。在线的一头，绑定一根铅笔；然后固定住正方形，拉紧细线并逐步旋开，铅笔留下的痕迹，就是正方形的渐开线。

然而，不是所有形状的渐开线，都适合用来设计齿轮，因为齿轮传递过程中，需要满足如下条件：

（1）啮合过程中，任何时刻的传动比都不能变化。

（2）一对齿轮啮合时，中心距出现变化，速比不能变化。

而圆柱渐开线，刚好能完美地满足上述要求。因此，人们选择圆柱渐开线齿轮来设计变速箱。

（一）基圆

圆柱渐开线齿轮，渐开线的产生，可以用上面介绍的渐开线生成的方法模拟，只需要将正方形替换成圆形就可以。

产生渐开线的这个圆，在教科书中，称为基圆。根据渐开线产生的过程，可以得出如下基本概念：

（1）基圆以内，是没有渐开线的。因为绕在线头上的笔，在绕着基圆展开时，是不可能展开到基圆以内的。

（2）渐开线的曲率半径，与基圆成正比。即基圆越小，曲率半径越小，基圆越大，曲率半径越大；换句话说，基圆越小，渐开线弯曲得越厉害，基圆越大，渐开线越平坦。

（3）离基圆越近，曲率半径越小，渐开线越弯曲；离基圆越远，曲率半径越大，渐开线越平坦。

（二）分度圆

基圆是一个有物理意义的圆，它决定了渐开线的形状。但是，通常不用基圆去描述齿轮，而用分度圆来描述齿轮。分度圆是没有物理意义的圆，是人为规定的一个计算基准，所以在英语中，称为reference circle。分度圆的特殊之处在于，在分度圆上，齿厚和齿槽宽是相等的，而在除分度圆以外的任意圆上，齿厚和齿槽宽都不相等。

当然，齿轮有变位的时候，分度圆上的齿厚和齿槽宽也不相等，这时候，就需要在分度圆齿厚上进行增加和减少。

除此之外，分度圆还有如下意义：

（1）用分度圆来表达齿轮的大小。

（2）在分度圆上，统一规定压力角。因为齿轮压力角在渐开线的每一个点上，都是不同的，只有指定了某一点，才能得到一个确定的压力角。

（3）在分度圆上，计算齿厚。

（4）以分度圆为基准，向上规定齿顶圆，向下规定齿根圆。

（三）节圆

只有一对相互啮合的齿轮，才会有节圆。一对啮合的齿轮，中心分别为 O_1 和 O_2，连接 O_1 和 O_2，会形成一个中心线。中心线与啮合线的交点，叫作节点，以 O_1 和 O_2 为中心，过节点做两个圆，这两个圆分别是两个齿轮的节圆（图 12-4）。

这里又引入了一个概念——啮合线，啮合线就是两个齿轮基圆的内公切线。因此，基圆是一个非常重要的概念，它既决定了渐开线的形状，也参与决定了节圆。

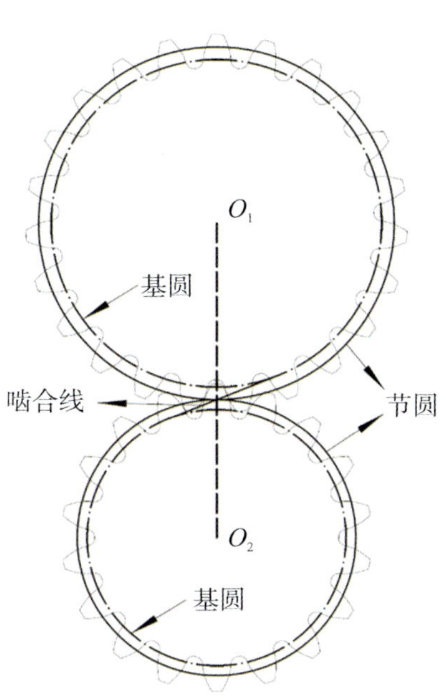

图 12-4 节圆

（四）齿顶圆

国标里面的定义是，包络外齿轮轮齿的最外面和内齿轮轮齿的最里面的圆。外齿轮的齿顶圆一般都比较好理解，需要注意内齿轮齿顶圆的定义，具体如图 12-5 和图 12-6 所示。

图 12-5 外齿轮

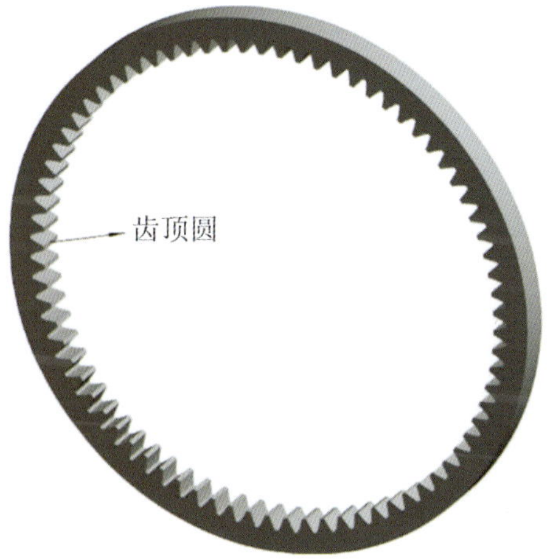

图 12-6 内齿轮

（五）齿根圆

与齿顶圆相对的就是齿根圆，它是包络外齿轮轮齿的最里面和内齿轮轮齿的最外面的圆。因此，这时候，外面可以注意到，对于外齿轮，齿顶圆大于齿根圆，而对于内齿轮，齿顶圆小于齿根圆。

（六）螺旋角

螺旋角，可以用螺纹来帮助理解。螺纹升角计算公式如下：

$$\lambda = \arctan \frac{S}{\pi d} \tag{12-4}$$

式中：S——导程，即螺纹上任意一点沿螺旋线旋转一周所移动的轴向距离；

d——直径，通常为螺纹的中径；

如果将上述公式中的螺纹中径，换成斜齿轮的分度圆直径，那 λ 就是斜齿轮螺旋线的螺旋升角。

螺旋角 $\beta = 90^\circ - \lambda$ 。

从公式中也可以看出来，不同直径的圆上，螺旋角大小是不同的。齿顶圆上的螺旋角最大，为了统一，人为规定分度圆上的螺旋角，为齿轮的螺旋角。

直齿轮，可以看出是螺旋角为 0 的特殊斜齿轮。

（七）压力角

压力角有很多种定义方法，比如：①压力角是渐开线上某一点所受正压力的方向与速度方向之间的夹角；②压力角是渐开线上某一点的切线与这一点的向量半径之间的夹角。从物理意义上来讲，当其他齿轮参数一样时，压力角代表了齿根的“胖”或者“瘦”，所以，第二种定义方法更直接。

如图 12-7 所示，在剪开线上选取一点，则该点的向量半径 r 就可以确定；在该点做渐开线的切线，切线与向量半径 r 之间的夹角，就是压力角 α ；同时，渐开线上任意一点的法线，就是基圆的切线，通过图中的集合关系可以看出，压力角的计算公式为：

$$\cos\alpha = \frac{r_b}{r} \tag{12-5}$$

式中：r_b——基础圆半径；

r——渐开线上任意一点的向量半径。

由式（12-5）可以看出，基圆压力角为 0，越到齿顶，压力角越大。但是，为了统一说法，人为规定分度圆上的压力角，为齿轮的压力角。一般地，压力角越大，齿根越“胖”，承受弯曲应力的能力越强。

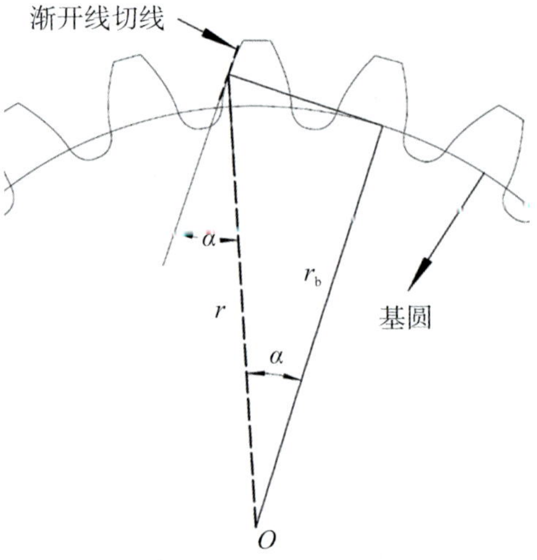

图 12-7　压力角

（八）啮合角

啮合角和节圆一样，只有一对相互啮合的齿轮，才存在啮合角的概念。

确定啮合角的意义，在于后面计算齿轮的受力。

啮合角的定义是，通过节点 P 作两节圆的切线，切线和啮合线之间的夹角，就是啮合角。如图12-8所示。

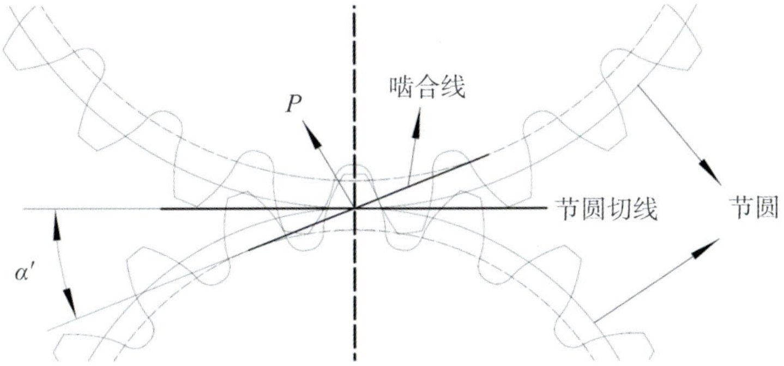

图 12-8 啮合角

（九）齿轮的变位

齿轮分正变位与负变位，对于外齿轮，分度圆齿厚增大的叫正变位，分度圆齿厚减小的叫负变位。在这一方面，不管是国标、ISO 标准还是德国的 DIN 标准，大家的定义都是一样的。

我们需要特别注意的是内齿轮，我们国家的标准与 ISO 标准和 DIN 标准是有很大区别的。

GB/T 3374.1—2010《齿轮　术语和定义　第 1 部分：几何学定义》的 3.1.8.6 中规定：齿廓变位量是当齿轮与齿条紧密贴合，即齿轮的一个轮齿的两侧齿面与基本齿槽齿条的两侧齿面相切时，齿轮的分度圆柱面与基本齿条的基准平面之间沿公垂线度量的距离。通常，当基准平面与分度圆柱面分离时，变位量取正值；基准平面与分度圆柱面相割时，取负值。这个定义对内外齿轮均适用。对于内齿轮齿廓，是指齿槽的两侧齿廓。

而 ISO 21771：2014《齿轮　圆柱形渐开线齿轮和齿轮副　概念和几何》中，对变位系数正负的定义为：分度圆齿厚增大的为正变位，分度圆齿厚减小的为负变位。并在图 12-9 中给出了解释。

从图 12-9 中可以清楚地看到，ISO 标准中，正变位时，齿槽的两侧齿廓与基准平面相割，而这种情况下，国标中规定为负变位。这种差异，在变速箱齿轮设计时，如果与国外供应商、刀具厂家打交道时，要特别注意。为了避免因标准带来的误解，最有效的方案是，图纸上在标注变位系数的时候，将齿厚的值也标注上。其实，所谓的正负变位，都是人为规定的，本身没有绝对的对错，只要理解一致就行。但是，齿厚是实实在在存在的，齿厚太小，齿轮副侧隙太大，影响变速箱的震动噪声（NVH）和强度；齿厚太大，齿轮副侧隙太小或者没有，会导致无法啮合。

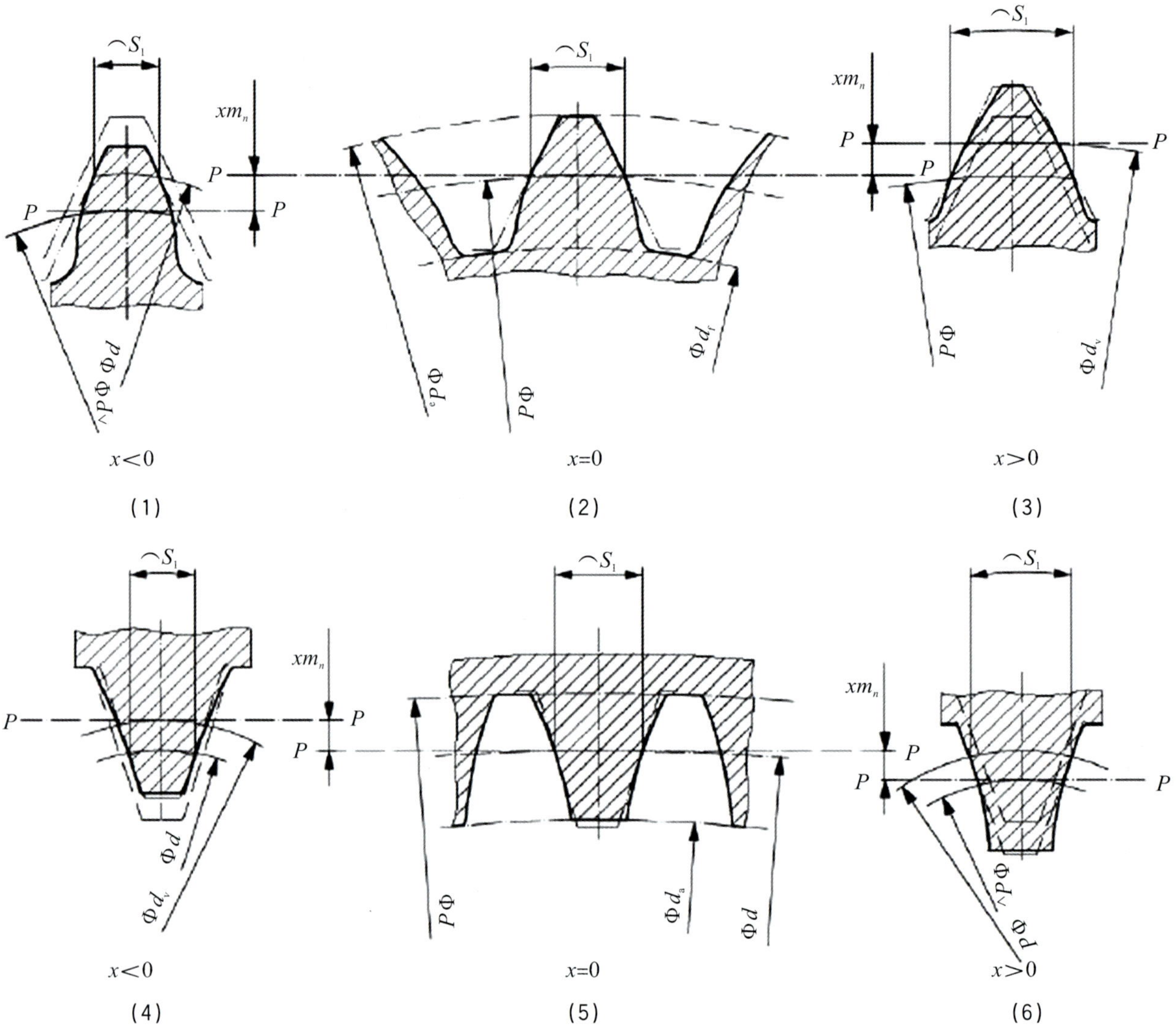

图 12-9 齿轮变位

(1) 外齿轮变位系数为负；(2) 外齿轮变位系数为 0；(3) 外齿轮变位系数为正；

(4) 内齿轮变位系数为负；(5) 内齿轮变位系数为 0；(6) 内齿轮变位系数为正

从上面的论述中，可以看出，齿轮的变位系数有大于零、等于零、小于零三种情况，一对啮合的齿轮，变位系数分别为 x_1 和 x_2。那根据 x_1+x_2 的结果，将齿轮传动分成了如下三种形式。

1. $x_1+x_2=0$ 且 $x_1=0, x_2=0$

这种形式的齿轮副叫作标准齿轮传动。在所有教科书中，关于齿轮入门的介绍，都是基于这种形式的齿轮做的介绍。

这种形式的齿轮，有如下特点：

(1) 分度圆直径＝节圆直径。

(2) 中心距是两齿轮分度圆半径之和。

(3) 分度圆压力角＝啮合角。

2. $x_1+x_2=0$ 且 $x_1=-x_2\neq 0$

这种形式的齿轮副叫作高度变位齿轮传动，之所以叫作高度变位齿轮传动，是因为根据无侧隙啮合方程：

$$\text{inv}\,\alpha' = \frac{2\tan\alpha(x_1 + x_2)}{z_1 + z_2} + \text{inv}\alpha \tag{12-6}$$

式中：α'——啮合角；

α——分度圆压力角。

如果 $x_1 + x_2 = 0$，则啮合角等于分度圆压力角。

根据前面介绍的啮合角的定义，并结合啮合角等于压力角，可以得到，分度圆直径等于节圆直径。

在前面提到过，中心距就是节圆半径之和，那么，在这种变位情况下，中心距也是两齿轮分度圆半径之和。

上述这些特点，与 $x_1 + x_2 = 0$ 且 $x_1 = 0$，$x_2 = 0$ 的情况完全相同。那差异点在哪里呢？就在于齿顶高和齿厚。在这对齿轮中，正变位齿轮，齿顶高和齿厚会变大；负变位的齿轮，齿顶高和齿厚会变小。因为齿顶高发生了变化，所以称呼为高度变位齿轮传动。其实，把它称呼为厚度变位齿轮传动也未尝不可，但是，行业中没有这种叫法。总结起来，它的特点为：

（1）分度圆直径＝节圆直径。

（2）中心距是两齿轮分度圆半径之和。

（3）分度圆压力角＝啮合角。

（4）正变位齿轮，齿顶高和齿厚变大；负变位齿轮，齿顶高和齿厚变小。

与标准齿轮传动对比，这种齿轮传动形式，无法调整中心距，只能平衡大小齿轮的承载能力。让小齿轮正变位，大齿轮负变位。使得一对齿轮的强度趋近一致。

3. $x_1 + x_2 \neq 0$ 且 $x_1 + x_2 > 0$

这种传动形式称为角度变位齿轮正传动；对应的，当 $x_1 + x_2 \neq 0$ 且 $x_1 + x_2 < 0$，这种传动形式称为角度变位齿轮负传动。

正传动的特点：

（1）分度圆直径≠节圆直径。

（2）中心距＞两齿轮分度圆半径之和。

（3）啮合角＞分度圆压力角。

负传动的特点与上述正好相反。

角度变位齿轮传动，是变速箱设计中经常用到的。因为，变速箱二轴和中间轴的中心距是一个恒定值，而上面有多对齿轮。因此相互之间需要通过变位系数，调整中心距，来满足要求。

二、齿轮与变速箱速比的关系

一对齿轮啮合，其速比关系为：

$$i = \frac{Z_{\text{in}}}{Z_{\text{out}}} \tag{12-7}$$

式中：Z_{out}——输出齿轮齿数；

Z_{in}——输入齿轮齿数。

如果有 n 对齿轮啮合，则总速比：

$$i_{tol} = i_1 \times i_2 \times \cdots\cdots i_n \tag{12-8}$$

因此，一对齿轮的速比，只与齿轮的齿数相关。

当速比确定后，理论上会有很多种齿数的组合，可以满足速比的要求。但是，需要注意，在一对相互啮合的齿轮中，齿数最好不要有公约数。

三、齿轮与变速箱速传递效率的关系

齿轮传动，存在能量损失，其根本原因，是齿轮啮合的过程中，存在着两种运动，一种是滚动，一种是滑动。只有在节圆处，才是纯滚动。为了表征滑动大小，用滑动率来进行描述。

滑动率的物理意义是，一对齿轮副在某点进行啮合，在这一点上，齿轮 1 本身有一个切向速度，记为 V_1；该点处齿轮 2 的切线速度记为 V_2 。

则齿轮 1 的滑动率为：

$$\eta_1 = \frac{V_2 - V_1}{V_1} \tag{12-9}$$

齿轮 2 的滑动率为：

$$\eta_2 = \frac{V_1 - V_2}{V_2} \tag{12-10}$$

利用齿轮的几何关系，将滑动率的公式进行进一步分解，可以得到如下解析式：

$$\eta_1 = \frac{\tan\alpha_2 - \tan\alpha'}{\left(1 + \frac{z_1}{z_2}\right)\tan\alpha' - \tan\alpha_2}\left(1 + \frac{1}{i}\right) \tag{12-11}$$

$$\eta_2 = \frac{\tan\alpha_1 - \tan\alpha'}{\left(1 + \frac{z_2}{z_1}\right)\tan\alpha' - \tan\alpha_1}(1 + i) \tag{12-12}$$

式中，齿轮 1 的参数用脚标 1，它是主动齿轮；齿轮 2 的参数用脚标 2，它是被动齿轮；

η_1 ——齿轮 1 滑动率；

η_2 ——齿轮 2 滑动率；

α_1、α_2 ——齿轮 1 和齿轮 2 在啮合点处的压力角，注意，这不是通常所说的压力角，前面已经提到过，通常说的压力角，是分度圆压力角；

α' ——啮合角，注意，啮合角是一个唯一值，只存在于节点上；

i—— 速比，z_2/z_1 。

分析上述的计算公式，对于一个确定的齿轮副，公式中 α'、i 是一个固定值，但是，α_1 和 α_2 随着啮合点的变化在不断变化。因此，滑动率随着啮合点的变化也在不断变化。在节圆处，啮合角和节圆压力角相同（注意不是齿轮压力角），所以上式的分子为 0，因此滑动率为 0。通常所说的滑动率，是指最大滑动率。滑动率与齿轮存在如下关系：

（1）齿根滑动率大于齿顶滑动率。

（2）小齿轮的齿根滑动率大于大齿轮的齿根滑动率。

（3）速比越大，小齿轮齿根处的滑动率越大。

在变速箱设计中，滑动率越大，则能量损失越多，滑动率 $-2<\eta<2$ 比较合适。

四、齿轮与变速箱噪声的关系

变速箱的噪声，激励源是齿轮的啮合激励。一个普遍常识是，参与某一个挡位的所有齿轮的啮合频率，不能和壳体的固有模态重合，否则会导致共振而产生啸叫噪声。

除此之外，还有三个因素与变速箱噪声相关：

（1）齿轮的重合度。

（2）传递误差。

（3）滑动率。

1. 重合度

在变速箱设计中，往往受到中心距、速比的限制，重合度不可能做到理想的水平。现在变速箱设计中，基本采用的都是斜齿轮，斜齿轮有端面重合度和轴向重合度两个指标，计算公式分别为：

端面重合度：

$$\varepsilon_{\alpha} = [z_1(\tan\alpha_{t_1} - \tan\alpha_t') + z_2(\tan\alpha_{t_2} - \tan\alpha_t')]/(2\pi) \qquad (12\text{-}13)$$

轴向重合度：

$$\varepsilon_{\beta} = B\sin\beta/(m_n\pi) \qquad (12\text{-}14)$$

式中：α_{t_1} 和 α_{t_2} 分别为齿轮 1 和齿轮 2 的端面压力角；

α_t' ——齿轮副的啮合角；

B ——齿宽；

β ——螺旋角。

端面压力角的计算公式为：

$$\tan\alpha_t = \tan\alpha_n/\cos\beta \qquad (12\text{-}15)$$

斜齿轮的总重合度，为端面重合度与轴向重合度之和。

从公式可以看出，端面重合度只与压力角、齿数、螺旋角有关。轴向重合度与齿宽、模数、螺旋角有关。

那是不是说减小模数，不能提高端面重合度呢？其实，也不尽然。因为当中心距一定的时候，模数减小，齿数就会增加，齿数增加，端面重合度就增加了。因此，不能孤立地从公式角度去分析参数的相关性。

2. 传递误差

因齿轮制造存在误差，装配存在偏差，齿轮受载的时候，轮齿还存在弹性变形。这样，就会存在一种情况，主动齿轮匀速转动，从动齿轮齿廓本来应该在图 12-10 中实线处于主动齿轮啮合，但是，实际从动齿轮的齿廓却处在虚线处，这样，主动齿轮齿廓必须附加转动一个距离 TE 后，主动齿轮的齿廓才能和从动齿轮的齿廓接触。这个附加距离 TE 就是传递误差。

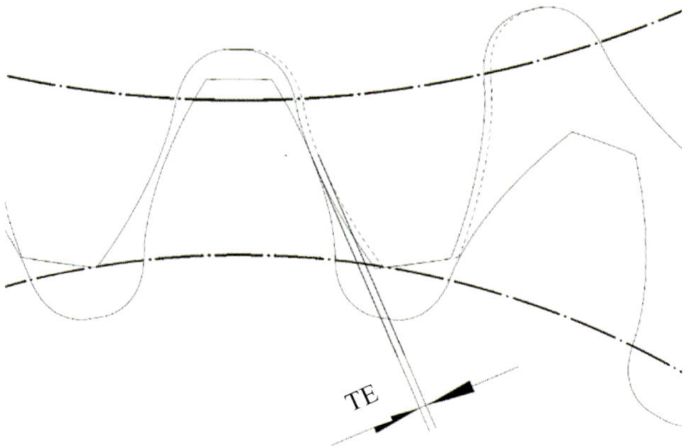

图 12-10　TE 的定义

TE 的存在，就会导致齿轮运转不均匀。不均匀的运转，就会产生振动。齿轮啮合时的振动，通过轴承，传递到壳体，最终通过壳体散发出来。

在新能源变速箱中，重合度和 TE 两个指标非常关键。特别是直接与电机连接的减速齿轮副，因为电机转速很高，现在已经投入应用的产品，电机最高转速已经接近 30 000rpm，与传统内燃机最高转速小于 3000rpm 相比，差异巨大，在这种情况下，重合度和 TE 值差距太大，会导致很大的噪声。

3. 滑动率

齿轮在滑动的过程中，也是会产生噪声的，滑动率越小，对噪声的贡献越低。大的重合度，往往意味着大的齿顶高，而大的齿顶高，又导致滑动率增大，因此，齿轮设计过程中，就需要在中间找到平衡，没有绝对的好坏。

现在设计方法越来越完善，可以综合考虑上述各种因素，来进行多因素的联合模拟仿真。其中一种方法是在三维建模软件 PROE 建立变速器轴齿和壳体模型；然后采用 Hypermesh 建立轴齿和壳体的有限元模型，并手动建立所有连接及约束节点，编号记录；最后进行矩阵缩减，把缩减获得的矩阵导入非线性多体动力学 EXCITE-PU 软件进行振动噪声分析。

之后就可以在模拟特定转速下，分析整个系统在受到齿轮啮合激励后的 Campbell 图和壳体表面的振动加速度情况。

五、齿轮承载能力

齿轮承载能力计算的国标是 GB/T 3480 系列，它和 ISO 6336 系列的内容基本一致。

本书中介绍的齿轮承载能力计算，和 ISO 6336 系列的内容一致。不仅本书如此，任何一本介绍齿轮承载能力计算的书籍，其内容也都与 ISO、DIN、AGMA、JIS 标准中的相同。ISO 6336 系列的内容很多，本文只是站在一个使用者的角度，根据以往实际经验，对标准的重要内容进行一些解读，以方便大家更快地了解重点内容。详细内容大家可以在 ISO 6336 系列内容中去了解。

（一）齿轮承载能力——接触强度理论计算

齿面承载能力的评价指标是齿轮接触应力，赫兹应力是接触应力的主要指标。一对相互啮合的齿轮，接触应力大小是相同的。机械工业出版社出版的《齿轮手册》指出，当接触应力过大，会导致齿面产生点蚀，但赫兹应力不是导致点蚀的唯一原因。例如，在应力计算中未考虑滑动的大小和方向，摩擦系数及润滑状态等，这些都会影响齿面间的实际接触应力。

一对齿轮啮合时，有如下几个重要的点，如图 12-11 所示。

式中：A—— 啮合起始点。

B—— 小齿轮单对齿啮合区内界点。

C—— 节点。

D—— 大齿轮单对齿啮合区内界点。

E—— 啮合终止点。

齿轮啮合过程中，啮合起始点 A 和啮合终止点 E 处于双齿啮合区，而 B 点、C 点和 D 点，都处于单齿啮合区，因此，接触应力最大值就是这三个点中的一个。在 ISO 标准中，首先计算节点 C 处的应力 σ_{H0}，该值叫作接触应力基本值。当 B 点和 D 点的应力大于 C 点的应力时，就乘一个系数进行修正，以得到齿面的最大应力，该修正系数在后面进行介绍。

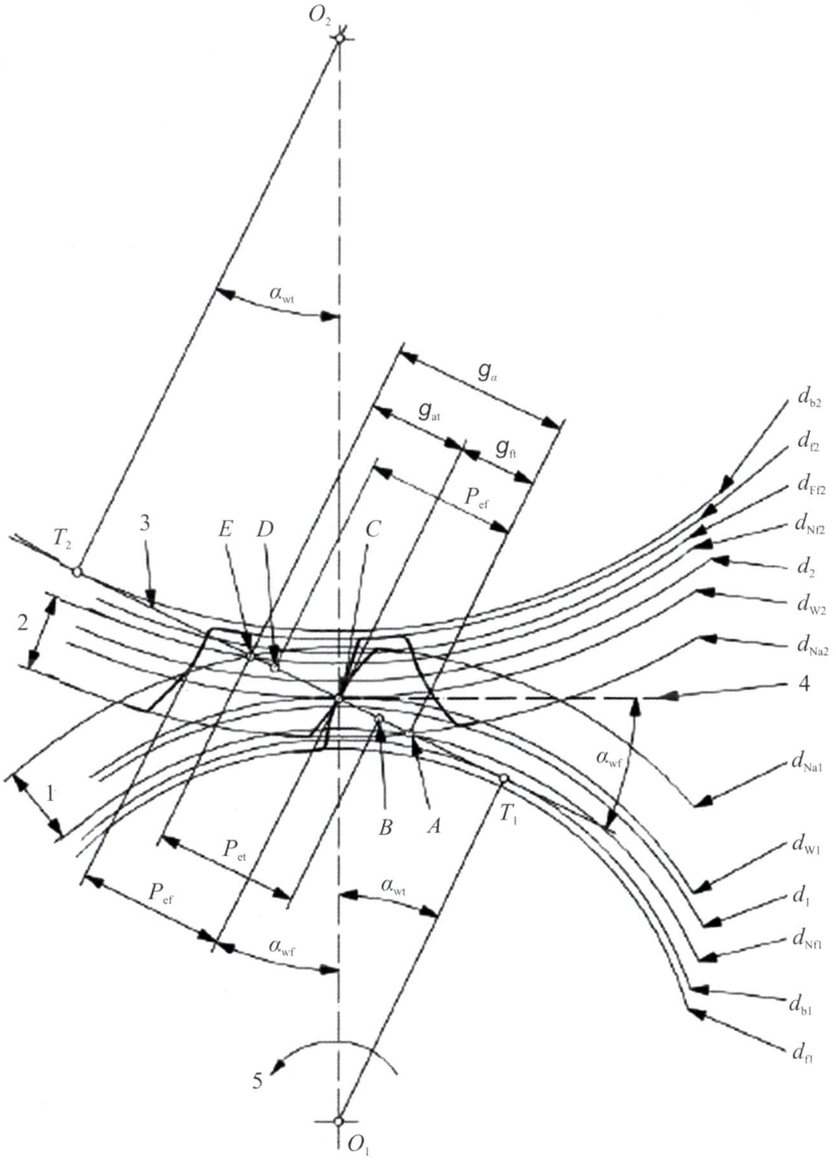

图 12-11 齿轮啮合重要点（具体参数含义见标准 ISO 21771《齿轮 圆柱渐开线齿轮和齿轮副 概念和几何学》）

接触应力基本值 σ_{H_0} 计算公式如下：

$$\sigma_{H_0} = Z_H Z_E Z_\varepsilon Z_\beta \sqrt{\frac{F_t}{d_1 b} \cdot \frac{u \pm 1}{u}} \tag{12-16}$$

式中，“+”用于外啮合齿轮，“−”用于内啮合齿轮。

F_t—— 名义切向力，$F_t = \frac{2000T}{d}$，式中 d 是分度圆直径，因此 F_t 作用于分度圆上，且在端面内。

d_1—— 小齿轮分度圆直径 。

b ——齿宽，标准中规定该齿宽指一对齿轮中较小齿宽，但实际计算是，可以用有效啮合宽度来计算。

u ——速比，和前面的 i 是一个含义，但是，为了保证本书中齿轮应力的计算公式同 ISO 保持一致，因此，该公式中延用 u 。

大家会发现，式（12-16）中，根号下的部分，算出来的是齿轮分度圆上的应力，而我们提到，σ_{H_0} 是表示节点上的应力，因此，需要考虑如何将分度圆上的应力转移到节点上。ISO 中采用了节点区域系数 Z_H，将分度圆上的切向力，换算为节圆上的法向力。它是端面分度圆压力角 α_t、基圆螺旋角β_b、端面啮合角α_t' 的函数，即

$$Z_H = f(\alpha_t, \beta_b, \alpha_t') \tag{12-17}$$

材料弹性模量 E 和泊松比 γ 对赫兹应力存在的影响，用弹性系数Z_E 来表示，即

$$Z_E = f(E, \gamma) \tag{12-18}$$

齿轮的重合度越大，则同时啮合的齿轮数越多，应力会越小，这方面的影响用重合度系数 Z_ε 来表示，它是端面重合度和轴向重合度的函数，即

$$Z_\varepsilon = f(\varepsilon_\alpha, \varepsilon_\beta) \tag{12-19}$$

螺旋角造成的接触线倾斜对接触应力的影响，用螺旋角系数 Z_β 表示，$Z_\beta = \sqrt{\cos\beta}$ (12-20)

经过上面的计算，得到了节点 C 处的应力σ_{H_0}，接下来，需要将该应力，折算到 B 点和 D 点；除此之外，为了进一步考虑实际工况、加工精度等对应力的影响，还引入了一些系数对最终齿面接触应力进行修正，下面逐一讨论：

$$\sigma_{H_1} = \sigma_{H_0} Z_B \sqrt{K_A K_v K_{H\beta} K_{H\alpha}} \tag{12-21}$$

$$\sigma_{H_2} = \sigma_{H_0} Z_D \sqrt{K_A K_v K_{H\beta} K_{H\alpha}} \tag{12-22}$$

Z_B 和 Z_D 就是把应力转换到 B 点和 D 点的系数，其值大于 1，也可能等于 1，具体与齿轮的齿顶圆直径、基圆直径、齿数、节圆端面啮合角、端面重合度、轴向重合度有关，具体计算过程，可以查阅 ISO 标准。

接下来讨论与载荷有关的两个参数—— K_A 和 K_v ，K_A 是使用系数，主要用于考虑输入载荷的波动引起的附加动载荷。ISO 标准中有推荐值，虽然目前齿轮有限元分析（CAE）可以将上述齿轮计算中的很多公式用计算机去处理，但是 K_A 还是需要设计师根据经验去选取。K_v 是动载系数，它主要受齿轮的齿形误差、基节误差、轮齿啮合刚度、壳体支撑刚度的影响，这些因素会导致齿轮在运转过程中，运动和载荷并不是一个平稳的固定值，而是在波动。载荷的波动，对齿轮的应力就会产生影响，因此 ISO 标准用 K_v 来表示。

由于齿轮一圈有多个齿，而且齿又有一定的宽度，又由于加工和受力变形的影响，齿轮在整个齿

宽上，并不是均匀受载，因此，就需要考虑齿宽方向载荷分布情况；另外，一圈齿也不是绝对的等分，所以也要考虑齿与齿之间载荷分布的不均匀性。因此 ISO 标准中又引入了 $K_{H\beta}$ 和 $K_{H\alpha}$ 这两个参数。$K_{H\beta}$ ——齿向载荷分布系数，用于考虑齿宽载荷分布，可以测量得到，也可以用 ISO 推荐的公式计算得到，实际使用过程中，都是通过计算的方法得到该值。$K_{H\alpha}$ ——齿间载荷分配系数，实际使用过程中，也是用 ISO 推荐的计算方法计算得到。

（二）齿轮承载能力——接触强度失效案例与解决方案

上面介绍的齿面接触应力，是齿轮设计计算中的重要内容之一，如果接触应力过大，会导致齿轮承载后产生点蚀。ISO 标准和国家标准对点蚀有如下定义：点蚀是滚动接触或滚动与滑动混合接触的齿面疲劳现象，损伤面的颗粒脱落使齿面呈散布麻点状。点蚀后的外观形貌如图 12-12 所示。

图 12-12 齿轮点蚀

很多时候，点蚀的出现，对变速箱的功能、性能影响并不大，可以继续使用。如果点蚀形成一片，造成了齿面大面积的剥落，则会导致变速箱噪声和振动增加，甚至导致断齿。因此，标准中提道：齿轮任何一种损伤，均会引起传动噪声和振动的变化，齿轮传动噪声和振动的剧增（动态品质劣化），是齿轮严重损伤的表征，所以噪声和振动值可以作为齿轮动态品质失效的判据。当用噪声作为评价方法时，重载齿轮不论何种形式损伤，如果其传动的功噪比 N_d 小于启用时功噪比 10dB（A）时，应检查齿轮的损伤，并按相应的失效判据，判定齿轮是否失效。

$$N_d = 10\log\left(\frac{P}{N}\right) \tag{12-23}$$

$$N = 10^{L_{PA}/10} N_0 \tag{12-24}$$

式中：P ——齿轮副传递的功率，W；

N ——齿轮传动的噪声声功率，W；

N_0 ——基准声功率，$N_0 = 10^{-12}$ W；

L_{PA} = 齿轮传动的声功率级，dB（A）。

当用振动作为评价方法时，重载齿轮不论何种损伤形式，测量齿轮箱体的振动速度（速度评价值）v_R 值达到或超过启用时测量的 v_R 值的 1.6 倍时，应检查齿轮的损伤，并按相应的失效判据判定齿轮是否失效。其中，

$$v_R = 10\ (1+0.25\log P)\ (\text{mm/s}) \tag{12-25}$$

式中：P ——齿轮副传递的功率，W。

上面的方法，都是相应标准中规定的方法，但是，在企业执行的时候，基本不用上述方法，因为涉及的成本和时间代价太大。一般根据经验，采用下面两种快速判定方法。

（1）方法一：固定尺寸法。

很多汽车行业的企业，采用这一方法，该方法是用点蚀的坑的长度和宽度来对点蚀严重程度进行评价，超过这一固定尺寸的，则判为失效。表 12-3 是国际企业和国内企业的判断标准。

表 12-3　失效判断标准

企业	国际企业	国内企业
判断标准（长×宽）	1×1	2×2

（2）方法二：面积占比法。

GB/T 3480 系列规定，齿轮接触疲劳强度试验的失效判据用齿面点蚀面积率来表示。对于齿面非硬化的齿轮副，其大小齿轮点蚀面积占全部工作齿面的 2%，或单齿占 4%；对于齿面硬化的齿轮副，其大小齿轮点蚀面积占全部工作齿面的 0.5%，或者对单齿占 4%。

当然，上述是 GB/T 的规定，每个企业会根据自己的经验，制定相应的企业标准。

（三）齿轮承载能力——弯曲强度

前面介绍了齿面承载能力的指标是接触强度，下面介绍齿根承载能力的指标弯曲强度，弯曲强度计算的核心思想是简化成悬臂梁来计算。其力作用于单对齿啮合区的外界点。与接触应力不同，弯曲应力在大小齿轮的齿根，其值的大小是不同的。

计算齿根弯曲应力，第一步是计算齿根应力基本值

$$\sigma_{F0} = \frac{F_t}{b\,m_n} Y_F Y_S Y_\beta \tag{12-26}$$

式中：F_t ——切向力；

b—— 齿宽；

m_n ——模数；

Y_S ——应力修正系数；

Y_β ——螺旋角系数；

Y_F ——齿形系数，用以考虑齿形对名义弯曲应力的影响。其计算公式为

$$Y_F = \frac{6\left(\dfrac{h_{Fe}}{m_n}\right)\cos\alpha_{Fen}}{\left(\dfrac{s_{Fn}}{m_n}\right)^2\cos\alpha_n} \tag{12-27}$$

上述计算公式中各个参数的含义，如图 12-13 所示，针对图 12-13 中的内容，做如下解释：力 F 的作用点，就是单齿啮合区的外界点，力 F 作用于渐开线的法线方向。由于渐开线上某一点的法线，就是基圆的切线，因此，将力 F 的作用线延长，就是基圆的切线。进行齿轮弯曲应力计算时，ISO 标准认为齿根弯曲的危险截面位于齿根过渡圆弧 30°截面处，而齿根过渡圆弧，是齿轮加工时，由刀具产生的。通过 30°截面，就可以得到危险截面齿厚 S_{Fn} 和弯曲力臂h_{Fe} ，其中 α_{Fen} 为当量齿轮单齿啮合外界点

载荷作用角；ρ_F 为齿根过渡圆半径。

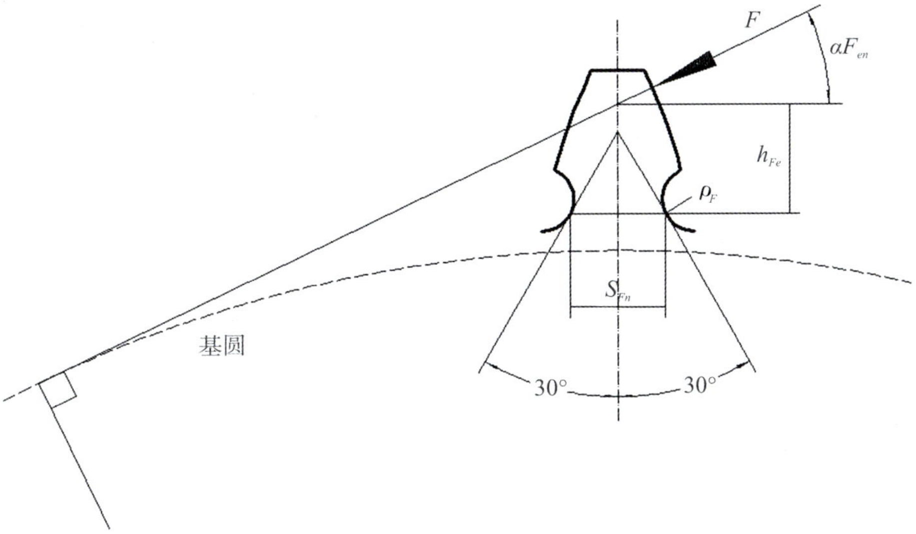

图 12-13　弯曲强度计算参数定义

Y_S 为应力修正系数，是将齿根名义弯曲应力，换算成局部应力的系数，而对局部应力影响最大的系数就是图 12-13 中 30°切点处的曲率半径。应力修正系数的计算公式如下：

$$Y_S = (1.2 + 0.13L) q_s^{\left(\frac{1}{1.21 + 2.3/L}\right)} \tag{12-28}$$

其中，

$$L = \frac{S_{Fn}}{h_{Fe}} \tag{12-29}$$

$$q_s = \frac{S_{Fn}}{2\rho_F} \tag{12-30}$$

Y_β 为螺旋角系数，是考虑螺旋角造成的接触线倾斜对齿根应力产生的影响。其计算公式为：

$$Y_\beta = 1 - \varepsilon_\beta \frac{\beta}{120^\circ} \geqslant Y_{\beta\min} \tag{12-31}$$

$$Y_{\beta\min} = 1 - 0.25\varepsilon_\beta \geqslant 0.75 \tag{12-32}$$

式中：ε_β ——纵向重合度；

β ——螺旋角。

齿根应力基本值计算完后，需要考虑实际载荷变动、加工质量等，转化为齿根应力计算值 σ_F 。

$$\sigma_F = \sigma_{F0} K_A K_v K_{F\beta} K_{F\alpha} \tag{12-33}$$

式中：$K_{F\beta}$—— 齿向载荷分布系数；

$K_{F\alpha}$ ——齿间载荷分配系数，其含义与齿面接触应力中的参数类似，在这里不再重复介绍。

在用 ISO 标准计算齿根弯曲应力时，需要注意一点，轮缘的厚度需要≥3.5mm，一旦轮缘厚度小于该值，利用上述公式计算的齿根弯曲应力，将无法用于评估齿轮的可靠性。齿轮会因为轮缘支撑不足，导致实际应力远远大于计算应力而断齿。

(四) 齿轮承载能力——弯曲强度失效案例与解决方案

齿根弯曲强度提升的方法有三种：设计优化提升、工艺强化提升、轮辐优化提升。

设计优化提升主要是基于上述齿根应力的计算公式：

（1）加大危险截面齿厚，齿厚的影响因素主要有模数、变位系数和压力角，这三个参数与齿厚是成正比关系。

（2）减小弯曲力臂长度，该参数与齿顶圆有关，因此，当齿根弯曲强度不够的时候，就不要采用细高齿结构。

（3）加大 30°切线切点处的曲率半径 ρ_F ，该曲率半径是齿轮加工时，刀具产生的，通常的做法是设计全圆弧刀具来保证最优的齿根弯曲强度。但是，很多时候也并非如此。齿轮设计师最好具备一定的齿轮加工和齿轮刀具设计知识，在图纸上对最小刀尖半径进行约束，以保证产品与设计图纸的符合性。

工艺强化提升的最主要方法是对齿根进行强力喷丸。该方案具有成本低、效果明显、不增加零件质量的特点。但是，强喷对齿面粗糙度存在影响，基本上，强喷后，齿面粗糙度会降低一个等级。齿面粗糙度之所以会降低，是因为钢丸喷到齿根上，会反弹到齿面。从理论上讲，齿面粗糙度的降低，会导致齿轮啮合的效率和接触强度降低。齿面接触强度的典型失效特征是点蚀，从失效机理来讲，点蚀也是拉应力导致的，而反射到齿面的丸粒，在齿面上又会形成压应力。因此，粗糙度降低与压应力提升，对点蚀产生了一负一正两种影响，而最终哪个影响占主导因素，需要试验数据支撑。

轮辐优化提升齿轮弯曲强度，主要考虑轮辐的支撑刚度。图 12-14 是一个实际案例，齿轮内孔尺寸为 61，通过齿根圆尺寸，可以算出，轮辐厚度为 7.07mm。用 ISO6336 标准中的公式去计算，应力满足要求，但是，实际使用中，会出现断齿问题。

图 12-14　轮辐优化提升齿轮弯曲强度实例

采用有限元手段，对齿根应力情况进行了进一步的详细分析。可以看到，由于轮辐的支撑刚度不够，齿轮轮辐会产生严重变形，从而导致断齿。见图 12-14 和图 12-15。

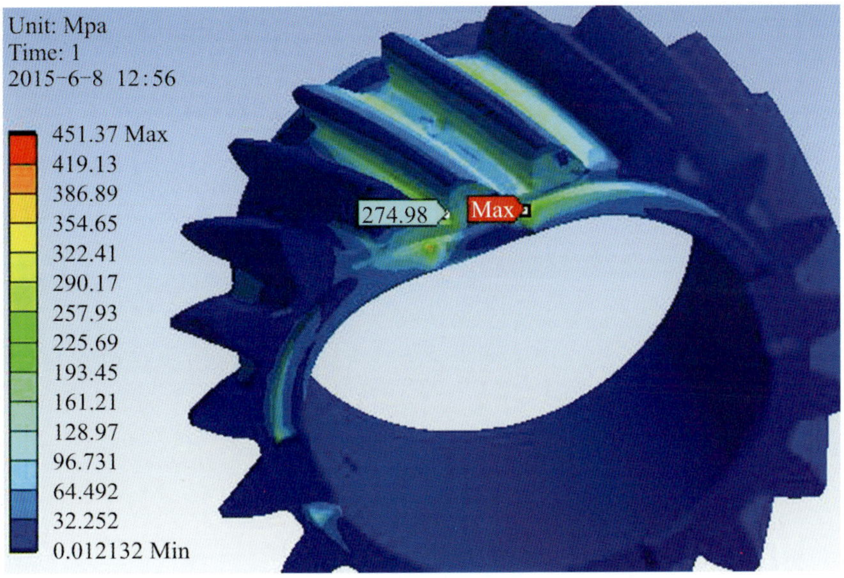

图 12-15 有限元计算实例

第四节 操 纵 机 构

变速箱操纵机构，将人的驾驶意图传递给变速箱，在传统手动变速箱上，必须考虑操作的便利性。图 12-16 示出了具有代表性的商用车手动变速箱的挡位分布图，从左到右分别代表 8 挡、10 挡、12 挡变速箱。

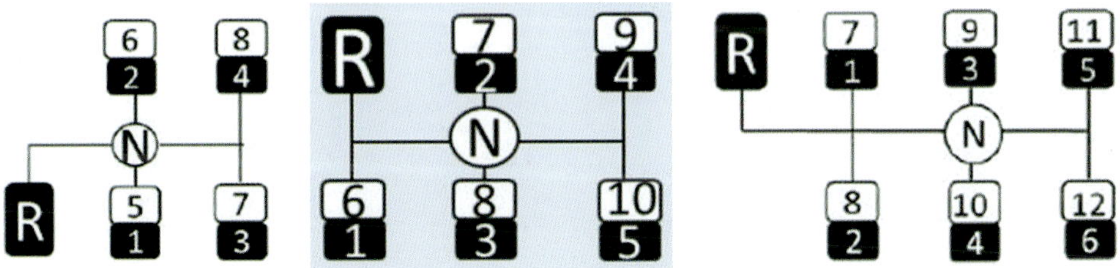

图 12-16 手动变速箱挡位分布

司机在驾驶车辆换挡的时候，会有两个动作，第一个动作是选择某一个挡位，我们简称为选挡；第二个动作是换上某一个挡位，我们简称为换挡。选挡和换挡时两个动作，需要执行机构来实现。在传统手动变速箱上，选换挡机构可以分成两种形式，一种是集成式，一种是分体式。

所谓集成式，就是整个选换挡机构，连同拨叉、叉轴集成为一个分总成，在变速箱装配基本完成时，直接扣在变速箱上。

所谓分体式，就是选换挡机构与拨叉、叉轴完全独立，可以看成是两个分总成，拨叉和叉轴先装配到变速箱中，最后装选换挡执行器。

整体式，可以简化制造装配线的复杂程度，所有零件可以在分装线上装好后，直接拿到主箱上去合箱。而分体式则与上述刚好相反，顶盖只选用开一个很小的窗口即可。手动箱上的集成式与分体式，到了 AMT 阶段，就演化成了全集成式执行机构和外挂式执行机构。

选换挡执行机构原理：

选换挡执行机构，可以分成实现选换挡功能的机构，以及运动传输机构。

运动传输机构就是拨叉和叉轴。拨叉支撑在拨叉轴上，通过螺栓将其连接成一个整体；而拨叉轴支撑在壳体上，可以与壳体的孔产生相对运动——轴向运动。一个拨叉，最多可以实现三个位置，两个挡位（空挡不算），下面以 1 挡和倒挡为例进行说明。

当拨叉在一挡和倒挡齿轮的中间时，这时候，属于空挡位置。当拨叉向左运动（左边的齿轮为 1 挡齿轮），这时候，变速箱挂上 1 挡。当拨叉向右运动（右边的齿轮为倒挡齿轮），这时候，变速箱挂上倒挡。总之，拨叉左、中、右三个位置，实现两个挡位和一个空挡位。

在拨叉和叉轴组成的结构中，需要注意拨叉的设计。

在拨叉设计时尽量采用对称结构，保证其两叉脚受力过程中刚度一致，避免在推动同步齿套过程中产生过大的附加弯矩，阻碍同步齿套的运动，造成换挡力偏大，换挡不平顺，甚至挂不上挡。然而很多拨叉的设计受变速箱内部空间结构的限制，很难保证所有拨叉都是结构对称，对于这种结构的拨叉，需要进行等刚度设计。图 12-17 示出了一个非对称拨叉优化前后，两个叉脚刚度和受力方面的区别。

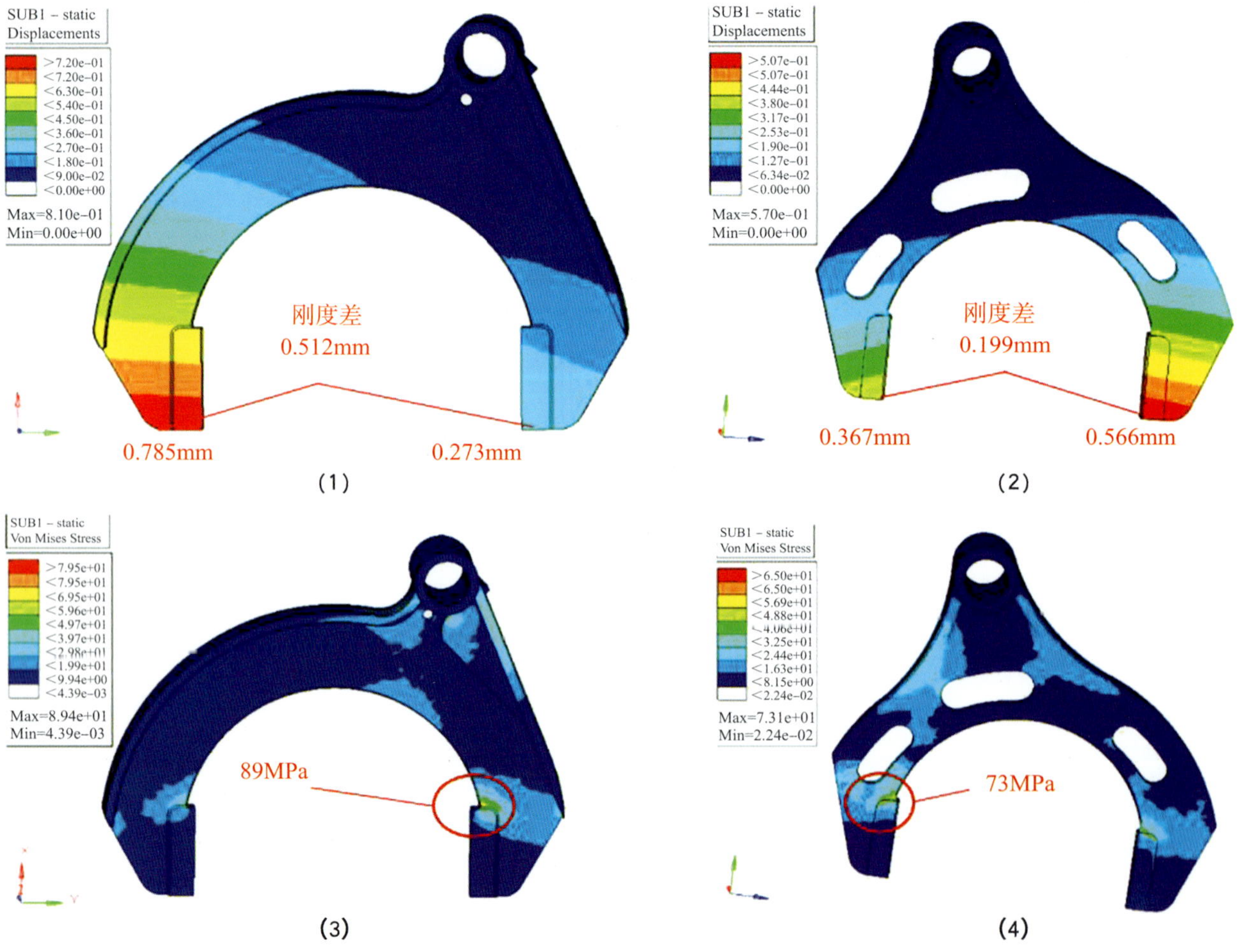

图 12-17　拨叉优化前后有限元分析结果

(1) 优化前叉脚刚度差；(2) 优化后叉脚刚度差；(3) 优化前叉脚应力；(4) 优化后叉脚应力

优化前，左右叉脚的变形量分别是0.785mm和0.273mm，意味着，拨叉在拨滑动齿套时，两个叉脚上的力，一边大，一边小，导致滑动齿套歪斜，进而产生换挡卡滞。优化后，让两个叉脚变形基本一致，从而避免滑动齿套产生大的倾斜。

选换挡功能的实现，是变速箱操纵机构的主要功能。作为司机，在驾驶车辆的时候，必须清楚地知道，选择的是哪个挡位。上述的机构设计，只能保证选挡功能的实现，不能保证司机能够清晰地感知到换挡杆的位置。

为了让司机感知到挡位的机构，可以设计一个结构来实现。该结构可以让司机感受到3个挡位位置。例如，第一个位置选中间位置，这个位置不需要司机自己去找，是通过结构设计实现的，只要司机将换挡杆拨到空挡位置，换挡杆就会自动回到中间位置。其实现原理是：弹簧力作用到左边的支撑板上，而支撑板与换挡轴是连接在一起的，这样就可以带动换挡轴向左运动，直到支撑板与壳体接触，力达到平衡。第二个位置是最左端，当选挡轴做逆时针的旋转时，带动换挡轴向左运动克服弹簧力，直到隔套与支持板相接触。同样的机理，可以实现最右端的选挡位置。

在实际的产品设计过程中，可能需要某些挡位选挡需要沉重一点——比如选择倒挡，就有必要让司机产生与其他挡位不用的选挡感觉，以避免选择错误。这个时候，就可以采用阻尼来实现。在换挡杆从中间位置移动到最右侧位置的时候，阻尼弹簧会和换挡轴上的斜面产生一个轴向分力，以阻止选挡动作，从而给司机产生一种选挡重的感觉。

第五节　同步器设计

在变速箱换挡的过程中，滑动齿套和目标挡位齿轮的转速不同，转速差的存在，会导致无法换进挡或者打齿现象。而同步器可以利用摩擦力矩，加速或者减速目标挡位的齿轮，使得滑动齿套的速度与目标挡位齿轮一致，以达到顺利换挡的目的。之所以是改变目标挡位齿轮的转速，原因在于滑动齿套的速度和车速是直接相连的。而整车的惯量是很大的，在换挡的过程中，可以默认车速是不变的。

变速箱换挡过程可以分成如下几步：

（1）摘空挡：变速箱从前一个挡位回到空挡位。

（2）预同步：变速箱从空挡位挂向新挡位时，滑动齿套上的力，通过拖柱弹簧，作用到同步环上，让同步环与锥环接触，并带动同步环转动一个角度，使得同步环锁止面与锥环锁止面接触。

（3）锁止同步：滑动齿套上的力，全部作用到同步环上，通过同步的锥面产生摩擦力矩，进而让目标挡位齿轮转速与滑动齿轮转速相同。

（4）解锁：同步器在完成同步后，锁止面必须能够脱开，否则，即使同步完成，变速箱也无法换上挡。

（5）进挡：解锁后，滑动齿套继续前进，逐渐与锥环上的结合齿结合。

（6）结合：滑动齿套上与锥环上的齿结合完成，挂挡完成。

我们在这里着重讨论锁止同步和解锁两方面的内容。

锁止同步：

一个旋转的零件，要对其进行加速或者减速，需要对其施加一个力矩，力矩大小与三个因素有关：旋转体的转动惯量、转速差以及在多长的时间内达到该转速差。

这三个因素的关系，数学表达式为：

$$T_C = J\frac{d_\omega}{d_t} \tag{12-34}$$

式中：T_C—— 需要的力矩，在同步器设计中叫同步力矩；

$\frac{d_\omega}{d_t}$—— 转动加速度，又叫角加速度，它表示速度下降得快与慢；

J ——转动惯量。

在变速箱中，对于目标挡位，转动惯量一般是一个确定值，因此，要想挡位齿轮快速与滑动齿套同步，即要求同步力矩要大。

上面介绍了换挡过程中需要的同步力矩，那么，对于同步器来讲，同步力矩又是由哪些因素决定的呢？根据几何原理，同步器能提供的同步力矩计算公式为：

$$T_C = \frac{F\mu_d R}{\sin\alpha} \tag{12-35}$$

式中：F ——作用在同步器滑动齿套上的轴向力；

μ_d ——同步器锥面间的动摩擦系数；

R ——锥面的当量半径；

α ——锥角。

作用力 F 来自司机通过换挡机构传过来的力，对于需要频繁换挡的场景，换挡力太大，会引起司机的抱怨。因此，在手动箱配置的整车上，往往把换挡轻便作为一个卖点去宣传。

摩擦系数 μ_d 主要与材料相关，因为同步器位于变速箱的内部，因此，变速箱润滑油会进入到摩擦材料上，所以，其摩擦系数一般不会太高。

摩擦系数随着同步器的使用，会动态变化，因此，摩擦系数的稳定性特别重要，否则，会导致旧车与新车之间，换挡手感差别很大。

锥面当量直径与变速箱的中心距有关，中心距越大，锥面当量就可以越大。

锥角的设计，根据上面的理论公式，越小越好。但是，小到一定程度，就会产生自锁，导致摩擦锥面无法分开。

回到公式本身，将式（12-34）和式（12-35）放到一起，可以得出如下等式：

$$J\frac{d_\omega}{d_t} = \frac{F\mu_d R}{\sin\alpha} \tag{12-36}$$

司机希望换挡快，对应到公式中就是角加速度 $\frac{d_\omega}{d_t}$ 要大；司机希望换挡力要小，对应到公式中就是右侧的 F 要小。而公式中的其他参数，比如转动惯量 J 、锥面当量半径 R 受到变速箱总布置的影响，无法做大的变动；摩擦系数 μ_d 受到材料科学的限制，无法有阶跃性的改变，锥角 α 又不能无限小。从纯数学的角度来讲，为了让上述存在矛盾的等式成立，最简单有效的方式是在右边增加一个常数 K，公式变为：

$$J\frac{d_\omega}{d_t} = \frac{F\mu_d R}{\sin\alpha}K \tag{12-37}$$

前面同步器力矩计算的公式，是基于单一锥面来分析的，如果将两个锥面串在一起，那理论上就产生2倍的同步力矩，将3个锥面串在一起，就可以产生3倍的同步力矩，这样，就可用K表示锥面个数。K越大，上面的矛盾公式越可能成立。工程师经过精妙的设计，最终实现了多锥面同步器，它们不是简单的串联，而是将两个锥面放在一起，形成了一个双锥面同步器，简称双锥同步器；当然常用的还有三锥同步器。

继续回到公式上，增加锥面个数K，可以使得等式右边的值变大；如果换挡过程中，能有一个额外的力，作用在滑动齿套上，帮助司机来换挡，及公式中的$F=F_{司机}+F_{额外}$，那也可以解决公式中的矛盾。经过工程师的摸索，寻找到两种方案，一是自增力同步器；二是换挡助力。这两种解决方法，在手动变速箱上应用的比较多，但是，随着机械式自动变速器（AMT）时代的到来，换挡过程可以结合控制手段，自增力同步器和换挡助力也逐渐成为历史。因此，在这里也不再对这两种结构进行详细介绍。

还要介绍一个概念——同步容量。同步容量是指单位力能够产生的摩擦力矩（或称同步力矩），根据上述公式，可以得到，同步容量的计算公式为：

$$C=\frac{\mu_d R}{\sin\alpha}K \tag{12-38}$$

引入同步容量的好处是，该参数只与同步器本身的设计相关，与外界的惯量、换挡力、换挡时间没有任何关系，可以很方便地进行产品中间的对比。

在同步的过程中，目标挡位齿轮的转速发生了变化，也就是说动能产生了变化，而这部分动能，全部需要摩擦锥面在同步的过程中，摩擦生热来耗散掉。如果能量太高，会导致锥面高温，产生烧蚀现象；同时，由于锥面之间有残余的润滑油，高温会导致残余润滑油碳化，碳化有的形成的油泥，会引起锥面摩擦系数降低，从而引起前面介绍的同步器同步容量不足。

根据旋转体的动能公式可以得到，同步过程中，需要锥面耗散的能量为

$$W=\frac{J}{2}(\omega_2^2-\omega_1^2) \tag{12-39}$$

式中：J——转动惯量；

ω_2——换挡前转速；

ω_1——换挡后转速。

当然，摩擦锥面耗散的能量，还有另外一种计算方式，即

$$W=\int_{t1}^{t2} T_C(\omega_2-\omega_1)\,d_t \tag{12-40}$$

在同步器工作的过程中，即锥面有相互滑动的时候，润滑油是无法进入摩擦表面进行散热的，这时候，热量只能传导到锥环、齿座上。但是，一旦到达“进挡”阶段，锥面分开，润滑油可以进入到锥面带走热量。

上述所说的锥面之间耗散的能量，还有另外一个称呼——滑摩功。滑摩功的大小，没有绝对的意义。假设一个变速箱，它的惯量很大，换挡前后转速差也很大，那么，只有同步器足够大，也不会有锥面烧蚀等问题。为了评估高温的风险，通常转化成摩擦锥面单位面积的滑摩功。单位面积滑摩功计算公式如下：

$$W'=\frac{W}{2\times\pi\times R\times B} \tag{12-41}$$

式中：R——锥面的当量半径；

B——锥面宽度。

不同材料，允许的单位面积滑摩功不同。

当然，最好的方法是能够计算出摩擦锥面的温度。利用有限元软件，模拟分析同步过程中的摩擦过程，可以得到局部温度。

司机对换挡过程的希望是轻便，时间短。用数学表达式表示即 $F\times t$ 越小越好。我们知道，力乘以时间等于冲量。根据公式：

$$F\times\Delta t=\frac{J\times\Delta\omega\times\sin\alpha}{\mu_d R}=\frac{J\times\Delta\omega}{C} \tag{12-42}$$

式中：F—— 换挡力；

Δt—— 时间；

J—— 转动惯量；

$\Delta\omega$—— 转速差；

C—— 同步容量。

对于一个特定的变速箱，J 和 $\Delta\omega$ 是一个确定值，我们可以通过冲量来评估同步器性能的好坏和性能变化情况。

上面介绍的内容，是同步容量的需求问题。接下来介绍同步过程中的锁止与解锁问题。换挡过程中，在同步没有完成之前，一定要保证滑动齿套没有穿过同步环，否则由于滑动齿套和挡位齿轮的转速不一样，会产生打齿的声音，这个就是同步器的锁止；而转速同步后，又必须保证滑动齿套能够穿过同步环，与挡位齿轮结合，以保证可靠的挂上挡位，这个就是同步器的解锁。

要想使滑动齿套穿过同步环，必须有一个扭矩，让滑动齿套能够转动一个角度。这个扭矩就是拨环力矩，拨环力矩的放行与同步力矩相反。

在同步的过程中，锥环上的力矩为 T_c，即同步力矩。齿套有一个外力 F，该外力来自司机。当锥环与齿套在锁止面接触时，会产生一个法向力 F_n，以及因法向力而产生的摩擦力 F_μ。F_n、F_μ、F 形成一组平衡力，以保证滑动齿套保持受力平衡（图 12-18）。

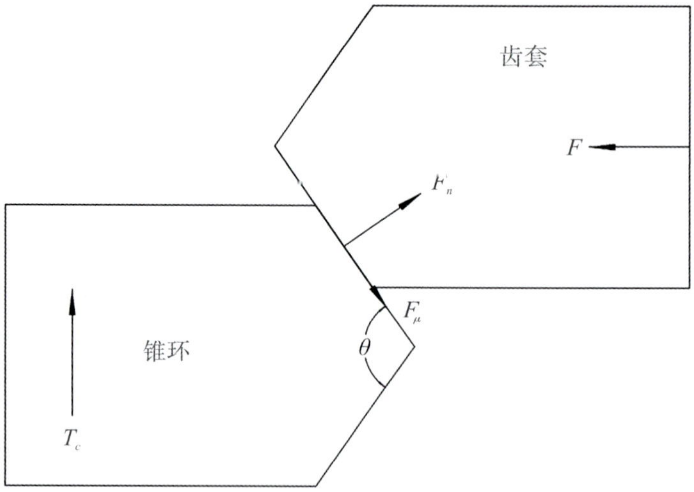

图 12-18　拨环力矩计算受力图

如图 12-19 所示的受力平衡可以得出：

$$F' = F_n \times \sin\frac{\theta}{2} + F_\mu \times \cos\frac{\theta}{2} = F_n \times \sin\frac{\theta}{2} + F_n \times \mu \times \cos\frac{\theta}{2} \tag{12-43}$$

而 $F' = F$，

因此，可以得到：

$$F_n = \frac{F}{\sin\frac{\theta}{2} + \mu \times \cos\frac{\theta}{2}} \tag{12-44}$$

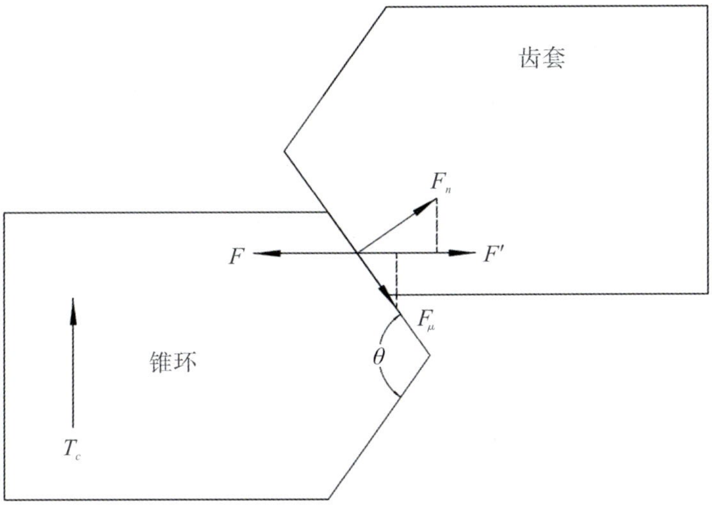

图 12-19　受力平衡图

F_n 和 F_μ 在切向上，会产生如图 12-20 所示的两个分力：

$$F_{\mu t} = F_\mu \times \sin\frac{\theta}{2} \tag{12-45}$$

$$F_{nt} = F_n \times \cos\frac{\theta}{2} \tag{12-46}$$

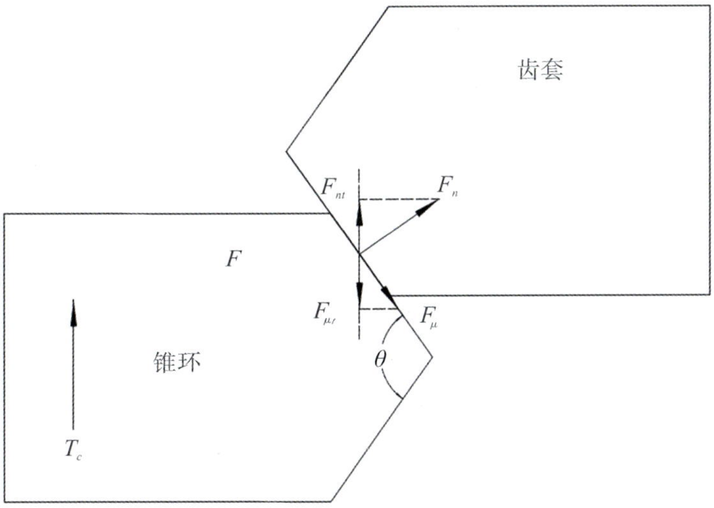

图 12-20　分力图

因此，切向力的合力为：

$$F_t = F_{nt} - F_{\mu t} \tag{12-47}$$

即

$$F_t = F_n \times \cos\frac{\theta}{2} - F_\mu \times \sin\frac{\theta}{2}$$

$$= \frac{F}{\sin\frac{\theta}{2} + \mu \times \cos\frac{\theta}{2}} \times \cos\frac{\theta}{2} - \frac{F}{\sin\frac{\theta}{2} + \mu \times \cos\frac{\theta}{2}} \times \mu \times \sin\frac{\theta}{2} \tag{12-48}$$

即

$$F_t = \frac{F \times (\cos\frac{\theta}{2} - \mu\sin\frac{\theta}{2})}{\sin\frac{\theta}{2} + \mu \times \cos\frac{\theta}{2}} \tag{12-49}$$

式（12-47），如果 $F_t > 0$，则齿套和锥环朝着分离的方向运动；如果 $F_t < 0$，则齿套和锥环朝着结合的方向运动，意味着锥面之间产生了自锁。

为了避免这种情况，

$$\cos\frac{\theta}{2} - \mu\sin\frac{\theta}{2} > 0 \tag{12-50}$$

钢与钢之间，在有润滑油的情况下，$\mu = 0.1 \sim 0.12$，按照最大值考虑的话，必须要满足：

$$\cot^{-1}\frac{\theta}{2} > 0.12 \tag{12-51}$$

可以得到 $\theta < 166.3°$

如果取 2 倍安全系数，则 $\theta < 153°$。

从上述公式，得到了锁止角的上限，当然，这里没有考虑润滑油的搅油阻力等。下面讨论锁止角的下限。

如果锁止角锁在的分布圆为 r_b，则滑动齿套上受到的力矩为：

$$T_b = F_t \times r_b = \frac{F \times r_b(\cos\frac{\theta}{2} - \mu\sin\frac{\theta}{2})}{\sin\frac{\theta}{2} + \mu \times \cos\frac{\theta}{2}} \tag{12-52}$$

T_b 的方向与 F_{nt} 的方向相同，根据作用力与反作用力的关系，锥环受力如图 12-21 所示：

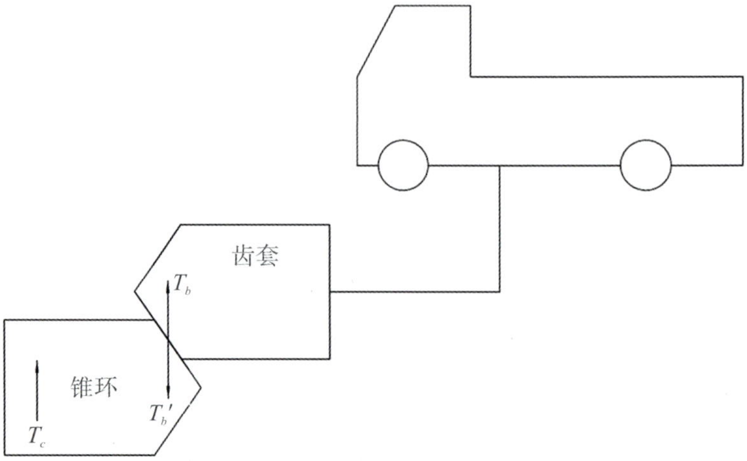

图 12-21 锥环受力图

如果 $T_b' > T_c$，则锥环就会转动，滑动齿套就会在同步没有完成的情况下，穿过锥环，而产生打齿的情况。这就是所谓的锁止不可靠。

因此，要想锁止可靠，前提条件是：

$$T_c > T_b' \tag{12-53}$$

$$\frac{F\mu_d R}{\sin\alpha} \times K > \frac{F \times r_b(\cos\frac{\theta}{2} - \mu\sin\frac{\theta}{2})}{\sin\frac{\theta}{2} + \mu \times \cos\frac{\theta}{2}} \tag{12-54}$$

等式右边值的大小，与锁止角 θ 成反比，因此，我们可以得到这样一个事实，同步器容量越大，则锁止角越小。因此，多锥同步器的锁止角可以比单锥小。

上面讨论了锥环的力矩平衡。下面简单陈述下齿套力的平衡关系。滑动齿套受到一个力矩 T_b，但是，由于滑动齿套通过齿座、轴等，与整车直接连接，而整车的转动惯量很大，可以提供足够的反作用力矩，以保证齿套力矩平衡。

同步器需要提供的力矩 T_b，拨环力矩 T_b'，以及锁止可靠的前提条件 $T_c > T_b'$ 已经讨论清楚。下面讨论解锁的过程。

在二轴上，高挡位的齿轮，旋转速度高于低挡位的齿轮，滑动齿套的旋转速度，与当前挡位齿轮的旋转速度相同。因此，如果是升挡，比如 2 挡升到 3 挡，必须让目标挡位 3 挡的齿轮速度降低，这就是通常所说的“升挡降速”；相反的，如果是降挡，比如从 3 挡降到 2 挡，必须让目标挡位 2 挡的齿轮速度升高，这就是通常所说的“降挡升速”。

在解锁的过程中，其实就是 3 个零件之间的运动关系：滑动齿套、同步环、挡位齿轮＋锥环。因为挡位齿轮和锥环是用花键连接，所以简化成一个零件来看待。

升挡过程中，解锁的时候，滑动齿套需要逆时针拨动挡位齿轮，需要注意的是，这里拨动的不仅仅是挡位齿轮，还有其他零件的等效转动惯量，比如中间轴、中间轴上的齿轮、一轴、离合器从动盘。拨动这些零件，需要的力矩为：

$$T_j' = J \times \frac{d_\omega'}{d_t'} \tag{12-55}$$

解锁过程中，挡位齿轮受到的外力，除了锁止面上的拨环力矩 T_b，还有就是齿轮旋转过程中的搅油阻力，轴承和油封的摩擦阻力，统一记为 T_Z。其方向与齿轮的旋转方向相反，因此，可以得到挡位齿轮受到的合力为：$T_Z + T_b$。即只要满足下式，就可以成功解锁。

$$T_Z + T_b > J \times \frac{d_\omega'}{d_t'} \tag{12-56}$$

从上面的公式可以看出，阻力在帮助解锁。

降挡过程中，解锁的时候，滑动齿套需要顺时针拨动挡位齿轮及其上的等效惯量，但是，在这个过程中，齿轮旋转过程的搅油阻力，轴承和油封的摩擦阻力，都会阻止滑动齿轮顺时针方向的转动。也就是 T_Z 的方向，与 T_b 相反。即：

$$T_b - T_Z > J \times \frac{d_\omega'}{d_t'} \tag{12-57}$$

从上式可以看出，阻力在阻止解锁。即需要更大的拨环力，才能解锁。

解锁完成后，就是进挡。进挡的时候，滑挡齿套与目标挡位齿轮的转速关系如何？我们通过上面的解锁过程可以得到：

升挡：齿套转速>挡位齿轮；

降挡：齿套转速<挡位齿轮。

前面介绍过，滑动齿套可以认为是与整车连接，惯量很大，整个过程中转速可以认为是一个恒定值，如果进挡时间太长，最终会导致齿套转速>挡位齿轮，且转速差越来越大，最后导致无法进挡或者打齿。而进挡时间的长度，就与进挡距离有关。距离越短，需要的进挡时间就越少。

为了使进挡更顺利，减小二次拨环力，同步器设计中，可以使用非对称齿，非对称齿可以更好地克服各种阻力，顺利进挡。

参考文献

[1] 秦川机床厂“七·二一”工人大学，西安交通大学机制教研室，《磨齿工作原理》编写组. 磨齿工作原理 [M]. 北京：机械工业出版社，1977.

[2] 张展. 渐开线圆柱齿轮传动 [M]. 北京：机械工业出版社，2012.

[3] 孙桓，陈作模，葛文杰. 机械原理 [M]. 8 版. 北京：高等教育出版社，2013.

[4] 瑙海姆. 汽车变速器理论基础、选择、设计与应用 [M]. 宋进桂，译. 北京：机械工业出版社，2013.

[5]《齿轮手册》编委会. 齿轮手册 [M]. 北京：机械工业出版社，1990.

第六篇　车身技术

第十三章　车身开发流程和设计方法

第一节　现代汽车产品开发方法

一、产品开发流程

现代汽车产品设计过程是一种并行、需要各专业部门协同工作、面向产品全生命周期、市场导向和引导市场并重的开发模式。

一个完整的战略类产品开发项目流程包括：预概念阶段、概念阶段、定义阶段、项目合同阶段、生产准备及市场导入准备阶段、导入及量产阶段。

概念开发更多的是侧重于面向造型的概念性开发。批量开发是具体平台和车型的开发，其结果由虚拟仿真或实体试验进行确认，其输出里程碑是启动认可；启动认可后进入批量准备阶段，各种市场投放工作也开始展开。6 个月左右的预批量阶段过后进入正式批量生产（start of production，SOP），产品开发过程就随着市场投放（SOP 之后 3 个月）而结束。

各大汽车公司都有自身的产品开发流程，都有自己定义的阶段和里程碑，以便实施质量控制和产品管理。产品开发流程是一个循序渐进、步步相关的环节链。

就流程本身而言，没有优与劣的区分，只有合适与不合适之分。因此，对于产品流程来说，好的流程就是把“合适”的产品在“合适”的时间以“合适”的价格投放市场。

二、各阶段开发工作

（一）概念研究阶段

概念阶段主要是产品策划，是产品开发的第一阶段，主要是规划和定义产品开发的指导原则、开发内容、关键技术、性能指标、实施路线和风险分析等。

1．预概念阶段主要活动

（1）市场需求和产品定位研究。

（2）产品多方案准备，初步设定产品开发特性、质量目标。

产品策划在项目开发中有非常重要的作用，不仅反映用户需求、市场前景，而且直接影响产品开发方式、产品资源利用、产品性能指标等关键要素。此外，产品策划涉及的面也很广，包括成本分析、投资预算、市场调研、技术方案、材料应用、工艺分析以及供应商二次开发等内容。

产品质量先期策划（advanced product quality planning，APQP）是指导产品策划的最好工具。

产品策划中要用到质量功能展开（quality function deployment，QFD），其核心是新产品开发设计过程中的所有工作都是由客户来驱动的，QFD是一种把用户或市场的要求转化为设计要求、零部件特征、工艺要求、生产要求等多层次演绎的分析方法。

2. 概念阶段主要活动

（1）制定多技术应对方案，卖点达成可行性分析。

（2）完成质量目标分解。

（3）完成商品收益目标、成本框设定及收益概算。

（4）完成联合开发零部件供应商选择。

（5）评估制造资源，完成制造草案。

（6）完成研发资源评估并制定应对方案。

（7）完成风险评估报告。

（8）完成项目投资及费用预算批准。

（二）商品定义

1. 详细开发阶段主要活动

（1）制定详细设计方案，完成详细设计，并发布设计构想书。

（2）完成性能样车、样机试制与试验。

（3）完成设计成本评估与达成。

（4）完成关键零部件目标成本设定和供应商选择。

2. 最终开发阶段主要活动

（1）完成试装定型发文。

（2）完成试制工装，完成试装定型阶段试制与试验，完成试装定型阶段向小批量的移行判断。

（3）启动公告与认证。

（4）完成目标成本发布。

（5）完成零部件供应商选择和目标成本达成，并签订采购合同。

（6）完成制造装配工序划分、制造计划制定及批准。

3. 工业化阶段主要活动

（1）完成内、外制零部件的生产准备。

（2）完成小批量量产发文、试装和相关验证。

（3）完成公告及认证。

（4）完成价格测试。

（5）完成SOP（start of production）门式判断。

（6）完成状态提升。

（7）完成市场导入准备。

（8）完成服务要项准备。

技术工程设计是在汽车造型评审通过并冻结后所进行的结构方面的详细设计工作，包括三维设计和二维工作图设计。

4. 量产阶段主要活动

（1）完成初期流动管理。

（2）限量试销。

（3）完成用户使用情况跟踪与应对。

（4）完成项目收尾。

（5）完成上市跟踪，并制订改型计划。

第二节　现代车身开发内容

从产品生命周期来看，车身迭代更替比较频繁，涉及前期投资比较高，开发节奏紧凑，汽车车身开发特殊性使其不同于其他工业产品，不仅源自其技术特性和生产技术，还包括其形状的美学外观，对产品的商品竞争力提升至关重要。

车身开发过程包括车身造型、总体布置、结构设计，开发工艺包括冲压、焊装、涂装、总装。

一、车身造型

造型设计分为造型创意设计，数字模型生成，主要交付物是草图构思、效果图设计、造型设计、模型制作、A 级曲面（车身外表面，白车身）。造型设计关键目标既要满足客户的情感需求，又要达成市场特性指标以满足市场竞争力，同时满足边界硬点要求。

（一）草图构思

在产品策划阶段，根据产品的前期定位、市场需求、技术描述，从造型角度进行创意构思和造型定位，根据目前同类车型、市场的对标情况，完成造型趋势分析，结合市场需求、客户群体对造型的需要，确定主要造型元素和风格，这是指导效果图的基础。

（二）效果图设计

设计师将造型设计用效果图反映在图面上，作为开发人员造型构思和初步选型参考；一般情况下，效果图设计要经历效果草图海选，到 10 选 5、5 选 3、3 选 2、2 选 1 阶段，并以最后的唯一方案为效果图冻结，作为造型信息指导计算机辅助造型（CAS）设计和模型制作。

（三）CAS 设计

CAS 设计的主要工作是对造型表面进行数字化建模。CAS 建模需要提供效果图、三视图、边界（局部改进时与新设计曲面相邻的曲面或边界线）这些必备条件，并且满足法规项目和硬点控制条件要求；见表 13-1 和表 13-2。

表 13-1　造型要件书示例（a）

项目	子项	尺寸	备注
硬点要求	驾驶室长（前面罩到后围）		
	保险杠前端到驾驶室后围长度		
	驾驶室总长（前面罩到导流罩后端）		
	前悬长度		
	车门宽度		
	车门后端到轮胎中心距离		
	工具箱尺寸		
	工具箱离地高度		
	整车高度		
	地板离地高度		
	驾驶室高度		
	鼓包高度		
	车架离地高度		
	轮胎包络到轮罩间距		
	一级踏步离地高度		
	一级踏步到二级踏步高度		
	二级踏步到三级踏步高度		
	接近角		
	水箱芯了离地高度		
	水箱芯子高		
	水箱芯子宽		
	白车身宽		
	驾驶室宽（带轮罩）		
	前面罩和保险杠满足水箱散热面积		

表 13-2　造型要件书示例（b）

项目	子项	尺寸	备注
法规项目	灯具		
	内外凸出物		
	牌照及铭牌		
	视野		
	人机工程		

CAS 模型要求能准确表达轮廓线、特征性，以及曲面间的相互关系；还要表面顺畅，曲面结构简洁、准确。在 CAS 设计过程中，CAS 设计人员应该与造型设计师、结构可研（可行性研究）人员共同对模型进行确认，包括以下内容：

（1）是否表达了造型创意要求。

（2）是否满足造型要件书要求。

（3）是否具备工程可行性。

（四）模型制作

模型制作是造型过程中最重要的一个环节。对于一些特别重要的车型，前期需要制作小比例模型，来确认体态和方向决策，随着技术的发展，现在多采用 VR 虚拟表达，直接制作 1∶1 全尺寸模型。模型分油泥模型和树脂模型两种，油泥模型以数控加工，结合手工制作为主，树脂模型以数控铣加工；模型制作流程分骨架制作、模型粗敷、模型精刮、模型装饰。

二、车身结构可研

车身结构可研是以满足车身开发目标并服务车身造型的结构可行性论证、构想及布置活动的总称。

依据驾驶室预开发策划书完成以下工作：

（1）完成驾驶室平台规划（含驾驶室基本尺寸），与底盘、电气、发动机基本接口定义，产出驾驶室总体布置图。

（2）完成驾驶室总体商品特性分解，产出驾驶室总体商品特性目标表。

（3）完成目标市场法规差异说明，产出驾驶室法规差异及技术应对报告。

（4）完成驾驶室通用化/模块化基本构想，产出驾驶室通用化/模块化技术应对报告。

（5）完成关键总成技术路线构想，产出驾驶室关键总成技术报告。

（6）依据以上工作内容，完成驾驶室开发战略构想及技术可行性分析，产出驾驶室开发战略构想及技术可行性分析报告。

三、关键主断面设计及人机工程布置

（1）依据总布置定义，完成主断面、驾驶室前部宽度（三踏板）、前支柱、车门开启、上下车踏步、地板纵梁、门框断面设计，产出主断面、驾驶室前部宽度（三踏板）、车门开启、上下车踏步、地板纵梁、门框主断面。

（2）依据人机工程总体布置输出目标市场人体标准分析，形成人体选择报告。

（3）依据车身市场调研总结报告形成现有车型人机工程问题收集汇总分析表，输出人机工程提升报告、人机工程布置图。

四、车身结构设计

从车身的结构设计特征可分为：白车身结构设计、内饰结构设计、外饰结构设计及机构附件类结构设计。

（一）白车身结构设计

白车身结构设计包括顶盖系统、前围系统、侧围系统、后围系统、地板与鼓包系统、车门系统；在确定结构断面时要考虑焊接工艺性、涂装工艺性、结构力学特性的要求；在各总成之间的分块特性形成确定后，开展各总成的具体结构设计。白车身的结构设计同时要考虑板材的选用、冲压成型分析、焊接工艺、涂装工艺和相关的性能要求，主要包括：

（1）围绕耐久和可靠，静态、动态的强度、刚度要求。

（2）表面精度和性能要求。

（3）焊接工艺和精度要求。

（4）涂装工艺和防锈要求。

（二）内饰结构设计

内饰结构设计包括仪表板总成、软内饰、地毯以及内饰附件，如座椅、储物盒、遮阳板、安全带等。卡车还包括卧铺、工具箱等特有配置；围绕内饰设计主要是结合如下方面开展。

（1）功能定义。

仪表板主要功能搭载仪表、指示装置、显示屏、操作功能件等，同时避免在撞车时对乘员有致伤的凸出物，并能通过有效变形、损坏保护驾驶人与乘员的安全。

（2）性能要求。

主要操作性、可视性、被动安全、NVH（噪声、振动与声振粗糙度）及装配工艺性，如下性能分解示例：

在碰撞过程中，仪表板会对人体膝盖造成伤害。为了保证产品的外观性能要求，仪表板膝盖护板在受到较小的冲击时，支架不能变形。但为了保证安全性，就需要膝盖护板支架在受到巨大冲击时溃缩，起到保护膝盖的作用。见表 13-3。

表 13-3 车身性能管控项

项目	要求	管控目标
高强度骨架式仪表板	摆锤试验，需要满足 44.1kJ 的撞击	碰撞前膝盖与膝盖护板之间的间距为 X
		碰撞过程中，膝盖相对于膝盖护板的位移量为 Y
		膝盖护板支架在碰撞过程中受力溃缩的位移量为 Z
		溃缩时要保证膝盖的安全，必须满足：$X+Z>Y$
吸能式仪表板部件	正面碰撞 30km，人体伤害值满足法规要求	在 10kN 的力的作用下，应保证人的膝盖的骨头不会破损
		车辆装配维修时，膝盖护板支架具有足够的强度
		日常使用中，膝盖护板无意中被较大的力碰撞时，膝盖护板支架变形在可控制范围
驾驶室内部凸出物	满足法规 GB11552－2009《乘用车内部凸出物》	碰撞不破碎：头碰区危险粗糙表面或尖棱
		凸出 3.2mm 以上；尖棱圆角大于 2.5mm
		格栅圆角大于 0.5mm

具体结构设计包括零件的形状、尺寸、壁厚、脱模角度、脱模斜度、加强筋、圆角、装配孔、凸凹纹、标记及符号等设计。

（三）外饰结构设计

对于商用车而言，车身外饰件一般指保险杠系统、面罩系统、装饰附件、后视镜、玻璃、密封件等附件开发。

外饰件设计思路包括功能定义、产品设计定义、方案设计、性能验证及产品实现等。

（四）机构附件类结构设计

车身附件包括玻璃升降器、门锁、空调暖风、转向方向盘、雨刮系统、翻转系统、连接底盘车架悬置系统等。

五、车身工艺

工艺是指把原材料加工为生产资料和商品的最经济、科学的过程和方法。作为一名汽车工程师，了解整车制造四大工艺是十分必要的。对于一辆整车来说，工艺制造与产品设计是密切相关、相辅相成的。工艺离开设计，势必会造成浪费，设计离开工艺，产品就会没有意义。一般来讲，整车制造四大工艺分为：冲压、焊装、涂装、总装。

（一）冲压

冲压是将钣金件按照设计要求，使用模具冲压成型的过程。冲压工艺在汽车制造工艺中占有重要地位，是整车制造的第一步。目前绝大部分汽车车身都是采用钢板、合金制成的，它们都是采用冲压工艺，成型出设计师想要的模样。冲压的零部件包括：左/右前翼子板、左/右侧外板、侧围后部（左/

右后翼子板)、四门、顶盖、后备箱板、地板、前围板等。

冲压三要素：冲压设备、冲压模具、冲压板材。

冲压设备：就是所谓的冲压机，可以实现切断、冲孔、弯曲、铆合、成型等操作。冲压设备的选择一般是按照生产数量、设备大小等来进行。一般来讲，整车厂的冲压设备分为 2500 吨、2000 吨、1600 吨、1000 吨、800 吨、500 吨等。

冲压模具：是生产各类工业产品的重要组成部分，它以特定的形状来使原材料成型。模具已成为现代工业发展程度的重要指标，也是衡量一个国家制造水平的重要标志之一。冲压模具可分为四个基本单元：冲裁、弯曲、拉深、成型。根据工序组合程度，还可分为单工序模、复合模、连续模等。在设计阶段考虑成本因素，要尽量考虑少开模具，模具的变更、修改需要做好记录，防止出现不必要的麻烦。

冲压板材：车身一般都采用低碳钢，车身的骨架和覆盖件多采用钢板冲压而成，车身专用钢板具有深拉延时不易产生裂纹的特点。根据车身不同位置，易锈部位使用多镀锌钢板，如翼子板、顶盖等。一些承受应力较大的部位使用高强度钢板，如散热器支承横梁、上边梁、B 柱等。轿车车身结构常用钢板厚度为 0.6～3mm，多数零部件采用厚度为 0.8～1.0mm。

（二）焊装

汽车车身是由薄板构成的结构件，冲压成形后的板料通过装配和焊接形成车身壳体（白车身），所以焊装是车身成形的关键。焊装工艺是车身制造工艺的主要部分。

冲压成形后的钣金件通过焊接形成白车身。其实整个车身结构都是由一块块的冲压件彼此焊接拼凑起来的，如果焊接质量不过关可能会导致车身钣金变形开裂、产生异响，严重的影响人身安全。焊装车间一般都与冲压车间连接在一起，方便物料运输。焊接工艺一般采用电阻焊、二氧化碳保护焊等。据统计，一辆整车共计有 5000～6000 个焊点。

焊装工艺：冲压好的车身板件局部加热或同时加热、加压而接合在一起形成车身总成。在汽车车身制造中应用最广的是点焊，焊接的好坏直接影响了车身的强度。

点焊：通过导电，电阻加热，金属熔合。点焊的过程：预压一焊接一保压一休止。

点焊相关工艺参数：电流/电压/电极压力/焊接时间/电极直径等。

点焊设备：固定式点焊机、移动式点焊机，包括供电系统（变压器和二次回路)、焊具部分（机臂、电极夹持器、电极)、加压机构（气压、液压等)、冷却系统、机体等。

CO_2 气体保护焊接：一种熔化极气体保护电弧焊接法，利用焊丝与工件间产生的电弧来熔化金属，由 CO_2 作为气体保护气，并采用光焊丝填充。

焊接工艺参数：电源极性/焊丝直径/电弧电压/焊接电流/气体流量/焊接速度/焊丝伸出长度/直流回路电感等。

车身主体：主要由车前钣金、前围零件、地板总成、左/右侧围总成、后围总成、行李舱搁板总成和顶盖总成等零部件焊装而成。

焊接夹具在焊装车间起着支撑、装配、固定等作用，基本上所有的焊接件都需要夹具来保证正确的装配关系和几何尺寸、形状，同时也可以提高工作效率。

定位与夹紧，装配焊接三过程，一定位，二夹紧，三点固。定位，是通过定位基准与夹具上的定位元件相接触而实现，定位元件有挡铁、定位销、支承板、样板；夹紧：有力，稳定，避免焊接运动干涉。

（三）涂装

涂装是指在汽车钣金件上喷涂一层特制的漆，起到保护金属、装饰美观等作用。涂装工艺比较复杂，对环境要求较高。主要包含有以下工序：漆前预措置和底漆、喷漆工艺、烘干工艺等，全程都需要一定量的化学试剂设置和细腻的工艺参数限制，对油漆及各项加工开发的要求都很高，涂装工艺一般都是各公司的机密资料。

涂装工艺：涂装有两个重要作用，第一车防腐蚀，第二增加美观。涂装工艺过程比较复杂，技术要求比较高。主要有以下工序：漆前预处理和底漆、喷漆工艺、烘干工艺等，整个过程需要大量的化学试剂处理和精细的工艺参数控制，对油漆材料以及各项加工设备的要求都很高，因此涂装工艺一般都是各公司的技术秘密。

汽车车身的涂装质量要求最高，要长期在各种气候条件下使用而不发生漆膜劣化和锈蚀，还要能维持其光泽、色彩和美观。典型的轿车车身涂装工艺是电泳底漆、中涂、面漆 3C3B（3Coat3Bake）体系。在电泳底漆与中涂之间有焊缝密封和底板防护涂层的喷涂，以保证车身的密封、降噪声和防锈，面漆后涂内腔防锈蜡。

（四）总装

总装是将各个零部件装配在白车身上的过程。由于所装配零部件较多，工艺复杂，零部件形状各异，无法实现机械化、自动化，因此总装是四大工艺车间员工最多、工位最多的车间。一般来讲，总装车间按装配内容，可分为：内饰线、底盘线、组装线、发动机线、四门线、仪表线、电池包线、机能线、淋雨线、品质门等。各个线体承担各自不同的工作内容，最终将所有零部件汇总到一起，经过加注、程序刷写，组装成一台合格的汽车。

第三节　现代车身设计技术与方法

一、现代车身设计技术

（一）计算机辅助设计工具

一方面要控制投资成本和现金流，另一方面又要保证新外观在上市时满足客户的需求，因此车身开发周期需压缩，CAD 可缩短工程活动时间，广泛应用计算机技术来压缩开发时间；即达成特性目标、质量目标、成本目标、生产制造目标。

图 13-1 说明了工程活动与相应的信息工具之间的联系。

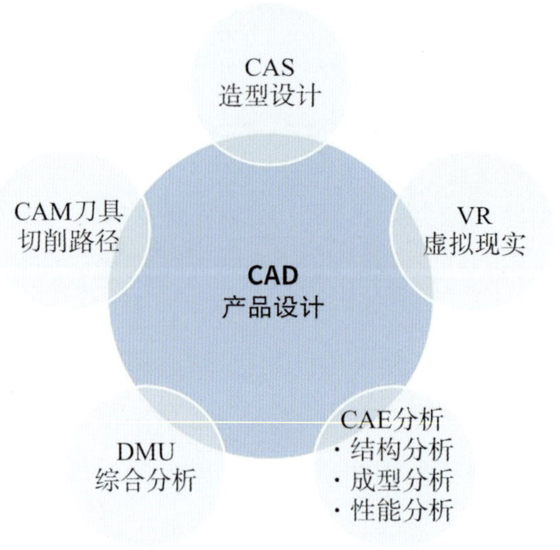

图 13-1 计算机辅助设计工具

1. 计算机辅助造型设计：CAS 设计

计算机辅助造型（computer aided styling，CAS）是随着光学扫描技术和逆向工程技术的发展而发展起来的。现代 CAS 技术特点：

（1）能快速和总体布置数据结合，建模效率高，模型质量好，并且可通过数控加工、3D 打印等快速制作物理模型。

（2）前期内外表面为结构设计和 CAE 分析（空气动力学、结构强度、工艺性等）提供初始数据，早期开展相关的 CAE 分析验证。

（3）如果和虚拟现实（virtual reality，VR）技术结合，能够较真实地对内外饰造型效果进行评价，甚至能够对装配、人机工程和维修等方面进行评价。

（4）可省略比例模型的制作环节，减小劳动强度，缩短造型周期。

（5）相对传统方法，提高数据精度。

2. 虚拟现实技术

虚拟现实是目前国际上各大汽车厂商及设计公司展示自身实力、进行辅助造型设计的一种手段，也为方案评审提供了准确的依据。虚拟现实技术除应用在造型设计中，还在汽车设计及其他领域中广泛应用。

采用虚拟现实技术，设计师不再局限于固定的油泥模型，突破了传统的功能决定形式的束缚，能充分发挥人的创造性，使得设计中渗入了更多实用性、艺术性和综合的因素。将车身的形式和功能在更高层次上实现有机结合和统一。

3. 空气动力学模拟

节能和环保是当今汽车工业的一个重要课题。汽车空气动力学是研究汽车在运动过程中与空气之间相互作用的科学。它涉及车辆的流体力学、气动设计、空气阻力等方面知识。

以卡车为例，由于商用箱式牵引车的迎风面积很大，达到 8～12m^2，当车速达到 90km/h，空气阻力占车辆总行驶阻力的比重约为 1/3，这就意味着车辆在行车过程中燃油消耗的 1/3 用在克服空气阻力上。所以，整车空气阻力大小对燃油经济性的影响很大。然而，以往的卡车车身设计只考虑造型和功能的需求，忽视了产品的空气阻力性能，致使整车的空气阻力较大，从而导致整车油耗较高。

随着时代的发展，市场上对卡车的要求不仅仅局限在燃油经济性，对于车辆的安全性、舒适性及品质感也提出了越来越高的要求。针对上述问题，国内卡车公司逐渐开始利用空气动力学研究方法来提升卡车的空气动力性能。汽车空气动力学主要是用流体力学的知识研究汽车行驶时，汽车周围和内部的空气流动情况和对汽车的作用力，以及汽车的各种外部性状对空气流动和空气动力的影响。此外，空气对汽车的作用还表现在汽车发动机的冷却、车厢里的通风换气、车身外表面的清洁、气流噪声、车身表面覆盖件的振动，甚至刮水器的性能等方面的影响。因此，汽车的空气动力学问题主要分内流和外流两种情况，整车空气动力特性属于外流，空调系统、车身室内空气流动等属于内流。

4. 人机工程技术

人机工程学是从 20 世纪 50 年代开始发展起来的一门新兴的交叉学科，从人的生理和心理特点出发，研究人、机、环境相互关系和相互作用的规律，以优化人—机—环境系统的一门学科。

人机工程技术在车身开发过程中的应用，主要体现在驾驶人和乘员在使用汽车中的舒适性、视野安全、手伸及性、操作方便性等方面。

目前，三维人体模型在车身设计中的应用已经日趋成熟，并有一些商业应用软件可以用于进行辅助设计。如 EAI 公司的 Jack 软件，根据 1988 年美国军方人体测量调查结果（ANSUR 88）创建了精准的三维人体模型，能进行姿势预测、舒适性评价、手伸及性、空间适应性分析（test fit and accommodation），以及基于最新的人体解剖学和生理学数据的生物力学（静态受力和疲劳）分析。

5. 数字样机技术

数字样机（digital mock-up，DMU）技术从宏观上来说是一套基于协同作业机制与理念的并行工程开发技术。在产品的设计阶段，就充分考虑产品的装配环节及其相关的各种因素的影响，在满足性能和功能的条件下，改变零部件装配结构来降低装配时的复杂性。主要是指通过三维 CAD/CAE/CAM 软件，建立完整的产品数字化样机，满足各种各样的功能，提供用于工程设计、加工制造、产品拆装维护的模拟环境；是支持产品和流程、信息传递、决策制定的公共平台；覆盖产品从概念设计到维护服务的整个生命周期。

通过三维的电脑软、硬件技术，实现设计过程的虚拟验证，可以尽早发现设计错误、缩短设计周期，而结合未来将迅速发展的工艺设计数字化（工艺规划及仿真）技术，实现对制造过程的数字化仿真模拟，可以为制造业提供完善的设计、分析、制造技术手段。

DMU 技术的应用和发展为汽车 OEM 企业（技术中心）提供了可靠的设计验证途径，有效解决了由于三维技术直观反映模型的理论外形和结构，为设计工程师的创造性和工作效率的提高提供了完善的手段。

DMU 技术在车身开发中的应用主要体现在以下几个方面：

（1）白车身焊接过程模拟，包括焊接顺序、焊枪运动空间和焊点分布等。

（2）各种装配过程模拟，如车门玻璃装配模拟。车门玻璃和车门焊接总成都属于空间曲面，验证玻璃的装配可行性只靠几个断面进行分析是非常难的，而 DMU 技术，即在计算机中建立驾驶室接口产品数字化样车，对驾驶室接口部件进行零部件间的静动态间隙干涉检查、装配模拟检查；从而在设计阶段发现产品潜在的设计质量问题，确保产品的可制造性、可装配性和可维修性。

（3）运动干涉分析，包括车门及附件，商用车驾驶室的翻转校核、玻璃刮水器运动干涉校核、悬置运动系统干涉及协调分析等。

DMU 校核流程和内容主要包括：

驾驶室 DMU 检查将驾驶室各系统设计成型的数模收集起来，按照驾驶室总成的装配顺序进行，主要目的是对驾驶室各部分的相对关系及运动件的运动空间进行校核，防止出现干涉（包括不动件的干涉、运动件的干涉和防止零件损坏后的安全间隙等）和零件的搭接方式不正确而进行的检查。可以是整个车身系统与底盘的电子装配，也可以是局部相关零件的电子装配，并将电子装配检查的结果提供给车型和造型部门，进行局部的造型更改或结构更改，如保险杠脱钩的校核、转向机位置校核、轮跳的校核等，DMU 检查贯穿整个设计过程。

驾驶室 DMU 检查内容包括：

（1）不同部件的可见元素之间的几何兼容性。

（2）装配过程中潜在干扰。

（3）当某些元素受外力变形时，动态条件下的几何兼容性。

（4）运动位移的可行性：驾驶室极限工况下（包括两种状态：①静态，驾驶室的举升翻转；②运动，垂直颠簸、制动、转向及多种工况的复合），驾驶室与底盘零件，驾驶室零部件之间需进行 DMU 检查。

驾驶室极限工况下，DMU 检查驾驶室地板与发动机、水箱、空滤器、中冷器、发动机管路等底盘零件之间的间隙，防止运动干涉。间隙值的确定要考虑驾驶室上下的浮动量、整车在运动过程中驾驶室前后移动量、制造公差等因素。

驾驶室极限工况下，特别是举升翻转运动直至最大角度过程中，DMU 检查驾驶室面罩与驾驶室悬置及保险杠之间的间隙，安全间隙主要考虑前悬置橡胶套的压缩量及驾驶室和装配公差等因素，极限条件是前悬置橡胶套压碎，驾驶室前面罩与前悬置的间隙在 10mm 以上，前面罩与保险杠的间隙在 15mm 以上。

驾驶室极限工况下，DMU 检查驾驶室不与轮跳干涉，需要校核轮罩与轮跳的间隙，同时校核前后挡泥板和轮跳最小间隙，保证行车过程中增加防滑链和附着在轮胎上的泥巴能够不妨碍行车。同上述驾驶室采用极限位置，同时轮跳也采用极限位置。通常防滑链直径 20mm，能够附着的泥块小于 30mm，因此保证间隙在 50mm 以上比较安全。通常轮罩覆盖轮胎，轮罩与轮跳通常在侧面相碰，此时与防滑链、泥块都不相碰，因此此处只考虑制造公差间隙就可以了，此处间隙设为 10mm。

驾驶室极限工况下，为了保证转向柱与地板不干涉，必须校核驾驶室在翻转过程中及运动极限工况下，转向柱滑套与驾驶室地板上开口之间的间隙达到 20mm 以上，转向柱与转向柱护罩间隙 10mm 以上，转向柱调整手柄与仪表板及转向柱护罩间隙 10mm，同时校核驾驶室在翻转过程中，转向柱的花键轴的长度是否满足驾驶室翻转角度，在校核转向柱和驾驶室时，需要把方向盘调整到最后端同时最下端、最前端同时最上端、中间位置三个位置分别进行每个 5°翻转校核。

6. CAE 数据驱动和验证技术

在产品设计阶段的 CAE 验证技术已经得到全面深入的应用，大至白车身的结构分析，小至密封条结构与材料的优化。主要涉及白车身和部件的静态、动态、安全、疲劳分析，空间和管路的计算流体动力学（computational fluid dynamics，CFD）分析，钣金件的冲压成型可行性、塑料件的注塑过程的模拟分析和优化设计等方面。并且随着设计的深入、数据的完整、CAE验证工作按多轮次、层层展开，有力地支持了结构设计的可行性，保证了设计方案的优化，全面的CAE验证工作也充实了性能设计方面的评价标准和目标值的积累。常见的CAE分析包括如下方面：

（1）结构CAE（静强度、刚度、NVH、疲劳、成型性、碰撞性）分析。

（2）空气动力学分析。

（3）热管理分析。

（4）DMU分析。

（5）VPG软件（整车仿真软件）分析和结构疲劳分析。

（6）人机工程分析。

7. 模块化设计技术

模块化设计技术是在系列化设计和平台化设计的技术概念背景下提出的。

模块化设计原则是自顶向下、层次清楚、力求以少数模块组成尽可能多的产品，并在满足要求的基础上使产品精度高、性能稳定、结构简单、成本低廉，且模块结构应尽量简单、规范，模块间的联系尽可能简单。

模块化设计分2个层次。第一个层次为系列模块化产品研制过程，需要根据市场调研结果对整个系列进行模块化设计，本质上是系列产品研制过程；第二个层次为单个产品的模块化设计，需要根据用户的具体要求对模块进行选择和组合，并加以必要的设计计算和校核，本质上是选择及组合过程。

目前，车身设计的模块化程度主要有车门模块化、仪表板模块化、车内储物模块化、白车身模块化，保险杠系统模块化等，未来发展趋势将形成两个主要的模块，即白车身模块（body in white，BIW）和座舱模块（cockpit），实现模块的高度集成和简化。

8. 结构轻量化技术和新材料、新工艺

汽车给人们带来方便的同时也带来了能源、安全和环境方面的三大问题。轻量化是实现节能、安全和环保的有效途径之一。

汽车轻量化技术包括产品结构、材料和制造三个方面，即轻量化结构设计、轻量化材料和轻量化制造技术。轻量化制造技术主要包括三类技术：①与实现轻量化产品设计结构所对应的制造技术；②与轻量化材料用于产品设计所对应的制造技术；③可推动实现产品轻量化设计的制造新技术。

在轻质材料的选取上主要包括：镁合金、铝合金、高强度钢、工程塑料、纤维增强复合材料等。欧美等发达国家高度重视汽车轻量化，在汽车轻量化的道路上已经走过了30多年，轻量化材料在汽车上的使用比例不断提高。如在铝合金应用方面，全铝车身AUDI A8单车用铝量达550kg，车身质量减轻50%，静态扭转刚度提高60%。目前，我国单车用铝合金不到100kg。镁合金应用方面，目前北美每辆汽车镁合金使用量平均为3.5kg，欧洲先进水平汽车镁合金的使用量能达到14kg，我国国产汽车镁合金的使用量每辆仅1.5kg。

在轻量化制造工艺方面，目前高强度钢板主要先进成型制造技术包括热冲压成型、液压成型、激光拼焊成型、管材内高压成型等。镁、铝合金等轻金属材料先进成型制造技术主要有半固态成型、高压真空压铸、等温挤压、等温锻造等，每种成型制造技术都通过计算机仿真设计极大地改善轻合金的性能，可实现高精度、高效率制造，获得预期的材料组织性能与成型质量。

在轻量化结构优化方面，主要通过以下途径实现：

(1) 通过优化设计方法减少车身质量和钢板厚度，使部件薄壁化、中空化、小型化及复合化以达成轻量化目的；并采用 CAE 技术计算汽车强度和刚度，确保减重后整车的性能。

(2) 开发设计结构更趋合理化的中空零部件，主要途径就是在结构上采用“以空代实”，即对于承受以弯曲或扭转载荷为主的构件，采用空心结构取代实心结构，同时优化结构材料布局，使之更加紧凑，这样既可以减轻重量，节约材料，又可以充分利用材料的强度和刚度。

(3) 在轻量化与材料特性、工艺性、生产批量、成本及其他制约因素中找到一个最佳的结合点，实现多材料组合的轻量化结构，强调合适的材料用于合适的部位，借以 CAD/CAE 技术，使结构轻量化设计与优化融入概念设计，缩短开发周期，降低成本。

二、现代车身设计理念

(一) 性能设计

传统的产品设计是以经验设计为主的结构设计，以满足功能要求为第一位。现在随着对车身性能要求的提高，传统的设计方法已经不能适应产品性能和对市场快速反应的要求，以 CAE 技术为支撑的性能设计方法应运而生。在设计过程中，基于客户需求，将客户需求语言转化为驾驶室性能需求的工程语言，形成了一系列基于客户需求及当前先进技术水平的驾驶室性能目标定义、性能目标技术分解及验证方法与工具并于不同阶段给予管控，以客户需求为中心来进行驾驶室性能开发的体系。车身性能设计主要内容有：

(1) 识别商用车客户最关注的车身性能需求项，将法规要求、结合用户需求调查、媒体网络、经销商、标杆研究、竞品研究对比、制造工艺能力、质量现状收集，从客户信息源出发，通过需求的重要度分配分析，识别出商用车客户最关注的驾驶室性能优先项，包括用户安全、舒适、节能环保、可靠耐久 4 项 1 级目标，将客户评价语言转化为驾驶室性能需求的工程语言，提炼驾驶室性能项目，建立驾驶室性能目标体系，量化驾驶室性能目标。

(2) 基于不同商用车客户需求，构建了驾驶室性能目标技术分解体系：量化达成性能目标技术路线、技术参数及指标，形成了驾驶室设计规范；涵盖了 4 项 1 级目标，分解具体管控点包括材料、料厚、结构、技术参数、操作力等管控点；通过分析 QCDF（质量、成本、日程、特性）关键点，建立了系统性量化、平衡的驾驶室性能设计分解体系。

(3) 完善驾驶室性能目标验证及管控体系，包括人机评价、成型分析、数字模拟、主观评价等手段，形成验证方法规范，提出 Q（质量）表管控；采用设计确认、试制管控、试验管控等手段，梳理各环节管控流程。

(二) 尺寸工程设计

尺寸工程是车身开发过程中必不可少的环节，是保证车身品质的重要手段。尺寸工程贯穿了整个车身设计和制造的全过程，为如何达到产品要求的品质定义提供了理论上的指导，为生产部门对零件及总成的监控以及工艺能力的要求提出了明确的定义。尺寸工程工作完成的好坏直接影响车身的外观品质以及生产调试的周期。利用尺寸工程对车身结构、工艺、制造、管理进行指导和优化，对缩短新品开发周期、提高装配尺寸精度、降低开发成本、保证大批量生产产品质量有着重要的意义。

在车身开发的全过程，采用尺寸精度优化方法，要达成如下目标：

(1) 解决车身尺寸精度问题，提高车身外观品质，提高产品的竞争力。

(2) 将车身某些功能分解到具体的零部件尺寸上，建立功能与零部件尺寸之间的对应关系。

(3) 建立车身尺寸精度优化方法的工作流程，积累尺寸精度优化设计经验，形成车身尺寸精度设计的流程及规范。

尺寸精度优化方法贯穿车身开发全过程，在各阶段发挥不同作用，并且作为一个有机的整体，任何环节都不可缺少它的存在；通过尺寸链的计算优化，公差分解等手段，在工程化阶段就能设计出满足外观要求和功能目标的产品。其主要技术特点是：

(1) 在造型阶段，根据市场定位、标杆车解析分析、制造能力、工艺性、供应商能力及造型和产品定义等，确定初版的内外观间隙面差（尺寸技术规范，DTS）的要求，然后根据车身质量目标，对DTS进行尺寸链模拟分析，对未达成项目进行优化（包括结构优化、工艺优化两方面），最终保证车身DTS的设计达成。

(2) 详细设计阶段，将车身精度（DTS）目标值通过尺寸链分解，优化到具体的零部件上，并将详细的尺寸精度控制需求，严格规定在图纸、装配技术条件等技术文件中。并依据尺寸精度文件，协同制造、质量等部门，在生产准备前期，就对零部件的工装、工艺、检测、装配等各个环节，进行尺寸精度控制。

(3) 实物制造阶段，严格按尺寸精度要求进行零部件设计确认；监测车体骨骼精度、内外装装配精度，根据监测结果及尺寸链分解文件，反查零部件尺寸问题及工艺工装问题，实现质量目标由总成分解到零件，质量保证由零件到总成的全过程循环控制。

近年来在车身开发过程中，车身尺寸精度控制的方法应用较广泛，将尺寸精度优化方法应用到车身开发的全过程，设计阶段就对车身精度目标、功能尺寸等进行有效的分解并验证，保证了尺寸精度的设计达成；并将分解出来的尺寸公差、定位基准信息、质量控制点等规定到一系列的技术文件中，作为对制造部门和供应商的指导文件。在制造过程中，依据零部件的公差要求，实现由零件到总成的车身精度达成。

第十四章　基于人机工程学的车身布置设计

第一节　车身总布置

一、车身布置概述

车身布置设计是对车身内外形、发动机舱、前后侧围、地板、车窗、内饰总成和部件（仪表板、座椅和操纵机构等）等，在满足整车布置和造型要求下进行尺寸控制和布局的过程，是在整车总布置统一要求下进行的，通常由整车总布置、车身、底盘、发动机、电气以及附属设备等部门的设计人员协同完成。车身布置设计是概念设计的重要内容，是整车开发周期中至关重要的阶段。车身布置设计是否合理，将直接影响整车的使用性能。在车身布置设计的同时，造型设计也在进行；两者之间要相互协作、紧密沟通。车身布置定型以及造型的确定，标志着概念设计的完成。

二、车身布置术语及硬点尺寸

汽车基本术语定义如下。

（一）A、B 类车

美国汽车工程师学会（Society of Automotive Engineers，SAE）标准，根据乘坐空间尺寸的差异将汽车分为 A、B 两大类，以方便使用 SAE 布置工具。以前，A 类车主要指乘用车，包括轿车、旅行车、多功能车（multiple purpose vehicle，MPV）和轻型货车等；B 类汽车主要是商用车，包括重型货车和大客车。

（二）N 类车

根据 GB/T 15089－2001《机动车辆及挂车分类》，N 类车辆：指至少有 4 个车轮且用于载货机动车辆。根据最大设计总质量分为 N1、N2 和 N3 三类。

（1）N1 类车辆：至少有 4 个车轮，或有 3 个车轮，且厂定最大总质量不超过 3.5 吨的载货车辆。

（2）N2 类车辆：至少有 4 个车轮，或有 3 个车轮，且厂定最大总质量超过 3.5 吨，但不超过 12 吨的载货车辆。

(3) N3 类车辆：至少有 4 个车轮，或有 3 个车轮，且厂定最大总质量>12 吨的载货车。

(三) 车身坐标系

车身坐标系中，X 指汽车的前后方向，Y 为左右方向，Z 为上下方向。如图 14-1 所示为车身坐标系示意图。

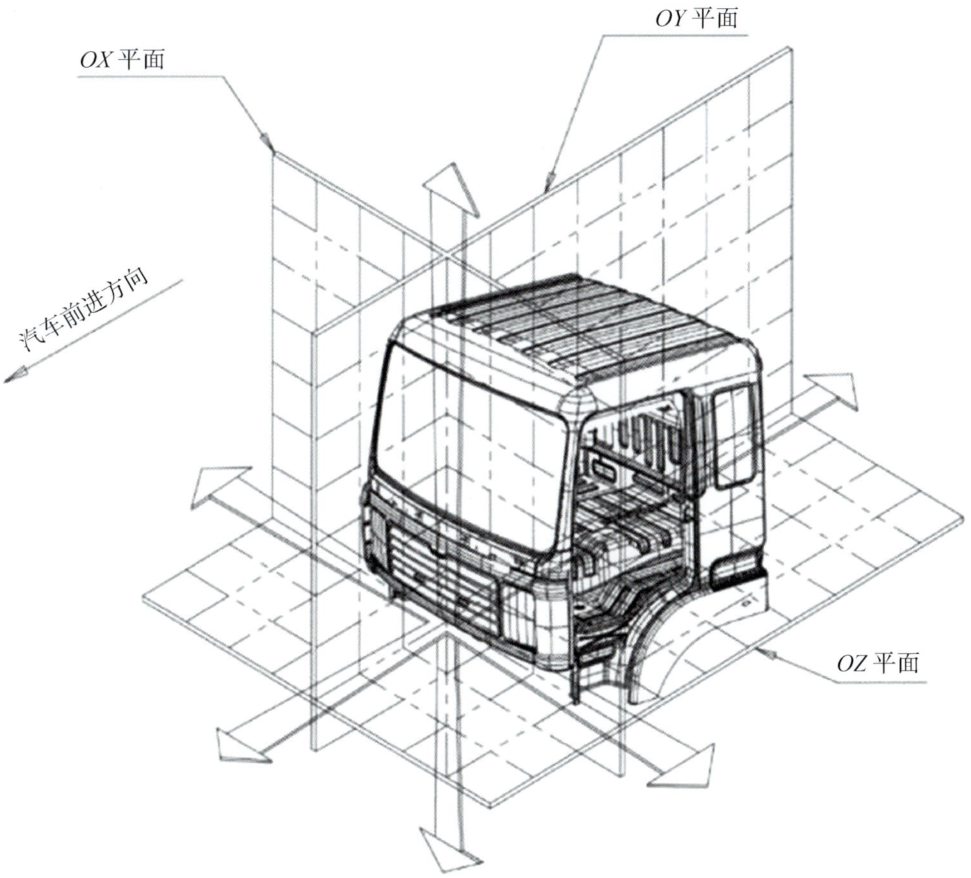

图 14-1 车身坐标系示意图

车身坐标系按 QC/T 490—2013《汽车车身制图》中的规定：

(1) X 为汽车的长度方向，Y 为宽度方向，Z 为高度方向。

(2) 坐标零平面的确定：按汽车满载时确定零平面；变型车零平面采用基本车型零平面。

(3) 通过汽车前轮理论中心线并垂直于高度方向零平面的平面作为长度方向坐标的零平面。零平面前方为负，零平面后方为正。

(4) 把汽车的纵向对称中心平面作为宽度方向坐标的零平面，零平面左侧为负，零平面右侧为正。

(5) 取沿车架纵梁上缘上表面平直且较长一段所在平面作为高度方向坐标的零平面，无车架的车辆可沿车身地板下表面平直且较长一段所在平面作为高度方向坐标的零平面。零平面上方为正，零平面下方为负。

(四) H 点装置及其上的关键点

(1) H 点装置（H point device）用于建立车内布置的关键参考点和尺寸。车内布置最重要的参考点是 H 点，见图 14-2 基准点。

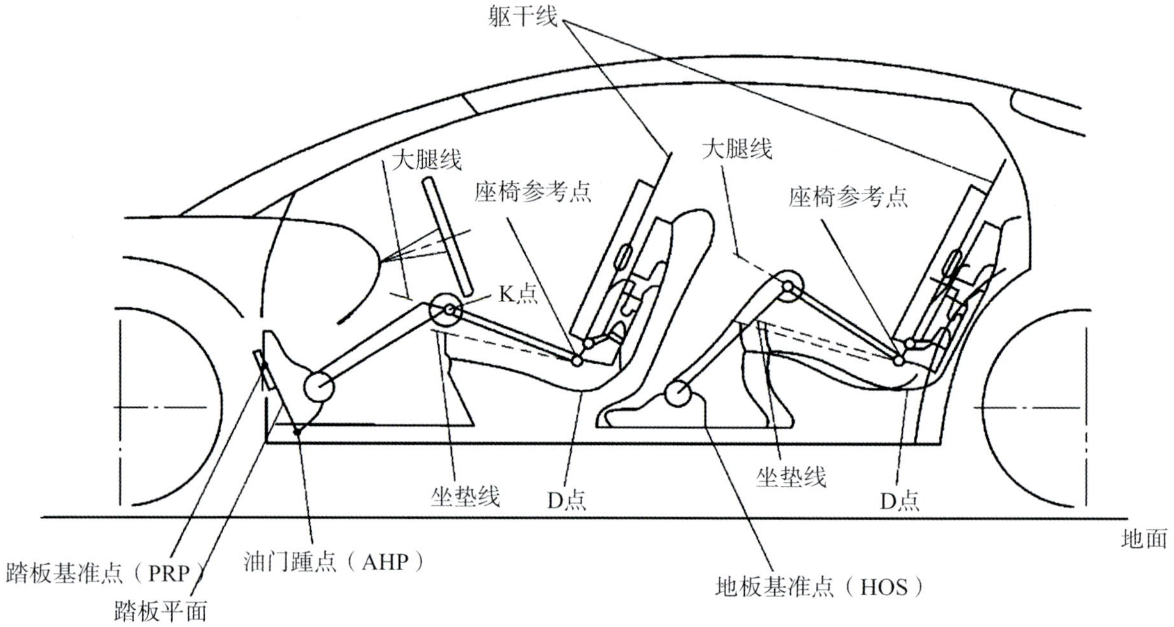

图 14-2　基准点

注：座椅参考点，指座椅的设计参考点，它是座椅制造厂规定的设计基准点。考虑座椅的所有调节形式（水平、垂直和倾斜），座椅参考点确定了在正常驾驶或乘坐时座椅的最后位置。当 95％的人体模型按规定摆放在座椅上时，实际 H 点应与座椅参考点相重合。

（2）H 点（hip point）：指二维或三维人体模型样板中人体躯干与大腿的连接点及跨点（K 点），如图 14-3 所示。

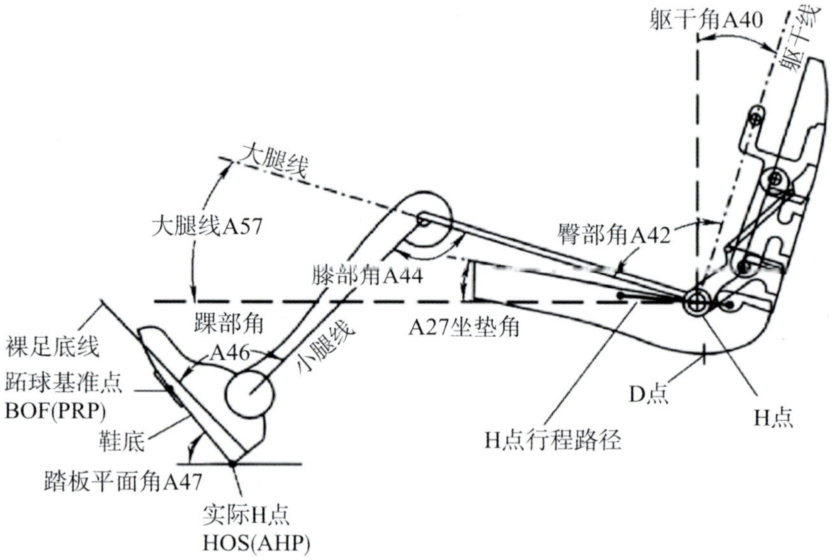

图 14-3　关键尺寸

（3）R 点（座椅的最后、最下点）：是座椅上的一个设计参考点，它是座椅制造厂规定的设计基准点。考虑到座椅所有调节形式（水平、垂直和倾斜），座椅参考点确定了在正常驾驶或乘坐时座椅的最后、最下位置。见图 14-4。

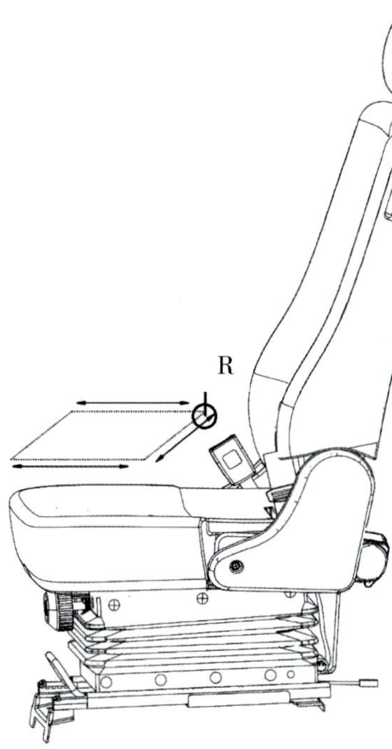

图 14-4　座椅 R 点示意图

(4) 油门踵点（accelerator heel point，AHP）：驾驶员右脚放置在油门踏板上（踏板处于初始状态），脚踏点置于踏板上，此时脚后跟与未压缩的地垫的交点。

(5) 脚踏点（ball of foot，BOF）：从鞋上脚后跟的点沿着鞋底线延伸 200mm 后得到的点。

(6) H30：H 点与踵点 AHP 的竖直距离。

(7) L53：H 点与踵点 AHP 的水平距离。

(8) 靠背角 L40：驾驶员正常驾驶姿态下，脊椎与竖直方向的夹角。

(9) 座椅行程 L23：指的是座椅由最后位置移动至最前位置的总行程。

(10) 方向盘直径 W9：方向盘外缘的直径。

(11) H17：方向盘设计点与油门踵点的竖直距离。

(12) L11：方向盘设计点与油门踵点的水平距离。

(13) L46：小腿与赤脚肌肉线的夹角。

(14) L42：大腿与小腿的夹角。

(五) 人体尺寸百分位

用以表示具有某一人体尺寸和小于该尺寸的人占统计对象总人数的百分比。以 95th 百分位人体尺寸为例，表示人群中有 95%的个体，该尺寸小于此值；有 5%的个体，该尺寸大于此值。最常用的是 5th、50th 和 95th 三个百分位人体尺寸，它们分别表示小尺寸、中等尺寸和大尺寸。

(六) 眼椭圆

在驾驶员—车辆—环境系统中，人（驾驶员）机（车和车外环境）界面的视觉链的优化匹配，必须以驾驶员眼睛的位置（称为视点）为定位基准。由于人的身材大小不同，不同的驾驶员以正常的驾驶姿态坐在座椅上，他们的眼睛位置显然是不同的。运用统计的观点和方法研究驾驶员视点的分布规律发现车辆驾驶员的视点分布图形是呈椭圆状，故称为驾驶员眼椭圆。见图 14-5、图 14-6、图 14-7。

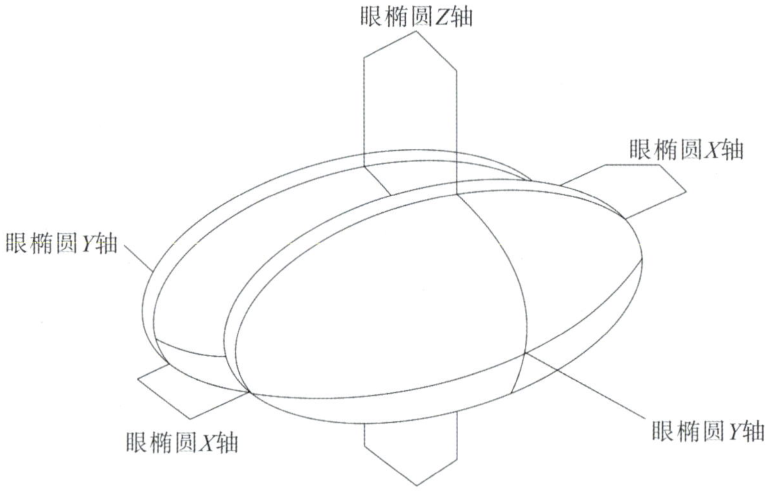

图 14-5　眼椭圆

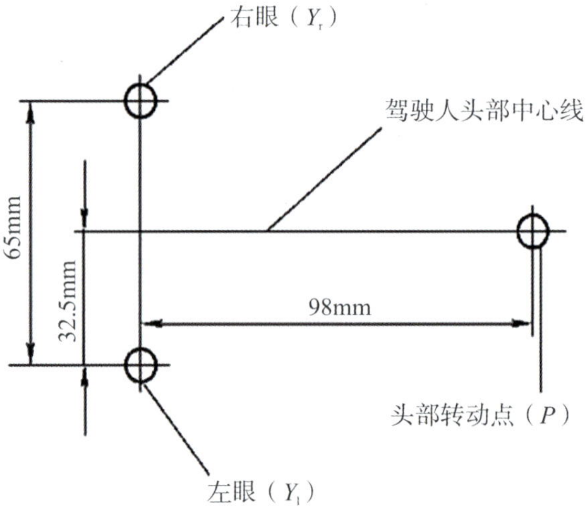

图 14-6　眼椭圆俯视图

图 14-7　眼椭圆侧视图

（1）眼点（eye points）：简称 E 点，代表眼睛位置，是视野设计过程中视线的出发点，眼点有左右两个，分别代表左右眼睛的位置，左右眼点的距离为 65mm。

（2）头部转动点（neck pivot points）：简称 P 点，是驾驶人头部水平转动的中心点，与 E 点等高，位于左右眼点连线中点后方 98mm 处。

P_1 点和 P_2 点，分别用来计算驾驶人左、右侧 A 柱的双目视野障碍角。

P_3 点和 P_4 点，分别用来计算驾驶人左、右侧后视镜的间接视野。

（七）视野

眼睛所看到的空间范围就称为视野。工程上为解决问题的方便，将视野可分为：单眼视区和双眼视区。

（1）驾驶员视野是指驾驶员处于正常驾驶位置，并且当其眼睛和头部在正常活动范围内时，能直接或借助于辅助设备看到的范围，驾驶员视野可分为直接视野和间接视野。

（2）驾驶员直接视野是指驾驶员直接看到的范围。

（3）驾驶员间接视野是指驾驶员借助后视镜等辅助设备看到的范围。

（4）视野障碍是指阻碍驾驶员视线的物体。

（5）盲区是指被视野障碍挡住而使驾驶员看不见的区域；按照眼的使用情况，盲区分为单眼盲区和双眼盲区。

（6）单眼盲区是指左眼或右眼单独观察时，由于视野障碍的阻挡而看不见的区域。

（7）双眼盲区是指由于视野障碍的阻挡而使两眼都看不见的区域。

（8）因子 G 是指按照 SAE J287—2007 计算驾驶室尺寸因子 G，公式如下：

$$G=0.00327\ (H30-1)\ +0.00285\ (H17)\ -3.21$$

H30—1：驾驶员 R 点到踵点的垂直距离。

H17：方向盘中心到踵点的垂直距离。

第二节　车身总布置设计辅助工具

一、人体尺寸及人体模型

人体模型是汽车设计必备的一种测量和模拟分析工具，根据用途的不同可分为布置用人体模型、测量用人体模型、动力学分析人体模型和碰撞人体模型等，既有物理人体模型，也有数字人体模型。

（一）人机尺寸

人体尺寸决定了人体占据的几何空间和活动范围，是内部布置的主要依据。各国家都建立了适合不同要求的人体数据库，GB/T 10000—2023《中国成年人人体尺寸》定义了我国成年人人体尺寸数据。从人机工程学角度出发，为保证产品适合使用者要求，必须以群体人体尺寸统计数据作为设计依据。群体数据统计特征包括：均值、标准差和百分位数等，可通过从群体中抽取一定数量的个体作为样本进行测量和统计分析获得。

（二）H 点测量装置

HPM（H-point machine）装置是 SAE（美国汽车工程师协会）定义的用于建立和测量汽车关键基准点和尺寸的物理装置，在全世界的汽车设计中得到广泛应用。HPM 装置能够获得乘员在车内的乘坐位置，是从乘坐位置转换为座椅 H 点的重要装置。如图 14-8 所示。

（1）在车身布置时，用于建立车身内部的基准点和尺寸。

（2）对这些关键基准点和尺寸进行物理验证。

（3）进行对标时测量竞争车型的布置参数。

（4）用于座椅的设计、审核和对标。

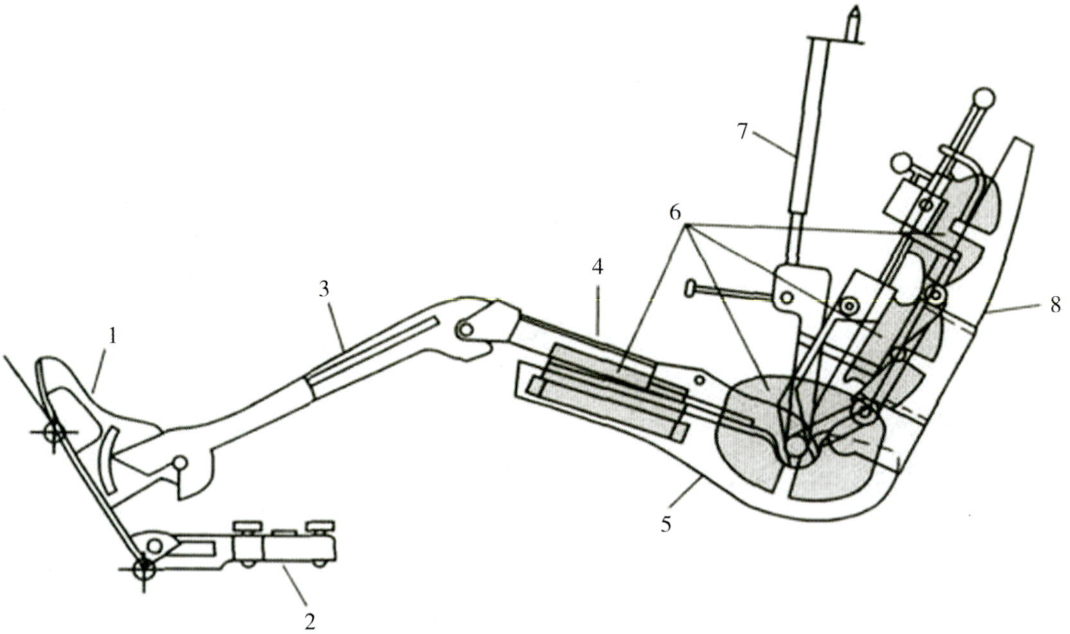

1—鞋；2—鞋固定装置；3—小腿；4—大腿；5—座板；6—可拆卸重块；7—头部空间测量装置；8—躯干

图 14-8　物理人体模型

（三）人体设计模板（HPD）

人体设计模板（HPD）是车身布置最基本的工具。见图 14-9，早期的车身布置使用的人体模型是人体设计样板，常用塑料板材等按 1∶1、1∶5、1∶10 等常用制图比例制成，用于辅助制图、乘员乘坐空间的布置和测量、校核空间尺寸等。

百分位	A/mm	B/mm
50th	417.5	431.5
95th	459.1	456

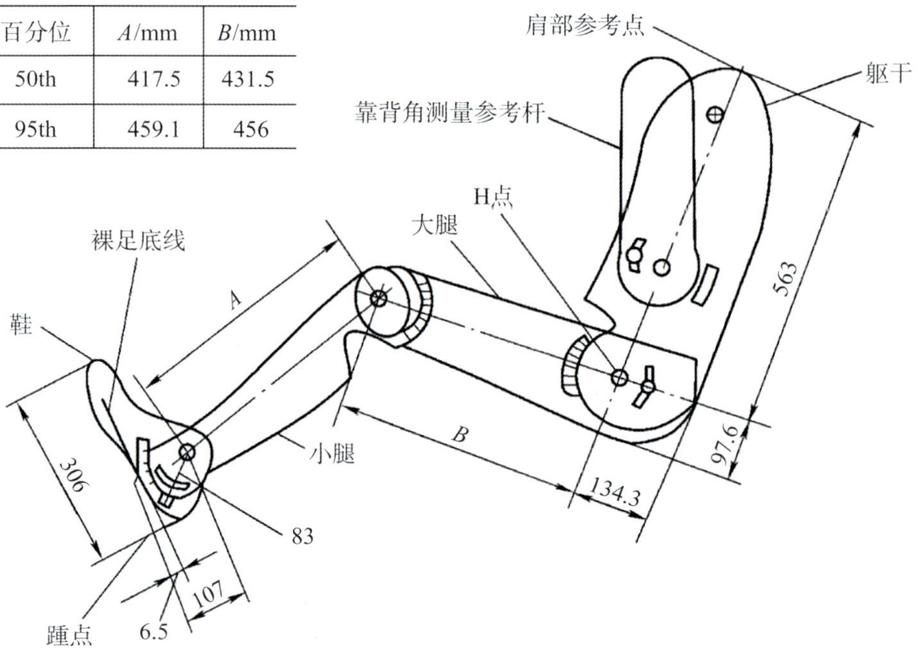

图 14-9　人体设计模板（单位：mm）

（四）数字人体模型

随着计算机技术的发展和并行工程的应用，在概念阶段同时进行三维数字化人机工程设计时现代车身设计的必然要求。以人体参数为基础建立的数字人体模型是描述人体形态和力学特征的有效手段，是研究、分析、设计和评价人机系统下不可缺少的测量和模拟工具。

目前已出现上百种数字人体模型软件系统，在人机工程设计领域较为成功的商用数字人体模型系统主要有 Transom/Jack、Genicom/Safework 和 Human-solutions/RAMSIS 等，在 UGNX、CATIA 等主流设计软件中有集成的模块。

人机工程学领域应用的数字人体模型主要是为产品设计和人机工程分析服务的。目前，成熟的数字人体模型都具有一些典型的设计和分析功能：

（1）人机建模，包括人体运动学、动力学、生物力学建模和身体特征点描述等。

（2）人体数据管理和应用，包括人体数据库接口、人体尺寸计算和增长预测等。

（3）肢体驱动、定位和姿势预测，姿势和运动模拟，以及过程的记录和回放等。

（4）视野分析，包括视野范围、眼睛活动范围及视景显示等。

（5）通过对肢体和关节活动的模拟，对人的作业空间进行仿真。

（6）人体出力计算，包括综合考虑年龄、性别、身体状况、操作过程特点的操作力，静态和动态状况下关节力和力矩，脊椎间盘压力等。

（7）姿势和操作过程的舒适性评价。

（8）一些典型操作过程的模拟和人机工效分析，如快速上肢操作评估（RULA）等。

（五）汽车人机工程设计中应用的功能

（1）容易与流行的 CAD 软件结合。能够方便地导入、导出产品模型，或者将数字人体模型作为子模块集成到 CAD 软件中。

（2）能够对常见驾驶操作过程进行模拟和分析。

（3）集成常见的一些设计标准，如 SAE 标准。

在汽车设计中，主要根据车辆人机工程学原理进行乘员布置设计、驾驶人视野分析、操作件伸及性分析、舒适姿势预测及评价、布置空间分析、进出方便性分析、发动机舱盖和行李舱盖的开启方便性检查等。

二、布置设计应用

（一）眼椭圆

1. 眼椭圆基本参数

在 SAE 941 标准中，眼椭圆分为 95%分位和 99%分位眼椭圆，对应参数见表 14-1。

表 14-1　眼椭圆参数对应

座椅行程/mm	95%眼椭圆		99%眼椭圆	
	100～133	>133	100～133	>133
X	105.0	105	149.0	149.0
Y	173.8	198.9	242.1	268.2
Z	86.0	86.0	122.0	122.0

在眼椭圆确定过程中，需要确定定义内容如图 14-10 所示。

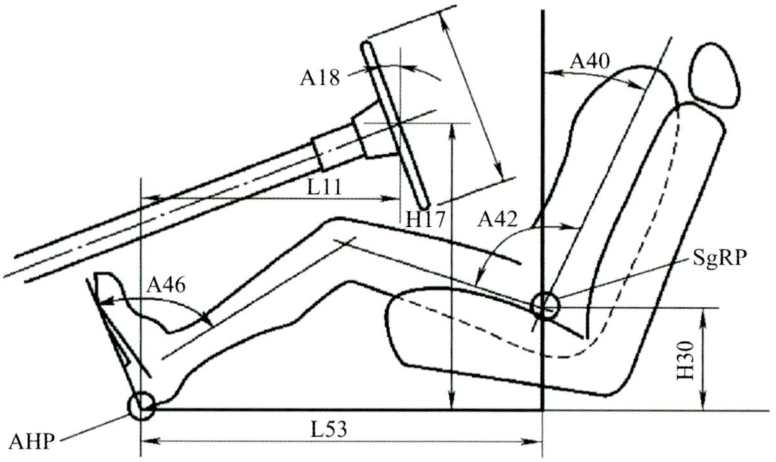

图 14-10　眼椭圆确定参数

2. 眼椭圆的应用

以 SAE 眼椭圆为理论依据，可进行内外视镜布置、驾驶人前方视野的设计和校核、车身 A/B 柱盲区的计算、仪表板上可视区的确定、刮水器布置和刮扫区域校核和遮阳带位置的确定等。见表 14-2。

表 14-2　布置参数推荐表

代号	说明	最小值	最大值
A40	躯干角	9°	33°
II30	H 点至加速踏板踵点的垂直距离	130mm	520mm
L53	座椅水平调整量的最小值	130mm	/
W9	方向盘直径	330mm	600mm
A18	方向盘倾角	10°	70°
L11	方向盘中心至踵点的水平距离	152mm	660mm
H17	方向盘中心至踵点的竖直距离	530mm	838mm

如应用距离：风窗玻璃刮扫面积及部位。

汽车风窗玻璃刮扫面积的大小及其部位的校核要以眼椭圆为基准。为了保证驾驶员在雨雪天能有良好的视野，汽车风窗玻璃刮扫系统不仅应有足够的刮扫面积，而且要有正确的刮扫部位，在刮扫面积内对不同区域的清晰度也应有不同要求。

校核时先在车身正视图与俯视图上画出第 95 百分位的眼椭圆（具体采用哪一个百分位的眼椭圆由主机厂自行决定），再根据 SAE 198 中的规定的角度分别作眼椭圆的上、下、左、右四个切平面。这四个切平面与风窗玻璃相交的四条交线，构成了视野要求的刮扫区域，如图 14-11 所示 A、B、C 区。

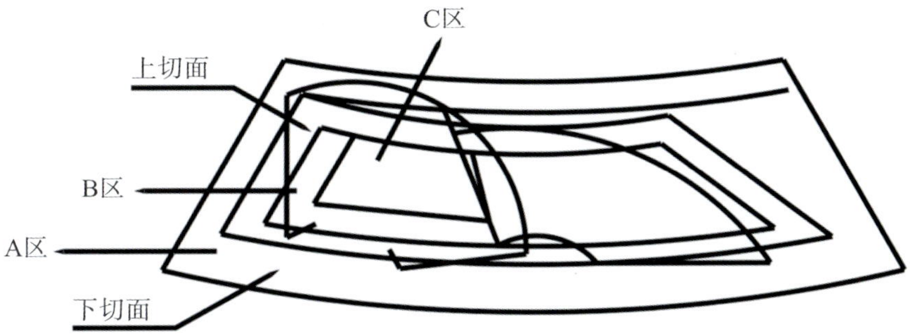

图 14-11　视野要求刮扫区上下区域

（二）手伸及界面

驾驶员在正常的驾驶姿态下手的触及范围（正常驾驶姿态：驾驶员的手伸及界面是指以正常驾驶姿势坐在座椅中，身系安全带，右脚支承于加速踏板踵点上，一手握住方向盘时另一只手所能伸及的最大空间界面），如图 14-12 所示。

手伸及界面用于校核驾驶室内驾驶员操作件的布置位置，在指定手伸及界面内部的操作件在驾驶员规定的驾驶姿态下可以触及，超出指定手伸及界面的操作件在驾驶员规定的驾驶姿态下无法触及。注：手伸及界面仅表示驾驶员在规定的驾驶姿态下能触及的最大空间界面，但不是作为最合适的操作位置。

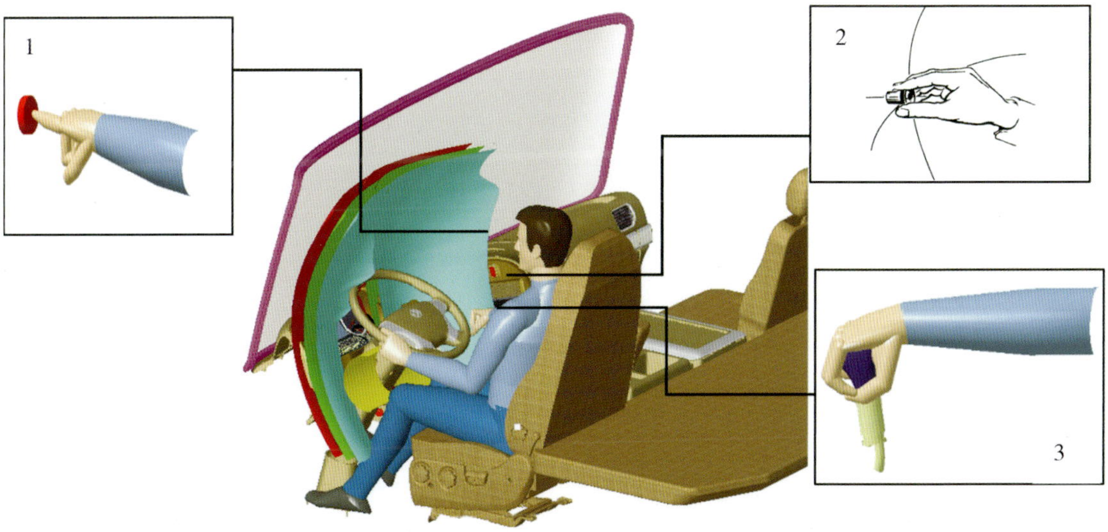

1－操作直径为 25mm 的旋钮，调整旋钮表面位置来测量手伸及界面的轮廓尺寸；

2－布置点触式开关，其伸及区域在旋钮开关区域的基础上＋50mm；

3－布置抓握式操作件，其伸及区域在旋钮开关区域的基础上－50mm

图 14-12　驾驶员在驾驶姿态下手的触及范围

头部包络不同的驾驶员以正常的驾驶姿态坐在座椅上，他们头部的位置显然是不同的。运用统计的观点和方法研究驾驶员头部的分布规律，得到头部包络。见图 14-13。

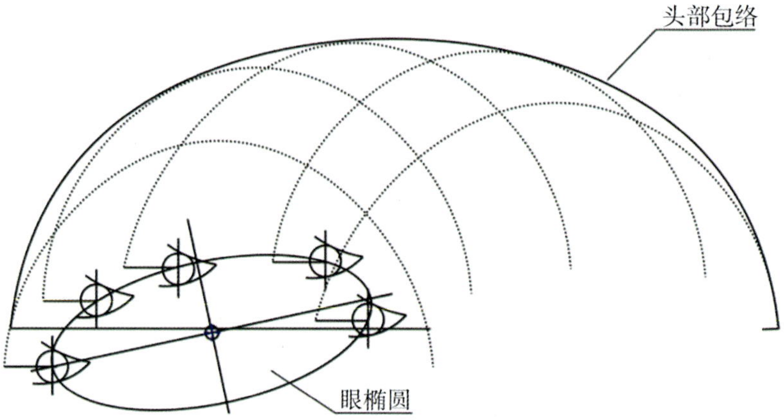

图 14-13　头部包络示意图

在 SAE J1052 中头部包络由以下参数决定，见图 14-14，具体参数见表 14-3。

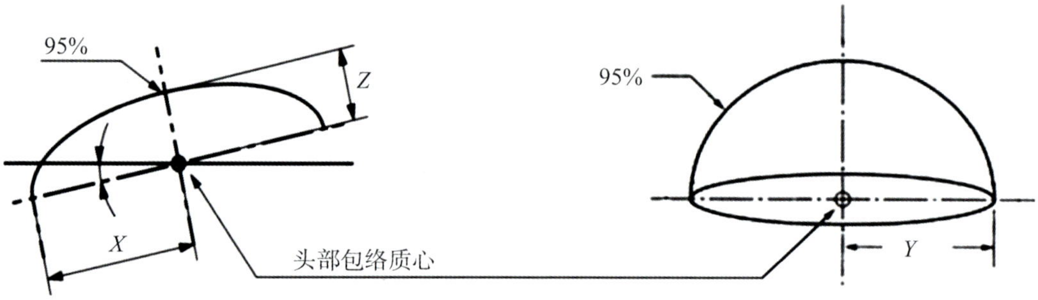

图 14-14　头部包络参数图

表 14-3　头部包络参数对照

百分位	座椅调节行程	长轴方向 X	短轴方向 Y	竖轴方向 Z
95th	>133	±211.25	±143.75	±133.50
	≤133	±198.76	±143.75	±133.50
	0（固定座椅）	±173.31	±143.41	±147.07
99th	>133	±246.04	±166.79	±151.00
	≤133	±232.40	±166.79	±151.00
	0（固定座椅）	±198.00	±165.20	±169.66

（三）腹部包络域

指驾驶员在可水平调节的座椅上驾驶时，其腹部的轮廓范围。在 SAE J1522 中，先确定驾驶室布置工具图形定位基准点（accommddatian tool reference point，ATRP），然后确定腹部范围的质心点。

求得水平和垂直值，此坐标值是以 ATRP 点为参考点的相对坐标值，这样就可确定腹部范围的质心点，然后以质心为圆心，以 157.5mm 为半径画圆弧，圆弧范围水平向上向下各画满 50°为止。见图 14-15。

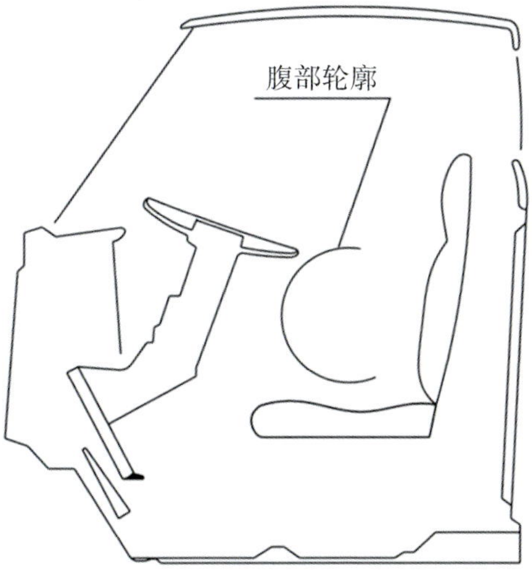

图 14-15　腹部轮廓图

（四）膝部包络域

95%的卡车驾驶员在水平可调节的座椅上进行驾驶操作时的膝盖轮廓线，在 SAE J1051 标准中，公式的不同仅针对不同的男女驾驶员比例，我们采用男女驾驶员比例为 95∶5 进行设计，膝部轮廓见图 14-16。

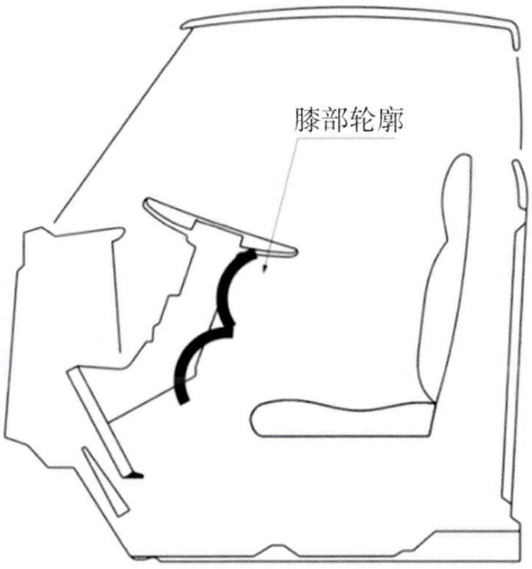

图 14-16　膝部轮廓图

（五）脚部包络域

脚部空间包络域，主要是指驾驶员操纵油门、制动、离合器踏板从起始点至终止点所形成的脚部操作空间的最大覆盖区域。由于油门、制动、离合器踏板的脚操纵特点不同，脚部空间包络域的做法也不尽相同。以下就结合附图分别对油门、制动、离合器踏板脚部空间包络域的定义做详细说明。

A 踏板脚部包络域（油门踏板），如图 14-17 所示。

B 踏板脚部包络域（制动踏板），如图 14-18 所示。

C 踏板脚部包络域（离合器踏板），如图 14-19 所示。

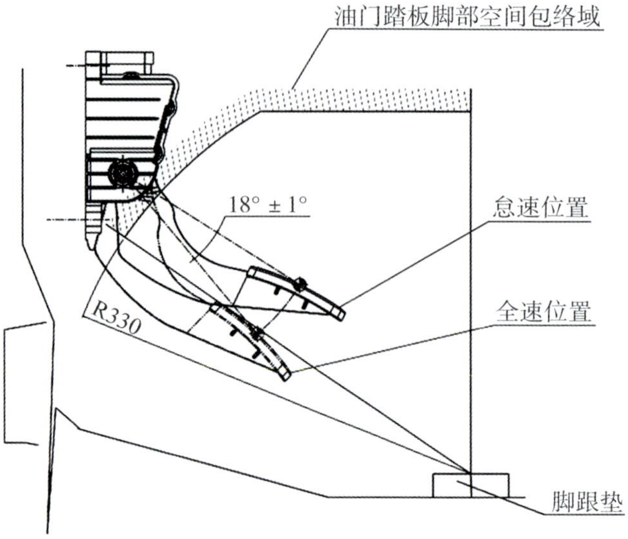

图 14-17　油门踏板脚部包络域

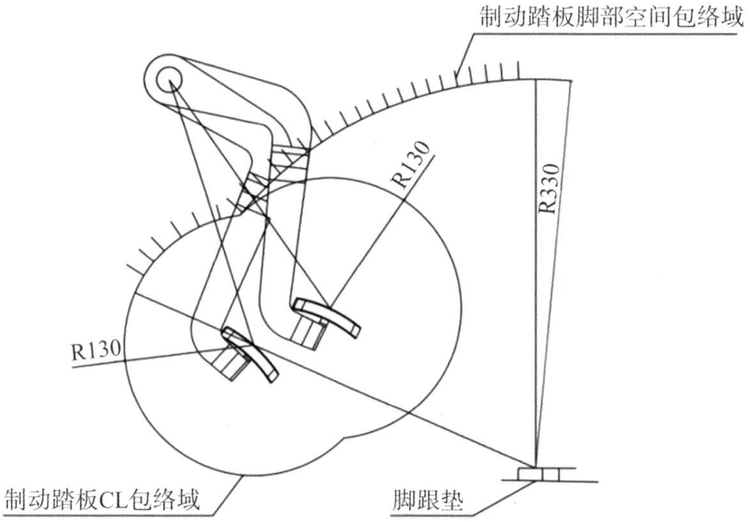

图 14-18　B 踏板脚部包络域

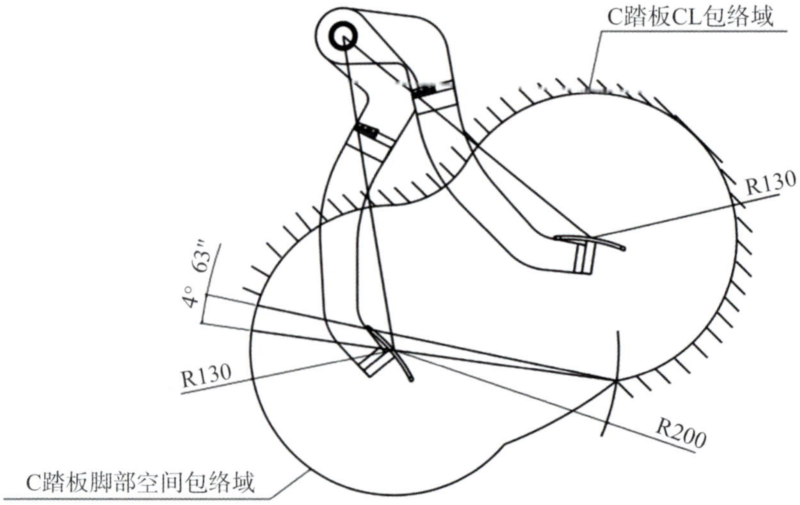

图 14-19　C 踏板脚部包络域

第十五章　汽车车身结构与设计

第一节　车身结构设计概述

一、车身设计简介

（一）车身技术特点

车身很多方面（如设计方法、制造工艺等）与其他总成大相径庭，车身技术在一定程度上反映了一个国家的现代科技水平。

车身技术特点包括：

（1）车身技术涉及当代科技领域的多门学科，而且各学科之间高度交叉与融合。

（2）车身设计流程与方法独特：产品＋艺术品。

（3）车身制造工艺复杂：技术密集，钣金件为主。冲压、焊装、涂装工艺，代表国家基础工业水平。

（二）车身功能

车身是对汽车的形态和功能有很大影响的重要部件。

车身的主要功能：

（1）为乘员提供安全舒适的乘坐环境。

（2）提供发动机及底盘等部件的装配。

（3）汽车美观造型的体现。

（三）车身设计要求及原则

车身独特的使用性能要求和使用环境，决定了现代车身设计所必须满足的要求和需要达到的目标：

（1）车身结构强度必须能够承受在其整个使用寿命内可能达到的所有静力和动力载荷。

（2）车身布置必须提供舒适的室内空间、良好的操纵性和乘坐方便性以及对大自然影响的抵御能力。

（3）车身必须具有良好地对车外噪声的隔声能力。

（4）车身的外形和布置必须保证驾驶人和乘员有良好的视野。

（5）车身材料必须是轻质的，以使整车质量降低。

（6）车身外形必须具有低的空气阻力，以节省能源。

（7）车身结构和装置措施必须保证在汽车发生事故时对乘员提供保护。

（8）车身结构材料必须来源丰富、成本低，所选择的材料必须能够实现高效率的制造和装配。

（9）车身结构设计和选材必须保证车身在整个使用期间满足对冷、热和腐蚀的抵抗能力的要求。

（10）车身的材料必须具有再使用的性能。

（11）车身的制造成本应足够低。

二、车身结构设计基础知识

（一）车身及名词术语

车身包括白车身、外装件、内装件、电气附件和机构附件。

1. 车身本体组成

（1）车身骨架：主要为保证车身的强度和刚度而构成的空间框架结构。

（2）车身覆盖件：指覆盖在车身骨架表面上的板制件。车身覆盖件覆盖在车身骨架上，使车身形成完整的封闭体，以满足室内乘员乘坐要求，通过它来体现汽车的外形并增强汽车车身的强度和刚度。

2. 车身外装件

车身外装件：指车身外部起保护或装饰作用的一些部件，以及具有某种功能的车身外附件，主要包括前后保险杠、车外后视镜、散热器罩、进气格栅、天窗及其附件、车身外部装饰条、密封条、车门附件及空气动力附件等。

3. 车身内装件

车身内装件：指车内对人体起保护作用的或起装饰作用的部件，以及具有某种功能的车内附件，主要包括仪表板、座椅及安全带、安全气囊、遮阳板、车内后视镜、汽车内饰等。

4. 车身电气附件

车身电气附件：指除用于发动机和底盘以外的所有电气及电子装置，如各种仪表及开关，前照灯、尾灯、指示灯、雾灯、照明灯等。

5. 车身机构附件

车身机构附件：指车身运动附件装置，包括空调暖风功能部件，雨刮、玻璃升降器、翻转举升机构运动部件，转向柱及连接车身与底盘的悬置部件等。

第二节　车身结构设计

一、白车身结构设计

白车身通常是指车身结构件与板制件的总成，由均质材料制成（如钢板、铝板或者复合材料）。如图 15-1 所示平头式驾驶室构造主要构成。

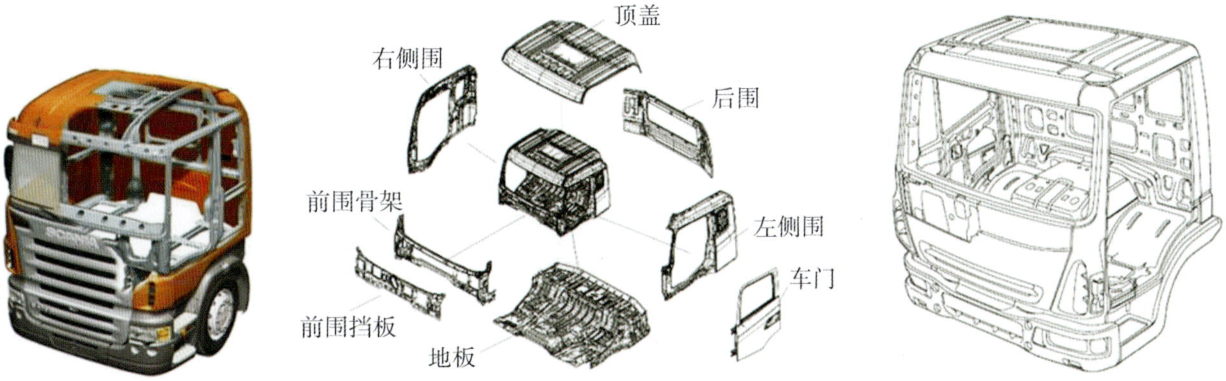

图 15-1　平头式驾驶室构造

一般轿车的白车身一般由大量的车身冲压零件焊接而成，主要由前车身、地板、侧围、顶盖及后部车身等部分组成。如图 15-2 所示某轿车白车身构造。

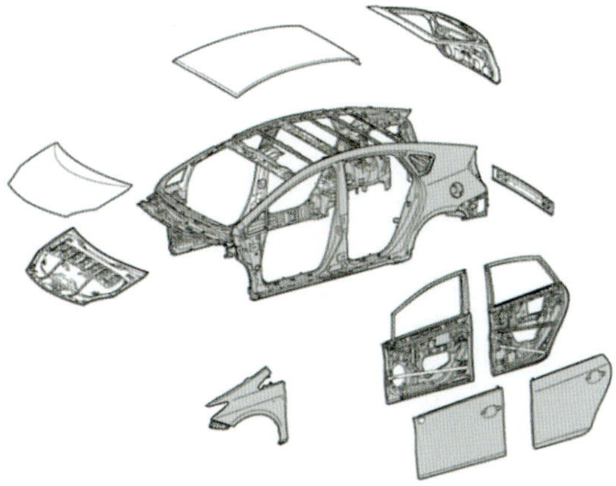

图 15-2　某轿车白车身构造

车身上安装许多可拆卸部件，如活动部件（包括车门、行李舱盖、提升式车门、发动机罩、油箱盖及相应锁和铰链），车身外装件（包括保险杠、前风窗玻璃、车窗、密封条、格栅、扰流板、外后视镜）以及车身内装件（包括仪表板、座椅、装饰板、安全带，内储物箱）等，这些部件与白车身共同构成汽车车身。

（一）车身构造

1. 装备车身

装备车身外部构成分白车身和可装配件。如图 15-3 所示，卡车一般装配件含前面罩、前保险杠、车门、轮罩、上下车部件。

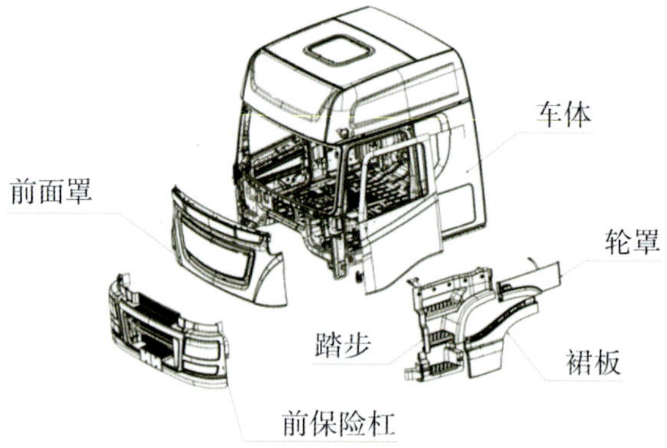

图 15-3 装备车身

1）前围上盖板

前围上盖板上通常要设置支撑转向柱的支架，确保管状结构的转向柱支撑梁及车身有足够的刚度。前围上盖板还具有阻止高速行驶时轮胎作用力和停车时发动机怠速振动作用力给转向装置带来振动的功能。如图 15-4 所示。

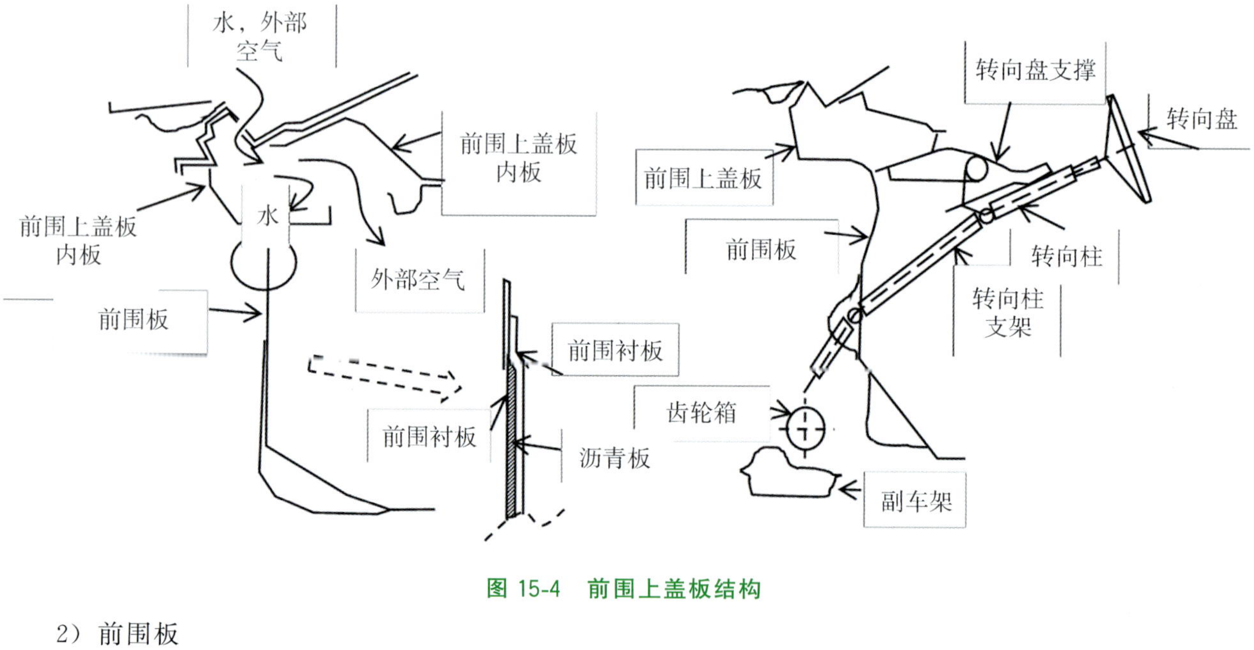

图 15-4 前围上盖板结构

2）前围板

（1）前围板是隔开发动机舱和客舱的部件，安装有踏板类部件及空调，布置有线束、配管、转向柱等的贯通孔，同时还具有防止发动机及轮胎噪声进入客舱内的作用。有的车身前围板采用钢板中间夹防振材料的夹层式结构。

（2）前围板还是控制碰撞造成客舱变形时，向地板纵梁转移由前纵梁传来的作用力的重要部件。

为连接左右的前纵梁，还设置了前横梁，以确保刚度。目前这些构件均呈厚板化及采用高强度钢板来制造的趋势。

3）发动机盖

发动机盖通常由造型面的外板及增加强度、刚度的内板构成。发动机盖的性能要求包括：

（1）刚度。要达到不使发动机盖出坑，不影响其品质感。

（2）耐压性。用力压发动机盖后不至于产生塑性变形。

（3）整体弯曲和扭转刚度。碰撞时产生适当的塑性变形，但发动机盖后端不应插入前风窗。从保护行人的角度出发，发动机盖还要求具有吸收碰撞时冲击能量的性能。近年来随着轻量化要求的提高，铝合金材料的应用不断扩大。

4）前纵梁

（1）前纵梁是构成前车身最重要的骨架部件，发动机、变速器、悬架装置及辅助部件均安装在前纵梁上，同时它还是吸收碰撞时的冲击能量，确保车身刚度的主要骨架部件。

（2）在低速碰撞时，为保证车身不产生变形，前纵梁需要具有较高的刚度；而在高速碰撞时，通过前纵梁的纵向弯曲变形，高效率地吸收碰撞冲击能量。

2. 地板

（1）车身地板是车身的支承部分。

（2）地板的主要功能：确保承受悬架及驱动系统作用力的强度、刚度及改善 NVH（噪声、振动、平稳）；防止车辆外部的水、尘土、热、噪声及异味进入，创造舒适的乘坐空间；撞车时可以保护乘员和燃料系统免受外力冲击，确保乘员生存空间；应确保客舱的居住性、乘降性、货厢的宽度、轻微撞车后容易修复、隔绝排气系统的热量，以及具有使用千斤顶、牵引车及车辆运输中的固定作业的方便性。

承载式车身的汽车没有刚性车架，只是加强了车头、侧围、车尾、底板等部位，发动机、前后悬架、传动系统的一部分等总成部件装配在车身上设计要求的位置，车身负载通过悬架装置传给车轮。轿车车身地板结构主要由地板、地板梁、支架、地板通道、门槛、连接板、座椅支架等构件组成。这样的车身优势是：公路行驶非常平稳，整个车身为一体，固有频率震动低，噪声小，整体式车身比较安全。缺点就是底盘强度远不如大梁结构的车身，当四个车轮受力不均匀时，车身会发生变形，另外制造成本偏高。如图 15-5 所示。

图 15-5　承载式车身结构

非承载式车身的汽车有刚性车架，又称底盘大梁架。如图 15-6 所示。车身本体悬置于车架上，用弹性元件连接。车架的振动通过弹性元件传到车身上，大部分振动被减弱或消除，发生碰撞时车架能吸收大部分冲击力，在坏路行驶时对车身起到保护作用，因此车厢变形小，平稳性和安全性好，而且厢内噪声低。但这种非承载式车身比较笨重，质量大，汽车质心高，高速行驶稳定性较差。非承载式车身的优点是有独立的大梁，底盘强度较高，抗颠簸性能好，此外四个车轮受力再不均匀，也是由车架承担，而不会传递到车身上去。主要的地板结构见图 15-7。

图 15-6　非承载式车身结构

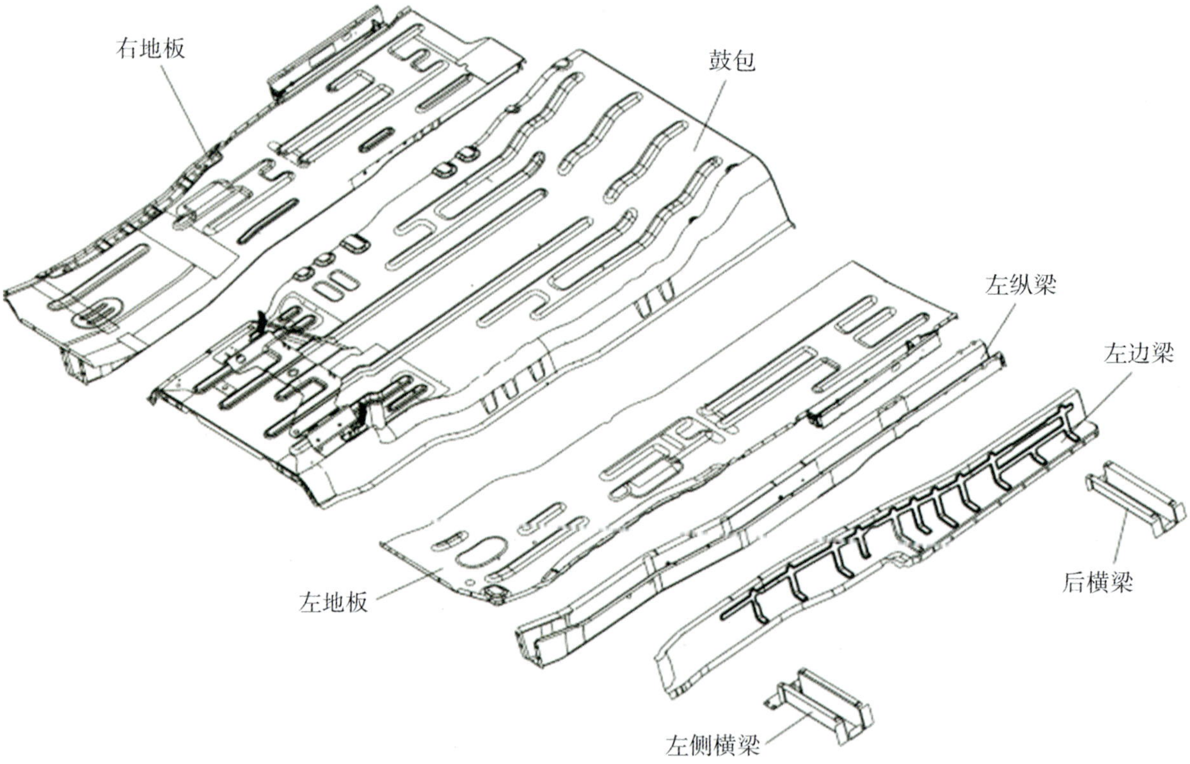

图 15-7　非承载式车身地板结构

3. 车身侧围及顶盖

车身侧围是决定车身整体弯曲刚度的重要部件。可以采用各部件单独冲压而成，也有采用外板采用整体冲压而成。主要构成见图示 15-8。典型车身侧围及顶盖各部的截面见图 15-9。

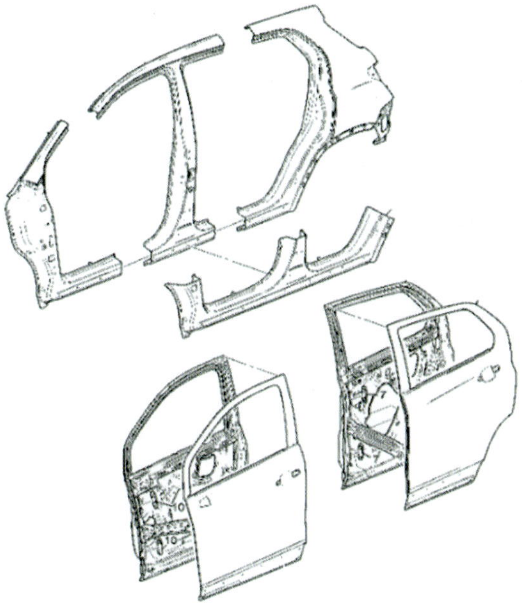

图 15-8　车身侧围及顶盖

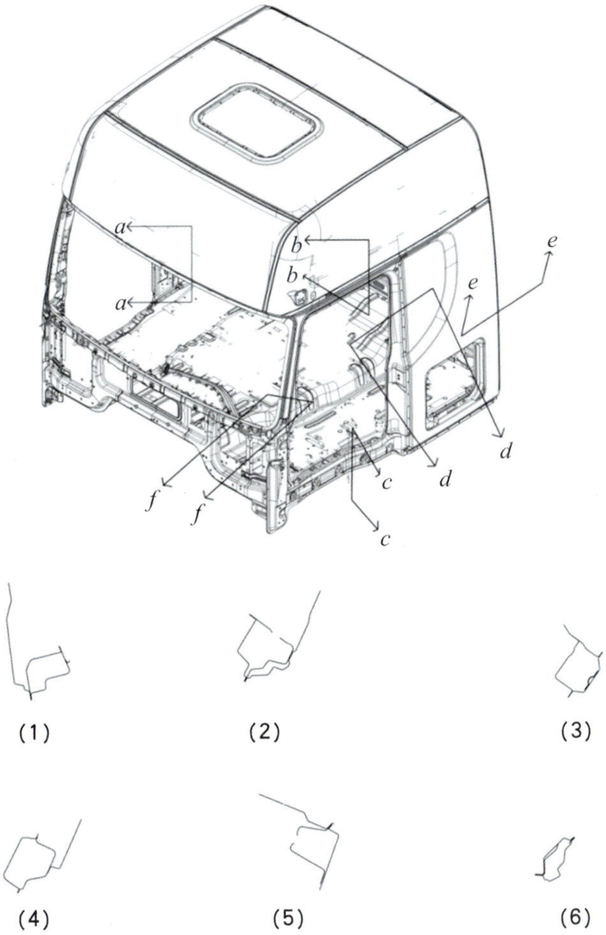

图 15-9　典型车身侧围及顶盖各部的截面图

(1) $a—a$ 为前顶上横梁断面；(2) $b—b$ 为门框上沿断面；(3) $c—c$ 为门框下沿断面；(4) $d—d$ 为 B 柱断面；(5) $e—e$ 为 C 柱断面；(6) $f—f$ 为 A 柱断面

4. 后部车身

后部车身是客舱后部的车身结构，一般指行李舱部位，其形式可以根据三厢车和两厢车大致分为两种结构。参见图 15-10；卡车后部结构相对简单一些，见图 15-11。

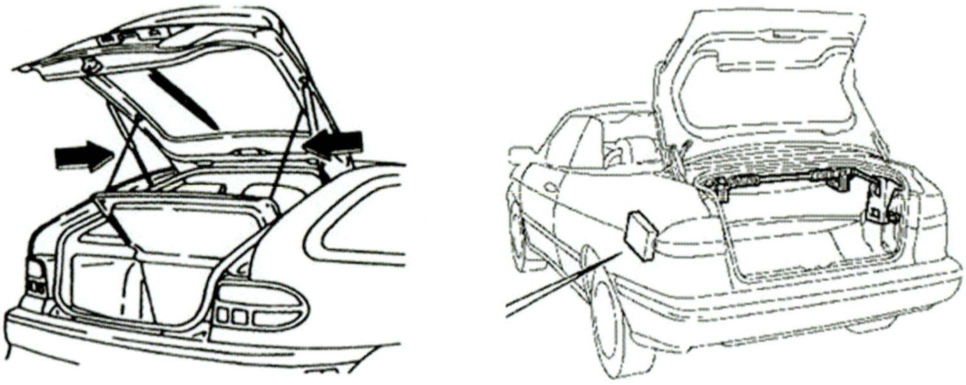

图 15-10　轿车后部车身

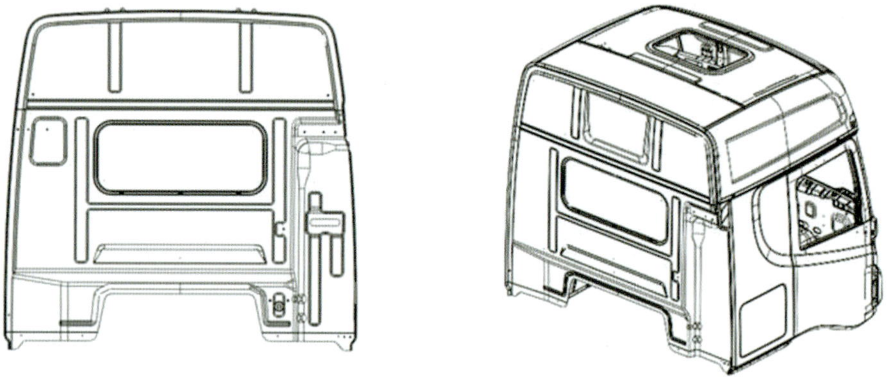

图 15-11　卡车后部车身

二、外部车身部件

（一）保险杠

（1）汽车保险杠的主要作用是在汽车发生低速碰撞时吸收部分能量以保护车身。另外作为外饰件，保险杠对车身的造型和空气动力特性影响也较大。前保险杠形状的最佳化设计对减小正面迎风阻力系数和升力系数效果明显。

（2）保险杠一般可分为普通型保险杠和吸能型保险杠。

普通型保险杠的结构简单，主要是由保险杠的外罩或加强板的变形来吸收冲击能量，可以在4km/h左右的低速碰撞时，具有保护车身的性能。如图 15-12 所示。

吸能型保险杠一般由面罩、能量吸收体、骨架及连接件组成，可以吸收 8km/h 碰撞时的冲击能量。常见的吸能结构，如图 15-13 所示筒式能量吸收装置，图 15-14 所示带发泡树脂型能量吸收装置的保险杠，图 15-15 所示采用蜂窝状能量吸收装置的保险杠，图 15-16 所示带碰撞盒及行人保护措施的保险杠。

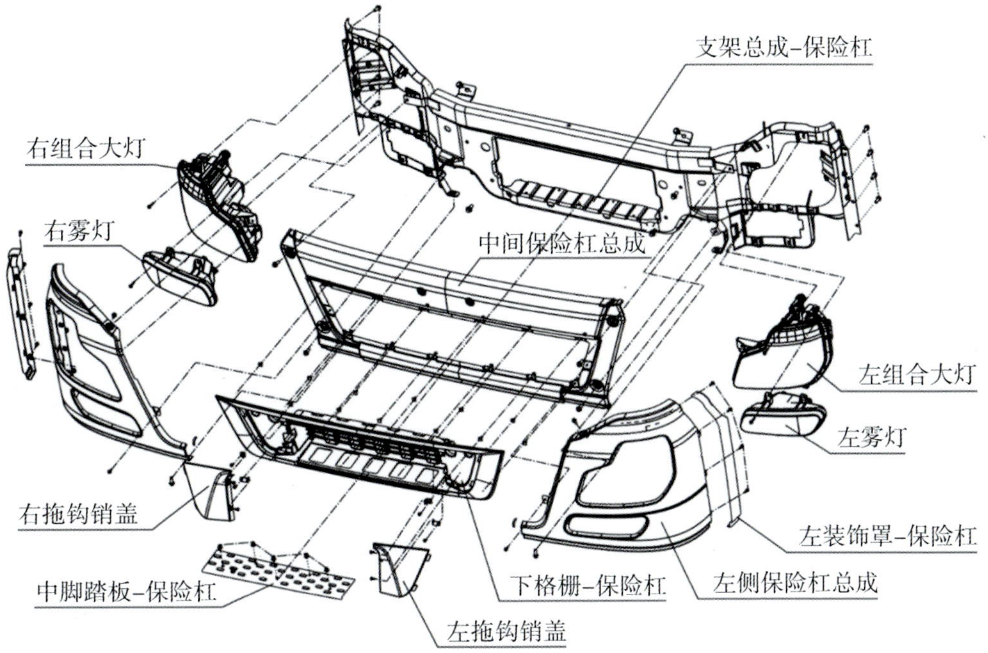

图 15-12　某汽车保险杠

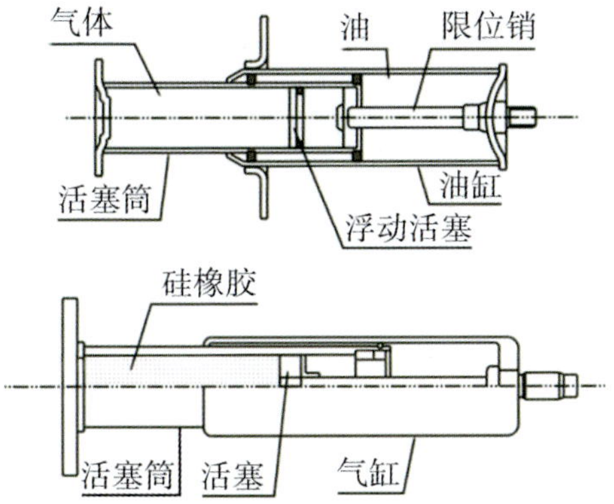

图 15-13　筒式能量吸收装置

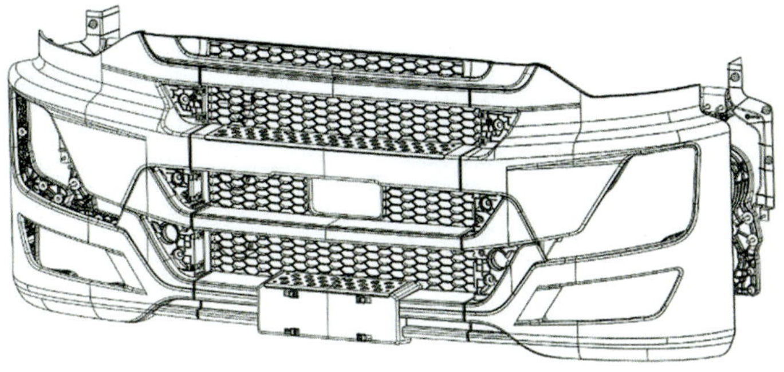

图 15-14　带发泡树脂型能量吸收装置的保险杠

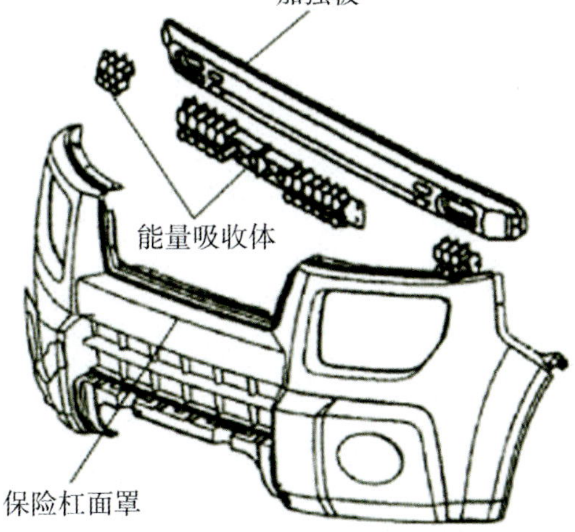

图 15-15　采用蜂窝状能量吸收装置的保险杠

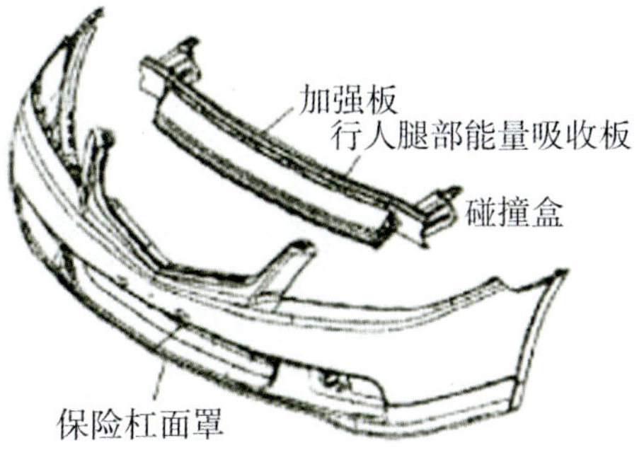

图 15-16　带碰撞盒及行人保护措施的保险杠

（二）散热器格栅

散热器格栅的主要功能本来是保护散热器，给发动机换入冷却空气，然而人们却发现散热器格栅在造型创意上的重要性极高，它反映了汽车品牌的造型风格。在进行设计时，必须要考虑散热器前面开口面积、格栅倾斜带来的空气流入量的变化及从前面看时发动机舱内部的遮蔽性。散热器格栅常用的材料为合成树脂，绝大多数为 ABS 树脂，特殊的也使用压铸锌和钢板。如图 15-17 所示。

图 15-17　德国三大汽车品牌的散热器格栅造型

1. 设计规范

美观和性能是主要目标：气体流动的有效性（不仅在压力损失和流速方面，而且在噪声、再循环和进水方面）；抵抗小的冲击应力、分布载荷（snow loading）和与外部物体的接触；耐化学试剂、紫外线、热变化；耐油漆和镀铬、不泛白的黑色网格；符合国际安全标准的半径。

在空气动力学模型分析中，选择进气口和出气口的最有效的车身区域。在风洞中对全尺寸模型验证的阶段，在管道入口处安装格栅原型，来允许与尺寸产生相同的压力损失。

在详细的部件设计阶段，根据结构和空气动力学性能分析格栅的数字模型，然后在道路和风洞测试验证原型。

通常格栅是注射成型的，材料选择由以下因素决定：

（1）热伸长率。

（2）热阻物理性能，由于格栅位于散热器附近或温度可以达到 90℃ 的发动机舱上部区域，对抗高温能力要求高。

（3）通过化学气相沉积工艺进行表面处理（喷涂或镀铬）或通过特殊涂料或热压。

在表 15-1 中列出了最常用于一体式格栅和分体式格栅的材料和表面处理工艺。关于安装，少于 10％的格栅被简单地拧紧，约 30％采用卡紧，60％采用混合紧固方案。

表 15-1　最常见的散热器格栅的材料、处理和形态

材料		一体式				分体式		
		铬黄	黑色	彩色	总计	铬黄	彩色	总计
非金属	ABS	9%	13%	17%	39%	26%	9%	35%
	ASA			9%	9%			
	ABS+PC					9%		9%
	PA					4%		4%
	BCM			4%	4%			
	总计	9%	13%	30%	52%	39%	9%	48%

注：ABS 塑料是丙烯腈（A）—丁二烯（B）—苯乙烯（S）的三元共聚物；

ASA 塑料是由苯乙烯、丙烯腈和丙烯酸酯类橡胶体共聚合而成；

PC 聚碳酸酯，又称 PC 塑料，是分子链中含有碳酸酯基的高分子聚合物；

PA 聚酰胺（PA）材料；

BCM 全称为 bulk molding compounds，即团状模塑料，是一种热固性塑料，这种材料由多种成分组成。

2. 设计标准

对于散热器格栅，最重要的性能有：参考局部空气流动矢量叶片的入射角、叶片形状（轮廓、夹具之间的距离、厚度、长度），半径和框架设计，受动态应力（气动压力、振动、小冲击）以及空气流动的影响。连同格栅的结构强度，保证进气能量损失尽可能小是非常重要的，因此需要优化格栅轮廓。

（三）发动机盖和行李箱盖（轿车）

大多数汽车发动机盖前部用锁固定，如图 15-18 所示。后部通过铰链悬挂于车身前围挡板上，是往后开启的形式，如图 15-19 所示。

图 15-18　发动机盖

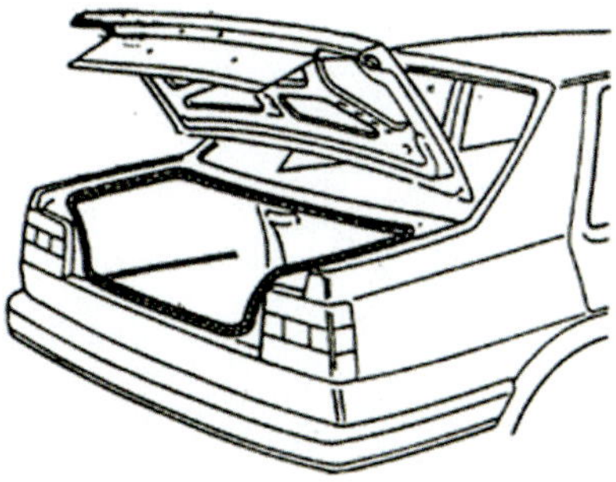

图 15-19　行李箱盖

1. 盖体

两盖都由内、外板组成；盖体结构特点：发动机盖和行李箱盖结构见图 15-20。

(1) 与发动机罩配合的部件是由翼子板、前围板、散热器框架等形成的一个刚性周边。为避免发动机罩与周边框架接触而产生振响，沿周边设有一些附加的发动机罩的支点——橡胶缓冲块。

（2）为保证发动机罩与周边之间的间隙均匀，发动机罩是可以调整的，所以往往在铰链臂上或车身挡板上做有椭圆孔，而铰链与车身的连接是通过螺钉和活动螺母板。

（3）对行李箱盖，为了保护行李，在关闭状态，整个行李箱盖的周边应该紧紧地压在行李箱框架的橡胶密封条上。由于轿车上行李箱口几乎是沿水平布置的，更应注意密封性。

（4）当气温很低时，后者的密封条会与箱口冻结在一起，打开行李箱盖时，密封条可能从胶结面上被拉下来，所以必须采取沿箱口侧设流水槽或其他措施。

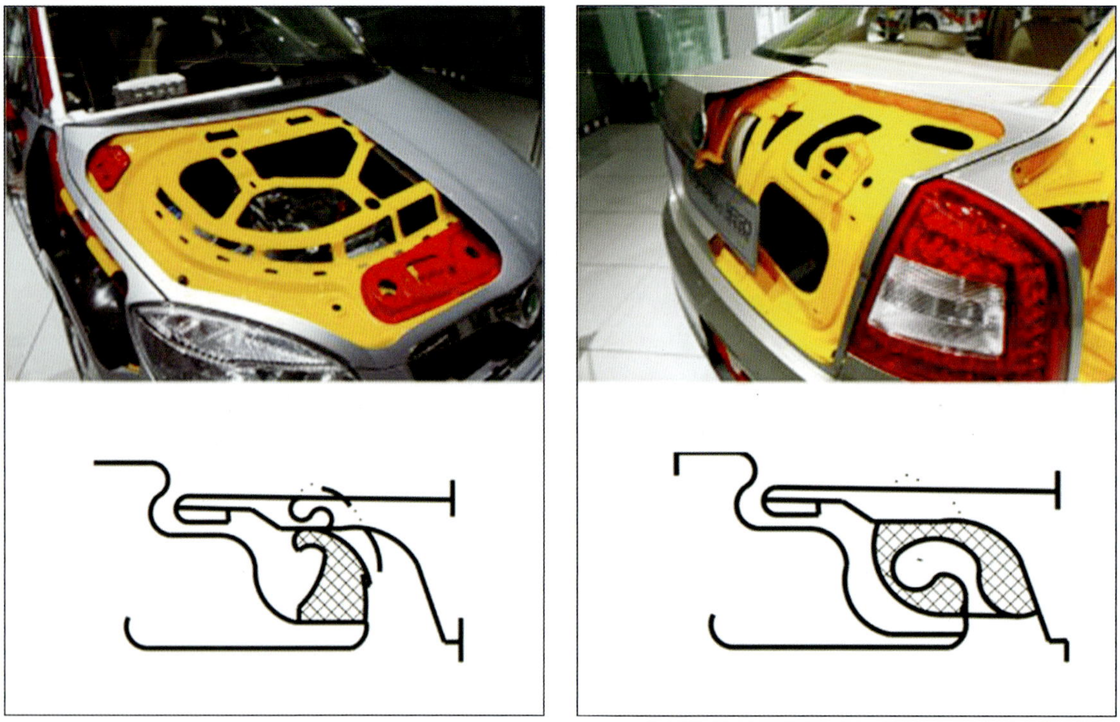

(1)　　(2)

图 15-20　发动机盖和行李箱盖结构

（1）发动机盖；（2）行李箱盖

2. 铰链机构

铰链机构应满足下列基本要求：

（1）保证盖有足够的开度，并在开启过程中不与车身其他部分干涉。行李箱盖的开度一般在 40°~50°左右，发动机罩盖开度则可达 90°，主要是为了拆卸发动机方便。

（2）开闭盖必须轻便、灵活，因此铰链机构采用平衡弹簧。

（3）有足够的强度和刚度，以保证运动正确、可靠耐久。

带有平衡弹簧的铰链称为平衡铰链，有简单平衡铰链和连杆式平衡铰链之分。

简单平衡铰链绕固定轴旋转，可通过恰当地选择轴线位置及铰链臂的形状，避免盖在开启过程中与车身干涉，并保证一定的开度。由于平衡铰链结构简单，故较多采用。

有些车身因为结构布置或车身外形等原因，而采用连杆式平衡铰链，在开启盖时其瞬时旋转中心是不断变化的，可以通过改变机构连杆尺寸来实现所要求的任何运动轨迹和开度。如图 15-21 所示。

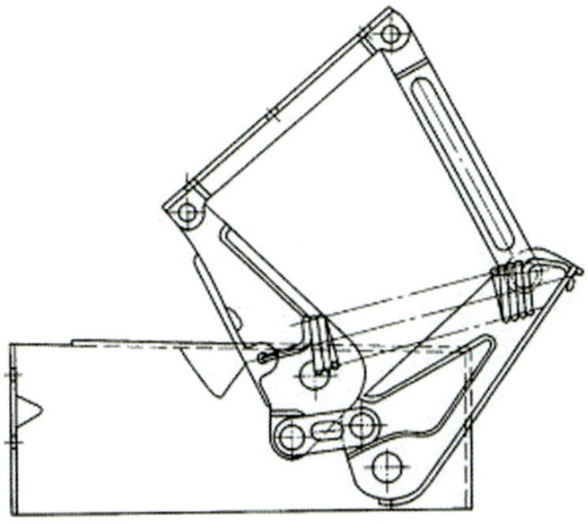

图 15-21　连杆式平衡铰链

平衡机构弹簧特性：平衡机构弹簧特性应使盖在关闭位置时，弹簧力对铰链销轴线的力矩能够平衡盖的重力矩；而在盖开启至最大位置时，所需弹簧的平衡力矩应略大于盖的重力矩，以使盖不会落下。

3. 锁止机构

发动机罩锁止机构通常由上、下锁体，操纵机构和安全钩等组成。现多用柱销锁或卡板锁。见图 15-22。

在行李箱盖锁止装置上装有安全机构，这种安全机构必须通过操作锁止器上的操纵杆或与锁止器相连接的钥匙芯才能打开。如用遥控开启装置，一般采用缆线控制，操作手柄设置在驾驶席旁边。此外还有电磁式开启装置。

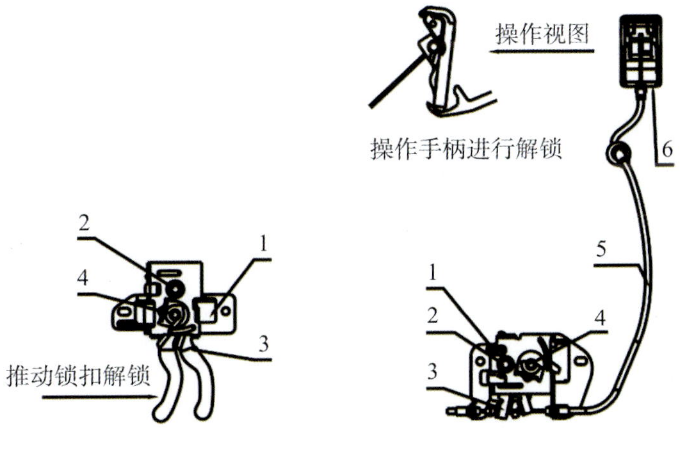

1－锁体；2－铆接柱；3－锁扣；4－锁销；5－拉丝；6－扣手

图 15-22　某车型面罩锁止机构

(1) 外开式；(2) 内开式

4. 盖体性能分析和试验

在设计新车型时往往需要根据设计要求车型和新设计盖体的性能进行分析或试验。具体见图 15-23 所示。

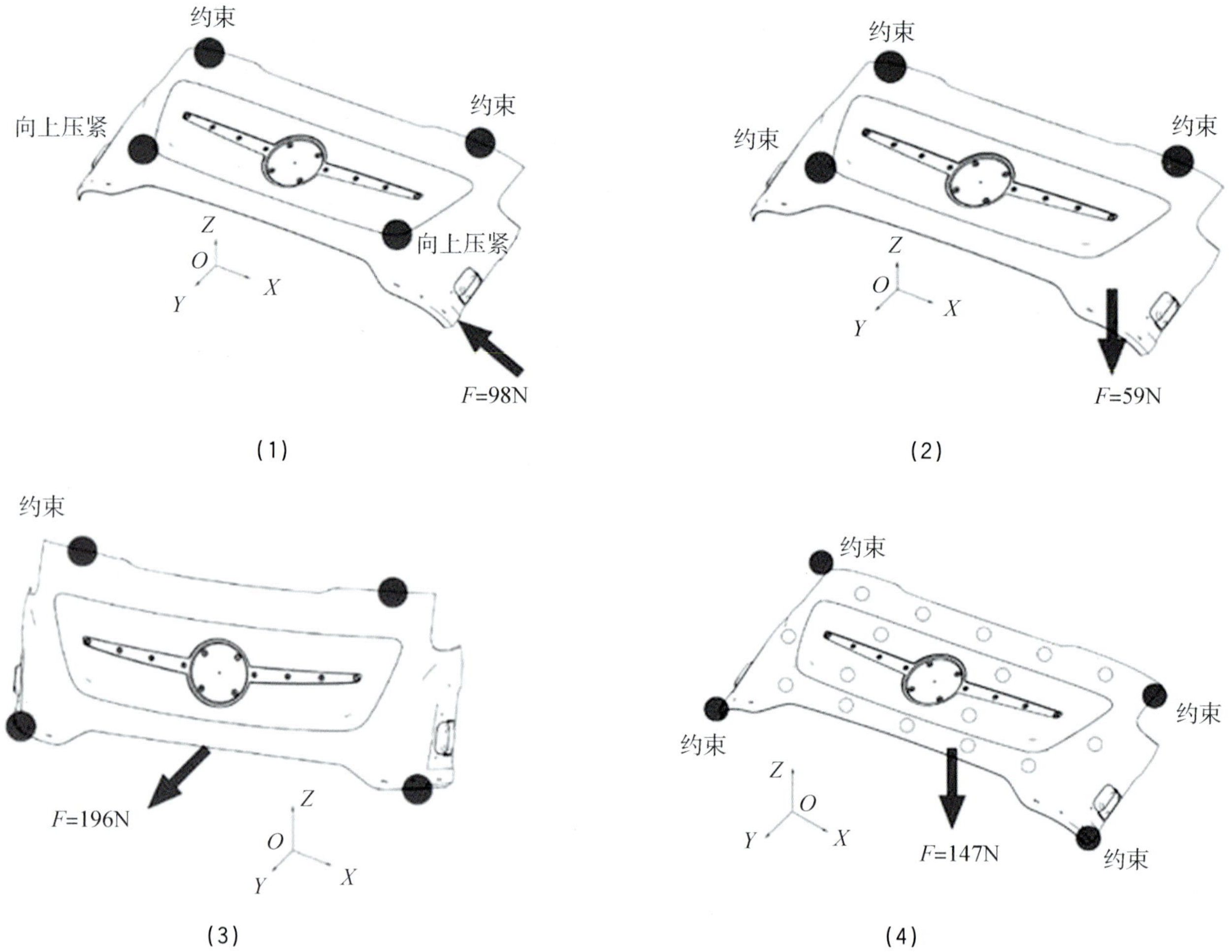

图 15-23　面罩性能分析和试验工况

(1) 横刚性；(2) 扭转刚性；(3) 弯曲刚性；(4) 支撑刚性

5. 后背门

轿车背门是斜背式或快背式轿车上的重要部件。通过两个铰链悬挂在顶盖后横梁上。背门一般采用臂式铰链、空气弹簧减振支撑杆、卡板式门锁，门锁的解扣由拉索控制。如图 15-24 所示。

需要进行铰链系统的刚度校核，对背门铰链系统的悬挂稳定性和门缝边缘齐平度进行分析，以及对门框尤其是安装铰链的顶盖后横梁进行强度和刚度分析，并尽可能减轻结构质量。

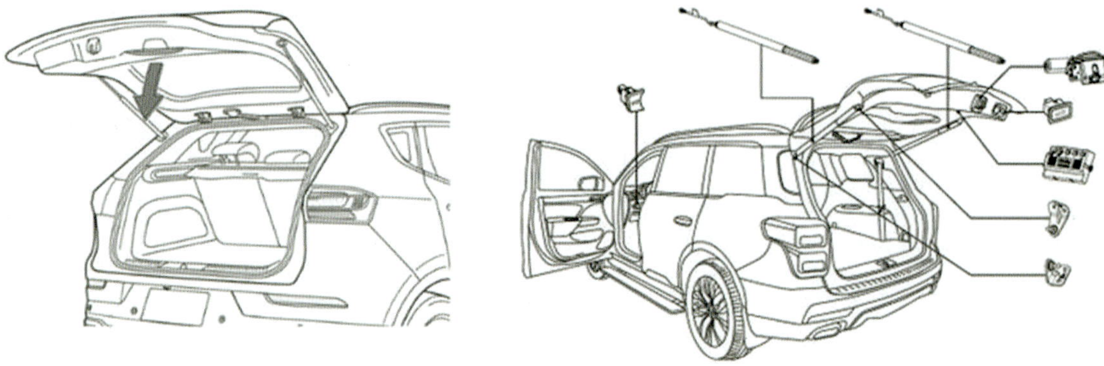

图 15-24　后背门结构

（四）车门系统

1. 车门简介

车门是车身上一个独立的总成，直接关系着整车的安全性、乘员操作与上下车的方便性、空气动力特性、密封性和噪声，还会影响造型效果。车门上附件较多，开关频繁，因此对性能和可靠性要求都很高。主要分类见图 15-25 所示。

车门功能要求如下：

（1）车门应具有必要的开度，以保证人和货物进出方便。要求其开关灵活，且开启后能停止在最大开度和半开的位置上。

（2）车门安全可靠，关闭时能锁住，不得因振动、碰撞而自动开启，且能防盗（防止外人伸及锁住的车辆内部）。行车或撞车时，车门不会自动打开。发生车辆侧撞或滚翻时，车门能起到结构支撑作用，且能正常打开。

（3）操作性良好，车门开关方便，玻璃升降轻便、灵活，部件系统可靠、耐久。

（4）具有良好的密封性，使乘员与外界隔离。传入车室内的噪声最小，灰尘和废气的吸入量最少，并应有防止水积存于门腔内的措施。

（5）车门应具有足够的刚度，不易变形下沉，行车时不振响。

（6）制造工艺性好，易于冲压并便于安装附件，同时要求拆装、修理方便。

（7）车门造型与整车协调，保证表面齐平、门缝间隙均匀。

（8）设计应满足人机关系的要求，如空间位置、操作件位置和视野障碍最小化等要求，以提高乘员舒适性。

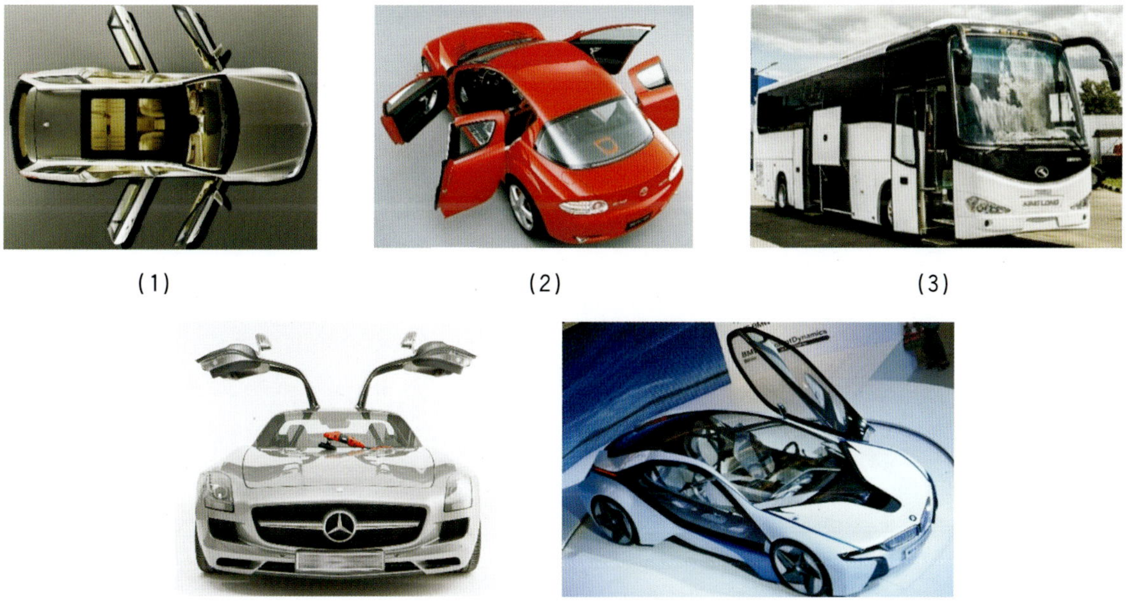

(1)　(2)　(3)　(4)　(5)

图 15-25　各种车门的开启方式

(1) 旋转（顺开）；(2) 旋转（逆开）；(3) 外摆门；(4) 旋转（剪刀式）；(5) 旋转（鸥翼式）

2. 车门的结构与组成

车门一般由门体、车门内饰和车门附件三部分组成。如图 15-26 所示。

门体：即白车门（door in white），它支持和控制车门内所有附件的位置关系。是包括车门内板、外板、门体加强板、抗侧撞梁、窗框等零件的焊接总成。

门体结构按窗框的形式，可分为无窗框结构和有窗框结构。有窗框结构又分为组装式结构和整体式结构；门体结构前门包括如图 15-26 所示卡车车门和结构，如图 15-27 所示轿车车门和结构。

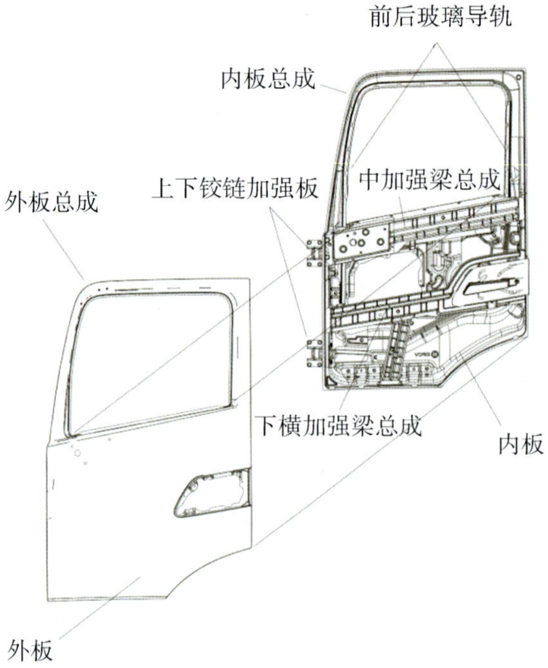

图 15-26　卡车车门和结构

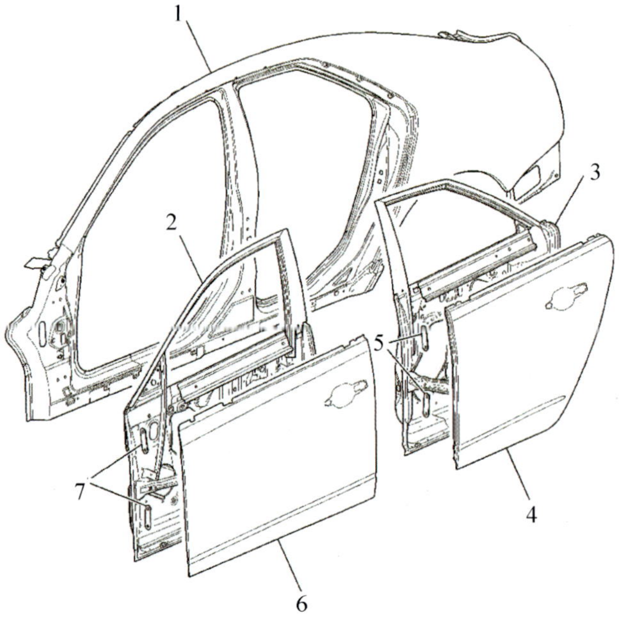

1－侧围门框；2－车门内板；3－车门门框；4－车门外板（后）；
5－车门铰链加强板（后）；6－车门外板（前）；7－铰链加强板（前）

图 15-27　轿车车门和结构

门体结构形式包括无窗框结构、组装式窗框结构、整体式车门结构。

1）车门内外板

主要构成如图 15-28 所示。

（1）车门外板。车门外板一般由厚度为 0.65～0.85mm 的薄钢板冲压成形，其外形和制造的表面质量必须符合车身造型的要求。由于轻量化和侧面碰撞安全性的要求，车门外板广泛使用高强度钢板。

（2）车门内板。车门内板是几乎所有车门附件的安装体，是车门重要的支撑板件，一般采用 0.7～0.85mm 的薄钢板拉深成形。对于整体式门内板，拉深深度形成门体厚度的侧板。

（3）车门加强板。车门加强板用以提高附件安装部位的刚度和连接强度。激光拼焊钢板已广泛应用于车门内板的侧板，它可以省去铰链加强板及其工装模具，并可以提高车门刚度，减轻车门质量。

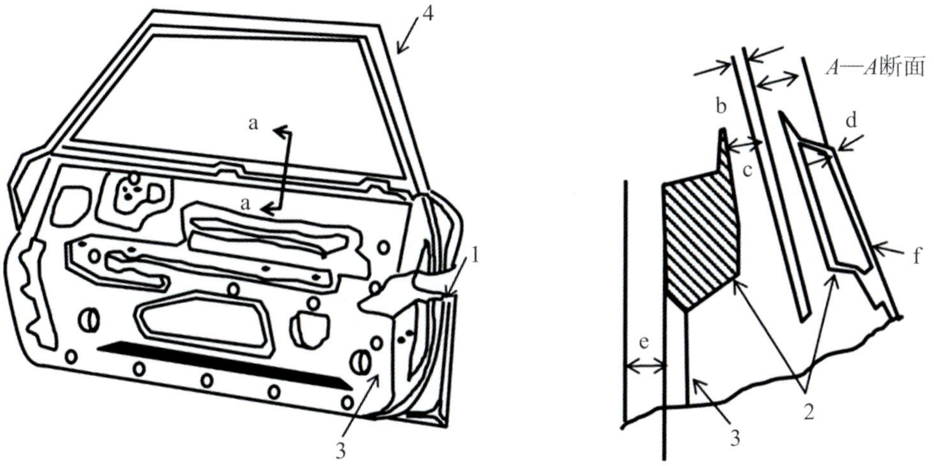

1－车门外板；2－加强板；3－车门内板；4－窗框

a－玻璃厚度；b－腰线到玻璃的距离；c－金属到玻璃的距离；d－腰线上的点；e－内饰板厚度；f－内腰带梁截面宽

图 15-28　车门内外板结构

（4）抗侧撞梁。

为使车辆抗侧撞性能达到安全标准的要求，现代轿车大多在车门内装有抗侧撞梁。该梁可以是圆管，也可以是用高强度钢板冲压成形的异型截面梁，截面厚度为 33～36mm，两端通过连接件焊接在门内板上。如图 15-29 所示。

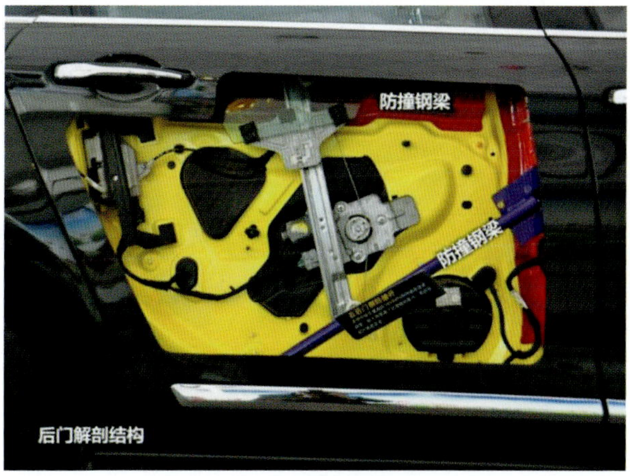

图 15-29　抗侧撞梁

2）车门内饰

车门内饰除了用以装饰车室内部外，还可以起到隔声、吸声、防止车外灰尘进入和水侵入的作用。由于车门内饰及构件软化，在车辆碰撞时能保护乘员，提高安全性。

车门内饰结构是由芯材、衬垫、蒙皮、内饰固定板及附件组成。现在轿车车身大多采用成型内饰，有真空成型、发泡成型、注塑成型、热冲成型和树脂冲压成型等。

3）车门附件

车门附件主要包括铰链和限位系统、门锁系统、玻璃升降系统、密封系统等。

（1）车门铰链及限位系统。

门铰链：车门通过上、下铰链悬挂在门柱上，整个车门（包括门内饰板）的质量及任何作用在车门上的力，在车门关闭的状态下，是由两个铰链、门锁及固定在车身门柱上的锁闩系统来支承；而在车门打开时，则全由铰链支承。实际车门的下垂，通常是由于在载荷作用下，铰链与车身或车门的连接部位发生变形所致。如图 15-30 所示。

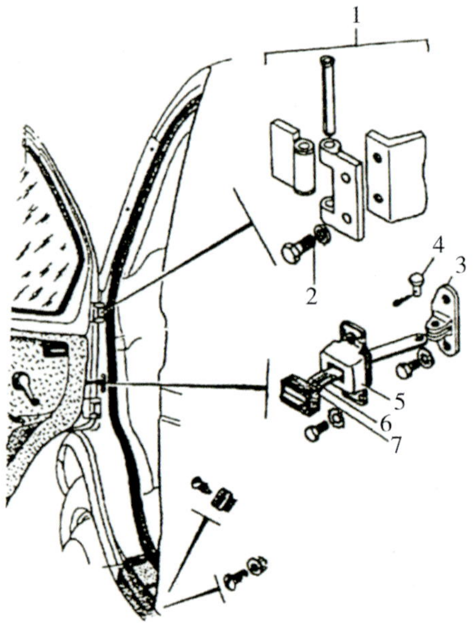

1—铰链；2—铰链安装紧固件；3—限位器；4—限位器安装紧固件；

5—限位器护套；6—限位器拉杆；7—限位器座

图 15-30　车门铰链及限位器

车门铰链：门铰链因使用频率高，要有很高的耐久性、强度和可靠性，受到再大的冲击，铰链也不能与车身分离。门铰链有合页式和臂式两种。臂式的铰链轴安装在门柱内，所以要求门柱粗大。其优点为轴线相对车门的位置较远，开门时能使门往外移，因而不易与门框或车身其他部分干涉。现代轿车车身广泛采用合页式铰链，两个合页分别固定在车门和车身门柱上，合页之间用销轴定位和连接，铰链轴线在门柱以外，与臂式铰链相比质量轻、刚度高和易于装配。主要构成见图 15-31。

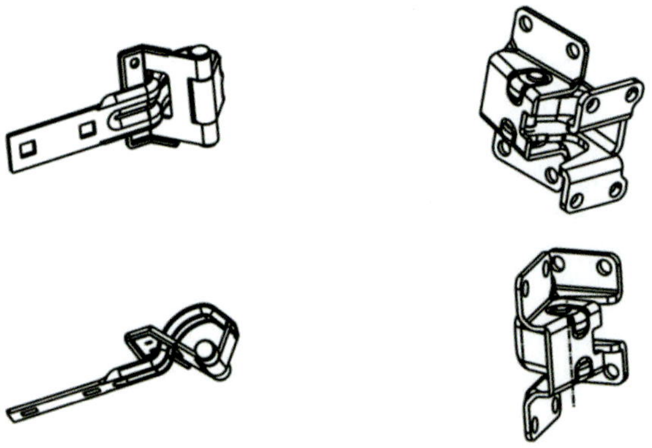

(1)　　(2)

图 15-31　车门铰链

(1) 连臂式；(2) 合页式

车门限位器：车门的开度限位器具有门半开时的支承功能和全开时的制止功能，见图 15-32。其作用是限制车门的最大开度，防止车门外板与车身相碰，并使车门停留在所需开度，防止车门自动关闭。由于它和门铰链一样使用频率高，故要求它有很高的耐久性和可靠性。车门的最大开度一般在 65°～70°，考虑到上下车方便性，卡车开度在 75°～85°。

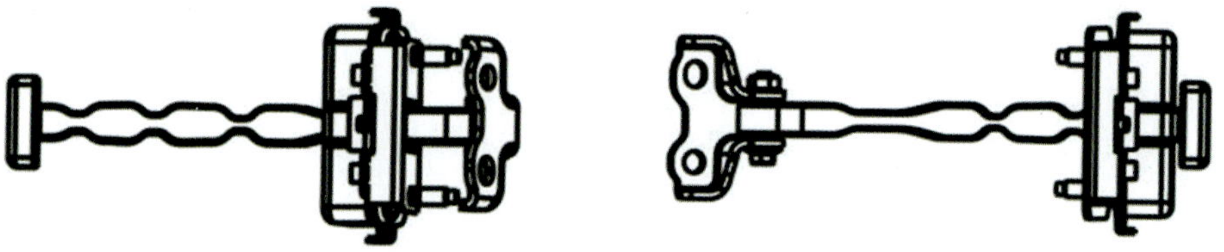

图 15-32　车门限位器

(2) 门锁系统。

门锁系统是控制车门可靠锁紧和安全开启的系统的总称，一般分为手动式（机械式）门锁和自动门锁。目前，一般汽车都采用了自动门锁。

一般汽车都采用了自动门锁，由驾驶员集中控制，即当驾驶员的车门上锁后，所有车门同时锁止，因此也称为中央控制门锁。

门锁按其结构大致可分为舌式、棘轮式和凸轮式。舌式锁优点是结构简单，安装容易，对车门的装配精度要求不高；缺点是只有横向（开门方向）的定位，不能承受纵向载荷，故可取性差，加之关门沉重，噪声大，锁舌与锁闩易磨损，因而在现代汽车上几乎已经淘汰。

棘轮式锁现在广泛采用。其特点是锁内部有一套由锁钩（棘爪）和棘轮组成的制楔机构。由于位于门腔外部的锁闩和门柱上的挡块形式不同，有转子式门锁、卡扳式门锁等。见图 15-33 为装车身上的棘轮式门锁、图 15-34 为装在车身上转子式门锁、图 15-35 为卡板式锁啮合形式。

门锁系统的要求：①门锁必须可靠地将车门锁紧，在汽车行驶中车门不允许自动打开；②车门的开启与关闭应轻便、灵活；③能承受纵向力、横向力及惯性力，开关轻便满足法规要求；④设有锁止机构情况下，当锁止时，如按下锁止按钮或车外用钥匙锁止时，扳动车门内、外手柄，不能打开车门，在车外只有用钥匙才能打开车门，在车内只有先拉起锁止按钮才能打开车门；⑤当车门开着，锁止按钮按下时，此时关闭车门撞动锁爪，即可通过联动杆来解除锁止状态，同时可防止由于钥匙忘在车内而打不开车门。

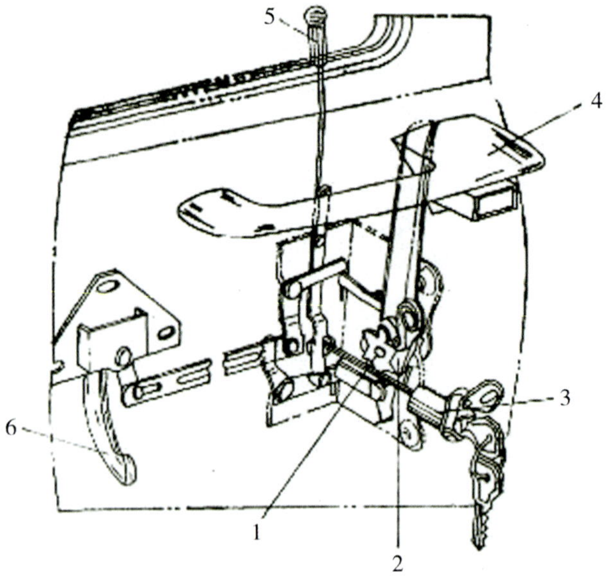

1－棘轮；2－锁钩（棘爪）；3－锁芯；4－外开手柄；
5－锁钮；6－内开手柄

图 15-33　装车身上的棘轮式门锁

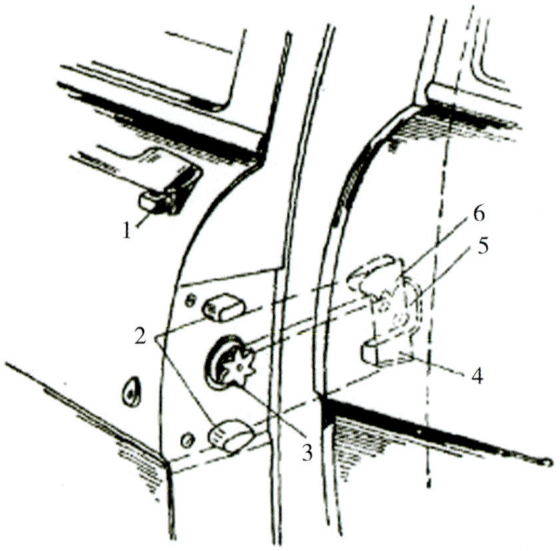

1－按钮；2－导向楔；3－转子；4－定位器滑块；
5－定位器；6－定位器挡块

图 15-34　装在车身上转子式门锁

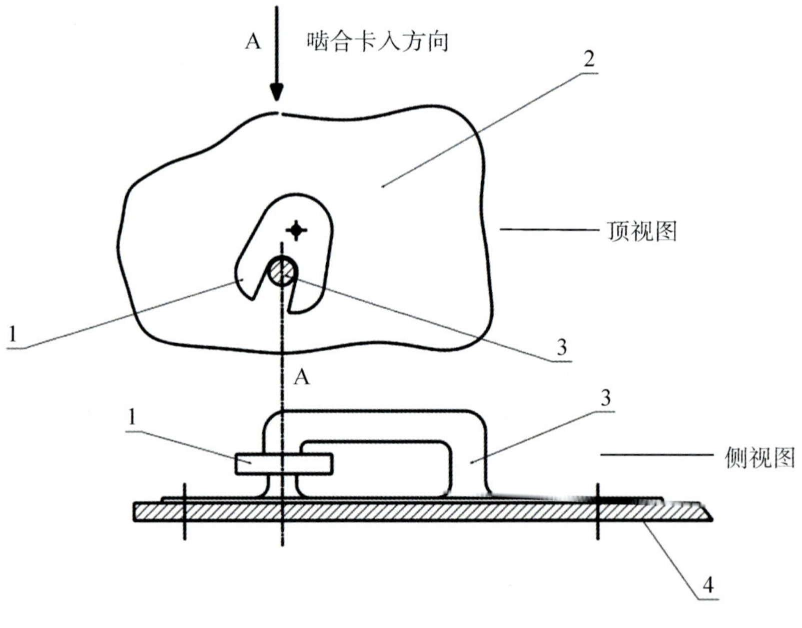

1－卡板；2－门侧板；3－门栓（锁环）；4－门柱

图 15-35　卡板式锁啮合形式

门锁系统构成主要包括锁芯、外手柄、外锁止杆、外开启杆、锁闩、锁体、内开启杆、内手柄。如图 15-36 所示。

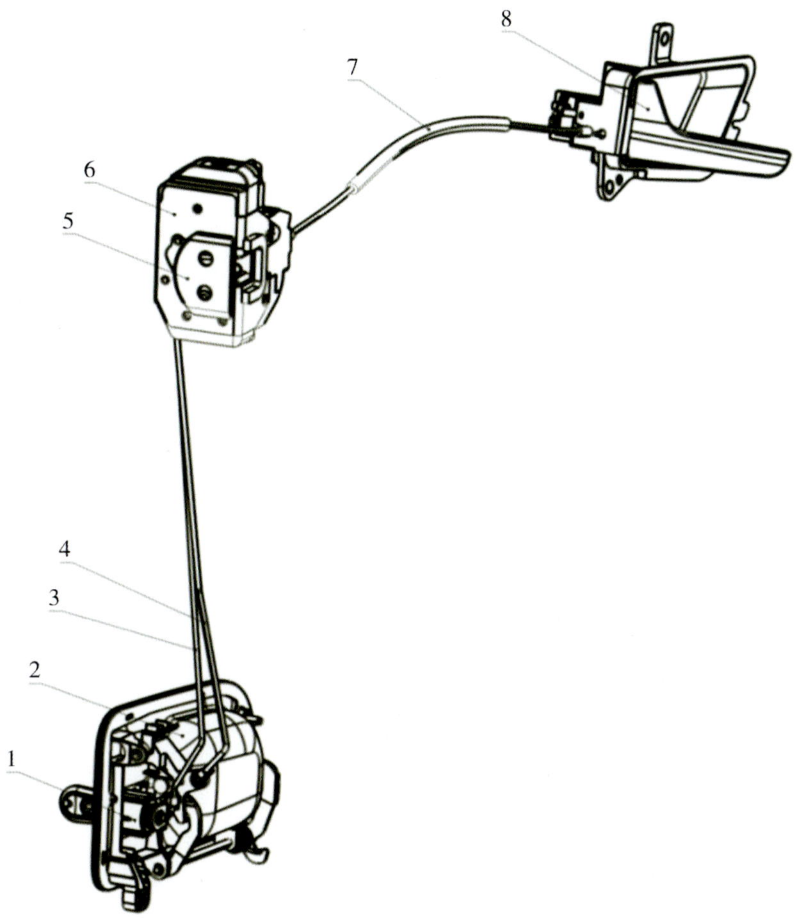

1—锁芯；2—外手柄；3—外锁止杆；4—外开启杆；5—锁闩；6—锁体；7—内开启杆；8—内手柄

图 15-36 门锁系统

门锁系统的布置要求：在高度上，锁体应略高于车门质心或与车门质心布置在同一水平线上。水平方向上，门锁在玻璃的外侧，有利于外手柄和内锁止机构的布置。多数情况下，都使后窗框保留一定的倾斜度，使门端板与玻璃导轨之间有一定的空间给门锁使用。锁闩的轴线与铰链的轴线垂直。一般在布置铰链时，为使车门有自动回位的作用，铰链一般都有一个内倾角。

4）玻璃升降系统

车门玻璃升降系统的功能，一是支撑和保护玻璃，二是使玻璃升降能随意停位。玻璃升降系统由支承玻璃的托架、导轨和玻璃升降器等组成。玻璃升降系统应满足如下要求：

（1）车门玻璃升降平顺，工作可靠，无冲击阻滞现象。

（2）操纵轻便省力。

（3）具有防止玻璃受外力时升降器倒转的机构，防止人从车外能够迫使玻璃滑下。

（4）对于电动玻璃升降器，还应考虑防夹功能。

车门玻璃升降器的结构类型：目前常用的玻璃升降器有臂式传动和钢丝绳式传动两种结构类型。如图 15-37 所示。

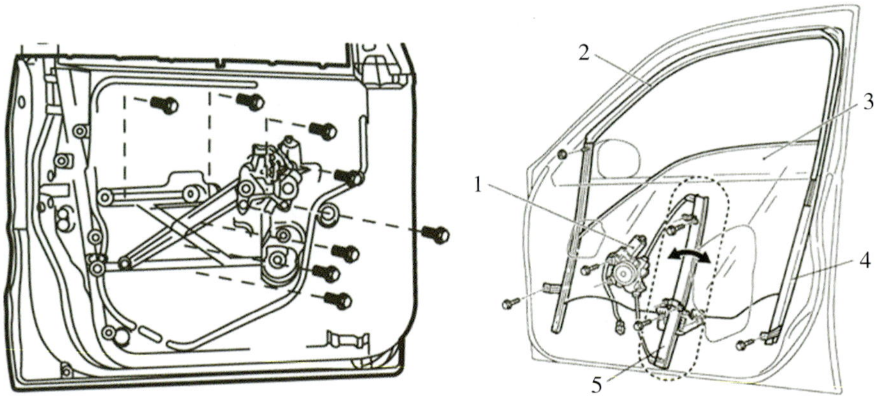

(1)　　　　(2)

1－玻璃升降器电机；2－门框密封条；3－玻璃；4－玻璃导轨；5－玻璃升降器

图 15-37　车门玻璃升降器的结构类型

(1) 臂式传动；(2) 钢丝绳式传动

臂式传动玻璃升降器结构类型有单臂式、交叉臂式、平行臂式。车门窗框上具有平行的玻璃导槽，可采用单臂式结构。车门窗框不平行；玻璃形状不规则，导向槽短，则应采用交叉臂式（或钢丝绳式）结构。

5）密封系统

车门与车身门框之间的密封摇车门与车身门框之间是通过安装橡胶密封条来实现车室内部与外界的隔离，以防雨水、灰尘、风和噪声侵入车内。密封条还对车门的关闭起到缓冲作用，同时防止车辆在行驶中发生振响和气流啸声。

密封条的材质一般是表面具有合成橡胶护膜的海绵橡胶，也有采用硬质橡胶或 SBR 海绵的。表面护膜是采用氯丁二烯或氯磺化聚乙烯类的合成橡胶，护膜厚度为 0.1～0.5mm，它不仅改善了密封条的耐候性和耐磨性，而且使密封条外形美观。要求：

(1) 弹性好，永久变形小。

(2) 良好的耐候性和耐老化性，低温下不发硬。

(3) 具有一定的强度和表面护膜的耐磨性。

(4) 吸水率低。

(5) 便于成形（挤压成形或模具成形）和装配（如与车漆表面能牢固粘接且无污染性）。

车门密封条的固定方式有粘接、卡扣固定、嵌入式固定或夹持等，装配位置有车身装配型、车门装配型、双重装配型。如图 15-38 所示。

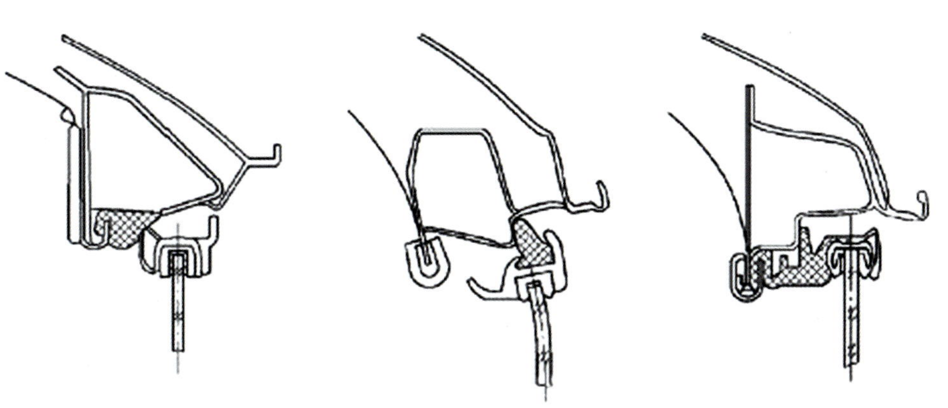

(1)　　(2)　　(3)

图 15-38　车门密封条装配方式实例

(1) 车身装配型；(2) 车门装配型；(3) 双重装配型

密封条的弹性特性：当出现车门与车身门框之间间隙不均匀时（如制造偏差），密封条设计应当使其载荷不会有大的变化。即密封条的弹性特性最好取用中间一段。如果取用载荷变化大的一段，虽然密封性可以提高，也可以减小车门振动，但会使车门关闭力加大且振响声大。

车门密封条的截面形状一般分中空型和唇形两种，现在广泛采用的是中空压缩型密封条。一般车门下部采用双层密封。具体常见密封实例见图 15-39。

设计时要尽可能使车门四周与门框之间间隙均匀，密封条与门框接触面及贴合方向一致，以便获得均匀的压力，并防止密封条因受力方向变化而扭曲、撕脱。车门密封条特性曲线和密封条形式见图 15-40。

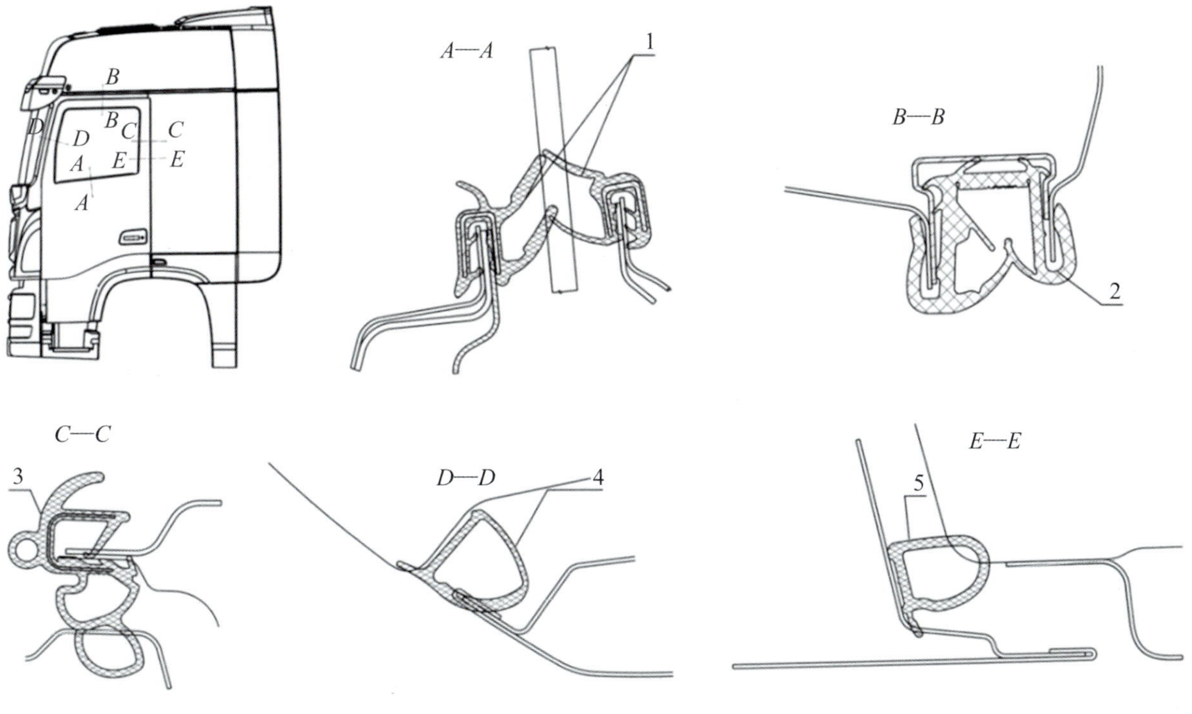

1—内外水切密封条；2—玻璃呢槽；3—一级密封条；4—二级密封条；5—门框密封条

图 15-39　车门密封实例

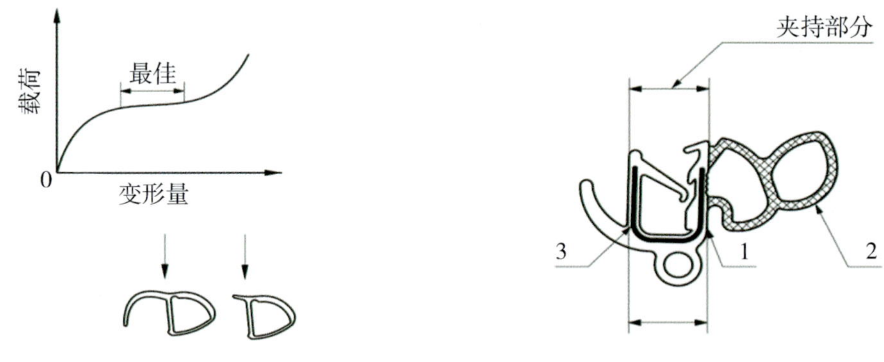

(1)　　　　　　　　(2)

1－硬质橡胶；2－海绵橡胶；3－金属骨架

图 15-40　车门密封条特性曲线和密封条形式

(1) 唇型；(2) 中空型

门窗密封主要靠玻璃导槽和车门窗台处横置的密封条。玻璃导槽一般采用粘接或嵌入的方式装配在门窗框的结构凹槽内。断面形状设计时，要考虑导槽与窗框的装配关系。为了减小玻璃升降阻力，导槽两侧通过植绒的唇边或柔软的压缩面贴于玻璃，使玻璃升降平稳、轻便。具体见图 15-41 车窗框密封结构。

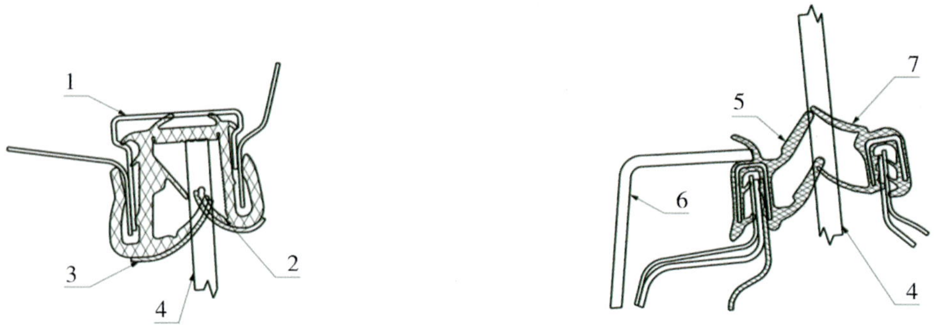

(1)　　　　　　　　(2)

1－窗框；2－橡胶导槽；3－植绒；4－玻璃；5－车内侧密封条；6－车门内饰；7－车外侧密封条

图 15-41　车窗框密封结构

(1) 导槽密封结构；(2) 窗台双面密封

3. 车门布置设计

车门是车身结构的一部分，其外形尺寸受车辆总体外形（主要是车身侧面外形）和车室内部布置空间的约束。

车门铰链布置：铰链轴线的布置影响车门的摆动轨迹。在车身外形设计的初级阶段，就需要布置铰链轴线并对车门旋转轨迹进行校核，防止车门边缘与周边结构（如前翼子板、门框）或前、后门之间发生干涉，确保造型设计（门缝线设计）的可行性，并确定门柱尺寸等。

一般轿车，上铰链的上端到下铰链的下端的间距在 350～500mm，大多保持在 400mm 左右。

铰链轴线在宽度方向的布置：铰链轴线与车门外板表面的距离越大，则越容易发生干涉，所以铰链轴线应尽可能向车身宽度方向外移（使靠近车身表面），通常铰链轴线至车门外板表面的最宽点距离为 30～50mm。但轴线外移受上、下铰链间距的限制。铰链布置时要处理好轴线外移与铰链间距、车门高度三者之间的关系。

铰链轴线的倾斜：在道路边停车并打开车门时，为了使车门下边缘不刮地且留有一定间隙，往往需要在车门开启的同时能举高车门。为此，应使车门铰链轴线内倾或后倾，内倾比后倾效果更好，一般内倾角度在4°以内。

车门玻璃布置，车门玻璃向车身中心的倾斜度和曲率主要取决于车身外形的需要，并影响车门厚度、车室宽度（乘员头部空间和肩部空间）和乘员进、出的方便性。常用车门玻璃曲率半径在1000～1800mm。

车门的玻璃表面应为鼓形表面，垂直于鼓轴的各截面半径是变化的，各截面玻璃曲线是一组同心圆弧。

玻璃升降器的布置：主动臂摆动中心的高度应设在靠近玻璃升程的一半处，可使滚轮在升降时的水平移动量最小，举升效率高。玻璃质心应接近通过交叉臂中心的铅垂线，始终位于两个支承滚轮之间，臂端的滚轮活动滑槽布置在玻璃长度中间的1/3段上，以使升降平稳。玻璃升降器布置见图15-42。

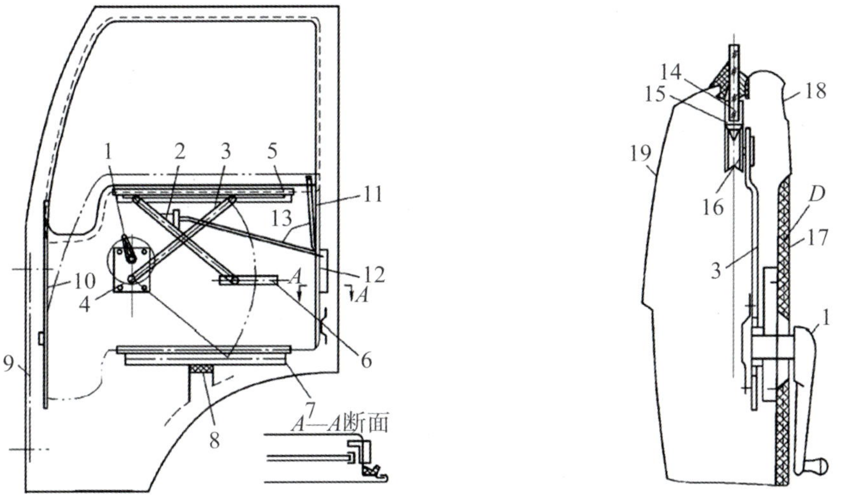

(1)　　(2)

1－操纵手柄；2－从动臂；3－主动臂；4－底座上主动臂的摆动中心；5－活动花草的上止点位置；6－固定滑槽；7－活动滑槽的下止点位置；8－玻璃限位块；9－铰链中心线；10－玻璃前导槽；11－玻璃后导槽；12－门锁体；13－锁联动杆；14－玻璃中心线；15－玻璃托槽；16－滚轮；17－内饰板；18－门内板；19－门外板；*D*—安装平台

图15-42　玻璃升降器的布置

(1) 平面布置；(2) 侧面布置

门锁系统布置：在高度上，锁体应略高于车门质心或与车门质心布置在同一水平线上。从受力的角度看，这样的布置使车门关闭时比较稳定，可避免车门的最高点在行驶时发生振动。

在水平方向上，门锁与玻璃中心线的相对位置一般有四种情况，即门锁在玻璃的外侧、内侧、中间和脱离玻璃。门锁在玻璃的外侧，有利于外手柄和内锁止机构的布置。中间布置型一般不常用。锁销的轴线与铰链的轴线应垂直。铰链一般都有一个内倾角，在布置门锁时要注意这点。

一般门锁有两个挡位，门锁进入第二挡位时，门处于正确位置。

门锁一般是装在车门内板的后端部，主要由外手柄的位置来决定。门内手柄的安装位置，一般应离乘客稍远一些距离，防止乘客无意碰到而打开车门。

门内手柄一般是通过联动杆来打开门锁的，因此在设计门锁装置的联动机构时，要正确地确定各杆件的尺寸并进行运动校核，保证各操纵手柄的位移在合适的范围内，同时避免各杆件在动作时发生干涉。

车门密封条布置：车门密封条的截面形状和尺寸选定后，要细致布置密封条的走向，要确定密封条的受压方向、压缩量和门与门框之间的间隙大小，以保证密封效果和正常的开关车门的操纵力，并最后确定密封条的固定方式以及车门内板与门柱的截面形状。

车门主截面的布置：取车身中段靠近车身最宽处的截面进行车门内部布置。侧窗采用钢化玻璃，厚度一般为 3.5～4.0mm。

抗侧撞梁等所有金属件与玻璃的间隙不应小于 18mm，抗侧撞梁与车门外板内表面间隙取 5mm 左右，用防撞胶填充。抗侧撞梁大多布置在离地面 800mm 左右的高度位置。

4. 车门性能分析及耐久性试验

为了保证车门性能要求，需要对白车门进行各种 CAE 分析，一般包括车门扭转刚度分析、车门垂直刚度分析、车门外板凹陷分析、铰链强度和刚度分析、车门边缘齐平度分析等。

必须对车门进行耐久性试验。车门耐久性试验时要综合考虑环境条件（如温度、湿度）、车门玻璃位置（如升降至最高、最低或中间位置）、砰击能量（如正常关门、非正常使用车门或破坏性砰击）等。

（五）风窗系统

1. 风窗表面形状

现代汽车上大多采用变母线的曲面风窗表面，其导线（玻璃的法向截面线）的曲率中间小、两侧逐渐均匀变大，或者风窗中间较大部分采用柱面，两侧比较弯曲的区域采用柱状面、锥面或锥状面，且中间柱面的曲率半径 $r \geqslant 2500$mm，两端的曲率半径 $r \geqslant 230$mm，这样既有利于制造，也不会引起失真现象。

2. 风窗玻璃的种类

风窗玻璃必须具有足够的强度，而且当玻璃被撞击碎裂时，也不会形成尖角碎片而伤及乘员。风窗玻璃常用的有钢化玻璃、局部钢化玻璃和夹层玻璃三类。

（1）钢化玻璃：钢化玻璃是由普通玻璃加热到接近软化温度时，快速用高压离心风机吹出的风通过喷嘴向热玻璃表面喷射而制成的。用化学方法也可以对玻璃进行钢化。钢化玻璃有较高的内应力，玻璃的外表面呈压应力状态，内层受张应力，外层的压应力平衡了有外来冲击时对玻璃造成的张力。一旦破碎，整块玻璃就会变成大小均匀、无锋利边缘的小块，飞出的动能也很小，故有一定的安全性。

钢化玻璃的缺点是成型后不能再进行裁割，因为一裁割就会破坏内部张应力层和表面压应力层之间的平衡，从而使整块玻璃破碎。另外，当撞车破坏时，或由于热处理后残留应力过大突然发生自爆的一刹那，玻璃将会失去透明度。玻璃的失透性使驾驶人无法辨认方向，很不安全，因此，又出现了局部钢化玻璃。

（2）局部钢化玻璃是在对加热了的玻璃进行淬冷时，向玻璃的主视区和周边喷射不同压力的气流，以造成不同的淬火性能而成的。局部钢化玻璃破碎后，周边的颗粒如全钢化玻璃，在驾驶员的主视区内的碎片是由大颗粒和小颗粒成条状间隔分布的，所以破碎后，由于主视区的碎片颗粒大，能保持一定的能见度，以使汽车继续行驶一段必要的距离。

（3）夹层玻璃：夹层玻璃是由单层或多层玻璃与单层或多层耐高穿透的 PVB 薄膜经高温、高压使之黏合而成的。一般的夹层玻璃是在两层薄片玻璃间夹一层 PVB 薄膜的三层复合体。构成夹层玻璃的薄片玻璃是消除了内应力的具有高光学性能的退火玻璃，通常不再进行热处理。因此，其强度比钢化玻璃低。

夹层玻璃破碎时，其破碎状态与钢化玻璃截然不同。由于有结实的中间膜支撑，因此夹层玻璃的破坏局限于被冲击点的周围，且呈蛛网裂纹状，不会出现碎片飞散和玻璃整体破碎的情况。冲击点以外的大部分区域不出现小裂纹，所以不会影响驾驶员的视野。

3. 风窗的密封

曲面风窗均为闭式的。在车身的风窗框与风窗玻璃之间，用橡胶密封条连接。密封条起着密封与缓冲作用，可以防止车身受扭转使窗框变形时损坏玻璃。常见的风窗密封结构形式见图 15-43 所示。

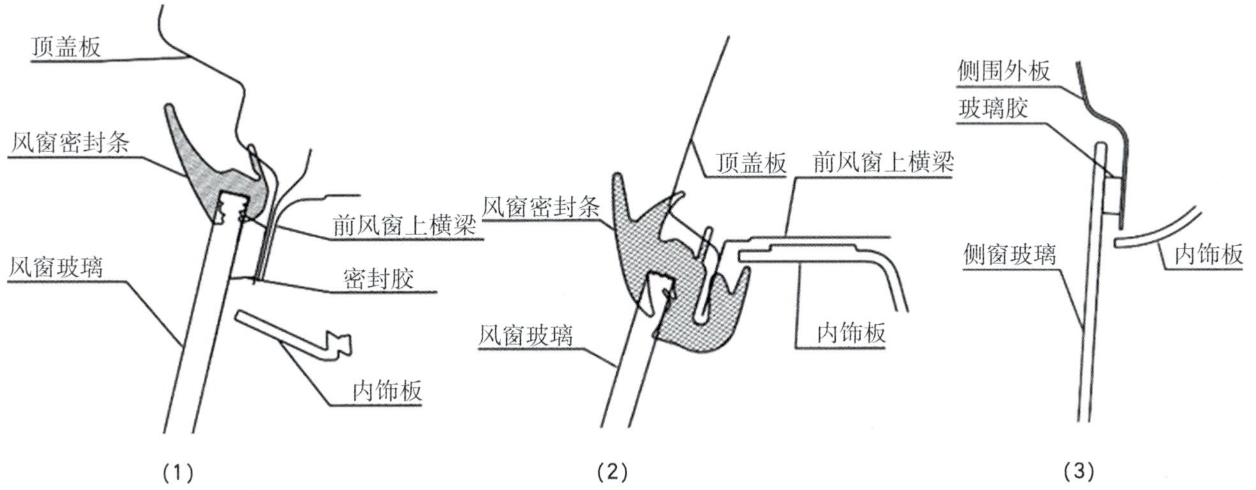

图 15-43　风窗的密封结构形式

（1）密封条单卡接；（2）密封条双卡接；（3）粘接式

直接粘接式：目前风窗密封方式已由窗框橡胶条嵌接式转向直接粘接式，这种方法不用橡胶密封条，而是采用聚硫橡胶密封层或丁基胶带来装配玻璃。粘接式装配方法可以克服橡胶老化和车身装配间隙不均匀，产生漏水、透风等缺点，而且装配时不宜损坏玻璃，外观也比用橡胶密封条嵌接式好，还能使车身刚度得以提高。

（六）天窗系统

天窗是在车身顶盖上设置的一个开口部，主要目的是给乘员提供开放感和良好的换气性能。天窗是利用负压换气的原理，依靠汽车在行驶时气流在车顶快速流动形成负压，将车内污浊的空气抽出，新鲜空气从进气口补充。主要构成结构见图 15-44。

不论何种形式，天窗盖的开启方法都可分为手动或电动。目前几乎大部分天窗盖均为电动开启式。

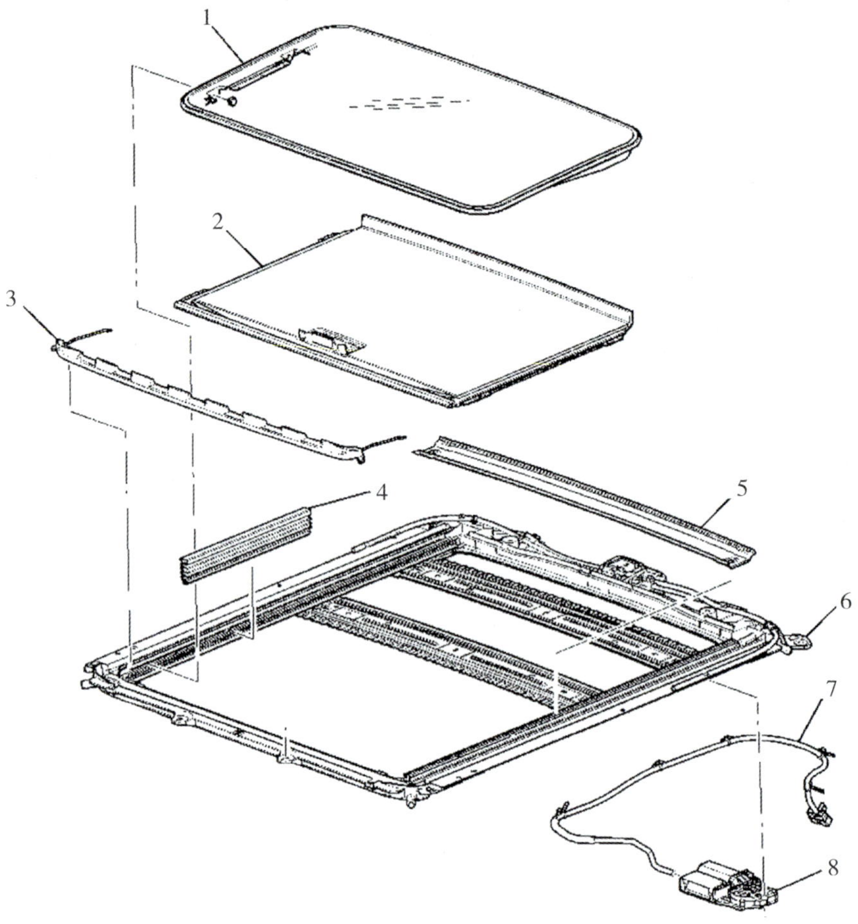

1－天窗玻璃；2－遮阳帘；3－挡块；4－密封；5－导轨；6－托架；7－排水管；8－电机

图 15-44 天窗结构

（七）挡泥板、翼子板系统

挡泥板是设置在前、后轮胎后侧的车身上的塑料件，目的是防止自身及其他车辆石头飞溅击伤车身和泥土带来的污垢等。挡泥板所采用的材料有聚氨基甲酸乙酯、EPDM（橡胶）及 TPR（热可塑性橡胶）等。

设计时要考虑与轮胎防滑链、路基的干涉、轮胎的宽度及空气动力性等。

翼子板包容车轮，防止泥水飞溅，并应满足外观要求。结构设计时需校核车轮跳动到极限位置时是否与翼子板或轮罩相碰。

翼子板外形较复杂，设计时应仔细考虑其分块与工艺性、外观的关系。后翼子板上通常还设有加油口，加油口的位置既要适合人员操作，又要保证加油顺利，而加油口盖与后翼子板的配合则必须开缝均匀，操作方便，车辆行驶时要保证关闭而不会自行开启。

作为活动件，则同样需要配设铰链、限位器、锁及密封装置等附件。挡泥板结构示意图见图 15-45 所示。

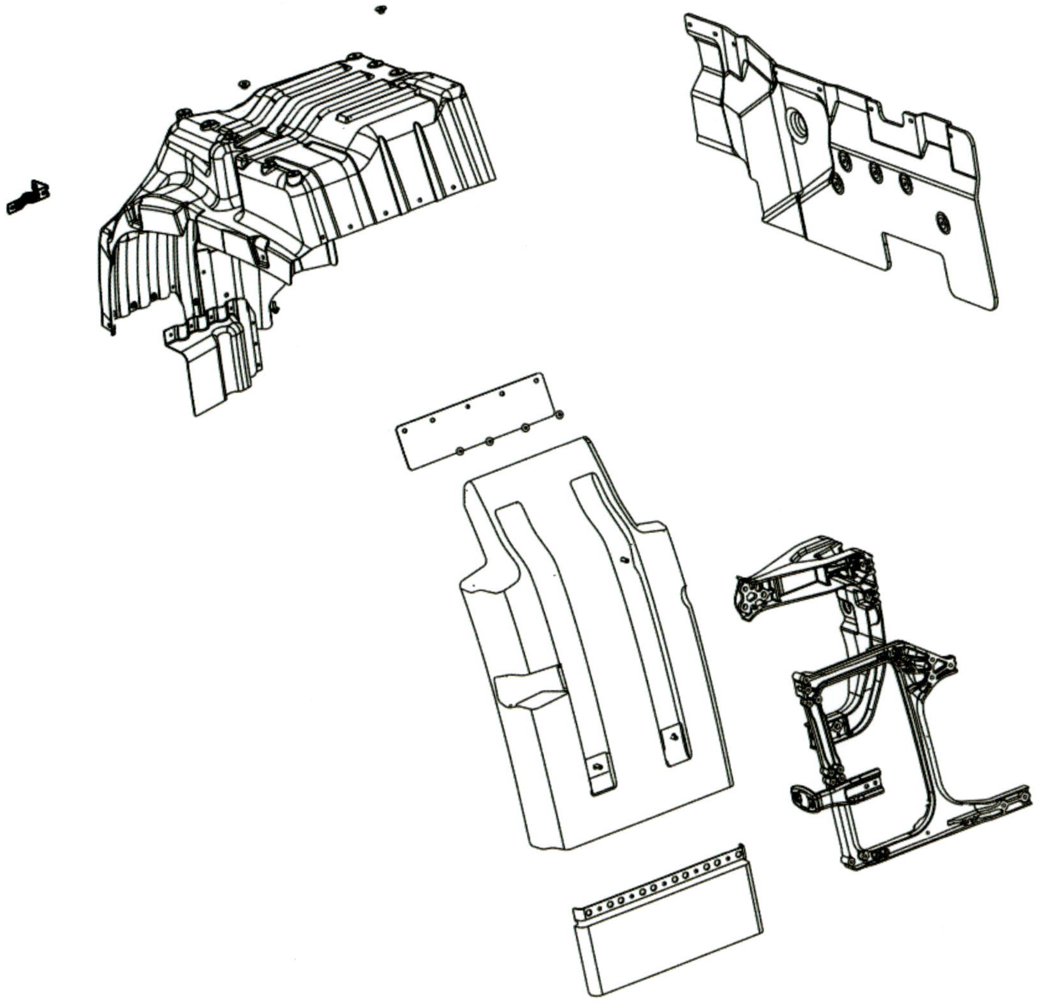

图 15-45　挡泥板结构

（八）标识类

车名的装饰商标、车身等的装饰统称为标识类，大多是以标示厂家名、车名及车的规格等为目的。通常安装在车身板、散热器格栅和车尾部。另外也有装在后行李舱的锁芯处，起到隐蔽锁芯作用的。

标识类的材料多用 ABS 塑料、聚丙烯、压铸锌及铝等，表面处理也多种多样，有涂漆、电镀等。安装方法采用螺栓拧紧、卡子、双面胶等。

（九）车身外后视镜系统

外后视镜是车辆驾乘人员获取间接视野的法规件。根据 GB 15084－2022《机动车辆　间接视野装置性能和安装要求》，商用车后视镜通常包括Ⅱ、Ⅳ、Ⅴ和Ⅵ类镜。司机侧和乘客侧各两个Ⅱ和Ⅳ类镜，乘客侧Ⅴ和Ⅵ类镜各一个。示意如图 15-46 所示。

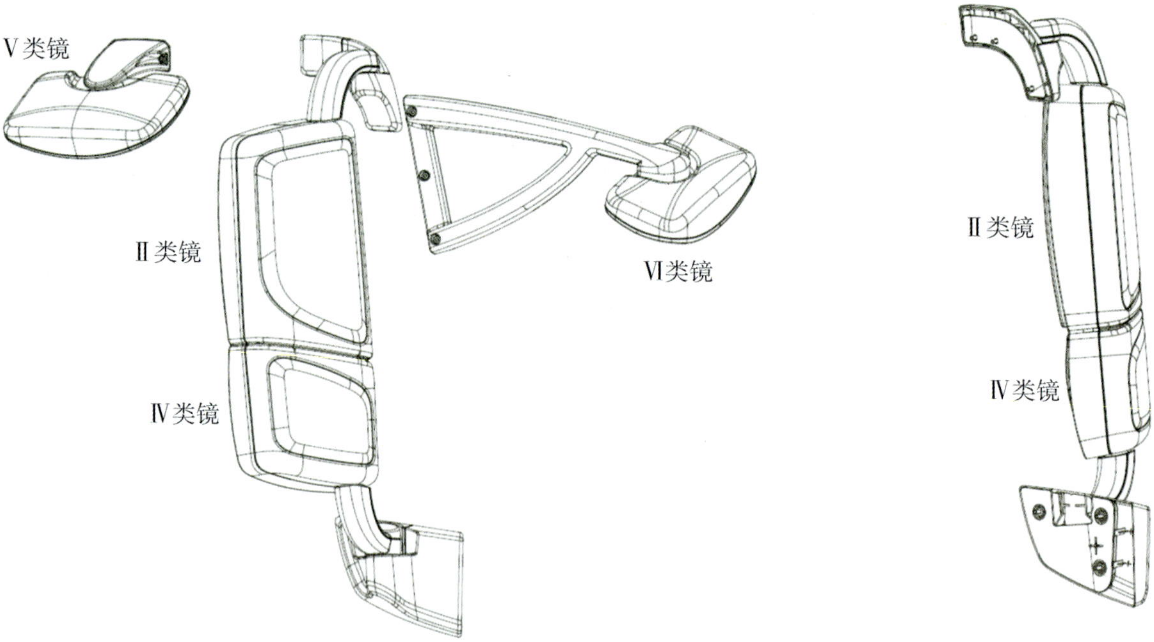

图 15-46　商用车后视镜示意图

Ⅱ和Ⅳ类镜主要的结构形式有很多种，如图 15-47 所示为Ⅱ、Ⅳ类镜集成的形式。

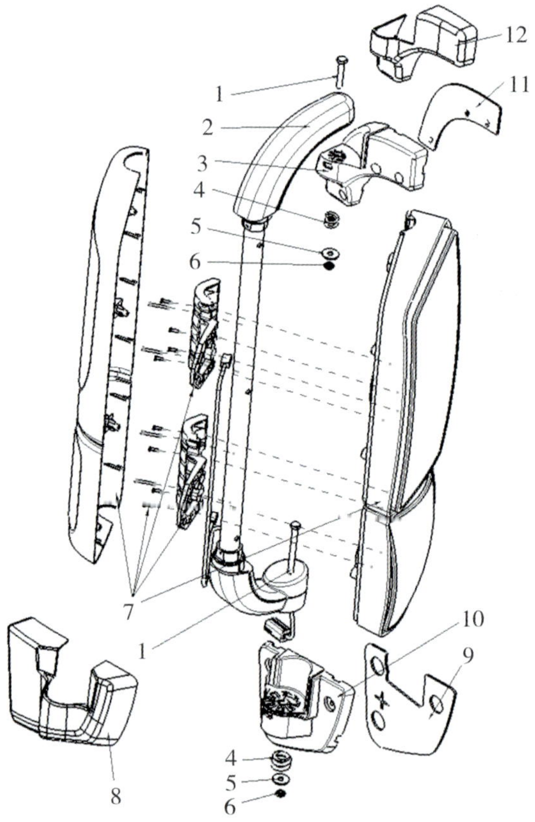

1－连接螺栓；2－内部支撑臂；3－上支座；4－弹簧；5－垫片；6－锁紧螺母；7－主外后视镜本体；8－下支座罩盖；9－下支座垫；10－下支座；11－上支座垫；12－上支座罩盖

图 15-47　Ⅱ和Ⅳ类后视镜爆炸图

1. 常用功能简介

（1）镜片调整分为手动调整和电动调整。

（2）镜片带电加热和无电加热，普通镜片和亲水功能的镜片。

（3）其他配置集成，如摄像头、智能驾驶雷达等。

2. 法规要求

在设计之初，产品工程师需根据目标市场、商品企划和功能定义等方面的开发输入进行产品设计。具体见表 15-2 法规要求。配置要求见表 15-3。

表 15-2　法规要求

序号	具体项目
1	GB 15084—2022《机动车辆　间接视野装置性能和安装要求》
2	ECE R46《汽车后视镜及安装后视镜的汽车认证的统一规定》

表 15-3　配置要求

配置信息	要点
镜片调节方式（手动或电动）	镜片组件（包括镜片托板）的安装布置空间，以及手动、电动互换性
温度传感器	电器提供温度传感器空间、位置需求
摄像头	电器提供摄像头空间、位置需求
其他	依据具体要求确定布置要求

3. 结构设计

1）造型 CAS 可行性分析

在进行结构设计前，需对造型提供的后视镜 CAS 面进行可行性分析：拔模角度大小（根据表面颜色纹理确定拔模角度大小，对于喷漆件≥3°；纹理件根据纹理深度确定，一般≥6°）；零件分块分析等。

2）外部圆角要求

用 100mm 的球能接触到的部位（包括任何调节状态）R≥2.5mm，考虑制造公差数据上 R≥2.6mm。采用邵尔硬度小于 A60 的材料时可不满足圆角 R≥2.5mm 的要求。

3）镜片尺寸要求

（1）曲率要求：Ⅱ类镜法规要求 R≥1200mm，考虑到镜片制造公差，通常设计理论值 R=1250mm，公差要求±50mm；Ⅳ、Ⅴ类镜法规要求≥300mm，考虑到镜片制造公差，通常设计理论值 R=325mm，公差要求±25mm；Ⅵ类镜法规要求≥200mm，考虑到镜片制造公差，通常设计理论值 R=225mm，公差要求±25mm。

（2）镜面尺寸要求：法规有最小镜面尺寸要求，但实际设计根据竞品和视野需求，镜片的尺寸通常远大于法规的最小要求。

4）后视镜布置要求

（1）最大宽度要求：其单侧视镜外伸尺寸与车辆未装视镜时车辆的最大宽度不应大于 250mm。在满足法规前提下，为了匹配不同车厢和挂车宽度，后视镜镜面尽量靠车辆外侧布置。

（2）以旋转轴线做一半径为 70mm 的圆柱体，该圆柱体至少应切到连接件的表面。圆柱轮廓线与连接件表面须相交。对于高度大于 1.8m 的后视镜可以不满足此项要求。

（3）驾驶员侧Ⅱ类镜镜面中心与两眼中心连线与纵向基准面（*ZX* 平面）间的夹角不大于 55°，乘客侧Ⅱ类镜镜面中心与两眼中心连线与纵向基准面（*ZX* 平面）间的夹角不大于 76°，Ⅴ类镜镜面中心与两眼中心连线与纵向基准面（*ZX* 平面）间的夹角不大于 85°。

5）视野要求

法规规定了所有类后视镜的视野范围见图 15-48 为法规Ⅱ类镜视野范围、图 15-49 为法规Ⅳ类镜视野范围、图 15-50 为法规Ⅴ类镜视野范围、图 15-51 为法规Ⅵ类镜视野范围。

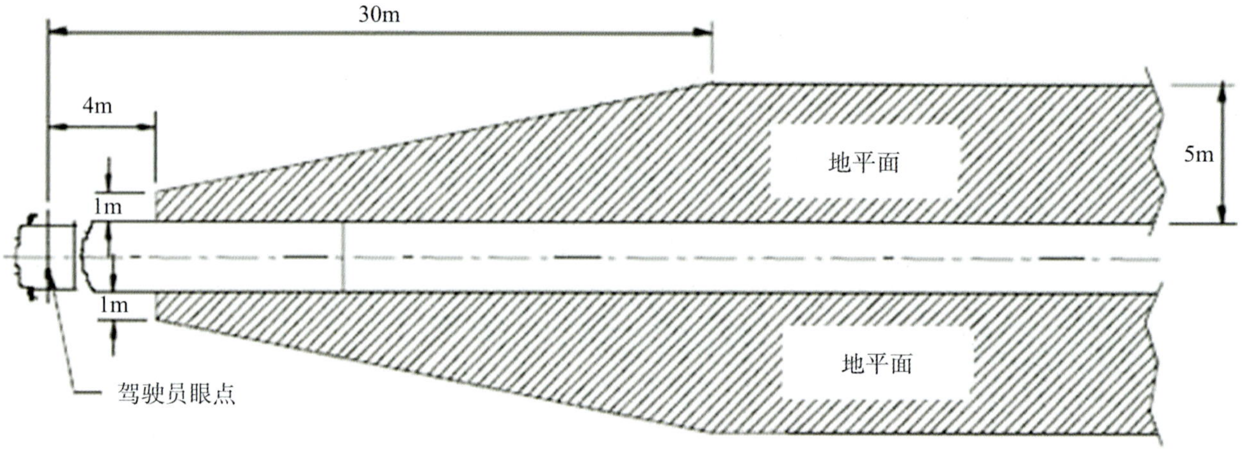

图 15-48　法规Ⅱ类镜视野范围

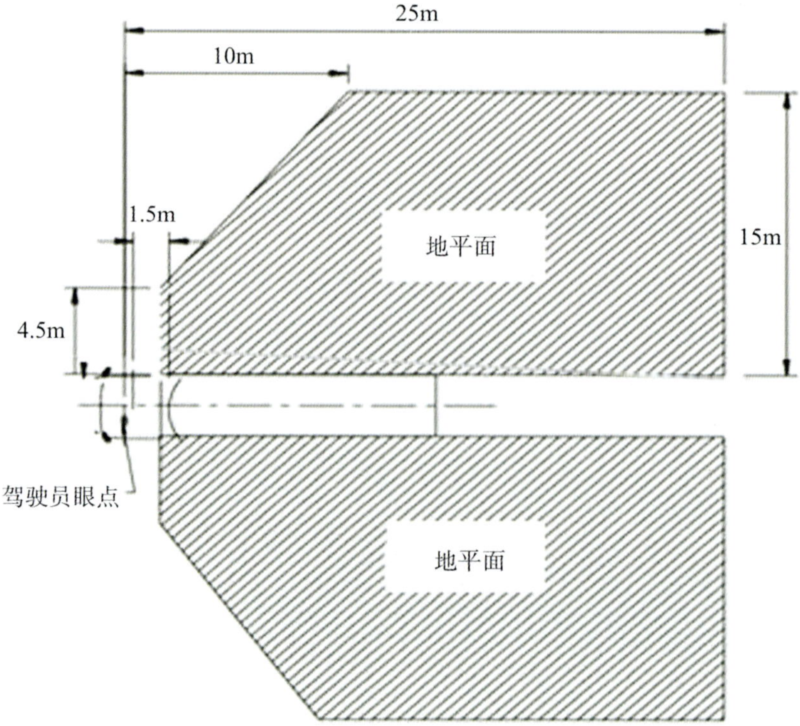

图 15-49　法规Ⅳ类镜视野范围

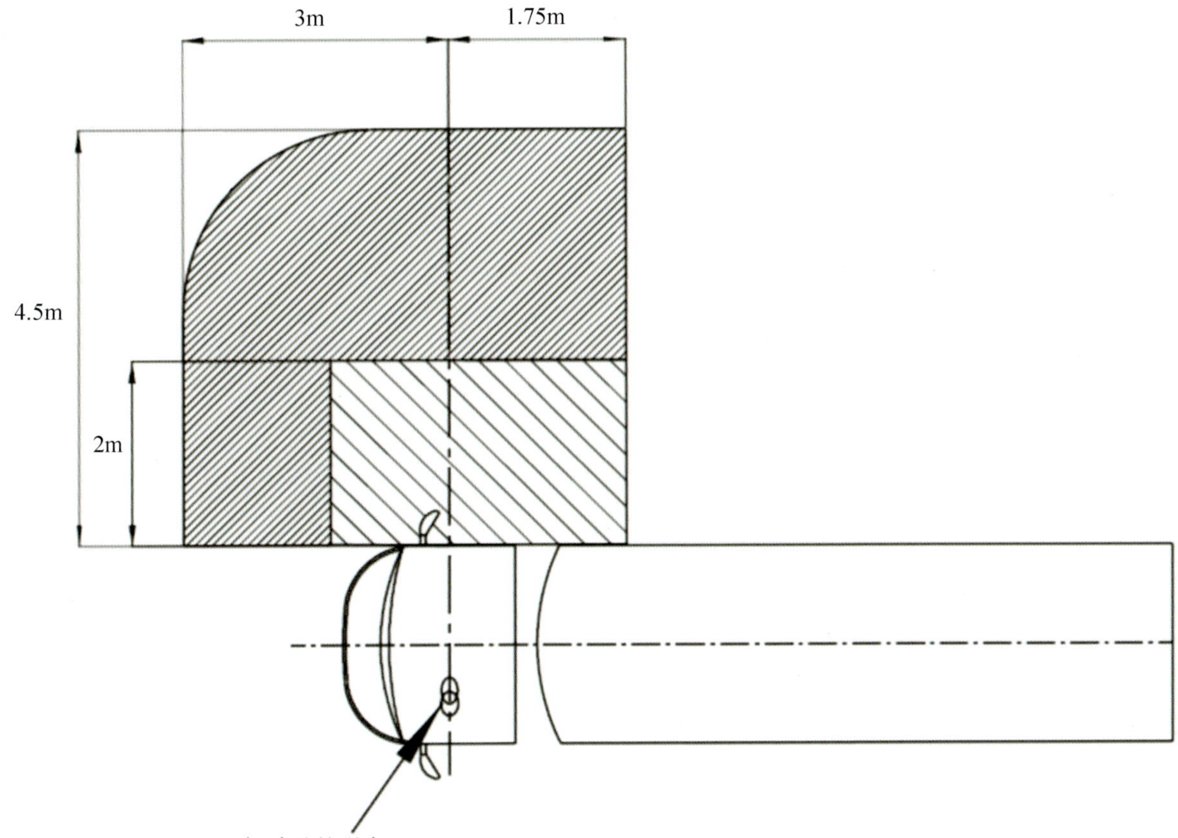

图 15-50　法规Ⅴ类镜视野范围

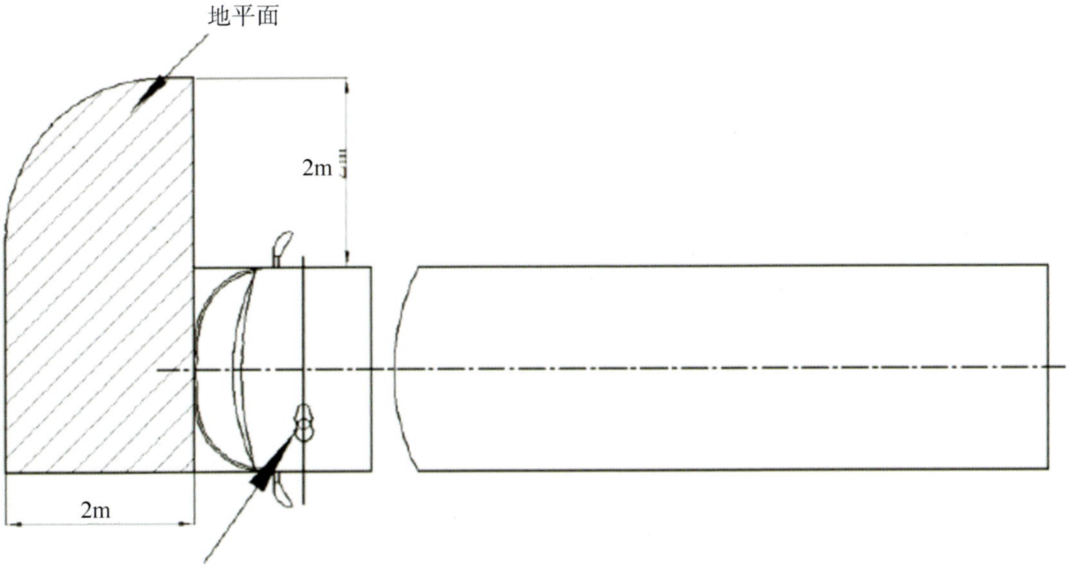

图 15-51　法规Ⅵ类镜视野范围

为了给用户提供更大的间接视野范围，减小视野盲区，通过增大镜面尺寸和合理的布置镜面位置，校核视野范围（图 15-52），在满足法规前提下尽量增大视野范围。

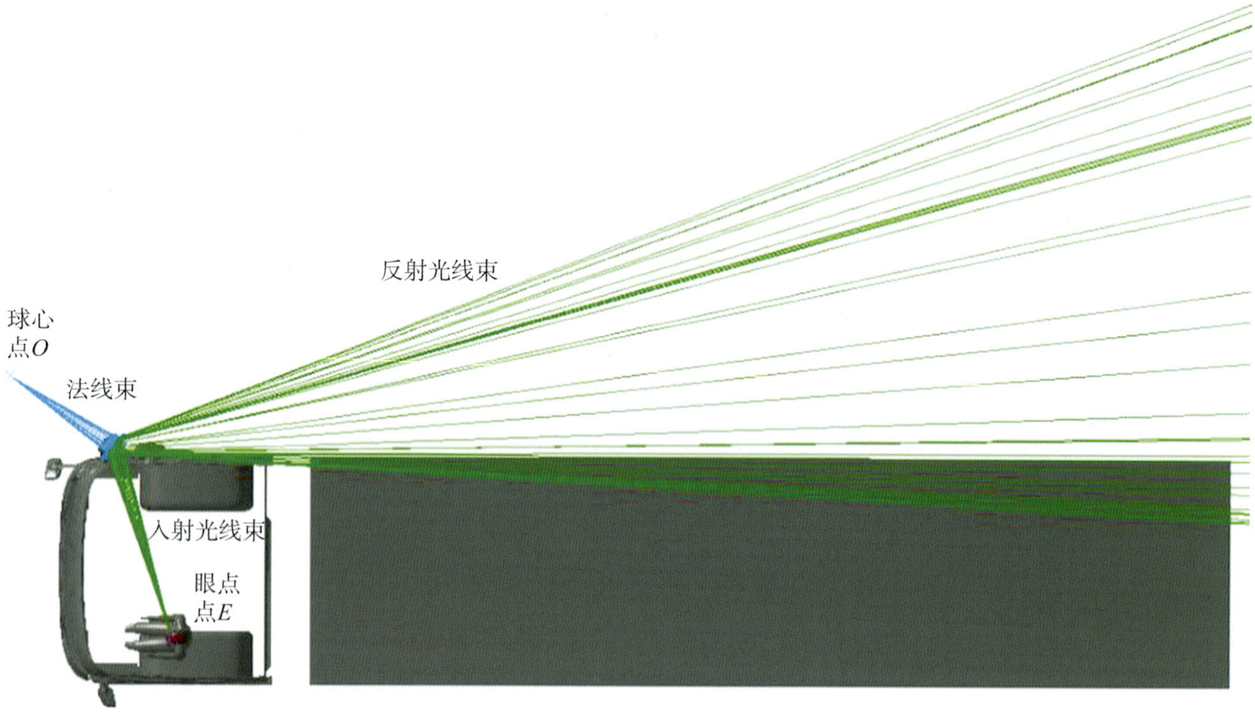

图 15-52　视野校核示意图

6）折叠角度要求

依据 GB 15084—2022《机动车辆　间接视野装置性能和安装要求》，为了降低后视镜碰撞带来的安全风险，低于 1.8m 高度的后视镜需满足碰撞要求，设计后视镜时，前后折叠角度一般需大于 35°。

7）产品材料和壁厚选择

后视镜材料和壁厚选择参见表 15-4 后视镜材料和壁厚选择。

表 15-4　后视镜材料和壁厚选择

序号	名称	材料	壁厚/mm	备注
1	镜片	浮法玻璃	2.0	表面镀铝或镀铬
2	镜片托	ABS	1.5～2.0	材料选择需考虑镜片黏合剂的黏接性能
3	壳体	ABS	2.5～3.0	
4	后罩盖	ABS	2.0～2.5	
5	上下支座	PA6+GF	2.5～3.0	
6	固定板	PA6+GF	3.0～4.0	
7	支撑臂	PA6+GF 或 PP+GF	3.0～4.0	
8	支座垫	EPDM	2.0～3.0	

（十）汽车密封条设计

1. 车身密封条概述

车身密封系统除了密封功能，还有其他重要功能标准，耐老化性、隔声性能、空气和气体过滤性能、防水密闭性能、防尘和防雪密封性能、车身连接处紧固性能、玻璃滑动槽、减振性能；车身密封包括：

玻璃导槽密封条：是一种固定在窗框、玻璃导轨上的密封条，密封或滑动唇边、底部表面通常采用喷涂、植绒或与其他硬质耐磨材料共挤出，起到玻璃导向、密封、隔音、装饰等作用。玻璃导槽密封条也可以命名为玻璃滑动胶条、玻璃呢槽。

车门密封条：是一种安装在车门上的密封条，是车门的主密封。一般采用卡槽卡接和卡扣卡接的方式装配在车门上。压缩表面一般需采用喷涂处理，起到减少摩擦、降低噪声的作用。如果是冲压门框，此密封条一般命名为外侧导槽密封条；如果是辊压门框则命名为车门密封条，俗称头道密封。

门框密封条：是一种安装在侧围门框法兰边的密封胶条，一般采用卡接的方式装配。主要作用是防水、防尘、隔音及缓冲门关闭时的冲击。为增强与内饰的整体美观效果，与内饰的搭接唇边可包覆彩色 TPE 或织物。门框密封条也可命名为门洞密封条，如车门处有头道密封，则门框密封条俗称为二道密封。

掀背门门框密封条：是一种安装在侧围背门门框法兰边上的密封胶条，一般采用卡接的方式装配。主要作用是防水、防尘、隔音及缓冲门关闭时的冲击。为增强与内饰的整体美观效果，与内饰的搭接唇边可包覆彩色 TPE 或织物。

发动机盖密封条：是一种安装在发动机舱内的密封胶条，一般采用卡扣固定或卡接的方式装配。主要作用是阻止雨水、灰尘、噪声、热量进入发动机舱和驾驶舱内以及缓冲部分发动机罩关闭时的冲击。发动机盖密封条也可命名为发罩密封条。

行李箱盖密封条：是一种安装在行李箱的法兰边上的密封胶条，一般采用卡接的方式装配。主要起密封作用，防止雨水、灰尘、噪声等进入行李箱，并缓冲部分行李箱盖关闭时的冲击。

内、外水切：是一种安装在门玻璃的内、外侧的密封胶条，一般采用卡接的方式装配。密封唇边表面采用植绒处理，以起到防水、防尘、装饰及门玻璃雨水刮刷等作用。外水切分为带亮条与不带亮条两种形式，亮条一般由不锈钢或铝合金制成，主要起装饰作用。

风窗密封条：是一种安装在风窗玻璃上的密封胶条，一般是采用粘贴或卡槽方式装配。并分为前风窗玻璃密封条和后风窗玻璃密封条。主要是在玻璃与车体之间起到垫托、固定、密封、装饰等作用。

三角窗密封条：是一种安装在三角窗玻璃上的密封胶条，一般是采用卡槽卡接在三角窗玻璃上，再整体装配在门或车身上，主要作用是防水、防尘、隔音和装饰。同时也可采用胶料、三角窗玻璃共同模压成型制成。

顶盖装饰条：通常由橡胶或热塑性弹性体与金属骨架复合挤出制成，一般是采用卡槽、卡脚等方式装配在顶盖上。主要作用是装饰和导水。

天窗密封条：通常由橡胶或热塑性弹性体与金属骨架复合挤出制成，一般是采用卡接的方式装配在天窗上，以连接天窗与顶棚，并起到一定的装饰作用。为增强与内饰的整体美观效果，与内饰的搭接唇边可包覆彩色 TPE 或织物。

2. 车身密封条的功能要求

需满足国家法律、法规要求，需满足整车密封性能要求、整车耐久性能要求、整车使用环境要求以及密封条零部件使用性能要求等。

根据密封条的用途及构造，将其分为 3 类，见表 15-5 所示，其图示见图 15-53。

表 15-5　密封条分类

分类	种类	标记	用途	构造	适用零件举例（参考）
A	S 种	WSA—S	用于在车体和玻璃之间被重复弯曲和擦动的部位，如玻璃导槽	由密实橡胶/发泡橡胶/芯材/植绒或表面处理等的复合体构成	车门窗台内侧密封条、车门窗台外侧密封条、玻璃呢槽
	O 种	WSA—O	用于被反复弯曲的部位，如门框密封条	由密实橡胶/发泡橡胶/芯材/植绒或表面处理等的复合体构成	车门框密封条、发动机罩密封条、焊接车体侧密封条、行李箱盖密封条 *
B	I 种	WSB—I	用于在一定弯曲状态下使用的部位，如风窗密封条	由密实橡胶单独或复合构成	前风挡玻璃密封条、侧窗密封条、后窗密封条

注：* 为某些零件，如无窗框车身密封条，同时具有 S 种和 O 种用途。

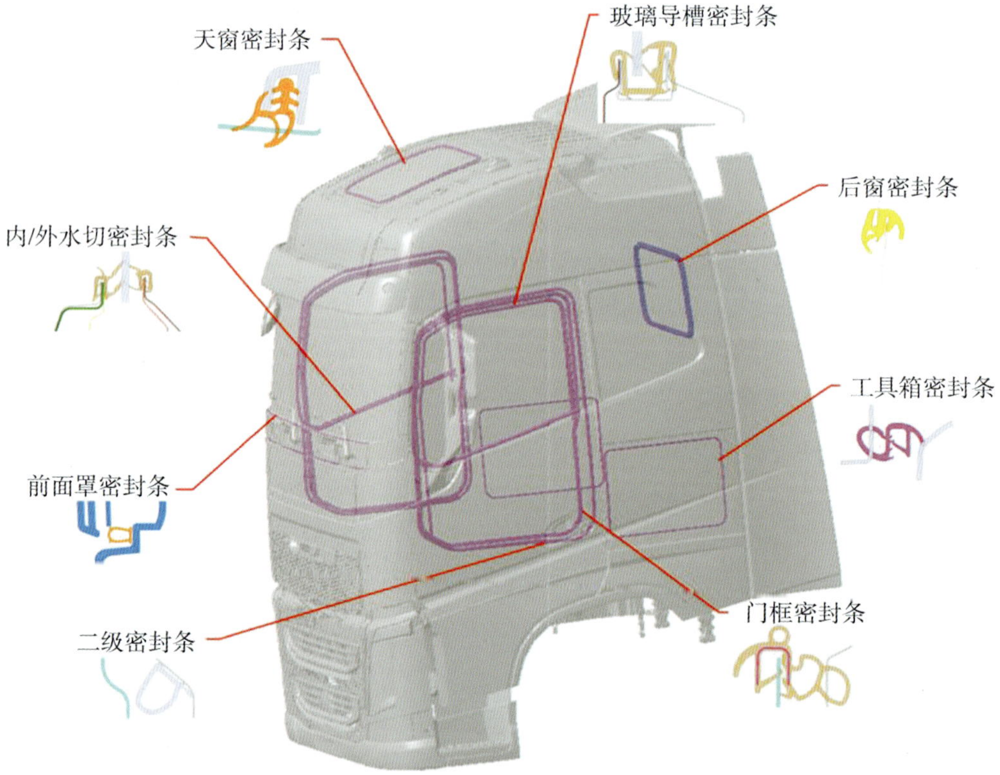

图 15-53　密封条在车身位置分布及典型断面示意图

3. 车身密封条材料、典型结构、安装方式及相关工艺

1）车身密封条材料

密封条本体主要为 EPDM、PVC、TPE 三种材料，定位、定长、安装骨架主要有钢带、铜丝、编织纤维、PU、ABS、PP 等几种材料，其中钢带骨架是最常用材料。其中 EPDM、TPE、PVC 有一定

的互换性，但目前 TPE 与 PVC 材料的密封条技术瓶颈为无法做成有泡管的密封条，仅 EPDM 可以。玻璃导槽的密封条可以是 EPDM，也可以是 TPE。TPE 与 PVC 基本可以互换。

密封条的橡胶材料根据使用用途由天然橡胶、合成橡胶或其混合物以及 PP 和 EPDM 的混合物（PP/EPDM）组成，分为 4 种，分类标记见表 15-6 所示。

表 15-6 密封条分类标记

分类	橡胶材料的特性	材料	适用零件举例
密实橡胶	具有极佳的耐臭氧性（用于制品的外表面）	EPDM（三元乙丙橡胶）、SBR（丁苯橡胶）、NBR/PVC（丁腈橡胶/聚氯乙烯）、CSM（氯磺化聚乙烯橡胶）	密封条外部、玻璃呢槽
	具有普通耐臭氧性（用于制品的内部）	SBR（丁苯橡胶）、IR（异戊二烯橡胶）、NR（天然橡胶）	密封条内部
发泡橡胶	具有极佳的耐臭氧性（用于制品的外表面）	EPDM（三元乙丙橡胶）、CSM（氯磺化聚乙烯橡胶）	海绵密封条外部发泡体
PP/EPDM	—	PP/EPDM（热塑性聚烯烃）	车门密封条端头、玻璃呢槽

2）密封条典型断面结构及安装方式

密封条典型断面结构及安装方式如图 15-54 所示。

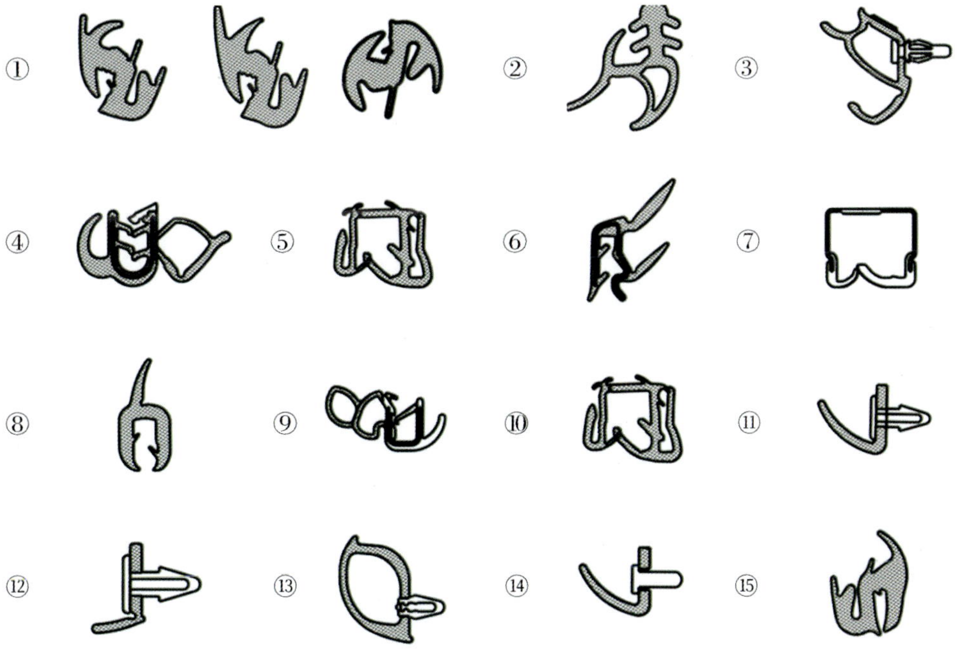

1－前风窗密封条；2－天窗密封条；3－门框外密封条；4－侧窗密封条；5－车门玻璃上呢槽；6－窗台外密封条；7－车门玻璃副导轨；8－上轮罩密封条；9－门洞密封条；10－车门玻璃前呢槽；11－密封条 A－外侧；12－密封条 B－外侧板；13－防雨密封条－面罩；14－防雨密封条；15－后窗密封条

图 15-54 密封条典型断面结构及安装方式

3）密封条生产工艺介绍

目前 EPDM 材料密封条生产工艺主要采用计算机控制的挤压成型或注射模压技术，包括微波硫化（国内多数厂家采用）、复合挤出、可变口径挤出、表面喷涂和植绒等技术。

在密封条挤出过程中，现在已从纯挤出（单一胶种挤出）到复合挤出，如双复合、三复合共挤出工艺，即硬质胶或软质胶、海绵胶、金属骨架共挤出发展到四复合挤出（目前国内最高水准），或更多复合的共挤出，使不同胶种、不同材料、不同颜色的胶料共挤出。

挤出时应用可变口型技术，即利用计算机控制挤出口型的变化，改变了以往在挤出型条截面一成不变的做法。可根据需要，在转角部位和连接车体或夹持部位，使截面发生“渐变”或“突变”。例如，可使海绵泡管位置、壁厚或大小发生变化，一次挤出在长度方向的截面可变的型条，这样使密封条能更好地与主体匹配、密封，而且在加工过程中，减小了劳动强度，改变了以往不同截面密封条在后加工中需要贴合和接角等复杂工序。

4）密封件设计应用

密封件最重要的性能包括压缩符合，模拟装配变形，插拔力，相对互动摩擦力。以门框密封条设计为例，介绍一下密封条设计流程。

由密实胶、海绵胶与金属骨架复合挤出制成，一般采用卡接的方式装配在侧围门框法兰边上。主要作用是防水、防尘、隔音及缓冲门关闭时的冲击。压缩表面一般需喷涂处理，以减少摩擦、降低噪声。为增强与内饰的整体美观效果，与内饰的搭接唇边可包覆彩色 TPE 或织物。门框密封条一般整圈只有一个断面，卡接于侧围门框法兰边上。密封条密封范围主要是门框法兰边一圈，目前有的车型是整个一圈密封，另外增加一个密封条对车门与侧围进行密封。对于整圈密封的形式，主要缺点是门框密封条长度，一般达 3～3.5m，造成其长度公差达±（10～15）mm，对装配手法要求较高；对于断开密封的形式，主要缺点是车门下部又会因两个胶条的匹配问题而导致密封效果较差。典型断面见图 15-55。

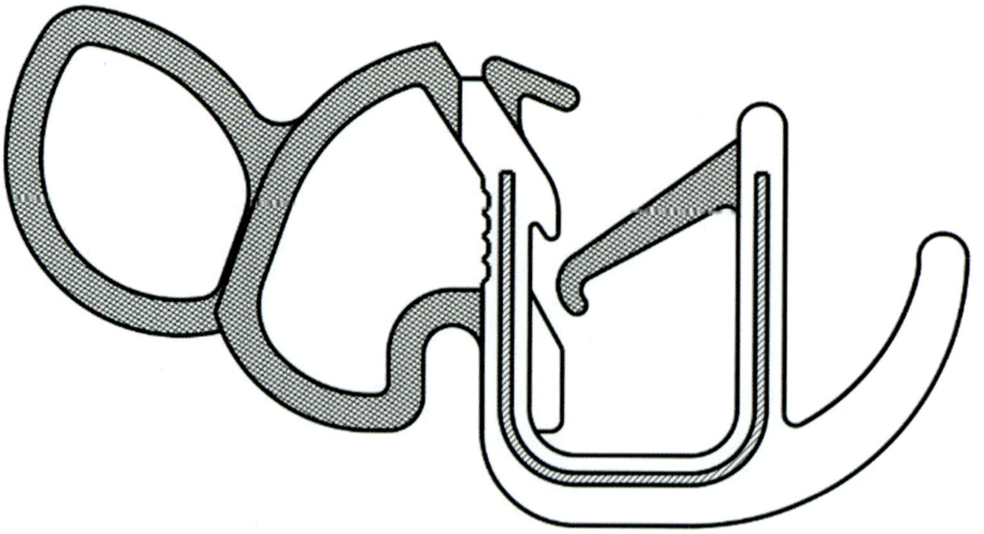

图 15-55　门框密封条典型断面

门框密封条典型断面 CAE 分析，见图 15-56，以压缩负荷为例，通过计算，密封条压缩符合满足设计目标，其密封性能满足整车淋雨要求。设计目标：

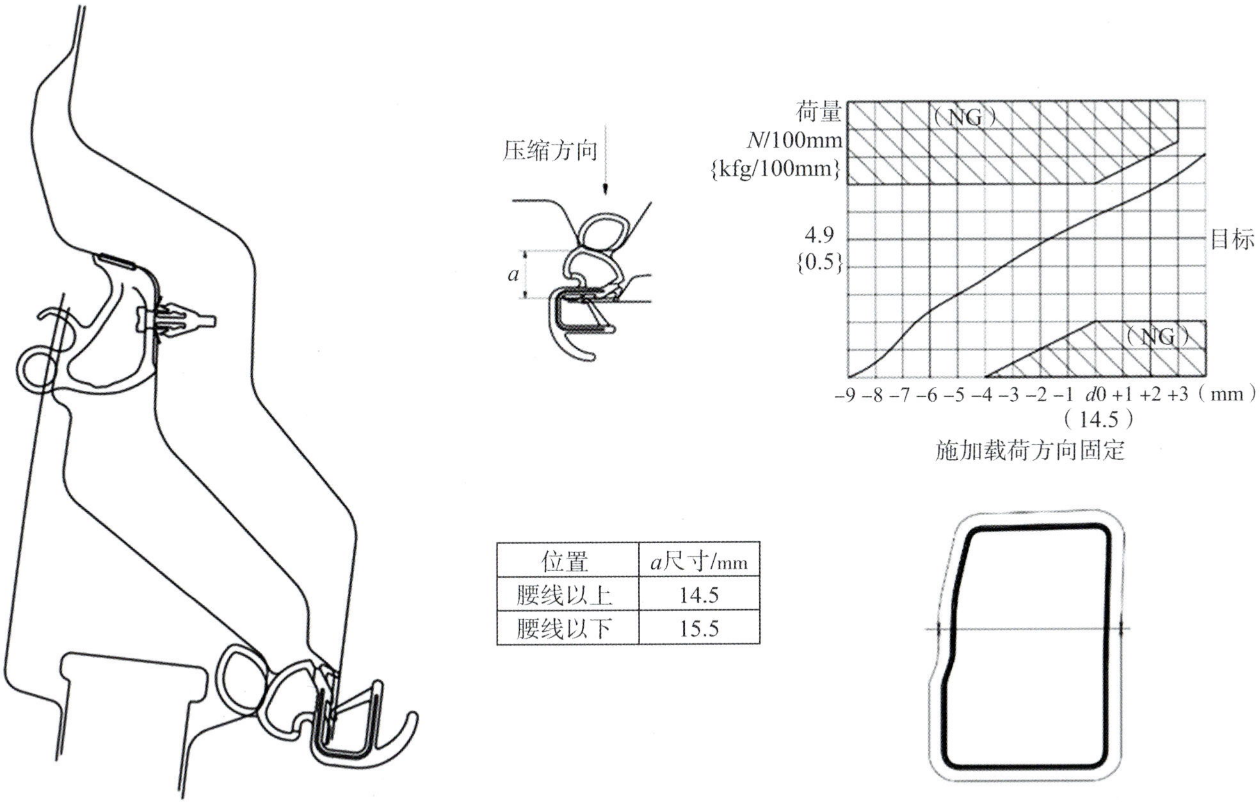

位置	a尺寸/mm
腰线以上	14.5
腰线以下	15.5

图 15-56　门框密封条 CAE 分析

CAE 分析主要是评判密封条泡管在欠压 2mm、理论 0mm 和过压 2mm 位置时的压缩负荷值变化情况，从而预估实车状态下密封条实际受力情况。按照门密封条中介绍的分配率计算，在理论 0mm 位置，门框密封条压缩负荷设计值一般在（1.5～3）N/100mm 之间。若 CAE 分析得出压缩负荷与设定值范围有较大差异，则需从优化密封条典型断面来获得与设定值范围一致的断面。如压缩负荷过大，有可能会减薄密封条泡管厚度，但同时考虑泡管本身工艺性，也可对泡管局部减薄，或进行泡管结构调整，以满足压缩负荷设定值范围。另外，还需对密封条插拔力大小、截面抗凹性（延泡管轴向和径向两个方向的弯曲）、泡管压缩方向、特殊位置泡管压缩变形情况等进行 CAE 分析，并依此对断面进行不断优化，最终满足设计要求。

门框密封条在进行 3D 设计时需注意：

（1）密封条走向和通过性。

密封条设计时需保证直段笔直，拐弯处过渡平缓。在轴向上，拐弯角度＞75°，拐弯半径 R＞150mm。很多密封条泡管在拐角处易出现塌陷，因此对于这些位置，设计上应将此处的泡管压缩量稍增大 10%～20%，一般是通过缩小此处的密封间隙来实现，以避免拐弯位置出现密封不良。另外，若在实际装车中，确实出现泡管塌陷问题，也可通过在泡管内塞海绵管予以解决。

（2）有接角的密封条，密封条接角安装面最好是平面。如果是斜面，会导致接角被斜面顶起，造成接角翘起，出现外观问题。

（3）另外在钣金搭接过渡位置，要求密封胶需涂刷平整或将焊接处打磨平整。目的是防止断差部分有漏风、漏水，以保证密封性能。

三、内部车身部件

内饰件主要由仪表板、副仪表板、地毯和行李舱垫、遮阳板、扶手、顶盖护板、车门内护板等组成，其作用在于增加车内造型美观性，提高舒适性，确保乘员的安全等。

（一）仪表板总成

1. 仪表板

仪表板按舒适性可分为硬塑仪表板、吸塑仪表板和半硬泡软质仪表板。仪表板本体以注塑工艺制成的为硬塑仪表板，因其工艺简单、投资低等优势而被广泛应用，尤其是中低档车。其中有局部或全部涂装饰漆或软触漆，以改善外观、增加色调或提高质感。吸塑仪表板是在注塑或压制骨架外吸附并黏结或在注塑时复合表皮，使其外观有皮质感。半硬泡软质仪表板是在表皮和骨架之间填充有聚氨酯泡沫，既提高触感又增加吸收能量的能力。目前半硬泡软质仪表板的表皮主要有真空热成形表皮和搪塑表皮。前者是传统的仿真皮工艺制成；后者在近年因其花纹均匀、无内应力、设计宽容度高等特点被广泛应用，并得到客户高度认可，将成为中高档车主导。仪表板上的安装件很多，除仪表、操纵件外，还有音箱、收音机或CD播放机、信息显示屏等电气件，杂物箱、烟灰盒、通风口等。

副仪表板原是轿车上的一个简单部件，主要是遮挡安装在地板通道上的变速杆或制动手柄，后来发展成大型部件，构成仪表板的一部分，布置有开关、收音机、音响、空调控制器及小物箱等。后部还有可作为扶手使用的带盖的杂物箱，有些还有后座使用的烟灰盒和开关。副仪表板使用的材料大多为聚丙烯和ABS树脂件。

针对不同仪表板，涉及的工艺及流程也有较大差异，可粗略归纳为以下几种：

（1）硬塑仪表板：注塑（仪表板本体等零件）→焊接（主要零件）→装配（相关零件）。

（2）吸塑仪表板：注塑/压制（仪表板骨架）→吸塑（表皮与骨架）→切割（孔及边）→装配（相关零件）。

（3）半硬泡仪表板：注塑（仪表板骨架等零件）→真空热成形/搪塑（表皮）→发泡（泡沫层）→切割（边、孔等）→焊接（主要零件，如需要）→装配（相关零件）。

2. 仪表板总成设计原则

（1）需满足人体工程学的布置要求。

（2）需满足安全、可靠、舒适性需求。

（3）杂物盒的储物功能满足驾驶室储物空间要求。

（4）制造及装配工艺性好。

（5）满足阻燃性、禁限物等法规要求。

（6）设计时考虑标准化、通用化、系列化。

（7）油泥造型设计前工程需给定仪表板主出模方向，以便CAS面满足模具工艺要求的出模角度。

（8）工程数据构建前需与尺寸部门协同设计完成总成或分装系统零件的定位系统，然后编制文件，并发布给其他部门协同设计。

3. 仪表板总成组成说明

仪表板总成通常包含零件见表 15-7 为仪表板总成零件清单。

表 15-7　仪表板总成零件清单

序号	零件名称	序号	零件名称	序号	零件名称
1	仪表板本体总成	16	仪表板膝盖护板	31	副驾驶员左侧护板
2	副驾驶侧出风口安装板	17	开关	32	仪表台铁支架固定支架
3	副驾驶吹面出风口风道	18	OBD 堵盖	33	仪表板中杂物盒左盖板
4	仪表板右饰板本体	19	驾驶左下侧面板	34	仪表板下杂物盒固定支架总成
5	扬声器盖板（右）	20	点火开关面板	35	仪表板下杂物盒总成
6	置物橡胶垫	21	驾驶右下侧面板	36	仪表板杯托
7	仪表板上本体	22	杂物盒防滑垫	37	仪表板下氛围灯装饰板
8	扬声器盖板（左）	23	仪表板中间开关面板	38	点烟器面板
9	收音机显示屏下饰板	24	仪表板中饰板本体	39	仪表板上杂物盒总成
10	收音机显示屏装饰胶垫	25	驾驶员右吹面出风口	40	仪表板中杂物盒右盖板
11	组合仪表右饰板	26	驾驶员右侧储物盒	41	副驾驶员吹面风口盖板总成
12	组合仪表下饰板	27	杂物盒右侧上储物垫胶垫	42	副驾驶员右侧护板
13	仪表板左饰板本体	28	杂物盒储物垫胶垫	43	仪表板右下本体盖板总成
14	仪表板左端盖	29	中控台铁支架右护板	44	副驾驶员车门除霜风道
15	驾驶员左吹面出风口	30	仪表板铁支架总成	45	副驾驶员吹脚风道

仪表板总成爆炸图见图 15-57 所示。

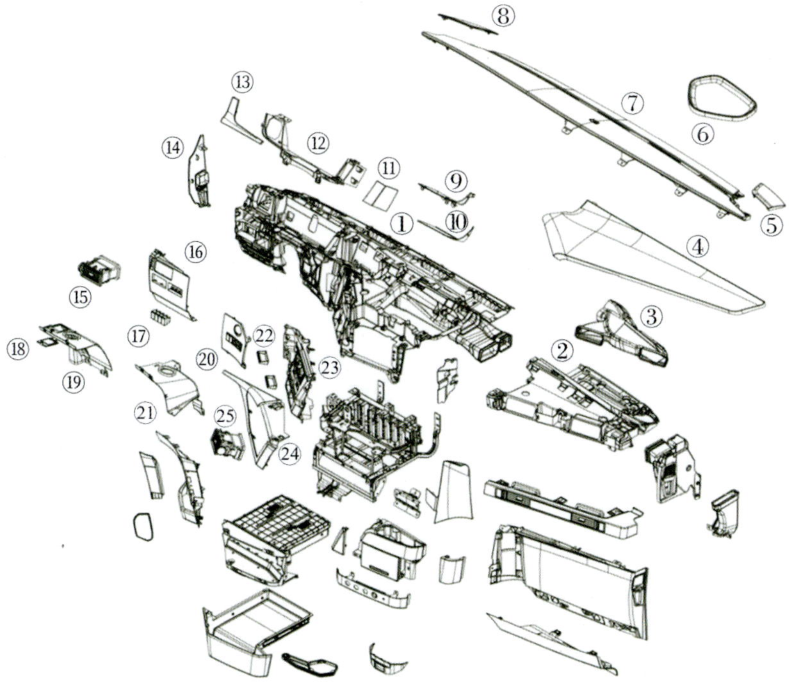

图 15-57　某车型仪表板总成爆炸图（对应表 15-7）

4. 仪表板设计要求

1）法规要求

汽车产品上市销售的前提是设计的产品须满足国家强制性法规。主要如表 15-8 所示仪表板设计法规要求。

表 15-8 仪表板设计法规要求

序号	法规项	国标	技术要求及推荐值	备注
1	前除霜除雾视野	GB 11555—2009《汽车风窗玻璃除霜和除雾系统的性能和试验方法》	40 分钟内应有 99%的 C 区域面积和 80%的 A 区域面积的霜被溶化清除；10 分钟内，应有 90%的 C 区域面积和 80%的 A 区域面积的雾被清除	根据 A、C 区域，合理设计风道截面积、风道导风方向，风口位置、大小
2	前视野校核	GB 11562—2014《汽车驾驶员前方视野要求及测量方法》	1. 下 5°视野无遮挡 2. 前 180°视野无遮挡	
3	仪表识别、开关可视性	GB 4094—2016《汽车操纵件、指示器及信号装置的标志》	驾驶员在其座椅上能够识别	
4	安全气囊	GB/T 19949. 2—2005《道路车辆 安全气囊部件》	气囊模块满足 GB/T19949.2；固有频率≥40Hz，且布置在布置在头碰区域内	
5	内部凸出物	GB 11552—2009《乘用车内部凸出物法规》	1. 上下分界线以上圆角大于 2.5mm 2. 上下分界线以下圆角大于 3.2mm 3. 头碰区域圆角大于 3.2mm 4. 出风口圆角根据格栅间距规定	
6	内饰材料燃烧特性	GB 8410—2006《汽车内饰材料的燃烧特性》	水平燃烧速度≤100mm/min	

2）人体工程学要求

仪表板系统人体工程学校核主要项目有：视野校核、操作方便性校核、驾乘舒适性校核以及安全法规校核。

（1）视野要求及校核：主要包括组合仪表可视性、组合仪表炫目、组合仪表影像、后视镜眩目、可视性等。见图 15-58。

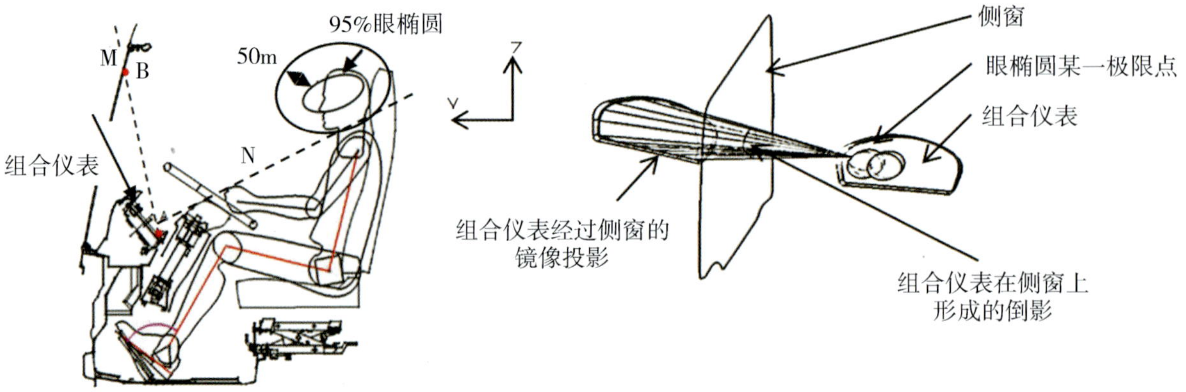

图 15-58 视野校核图

（2）操作方便性要求及校核：在手伸及界面以内的判断可触及，在手伸及界面外的判断为不可触及。对于驾驶过程中需要频繁操作的部件要求必须布置在手伸及界面内，对于驾驶过程中使用频次很低或者根本不用的部件可布置在手伸及界面外，要根据实际使用情况判断。所有操作按钮满足单指触及性、所有操作旋钮满足三指操作性、所有抓握手柄满足满掌操作性。如图 15-59 所示。

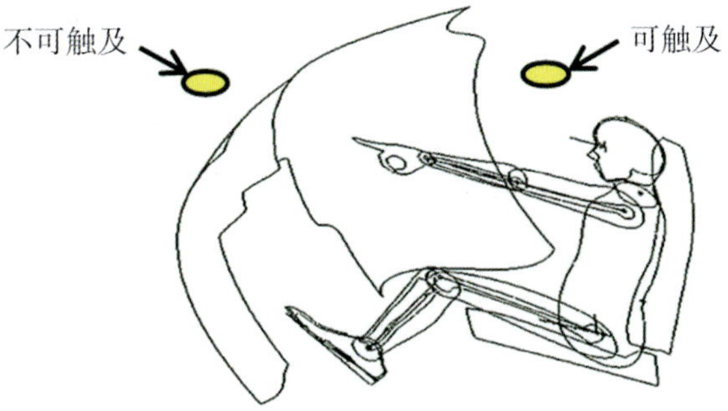

图 15-59　手伸及界面校核示意图

仪表板上某些功能件需要手部进行操作，比如杂物盒扣手，按键、旋钮开关的操作等，对于手部的操作空间进行规范，下面图中所标注的尺寸为建议的最小尺寸。

翻转手柄式操作如图 15-60、图 15-61 所示。

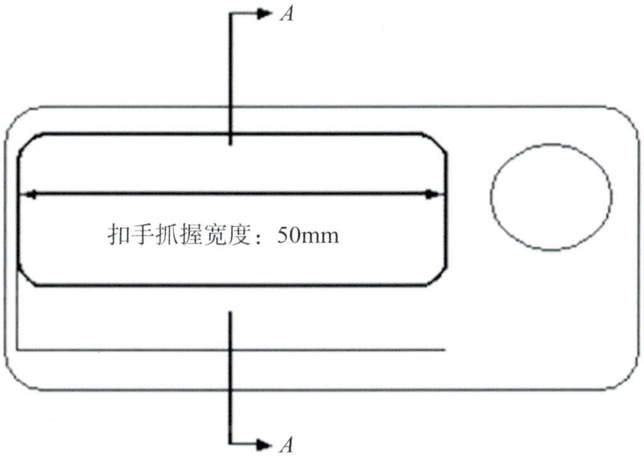

图 15-60　手套箱扣手宽度示意图

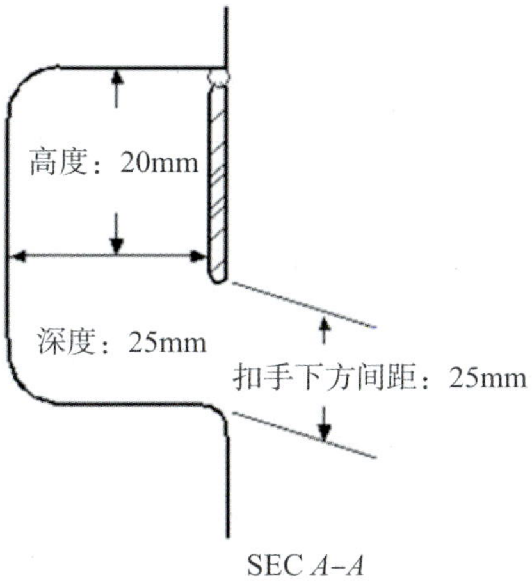

图 15-61　手套箱扣手断面图

（3）驾乘舒适性要求及校核：腹部空间、腿部空间、脚部空间、出风面积、出风口调节角等。

驾乘人员以正常的驾乘姿态坐在座椅上时，仪表板护板部分具体人体腿部要预留充裕的空间，提升乘坐舒适性，同时增大碰撞发生时人体的生存空间。在条件允许的情况下，建议腿部空间预留至少80mm（图 15-62）。

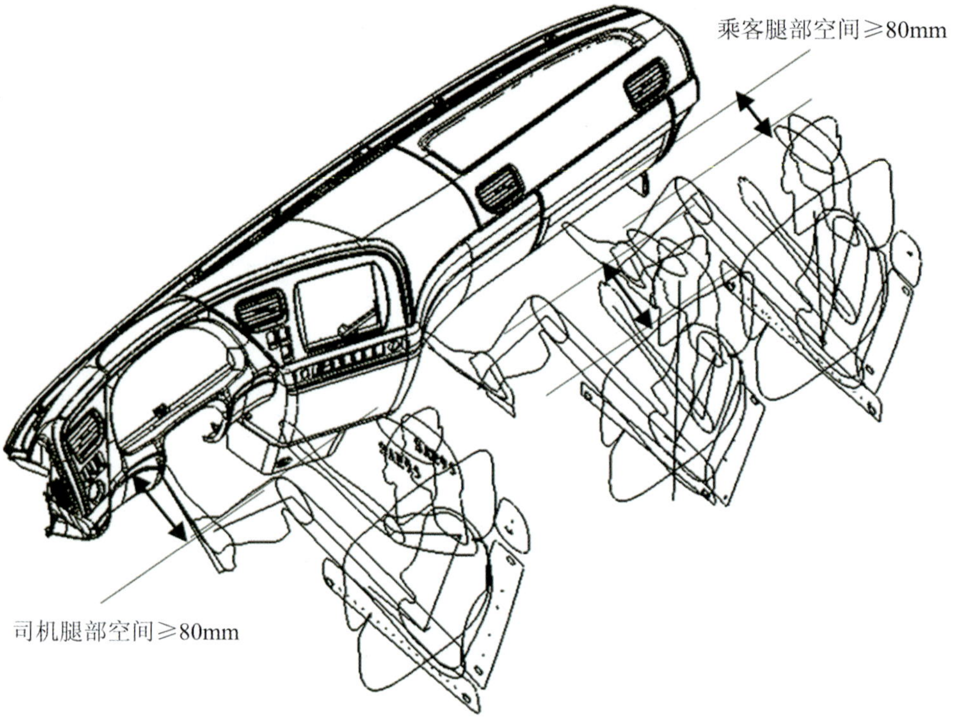

图 15-62　腿部空间示意图

脚部空间考虑了驾驶者踩踏油门、制动、离合踏板时脚部的运动范围，避免脚部和仪表板下护板干涉，是仪表板下护板造型设计的工程约束条件，如图 15-63 所示。

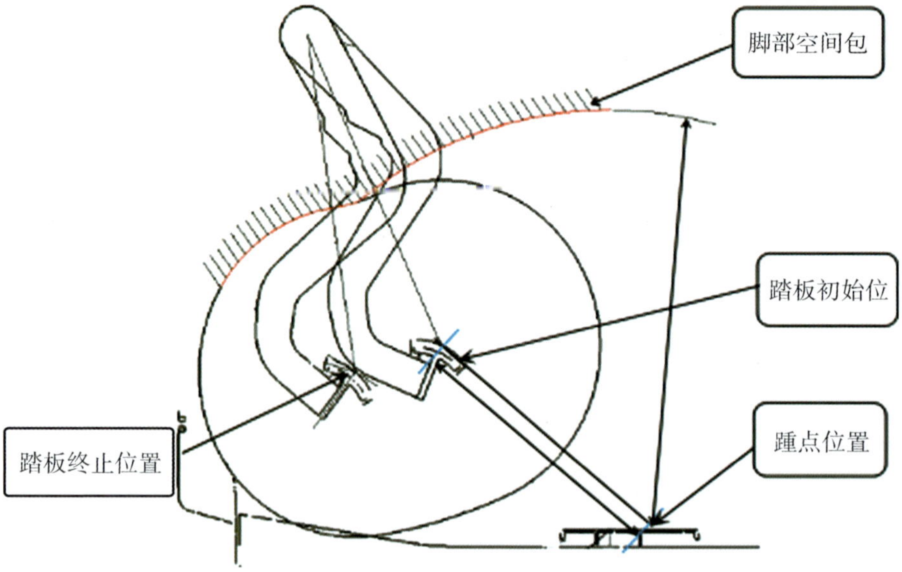

图 15-63　脚部空间示意图

对于吹脸出风口的出风角度有如下要求：左侧出风口要吹到驾驶者的右肩，右侧出风口要吹到驾驶者的左肩，上方要吹到95%眼椭圆上切线，下方要吹到H点（图15-64）。

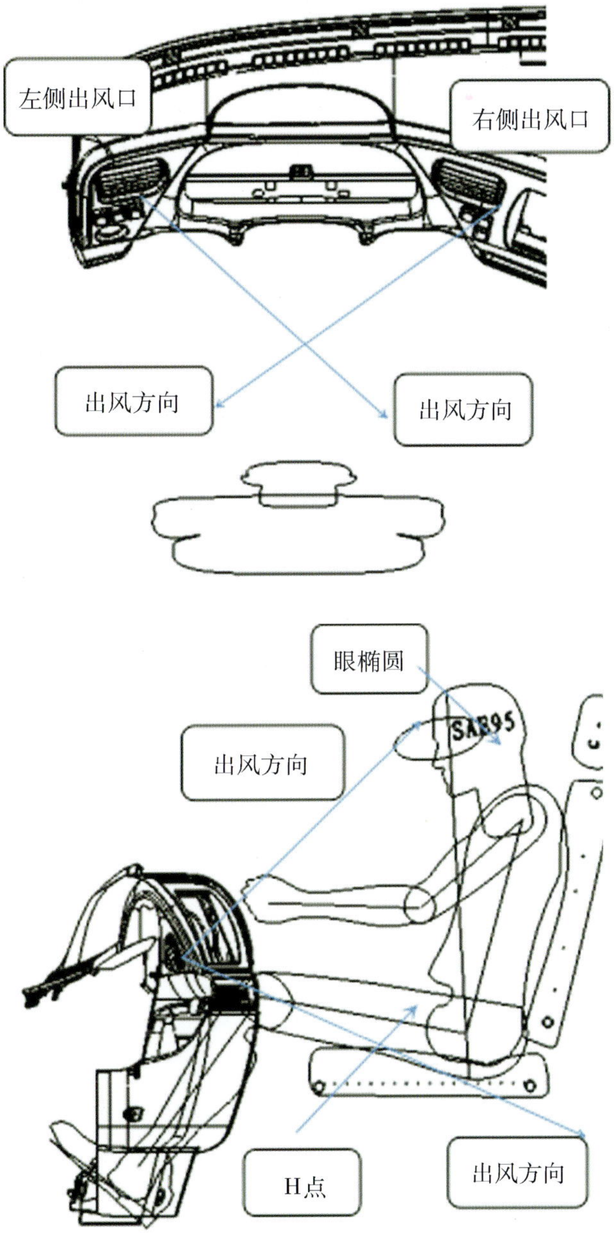

图 15-64　吹脸出风口布置要求

（4）涉及法规的人机要求及校核：安全气囊布置、驾驶员内部凸出物。

驾驶员内部凸出物要求如下：在前排座椅H点之前、仪表板上下分界线以上的乘员舱内部构件（侧门除外）。在基准区内，不得存有任何可能增大乘员严重伤害风险的危险粗糙表面或尖棱。

注：尖棱是指曲率半径小于2.5mm的刚性材料的棱边，但不包括从仪表板表面测量凸出高度小于3.2mm的构件。如果凸出高度不大于其宽度的一半，并且其边缘是圆钝的，就可以不对最小曲率半径提出要求。

格栅零件若满足下表15-9的最低要求，则应视为符合标准规定，图示见图15-65格栅尺寸示意。

表 15-9　格栅零件尺寸要求　　单位：mm

格栅间距	平端格栅		圆端格栅
	最小片厚 e	最小半径	最小半径
1～10	1.5	0.25	0.50
10～15	2.0	0.33	0.75
15～20	3.0	0.50	1.25

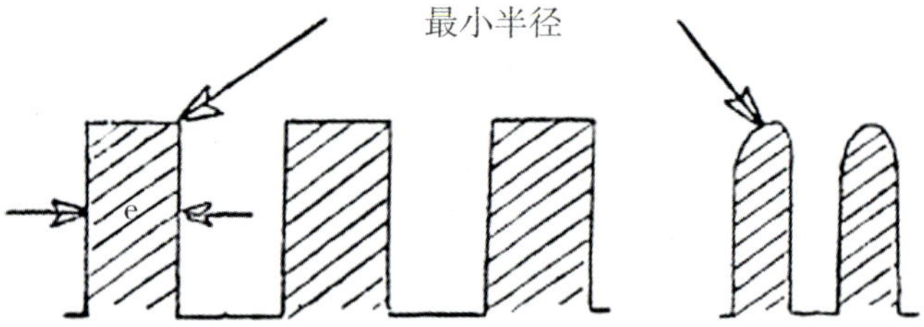

图 15-65　格栅尺寸示意

用刚性材料制造的开关、拉钮等构件，当凸出仪表板表面 3.2～9.5mm 时，距离凸出部分顶点 2.5mm 处的横截面积不得小于 200mm²，且凸出物边缘的圆角半径不得小于 2.5mm。

当这些构件凸出仪表板表面的高度超过 9.5mm 时，用一直径不大于 50mm 的平端压头，在其上施加 378N 的向前纵向水平力，这些构件应能缩回仪表板或脱落：当缩回时，其凸出高度应在 9.5mm 以下；当脱落时，在原来位置上不得留下高度超过 9.5mm 的危险凸出物；距离凸出部分顶点不超过 6.5mm 处的横截面积不得小于 650mm²。

安全气囊布置在头碰区域，安全气囊中心与乘客座椅基准点偏置小于 50mm，安全气囊布置处表面无突变。

5. 仪表板系统结构设计

仪表板系统结构设计主要介绍仪表板总成装配定位、安装设计及典型断面设计等。定位点及安装点设计要求：因仪表板系统与周边零件的间隙、面差是通过其定位基准统计公差计算得来，所以仪表板总成定位系统必须与 DTS 中与周边零件外观质量（间隙、面差）形成一一对应关系。安装点布置，为实现间隙、面差控制，两两安装点间的尺寸和安装点与翻边的距离满足要求：安装点到翻边尺寸不大于 40mm，安装点间的尺寸不大于 150mm。

（二）座椅系统设计

1. 概述

汽车座椅设计应满足如下要求：

（1）应具有良好的静态特性，即座椅的尺寸和形状应使人体具有合适的坐姿，良好的体压分布，触感良好，能调整尺寸与位置，以保证乘坐稳定、舒适，操作方便，视野良好。

（2）具有良好的动态特性，以缓和与衰减由车身传来的振动与冲击，保证驾驶人能较长时间工作而不感到疲劳；乘客能感到乘坐舒适。

(3) 有足够的结构强度、刚度和寿命，能在发生交通事故时尽量减少乘员的受伤程度，即具有足够的安全性。

(4) 结构紧凑，外形与色彩应美观、大方，与车身内饰协调，并尽可能减轻质量，降低成本，有良好的结构工艺性。

汽车座椅按用途和功能可分为驾驶员座椅、副驾驶员座椅、后排乘员座椅、儿童座椅、客车的乘客座椅等；按照结构型式可分为固定式座椅、可调式座椅、折叠式座椅、整体式座椅、分开式座椅等。

对于不同类型的汽车，其座椅的设计要求各有不同的侧重。

2. 座椅结构

汽车座椅一般由骨架、坐垫、靠背和调节机构等组成。一般的座椅结构在座椅骨架上安装弹簧，然后在弹簧上加衬垫。也有的座椅没有弹簧，而是直接采用加厚的橡胶海绵等作为弹性元件。座椅结构见图 15-66 所示。

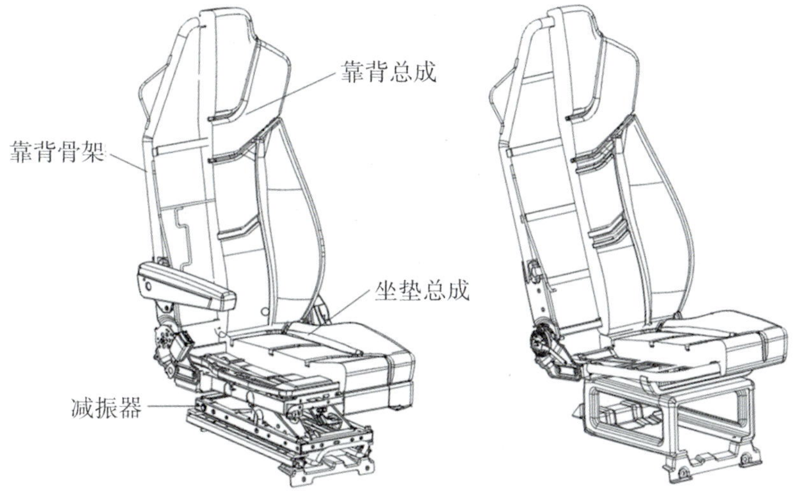

图 15-66　座椅结构

1) 座椅骨架

固定在车身地板上，用以支撑整个座椅和人体质量。骨架可分为坐垫骨架和靠背骨架两部分。座椅骨架结构见图 15-67。

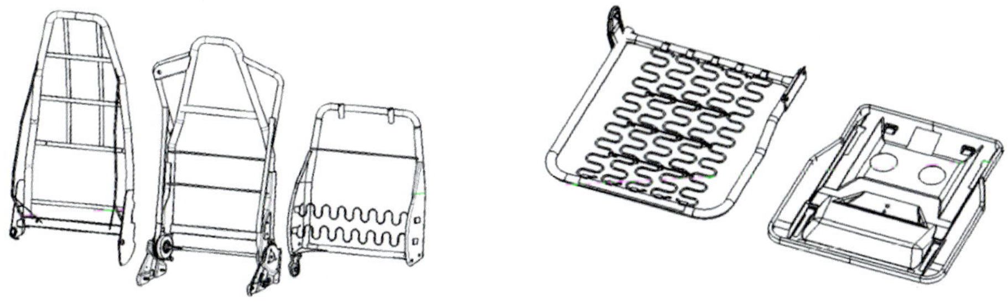

(1)　　(2)

图 15-67　座椅骨架结构

(1) 靠背骨架；(2) 坐垫骨架

2）弹性元件

弹性元件用以缓和由车身传来的冲击，通常由 1.2～4.0mm 的弹簧钢丝加工而成，也有用泡沫塑料作为弹性元件的。弹性元件是对座椅的静态特性和动态特性影响最大的构件。如图 15-68 所示。

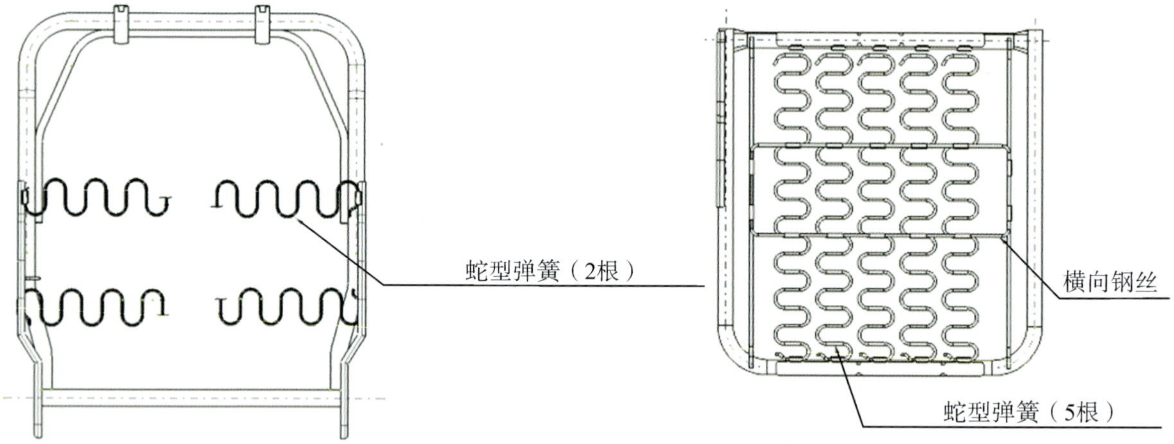

（1）　　　　（2）

图 15-68　弹性元件

（1）靠背蛇簧；（2）坐垫蛇簧

3）衬垫

当采用金属弹簧时，在座椅蒙皮与弹簧架之间常加一层衬垫，用以分散弹簧和人体间的压力，使座椅表面具有柔软的感觉，同时它还具有吸收振动和噪声的功能，所以要求衬垫应柔软、平坦，具有一定弹性，且无明显永久变形。衬垫一般由 1～3 层聚氨酯泡沫或棕榈等制成。如图 15-69 所示。

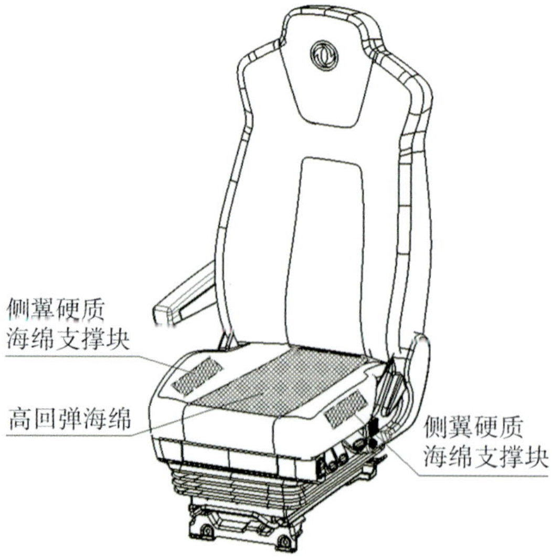

图 15-69　座椅衬垫

4）蒙皮

座椅蒙皮是包在坐垫和靠背总成外表面的一层材料。座椅表面使用蒙皮的目的就是要提高造型特征和座椅表面的感觉，另外也可起到衬垫材料保护膜的作用。常用的蒙皮材料多用织物、人造革、皮革等。

要求蒙皮面料有足够的强度和耐磨性。蒙皮表面有花纹可以增加摩擦系数。摩擦系数应选得适当，还应耐脏并具有良好的透气性、去湿性、尺寸稳定性和阻燃性。

5）调节机构

调节机构用以适应不同身材的乘员对乘坐和操作的不同要求，使乘员能有一个舒适的乘坐姿势。其结构型式多种多样，可进行前后调节、高度调节、角度调节、翻转调节及座椅转动等。

现在一些个别欧洲商用车上，座椅调节已经实现了电动化，提高了座椅调节的轻便性和方便性。将电动座椅与车用电脑结合，可以增加乘坐位置的记忆功能，实现智能化。（图 15-70）

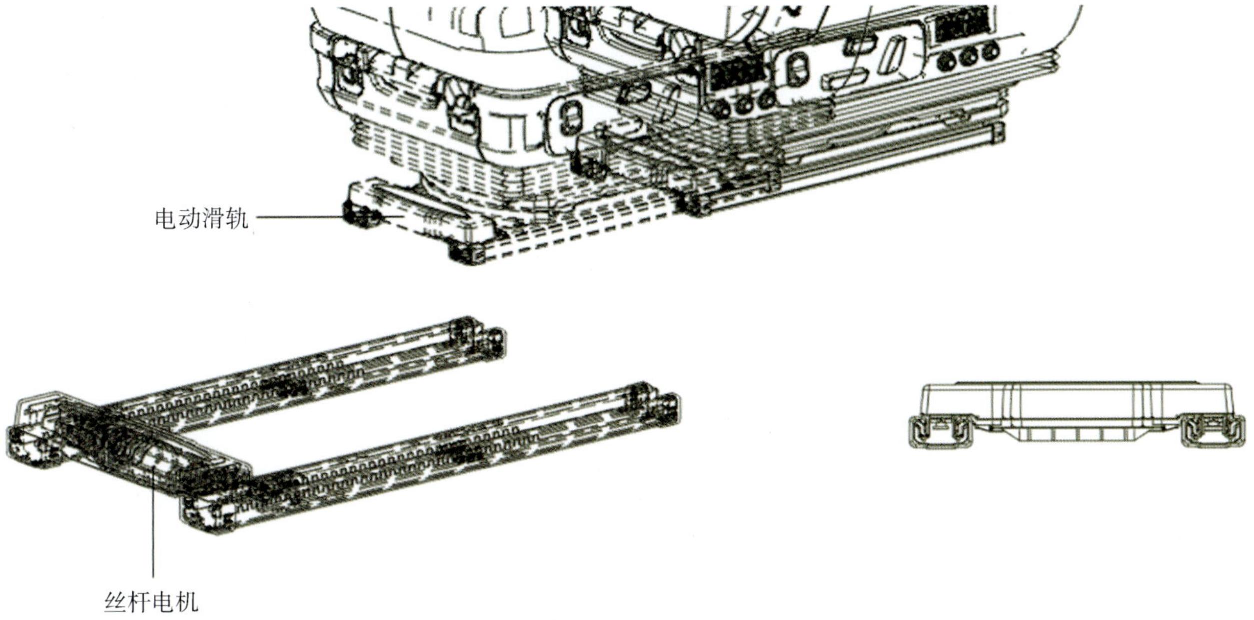

图 15-70　座椅前后滑动调节机构

6）安全部件

安全部件主要是为提高乘员的安全性而采用的部件，主要包括头枕、安全带、儿童座椅固定用卡具、质量和位置传感器等。

头枕是一种用以限制乘员头部相对于躯干向后移位的弹性装置。其作用是在发生碰撞事故时，减轻乘员颈椎可能受到的损伤。尤其是汽车受到追尾碰撞时，可抑制乘员头部后倾，防止或减轻颈部损伤。

头枕本体对来自前方及上方的冲击，应具有防止弹回的性能。连接部件等须牢固而坚实，不能因振动而产生松开、摇动、破损及噪声等缺陷。具有调节机构的各调节部件应易于调整，以便将头枕本体固定于任何位置。

头枕总成应外观良好。能充分承受反复的加压。结构物及金属件不得有锐利的凸起部分。

7）舒适性装备

舒适性装备是为提高车辆的舒适性和便利性而采用的设备，包括电加热器、扶手、杂物袋、挂物钩、杯架、便利桌等。加热器直接安装在座椅上，在寒冷时，通过座椅的升温效果，创造舒适、温暖的乘车环境。扶手可以减轻长时间行驶时的疲劳强度，使乘坐更加舒适。一般杯架都安装在扶手上。（图 15-71、图 15-72）

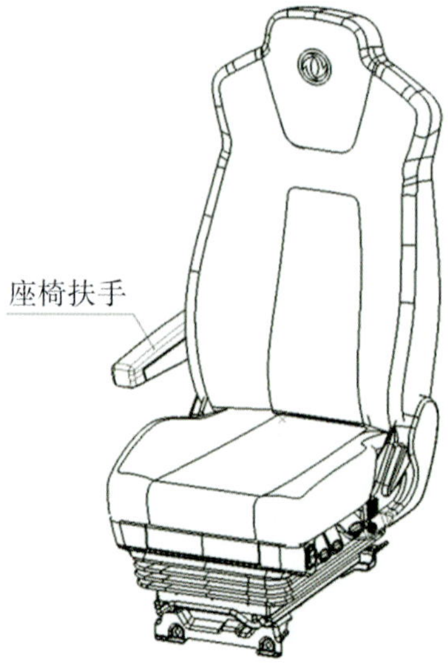

图 15-71　座椅扶手

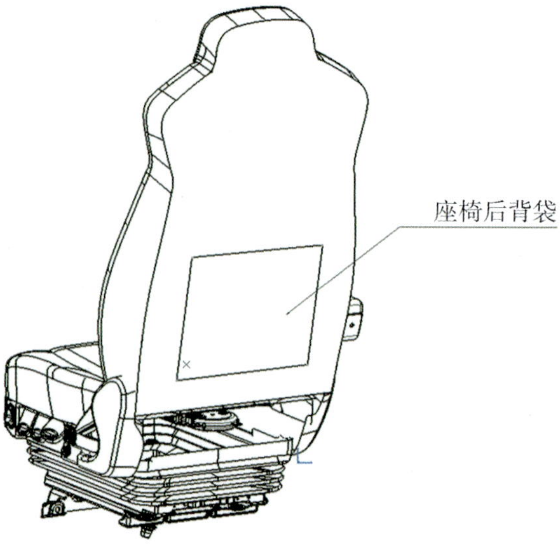

图 15-72　杂物袋

3. 座椅的静态特性

座椅的静态特性是指座椅的结构形式、几何参数、人体接触坐垫和靠背的体压分布以及由此而形成的受载轮廓等技术参数对乘坐舒适性的关系特性。

在座椅的参数中，座垫上表面至地板的距离 h、坐垫角度 α 和靠背与坐垫的夹角 β 是影响乘坐舒适性的重要参数，这些参数也与操纵轻便性和视野性有密切关系，而它们是相互矛盾和相互制约的。所以，在设计座椅时，对这些参数必须给予充分的协调。

4. 座椅的动态特性

座椅的动态特性是指座椅对汽车悬架、车轮、车身等振动系统传来的冲击和振动所能起到的缓冲作用和消振特性。

座椅动态特性的研究主要从座椅的弹性特性和减振特性两方面考虑，即从作用在座椅上的载荷及其变形求出坐垫的刚度 C 值（反映坐垫的软硬程度），以及从乘员质心在座椅上垂直振动的衰减曲线来确定乘员在座椅上的振动频率和振幅的衰减值。

1）振动对人体的影响

人对振动的反应特点主要表现为：

（1）忍受垂直振动的能力大于忍受水平振动的能力。除要考虑垂直振动外，还应注意水平振动的影响。

（2）随着受振时间的增加，忍受振动的能力下降。

（3）在不同振动频率下，人的忍受能力不同。人最敏感的频率范围：垂直振动 4～8Hz，水平振动小于 2Hz。

（4）在相同的持续时间内，在 2.8Hz 以下，水平振动允许的振动加速度均方根值小于垂直振动的相应值；而在 2.8Hz 以上，情况则相反。

2）座椅振动参数

汽车振动系统主要由轮胎、悬架和座椅组成，它们构成一个串联系统。降低轮胎和悬架的刚度余地不大。改变座椅的振动参数对于改善舒适性有特殊作用。

汽车座椅的振动参数主要有两个，分别是刚度 C 和阻尼系数 k。阻尼系数 k 决定了座椅的振动衰减特性。

座椅的传递特性就是座椅振动的传递率随激振频率而变化的特性。当激振频率在 4Hz 附近时，将产生共振，此时的振幅出现峰值。

在设计汽车座椅时，应充分利用频率比 λ >区域的减振效果。但相对阻尼系数 ψ 不宜取太大值，也不宜太小。应使座椅（主要是坐垫）的共振频率 ω_n 尽量避开人体最敏感的 4～8Hz 频率区，故一般希望 ω_n <3Hz，ψ =0.25 左右。这样，在共振区其幅值不会太大，而高频区又能保持良好的减振效果。座椅刚度 C 的选择，要从座椅的固有频率与悬架、车轮的固有频率相匹配来选择，既要避免与悬架1.2～2Hz、车轮 9～11Hz 的固有频率重合，又要避开人体最敏感的 4～8Hz 的频率范围。

坐垫的刚度 C 以使其固有频率 ω_n 在 2～3Hz 范围为佳。因为频率太高（大于 8Hz）的坐垫太硬，影响舒适性；而频率太低（小于 1Hz），则不仅因座椅太软，挠度太大，使布置不便，而且在坏路上行驶时，还会造成更大的冲击，同时，过低的频率还会使人产生晕车的感觉。

一般轿车坐垫的刚度应选择在 78～118N/cm，货车为 147～196N/cm。（图 15-73）

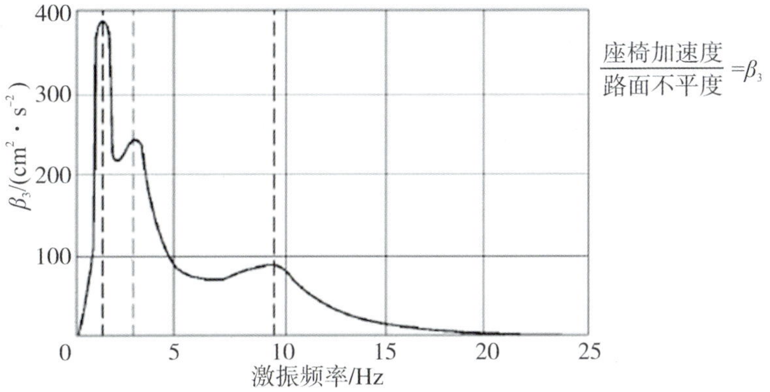

图 15-73 车身上座椅的幅频特性

5. 座椅系统强度要求及试验

从安全角度，为了在车辆碰撞时不因座椅破损而产生伤害事故，座椅的设计必须要考虑座椅骨架、靠背、滑轨、调节机构和安全带固定装置等的强度，以及它们相互间的安装强度。另外，还要考虑座椅在减少侧面碰撞时的车体变形，确保乘员生存空间方面的作用。对座椅的强度要求已成为各国的汽车安全法规。

（1）座椅靠背及其调节装置的强度试验。

（2）座椅固定装置、调节装置、锁止装置和移位折叠装置的强度试验。

（3）头枕性能试验。

（4）座椅靠背及头枕吸能性试验。

（三）乘员约束系统

乘员约束系统是以车辆发生碰撞事故时使乘员与车辆一起减速、防止与方向盘和仪表板发生二次碰撞，以及防止乘员被甩出车外而导致伤害为目的的装置，属于被动安全装置。最具代表性的乘员约束系统主要指座椅安全带和安全气囊。

1. 安全带

安全带是指具有织带、带扣、调节件以及将其固定在车内的附件，用于在车辆骤然减速或撞车时通过限制佩戴者身体的运动以减轻其伤害程度的总成，该总成一般称为安全带总成。

汽车座椅安全带是重要的乘员约束系统之一，在减轻碰撞事故中乘员伤害程度方面起着重要的作用。

统计数据表明，佩戴安全带使碰撞事故中乘员伤亡率减少 15%～30%。

1）安全带的种类

安全带一般分为两点式、三点式和全背带式等几种。(图 15-74)。

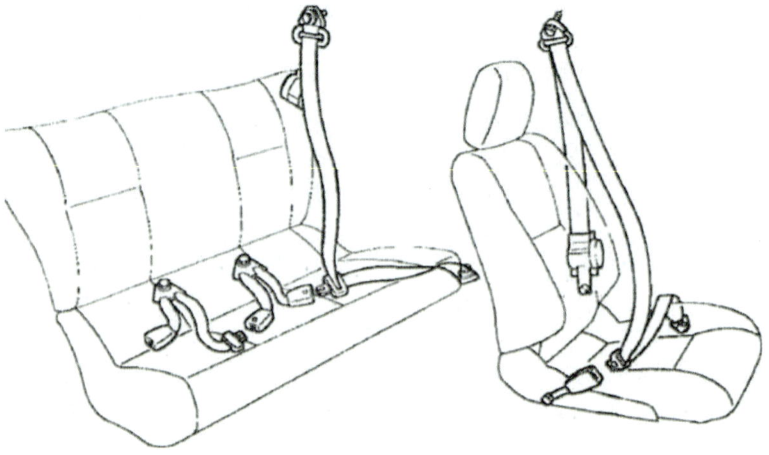

(1)　　(2)

图 15-74　安全带种类

(1) 两点式安全带；(2) 三点式安全带

2）安全带的结构组成

安全带主要由织带、带扣锁、卷收器、预紧器、限力器、调节件及安装件等组成。

织带：指安全带总成中约束乘员并将力传递到安全带固定点的柔性带状物，一般是用尼龙或聚酯等合成纤维织成，宽约 50mm，厚约 1.2mm。织带应保证作用在佩戴者身体上的压力沿其全部宽度尽可能均匀分布，而且在载荷作用下不发生扭曲，织带应有吸收能量和释放能量的功能。

带扣锁：是既能把乘员约束在安全带内，又能快速解脱的连接装置。在锁扣中通常还会安装安全开关或警告灯开关，强制驾驶员使用安全带。

卷收器：用于收卷、贮存部分或全部织带并在增加某些机构后能起特定作用的装置。装有惯性感应机构和锁止机构。

预紧器：预紧式安全带的特点是当汽车发生碰撞事故的一瞬间，乘员尚未向前移动时，它会首先拉紧织带，立即将乘员紧紧地绑在座椅上，然后锁止织带防止乘员身体前倾，有效保护乘员的安全。预紧器主要包括控制装置和预拉紧装置。

控制装置分有两种，一种是电子式控制装置，另一种是机械式控制装。

预拉紧装置则有多种形式，常见的预拉紧装置是一种爆燃式的，由气体引发剂、气体发生剂、导

管、活塞、绳索和驱动轮组成。（图 15-75）

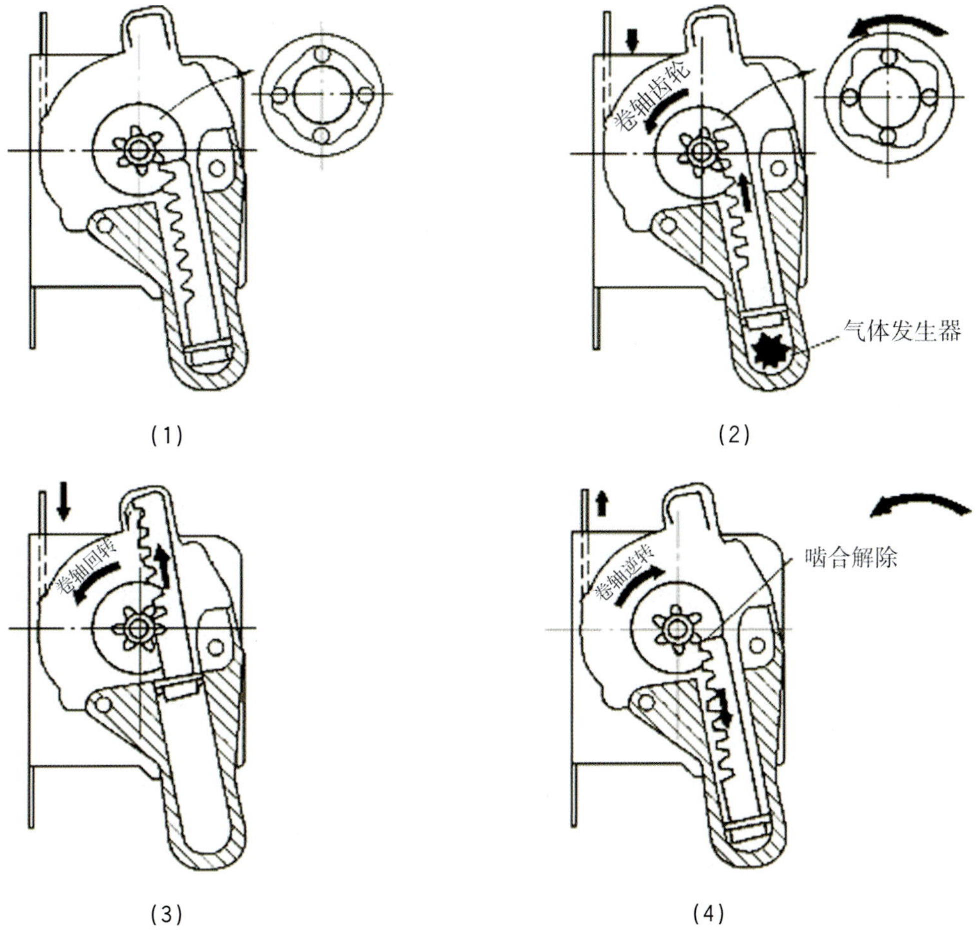

图 15-75　预拉紧装置原理

(1) 初期状态；(2) 气体发生剂点火；(3) 预张力；(4) 卷轴逆转（限力器作用时）

限力器：在发生车辆碰撞时，安全带施加很大的拉力限制乘员的运动。当碰撞车速较高、强度很大时，安全带对人体的作用力可能达到足以伤害人体的程度。

限力器即是在卷收器或锁扣等部位增加的限力机构，当织带所受的力达到一定值时，允许卷收器或锁扣等部位移动，从而使得安全带有效长度变长，防止织带拉力过大对人体造成伤害。

主要由限力板、卷筒和固定轴等组成。

3）安全带固定点

安全带固定点是指在车身、座椅或车辆其他部分的构件上用于安装、固定安全带总成的零部件。安全带固定点的设计、制造和布置应符合《汽车安全带安装固定点、ISOFIX 固定点系统及上拉带固定点》（GB 14167—2013）的要求。

2. 安全气囊

安全气囊作为一种辅助的乘员约束系统，主要用来防止乘员在汽车碰撞事故中与车内构件的二次碰撞。在汽车发生碰撞后，乘员与车内构件碰撞前，迅速地在二者之间打开一个充满气体的气囊，使乘员“扑”在气囊上，利用气囊的阻尼作用缓和冲击并吸收碰撞能量，从而达到减轻乘员伤害程度的目的。（图 15-76）

安全气囊系统最重要的要求是要保证系统作用可靠和动作精确。

可靠性即是要求系统能迅速且正确无误地判断是否需要打开安全气囊，系统不能出现判断失误，造成误点爆和漏点爆。

精确性即是要求点爆时间精确，使气囊对乘员具有最佳保护效果。

这两点要求反映在安全气囊系统中就是控制参数，即确定点爆安全气囊的条件和点爆时刻，它们是通过对车辆的碰撞特性进行分析而确定的。

车辆的碰撞特性，即碰撞过程车身减速度信号—时间特性，是通过实车进行碰撞试验而得。

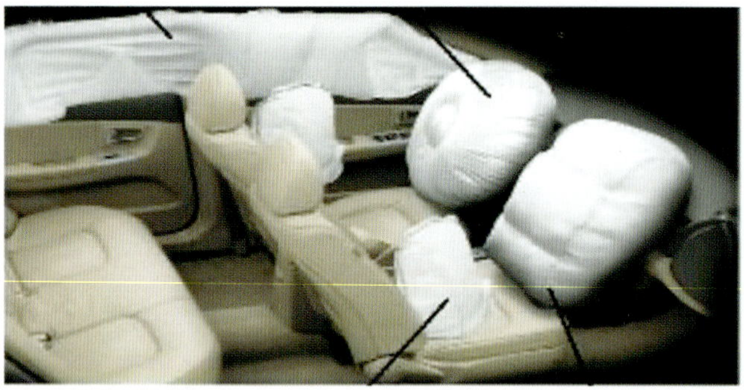

图 15-76　安全气囊

（四）地毯与行李舱垫

1. 对地毯的性能要求

适宜的造型处理。做工要求精细，在凸凹处不能有皱纹，色彩要与整车的内饰相协调；对地毯毛的长短、毛型的要求是至关重要的；舒适的居住性。要柔软、舒适、手感良好；要求具有良好的隔声性、吸声性，提高隔声性和吸声性是地毯设计的主要任务；良好的防静电性和阻燃性，容易清理，良好的保暖性能。

2. 地毯的绒毛材料及绒毛形状

地毯的绒毛材料有纯毛、尼龙、聚丙烯等。纯毛绒虽显得华贵，但成本高，所以只在一些高级车上使用。而一般轿车都使用尼龙与聚丙烯，聚丙烯的价格稍高一些。

地毯的绒毛形状有三种，即剪绒、环绒及针刺等。如图 15-77 所示。

(1)

(2)

1－堆积物；2－层底布；3－黏结剂；4－二层底布

图 15-77　地毯绒毛形式

(1) 环绒地毯；(2) 剪绒地毯

3. 成型地毯

成型地毯是在生产过程中制成与地板形状一致并且固定不变形的地毯，一般是通过在地毯下面复合上一层聚乙烯热压成的。

目前在轿车上使用的地毯都是成型地毯，其装配性能、装饰性能及舒适性方面都比片状地毯优越。但其成型工艺比较复杂，成本较高。

地毯的装配用卡扣、螺钉、压板及粘接等方法。

四、车身功能附件结构设计

（一）空调系统设计

1. 概述

汽车内的舒适性是指为乘员提供舒适、愉快、便利的乘坐环境与条件，包括良好的平顺性、低的车内噪声、适宜的空气环境、良好的乘坐性能和良好的驾驶操作性能等。

影响空调系统舒适性的因素主要有气温、太阳辐射强度、车内外温差、垂直温度分布、室内相对湿度、气流速度和方向、新风量（影响空气成分）及噪声。美国采暖制冷与空调工程师学会（ASHRAE）研究发现，冷热感觉是一个影响人体热平衡与舒适感的综合气候条件，舒适感范围可以通过人体的舒适线图进行表达。如图 15-78 所示，图示斜线区域为在夏季人体衣着单薄休息时的舒适线图。

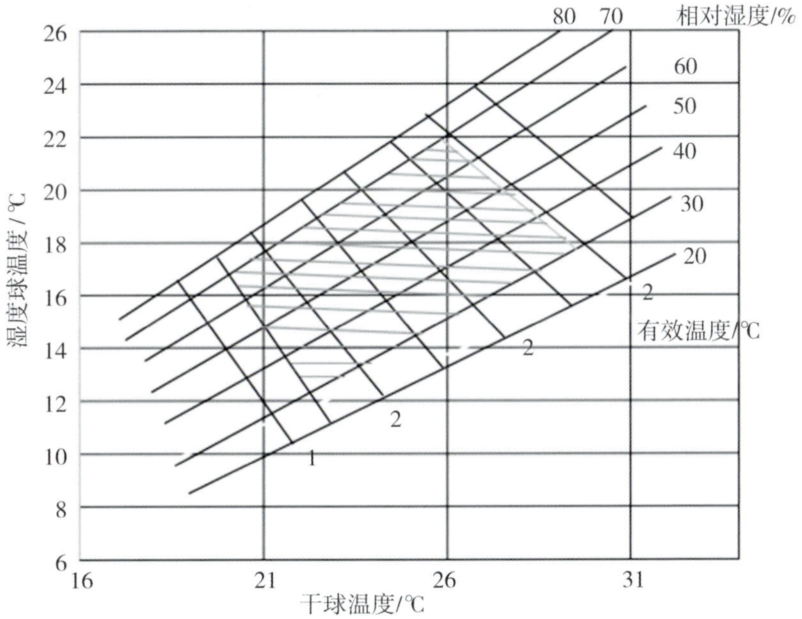

图 15-78 ASHRAE 舒适线图（夏季风速 0.08～0.13m/s）

2. 汽车空调功能

汽车空调是汽车空气调节的简称，即采用人工制冷和采暖的方法，调节车内的温度、湿度、气流速度、洁净度等指标，从而为人们创造清新舒适的车内环境。

1）调节车内温度

夏季采用制冷方式降低车内空气温度，冬季采用制热方式提升驾驶时空气温度，保持乘员舒适性。制冷时燃油车一般采用机械压缩机组成制冷装置，电动车一般采用电动压缩机制冷装置。制热装置目前根据热源不同有多种方式：发动机热水，空气 PTC，水 PTC，热泵。

2）调节车内湿度

通过制冷装置冷却降温去除空气中的水分，再由采暖装置升温来降低空气的相对湿度。车内一般不增加湿度，湿度的增加会造成车窗起雾或结霜。

3）调节车室内的空气流速

通过空调系统通风换气功能实现。空气流速和方向对人体舒适性影响较大。夏季气流速度大有利于人体散热降温；舒适的气流速度一般为 0.25m/s 左右；冬季风速大了会影响人体保温，因此冬季采暖希望气流速度尽量小一些，一般为 0.15～0.20m/s。

4）过滤净化车内空气

车内空间小、乘员密度大，车内极易出现缺氧和二氧化碳浓度过高的情况；汽车发动机废气中的一氧化碳和道路上的粉尘、有毒花粉都容易进入车内，造成车内空气污浊，影响乘员身体健康，因此必须要求汽车空调具有补充车外新鲜空气、过滤和净化车内空气的功能，一般汽车空调装置上都设有进风门、排风口、空气过滤装置和空气净化装置。

3. 汽车空调特点

汽车直接暴露在太阳下或风雪下，隔热措施困难；汽车在行驶时有大量风沙、废气从各种缝隙钻入车厢内，造成车厢内空气污染并增加热负荷；汽车的行驶速度变化无常，难以保证稳定的空调工况等。所以汽车空调的工作环境比房间空调要恶劣得多。

由于汽车这个“移动房间”的特殊工作环境，它与建筑空调有许多不同之处，具体表现在以下诸方面：

（1）汽车车厢容积小，车窗所占面积比例较大，易受阳光直射，因此车厢温度很高；此外车厢内温度还受地面热量反射、人体散热、发动机辐射热以及换气热影响，汽车空调热负荷较大。

（2）汽车空调制冷压缩机利用汽车发动机或电力来驱动，对汽车的其他性能均有一定影响。由发动机驱动时，汽车空调的制冷性能与汽车行驶速度有关。高速时冷量就大，低速时冷量就小，特别是轿车空调。由电力驱动时，整车耗电量会急剧增加，降低车辆经济性。

（3）汽车上空间紧凑，空调装置布置困难，汽车空调部件的通用性较差。

（4）汽车车厢内乘员所占空间比例较大，加上座椅和其他机械装置的高低不平，直接影响车厢内的风速和温度分布的均匀性，影响人体舒适性。

（5）冷凝压力偏高、制冷剂易泄漏，汽车在颠簸不平的道路上快速移动，震动厉害，连接处易松动；冷凝器易受飞石击伤，产生泄漏现象。

4. 汽车空调具体要求

汽车空调应比家用空调具有更高的技术性能和工作可靠性，具体要求如下：

（1）汽车空调应保证在任何条件下，车厢内部都具有舒适的温度范围、湿度范围和气流平均速度。见表 15-10。

表 15-10　空调温度定义

项目	温度范围/℃	湿度范围/%	流速/（m·s⁻¹）
夏季	20～28	60～75	0.25
冬季	16～20	55～70	0.15～0.2

（2）汽车空调的控制机构和操纵机构要灵活、方便、可靠。

（3）汽车空调的零部件要求可靠、体积小、重量轻、安装维修方便。

（4）汽车空调应具有快速制冷和快速采暖的能力。

（5）汽车空调冷气装置工作时，对汽车发动机的动力消耗、燃油消耗、加速和爬坡性能的影响应尽可能小。

（6）汽车空调在汽车上的结构布局要紧凑合理，零部件安装要有防振措施，保证汽车空调在剧烈颠簸条件下能可靠地工作。

5. 汽车空调系统的组成与分类

汽车空调按系统功能由通风换气系统、暖风系统、制冷系统、空气净化系统与控制系统组成，基于各个功能结构分类如表 15-11 所示。

表 15-11　汽车空调功能结构分类

系统与功能		结构分类
通风换气系统	通风 换气	自然通风：车辆本身的迎面压力通风或装在空调系统中的自然通风 强制通风：利用空调系统鼓风机进行通风
暖风系统	采暖 除霜	按热源分为水暖式、气暖式、独立式、综合预热式、热泵与水 PTC
制冷系统	制冷 除湿	按设置位置分为仪表板式、后行李舱式及车内顶置式三种 按蒸发器数量分为一体式、分体式两种
空气净化系统	空气净化	使用空滤器、电集尘器、脱臭器、空气污染传感器、杀菌灯、负离子发生器和香氛等，净化部件大多复合使用
控制系统	调节	根据控制方式不同分为自动控制与手动控制

1）通风换气系统

通风换气系统的功能是保证车厢内空气的清洁度、湿度、气流速度等。

汽车空调通风有自然通风和强制通风两种。自然通风即是利用汽车行驶时车身外表面的空气压力分布来进行通风；强制通风是利用风机强制从车外引入新鲜空气与车内空气混合后再送入车内。

空调送风的工作过程：新鲜空气＋车内循环空气→进入风机→进入风道→出风格栅→驾驶室内→排风口。

强制通风系统由室外进风口＋过滤器、室内进风口、鼓风机、风道、出风格栅、排气口组成，其中鼓风机为动力源，通过叶轮的旋转产生风压。如图 15-79 所示。

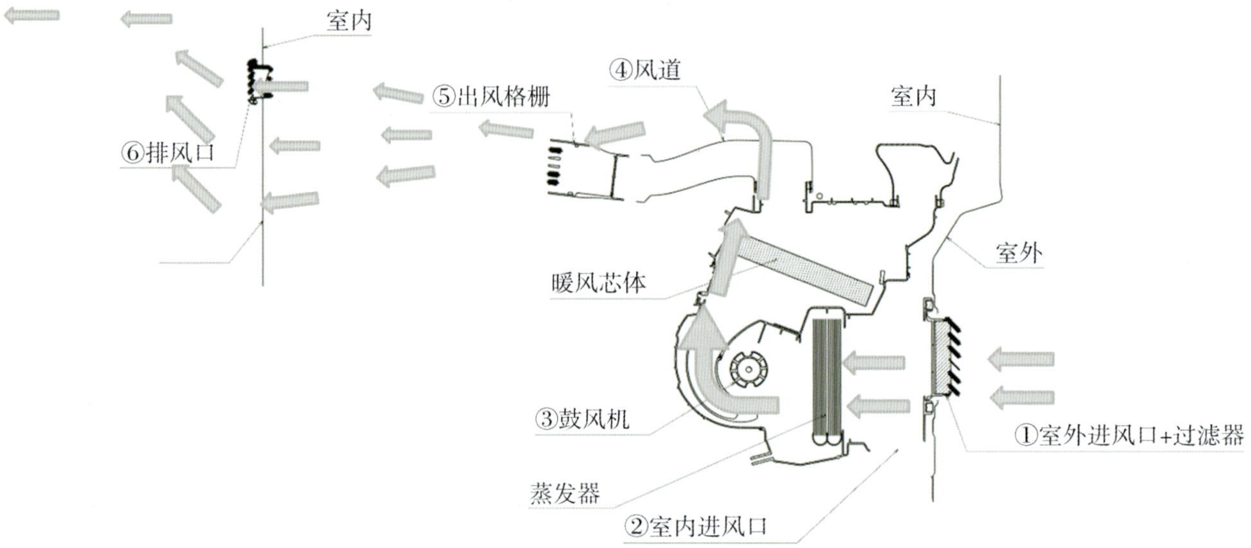

图 15-79 通风换气系统

强制通风时可以采用车内空气内循环，或车外空气外循环进风方式。二者也可以混合进风。当制冷制热负荷较大，或室外空气污浊时一般采用内循环。（图 15-80、图 15-81）

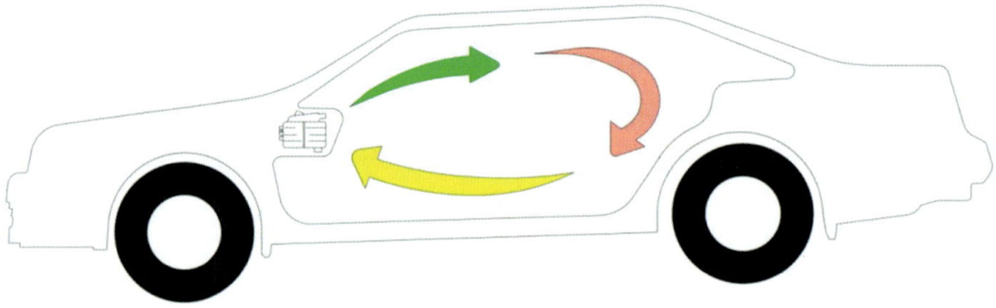

图 15-80 车内空气内循环

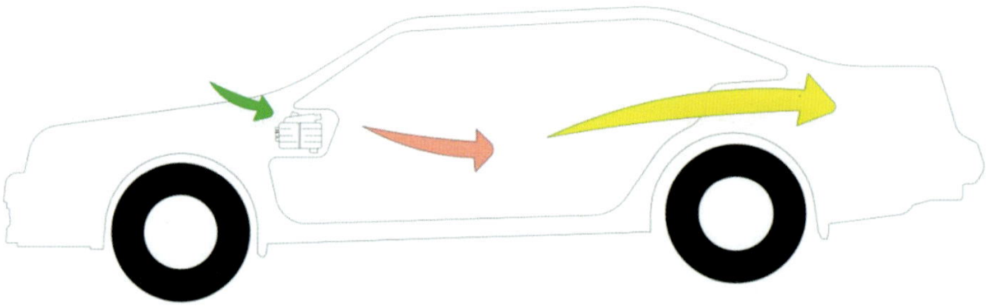

图 15-81 车外空气外循环

2）暖风系统

汽车空调暖风系统的作用有：

（1）冬季供暖，满足乘客舒适性的要求。

（2）玻璃除霜除雾：通过将热风或混合风吹向玻璃除霜除雾，避免影响司机的视野。

（3）调节温度：通过冷热风的混合，将车室内空气调节到适宜的温度，达到舒适性的要求。

汽车空调暖风系统是将冷空气吹到暖风芯体表面，吸收热量并倒入到车内，从而提高车内温度的装置，根据热源不同可以分如下几种。

（1）水暖式暖风系统：热源是发动机，多用于乘用车、货车以及采暖要求不高的客车。

（2）气暖式暖风系统：热源是发动机排气系统，多用于装配风冷式发动机的汽车。

（3）独立燃烧暖风系统：热源是专用燃料，多用于大型客车。

（4）综合预热式暖风系统，热源是发动机冷却液＋专用燃料。

（5）热泵与 PTC 暖风系统：热源为电池电量，一般电动车采用，需要进行节能控制。

热源为发动机的暖风系统也叫余热供暖系统，将发动机预热引入热交换器，由风机将车内或车外空气吹过热交换器而使之升温。余热加热暖风装系统的优点是供热可靠、不另需燃料，缺点是采暖必须在发动机冷却水温度上升到大循环时才能供暖，在寒冷冬季供暖量有些不足，甚至导致发动机过冷，影响发动机正常工作。

加热系统构成：在驾驶室内部由鼓风机与暖风芯体组成，风经过芯体带走热量吹向驾驶室。驾驶室外部主要是水路。由水阀、暖风水管、水泵、热源组成。其中热源包括发动机热源、水 PTC 或专用燃料热源等。如图 15-82 所示。

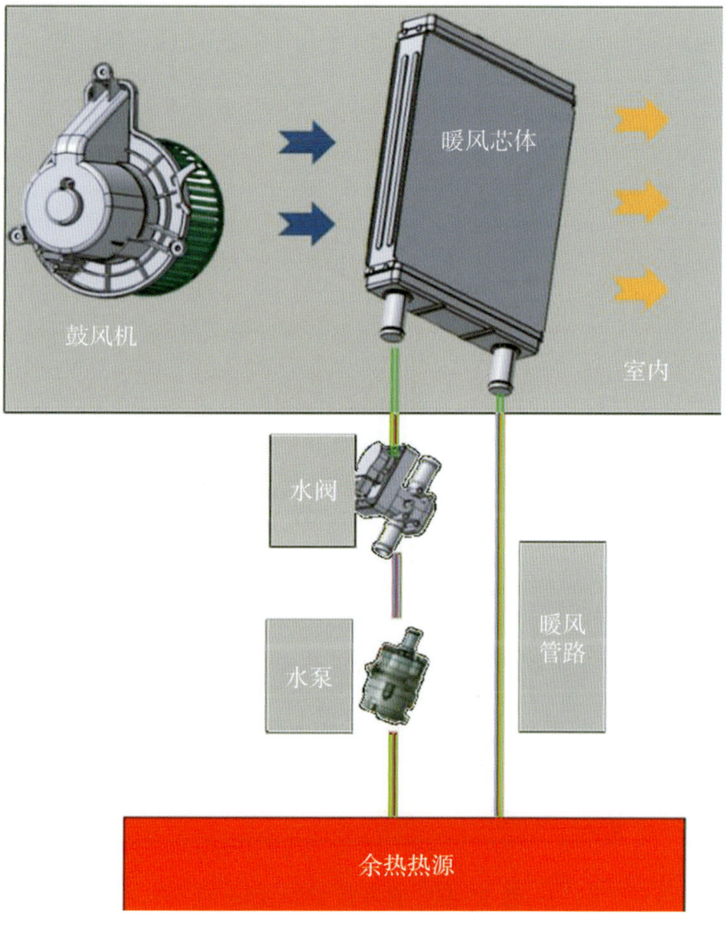

图 15-82 加热原理

3）制冷系统

汽车空调制冷系统由压缩机、冷凝器、贮液干燥器、膨胀阀、蒸发器、空调管路和制冷剂组成。它利用制冷剂的不断变态循环来达到制冷效果。液体制冷剂的特点是可以在常温下气化，当遇热变成蒸气时吸收周围的热量，当遇冷变成液体时释放本身的热量。汽车空调系统是利用蒸发热制冷，即利用沸点很低的制冷剂在汽化过程中吸收周围空气中的热量这一原理，将车内空气中的热量转移给制冷剂，最终带至车外大气中，达到车内降温之目的。

图 15-83 为蒸气压缩机制冷循环图，工作过程如下：

(1) 蒸气压缩：压缩机吸入蒸发器出口低温低压气态（0℃，0.147MPa）制冷剂，压缩机成高温高压（70～80℃，1.47MPa）气态制冷剂。

(2) 冷凝放热：高温高压过热制冷剂蒸气进入冷凝器，压力和温度降低至 40～50℃，制冷剂放出大量的热，并由气态变为液态。

(3) 节流膨胀：液态制冷剂流到储液罐后除去水分与杂质，由管道流入节流膨胀阀，温度和压力较高的液态制冷剂通过节流膨胀阀后体积变大，压力和温度急剧下降，以雾状排出膨胀阀。

(4) 蒸发吸热：低温低压雾状制冷剂进入蒸发器后，蒸发器壁面吸收空气中的热量汽化从而降低车内空气温度。

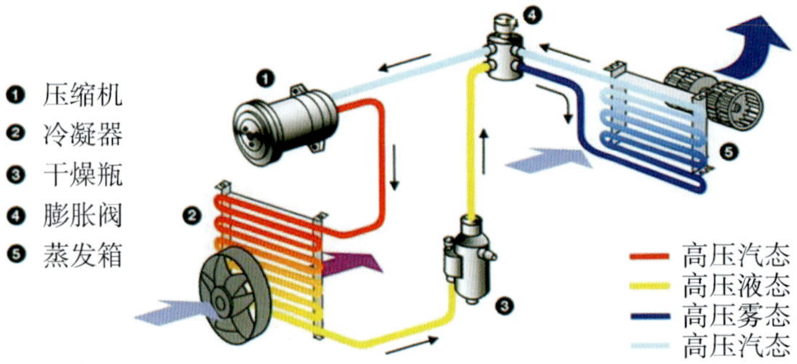

图 15-83　蒸气压缩机制冷循环图

制冷剂在压焓图上的示意图如图 15-84 所示：

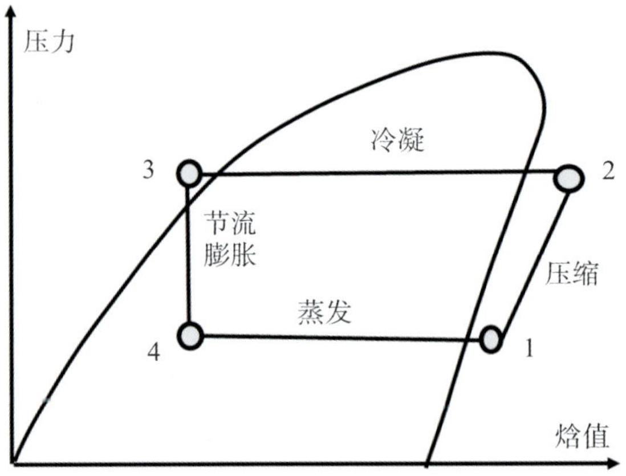

图 15-84　制冷压焓图（p－h）

4）空气净化系统

汽车内的空气净化主要有两种方式：一种是采用空气净化器，让车内空气通过静电空气过滤器、负离子发生器、活性炭吸附器、空气滤清器、有害气体催化器等装置达到空气净化的目的。另一种是利用光电传感器测出空气中的污染程度，通过与设定值的比较，自动控制新风门的开启，让烟气及受污染空气排出车外，达到净化车内空气的目的。这两种方法常常同时被采用。如图 15-85 所示。

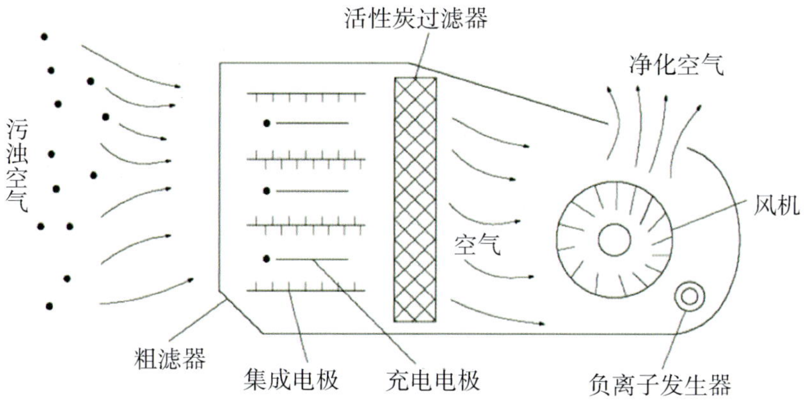

图 15-85 空气净化系统

5）控制系统

空调控制系统由于控制方式不一样可以分为手动控制与自动控制。手动控制就是乘员根据自身需要手动调节出风温度、出风风量、内外循环模式、出风模式等达到舒适性状态。自动控制通过采集环境参数（室内外温度湿度、阳光、雨量等）不断自动调节出风温度、出风风量、出风模式等自动达到舒适性状态。由于车辆行驶过程中环境多变，手动控制空调需要不断调节空调系统影响正常行车安全，且温度难以达到最优状态，所以自动控制空调装车比例越来越高。

自动控制空调的主要控制要素有：出口温度控制、风量控制、入风口及出风口控制、压缩机控制。这些控制都是由传感器完成的。车外温度和车室内温度分别由车外温度传感器和车内温度传感器检测，控制空气混合风门的开度和鼓风机的转速，使车室内温度保持一定。蒸发器传感器使得压缩机达到最佳工作控制，自动控制内外循环和出风模式的转换。原理如图 15-86 所示。

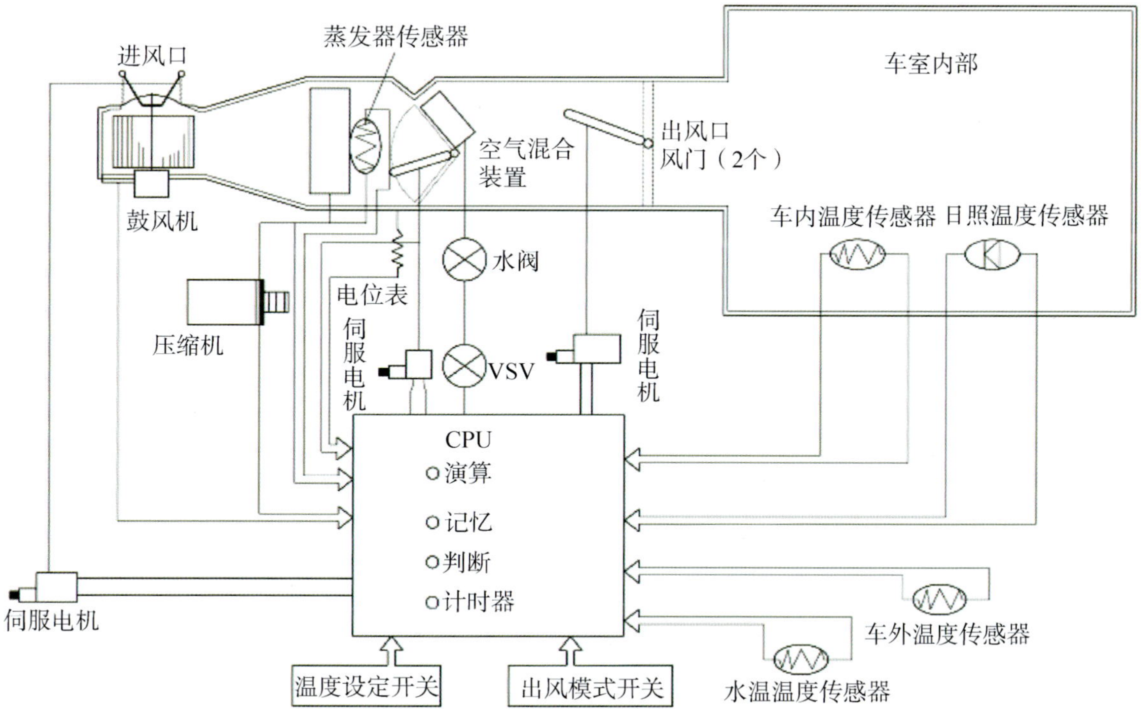

图 15-86 空调控制系统原理

第三节　车身结构设计方法及工艺

一、车身结构设计常见方法

（一）车身结构拓扑设计

车身骨架结构的拓扑设计（topology design）是指车身结构中梁、柱等承载件的空间布置形式，是车身概念设计中首先要完成的工作。

车身结构的拓扑空间受车辆总体外形和内部布置要求的约束。构件的布置是否合理，可以通过简化模型的载荷计算分析进行判断，在这个阶段，要研究结构拓扑模型和定义初始的几何尺寸参数，而拓扑模型是研究构件几何参数（如构件截面、接头参数和板料厚度等）的基础。

车身结构由构件及其接头组成的车身骨架和板壳零件共同组成，是承受载荷和传递载荷的基本系统，其中骨架结构设计决定了载荷的传递路径。

车身前部敞开部分、散热器框架、中段乘坐室部分、后部行李舱传力特性。

在进行构件布置设计时，尤其要注意乘客室与前部敞开部分相连接区域刚度的加强，如纵梁到门槛的扭矩盒，前铰链柱上端的前指梁、斜梁或接头圆角的设计。结构件的布置应使通过前纵梁的力流分散地过渡到前围板区域及地板和门槛。

（二）车身结构耐撞性设计

传统的白车身碰撞安全性结构正向开发，大多是以经验设计为主，以实车试验或参考竞品车数据作为依据，应用一些经验公式进行开发，这样缺乏准确的设计依据和科学的计算方法，使得产品的结构安全系数要么过于保守，要么设计不足，导致零件性能与整体产品的性能变得模糊不可控制，不利于结构方案的优化和改进，不利于成本的控制，同时也需要较长的产品开发周期，为验证设计结果，需要一轮一轮进行白车身的试制及试验，这种往复工作既拖后项目节点又增加研发费用。

车身结构刚度组织：合理布置车身的主要承载结构（如主要的梁结构和接头结构），并合理配置它们的刚度。

合理组织结构的吸能：主要吸能部件吸收主要的碰撞动能，次要吸能部件少量吸能，并使尽可能多的结构参与吸能，以提高材料的使用效率。

合理组织碰撞载荷的传递：合理设计碰撞载荷的传递路径。

车身结构刚性设计：车身结构刚性设计的目的是减小乘员舱在各种碰撞形式中的变形，保证乘员生存空间。

车身结构吸能设计：在正面和后面碰撞中，允许通过车身前部或后部结构的变形来缓冲撞击，并减小碰撞过程中车身的减速度。

考虑新材料和新工艺的使用，恰当地应用可以带来性能改进、结构轻量化、节约成本等多种好处。

以下以商用车碰撞安全结构设计为例，介绍一下结构设计方法。

1. 白车身碰撞安全结构设计

(1) 碰撞安全的目标确定，需要满足国内外安全性法规和假人生存空间及伤害值满足要求。

(2) 根据目标确定的法规项，需要合理地布置出白车身的变形区域和不可变形区域。

主要变形区域为：前围上部、前围下部、纵梁最前端及纵梁后部。

主要不可变形区：纵梁中部、门框、车门。

其中变形吸能区主要是在碰撞过程中抵御冲击、吸收和消散碰撞的能力。变形区域不能涉及司机和乘客的生存空间，该区域应该尽量靠近驾驶室前端及后端。不可变形区域主要是保证司机及乘客的安全，保证有足够的生存空间。

(3) 通过碰撞安全法规的 CAE 分析，找出白车身在各种工况下碰撞能量的传递路径。

在白车身结构设计前，我们先对驾驶室在碰撞时的受力情况进行分析，便于后期承力结构及零件的设计。碰撞中最早接触的为前围上部，力也是最先从这里往后传递到侧围，侧围通过车门传递到侧围后部。前围上横梁变形后，紧接着接触的是前围下部，力从前围下部进行传递，下横梁与地板纵梁相连，力也随之传向整根纵梁，地板纵梁作为驾驶室的载体，有足够的强度，能够承受碰撞的冲击力。

冲击力从上下方向来看，从前围上部和下部两条路径进行传递，但是由于前围下部与纵梁连接，地板纵梁作为驾驶室的载体，有足够的强度，能够承受较大的冲击力。所以我们的设计思路是白车身上部传递 20%的冲击力，白车身下部传递 80%的冲击力。

冲击力从前后方向来看，主要由车身前部“前变形区域”的塑性变形来吸收一部分力，剩下的力根据我们设计的传递路径传递到“后部变形区域”来进行吸收，中间部位为不可变形区域，只起到传递作用，不吸收冲击力。

撞击的大部分能量通过前围上、下横梁和纵梁最前端及纵梁后部的变形来吸收，所以前围上、下横梁的截面尽可能地做大，来增加可变形的位移。

将纵梁前后端强度和中部强度进行区分，纵梁前后两端的强度在满足车身其他性能的情况下尽可能地做弱，来吸收能量。但是中部强度尽量做强，一方面保证乘员的生存空间，另一方面也需要承受座椅及乘员的重量，保证乘员的舒适性。

2. 白车身承力结构及零件的详细设计

根据能量的传递路径，针对性进行白车身的承力结构及零件的详细设计，下面以 ECE R29 法规前摆锤试验为例。

在撞击过程中，撞击力通过前围和前悬置传递至纵梁、侧围和车门。为保证生存空间，前部地板不能变形，这就要求纵梁中部必须有足够的强度；为保证撞击过程中车门不会开启以及乘员的生存空间，所以侧围门框和车门不能有大的变形，我们设计碰撞能量主要从门框侧的车门铰链传递到车门上，再从门锁处传递到侧围后部，这就要求车门铰链、车门具有一定的强度。

在碰撞过程中，前围上横梁最先受力，该零件为最先的吸能零件。前围上横梁是由前围上盖板和前围上横梁组成，最前端的前围上盖板零件料厚为 0.7mm，材料为普板 DC04；该零件为典型的薄壁吸能零件。上盖板和上横梁与前围挡板的焊接方式为悬臂式的，这种结构强度很弱，也便于零件变形，达到吸能的目的。

侧围和车门主要是承受从前围传递过来的力，保证乘员区域不变形。侧围与车门主要是通过车门铰链连接，力也随着铰链传递到车门上，车门内采用防撞杆式的结构，将力通过门锁处再次传递到侧围后部可变形区域。

我们在设计时，主要对侧围铰链和车门铰链安装处强度进行了加强，让力可以传递到车门上，车门采用圆形防撞杆来保护乘员的生存空间，最后通过门锁传递到侧围后部。

（三）车身结构的防腐设计

车身结构的防腐设计是保证车身防腐性能的关键，直接影响其防腐措施的效果。

设计要使结构能阻止腐蚀介质侵入或积存在结构缝隙间、凹形构件和封闭结构内部，在容易积存水的部位应设置排水孔，设计成易排水、易干燥的结构。

典型防腐结构设计，包括防积水结构设计和车门的下部排水结构设计（图 15-87）。

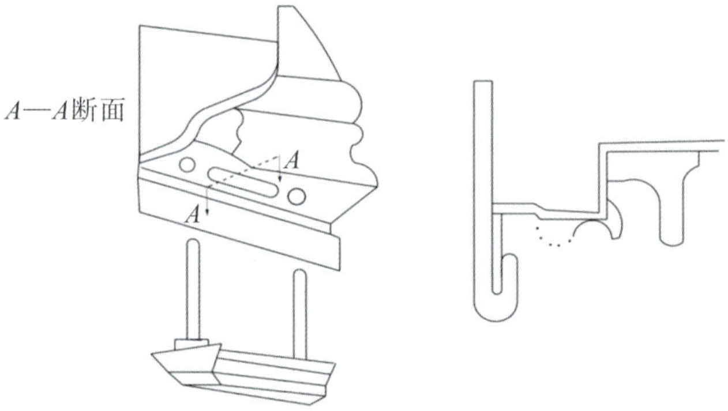

图 15-87　车门下部排水结构设计

（四）车身轻量化设计

对于乘用车来说，车身占整车质量的 40%～60%，约 70%的油耗是用在车身质量上的。从制造成本来看，车身占到整车成本的 15%～30%；

从汽车发展趋势来看，人们对汽车的安全性、舒适性等要求越来越高，而这些要求的实现大都体现在车身上。所以汽车车身尤其是白车身的轻量化是整车轻量化的重要部分。目前常用的车身轻量化的评价指标为宝马公司提出的轻量化系数 L，它是轿车车身轻量化设计的一个重要指标，是表征一个轿车产品车身轻量化水平的重要参数之一。

轻量化系数 L 具体是指白车身的质量与四轮的投影面积 A 与静态扭转刚度 Ct 的比值：

$$L = m/(A \times Ct) \tag{15-1}$$

式中：m ——白车身质量，kg，不包括车门和玻璃；

A ——四轮投影面积（轴距伊轮距），m^2；

Ct ——车身静态扭转刚度，kN·m/（°）。

车身结构轻量化的方法与途径有三种。

一是整车优化结构设计，如采用优化设计除去零部件的冗余部分（使零部件薄壁化、中空化），部件复合化以减少零件数量，设计全新的结构等。

二是优化材料设计，即用低密度材料代替钢铁材料的应用，主要是轻量化材料以减轻零部件质量，轻量化结构和轻量化材料两者相辅相成，相互作用。

三是轻量化制造，即通过先进的轻量化制造技术的应用，实现轻量化设计和轻量化材料。

1. 结构轻量化

结构轻量化设计的核心是通过对车身结构和相关零部件的优化设计，确保其在采用轻量化材料后的性能和功能完全满足整车要求。

结构优化可以按设计变量的类型划分成三个层次，即结构尺寸优化、形状优化和拓扑优化。

尺寸优化是指在给定结构的类型、材料、布局和外形几何的前提下，优化各个组成构件的截面尺寸，使结构最轻或最经济。示例如图 15-88 所示。

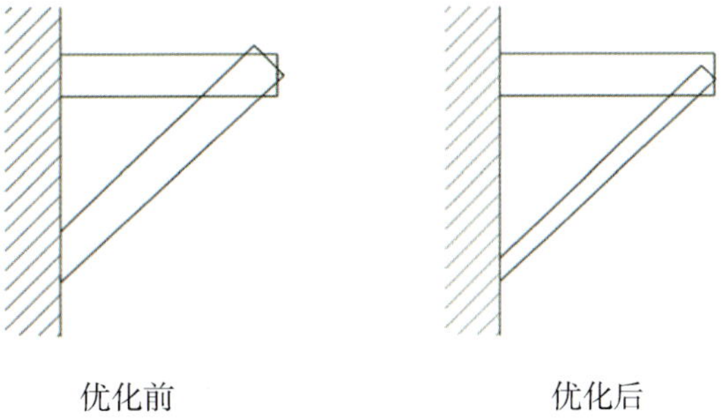

图 15-88　尺寸优化示例

形状优化是指在结构的类型、材料、布局已定的前提下对结构的几何形状进行优化，如对布局已定的桁架的节点位置进行优化、对连续体的边界形状进行优化、对实体结构内部开孔的尺寸、形状进行优化。如图 15-89 所示。

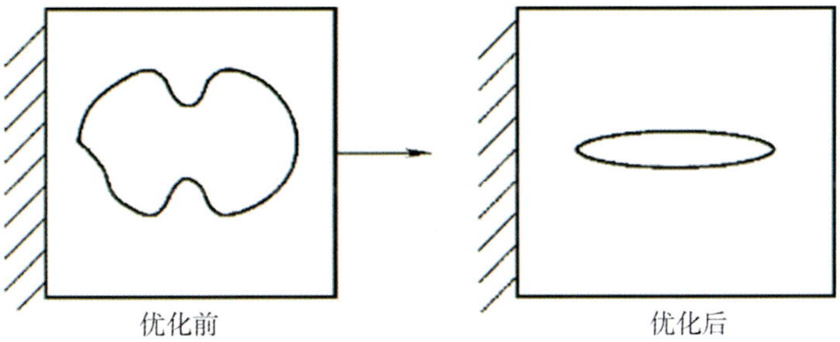

图 15-89　形状优化示例

拓扑优化方法是在一个给定的空间区域内，依据已知的外载及支承等约束条件，寻找承受单载荷或多载荷的物体的最佳结构材料分配方案，从而使结构的刚度达到最大或使输出位移、应力等达到规定要求的一种结构设计方法。如图 15-90 所示。

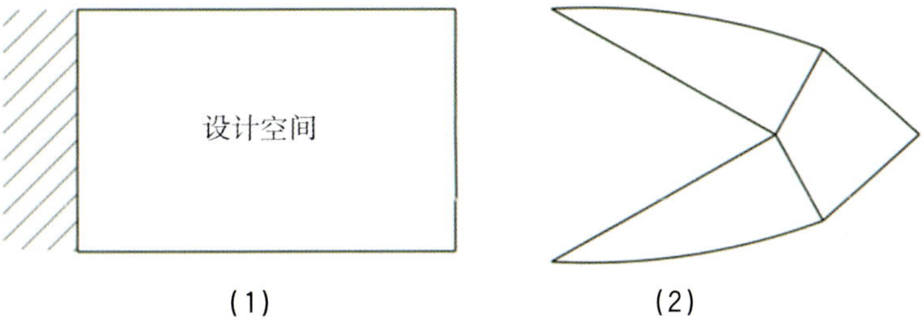

图 15-90　拓扑优化示例

(1) 设计空间；(2) 最优拓扑结构

2. 材料轻量化

采用车身轻量化材料是实现汽车轻量化的重要手段。目前，车身轻量化材料主要以高强度钢、铝镁合金和非金属材料为主。

发达国家相继制定了汽车技术路线图，轻量化材料技术是其中的重要内容之一。在规划的框架下，政府策划并组织，企业合作，共同开展重大新材料技术研究。

3. 制造轻量化

轻量化制造技术指的是以车身轻量化设计为基础，在综合考虑所采用轻量化材料的特性和产品控制成本要求的前提下而采用的制造技术。

目前最广泛使用的主要有激光拼焊技术、液压成形技术、超高强度钢热成形技术、高强度钢辊压成形技术、电磁成形技术等先进的成形技术及连接技术、表面处理技术和切削技术等。

（1）激光拼焊技术。

将经不同表面处理、不同材质、不同厚度的钢板通过激光焊接组合成一个毛坯件，然后再将其冲压成所需的零部件。（图 15-91）

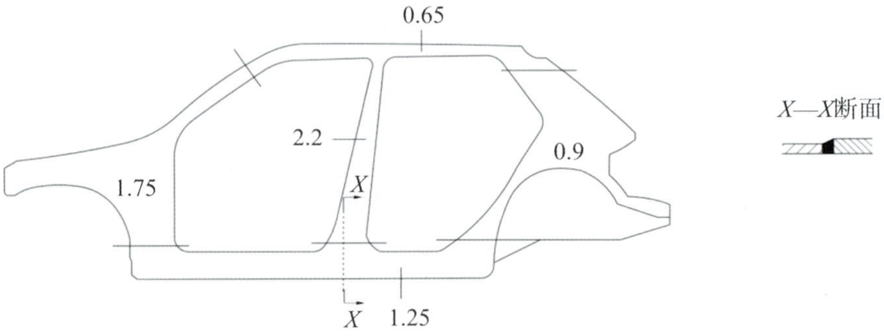

图 15-91 不同料厚拼焊一体成型（单位：mm）

与传统点焊工艺的产品相比，激光拼焊技术特点如下：

a）减少零件数量。由于拼焊板可以一体成形，提高了车身覆盖件的精度，减少了大量冲压加工的设备和工序。

b）减轻结构件的质量。由于采用不同厚度的板料焊在一起，然后一次冲压成形，而不再需要焊接加强板，因此可以降低钢材消耗，减轻结构质量。

c）可以改进车身结构的安全性能和耐久性。

（2）液压成形技术。

液压成形技术是指把管状或板状材料放在密封的模具中，再把流体介质（水、油等）引入管件的内腔或板件与模具的内腔，通过增加液体的压力，使工件在常温下变形，经过膨胀、压缩和成形三个阶段，最终成为所需零部件形状。

液压成形技术优点：可减少零件数量和模具数量、结构完整性好、强度高、使用寿命长等，并可在保证零件刚度和强度的前提下有效降低构件质量和成本。

液压成形件比冲压件平均成本可降低 15%～20%、模具费用降低 20%～30%，成形后的零件可减重 30%。

（3）超高强度钢热成形技术。

将板材加热奥氏体化，然后在模具中进行热成形，通水冷却，在保持零件良好形状的前提下得到高强度的马氏体组织。

优点是可提高零件强度；减小零件壁厚或截面尺寸，节约材料消耗；材料塑性和成形性好，能一次成形复杂的冲压件；可减少模具数量和成形工序；可消除回弹影响，零件精度高，成形质量好。

超高强度钢热成形技术主要用于B柱、防撞梁、保险杠等安全结构件的生产，起到了为满足高碰撞条件要求使车身局部结构得到加强的作用。

（4）高强度钢辊压成形技术。

三维辊压成形是以轻量化和一体化为特征的一种三维空心变截面轻体构件的新型辊压成形技术。

采用高强度钢辊压成形技术加工出的变截面车身零部件可大幅度提高承载能力并充分发挥材料的利用率，减轻结构质量，降低零件生产成本，提高生产效率。

（5）电磁成形技术。

欧美各国正在积极开展金属板材电磁成形技术研究。是利用电流通过线圈所产生的磁场，在磁力作用下，使坯料产生塑性变形的一种成形方法。

电磁成形属于快速成形，成形时间为100μs。电磁成形适用于铝、镁、钢等材料。

具有如下优点：工装简单；易于成形；加工质量好，工件回弹很小、表面粗糙度好、重复性好。可实现无接触加工，不需润滑和后续的清理工序；生产效率高。

（6）连接技术。

连接技术也是轻量化技术发展的关键之一，它关系到被连接结构的性能、质量、加工工艺、装配、安全与回收等诸多方面。

传统的连接技术主要有电阻点焊和MIG（惰性气体保护焊）、MAG（活性气体保护焊）、但随着多材料轻量化设计的需要，激光焊接、铆接与自冲铆接、粘接及复合连接等新的连接技术逐步发展并得到越来越多的应用。

（五）车身骨架结构刚度设计

车身骨架中的结构件可分为三类：

（1）功能所要求设计的，如门柱、窗柱、门槛、风窗框上下横梁等。

（2）加强用的，如车顶横梁、底板加强横梁、车门防撞钢梁等。

（3）为安装附件而设置的非承载件，如顶盖上为安装顶窗而设置的框架等。

（1）和（2）类是车身的主要承载件，应有足够的刚度和强度，并构成一个连续完整的受力系统。

1. 车身骨架刚度设计

车身特别是承载式车身几乎承载了轿车使用过程中的所有载荷，车身的刚度特性具有举足轻重的作用。车身刚度不合理，将直接影响车身的结构可靠性、安全性、NVH性能等关键性能指标。

高刚度车身不仅有利于悬架的支持，使汽车系统正常工作，而且有利于改进振动特性。

轿车车身刚度已成为车身行业内公认的一项重要指标。通常认为车身结构有足够的刚度，也就具有了足够的强度，扭转刚度和弯曲刚度应同时考虑，有时还要考虑车身尾部弯曲刚度。

白车身在整车中的刚度贡献率最大。如该车在扭转刚度中，白车身的刚度贡献率达64%，而前悬架横梁、前风窗和后背门有超过10%的贡献率；其他部件（指仪表板、发动机盖、保险板、护板、座椅等）贡献率很小，为5%；而稳定杆由于布置在前悬架前面，所以对整车的刚度贡献率为负值。

地板的中间通道构件在实例中对整车的弯曲刚度贡献率为8%，扭转刚度贡献率为7%，贡献来自它有约束通道横向张开变形的通道横向构件，如图15-92所示，增加通道横向构件能使通道更好地起到承载结构件的作用。

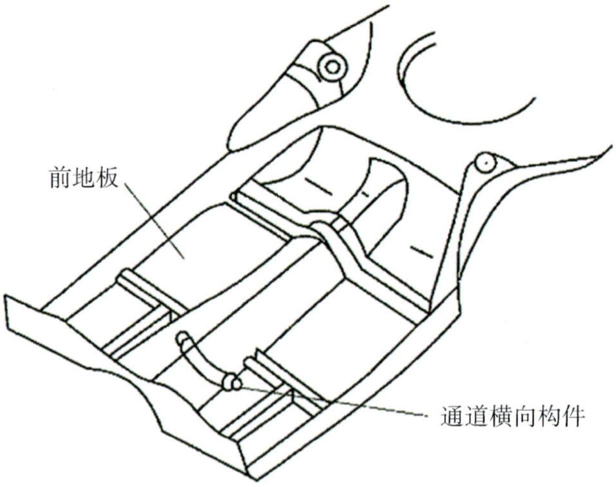

图15-92　通道横向构件

2. 构件截面设计

车身杆件大多是由薄板成型件组成的，杆件的截面形状可分为闭口和开口两类，截面形状和尺寸对其截面特性有很大影响。与杆件刚度有关的截面特性是惯性矩和极惯性矩（扭转惯性矩）等。

轿车车身杆件的截面形状非常复杂，为了计算截面特性，首先要划分区段（长 l、厚度 t），用截面中的区段连接点的坐标值定义截面形状，按公式进行计算。（图15-93）

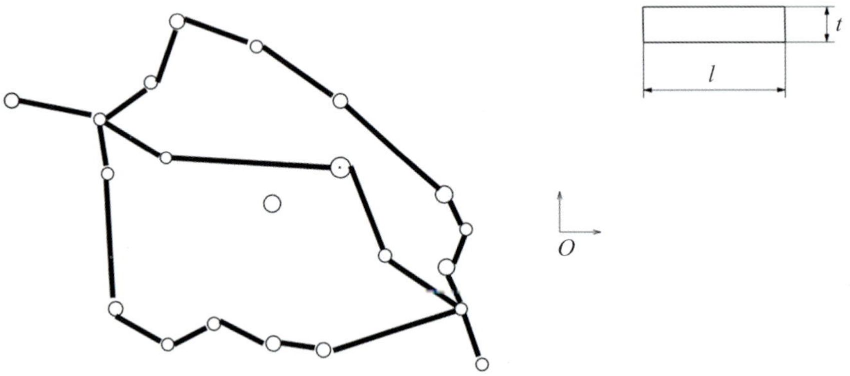

图15-93　构件截面设计参数

对于闭口截面，中线周长一定，板料厚度一定，极惯性矩 I_p 与 A 的平方成正比，而截面形状无独立意义，所围面积大小则很重要。圆形截面对抗扭最有利，矩形截面中，正方形抗扭能力最高，当矩形两边之比 $h/b>2$ 时，扭转刚度明显下降。参见表15-12。

表 15-12　截面参数示例

截面形状	界面尺寸/cm	A	J_k	I_y	W_y	W_k
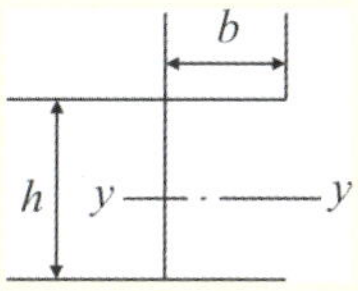	$h=12.8$ $b=4.8$ $t=0.4$	1	0.0044	1	1	0.0043
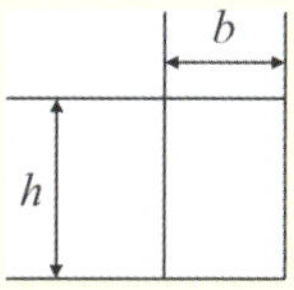	$h=6.4$ $b=4.8$ $t=0.4$	1	0.59	0.69	0.733	0.768
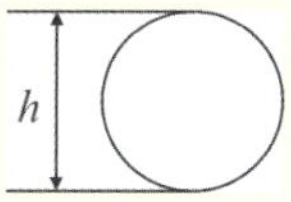	$h=7.13$ $t=0.4$	1	1	0.691	0.656	1

3. 接头设计

车身结构中两个以上承载构件相互交叉连接的部位称为接头。车身结构的内力通过接头传递，在传力的过程中，接头的变形影响整个车身结构的变形。

接头作为白车身梁结构主要的过渡及连接形式，是决定白车身弯扭刚性的关键；接头部位在车辆运行过程中，承受交变载荷，裂纹倾向于在此形成直至扩展断裂，严重影响白车身耐久性及安全性，因此在白车身设计过程中，要合理地进行接头刚度的优化。

白车身结构总成是由承载构件、接头和板壳焊接组成的。构件的截面特性、接头的刚度和板壳的形状、板厚都影响车身的刚度，而且接头在很大程度上决定整个车身的刚度和振动模态，因而影响车身的 NVH 性能和耐久性。

一般选择物理意义明确的接头刚度作为设计参数，包括接头各分支（腿）的扭转刚度、内/外刚度、前/后刚度或上/下刚度。这三个设计参数影响车身的整体刚度，如内/外刚度值对白车身结构的总体扭转刚度影响较大。

4. 骨架结构中的应力集中

当受力构件的截面发生突变时，就会由于刚度突变而引起截面变化处的应力集中。是车身结构损坏的原因之一，因此在结构设计时，要避免截面急剧变化，特别是要注意加强板和接头设计时刚度的逐步变化。

纵横杆件接头设计：设计接头的形状和连接强度，可采用角板等连接方式，以扩大连接的面积，减小应力集中。接头的铆钉数量和布置、焊缝长短和布置都应恰当。理论上，各杆截面的弯曲中心的轨迹最好相交于一点，以免产生附加载荷。如图 15-94 所示为纵横杆件接头设计示例。

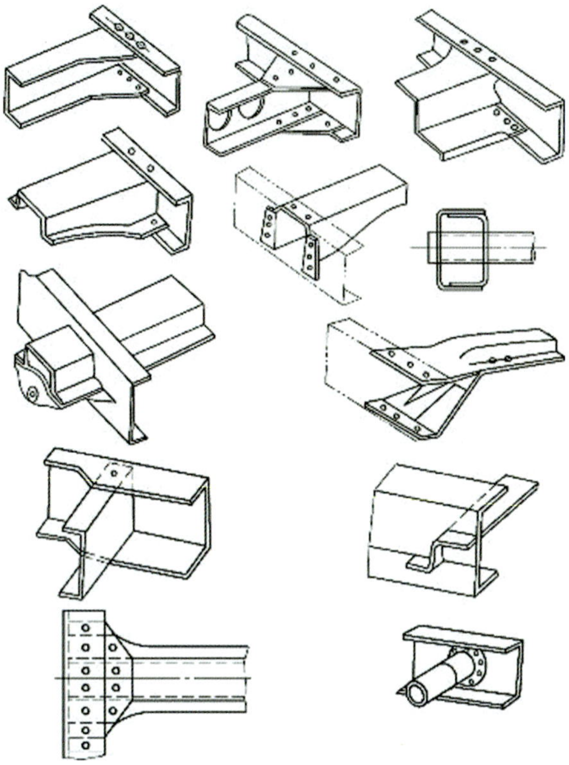

图 15-94 纵横杆件接头设计示例

二、车身设计常用材料及工艺

车身的结构材料主要分白车身结构材料和内外饰装配所用材料。

（一）车身结构材料

传统的车身结构所用材料主要为普通低碳钢板，随着轻量化要求越来越高，高强度钢、镁铝合金、复合材料等新型轻量化材料在车身结构中的应用越来越多。

白车身钢板材料的合理选用，对车身产品的性能设计和产品制造工艺起着重要的作用。除了必须保证适当的强度等汽车使用要求外，更重要的是必须满足成批或大量生产冷冲压工艺和装配工艺的要求。诸如钢材冲压性能、化学成分、金相组织、力学计能、表面质量、板厚公差精度及产品结构的几何形状等，都影响制造工艺和产品质量。

1. 冲压钢板

冷冲压钢板是以金属的塑性变形为基础的加工方法，材料的冲压成形性能主要是指可塑性。伸长率是衡量塑性变形能力的指标。

塑性和强度是互相矛盾而此消彼长的，可以通过选用冷加工、热处理及合金化等方法来寻求强度和塑性的合理匹配。

不同结构的冲压件对材料的要求是不同的，如对于变形工序（如压弯、拉深、成形、翻边等），一般要求较低的屈服点，目的是减少材料在冲压后的回弹。对于冲裁工序，为了获得良好的剪裁截面，反而希望屈服点稍高一些。对于变形复杂的工序（如深拉深，或拉深与翻边成形复合工序），则对材料性能具有更多、更严格的指标要求。

汽车冷冲压用钢板：汽车冷冲压用钢板分为冷轧钢板和热轧钢板。热轧钢板是在温度大于 800℃时轧制而成的，它的可加工性不如冷轧钢板，板材厚度一般在 1.2～6.0mm。板厚为 1.2～1.4mm 的热轧钢板主要用于车身下部构件、内护板、车门内板等，大于 1.6mm 以上的用于结构加强板和铰链等。参见表 15-13 钢板材料的力学性能。

表 15-13　钢板（厚度＜2mm）材料的力学性能

拉深级别	公称厚度/mm	σ_s /MPa	σ_b /MPa	δ_{10}/%
ZF	＜2	≤196	255～324	≥44
HF	＜2	≤206	255～324	≥42
F	＞1.2	≤216	255～324	≥39
	1.2	≤216		≥42
	＜1.2	≤235		≥42

我国汽车行业将冲压成形工艺划分为深拉深成形、胀形—深拉深成形、浅拉深成形、弯曲成形和翻边成形五大类。参见表 15-14 车身典型零件成形类别与钢板材料性能示例。

表 15-14　车身典型零件成形类别与钢板材料性能示例

成形类别	典型零件	主要指标	重要指标	钢板型号
深拉深成形	车门内板	r≥1.50	n≥0.23 δ_{10}≥44%	1.0mm 08 AL HF
胀形—深拉深成形	翼子板	n≥0.21 r≥1.35	δ_{10}≥42%	1.0mm 08 AL HF
浅拉深成形	车门外板	无屈服伸长率 δ_{10}≥36%	σ_s ≤250MPa n≥0.225	0.9mm 08 AL HF
弯曲成形	前立柱内板	Δa 波动值≤50MPa	δ_{10}≥34%	
翻边成形	消声器前隔板	δ_{10}≥31%	n≥0.21	1.75mm 08 AL Z

表面镀锌钢板：为了防止腐蚀，提高车身材料的抗高温、抗氧化能力，对钢板进行表面处理非常重要。在各类环境中，钢的腐蚀率为锌的 3～30 倍。有些轿车车身几乎全部的重要冲压件都采用镀锌钢板

镀锌钢板具有优异的防腐性，表面美观，但焊接性和涂装性不如未经镀层处理的钢板好。当涂层超过，就不易保证其成形性和焊接性。由于润滑性，深拉深时的加工更加困难。通过不同的镀层的方法（电镀锌方法或热镀锌方法，合金电镀方法或合金化热镀方法）会得到不同的镀锌钢板性能。其中，合金电镀锌钢板具有各项性能均为优或良的综合性能，可大量应用。

2. 高强度钢

高强度钢（high stress steels，HSS）是在普通碳素钢的基础上加入少量合金元素制成的。这种钢板的生产成本与普通碳素钢板相近，但由于合金元素的强化作用却使其抗拉强度比普通钢板高得多。

汽车用钢按照其强度可分为软钢、高强度钢、超高强度钢。根据国际钢铁协会的定义，将屈服强度小于210MPa的钢称为软钢，屈服强度在210～550MPa的钢称为高强度钢（HSS），屈服强度高于550MPa的钢称为超高强度（UHSS）或先进高强度钢（AHSS）。汽车用钢伸长率和屈服强度的关系如图15-95所示。

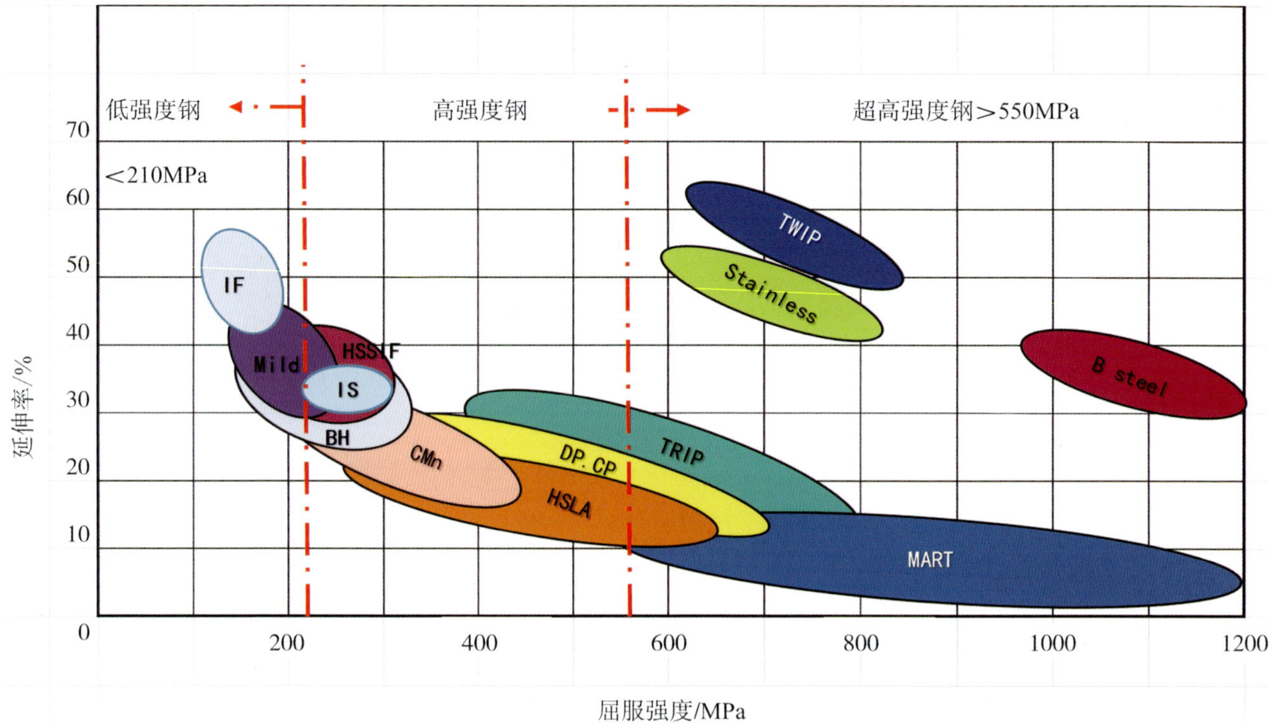

图15-95 汽车用钢伸长率和屈服强度的关系

注：IF：无间隙原子钢；Mild：低碳铝镁静钢；HSSIF：高强度IF钢；BH：烘烤硬化钢；IS：各向同性钢；CMn：碳锰钢；HSLA：高强度低合金钢；DP：双相钢；CP：复相钢；TRIP：相变诱发塑性钢；MART：马氏体刚；TWIP：孪晶诱发塑性钢；Stainless：不锈钢；B steel：热冲压用钢。

高强度钢是车身轻量化后保证碰撞安全的最主要材料，高强度钢的用量直接决定着车身轻量化的水平。使用高强度钢的具体优点如下：

（1）加工硬化（或应变硬化率）比普通钢板高，可以吸收更多的冲击能量，因此用于底架的前后纵梁等处和要求高强度、耐久性部位，可以提高汽车的安全性。

（2）可减轻零件的重量。若钢板的强度提高40～50MPa，车身外板制件的板厚可减小10%～15%，车身内部制件的板厚可减小20%左右。

（3）用于车身外部件，除了可减薄零件的厚度外，由于具有烘烤硬化性，在经过油漆烘烤后，还可以增强零件表面硬度，提高外表面制件的抗凹陷性能。

国际钢铁协会于1994—2002年先后开展了超轻车身（ULSAB）、超轻覆盖件（ULSAC）、超轻车身—先进车身概念（ULSAB—AVC）研究项目，以车身轻量化为目标，通过车身的整体设计来实现车身轻量化的最大潜能。

在ULSAB项目中，高强度钢使用达到了64%，而在ULSAB—AVC项目中，几乎100%的部件都使用了高强度钢，约有80%为先进高强度钢。

3. 铝合金

铝合金的分类及其特点：

作为有效的结构材料，纯铝有很好的防腐性能，但力学性能太低。当加入少量的其他合金元素后，物理性能就会大大提高。

铝合金是轿车上应用最广泛的轻质金属材料。铝合金的密度大约为钢铁的1/3，其有良好的吸振性能，在减轻重量的同时，可以明显提高碰撞安全性，使得汽车前部的变形区在碰撞时会产生褶皱，吸收大量的冲击力，从而保护了后面的乘坐区。

已超过铸铁成为仅次于钢的第二大汽车材料。铸造铝合金是直接用铸造方法浇注或压铸成零件或毛坯的铝合金，其合金元素的含量比较高。主要用于制造壳体类零件和发动机部件以及保险杠、轮辋、发动机框架及制动盘等非发动机结构件。

变形铝合金是经熔炼铸成铸锭后，再经过挤压加工形成的各种型材、棒材、管材和板材。变形铝合金中合金元素含量比较低。主要用于制造保险杠、发动机盖、车门、行李舱盖等车身外覆盖件，车轮的轮辐、轮毂罩、车轮外饰罩、热交换器、车身骨架、座椅骨架、车厢地板等结构件以及仪表板等装饰件。

变形铝合金按其成分和性能特点可以分为不能热处理强化铝合金和可热处理强化铝合金。前者具备良好的耐蚀性，故称为防锈铝。后者合金元素含量比防锈铝高一些，通过热处理能显著提高力学性能。

1）铝板零件的成形性

要在大量生产的车身结构中应用还需要很好地解决如下问题：

由于铝材抗拉强度、屈服强度和弹性极限都比钢低，能否满足相当于钢车身的安全性、耐久性和NVH性能？

由于材料的伸长率大大低于钢材，零件能否采用冲压成形的加工方法？

由于导电性、导热性比钢高很多，能否采用高速连接的电焊加工方法？

铝成本是钢的5～6倍，能否做到将车辆的成本控制在一个合理的范围内？

若在限制成本的情况下要完全达到钢车身的刚度和强度等性能，而且要满足大量生产要求，制造加工必须是快速、经济的。

2）铝车身结构的焊接

铝是一种高活化元素，容易氧化形成一层薄而硬的高电阻膜。这个氧化层使铝具有很高的抗腐能力，但为了能够适应电阻点焊，必须控制薄膜的厚度，并使薄膜有清洁的表面。现在铝板生产时可以同时进行表面处理，控制氧化物的形成，使铝的电阻点焊成为可能。

铝的高导电性和高导热性不利于电阻点焊，因为高导电性造成的热量使铝融化形成电容焊，而高的导热性使热量从焊点发散出去。

由于焊点的抗剪强度远高于抗拉强度，因此应尽量使焊点承受剪切。铝焊点承受剪切载荷的能力大约相当于钢焊点的50%。

3）铝结构的其他连接方法（图 15-96）

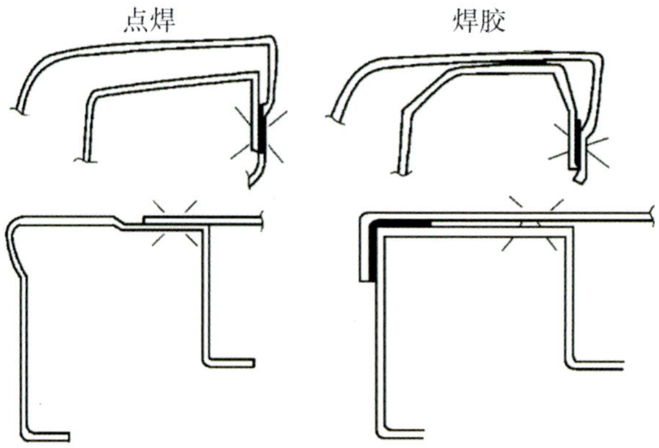

图 15-96　铝结构的连接方法示例

焊一胶连接：这是一种用胶粘剂辅助点焊的连接方式。胶粘剂敷于选择好的点焊部位的翻边中间，点焊时可穿透胶粘剂。

自钻铆接：有多种机械紧固件用于辅助点焊连接，如铆钉连接、铆接一黏结、压铆和自钻铆接等，其中自钻铆接的强度超过点焊，使连接强度有了很大改进。

在具有表面保护层的高强度轻质材料中应用，能够实现不同金属材料的连接。

4. 镁合金

镁是比铝更轻的金属材料，密度只有铝的 2/3，铁的 2/9。但与铝合金相比，镁合金的研究和发展还很不充分，但是在轻量化的驱动下，镁合金的应用受到世界各大汽车生产企业的重视。

镁合金除具有较小的密度外，还有较高的比强度、比弹性模量和刚性，比强度约为铝的 1.8 倍。有较高的稳定性，稳定的收缩率，铸件和加工件尺寸精度高。具有良好的阻尼系数，良好的减震降噪性能。电磁屏蔽性好，尤其适用于电磁干扰严重的电动汽车。与塑料相比，可回收性能好；切削加工性能极好；铸造成形性能好，镁合金铸件最小壁厚可达 0.6mm，而铝合金为 1.2～1.5mm。

镁合金可分为铸造镁合金和变形镁合金。汽车用的镁合金材料目前以铸造镁合金为主，占汽车用镁量的 90%以上。变形镁合金包括型材、板材等延性镁合金，在车身上的应用有很大的潜力。

5. 复合材料

复合材料是指将两种或两种以上化学性质和物理性质不同的物质结合起来而制得的一种多相固体材料。

复合材料通常由基体和增强体复合而成。复合材料按性能分类，可分为功能型复合材料和结构型复合材料。

按基体分类，可分为高分子基（PMC）、金属基（MMC）和陶瓷基（CMC）复合材料。

按增强相的种类、形状分类，可分为颗粒状、层状和纤维增强复合材料。纤维增强复合材料应用最多。

复合材料用于车身的优点：

（1）质量轻：复合材料的密度小，如玻璃纤维增强材料的密度为 1.6～2.4g/cm^3，用它制作车身可大大减轻质量。

（2）保温隔热性好：除碳纤维增强材料外，复合材料的导电、导热能力差，所以能起到很好的保温、隔热作用。

（3）成形性好：由于纤维增强材料（FRP）的流动性和层压性好，使车身表面可制成形状各异的曲面，既满足车身外形的艺术造型要求，又减小了空气阻力。

（4）车身部件大型化：应用复合材料可以制造集许多单一零件和功能于一体的多功能部件，或大型整体部件，从而减少零部件数量，简化车身装配工序，提高部件刚性和造型整体性。

（5）着色性好。

（6）材料利用率高。

在车身上使用最多的复合材料是玻璃纤维增强材料（GFRP，俗称玻璃钢）和碳纤维增强材料（CFRP）。

（二）车身装饰件材料

车身内外饰主要材料应用的有塑料件、橡胶件等，重点介绍一下塑料件。

1. 塑料件材料选用原则

塑料件材料选用要考虑如图 15-97 所示因素，结合实际情况综合考虑。

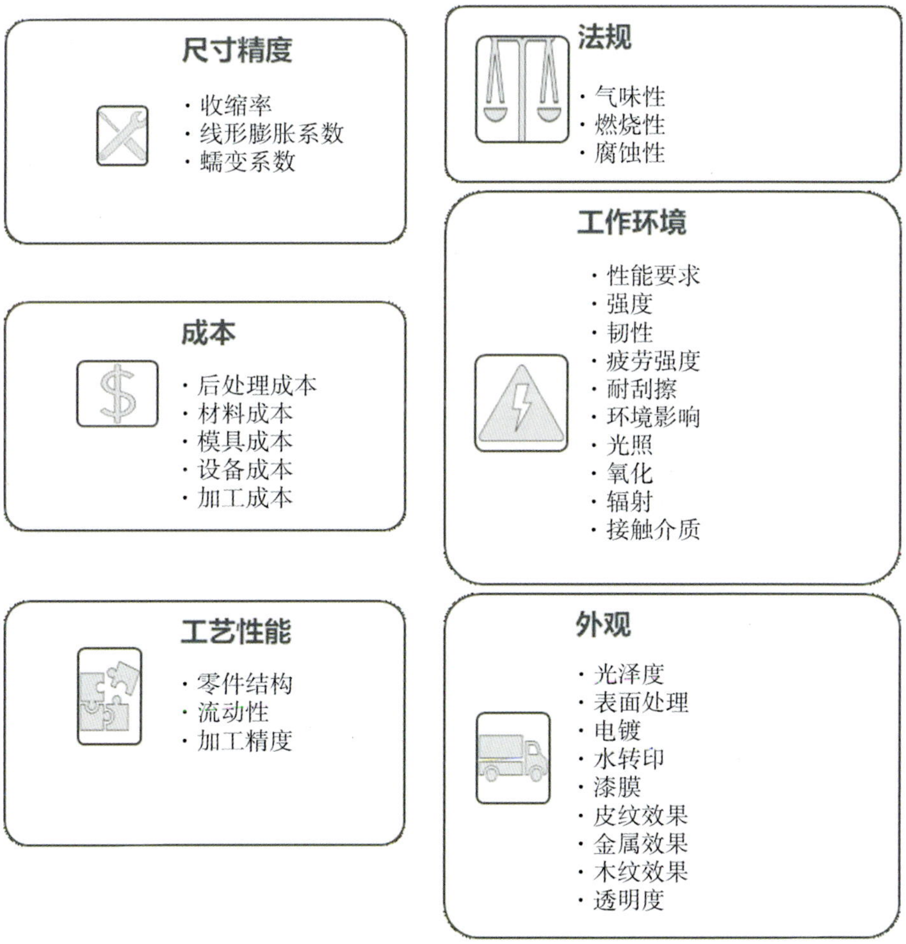

图 15-97　汽车塑料件选材原则

2. 塑料件常用材料介绍

1）PP（聚丙烯）

俗称百折胶，白色蜡状，透明、质轻，注塑时流动性好，耐化学有机溶液，抗冲击强度高，抗弯曲性能好，易成型，收缩率大，耐温度性强，但在低温下呈脆性，耐磨性不高，易燃烧。

涂装要求：表面需进行喷底漆或火焰处理等；

特性：收缩率1.0%～3.5%、密度0.89～0.93g/cm^3、常用厚度1.0～3.0mm；在注塑时PP常做改性PP，比如添加阻燃剂来改善它的燃烧性能；添加橡胶（EPDM）、滑石粉（TD）、玻纤（GF）等来增加韧性。

实用案例：门护板、立柱、前后保险杠等。

2）PE（聚乙烯）

白色蜡状，耐水性好、耐酸碱、耐有机溶剂，绝缘性好，但强度不高，易变形、易老化、易发脆开裂。

涂装要求：表面需放电处理，不能电镀。

特性：收缩率1.5%～4.0%、密度0.92～0.95g/cm^3、常用厚度1.0～3.0mm；在注塑时PE常做改性PE，比如添加阻燃剂改善它的燃烧性能。

实用案例：油箱、风管、风向叶片连接杆等。

3）PVC（聚氯乙烯）

PVC分为软PVC和硬PVC两大类。软PVC：柔软、耐摩擦、弹性好、易加工且有良好的耐寒性、耐酸碱，难燃离火即灭；硬PVC：表面硬度、拉伸强度、刚性等机械强度都接近ABS。

特性：收缩率，软2%～2.3%、硬1%～1.5%；密度1.38g/cm^3；常用厚度2～3.5mm。

在注塑时PVC需要加入大量的热稳定剂，因为在180℃时PVC会分解成HCL气体。

实用案例：门护板蒙皮、仪表板蒙皮等。

4）ABS（丙烯腈－丁二烯－苯乙烯共聚物）

ABS俗称敲不碎胶，白色，具有高冲击韧性、良好的机械性能、良好的耐热耐油性、化学稳定、尺寸稳定、易加工、可电镀；但是ABS热变形温度低、耐气候性差，阳光照射下易变脆。

涂装要求：可电镀，制品易带静电；

特性：收缩率0.4%～0.7%；密度1.05g/cm^3；常用厚度1～3mm。

实用案例：装饰亮条、内开拉手、电镀装饰板等。

5）PA（聚酰胺）

PA俗称尼龙，易印刷、易染色，电性能优良，耐腐蚀、耐疲劳、耐应力开裂，机械性能优良：表面硬度高、拉伸强度高、抗冲击力强，加入玻纤（GF）后抗拉、抗压强度提高2倍，耐温能力也相对提高，因为耐磨能力高，所以可以在无润滑下不停工作；但PA耐酸性差，耐光性差、耐污染性差，因为它的吸水性尺寸稳定性也差。

特性：收缩率1%～2%；吸水率100%，相对吸水饱和时能吸8%；密度1.14g/cm^3；常用厚度2～3.5mm。

实用案例：前大灯壳、空气过滤器等。

6）PMMA（聚甲基丙烯酸甲酯）

PMMA 俗称有机玻璃，耐室外老化、有极好的透光性且有一定的耐寒性、耐腐蚀性、绝缘性能也很好，尺寸稳定，易成型，但质脆，易溶于有机溶剂，表面硬度不好易刮伤起毛。

特性：收缩率 0.6%～0.8%，密度 1.05g/cm^3。

实用案例：汽车照明标志牌、灯玻璃罩等。

7）PC（聚碳酸酯）

PC 具有突出的冲击韧性和抗蠕变性，耐热性、耐寒性，抗弯强度很好，但耐溶剂性差且有应力开裂现象，疲劳强度也差。PC 一般与 ABS 共混造料组成 PC＋ABS，共混后保留了两者的优点：表面硬度高、刚性和韧性高、抗应力开裂能力强。

特性：PC＋ABS 密度 1.15g/cm^3。

实用案例：仪表板本体。

8）PU（聚氨酯）

PU 根据聚合反应生成物的不同，分为硬质聚氨酯和软质聚氨酯。硬质聚氨酯的强度很高，韧性好，绝热性好，防水效果好，成型工艺简单，生产效率高；软质聚氨酯弹性好，吸音效果好，耐老化性能、抗化学介质能力强。广泛应用汽车内饰和吸收震动的零部件上。

特性：密度 1.10～1.25g/cm^3。

实用案例：门护板扶手 PU 发泡、地毯发泡层、遮阳板等。

9）GF（玻璃纤维）

GF 是一种辅助增强塑料，加入 GF 能提高材料的适用范围，常用：PP＋GF、ABS＋GF、PA6＋GF。

优点：加入 GF 后，GF 是耐高温材料，因此增强塑料的耐热温度比不加 GF 提高很多，尤其是尼龙类塑料。

（1）限制塑料的高分子链间的相互移动，因此增强塑料的收缩率下降很多，刚性也大大提高。

（2）增强塑料不会应力开裂，同时塑料的抗冲击性能提高很多。

（3）GF 是高强度材料，从而也提高了塑料的强度（拉伸强度、压缩强度、弯曲强度）。

（4）由于 GF 和其他助剂加入，增强塑料的燃烧性能下降很多，大部分材料不能点燃。

缺点：

（1）不加 GF 前是透明的，加了后都会变成不透明的。

（2）塑料的韧性降低，脆性增加。

（3）所有材料的熔融黏度增大，流动性能变差，注塑压力比不加 GF 的要增加很多。

（4）流动性差，为了正常注塑，所有增强塑料的注塑温度要比不加 GF 的提高 10～30℃。

（5）吸湿性能加强，原来不吸水的也会变得吸水，因此，注塑时都要进行烘干。

注塑过程中，GF 能进入塑料制品的表面，使得制品表面变得粗糙，斑斑点点。

（6）GF 为高硬度材料，助剂高温挥发后是腐蚀性很大的气体，对注塑机的螺杆和注塑模的磨损和腐蚀很大，因此使用 GF 材料时设备表面需做表面防腐和硬度处理。

3. 塑料件设计流程

塑料件设计流程参见图 15-98。

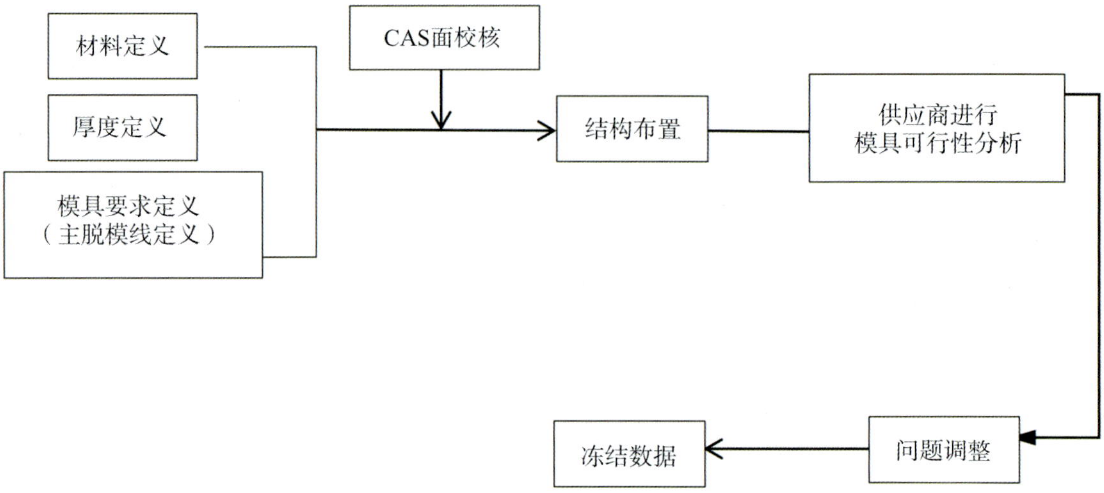

图 15-98　塑料件设计流程图

4．塑料件常用工艺介绍

1）真空成型工艺

真空成型指在成型模具的上模或下模开出抽真空的细孔，利用真空产生的压力使皮面与模具更紧密的贴合，从而使产品的外观更符合设计要求的成型方法。我们常分为真空阳模成型和真空阴模成型（IMG）。

（1）真空阳模成型：

成型主要过程见图 15-99。

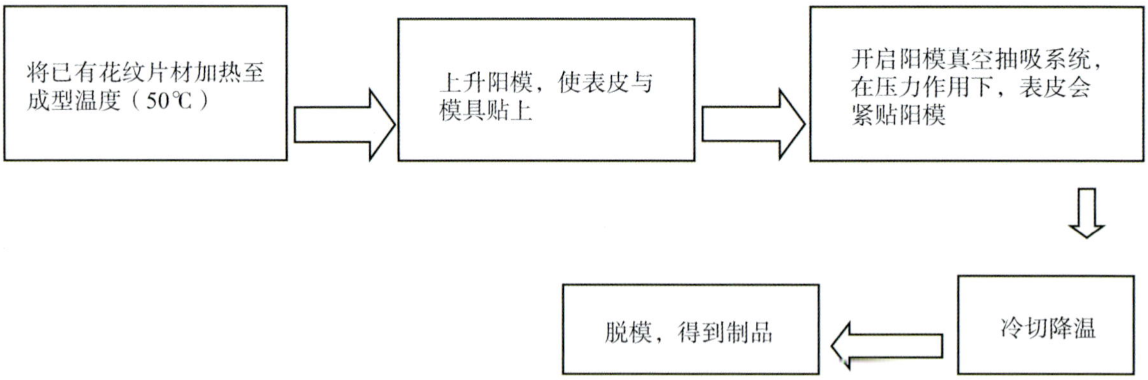

图 15-99　真空阳模成型过程

（2）真空阴模成型：

成型主要过程见图 15-100。

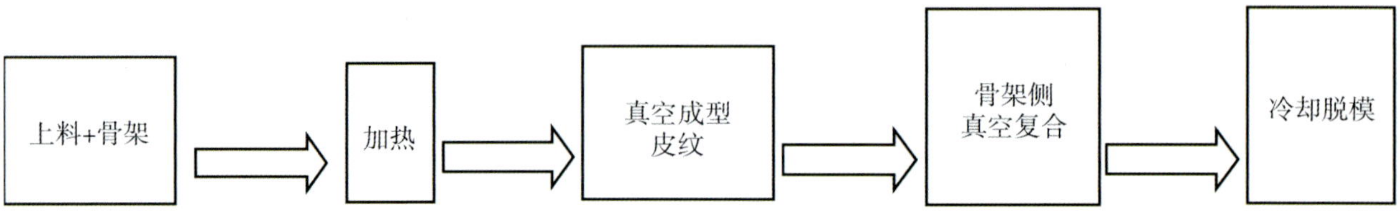

图 15-100　真空阴模成型过程

(3) 优缺点对比：真空阳模成型与真空阴模成型对比参见表 15-15。

表 15-15 真空阳模成型与真空阴模成型对比表

对比项目	真空阳模成型	真空阴模成型
皮纹拉伸变形和损失	有	无
产品重复稳定性	误差大	比较稳定
产品上圆角要求	＞R1.5	＞R1
材料利用率	高	相对较低
生产效率	高	高
模具成本投入	低	相对较高
同一次成型不同图案的皮纹	不能	能

2) 注塑成型工艺

在一定温度下，通过螺杆搅拌完全熔融的塑料材料，用高压射入模腔，经冷却固化后得到成型品的方法。该方法适合于形状复杂部件的批量生产，是常用的、重要的加工方法。我们常见的类别有：高压注塑、低压注塑、气辅注塑等。常用注塑成型对比参见表 15-16。

表 15-16 常用注塑成型对比表

类别	特点	适用性	优缺点
高压注塑	在较高的注射压力下，在封闭模具中完成的注塑过程	生产一般塑料制品 35～130MPa	1. 一次成型，生产效率高 2. 注射压力大，能成型复杂的大型产品 3. 设备投入成本高
低压注塑	在较低的注射压力下，在微闭合的模具中完成注塑过程，可预先置入面料，一次完成复合成型	主要用于封装、保护或装饰 0.15～4MPa	1. 注射压力低，不易损坏较小的器件，次品率低 2. 优异的保护或装饰效果 3. 设备投入低 4. 注射压力低，不易成型复杂的产品
气辅注塑	利用高压惰性气体注射到熔融的塑料中形成真空截面并推动熔料前进，完成注射过程	易产生翘曲变形的板类和大平面制作	1. 可减轻产品重量、消除缩痕、提高生产效率 2. 可消除产品内部应力，防止产品变形 3. 模具及工艺参数复杂，且需增加气辅设备，成本高

3) 搪塑成型工艺

搪塑成型是用塑料制造空心软质制品的一种重要方法。

(1) 工艺流程：①将模具本体加热至 230～250℃；②将模具与粉箱配合夹紧，模具在上，粉箱在下；③模具和粉箱一起旋转至粉箱在上，模具在下，这时粉箱里的粉末落入模具里，在高温作用下，紧贴在模具的那一侧就融化并相互黏在一起，然后继续旋转，使得模具的每个角落都有粉末，且融化并黏在一起，直至形成的表皮厚度增加至符合要求位置，这时粉箱在下方，剩余的粉末又回到粉箱里；④模具与粉箱分离，并移到冷却工位，用水或空气等对模具进行快速冷却至 50～80℃时，人工拔下。

(2) 搪塑成型工艺的优点：

模具费用较低、没有分型线、表皮软手感好、花纹一致性高。

5. 塑料件设计要求

1) 塑料件厚度选择

塑料件本体常用厚度一般为1.5～3.5mm。具体厚度可参考以往成功车型或竞争车型类同件进行决定。如果没有以上条件的需结合功能、工艺、材料、CAE进行全面分析决定。

2) 塑料件材料选择

汽车上塑料件最常用的材料为PP，基本上使用率占到70%，如门护板本体、立柱、前后保险杠等。只有外观上有特殊要求的需要结合外观要求进行材料的选择，如电镀饰条根据工艺特性一般选择材料ABS。当然具体选择可以参考以往成功车型或竞争车型类同件进行决定。

3) 塑料件设计模具要求

塑料件设计之初常用考虑和定义的是模具要求，可以说模具要求是设计基础，只有符合模具要求的设计才能生产，否则反之。模具要求如表15-17所示。

表15-17 塑料件设计模具要求

序号	模具要求名称	备注
1	主脱模线	
2	滑块线	滑块滑出方向线
3	滑块行程	滑块滑出经过的路程
4	滑块	滑块的大小直接影响滑出的路程
5	分型线	分型线是否合格直接影响零部件生产以及外观

6. 塑料件设计

塑料件的设计常包括材料的选择、厚度的定义、模具要求定义、结构布置、模具分析等。对于外观表面件还需进行CAS面校核，校核内容为DTS定义的内容校核，模具要求校核，涉及法规、人体工学的还需进行法规、人体工学校核。

1) 设计条件

结构工程师在对零部件进行结构设计时，需要明确所设计零部件的基本因素才能进行结构设计，比如外观要求、功能要求、工艺性能等。在进行结构布置过程中还需考虑过往项目的设计优缺点。所以就需要考虑外部、内部因素。

(1) 外部输入条件。

塑料零部件进行结构设计前需要相关部门输入相关的设计条件：

外观要求：表面是否需要进行处理；如电镀、皮纹、木纹等。

功能要求：所设计零部件是否为功能件，如为功能件就需要考虑承重、运动等因素，那材料就要选择硬度、刚性相对强的，结构布置就要考虑布置密度高一些、插拔力大一些、强度强一些的结构，厚度就要考虑适当加厚。

工艺性能：确认零件的间隙、面差要求，可视件需要相关部门提供DTS报告，以方便结构设计时校核检查。

（2）内部输入条件。

塑料零部件设计时需要考虑过往项目的优缺点，固定、配合结构设计需配合相关标准件，优先考虑公司成熟结构。

类似零件 3D 数据以及过往项目设计时、装车后问题报告。

周圈环境件输入。如车身、线束、电器等。

成熟结构标准 3D 数据输入。如 Dog house、BOSS 柱、常见 Clip 等。

2）本体增厚

在增厚过程中因为考虑强度、轻量化问题需对厚度进行不等厚处理。例如，门护板杂物盒本体料厚一般定义为 2～2.5mm，但在开口位置料厚需进行局部加厚 1～2mm，用来加强开口位置的强度。

3）固定结构布置

固定结构布置常用的结构类型有 Dog house、BOSS 柱、常见 Clip 等，在这主要介绍下 Dog house、BOSS 柱两大类。

（1）Dog house。

Dog house（图 15-101）是内外饰件中常用的一种固定结构方式。特别是门护板、立柱饰板与钣金固定，通常都采用 Dog house。

图 15-101　Dog house 结构示例

（2）BOSS 柱。

BOSS 柱是内外饰单件与单件之间常用的固定结构。按照工艺形式可以分为：螺接 BOSS 柱、焊接 BOSS 柱、限位导向 BOSS 柱三大类。

螺接 BOSS 柱常用内外径壁厚如表 15-18 所示。

表 15-18 螺接 BOSS 柱常用内外径壁厚

自攻螺钉规格（国标）	螺钉柱内径/（$\varphi \cdot mm^{-1}$）	螺钉柱外径/（$\varphi \cdot mm^{-1}$）
ST2.2	1.7	5
ST2.9	2.3	6
ST3.5	2.8	7
ST3.9	3.2	8
ST4.2	3.4	8
ST4.8	3.8	8
ST5.5	4.4	9

7. 面校核

汽车塑料件设计，外观可见的件造型是会提供外观面的。有了面就需要进行面校核，校核内容包括：

（1）法规、人体工学、总布置校核。

（2）DTS 规定的间隙、面差校核。

（3）结构布置空间、周圈环境件间隙校核。

（4）成型工艺校核。

（三）车身 SMC 材料应用

1. SMC

SMC 是片状模塑料（sheet moulding compound）的缩写，指以短切玻璃纤维增强不饱和聚酯树脂为主要原料的片状模塑料，又称玻璃钢。

SMC 基本材料成分见下表 15-19，是在树脂胶液中加入固化剂、增稠剂、短切玻璃纤维及其他填料后，使树脂胶液增稠后压实而制成的一种模压用的片状材料。使用时根据模压件的几何尺寸及大小，先将片状模塑料剪裁下料，而后放入金属模具内，加压加温一定时间即可制成 SMC 制品。

表 15-19 SMC 材料成分

成分	聚酯树脂（或乙烯酯）	玻纤	填料	其他
比例	30%	30%	35%	5%
目的	黏合剂	机械强度	刚性+降低成本	引发剂、增稠剂、脱模剂等

1）特点

与传统的非金属、金属材料相比，SMC 材料具有以下特点：

轻质高强，抗疲劳性能好，耐化学腐蚀，缺口敏感性弱，热导率低、膨胀系数小，热膨胀系数低，耐高温，尺寸稳定性好，使用寿命长，阻燃、无烟、无毒；阻燃 SMC 材料，阻燃性等级可以达到 FV0

（非金属材料最高级）；集成化程度高，设计自由度大，可以根据产品的形状、技术要求、用途及数量来灵活地选择成型工艺。

2）SMC 成型工艺

SMC 制造工艺分为 SMC 片材制造及零件模压成型。

（1）SMC 片材制造如图 15-102 所示。

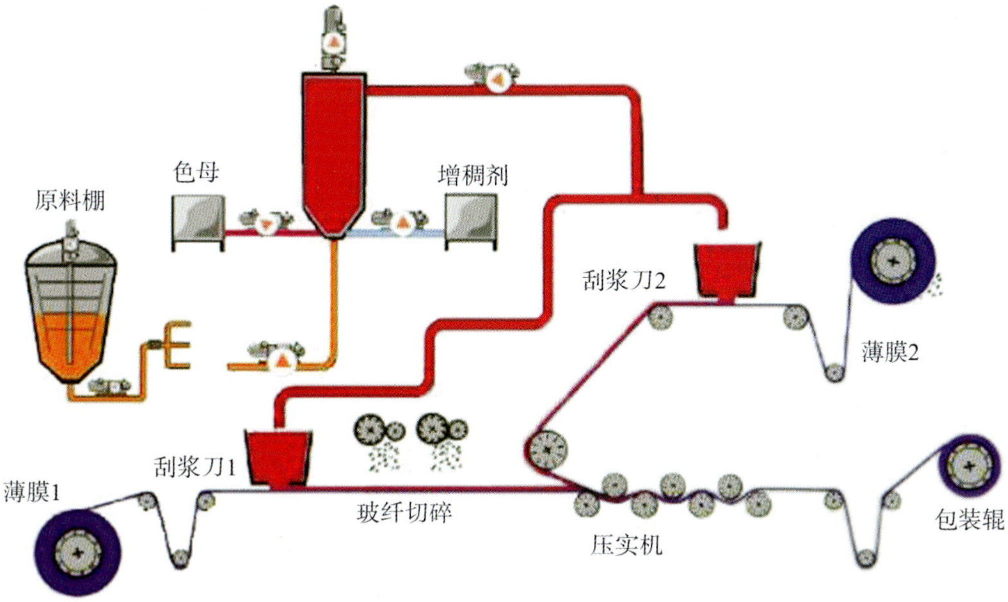

图 15-102　玻璃钢片材制造示意图

（2）SMC 模压成型工艺流程如图 15-103 所示。

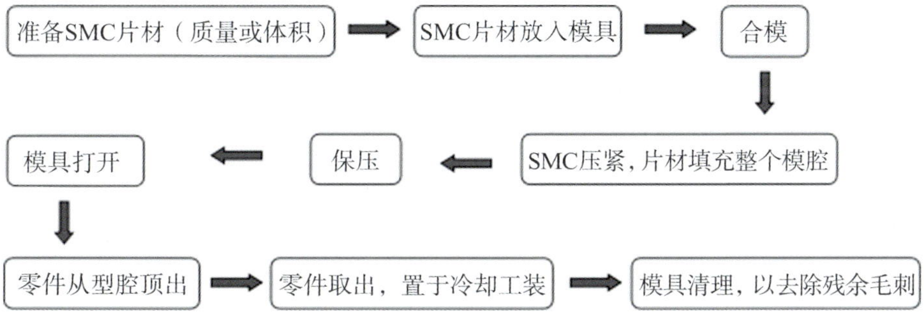

图 15-103　模压成型工艺流程

2. 设计要求

1）料厚设计要求

（1）设计 SMC 制品时，尽量采用等厚度，因为壁厚不均易引起固化度不均而易产生变形。若必须采用变壁厚设计，则壁厚变化处应均匀平滑过渡，不可有突变。

（2）A 级表面零件料厚尽量一致：

带加强筋和凸柱的简单外形装饰件料厚一般为 3～4.5mm。

双层板零件：

外板料厚：建议料厚 2.5～3.0mm，料厚一致。

内板料厚：内板一般用于结构加强，建议料厚 2.0～4.5mm 范围内变化。

（3）结构件料厚：可以有较大的料厚变化范围，一般卡车零件 3～6mm 厚。零件平均料厚确定按料厚/刚度与弹性模量的函数关系式执行，具体如下：

$$E_1 \times t_1^3 = E_2 \times t_2^3 \tag{15-2}$$

示例：采用 SMC 材料取代同类钢板零件时：

材料 1：钢板，弹性模量 E_1 =210000MPa，料厚：t_1 =1mm（密度 7.8g/cm³），确定 SMC 材料厚度以达到钢板同样的刚度。

材料 2：SMC，弹性模量 E_2 =10500MPa（密度 1.85g/cm³），则相应的 SMC 料厚：t_2 =2.7mm。

（4）开口处局部的料厚。

根据产品要求，模压后产品局部需进行切割开孔的零件，则零件切割开孔处料厚可适当减薄，以方便切割。料厚减薄设计不得影响外观面，料厚最小可设计为 1.5mm。见图 15-104。

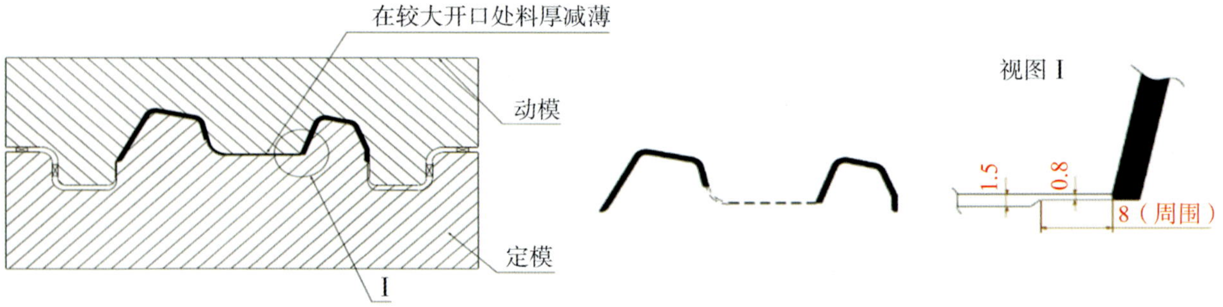

图 15-104　切割表面的料厚示意（单位：mm）

2）拔模角设计要求

（1）主要型面脱模角度要求：≥3°。

（2）A 级型面大面：最小 5°，以保证高光质量。

3）圆角设计要求

（1）建议所有角部做圆角。

（2）圆角部分应料厚均匀，角部圆角应平滑过渡，以利于材料流动一致，并可减小零件出模后冷却过程中的变形。常用圆角过渡形式如图 15-105 所示。

外圆角 R_1 = 内圆角 R_2 + 料厚 t	外圆角 R_1 < 内圆角 R_2 + 料厚 t	外圆角 R_1 > 内圆角 R_2 + 料厚 t
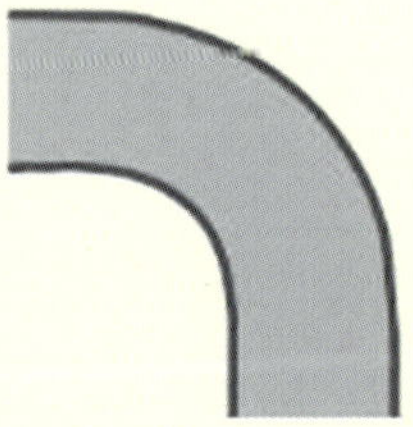	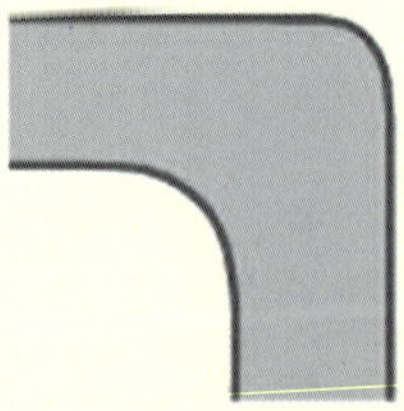	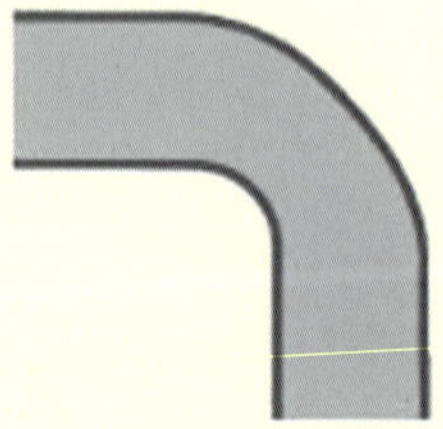
最佳	可以接受	避免

图 15-105　圆角形式

4）加强筋设计

（1）对于大面积平板状 SMC 零件，为增加零件刚度，防止零件变形，需在背面设计加强筋。应根据有限元分析结果确定加强筋的最佳分布。

（2）根据实际情况，尽量将加强筋布于底面料厚变化或有外表面型面变化的区域，以减小外表面产生缩痕的风险，如图 15-106 所示。

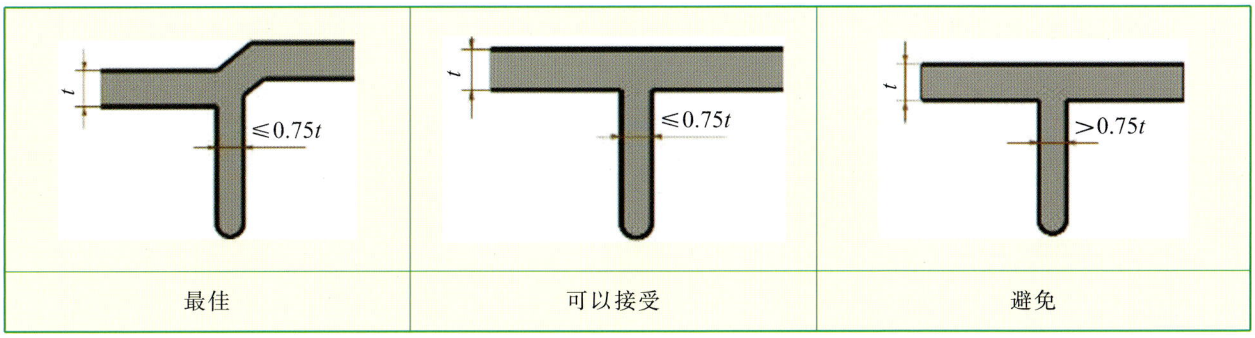

图 15-106 加强筋布置方式（t = 料厚，单位：mm）

（3）加强筋根部应无尖角，根部圆角半径 R 取 0.5～1.5mm，以利于增加加强筋处的玻纤含量，进而增强加强筋与底面的连接强度。

（4）加强筋顶部必须倒角，以减小顶部材料填充不满、缺料的现象，建议顶部料厚不得小于 2.2mm，顶部圆角最小为 0.5mm，推荐 1mm。

（5）加强筋拔模角：建议≥1°。

（6）表面有 A 级曲面要求的加强筋根部厚度不得超过本体基本料厚 3/4。

（7）加强筋高度建议≤15mm，如果因强度不足，需加高加强筋，则需将加强筋根部处本体料厚局部加厚处理。加强筋高度应尽量做到高度一致，便于后期测量及生产管理。

（8）加强筋交叉处理。

布置加强筋时如果出现加强筋交叉，则应采用十字交叉方式进行布置；如果出现多根加强筋相交于同一点，则在加强筋交点处布置凸台或者偏移加强筋使加强筋两两相交。如图 15-107 所示：

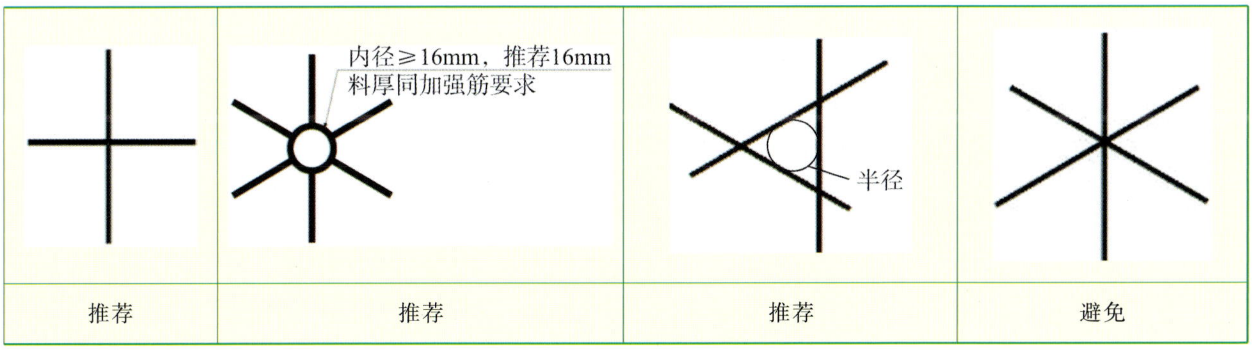

图 15-107 加强筋交叉处理方式

5）凸台设计

（1）SMC 零件凸台一般用于预埋螺纹连接件。

（2）凸台根部应无尖角，根部圆角半径取 0.5～1mm，以利于增加凸台根部的玻纤含量，进而增强凸台与底面的连接强度。

（3）凸台直径设计。

采用预埋螺母或螺柱，凸台外径尺寸如表 15-20 所示，凸台料厚建议 5mm。

表 15-20　预埋嵌件用凸台外径参数

尺寸	M6	M8	M10
凸台外径（顶部）/mm	20	24	24

在采用自攻螺纹嵌件时，凸台外径及内径尺寸如表 15-21 所示。

表 15-21　自攻螺纹嵌件凸台内外径参数

尺寸	M6	M8	M10
凸台外径（顶部）/mm	20	24	24
采用自攻螺纹嵌件凸台内径/mm	9.1	13.1	13.2

（4）凸台周圈应设计 3～5 条筋，以保证更好的玻纤填充及凸台强度。

（5）凸台高度建议尽量不高于 25mm，凸台最小高度，M6≥14mm，M8 或 M10≥17 面要求的加强筋根部厚度不得超过本体基本料厚 5mm；如果结构上要求凸台高度高于 25mm，则凸台根部本体料厚应相应的加厚处理。

（6）凸台周围加强筋布置。

若周边加强筋高度与凸台高度相同，则采用图 15-108 所示布置方式；若凸台高度高于加强筋高度，则采用图 15-109 所示布置方式。

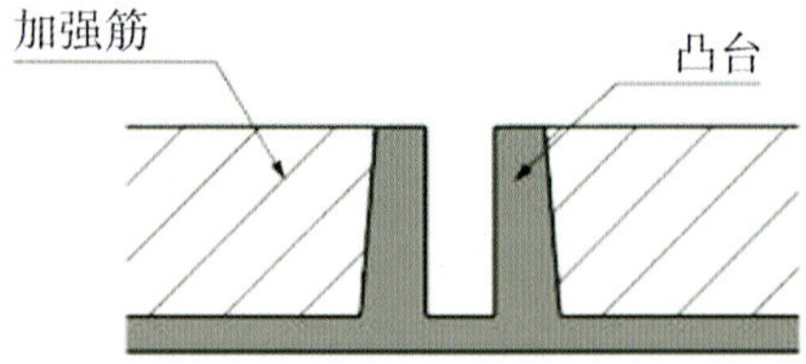

图 15-108　凸台高度与加强筋高度相同

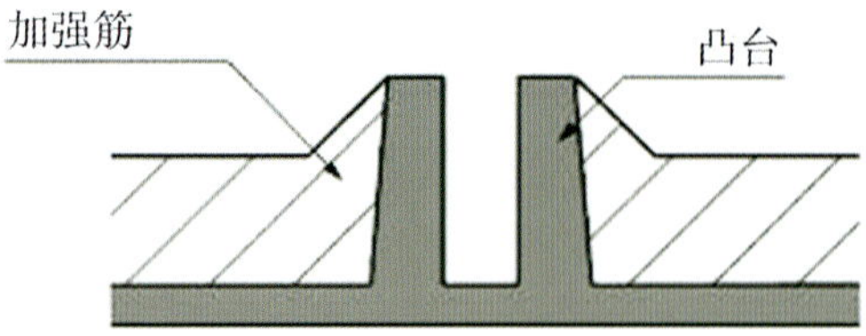

图 15-109　凸台高度大于加强筋高度

6）零件边界设计

（1）SMC 工艺将不可避免地产生毛刺和锋利的剪切边，需要手工处理，使边界光滑。设计时优先将边界布于不可见区域，见图 15-110 及图 15-111。

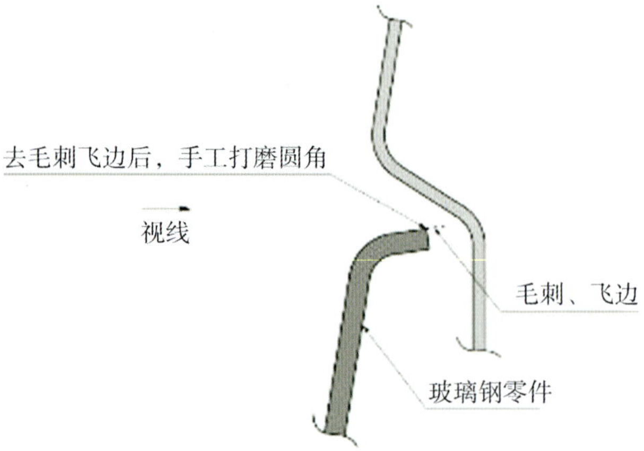

图 15-110　推荐零件边界设计

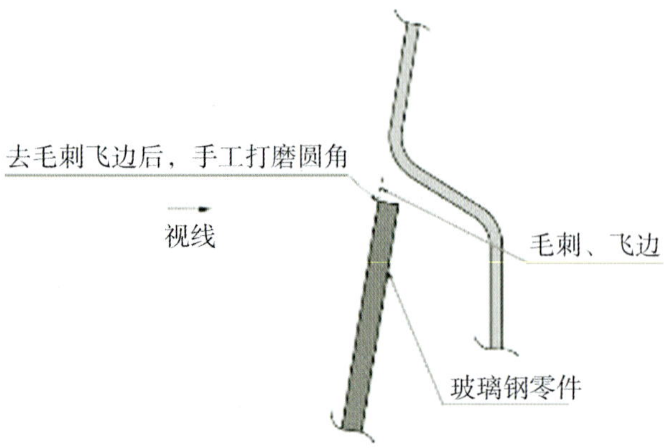

图 15-111　不推荐零件边界设计

（2）为保证模具强度，推荐以下三种边界形式，见图 15-112，另外不推荐的三种边界形式是因极易造成模具损伤。

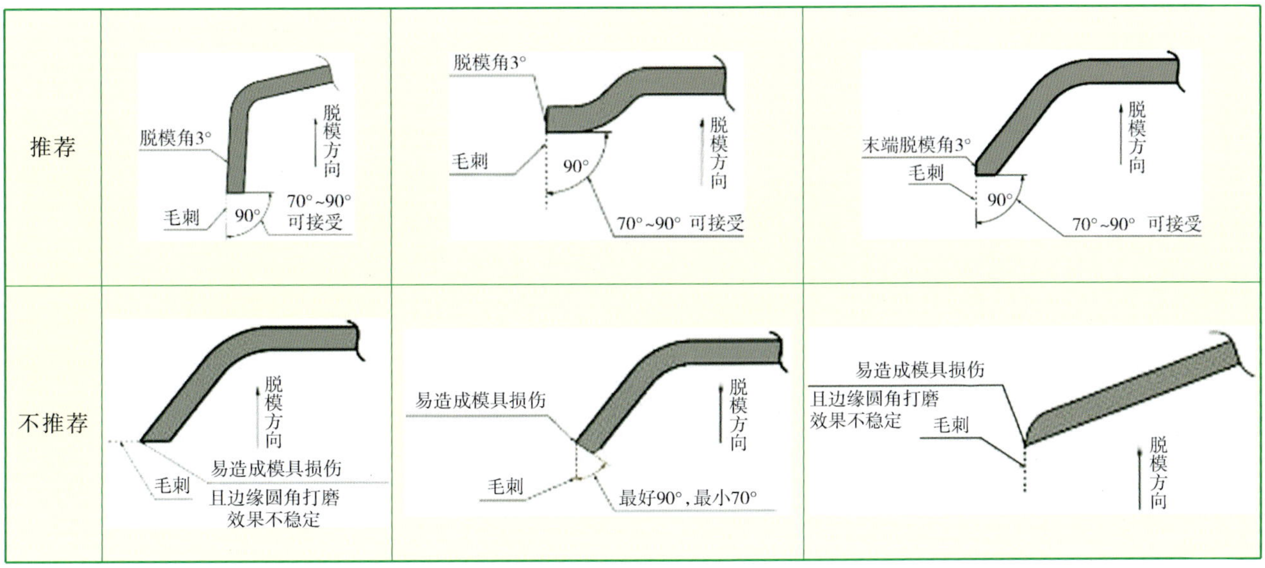

图 15-112 边界形式设计

7）连接固定结构设计

（1）粘接结构设计。

根据零件受力情况，可在背面粘接加强、连接结构，粘接结构应避免将弧面作为粘接面，同时在外板边缘增加翻边，以防止在粘接过程中溢胶，推荐结构见图 15-113。

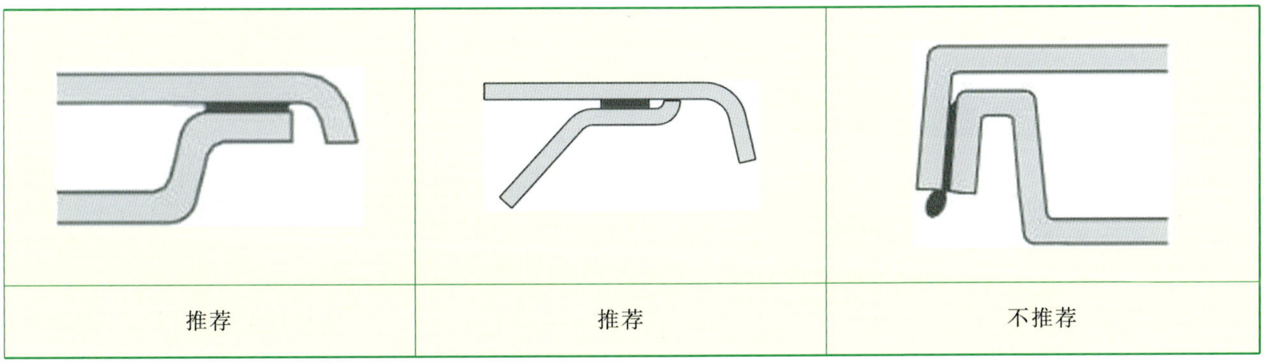

图 15-113 粘接结构设计

粘接面积要求：

在满足粘接强度的前提下，粘接面的设计应尽可能缩小，以免影响粘接总成外观。一般典型粘接面宽度为 16～25mm，极端情况下可降低至 6mm。粘接面积大小及粘接胶型号需根据产品结构强度要求进行选择，一般前期可通过样板试验进行确定。

粘接胶厚度：一般粘接胶层厚度设计为 0.5～1.5mm。

（2）SMC 零件装配结构设计。

SMC 金属安装用嵌件的种类及应用比较见表 15-22。

表 15-22 安装用嵌件的种类及应用

种类	自攻螺柱嵌件	预螺母嵌件	铆接螺母，带/不带加强板	金属加强板，带螺纹或焊接螺母/螺钉	簧片螺母	粘接板，带螺纹或焊接螺母/螺钉	预埋螺母或螺柱	直接在凸柱上打自攻钉
示意图				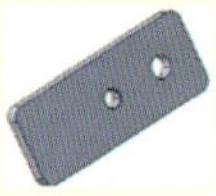				
布置在可见区域	可以	可以	不可以	不可以	不可以	可以	可以	可以
布置在不可见区域	可以	可以	可以	可以	可以	可以	可以	可以
经济性	++++	+++	+++	++	++++	+	+	++++
机械性能	+++	+++	+++	++++	+	+++	++++	+++
装配简便性	++++	+++	++++	++	++++	+	+	+++
市场上可修复性	+++	+++	+++	+	++++	++	+	++

SMC 零件的紧固件：

SMC 零件装配应避免直接采用法兰面螺栓或法兰面螺母安装，应在法兰面螺栓或法兰面螺母与 SMC 表面之间增加垫片，以增加安装压紧面面积。为增加安装孔强度，建议在安装孔周圈增加加强筋。

3. 性能要求

1）一般外装饰 SMC 零件所使用材料物性推荐要求

（1）玻纤含量≥25%。

（2）弯曲强度不小于 156MPa。

（3）弯曲模量不小于 9422MPa。

（4）冲击强度不小于 65kJ/m^2。

2）预埋件螺纹规格

预埋件螺纹规格按表 15-23 中的推荐值执行。

表 15-23 预埋件螺纹规格选用推荐

型号	应用
M6	一般用于附件或零件重量较小、工况比较好的部位，如装饰罩安装
M8	一般用于结构件安装，如前面罩铰链安装、扰流板、踏步护罩、车门裙板及挡泥板装饰罩与支架安装
M10	一般用于重要结构件安装或受力较大部位，如保险杠灯具支架安装

3）预埋件抗扭、抗拔出要求

预埋件抗扭、抗拔出要求按表 15-24 执行。

表 15-24 预埋件抗扭抗拔出规定

螺纹型号	抗扭值	抗拔出力
M6	≥14N·m	≥2.5kN
M8	≥25N·m	≥4kN
M10	≥35N·m	≥5kN

参考文献

[1] 黄天泽，黄金陵. 汽车车身结构与设计 [M]. 北京：机械工业出版社，1997.
[2] 乐玉汉. 轿车车身设计 [M]. 北京：高等教育出版社，2000.
[3]《汽车工程手册》编辑委员会. 汽车工程手册：设计篇 [M]. 北京：人民交通出版社，2001.
[4] 吴亚良. 现代轿车车身设计 [M]. 上海：上海科学技术出版社，1999.
[5] 谷正气. 轿车车身 [M]. 北京：人民交通出版社，2002.
[6] 朱序璋. 人机工程学 [M]. 西安：西安电子科技大学出版社，1999.
[7] 黄世霖，张金换，王晓东，等. 汽车碰撞与安全 [M]. 北京：清华大学出版社，2000.
[8] 刘晶郁，李晓霞. 汽车安全与法规 [M]. 北京：人民交通出版社，2005.
[9] 洛伦兹·莫雷洛，洛伦兹·罗斯特·罗西尼，朱塞佩·皮亚，等. 汽车车身设计 [M]. 王文伟，林程，译. 北京：机械工业出版社，2018.
[10] 中国汽车工程学会，中国汽车轻量化技术创新战略联盟，中国第一汽车股份有限公司技术中心组. 中国汽车轻量化发展：战略与路径 [M]. 北京：北京理工大学出版社，2015.